新潮日本古典集成

本居宣長集

日野龍夫 校注

新潮社版

目次

凡例

〔本　文〕

一、本巻には、本居宣長の代表的物語論『紫文要領《しぶんようりよう》』と、同じく歌論『石上私淑言《いそのかみのささめごと》』とを収録した。

一、収録作品の底本は、次のとおりである。

『紫文要領』――東京大学本居文庫蔵写本

『石上私淑言』巻一・二――本居宣長記念館蔵宣長自筆稿本

『石上私淑言』巻三――東京大学本居文庫蔵宣長自筆稿本

一、読みやすさを旨として、底本の表記に次のような改変を加えた。底本の忠実な翻刻を必要とされる読者は、筑摩書房版『本居宣長全集』別巻一（『紫文要領』）・第二巻（『石上私淑言』）を参照されたい。

A　底本の仮名づかいは収録二作品ともに不規則なものなので、歴史的仮名づかいに改めた。E・Fで述べる、校注者のほどこした振り仮名と補いの仮名も、同様に歴史的仮名づかいに従った。

B　漢字を平仮名に、また平仮名を漢字に、適宜改めた。その際、収録二作品中で同じ語が仮名表記されている例、また漢字表記されている例をできるだけ求めて、それにならうようつとめたが、校注者の私見によって改めたものも多い。

参照すべき用例をできるだけ収録二作品中に求めたことと、その一方で、私見を加えたこととは、以下のD・E・Fについても同様である。

C『紫文要領』は、底本にごくわずか例外的に句点がうたれている個所があるが、それを無視して、句読点を新たにほどこした。

『石上私淑言』は、底本に句点がほどこされているので、それに従いつつ若干改め、句点と読点にうち分けた。

D『紫文要領』は、底本にほとんど濁点がないので、新たにほどこした。

『石上私淑言』は、底本に濁点がほどこされているが、ごく少数、もれているものを補った。

E『紫文要領』は、底本にごく少数、片仮名の振り仮名がある。それを適宜取捨して平仮名に改め、かつ全体にわたって新たに振り仮名をほどこした。

『石上私淑言』は、底本に片仮名の振り仮名がかなりある。それを適宜取捨し、仮名づかいを歴史的仮名づかいに正して、平仮名に改めた。また若干の振り仮名を補った。

F 活用語の活用語尾など、次のように仮名を補った個所が多い。

考べし→考ふべし　按に→按ずるに
大に→大きに　蓬生巻云→蓬生の巻に云はく
今世→今の世　味→味《あぢは》ひ

底本で「今《ノ》世」「紫《ノ》上」などと、振り仮名風に表記されている補いの仮名は、右に準じて平仮名に改めて本行に組みこんだ。

G　漢文の部分は、底本にある程度の訓点（返り点・送り仮名・振り仮名・音訓を示す連字符）がほどこされている場合が多いが、十分ではなく、また訓点のない場合もある。ある程度ある場合には足りないものを補い、ない場合には新たにほどこした。連字符は翻刻から削除した。『日本書紀』の引用など、補った訓点の根拠を示す必要のある場合には、頭注にそれを記した。

H　明白な誤りや現代の慣習から見て不適切な用字は、いちいち注記せずに改めた。たとえば次のようなものである。

栄花物語→栄華物語　日本記→日本紀
玉葛→玉鬘　一雙眼→一隻眼
浄瑠理→浄瑠璃　連歌《レムガ》（底本の振り仮名）→連歌《れんが》

I　二行の割注は、（　）に入れて小字で一行に組んだ。ただし『紫文要領』の一二二〜三頁に一カ所だけ、きわめて長い割注を本行と同じ大きさの活字で組んだところがある。

J　反復符は、漢字一字の反復の場合のみ「々」を用い、その他の場合は反復される文字をそのまま表記するよう改めた。

K　収録二作品ともに、段落の改まることを示す○●の印がところどころに挿入されているが、すべて削除した。

L　『紫文要領』に、宣長自筆稿本（本居宣長記念館蔵、筑摩書房版『本居宣長全集』第四巻所収）によって底本の本文を改めた個所があるが、一字二字の単純な誤写と認められるものは、いちいち注記しない。

『石上私淑言』に、文化十三年版本（巻一・二のみを巻上・下と改めて刊行したもの）によって底本の本文を改めた個所があるが、すべて底本の明白な誤りと認められる種類のものなので、いちいち注記しない。

　また『石上私淑言』に、底本でミセケチになっている個所があるが、いちいち注記しない。

M　適宜、改行・引用文の一字下げ・一行あきを設けた。

N　適宜、『　』・「　」・中黒点を使用した。

O　漢字の字体は、新字体・通行の字体に統一した。

P　『石上私淑言』において、問答一組を一項と見なして、頭注欄に〔　〕の形で通し番号を付した。

〔原　注〕

一、収録二作品ともに、宣長自身の注が、底本の頭部余白に数十カ所書きこまれている。行間の書きこみと付箋も少数ある。

　これらは、各作品の末尾に、「原注」と標記して、通し番号を付して一括した。原注はほとんどが片仮名まじり文であるが、これを平仮名まじり文に改め、本文の翻刻要領を適用して翻刻した。また、本文中それがかかわる個所に、原注の番号を注記した。頭注番号と区別するために、原注の番号は（一）（二）などと、（　）で括った。

　原注の中には、本文のどの個所にかかわるのか、厳密には定めがたい種類のものもあるが、校注者の私見によって、本文のいずれかの個所にかかわらせた。

〔注　釈〕

一、注釈は、頭注と傍注（色刷り）とに分れる。頭注は事がらの説明、傍注は現代語訳であることを原則とするが、スペースの都合で現代語訳を頭注にまわした個所もある。

一、収録の二作品は、『源氏物語』『古事記』『日本書紀』などの引用を除いて、宣長自身の文章はそれほど難解なものではないので、語釈に類する頭注はほとんどほどこさなかった。

一、二作品を理解するに当っては、宣長の主張が江戸時代の思想史の上でどのような系譜を引いているのか、その主張が宣長の学問活動の中でどのように展開しているのか、ということを考えなければならない、という校注者の判断に基づいて、頭注ではもっぱらそうした点を明らかにすることにつとめた。

一、頭注において、契沖・荻生徂徠・堀景山などの著述や、宣長自身の他の著述から、しばしば長文の引用をあえてしたのは、右のような趣旨によるもので、宣長の主張と、先人の説との関連、宣長自身の他の時期における説との関連を、できるだけ具体的に把握してもらいたいと念じたからである。

一、頭注における引用文は、片仮名まじり文である『排芦小船《あしわけおぶね》』を平仮名まじり文に改めるなど、読みやすさを旨として表記を改変してある。

一、頭注に引用した『排芦小船』『本居宣長随筆』の項目番号は、筑摩書房版『本居宣長全集』第二巻（『排芦小船』）・第十三巻（『本居宣長随筆』）に従っている。

一、『萬葉集』『古今集』などの収録歌を歌番号で指し示してある場合は、すべて『国歌大観』の番号に拠っている。

一、傍注の中に表われる〔 〕は、原文にない語句を補ったことを示す。

一、『紫文要領』の傍注ならびに一部の頭注において『源氏物語』を現代語訳する際、新潮日本古典集成『源氏物語』（石田穣二・清水好子両氏校注）を参照し、ある場合には訳文をそっくり借用した。宣長の解釈が石田・清水両氏の解釈と異なっている場合もあるので、全面的に依拠したわけではないが、恩恵を受けること多大であった。記して謝意を表する。

〔付　録〕

一、付録として「宣長の読書生活」を付した。これは、宣長の少年期から、本書に収録の二作品が成立したと推定される宝暦十三年までにわたって、宣長がいつどのような書物を読んだかを調べ、年譜式に配列したものである。宣長の思想形成過程をたどる資料として利用されることを念ずる。

一、右の付録作製のために使用した資料については、付録の前書きを参照されたい。

本書を成すに当り、筑摩書房版『本居宣長全集』、および大久保正・大野晋両氏によるその各巻の解題から大きな恩恵を受けた。中村幸彦氏による『源氏物語玉の小櫛』の校注（日本古典文学大系『近世文学論集』所収）からも大きな恩恵を受けた。記して謝意を表する。

また、頭注の作製については今西祐一郎・島崎健両氏の、本文整定については青木千代子・山崎芙紗子両氏の協力を得た。記して謝意を表する。

本居宣長集

紫文要領

紫文要領《しぶんえうりやう》　巻上

作者の事

紫式部これを《紫式部が源氏物語を》作れること、世のあまねく知るところ《世の人の広く知っていることで》、[一]古き書どもにもしかいひ《そのようにいい》、[二]諸抄《しよせう》の説もみなこれによれり《紫式部作という説を採用している》。しかるにままた《時々》異説もあるなり。みな用ゆべからず《採用することはできない》。紫式部作といふ外《ほか》あるべからず。

異説とは、『[三]宇治大納言《うぢだいなごん》（源隆国卿《みなもとのたかくにきやう》）物語』（号《がうス》二『今昔物語《こんじやくものがたりト》』一）に、「『源氏』は[四]越前守為時《ゑちぜんのかみためとき》これを作りて、こまかなる事どもを女《むすめ》の式部に書かせたり」といへることあり《といっているのがある》。『花鳥余情《くわてうよせい》』にも引き給へり《引用なさっている》。されど《しかし》この説用ゆべからず。[五]諸抄にもうけ給はず《承認しておられない》。そのうへ[六]かの物

一『源氏物語』を紫式部の作とする説は、平安末期成立の『今鏡』、鎌倉初期成立の『無名草子』あたりから文献に見え始める。

二「抄」は注釈書の意。『源氏物語』の古注釈書にも、『水原抄』『紫明抄』『河海抄』などと、「抄」とつくものがある。

三『宇治拾遺物語』の序文に、源隆国が『宇治大納言物語』という説話集を編纂したと述べ、江戸時代にはその説話集は『今昔物語集』に相当すると考えられていた。しかし以下に掲げる「『源氏』は…」の話は、『花鳥余情《かちようよせい》』（『源氏』の注釈書。三四頁注五参照）の「作意」の項に「宇治大納言物語に云はく」として引くものの、現行の『今昔物語集』には見えない。宣長が次頁で『今昔物語集』を「偽作」といっているのは、このことなどを論拠にしたものか。今日では『宇治大納言物語』は『今昔物語集』とは別の、すでに散逸した説話集とされている。なお本書における『花鳥余情』『河海抄』などからの引用は、原文のままでなく、宣長が適宜いい変えていることが多い。

紫式部作という説以外は信じがたい

四 紫式部の父。二〇頁注四参照。

五 旧注において『花鳥余情』所伝の右の説が批判されているわけではない。『湖月抄』（三四頁注一二参照）およびそこに引用される諸注がこの所伝を無視していることを、「うけ給はず」といったのである。

六『花鳥余情』所引の『宇治大納言物語』。

語にも、確かには申さず、「[一]いづれか誠《まこと》ならん」などとおぼめかし《あいまいに書いてある》く書けり。なほまたかの大納言の物語とて今あるものは偽作にて《といって今日伝わる今昔物語集は偽作で》、真《まこと》の隆国卿の物語にはあらず。後《のち》の人、名を借りて作れるものと見えたり（[二]このこと、別に考へあり）。かたがた信じがたし《どの点から見ても》。式部が作《紫式部の作》といふことは、自身の『[三]日記』にもその趣きあらはなり《はっきり書いてある》。また『[四]河海抄《かかいせう》』に、御堂殿《みだうどの》（法成寺関白道長公《ほふじやうじくわんぱくみちながこう》）奥書《おくがき》を加へられて、「老比丘《びく》筆を加ふるところなり」と書き給へりといふ。これまたひがことなり《誤りである》。くはしく『[五]紫家七論《しかしちろん》』（安藤為章《あんどうためあきら》撰）といふものに弁じたり《説明してある》。開き見るべし《「その書を」読むがよい》。なほ按《あん》ずるに《考えるに》、[六]奥書といふもの、そのころ《道長の時代に》あるべからず。後のことなり。この[七]外《ほか》さまざまの説あれども、みな後の人の推《お》量《はかり》にいへることにて信ずるにたらず。ただ紫式部作といふより外《ほか》はみな確かならぬことなり。

[八]雲隠《くもがくれ》の巻は、名のみありて《巻名だけがあって》詞《ことば》なし《本文がない》。[九]これ作者の微意《びい》あることなり。

しかるに今の世に『[一〇]雲隠』といふものあり。さらに式部が作にあら《まったく紫式部の作ではない》

一 どちらの説が本当だろうか。前掲の説をあげ、それ以外にも諸説あることを述べて、こういっている。

二 宣長の『今昔物語集』についての考証は未詳。

三 『紫式部日記』。二四頁注四の記述などを指す。

四 『源氏』の注釈書。三四頁注一参照。以下の説は、その巻一「料簡」に見える。「奥書」は書物の最後に著者や所蔵者がその書物の由来などを記したもの。「老比丘」（老僧）はここでは藤原道長自身を指す。

五 『源氏』の評論。三六頁注八参照。その七「正伝説誤」に、『河海抄』には誤りが多いから、道長が『源氏』の奥書を書いたということも疑わしい、書いたとすれば出家前のことであろうから、「老比丘」と自称するのはおかしい、もし出家後なら、仏道修行者がこんな自慢めいたことを書くはずがない、と論ずる。

六 宣長がこのように判断した根拠未詳。

七 「源氏六十帖」説（三〇頁注三参照）から、現行五十四帖の他に六帖が存して、清少納言の作とする説（『湖月抄』首巻「系図」末尾）、宇治十帖は大弐三位《だいにのさんみ》の作とする説（注一一参照）など。

八 幻《まぼろし》の巻と匂宮《におうのみや》の巻との間の巻。巻名だけが伝わって本文はない。本文がもしあったとすれば、源氏の出家と死について述べているはずであるが、もともと本文は存在しなかったと考えられている。

九 宣長のいう「作者の微意（ひそかな意図）」は、後年の著『源氏物語玉の小櫛《たまのおぐし》』八に次のように述べられる。源氏は理想的な人物として設定されているの

ず。後人の所為《しよゐ》にて、取るにたらぬものなり。

一一宇治十帖《うぢじふでふ》は式部作にあらずといふ説あれども、ひがことなり。決《疑い》して《もなく》同作なり。一二ある人云はく、「浮舟《うきふね》の巻にある『里の名をわが身に知れば』といふ歌を、『新拾遺集《しんしふゐしふ》』に紫式部とて入れられたるも《作者を紫式部としてお入れになったのも》、式部が作にしたるなり《宇治十帖を紫式部の作と見なしたのである》」。

述作由来の事

執筆の動機・事情は不明

いかなる事によりて《どういういきさつによって》この物語作れるとも《作ったとも》、確かに知りがたし。一三上《しやう》東門院《とうもんゐん》にさぶらふ時《お仕えしている時》、大斎院《だいさいゐん》より「珍らかなる物語や《珍しい物語はありませんか》」と御所望《しよまう》の折、式部作りて奉《たてまつ》るといふ説、うけがたし《承認しがたい》。くはしくかの『一四七論』にこれを破《は》し畢《をは》んぬ《否定してしまっている》。見るべし。また一五西宮殿《にしのみやどの》にをさなき時なれ奉る《子供の時に馴れ親しみ申し上げていたというのは》といへるは、年代相違《さうゐ》す。一六石山に通夜《つや》して書けるといひ《一晩中こもって書いたといい》、『大般若《だいはんにや》』

で、その人について死という凶事を書くわけにはいかなかった。また死が惹起《じやつき》する物のあわれは、幻の巻において紫の上に死なれた源氏の悲しみとして描き尽したので、それ以上のものを書くことはできなかった。

一〇『雲隠六帖』という源氏の出家と死を描く六巻の物語が世に伝えられ、江戸時代にはその注釈書まで出現した。今日では室町ごろの偽作とされている。

一一『源氏物語』の最終十巻分の通称。『花鳥余情』などにこれを紫式部の娘大弐三位の作と伝える。

一二『細流抄』(三四頁注六参照)と『源註拾遺』(三七頁注一〇参照)に、「里の名を…」の歌が『新拾遺集』に紫式部作として入集することを指摘する。しかし、それが宇治十帖の作者が紫式部であることの根拠になるとまではいっていない。

一三「上東門院」は紫式部の仕えた一条天皇の中宮彰子(道長の娘)。「大斎院」は村上天皇の皇女選子。ここにいうのは、古くから伝わる代表的な説。

一四『紫家七論』の「正伝説誤」に紫式部の年譜を考証して、上東門院に出仕したばかりの紫式部がそのように差し出た振舞いをするはずがないと論ずる。

一五「西宮殿」は源 高明《みなもとのたかあきら》。一六頁注五参照。『紫家七論』の「正伝説誤」に、高明の左遷(西暦九六九年)は紫式部の幼時か出生以前のことであると考証してあり、それが、ここに「年代相違す」という根拠。

一六 滋賀県大津市の石山寺。一六頁注二参照。

の料紙《れうし》に書けるなどといへる、みな妄説《まうせつ》と聞えたり。[一]行成卿《かうぜいきやう》清書といふも、この人《(行成)》手跡《しゆせき》に名高き人《達筆で聞えた人》ゆゑ推量《おしはか》りていへることと聞ゆ。

またかの[二]石山にこもれる折しも、八月十五夜の月、湖水にうつりて、心の澄みわたるままに、物語の風情《ふぜい》心に浮びければ、まづ須《す》磨《ま》・明石《あかし》の巻を書き始めけるゆゑに、須磨の巻に「こよひは十五夜なりけりとおぼし出でて《お思い出しになって》」と侍《はべ》るとある、『河海抄』の説なり。いま大方《おほかた》この説を人みな用ゆれど《採用しているが》、これまた妄説なり。[三]石山寺に今「源氏の間」といふあり《という部屋があり》、式部が像《紫式部の肖像》ならびに机硯《つくゑすずり》などのあるは、みな後に好事《かうず》の者のなせるわざなり《やったことである》。また須磨の巻の詞《ことば》に「こよひは十五夜」とあるを《あるのを》十五夜に書ける証《しよう》とせば《するなら》、初音《はつね》の巻に「けふは子《ね》[四]の日《ひ》なりけり」とあるも、正月子の日に書けるといはんか。これらはいふにたらぬことなり。

また[五]光源氏を西宮の大臣に比する《なぞらえるのはもっともなことであるが》はさることなれども、[六]紫《むらさき》の上《うへ》を式部がわが身によそへて書ける《なぞらえて書いた》といふは、大きに当らぬことなり。

一 藤原行成。能書家として聞える。『河海抄』の「料簡」に、『源氏物語』五十四帖が完成したのち、行成に清書させて大斎院に献上したという。

二 『河海抄』の「料簡」にいう説。大斎院に献上するための物語を作るよう上東門院に命ぜられた紫式部が、石山寺に籠って祈念すると、物語の風情を得たので、仏前にあった『大般若経』の料紙（写経のための用紙）に書きとめたと。『紫家七論』の「正伝説誤」にこれを駁論《ばくろん》して、「物語の風情、空に浮びけるまま、忘れぬさきにとて須磨・明石より書きそめたりとは、式部が心のうちなりけるを、後の人はいかに知り侍《はべ》りけんと独笑せられ侍る」という。

三 『近江名所図会』一「石光山石山寺」の条に、「今、本堂の中に源氏の間といふあり。式部所持の硯、また画像あり。土佐光起の筆なり」。『紫家七論』の「正伝説誤」に、「源氏の間と名づけて、式部が画像を書き、この頃やうの（現代風の）机硯などを設けたるは、いづれの世、何人の好事にや」。

四 ここでは正月初子《はつね》の日を指す。この日、千代を祝って宴遊する習わしがあった。

五 『河海抄』の「料簡」に、子供のころから左大臣源高明（西宮の大臣）と親しかった紫式部が、安和《あんな》の変によって高明が太宰権帥《だざいのごんのそつ》に左遷されたことを悲しみ、そこから源氏の須磨流謫《るたく》を発想したという。源氏のモデルを高明とするのは古来の説。前頁最終行にいうように「年代相違」するが、紫式部が高明と面識が

いかで《どうして》かさるおほけなきことを《そんな身の程知らずなことを》なぞらへ書くべき《なぞらえて書こうか》。この説はいとをこがましき《たいへんばかばかしい》ことなり。式部がためにもいとほしき《気の毒な》説なり。

七ある説に云はく、「唐《もろこし》にて司馬遷《しばせん》など、窮愁《きゆうしゆう》よりして憤《いきどほ》りを書に発《はつ》して一家の言をなせるがごとく《独自の見識をそなえた主張をしたように》、式部も父為時《ためとき》に別れ《死別し》、夫宣孝《のぶたか》におくれて《先立たれて》、二女子を養育するとて、身のたづきなく《頼る人もなく》、世の辛苦《しんく》なる時に当りて、この物語を作り、世にありとあること《この世の中のあらゆることを》書き出《い》だして、八風刺《ふうし》教戒《けうかい》を記し、九憤りをやすめけり」と。一〇この説はいかにも作者の心を得て《気持を把握して》、さもあるべきこととは聞ゆれど、なほ論ずることとあり。一一くはしく末《すゑ》にいふべし《後で述べよう》。

述作時代の事

「一二寛弘《くわんこう》の始めに出で来て《一〇〇〇年頃成立》、康和《かうわ》の末に流布《るふ》す《ほどなく流布した》」と『河海《かかい》』にあり。

なかったとしても、高明の左遷という事件から源氏の須磨流謫の示唆《しさ》を得たことはありうる。
六 同じく『河海抄』「料簡」の説。「紫の上」は、源氏がもっとも愛した婦人。九三頁注一三参照。
七 後年の著『源氏物語玉の小櫛』二「なほおほむね」には、「またかの『七論』にいはく」として、この「唐にて司馬遷など」以下の文章を引く。『紫家七論』の通行のテキストにはこの文章は見えない。宣長の見たテキストにはあったものか。司馬遷は『史記』の著者。「窮愁よりして憤りを書に発して」は、『漢書』司馬遷伝の賛に「既に極刑に陥り、幽せられて、発憤す」とあるのによった表現。
八 底本「誡」。底本では、『石上私淑言』を含めて「誡」字を用いるが、すべて「戒」に改める。
九 世の中に対する憤りの気持を静めたのである。
一〇 ここでは「いかにも作者の心を得て云々」といっているが、『玉の小櫛』二ではもっと明確に批判して、「これまた儒者心の推量《おしはかり》にこそあれ、物語の意《こころ》ともおぼえず」といっている。
一一 一七九頁以下の記述を指す。
一二「寛弘」「康和」は平安時代の年号。寛弘は一〇〇四〜一二年。康和は一〇九九〜一一〇四年。

諸抄この趣きによれり《この趣旨にしたがっている》。今按《あん》ずるに《考えるに》、『式部日記』[一]を考ふるに、寛弘の始めに造《つく》れるはさもと聞ゆ《その通りだと思われる》。康和に流布するといへる《いうのは》、出処《典拠》あるか。考ふべし。「ことに世にもてあそぶことは《愛好することは》、[二]俊成卿《しゅんぜいきゃう》・定家卿《ていかきゃう》のころよりなり」といふ。ただし『栄華物語《えいぐわものがたり》』[三]浦々《うらうら》の別れの巻に云はく、「かの光源氏もかくやありけんと見奉る云々《うんぬん》」[四]。これ長徳《ちやうとく》[五]二年四月の詞《ことば》にて、帥《そち》の内大臣《ないだいじん》(伊周公)[六]の御身かたち《御様子と容貌》をほめたる詞なり。これにつきて、ある人は[七]「長徳以前に、はや《すでに》この物語世に流布せりと見ゆ。寛弘の始めに作るといふはひがこと《誤り》」といへり。

今按ずるに、『栄華』は赤染《あかぞめ》が作にて、御堂関白《みだうくわんぱく》[八]の隠れ給ひし《亡くなられた》(万《まん》[九]寿《じゅ》四年のことなり)ころまで書ければ《頃までのことを》、後よりいふ詞《「栄華物語の文章は」》なれば、長徳二年《長徳二年の》にそのことありとて《記事にその表現があるからといって》、寛弘に出《い》で来《く》といふに《いうのに》妨《さまた》げなし。もし『栄華』を作れるが長徳二年ならば、寛弘といふが誤りなるべし。しかるを『七論』[一〇]には「『栄華』、赤染が作にあらず」といひて、この説を破したるは《否定したのは》、後よりいふ文なるゆゑ妨げなき《後になっていった表現なのだから差支えない》といふことを考へざ

一 『紫家七論』の「正伝説誤」に、紫式部が上東門院に出仕したのは寛弘二、三年ごろと推定し、「修撰年序」に、『日記』の寛弘五年十一月の部分に『源氏物語』がすでにかなり流布していることをうかがわせる記述があることから、「いかさまにも、長保《ちやうほ》(九九九～一〇〇四)の末、寛弘の始め、式部やもめ住み(未亡人の身の上)にて里に侍りける徒然《つれづれ》に作りたるか」と推定する。宣長はこの推定をうけていっている。

二 この説は、『湖月抄』の首巻「発端」に、三条西実枝《さねえだ》の説として掲げる。藤原俊成、同定家は父子で、それぞれ平安末期、鎌倉初期を代表する歌人・歌学者。

三 平安中期の宮廷・貴族社会の出来事を、藤原道長の栄華を中心に書いた歴史物語。赤染衛門《あかぞめえもん》の作と伝えられる。

四 このように立派だったのだろうかと。

五 西暦九九六年。

六 藤原伊周《これちか》。道長の甥《おい》。

七 『紫家七論』の「修撰年序」に「或る人の云はく」としてあげられている説。

八 藤原道長のこと。

九 西暦一〇二七年。

一〇 『紫家七論』の「修撰年序」に、注七の説をあげた次に、「さればこそ、為章(『紫家七論』の著者の自称)かつて『栄華物語』を赤染が作にあらずと申すは、かやうの処《ところ》多ければなり」という。

るなり。かつ『栄華物語』は、第三十 鶴の林の巻までは赤染が作にて、殿上《てんじやう》の花見の巻以下、後に書き加へたるものなり。このこと[一一]、別にくはしく記《しる》す。しかるを『七論』に、全篇ともに赤染が作にあらずと思へるは、いますこし考へざりしなり《もうちょっと考えが足りなかったのである》。ただし『源氏の物語』の出で来たるは、「いかにも長保《ちやうほ》の末・寛弘の始めなるべし」といへり。かの『口記』の趣きなどを考へみるに、これは大方違《たが》はざるべし《違っていないであろう》。

ただし[一二]『日記』を見るに、式部が上東門院《しやうとうもんゐん》に宮仕へせる趣き《女房として仕えた様子は》、参りてまだいく年《とせ》もあらぬやうに見えたるに《出仕してまだそれほど年数がたっていないように見えるのに》、物語ははや宮中《きゆうちゆう》にあまねく流布せるやうに聞えたれば《行きわたっているように》、いまだ宮仕《みやづか》へに出でぬ以前に書けるものと見えたり。なほくはしきことは、かの『七論』[一三]に『日記』を考《かんが》へて弁じおける《説明してある》ゆゑ、今ここに大意をいふのみ。世に流布することは、右のごとく『栄華物語』にても知られ、『日記』にも見えたれば、康和までも待たず出で来て、ほどなく名高く広まれること

一一 宣長の『栄華物語』についての考証は未詳。なお『宝暦二年以後購求謄写書籍《こうきゆうとうしやしよじやく》』によれば、宣長は本書『紫文要領』執筆四年前の宝暦九年（三十歳）八月、『栄華物語』を銀二十八匁六分で購入している。また本書執筆九年後の安永元年（四十三歳）二月から同四年六月まで、門人たちと『栄華物語』を会読している。

一二 注一参照。

一三 注一参照。

知られたり。しかるを「一もはらもてあそぶことは《もっぱら愛好することは》二卿《(俊成・定家)》のころよりなり」といふは、二俊成卿『六百番の歌合《うたあはせ》』の判《はん》の詞《ことば》、定家卿の賞美の詞《ことば》などあるを見て、例の推量《おしはかり》にいへることとなるべし。

作者系譜の事

三式部系図は諸抄に見えたり。四父為時《ためとき》がこと、越後守《ゑちごのかみ》ともいひ、または越前守《ゑちぜんのかみ》ともいふ。『後拾遺集《ごしふゐしふ》』第八に、式部が兄《紫式部の兄》惟規《のぶのり》が歌の五詞《ことば》書《がき》に「父のもとに越後にまかりけるに《下りました時に》云々」。これを見れば、越後守といへるは《いうのは》証《しよう》あり。(一)越前は証なし。

六夫宣孝《のぶたか》も良門《よしかど》五代の孫にて、勧修寺家《くわんじゆじけ》の先祖なり。

七御堂殿《みだうどの》の妾《せふ》といふは、妄説《まうせつ》なり。

上東門院《しやうとうもんゐん》に宮仕《みやづか》へせしは《したのは》勿論《もちろん》なり。八鷹司殿《たかつかさどの》の官女《くわんぢよ》といへるは《という説は》、よ《根拠》

一 一八頁三～四行目参照。

二 『湖月抄』首巻「発端」に、「俊成卿『六百番の歌合』の判の詞《ことば》に云はく、『源氏物語』を見ざらん歌よみはむげの事なり（お話にならない）と云々。定家卿云はく、『源氏物語』は、紫式部、歌よみのほどよりは（歌人としての才能から予想されるよりは）物書く筆上手なり。この物語を見れば心に面白き歌もよくよまるると云々」とある。俊成の判詞《はんし》は『六百番歌合』巻上、一三番に見える。『宝暦二年以後購求謄写書籍』によれば、宣長は宝暦十一年十月、『六百番歌合』を銀十四匁五分で購入している。定家の言の前半は、右の俊成の判詞の一節が誤って定家の言として伝えられたもの。後半は、『先達物語《せんだちものがたり》』に「紫式部の筆を見れば、心もすみて歌の姿詞、優によまるるなり」とある。ただし宣長がこの書を見ていた可能性は少ない。ここは、俊成の判詞ともども、『湖月抄』の記述をうけるものととるのが妥当であろう。

父・夫・自身の履歴

三 紫式部の系図。『湖月抄』首巻「発端」に『明星抄』（三四頁注八参照）所出の系図をそのまま引き、『紫家七論』の冒頭にも「紫家系譜」を載せる。

四 父親の為時のことは。為時は藤原氏。生没年未詳。詩文に長じ、一条天皇のころの学者として聞えたが、貴族としては中流の受領層に属する。長徳二年（九九六）の除目《じもく》（官吏任命の儀式）の折、道長が為時の作った詩に感じ、別人が任ぜられていた越前守を

り所を知らず《を知らない》。その証あるか、考ふべし。

なぜ「紫」と呼ばれるのか

紫式部と称する事

「紫式部」といふは《という名前は》、実名《じつみやう》にはあらず《本名ではない》。すべて女房《にようばう》を「式部《しきぶ》」「少《せう》納《な》言《ごん》」「弁《べん》」「右近《うこん》」などいふ《などと呼ぶのは》、みな実名にあらず。今の世によび名といふものなり。紫式部も実名は伝はらぬなるべし《伝わらなかったのだろう》。さて「式部」といふがよび名なるを、「紫」「和泉《いづみ》」などとつけてよぶことは、「式部」などといふが《いう女房が》同じ御所の内にもいく人《たり》も《何人も》ありてまぎるるゆゑに、分《わか》たんためなり《区別するためである》。あるいは姓《せい》、あるいは父の受領《ずりやう》[九]、母の名、夫の官など、便《びん》にまかせて《便宜にしたがって》よぶなり。「清少納言」は清原氏なるゆゑなり。「江侍従」も同じ（[一〇]ガウジジユウと読むべし。すべて姓を一字つけてよぶたぐひは、みな文字の音《こゑ》に読む習《なら》ひなり《習慣である》。「清少納言」も同じ例《れい》なり。男に

取り上げて、為時に与えたという話が、『今昔物語集』二四、『今鏡』（続世継）九などに見える。本文に「越前は証なし」とあるから、原注一は後に『今鏡』の記述に気づいて、補記したのであろう。

五 四六六番歌。このことはすでに『紫家七論』の「紫家系譜」と『源註拾遺』の「大意」に指摘する。『後拾遺集』は『古今集』『後撰集』『拾遺集』に続く勅撰和歌集。

六 藤原氏。生年未詳、一〇〇一年没。勧修寺家は藤原北家の高藤《たかふじ》（冬嗣《ふゆつぐ》の孫、良門《よしかど》の子）から始まる家柄。宣孝は良門の六代の孫に当る。ここに「五代の孫」とあるのは、為時が良門の五代の孫に当るので、これとの混同があるか。

七「御堂殿」は藤原道長。紫式部を道長の妾とする説は『湖月抄』の系図（注三参照）の注記に見える。『紫家七論』にも「伝説の誤りなり」という。

八『河海抄』の「料簡」に見える説。「鷹司殿」は道長の妻、倫子《りんし》。

九 ここでは、受領した国の名、すなわち、国司に任ぜられた国の名、の意。

一〇 江侍従は赤染衛門の娘。父大江匡衡《おおえのまさひら》の姓から「江」と称する。漢字二字の姓のどちらかの字をとって一字姓のように称するのは、中国の姓が一字姓であるのにならったもの。それゆえ音読するのが本来であるという主張。「音《こゑ》」は「漢字音」の意。

ても「江帥《がうそち》」「藤大納言《とうだいなごん》」「在中将《ざいちゆうじやう》」など、みな音《こゑ》に読むなり《音読するのである》。「えのじじゆう」と読ますはわろし。外《ほか》の例に違《たが》へり）。「和泉式部」は和泉守道貞《いづみのかみみちさだ》が《の》妻なり。「小式部《こしきぶ》」は和泉式部が《の》子なり。「伊勢大輔」は伊勢《いせ》祭主輔《さいしゆすけ》親《ちか》の女《むすめ》なり。「大弐三位」は太宰大弐成章《だざいだいになりあきら》の妻なり（[一]イセタイフと読むべし。イセノと読むは悪《あ》しし。ダイニサンミと読むべし。ダイニノ三位と読むは例に違《たが》へり。すべてこれらみなノ文字をつけず）。これらの例によるに、紫も《紫式部も》「藤式部」（トウシキブと読むべし）とこそいふべけれ《とこそいうべきであって》、「紫」《紫式部というのはどうであろうか》としもいふはいかが。これによりて説あり《このために種々の説がある》。『河海抄《かかいせう》』に、「一説《いつせつ》に云はく、もと『藤式部』といへるを、幽玄《いうげん》[二]ならずとて、藤の花の色のゆかりに《縁で》『紫』の字に改めらる」とあり。今按《あん》ずるに《考えるに》、この説わろし。「藤式部」に限りて「藤」の字優《いう》[三]ならずといふことやはあるべき《ことがあるだろうか》。その姓《せい》をよぶに何の優ならぬことあらん《どんな優美でないことがあるというのか》。そのうへ「藤」の字、もとよりやさしき文字なり。この説は、[四]「紫」といへるによりて思ひよりて、推量《おしはかり》にいへるなり。さらに《けっして》信《しん》

一 このようにいう根拠未詳。六行目にいう「すべてこれら」の指示するところも明瞭でない。「イセ」も「タイフ」も音読、「ダイニ」も「サンミ」も音読だから、間に和語の「ノ」を挿入してはいけない、という主張でもないらしい。宝暦十年ごろから安永元年ごろまでの筆録である『本居宣長随筆』巻一一の第七五〇項に、人名の下に官職・尊称などをつけて呼ぶ時の作法を論じているが、「御堂《ノ》関白」「小一条《ノ》太政大臣」などと、音読の語の間に補いの「ノ」が記入してある。

二 趣きがない。

三 優美でない。

四 「紫式部」という名前の「紫」から逆に考えて思いついたものだ、の意。

五『宝暦二年以後購求謄写書籍』によれば、宣長は宝暦十年二月に『袋草紙』を銀五匁で購入しているが、この記事はすでに『湖月抄』の「発端」に引用されていて、宣長が最初に知ったのはその引用によってである。『袋草紙』は、平安末期の歌人・歌学者、藤原清輔が著わした歌学書。

六 一条院（一条天皇）の言葉。自分の縁故の者です。

七「縁のあるもの」という意味だ、の意。二四頁注二参照。

ずべからず。

また清輔朝臣《きよすけあそん》の『袋草紙《ふくろざうし》』に云はく、「『紫式部』〔五〕といふ名に二説あり。一には、この物語に若紫《わかむらさき》の巻を作れる、甚深《じんしん》なるのゆゑに《味わいが大変深いので》この名を得たり。一には、一条院の御乳母《おんめのと》の子なり《〔紫式部は〕》。しかうして《そして》上東《しやうとう》門院《もんゐん》に奉《たてまつ》らしむるとて《お仕えさせるというので》、『わがゆかりの者なり〔六〕。あはれとおぼしめせ《かわいがってやって下さい》』と申さしめ給ふゆゑに《と〔上東門院に〕申し上げなさったので》、この名あり。武蔵野《むさしの》の義《ぎ》なり〔七〕」とあり。

この二説につきて、古来先達《せんだち》みな前の説にしたがひ給ふなり。『河海』にも、「一部のうち《作品全体を通じて》紫の上のことをすぐれて書きなしたるゆゑに《特に見事にえがき出してあるので》、『藤式部』を改めて『紫式部』と号《がう》せられたり」とあり。諸抄《しよせう》の義《ぎ》、同じことなり。今按《あん》ずるに、この説当らぬやうに思はるるなり。紫の上のことをすぐれて書き、若紫の巻を甚深に書ければとて《書いたからといって》、物語の中の一人の名をとりてよばんこと《呼ぶというのは》、いかが《どうであろうか》。この物語作りたるゆゑに「源氏式部」などいはんこそ《いうのこそ》、さることなるべけれ《もっともなことであろうが》、紫の上はなほなほ《やはり》物遠《ものどほ》き心地す《関係が薄いと思われる》。

よりて按《あん》ずるに、かの『袋草紙』の後の説こそさもと思はるれ《第二の説こそ当っているように思われる》。

ゆかりの者ゆえに「紫」と呼ばれる

一紫式部の母は、常陸介為信《ひたちのすけためのぶ》の女《むすめ》と系図に見えたり。この人、一条の帝《みかど》の御乳母《おんめのと》にてありけること、物に見えたるか《文献に見えているのだろうか》。考ふべし。とまれかくまれ《とにもかくにも》古来の伝説にて、これは後人の推量《おしはかり》とは見えず。《〔帝が〕》「ゆかりの者なり」と仰《おほ》せられたるは、乳兄弟《ちきやうだい》のよしなり《という意味である》。よて《よって》「紫」とよび給ひしこと、さもあるべし《ありそうなことである》。「武蔵《むさし》野の義なり」とは、『古今』雑《ざふ》の上《じやう》、よみ人知らず、「二紫の一本《ひともと》ゆゑに武蔵野の草はみながら哀れとぞ見る」、この歌の心なり。これより「三紫」を「ゆかり」といひならはせり。されば「帝《みかど》の御ゆかり《御縁故の者》」といふ心にて《という意味で》、「紫式部」とよび給ひしなり。

『式部日記』に云はく、「四左衛門督《さゑもんのかみ》（五公任卿《きんたふきやう》）、『あなかしこ《失礼ですが》、このわたりに若紫やさぶらふ《このあたりに若紫はいらっしゃいますか》』とうかがひ給ふ《様子をおさぐりになる》。六『源氏に似るべき人見え給はぬに《似ているであろう人も》、かの上は（紫の上）まいていかでものし給はん《ましてや どうして おいでになることがあろうと》』と聞きゐたり《〔私は〕聞いていた》云々」。これは「紫式部」といふによりて、かの物語の紫の

一 『湖月抄』の系図には「摂津守為信女」とある。「常陸介為信女」とするのは『紫家七論』の「紫家系譜」。

二 『古今集』一七、八六七番歌。宣長は『古今集遠鏡』で、「武蔵野は一本の紫（紫草）をあはれと思ふゆゑに、その縁で同じ武蔵野中《ぢゆう》の草が皆残らずあはれにさ、思はれる」と訳している。この歌から「紫」という語を「縁のあるもの」の意で用いる。

三 『新勅撰集』巻二、一三〇番歌「花散りてかたみ恋しきわが宿にゆかりの色の池の藤波」などの例がある。

四 寛弘五年十一月一日の条に以下の記述がある。『明星抄』がこれを引用し、それをさらに『湖月抄』が「発端」に引用している。

五 藤原公任《きんとう》。道長のまたいとこ。才人として聞えた。

六 底本、「源氏に」の下に「かゝる」の三字衍入《えんにゆう》。

上のことを思ひよそへて、公任卿《きんたふきやう》の戯《たはむ》れに「若紫《わかむらさき》」[七]とのたまへるな（おっしゃったのである）り。しかるをこの『日記』[八]を引きて、かの紫の上をすぐれて書きたるゆゑの名といふ証文《しようもん》[九]にするはわろし。そのゆゑは、もし紫の上につきて紫式部とつけたらば、公任卿の詞《ことば》珍しげなし（機智に富んだ面白味がない）。すべて戯《たはぶ》れごと（冗談）といふものは、珍らかによそへていふを興《きよう》とすること（機転をきかせてなぞらえていうのを）なるに、公任卿なんぞ古めかしきことをかくのたまふべき（このようにおっしゃろうか）。紫式部の名、紫の上にかかはることなきゆゑに、今珍しく思ひよそへてのたまひたるなり。かへすがへす（どう考えても）「ゆかり」の説を用ゆべし。

準拠《なずらへ》の事

[一〇]準拠とは、すべてこの物語はさらに（まったく）跡《あと》かたもなきことを（根も葉もないことを）作りたるものなれども、みなより所《どころ》ありて、現《うつつ》にありしことになぞらへて（現実にあったことになぞらえて）書

七 「若紫」は『源氏物語』で紫の上が初めて登場する巻。ここでは紫の上自身を意味する。公任はその「若紫」を『源氏』の作者である紫式部のあだ名のように用いた。巻の名と作者の名とに「紫」が共通することに公任が初めて気づき、それを呼びかけに利用したところに、才人公任の面目があったと宣長は見ている。

八 『湖月抄』の「発端」に、注四の引用に続けて「愚案（著者、北村季吟自身の考え）、これ紫の上をすぐれて書きしゆゑの名といふに相似たり」とある。

九 証拠になる文章。

一〇 よりどころ、創作のモデル。『湖月抄』の「発端」に「物語の準拠の事」という項があり、『河海抄』の「料簡」を中心に諸説を掲げる。すなわち、物語の時代は平安初期の醍醐・朱雀・村上の三代に準じ、主人公光源氏は、左遷されたことは源高明に、好色のことは在原業平に、須磨謫居《たつきよ》のことは在原行平に準ずるなどという。そこに引かれた「料簡」の一節に、次のようにいう、「作り物語（創作）のならひ、大綱はその人（源高明）の面影あれども、行跡におきてはあながちに事ごとにかれを模することとなし。漢朝の書籍、『春秋』『史記』などいふ実録にも少々の異同はあるなり。（作中の）桐壺帝・冷泉院を延喜（醍醐）・天暦（村上）になずらへたてまつりながら、或いは唐の玄宗の古き例《ためし》を引き、或いは秦《しん》の始皇《しくわう》のかくれたる例（一八二頁注五参照）をうつせり」。

モデルのせんさくは無用

けること多し。光源氏といふ人はなきことなれども《架空の存在であるが》、西宮《にしのみや》の左大臣《さだいじん》（高明公《たかあきらこう》）になぞらへたりといふたぐひなり。一このことくはしく諸抄に記されたれば、今ここに略す。大方《おほかた》準拠のことは、物語のあらゆることを一々考へて、みなそれぞれになぞらへ当てんとするは《〔史実に〕なぞらえて当てはめようとするのは》わろし。ただ大《おほ》やうにすこしづつのことをより所にして、事のさまを《事がらの様子を》変へて書けることもあり、また必ず二一人を一人に当てて作れるにもあらず。源氏一人の身の上にも、昔の人々の上にありしことを三和漢《わかん》に求めて、一事づつとることもあり。確かに定《さだ》まれることはなきなり。およそ準拠といふことはただ作者の心中にあることにて、後《のち》にそれをことごとく考へ当つるにも《考えて当てはめるにも》及ばぬことなれども、古来沙汰《さた》《議論》あることゆゑ、その趣《様子》きをあらあら《ざっと》いふなり。緊要《きんえう》のことにはあらず。

光源氏を始め物語の中の人々、みな作りたるものなれば、《〔現実世界には〕》その人なし。しかるを四五条に夕顔《ゆふがほ》の旧跡《きうせき》、五須磨《すま》の浦《うら》に源氏の旧跡、六長谷《はせ》に玉鬘《たまかづら》の旧跡などのあるは、みな七好事《かうず》の者の所為《しよゐ》なり。これらはむげ《非常に》

一 二五頁注一〇参照。
二 必ず一人の登場人物を一人の実在人物に当てはめて書いた、というわけでもない。
三 日本と中国。
四 京都の五条。「夕顔」は源氏の愛人の一人で、五条あたりに住んでいた。『都名所図会』二に、「夕顔塚は五条あたり、今の堺町松原の北にあり。『源氏物語』に出づる夕顔の前、この所に住みけるよしいひ伝へり」という。
五 神戸市須磨区。源氏は政敵に圧迫されて、須磨に流謫された。『摂津名所図会』八に、「光源氏の旧蹟〈須磨寺の西南に源光寺といふ本願寺御門跡末の道場あり。この地をいふ。『源氏物語』は作り双紙なれば、古跡のあるべくとも思はれず…〉」という。
六 奈良県桜井市。「玉鬘」は、夕顔が源氏の寵《ちよう》を受ける前、頭《とう》の中将との間にもうけた娘。長谷寺に参拝したことがある。四七頁注八参照。『大和名所図会』四に、「長谷寺の川東に玉鬘の石碑とて、尼の庵の庭に五輪あり」という。
七 好事家がでっち上げたものである。

にあさはかなることなれば、惑《まど》ふべきことにもあらねど《それに惑わされるはずのないことであるが》、それを実《まこと》と思ふ人もまれにはあれば、一筆《ひとふで》いひおくなり。

題号の事

「『光源氏《ひかるげんじ》[八]の物語《ものがたり》』といふべし」といふ説、まことにくはしくいはばさあるべきことなれど《そうあるはずのことではあるが》、すなはち式部が『日記』に云はく、「内《うち》[九]の《帝》上の《が》『源氏の物語』人に読ませ給ひつつ《音読させられながら》」、また云はく、「『源氏の物語』御前《おまへ》[一〇]にあるを云々」などと、ただ『源氏の物語』とあり。その外《ほか》[一一]古き物にもみな然《しか》り。「光」の字、付くるに及ばざることなり。「光《ひかる》」はこの君の諱《いみな》[一二]のやうなり。高麗人《こまうど》[一三]のつけ奉《たてまつ》りたるよし、桐壺《きりつぼ》(二)の巻に見ゆ。さてこの君のかたちを《容姿を》ほむる詞《ことば》には、巻々(三)いづれも「ひかり」といふことを多くいへり。匂宮《にほふのみや》[一四]の巻の発端にも、「ひかり

「源氏」の意味
「物語」の意味

八 『河海抄』の「料簡」に、「ある説に云はく、この物語をば必ず『光源氏物語』と号すべし。いにしへ源氏といふ物語あまたある中に、『光源氏物語』は紫式部が製作なりと云々」とある。
九 一条天皇を指す。
一〇 中宮彰子の御前に。
一一 『湖月抄』の「発端」に、『紫式部日記』の、右に引用のくだりをあげた次に、「また『水鏡』にも、紫式部が『源氏物語』と書けり。代々の集の詞（歌集の詞書）、これも同じ」とある。
一二 ここでは、貴人の実名を呼ぶことは非礼なので、それに代るものとして用いられる通称、呼び名、の意。
一三 高麗から渡来した人相見（一九四頁注一参照）が「光君」とお名づけ申し上げた。原注二参照。
一四 光源氏がお亡くなりになった後。匂宮の巻は、源氏の死が語られていたはずの雲隠《くもがくれ》の巻の次の巻。

隠《かく》れ給ひにし後」と書き出《い》だせり。また薫《かをる》[一]のことをほむる詞《ことば》には、「かをり」といふことを多くいへり。

さて「源氏」[二]はこの君の姓なり。桐壺の巻、元服《げんぷく》の時「源」の姓を賜《たまは》り給ふこと見えたり。その外にも皇子の源氏になり給へるが多くあるべきゆゑに（皇子が臣籍に降って源氏となられた例が多くあったのであろうから）、この君を「光源氏」と申すなり。物語の中に、「光源氏」(四)と続きたる詞は、帚木《ははきぎ》の巻の発端《ほつたん》に見ゆ。さて皇子の源氏になり給ふことは、『新撰姓氏録《しんせんしやうじろく》』[三]に曰《い》はく、

源《みなもとノ》朝臣《あそみ》信　年《とし》六（腹《はらハ》広井《ひろゐ》氏）、弟《おとうと》源《ノ》朝臣弘　年四（腹上毛野《ハかみつけの》氏）、弟源《ノ》朝臣常　年四、弟源朝臣明　年二（已上《いじやう》二人、腹飯高《ハいひだか》氏）、妹源《ノ》朝臣貞姫　年六（腹布勢《ハふせ》氏）、妹源《ノ》朝臣潔姫　年六、妹源《ノ》朝臣全姫　年四（已上二人、腹当麻《ハたぎま》氏）、妹源《ノ》朝臣善姫　年二（腹百済《ハくだら》氏）。信等《ら》八人《ハ》、是今上《これきんじやうノ》[四]親王《しんわうナリ》也。而《しかルニ》依二弘仁《こうにん》五年五月八日勅《ノちよくニ》一[五]、賜《たまヒ》レ姓《ヲ》、貫《くわんス》[六]二於左《さ》京《きやう》一条《いちでう》一坊《ばうニ》一。即《すなはチ》以《もチテ》レ信《ヲ》為《なス》二戸主《こノと》一

とある、この男女八人みな嵯峨《さが》天皇の御子にて、「源氏」の姓、こ

一　源氏の正室の女三の宮が、柏木の衛門《えもん》の督《かみ》と密通して産んだ男子。宇治十帖の主人公。生れつき芳香が身にそなわっていた。匂宮の巻に「例の、中将（薫を指す）の御かをり」などとある。

二　嵯峨天皇の時、臣籍に降下した諸皇子に「源」の姓を賜って以来、臣籍に降下した皇子は源氏を称するのが例となった。

三　古代の畿内《きない》の諸氏を系譜によって皇別・神別・諸蕃・未定雑姓に分類した書。嵯峨天皇の弘仁六年（八一五）成立。ここの引用は巻二「左京皇別上」に見える。訓は、底本にほどこされた訓点に従いつつ、校注者の私見を加えた。

四　嵯峨天皇を指す。

五　右の皇子・皇女に源姓を賜って臣籍に降すという詔勅。『河海抄』一の、桐壺の巻の源氏賜姓の個所の注に、「『日本後紀』に曰く」として、その詔勅の全文を掲げる。現行『日本後紀』ではそのくだりは散逸しているが、詔勅は『類聚三代格』所載のものによっても見ることができる。

六　左京一条一坊を本籍地とした、の意。「貫」は戸籍に記載されること。

れが始めなり。その後御代々、皇子に姓を賜ふはみな「源の朝臣」なり。「源(五)」の字の注[七]は無用なり。

物語といふは、『日本紀』[八]に「談」の字を「ものがたり」とよめり。書《ふみ》に名づくることは、絵合《ゑあはせ》の巻《まき》に云はく、「[九]まづ物語の出《い》で来《き》始めの親なる『竹取の翁《おきな》』に、『宇津保《うつほ》』[一〇]の俊蔭《としかげ》を合せてあらそふ」とあれば、『竹取物語』その始めなるべし。その作者知れず、時代もさだかならねど《はっきりしないが》、いたく《非常に》上代のものにはあらず。今の京になりて《都が平安京にうつって》後のことと見えたり。そのゆゑは、まづ仮字《かな》(ひらかなのことなり)といふもの、今の京となりて後に出で来たるものにて、仮字にて書く文章はもとよりその後のことなり。その以前は歌の詞書《ことばがき》などもみな漢文に書けり。『萬葉』などのごとし。歌は漢文に書きがたければ《書きにくいので》、文字の音《こゑ》ばかりを借りて書けり。その外はみな漢文なり([一一]このこと、なほくはしく別に論ず)。さてこの外古物語《ふるものがたり》、『源氏』より前の物語、さまざま数多くありと見えて、[一二]その名今に聞えたり《その名が今でも残っている》。され

七 底本は「註」。底本、『石上私淑言』を含めてすべて「註」字を用いるが、書名の場合を除いて「注」に改める。

八 「日本紀」は『日本書紀』の古称。江戸時代にもっとも流布した同書寛文九年(一六六九)版本の傍訓に、「言談ミモノカタリ」「所談モノカタリコト」(ともに「雄略紀」即位前紀)などの例がある。

九 冷泉院《れいぜいいん》の後宮において、源氏が肩入れする秋好む中宮(一四〇頁注一参照)と、源氏の友人致仕《ちじ》の太政大臣(雨夜《あまよ》の品定めの頭《とう》の中将)の娘の弘徽殿《こきでん》の女御《にょうご》とが対抗し、藤壺の御前で物語絵合せが行われる。そのくだりの一節。

10 『宇津保《うつほ》物語』。『源氏物語』に先立って成立した物語。「俊蔭」はその第一巻の巻名。宣長のころには『宇津保物語』は延宝五年(一六七七)版本で読まれていたが、巻序の乱れた劣悪なテキストで、後に宣長の門人の田中道麿が巻序を正した。

一一 この時の宣長は古代における漢文と日本語表記との関係について詳しい論を著わすつもりでいたのであろうが、本書『紫文要領』成立の宝暦十三年ごろの著述にそれに相当するものはない。後年の『古事記伝』一の「文体《かきざま》の事」が、その問題を論じている。

一二 『源氏物語』に書名が見えるものだけでも、『藐姑射《はこや》の刀自《とじ》』『唐守《からもり》』『正三位《しょうさんみ》』『芹川《せりかわ》の大将』『交野《かたの》の少将』などの散逸物語がある。

ど今の世に伝はらぬもの多し。伝はりたるものは少々なり。『源氏』の《と》同じころ、それより後のものも多し。そのうち、虚実・浅深・広狭さまざまの異《い》あれども、畢竟《ひつきやう》は物語といふは、いま児女子《じぢよし》《女子供》のいふ一「昔ばなし」なり。

今この『源氏』も(六)かの古物語どもにならひて名づけたり。昔の物語、大方《おほかた》みなその中に詮《せん》といふ人の名をもて《主人公の名前をもって》名づくること多し。今この物語も、光源氏といふ人のことを昔ばなしにする心なり。ゆゑに発端《ほつたん》に二「いづれの御時《おほんとき》にか」と書き出だせり。

雑々《くさぐさ》の論《無用の議論いろいろ》

三「源氏六十帖《でふ》」といふは天台《てんだい》の六十巻に擬《ぎ》す《なぞらえた》といふこと、うけがたし《承認できない》。まづこの書は五十四帖なり。六十帖といふことなし。〔源氏六十帖というのは〕世俗の称

一 六三頁注四に引いた賀茂真淵の『伊勢物語古意』総論では、「今云ふ昔々の例《あと》なし物語」といういい方をしている。

二 桐壺の巻の冒頭。後年の『源氏物語玉の小櫛』一に、「この物語はすべて作り物語にて、今の世にいはゆる昔ばなしなり。さるゆゑに、『昔いづれの御時にかありけん、かかることのありし』といへるにて、この詞《ことば》、一部(物語全体)にわたれり」とある。

三 『源氏物語』が六十帖であったという説は、『今鏡』一〇に「六十帖などまで作り給へる書」というなど、平安末期以来あって、中世には「源氏六十帖」といういい方が固定した。さらにその六十という数字に意味を持たせて、紫式部は天台六十巻(『法華玄義』十巻・『摩訶止観』十巻など天台宗で重視する六部六十巻の仏書)にならって書いたのだという説も発生した。『湖月抄』の「発端」には、その説を紹介した上で、松永貞徳の説として「(『源氏物語』は実際には)五十四帖にて終れり。この心は、天台六十巻も『止観』の十段のうち三段欠けたり。その心なり」などといっている。

四 『湖月抄』の「発端」に、三条西実枝の説として見える。「巻々の次第、司馬遷が『史記』に依《よ》る。本紀十二巻、桐壺より匂宮に至る。世家三十巻、宇治十帖を以て之を比す。列伝七十巻、並び(の巻)を以て之を擬す」。「本紀」は帝王の事跡を叙述した部分、「世家」は諸侯

なり。たとひ六十帖あらんにても《あったとしても》、それまでの準拠無用なり《そこまで準拠を求める必要はない》。また四巻々の例《れい》、『史記《しき》』の本紀《ほんぎ》・世家《せいか》・列伝《れつでん》によるといふ、これまた当らず。大方《おほかた》かやうのことは《こうしたことは》、後に当てていへば《後になって当てはめていうので》、何にても似たることもあり。物の数なども何ぞの数には合ふものなれど《何かのいわれのある数に合致するものであるが》、これはみなおのづから《偶然》似たることも符合《ふがふ》することもあるなり。それにかたどる《それになぞらえる》、これによるなどいふは、ひがこと《誤り》なり。

五竪《たて》・横《よこ》 並《なら》びのこと、さして用なきことなり《あまり必要のないことである》。されど古来沙汰《さた》あることなれば《議論のあることなので》、ひとわたりは《一応は》知りおくべし《知っておいた方がよい》。深く穿鑿《せんさく》するは無用のことなり。

系図と年表は必要

物語の中《うち》、人々の系図のこと、これは確かに覚えおくべきことなり。その人々の系図・由緒《ゆいしよ》を知らでは《知らなければ》、意味の聞えがたき《意味が理解しにくいこと》こともあり、また聞えてもこまやかなる味《あぢは》ひの知れぬことあるゆゑに、六後成《ごじやう》恩寺《おんじ》殿《どの》（一条兼良《かねら》公）御作の系図あり。見るべし。ただしこの系図にはもれたる人多く、また誤りもままありて《時々あって》、人の惑《まど》ふことなり。

など世襲の家柄の記録、「列伝」は人臣の伝記。

五 竪《たて》の並びと横の並びの意。『源氏物語』の巻々を、本筋を述べる巻と脇筋を述べる巻とに分類し、後者を「並びの巻」と呼ぶ。たとえば冒頭の部分は、桐壺《きりつぼ》・帚《はは》木《ぎ》の巻の次、本筋の話は若紫の巻に続き、その間にはさまれた空蟬《うつせみ》・夕顔《ゆうがお》の二帖は帚木の並びの巻である、と考える。並びの巻はさらに「竪の並び」「横の並び」「竪横を兼ねたる並び」の三種に分けられる。竪の並びとは、帚木が源氏十七歳の夏のことを書くのに対して、空蟬・夕顔はその年の夏秋冬のことを書くというように、時間の流れに従っているものをいう。横の並びとは、澪標《みおつくし》の巻が源氏二十七歳から二十八歳の十二月までのことを書くのに対して、その並びの巻である関屋《せきや》は源氏二十八歳の九月のことを書いており、時間の流れにおいて本筋の巻に並行しているものをいう。竪横を兼ねたる並びとは、前二者の性格がまざっているものをいう。こうした考え方は『河海抄』に始まり、個々の巻をどう認定するかなど、旧注の間で論議が重ねられた。

六 「後成恩寺殿…御作の」は、底本に欠。自筆稿本により補う。一条兼良は『花鳥余情』の著者。兼良制作の「源氏物語系図」が『湖月抄』首巻に収められている。著者北村季吟の奥書に、「この系図の人名及び注の小書《こがき》等、不審の事少なからず。蓋《けだ》し河内本・青表紙等の本、差異あるを以ての故か、且つまた展転書写の誤りか」という。

よりてその後の抄《せう》どもに不審《ふしん》し、あるいは改め考へられたれども、なほ全備せず《まだ完全ではない》。よりて今新たにくはしく考へて残らず記すところ、[一]新系図別にあり。

人々の年齢・巻々の年紀《ねんき》[二]のこと、これは専要《せんえう》にあらず《重要ではない》といへども、[三]唐《もろこし》の文《ふみ》どもにも年表といふものあり。今の物語《この源氏物語は》は作りごとながら年紀を正して《正確に踏まえて》書けるものなれば、便りとなることあれば《〔年表を作っておくと〕助けとなることがあるので》、これも古来沙汰《さた》ありて《議論があって》、[四]同御作年立《どうおんさくとしだて》あれども、誤り多し。宇治《うぢ》の巻々に《宇治十帖の巻々に》至りては、ことに混雑して《混乱して》ひがこと《誤り》多し。諸抄これを正すといへども、なほ誤りをまぬかれざる事どもあるゆゑ、今また[五]『年紀考《ねんきかう》』といふものにくはしくこれを弁《べん》じ、明らかにこれを示す年紀の図《づ》をなして、[六]童蒙《どうもう》に便《べん》す。巻々の次第《しだい》、見やすからしめんためなり《一目で分るようにするためである》。

河内本と青表紙本

[七]河内本《かはちぼん》・青表紙《あをべうし》とて、この物語二本に分れたりといふ。近代《近年の》の先《せん》達《だち》《先学は皆》みな青表紙を用《もち》いらるるなり。よりてこれを考ふるに、今は二本の差別《けぢめ》なし《差異は存在しない》。大方今の世に伝はるは青表紙のみと見えたり。予《まろ》《私は》この

一 この時の宣長は系図をみずから新たに作るつもりでいたのであろうが、それは果されなかった。後年の『源氏物語玉の小櫛』一に「おのれ、今新たにくはしく考へ定めて、新系図を作らまほしく思ひわたれど、暇《いとま》なくていまだ果さず」という。
二 「年代」と同義。
三 「文」は、ここでは書物の意。『史記』の「十二諸侯年表」に始まり、以後いくつかの年表がある。
四 一条兼良作の年立《としだて》（作中の事件の進行の年表）。『湖月抄』の首巻に掲げる。古来の諸注や季吟自身の疑問点を頭書《かしらがき》するが、宣長のいうとおり宇治十帖にことに疑問点が多い。
五 『源氏物語年紀考』一冊。宣長の自筆本が松阪市の本居宣長記念館に蔵されている。『紫文要領』と同じころの成立と推定される。各巻における光源氏の年齢（宇治十帖は薫の年齢）を考証してあり、それを図表化した「源氏物語年紀図説」を添える。それまでは帚木の巻における源氏は十六歳であるとされていたのを、十七歳とするなどの新説を立てている。
六 幼くて道理に暗い者。ここでは初学者の意。
七 河内本は、鎌倉初期に河内守源光行・親行父子が整定したテキスト。青表紙本は、藤原定家が整定したテキスト。『湖月抄』の「発端」に、河内本について、この本は文意の通じやすいように私意をもって語句の削除や補入を行なっており、「作意の本意とは違うたるなり」

という。今日の研究においてもほぼそのように認められている。『湖月抄』など江戸時代に出版された『源氏物語』のテキストはすべて青表紙本系統である。なお後年の『源氏物語玉の小櫛』一に次のようにいう、「本は、むかし河内本といふと、青表紙といふと、大方二やう有りしとぞ。その中に、定家中納言の本なるをもて、近き諸抄なべて、よき悪しきをいはず、ひたぶるに青表紙の方を取られたるさまなるは、いかにぞや。いづれの本にまれ、よき悪しきにつきてこそ取りも棄てもすべきわざなれ、必ずその主（ここでは校訂者の意）によりて定むべきにはあらざるをや」。

八 たとえば『湖月抄』の首巻において、一条兼良の年立の源氏十八歳の項に「十月、藤壺の女御の立后の事」とある部分に頭書して、「藤壺の立后、十月とするの事、河内本なり。青表紙の本は七月とす」とある。これは『源氏物語』の本文では紅葉賀《もみじのが》の巻末近い部分が該当し、通行のテキストには「七月にぞ后ゐ給ふめりし」とあるのに、『花鳥余情』には語釈の見出しとして「十月にぞ后ゐ給ふめりし」という形で掲げられている。『湖月抄』の著者、北村季吟はこの『花鳥余情』の形を河内本と認めて右のように頭書したのであって、河内本の紅葉賀そのものを見ているわけではない、というのが宣長の説。事実そのとおりであろう。

九 藤原定家を指す。

一〇 底本・自筆稿本ともに「多」。底本で右傍に「他歟」と注記するのに従う。

物語を深く好むによりて、さいつころより《先ごろから》多本《たほん》を考へ《多くの本をくらべ》、家々の蔵本などをもかれこれ《あれこれ》見たりしかども、これは河内本、これは青表紙と、全篇分れたるは見ず《全体を通して分れている本は見つからなかった》。そのうち少々の異同はあれども、まづ大抵《たいてい》先達の青表紙といへる本なり。その中にまま《時々》河内本といへる方《かた》より《かたむ》たる《いた》ところのある本もあれども、全篇は然《しか》らず《そうではない》。されば河内本は今は大方《おほかた》流布《るふ》せずと見えたり。この事なほさだかならず《いまだにはっきりしておらず》して、かれこれ《誰かれに》につきて尋《たづ》ねしかども《尋ねたけれども》、確かに河内本見たる人もなし。八近き世の抄物《せうもの》に分けていへるは《河内本と特にいっているのは》、古抄《こせう》にあるを《あるのを》引きていふなり。今見及ぶところ、多本のうち、たとひ河内にもあれ青表紙にもあれ、よきを用《よい本文を採》い《用し》、悪しき《悪い本文》方《かた》を除きて《を捨てて》見るべきこととなり。すべて仮名物語諸書、今の世に伝はるところ、いづれも伝写《でんしや》の誤り、仮名づかひの違《ちが》ひ、脱落、誤字等多くして、さとしがたき《理解しにくい》ところ多きに、この物語は、京《きやう》九極黄門《ごくくわうもん》を始め世々《よよ》の先達《せんだち》心を尽し、深くもてあそばれて《愛好されて》、賞翫《しやうくわん》一〇他書に異なるゆゑに、諸本ともに誤り少なく、善本《ぜんぽん》多し。幸ひに式部《幸運にも紫式部》

が旧《の原本の形を》を残してその本《もと》を失はざること、仰《あふ》ぐべし《尊ぶべきである》、悦ぶべし。

河海抄と花鳥余情は必読すべし

注釈《ちゆうさく》の事

おほよそこの物語におきて、『河海抄《かかいせう》』[一]、第一の抄物《せうもの》[二]なり。その前[三]にも少々あれども、広からず《取り上げた語が少なく》、くはしからず《注釈も簡単で》、考へ残せることのみ多し《考えもらしたことが非常に多い》。しかるにこの抄は和漢の儒仏百家《じゆぶつひやくか》[四]の書を広く考へ出《い》だして、事跡《じせき》・故実《こじつ》・由縁《ゆえん》・出処《しゆつしよ》、大方《おほかた》残るところなく解《げ》せられたり。まことにこの物語につきて至宝《しほう》といふべし。その後『花鳥余情《くわてうよせい》』[五]あり。『河海』の誤れるところを弁じ、もれたるところ《注釈のもれた部分を》を考へ加へ、その外《ほか》、後世学者のために便《たよ》りとなること多し。右両抄は必ず見ではかなはぬものなり《右の二つの注釈書は必ず見なければならないものである》。大方《おほかた》『源氏』はこの二抄にて大抵《たいてい》解《げ》しがたきこと《理解しにくい事がらは》は解するなり。二抄にておぼつかなきことは《はっきりしないことは》、後々《のちのち》の抄にても明ら

一　四辻善成著。貞治《じようじ》（一三六二〜八）の初めごろ成立。語釈・詩歌の引用の指摘・有職故実《ゆうそくこじつ》の説明・準拠の考察などを詳細に行い、今日でも『源氏物語』の古注釈のうちもっとも重要なものとされている。
二　ここでは注釈書の意。
三　この時点で宣長がどの程度実際に目を通していたのか、不明。『宝暦二年以後購求謄写書籍』によって、宝暦三年七月に『弘安源氏論義』（一二八〇年成立）を書写していたことが知られるが、書名を聞き知るだけのものも多かったであろう。
四　儒教・仏教など多くの書物。
五　一条兼良著。文明四年（一四七二）成立。『河海抄』の補正を意図したもので、本文に即した解釈が精密になっている。
六　『細流抄』。三条西実隆《さねたか》著。永正七〜十年（一五一〇〜一三）の間に成立。
七　兼良・宗祇《そうぎ》の説をまとめた肖柏《しようはく》の『源氏聞書《ききがき》』をもとに、三条西実隆が著わした書。永正元年（一五〇四）ごろ成立。
八　三条西公条《きんえだ》著。天文八〜十年（一五三九〜四一）のころ成立。
九　九条稙通《たねみち》著。天正三年（一五七五）成立。
一〇　中院通勝著。慶長三年（一五九八）成立。
一一　里村紹巴《しようは》著。近世初期に出版されているが、成立・出版年次は不明。
一二　延宝元年（一六七三）成立。同三年刊。注釈書と

しての性格は、以下の宣長の説明のとおりである。首巻「発端」の「凡例」の項に、「『細流』『孟津』の両抄をもととして、『河海』『花鳥』の要を取り、『弄花』『明星』を拾ひ、聞けるところの師説を交へ、かつ愚かなる辟案《へきあん》（自分の考え）を加へて、初心の人の助けとするものなり」とある。『宝暦二年以後購求謄写書籍』によれば、宣長は宝暦七年八月、金一両三歩と銀二百匁（高価すぎるので誤りがあろう）で『湖月抄』を購入している。なお宣長は、以上にあげた旧注のうち、『河海抄』と『花鳥余情』は原本を見ていたであろうが、『細流抄』から『孟津抄』までは『湖月抄』に引用されているものを見ただけと考えられる。

一三 北村季吟。寛永元年（一六二四）～宝永二年（一七〇五）。古典学者・歌人・連歌師。元禄二年（一六八九）幕府に歌学方として召し抱えられた。『湖月抄』のほか、『枕草子春曙抄』『徒然草文段抄』など古典注釈の著述が多い。

湖月抄は便利

一四 『湖月抄』の特徴は、従来の諸説を適宜取捨した穏健な注釈態度とともに、『源氏物語』の本文を全文掲げたところにある。つまり頭書《かしらがき》（頭注）と傍注を付したテキストという点が便利だったので、幕末に至るまで広く読まれた。

一五 「師説」は季吟の師箕形《みかた》如庵の説。「今案」は季吟自身の説。

一六 この説の出典は未詳。ただし歌学一般についてのこのような考え方は、三八頁注五参照。

かならず。ただし巻々の中におきてただ何となきところに《これという問題点のない個所に》、注し誤りたることが多きなり。ゆゑに一段一段の詞《ことば》のこまやかなることの注におきては、右二抄用《もち》いがたきこと多し。

この後『細流《さいりう》』[六]あり。右二抄の誤りあるところを正し、かれこれ《あれこれと》考へられたり。この外《ほか》、『弄花抄《ろうくわせう》』[七]『明星抄《みやうじやうせう》』[八]『孟津抄《まうしんせう》』[九]『岷江入楚《みんがうにつそ》』[一〇]などいふあり。また『源氏物語抄』[一一]といふものもあり。その外もかれこれ抄物多し。みな格別《かくべち》のことはなし。すこしづつ変りたるまでなり《変っているだけのことである》。

『湖月抄《こげつせう》』[一二]といふものは季吟法印《きぎんほふいん》[一三]の作なり。これは先々《さきざき》の抄《先行の》どもを合せて《総合して》よきほどに《適度に》引き出だし《引用し》、本文を[一四]残らずあげて、頭書《かしらがき》と傍注《ばうちゆう》とに諸抄をあげ、まま《所々》師説《しせつ》[一五]・今案《こんあん》などもまじへたり。ゆゑに初心はもとより《初心者はいうまでもなく》、見る人《読む人にとって》の大きに簡便なる抄なり。よりてこの抄出《い》で来《き》て後は、諸抄ともに大抵そなはりたるものゆゑ《いろいろな注釈書は大体この湖月抄に引用されているので》、人ごとに《誰もかれも》これを見るほどに、今は世間一同に《世間全般に》この抄を用ゆるなり。これにつきて、「『湖《こ》[一六]

月《げつ》』は地下《ちげ》の人の作にて《民間人の著述であって》、一向《いつかう》用ゆるにたらぬものなり《まったく用いる価値のないものである》。さらに物《まったく物語》語の本義にかなはず」といふ人あり。これは心得ぬことなり《理解できないことである》。まづ地下は用いぬといふこと、もとよりいふにたらぬ愚昧《ぐまい》のことなれども、しひてさいはばそれにしても《そういうのならばそういうことにしても》、この抄《せう》も季吟《きぎん》の今案《新たな解釈》ばかりならばこそ[一]さもあるべけれ、今案は十が一二にして《十のうち一つか二つで》、余《よ》はみな古来先《せん》達《だち》の抄を引きて、みな[二]堂上《だうじやう》の御説《おせつ》、もとよりこの道の先達の説なり。それをわきまへず、一向に用いずといはば、先達の説を用いぬなり。[三]それも先達の説どもを離れて格別《かくべち》の見解《けんげ》あらば、それは論の限りにあらず《話が別である》。まづ大抵《たいてい》『湖月』はよきものなり。初心の人も大抵の学者も、見て誤りなかるべし《参考にしても差支えないであろう》。ただしこれは世間《せけん》普通の[四]歌学《かがく》につきていふなり。もし深く[五]この道を執《しふ》し、[六]古義《こぎ》を尋《たづ》ね、歌道の誠の味《あぢは》ひを覚え、物語の真実の意《こころ》を見んとする時は、諸抄《どの注釈書も》ともに用いがたきこと《採用しがたい説が》多ければ《多いので》、この抄もとより頼むにたらず《この湖月抄ももちろん頼りとするにたりない》。別に[七]一隻眼《いつせきがん》を具《ぐ》して見るべし。

一　地下《じげ》の説ということにもなるだろうが。
二　公家《くげ》の間に伝承されてきた説。
三　季吟の説を用いないという人が、先学の説以外の格別の見識を持っているのなら。
四　和歌についての学問。宣長が『源氏物語』を正しく理解することは和歌を学ぶ上で重要であると考えていたことについては、「歌人、この物語を見る心ばへの事」（二二三頁以下）参照。
五　歌の道に打ちこみ。
六　古代の歌の道の正しい道理を求め。
七　独自の見識をそなえて読まねばならない。
八　元禄十六年（一七〇三）成立。著者安藤為章は万《まん》治《じ》二年（一六五九）〜享保《きようほう》元年（一七一六）。徳川光圀《みつくに》に仕えた古典学者。この書は注釈書ではなく、「才徳兼備」から「正伝説誤」までの七章に分れて、紫式部の人物像や、『源氏物語』の成立時期・文体の特徴・主旨などを考証、論評する。『源氏物語』についての包括的な研究書として最初のものである。『宝暦二年以後購求謄写書籍』によれば、宣長は宝暦三年八月、『紫家七論』を人に借りて書写している。
九　真言宗の僧侶で、大阪高津《こうず》の円珠庵《えんじゆあん》に住した。寛永十七年（一六四〇）〜元禄十四年（一七〇一）。それまでの古典学とは異なる実証的な方法で古典注釈や国語の研究にすぐれた業績をあげ、国学の祖といわれる。宣長は京都遊学中に契沖の『百人一首改観《かいかん》抄』

紫家七論

右〔すでにふれた〕にもいへる『紫家七論《しかしちろん》』[八]といふものあり。これは物語の注にはあらねど、一部の大意を論じ、紫式部が才徳などくはしく考へて、一見識あり。古来の妄説《まうせつ》どもを『日記〔紫式部日記〕』など引きてくはしく弁じたり。必ず見るべきものなり。

契沖の源註拾遺

契沖師《けいちゆうし》[九]の『源註拾遺《げんちゆうしふゐ》』[一〇]といふものあり。これはまた格別の力量の人なれば、珍しきこと多し〔独特の説が多い〕。すべてこの人の著述の書は、いづれも近世の浮説《ふせつ》[一一]をば一向取らず〔まったく採用せず〕、古書を引きて証せらる[一二]。これによりて発明[一三]ことに多し。まことに歌学におきては肩を並ぶる者なし。ひとたびこの人の説を見る時は、近代のあさはかなる妄説どもはとるにもたらぬことなり。しかるに『源氏』は、古来の注ども次第にくはしくして〔時代を追って詳しくなってきて〕誤り多からずとて、別に注はせられず。ただかれこれ考へもれたること〔古来の注に考えもらしたこと〕、誤れることを拾ひて、「拾遺《しふゐ》」とせらるるよし〔なさったということが〕、見えたり〔書名や内容から分る〕。

右《みぎ》古来諸抄、残るところなく注解こまやかなりといへども、文章

『古今余材抄《こきんよざい》』『勢語臆断《せいごおくだん》』などの古典注釈書に接して感服し、古典研究の方法について大きな示唆を得た。京都遊学中、あるいは郷里松阪へ帰って直後に書いた歌論『排芦小船《あしわけおぶね》』第六三項に、『石上私淑言』四四八頁注一所引のくだりに続けて、「予さいはひにこの人（契沖）の書を見て、早速に目がさめたるゆゑに、この道（歌学）の味《あぢは》ひおのづから心に明らかになりて、近世のやう（近ごろの学風）のわろきことをさとれり。これひとへに沖師の賜物《たまもの》なり」と記している。

一〇 元禄九年（一六九六）成立。書名の由来は以下に宣長のいうとおりである。全八冊の第一冊を「大意」と題して、『源氏物語』についての種々の論を断片的に述べる。その中に、天台六十巻になぞらえたという説を否定したり、勧善懲悪論の『源氏物語』享受を否定したりする論があって、宣長に示唆《しさ》を与えたと推定される。他の七冊は注釈で、先行の注釈書の誤りを訂正することが多い。『宝暦二年以後購求謄写書籍』によれば、宣長は明和二年三月、『源註拾遺』を人に借りて書写しているが、これは本書『紫文要領』執筆後のことになる。京都遊学中に読む機会があったはずである。

一一 論拠の薄弱な説。

一二 三九頁注八参照。

一三 新しいすぐれた見解。

の意味、[一]真《まこと》の跡《あと》を尽《つく》してこれを解《げ》したることなし。みな[二]ひとわたり聞《きこ》ゆるを詮《せん》として、その上の深き味《あぢは》ひを求めず。このゆゑに学者誤ること多し。[三]なほ別にくはしくこれを論ぜり。

秘説などは信用するに足りない

[四]某《そこ》の御家《おいへ》の秘説《ひせつ》なり、某殿《それどの》の御説なり、などといひて、やむごとなき人（尊い身分の人の）の説をばみだりに信用する人あり。今世《せ》間《けん》一同に然《しか》り。おほよそ[五]学問といふものは、諸道ともに貴賤《きせん》をもて勝劣《しようれつ》を分つもの（区別するようなもの）にあらず（ではない）。またその家とて定まりたるが（古典注釈の家柄として定まっている家の人の説が）必ずよきものにもあらず。[六]いたりて（きわめて）賤《いや》しく、その家に生れねども、すぐれてよきが出《い》で来《く》ること常なり。[七]歌の道は性情より出づるものにて（〔家柄ではなく〕人の心から生れるもので）、その人の才智と好《す》き（熱意）とによること、もとよりいふに及ばざること、歌学もまた然なり（そうなのである）。さればその家その人とてみだりに信ずべきにあらず。ただそのよし悪《あ》しをもて分つべきことなり。そのよきと悪しきとを分つことあたはず（区別することのできないような）、むげの初心はいふにもたらぬことなれども（まったくの初心者は問題外なのであるが）、それとても右にいふ心得あるべきことなるに、ただ貴家をばすぐれたりとのみ一筋に（ひたすら）

一 真実の痕跡を残るくまなく探しあてて文章の意味を解釈してはいない。

二 一応意味がつかめるということだけを重んじて。

三 一六九頁以下の記述を指す。

四 どこそこの名家にひそかに伝えられた説である、誰それという身分の高いお方のお説である、の意。たとえば『湖月抄』の「発端」の「凡例」に、「十五ヶの秘訣、三ヶの口伝《くでん》」ということが出てくる。『源氏物語』はきわめて重視された古典であったから、秘説も多く発生した。

五 学問ばかりでなく、詠歌についても宣長は同様の考えを持っていた。『排芦小船』第五五項に、「世みな思へらく、歌は堂上《だうじやう》によらではかなはぬことなり、地《ぢ》下《げ》の歌は一向用いがたしと云ふ。またその堂上の内につきても、二条家で候、冷泉家で候、道統相伝の御家で候など云ふことは、聞くもうたてしきことなり。……まづ『古今』の序に、生きとし生ける物は鶯・蛙までもおのれおのれが歌をよむとあるに、ましてや人として、などかは歌をえよまざらん。そのよむ歌によし悪しはあるはずなれども、それも貴賤によるべきことにあらず。ただその人の器量知恵と力を用ゆると好きとのけぢめにこそよるべけれ、これ（歌の道）ばかりは、その家（専門の家柄）と云ふことはあるべからず」といっている。宣長が京都遊学中師事した堀景山

心得ゐるは《思いこんでいるのは》、いふにもたらぬ愚《おろ》かなることなり。
雑々《くさぐさ》の諸芸こそその家に伝はりてよきこともあるべきなれ《あるのであろうが》、この道の学問などは雑芸《ざふげい》のたぐひにはあらず。[八]確かに古《いにし》への書籍《ふみ》といふものあれば、それによりていふほど正しき説はなし。しかるに今の学者は、その正しき古への書籍の説をば用いずして、かの雑々の書《ふ》物《み》もなき技芸と同じやうに、その家とその人とを用ゆるは何ぞや《信用するのはどういうことだ》。[九]大方近世家々《いへいへ》の秘説《ひせつ》などいふは、多くは古への書《ふみ》をば深く考へずして、推量《おしはかり》にみだりにいへることのみなり。ゆゑに古き書を考ふる時はその誤り明らかなるものなり。されば某《そこ》の御家の秘説ぞ、某殿《それどの》の御説ぞ、などといひて高ぶる説を《いばっている説を》、みだりに信用すべからず。必ず古への書物に引き合せて、善悪邪正《じやしやう》をよくわきまへて[一〇]用捨《ようしや》すべし。これ、この物語を解《げ》する緊要《きんえう》なり《急所である》。また歌学の緊要なり。

の『不尽言』にも、「公家も地下も人に変りなければ、歌をよまんに、数奇《すき》で志さへ深からば、堂上・地下の差別はあるまじきことなり」などとある。
六 本書跋文《ばつぶん》（二四二頁）の「必ず人をもて言を棄つることなかれ」という言葉はここに呼応している。
七 『石上私淑言』第六四項（四〇五頁）参照。
八 確実な古い文献を資料にすれば、もっともらしい堂上の秘説などは実証的に打破することができる、の意。『排芦小船』第一七項に、「近代難波の契沖師、この道の学問に通じ、すべて古書を引証し、中古以来の妄説を破り、数百年来の非を正し…」という。
九 古今伝授を中心とする堂上歌学の権威主義に対する批判は、『排芦小船』で何回か説かれる。第六一項に「大方、古へこの事（古今伝授）なしと云ふことは、古き書物どもを見れば明らかに知るることなるを、今の人、書物をも考へず、本《もと》をも吟味せずして、みだりに信ずるは何ごとぞや。…その上に、偽りながらもその伝授の説がよき説ならば、用ゆべきこともあるべけれど、すべて『古今』に限らず、伝授と云ふに正説は一つもなし、みなよこしまなる僻説《へきせつ》、牽強付会《けんきやうふくわい》の事にて、一つもとるにたらず」。師景山の『不尽言』にも、「古今伝授せねば和歌はよまれぬものと云ふことにはなきこと、明白なり。和歌はわが朝の大道なり。すべて大道分明にして、少しも隠すことはなきはずのことにて、秘密する道は狭小なるものなればなり」という。
一〇 取捨選択すべきだ。

大意の事　上

物語は儒仏の書と本質を異にする

　この物語の大意《たいい》[七]、古来《こらい》の諸抄《しょせう》にさまざまの説あれども、式部が本意にかなひがたし《紫式部の本当の気持に添っていない》。およそこの物語を論ずるに、[一]異国の儒仏《じゅぶつ》の書をもてかれこれいふは当らぬことなり。異国の書とは大きにたぐひの異《こと》なるものなり。自然《じねん》に義理の符合することはあれども《おのずから趣旨が合致する場合はあるが》、それはそれなり。何の書によりて書く《異国のこの書物を参考にして書いた》、かの文にならひて作る《あの文章を手本にして作った》などいふこと、みな当らず、式部が意《こころ》に違《たが》へり。前に[二]もいへるごとく、わが国には物語といふ一体《一つの様式の》の書ありて、他の儒仏百家《じゅぶつひゃくか》の書とはまた全体たぐひの異なるものなり。

　さてその物語といふものは、いかなることを書きて、何のために見るものぞといふに、世にありとある《ありとあらゆる》よきこと・悪《あ》しきこと、珍し

一　儒教や仏教の書を基準にして『源氏物語』を論ずること。宣長が念頭においているのは、『湖月抄』の「発端」の「文法」「大意」の項に引かれる『明星抄』の、「人の善悪を褒貶《ほうへん》してこの物語にしるし出せるところは、『左伝』を学べり。孔子の『春秋』をしるさるる心は…勧善懲悪と云ふ、これなり。この物語の作者の本意、これなり」「この物語一部の大意、面《おもて》には好色妖艶を以つて建立せりといへども、作者の本意、人をして仁義五常の道に引き入れ、つひには中道実相の妙理を悟らしめて、出世（世俗を超越すること）の善根を成就すべしとなり。されば『河海』にも、君臣の交はり、仁義の道、好色の媒《なかだち》、菩提の縁にいたるまで、これをのせずと云ふことなしといへり」という道徳的『源氏』論で、これに対する具体的な批判は一六九頁一二行目以下に詳論される。

二　二九頁三行目以下参照。

三　『源氏物語』に即していうと、絵合《えあわせ》の巻に、『竹取物語』『宇津保物語』『伊勢物語』や、源氏の須磨・明石滞在中の日記の、趣きのある場面を絵にしたものを持ちよって、藤壺の御前と帝の御前とにおいて、二度の絵合の行われたことが見え、また東屋《あずまや》の巻に、浮舟が自分は絵を見ながら、女房に本文を音読させて物語を鑑賞する、などの例がある。

四　和歌はわが国の風習であって。『排芦小船』第三二項に、「歌は神代よりのならはせにて、事にふるる

きこと・面白きこと、をかしきこと・あはれなることのさまざまを、しどけなく《たわいなくも》女文字に書きて《仮名文字で書いて》、三その絵を書きまじへなどして、つれづれ《退屈》の慰《なぐさ》めに読み、または心のむすぼほれて《心が晴ればれとせず》物思はしき時のまぎらはしなどにするものなり。その中に歌の多きことは《和歌が多い理由は》、四国の風にして、五心をのぶるものなれば、六歌によりてその事の心も深く聞え、いまひときは哀れと見ゆるものなればなり《情趣深いと感じられるものだからである》。さていづれの物語にも、男女の中らひ《間がら》のことのみ多きは、集ども《種々の歌集に》に恋の歌の多きと同じことにて、人の情の深くかかる《かかわる点で》こと、恋にまさることなきゆゑなり（このこと、七なほ別に《別の書物に》くはしくいへり。八奥にもいへり。考《かむが》ふべし）。

源氏物語に見える「物語」という語

　さてその古き物語どもの趣《おもむ》き、それを見る人の心ばへなど、この『源氏の物語』の巻々所どころに見えたるを引きて《引用して》、その心ばへをいふべし。

　蓬生《よもぎふ》の巻に云はく、

九はかなき古歌《ふるうた》・物語などやうの御すさびごとにてこそ《お慰みごとによってこそ》、つれづ

ごとに詠じて、情をのぶることとなり」といっている。

五　ここは「心を述ぶる」ではなく、「心をのびやかにする」の意に解すべきところ。注四所引の『排芦小船』の「情をのぶる」、『石上私淑言』第一四項の「さてまた歌といふものは、物のあはれに堪へぬ時よみ出でて、おのづから心をのぶるのみにもあらず」（三一二頁）、また次頁（六行目）の総角《あげまき》の巻の「人の心をのぶる」についての宣長の理解も同様であろう。

六　作中の和歌を通して、書かれている事がらの趣きも深く理解でき。

七　『排芦小船』第三〇・三三・三四項を指す。『石上私淑言』四二〇頁注二・四三〇頁注一参照。

八　本書の後の方にも。一四一頁以下参照。

九　源氏が須磨に流謫《るたく》されたあと、庇護者を失ってわびしく暮す末摘花《すえつむはな》（八六頁注三参照）の日常を述べたくだりの一節。この部分のやや後に、「古めきたる御厨子《づし》あけて、『唐守《からもり》』『藐姑射《はこや》の刀自《とじ》』『かぐや姫』の物語の絵にかきたるをぞ、時々のまさぐりものにし給ふ」とあって、当時の物語の名をあげる。『かぐや姫』は現在の『竹取物語』、他の二つは散逸物語。なお、以下『源氏物語』の引用文を改行して示す場合、底本では引用文を行頭から起し、それについての宣長の説明を三字下げて記すが、本集成では逆に、引用文を一字下げ（冒頭一行目のみ二字下げ）、宣長の説明を行頭から起した。

れをもまぎらはし、かかる住《すま》ひをも思ひ慰《なぐさ》むるわざなめれ《慰めることができるのである》。「かかる住ひ」とは、末摘花《すゑつむはな》の心細くさびしき住ひなり。さやうのことをも慰むるは、古《ふる》物語に同じさまのこともあれば《〔自分と〕同じ様子の事がらも書かれているので》、わが身のた《自分のような》ぐひもありけりと《〔境遇の〕人もいるのだなと》、思ひ慰むなり。

総角《あげまき》の巻に云はく、

一 げに古言《ふること》ぞ人の心をのぶるたよりなりけるを《のびのびさせる手段であるということを》、思ひ出で給ふ。

この「古言」は古歌のことなれど、物語も同じことなり。

胡蝶《こてふ》の巻に云はく、

二 昔物語を見給ふにも《御覧なさるにつけても》、やうやう《次第に》人の有様《ありさま》、世の中のあるやう《有様》を見知り給へば、

すべて物語は、世にあることの趣《おもむ》き、人の有様を、さまざま書けるものなれば、これを読めばおのづから世間のことに通じ、人の情態《こころしわざ》三を知るなり。これ、物語を読む人の心得なるべし。

若菜《わかな》の下の巻に云はく、

一 宇治の八の宮の一周忌に、忘れ形見の二人の姫君が、紀貫之の詠《よ》んだ別れの歌を思い浮べて共鳴するくだりの一節。「古言」はその貫之の歌を指す。

二 玉鬘（四七頁注八参照）が実父の内大臣に知られないまま源氏に引きとられていて、実の親にもまさる源氏の親切に感謝する一方で、会ったこともない実父と対面する時が来たら、自分はどのように扱われるだろうと不安を感ずる気持を述べたくだりの一節。ここでいう「昔物語」について、『湖月抄』に引く『細流抄』に、「『住吉物語』などにも、親にうとくなりしことあり」と注する。『住吉物語』（四八頁注一参照）に、主人公の姫君が継母の讒言《ざんげん》を信じた実の父にあまり親身に扱われないというくだりがある。

三 振り仮名は一二三頁三行目の「情態」に準ずる。

四 紫の上（九三頁注一三参照）は、源氏のいらっしゃらない夜はいつものように夜ふかしをなさって。紫の上の、信じていた源氏が女三の宮という正室をめとり、自分は厄年《やくどし》を迎え、そぞろに出家を望むようになった頃の心境を述べたくだりの一節。

五 後年の『源氏物語玉の小櫛』八には、「『かやうなる』、聞えがたし（意味が通じない）。これは『わがやうなる』とありし『わ』文字の落ちたるなるべし」とある。「わがやうなる」であれば「まるで私自身のような」の意となる。

六 結局は、女には頼れる男がいるものらしいのに。

七 夕霧に強引に求婚されたことを心外に思う落葉《おちば》の

四 対《たい》には、例のおはしまさぬ夜は宵居《よひゐ》し給ひて、人々に物語など読ませて聞き給ふ。かく世のたとひにいひ集めたる昔物語にも《こうして世間によくある話として色々物語ってある》、あだなる男・色好み《浮気な男や》・二心《ふたごころ》ある人にかかづらひたる女《不誠実な男とかかわりあった女》、五 かやうなることをいひ集めたるにも、六 つひにはよる方《かた》ありてこそあめれ、あやしく浮きても過ぐしつる有様かな《奇妙にも寄るべない有様で過してきた自分の境涯であることよ》。

夕霧《ゆふぎり》の巻に云はく、

七 よその人は《他人は》もり聞けども《漏れ聞くのだが》親に隠すたぐひこそは《親には隠すというような話は》、昔物語にもあめれど、

橋姫《はしひめ》の巻に云はく、

八 昔物語などに語り伝へて、若き女房《にようばう》などの読むをも聞くに、九 必ずかやうのことをいひたる《こんな場面を描写してあるのは》、さしもあらざりけむと《それほどでもなかったであろうのにと》憎く推量《おしはか》らるるを、げに哀れなる《なるほど趣き深い》物の隈《くま》《隠れた》ありぬべき世なりけりと《生活があるものなのだと》、心うつりぬ《心が動くようで》べし《ある》。

総角《あげまき》の巻に云はく、

宮（一〇〇頁注一参照）が、そのことを母の御息所に知られてもかまわないと考えるくだりの一節。『湖月抄』に引く『弄花抄』に、ここの「昔物語」に注して、「佐野の舟橋、三日《みか》の夜《よ》の餅《もちひ》は食はじ、実方《さねかた》の詠等のたぐひなり」とある。「佐野の舟橋」は、『萬葉集』一四、三四二〇番の「上野《かみつけの》佐野の舟橋取り放し親は放《さ》くれど我は離《さか》るがへ」（佐野の舟橋を取り放すように親は引き離すが、私たちは離れるものか）という歌をもとにして成立した説話で、『続歌林良材集』上によると、上州佐野の男女が親に秘密で結婚したが、親によって仲をさかれたという。「三日の夜の」は、『後拾遺集』二〇、一二〇五番の藤原実方の歌「三日の夜の餅は食はじわづらはし聞けば淀野にははこ摘むなり」をいう。詞書に、実方がある娘と、その親に秘密で結婚した時の詠という。

八 注一に見えた宇治の二人の姫君たちが琵琶や琴をひくのを、薫が垣間見て思うことを述べたくだりの一節。ここの「昔物語」について、『湖月抄』に引く『花鳥余情』に、「『住吉物語』に、姫君の琴ひき給ふを、中将の聞きつけ侍ること見えたり。また『宇津保』第四に、月おもしろき夕暮、八宮今宮姫宮、簾《みす》巻き上げて琴ども引合せ、遊び給ふことあり」とある。つまり「昔物語に語り伝へ」たこと、「かやうのこと」は、この場の薫と同様に、美女が楽器を奏するのを聞きつけたり、垣間見たりする場面をいう。

九 薫が、自分が聞くためにに女房に読み上げさせる。

一 昔物語などに、ことさらにをこめきて作り出でたるもののたとひ〔同類に〕にこそはなりぬべかめれ〔なりそうだ〕。（「をこめきて作る」とは、をかしきことに作りなすなり）

宿木《やどりぎ》の巻に云はく、

二 かかる道をいかなれば浅からず人の思ふらんと、昔物語などを見るにも、人の上にても〔他人の身の上を聞いても〕、あやしう聞き思ひしは〔不思議に思われたのに〕、げにおろかなるまじきわざなりけりと〔なるほど並みたいていであるはずのないことだったのだなと〕、わが身になして〔自分のこととして〕ぞ何ごとも思ひ知られ給ひける。（「かかる道」とは、女の〔女が〕嫉妬《しつと》の心によりて物思ひのあることをいへり。宇治《うぢ》の中の君の、今わが御身にて〔ご自分の身の上のこととして〕、物語にあることを思ひ知り給ふ、となり〔というわけである〕）

また云はく、

三 げにかく賑《にぎは》はしく華《はな》やかなることは、見るかひあれば、物語などにもまづいひたてたるにやあらん〔盛んに書きたてたのであろう〕。

蜻蛉《かげろふ》の巻に云はく、

一 薫は宇治の二人の姫君のうち姉の大君《おおいぎみ》に恋するが、大君は妹の中の君を薫に添わせようとする。薫は匂の宮を中の君の寝所に忍びこませて、大君の計画をつぶす。それを知った大君が薫に恨みをいうくだりの一節。ここの「昔物語」は、次の宣長の注に従えば、右のような男女のちぐはぐな意図を滑稽に描いた物語、の意。

二 こうしたことを、どういうわけでつらいことと世間の女は考えるのだろうかと。匂の宮の愛人となった中の君が、匂の宮が夕霧（源氏の息子）の娘六の君を正室に迎えると知って、嫉妬に苦しむくだりの一節。

三 匂の宮と六の君との婚儀の盛大さを述べたくだりの一節。こういうことは見ごたえのあることなので、昔から物語などに盛んに書き立ててきたのだろう、の意。「草子地《そうしじ》」（四八頁注二参照）である。

四 浮舟（一六〇頁注三参照）が入水《じゅすい》するため姿をくらましたことについて、母君がおろおろしながらいう言葉の一節。直前に「鬼や食ひつらん（鬼が浮舟を食べてしまったのだろうか）。狐めくものや取りもていぬらん」とある。それに対して『花鳥余情』では、『伊勢物語』六段の「鬼一口」の話、『江談抄《ごうだんしょう》』の、仁和三年八月、武徳殿の松原に鬼が出て人を食べた話、寛平年中、備中《びっちゅう》の国で人が狐にさらわれて十三日間倉の下にいた話をあげている。

五 宇治川に入水した浮舟は、横川《よかわ》の僧都《そうず》に助けられ、僧都の妹の尼君のもとにかくまわれる。尼君の亡

四 昔物語のあやしきものの事のたとひにか《事がらの話としてであろうか》、さやうなることもいふなりし、と思ひ出づ。

手習《てならひ》の巻に云はく、

五 昔物語の心地《ここち》もするかな、とのたまふ。

夢浮橋《ゆめのうきはし》の巻に云はく、

六 昔物語に、魂殿《たまどの》に置きたりけむ人《安置しておいた人の》のたとひ《話を》を思ひ出でて、さや《これも》うなることにやと《そのようなことなのだろうかと》珍しがり侍《はべ》りて、

絵合《ゑあはせ》の巻に云はく、

七 かの旅の御日記云々、知らで今見む人だに《〔事情を〕知らないで初めて見る人でも》、すこし物思ひ知らん人《少しでも物の心のわかる人なら》は、涙惜しむまじくあはれなり。まいて《まして》、（「旅の御日記」は、源氏の須磨の浦にての日記なり。「知らで今見る」とは、その時のことは知らで、今始めてこの日記ばかりを見る人なり。ましてその時のことを知り、そのことにあづかれる人《関与した人が》の、この日記を今見る心は、となり《ということである》）

右の外《ほか》なほ多し。奥に引けるをも合せ見るべし《後に引用してある個所をも合せて見てほしい》。大方《おほかた》物語の体《てい》《様》か

き娘の婿《むこ》の中将がその浮舟を見かけて関心を持ち、弟の禅師に浮舟のことを問いただす言葉の一節。直前に「いかなる人にかあらん、世の中を憂しとてぞ、さる所には隠れゐけんかし」とある。『湖月抄』に引く『細流抄』に、「『住吉物語』などを思へるにや」といい、『湖月抄』の「師説」に「住吉の尼君のもとに姫君の隠れゐければなり」という。

六 横川の僧都が薫に向って、瀕死《ひんし》の状態だった浮舟を助けた時のことを説明する言葉の一節。「魂殿」は、正式の埋葬の前に遺骸をしばらく安置しておく所。『花鳥余情』に、魂殿に安置しておいた遺骸が蘇生《そせい》したという物語があったものか、といい、あるいは、応神天皇の死後、兄の菟道稚郎子《うじのわきいらつこ》と弟の大鷦鷯尊《おおさざきのみこと》（仁徳帝）が互いに皇位を譲り合い、稚郎子がどうしても弟を皇位につけようと思って自殺した、大鷦鷯尊が兄の棺に向って慟哭《どうこく》すると、稚郎子が蘇生して、これは天命であるといい残して、また息絶えた、この物語を指すものか、ともいう。『源氏物語玉の小櫛』九には、「ここにいへる事は『昔物語に』とあれば、後の世に伝はらぬ古物語に見えたることなり。注に出されたる事どもは、みな当らぬことなり」という。

七 源氏が、物語絵の入った厨子《ずし》を開けたついでに、須磨・明石に流謫中に作った絵日記を取り出して、紫の上に見せ、二人でその当時のことを回想するさまを述べた一節。物語ではなく日記であるが、読む人の心に対する働きかけ方は同じ、という観点で引いた。

くのごとし〔子はこのようなものだ〕。ただ世にあるさまざまのことを書けるものにて、それを見る人の心も、右に引けるごとく、昔のことを今のことにひき当てなぞらへて、昔のことの物の哀れをも思ひ知り、また己《おの》が身の上〔自分の〕をも昔にくらべみて、今の物の哀れをも知り、憂《う》さをも慰め〔つらいことをも慰め〕、心をも晴らすなり。

さて右のごとく巻々に古物語を見ての心ばへを書けるは〔気持を書いてあるのは〕、すなはち今また『源氏物語』を見るもその心ばへなるべきことを〔そういう気持であるべきであるということを〕、古物語の上にて知らせたるものなり〔に託して〔読者に〕教えているのである〕。右のやうに古物語を見て、今に昔をなぞらへ、昔に今をなぞらへて読みならへば〔いつも読んでいれば〕、世の有様《ありさま》、人の心ばへを知りて、物の哀れを知るなり。とかく物語を見るは、「物の哀[一]れを知る」といふが第一なり。物の哀れを知ることは、物の心を〔物事の本質を〕知るより出《い》で、物の心を知るは、[二]世の有様を知り、人の情《こころ》に通ずるより出づるなり（このこと、[三]なほ奥にくはしく云ふ）。されば『源氏の物語』も、右の古物語のたぐひにして、儒仏百家の人の国の〔外国の〕書のたぐ

源氏物語中の物語論議は源氏物語にも当てはまる

一 「物の哀れを知る」は、宣長が物語・歌を享受する上でもっとも重要と考える態度で、本書『紫文要領』は、「物の哀れを知る」とはどのようなことであるかを、『源氏物語』を例にとって解説した書物である、といいうる。全篇がその解説であるが、まとまった形では一二四頁最終行以下に述べられる。

二 これは世態人情を知ることを重視する考え方で、伊藤仁斎《じんさい》・荻生徂徠《おぎゅうそらい》など反朱子学の立場の儒者の『詩経』論の影響を受けたものである。ここで宣長が用いた「人の情《こころ》」という語も、これらの儒者の『詩経』論で頻用《ひんよう》される「人情」という語の和訓である。朱子学者が『詩経』を勧善懲悪の道徳論に付会しようとするのに対し、荻生徂徠の『弁道』第二二項に「大氐《たいてい》（およそ）、『詩』（『詩経』）の言たる、上は廟堂《べうだう》（朝廷）より下は委巷《ゐかう》（民間）に至り、以て諸侯の邦《くに》に及ぶまで、貴賤男女、賢愚美悪、何のあらざる所ぞ。世変邦俗、人情物態、得て観るべし」とあるように（他に八四頁注一所引の『徂徠先生答問書』参照）、反朱子学の立場では、『詩経』は道徳的教訓とは無縁であり、その効用は、人情をありのままに伝えているため、それを読むことによって人情世態の真実を委曲《いきょく》に知ることができる点にある、と説いた。

三 一二五頁二行目以下・二一六頁四行目以下参照。

四 ここは「執筆意図」の意。

五 螢の巻において、源氏が玉鬘（注八参照）を相手

ひにあらざれば、よしなき（関係のない）異国の文によりて（を基準にして）論ずべきにあらず。ただ古物語をもて理《ことわ》るべし（古物語をもって判断すべきである）。ゆゑに巻々に、ややもすれば「昔物語にもしかじか」といふことのみ多し。

中にも紫式部『源氏物語』の[四]本意《ほい》は、まさしく螢《ほたる》の巻にいへり。それも確かにそれとはいはずして、ただ例の古物語のことにして、[五]源氏の君の玉鬘《たまかづら》の君への[六]物語の中に己《おの》が[七]下心《したごころ》をいひあらはせり（本心をいい表わしてある）。しかるに古来の注釈、誤り多くして、作者の本意あらはれがたく、かへりて（かえって）あらぬさまに聞きなす（とんでもないふうに理解する）人のみ多きゆゑに、いま左にかの全文を抄出《せうしゆつ》して（抜き出して）一々これを釈《しやく》し、式部がこの物語の本意を寓する（託そうとする）下心をあらはして、この物語の指南《しなん》とす（手引きとする）。

螢《ほたる》の巻に云はく、

[八]さまざまに珍らかなる人の上などを（珍しい登場人物の身の上などを）、まことにやいつはりにや（本当のことなのか嘘なのか）、いひ集めたる中にも、わが有様《ありさま》のやうなるはなかりけり、と見給

に物語論を述べる。その物語論を通して紫式部自身の物語観をさぐるという試みは、宣長以前にはなされたことがない。ただし宣長は本書『紫文要領』執筆以前、『排芦小船』『安波礼弁《あわれべん》』においてすでに「物の哀れを知る」ことを重視する考え方の萌芽《ほうが》を見せており、以下の詳細な解釈はあらかじめ抱懐するその考え方に螢の巻を引きつけるという傾向があって、決して帰納的とはいえない。これはあくまで宣長自身の物語論の開陳《かいちん》であって、これをもって紫式部の物語論とするのには無理がある。

螢の巻の物語論こそ紫式部自身の物語論

六　この「物語」は、世間話の意。

七　他のことに託して表わそうとする気持。

八　玉鬘の述懐。玉鬘は、物《もの》の怪《け》に襲われて急死した夕顔と、源氏の親友の頭《とう》の中将との間に生れた娘で、乳母に引きとられ、乳母の夫が太宰《だざい》の少弐《しょうに》になったのについて下って、筑紫で成人した。大夫《たいふ》の監《げん》という土地の豪族が強引に求婚してきたのを逃れるため、乳母は玉鬘をともなって京にもどってきた。玉鬘は長谷寺に参詣し、かつて夕顔に仕えていて、現在は紫の上に仕えている右近《うこん》に邂逅《かいこう》する。源氏は右近から夕顔の忘れ形見が無事に成長していることを聞き、実父の内大臣（かつての頭の中将）には秘密にして、自分の娘分として六条院に引き取るが、玉鬘の美しさに恋心を押え切れない。玉鬘は自分のこうした数奇な運命を昔物語の登場人物の身の上にひきくらべているのである。

ふ。

古物語どもを見ての玉鬘《たまかづら》の君の心なり。これまた昔と今とをたくらべ《比較して》て見るところなり。

住吉《すみよし》の姫君の云々、かの《あの》監《げん》がゆゆしさをおぼしなぞらへ給ふ《大夫の監の恐ろしさをお思いくらべになる》。

『住吉《すみよし》物語』[一]を読みて、わが身の上にありしことを思ひ当《あた》るなり。

殿《との》は《源氏は》、こなたかなたに《あちらこちらに》かかる物どもの散りつつ《こんなものが取り散らしてあって》御目に離れねば《お目につくので》、

「殿」は源氏なり。「かかる物ども」は、物語の本どもなり。

「あなむつかし《困ったものだね》。女こそ物うるさがりせず《女というものは面倒がりもせずに》、人にあざむかれんと《わざわざ人にだまされようと》生《む》まれたるものなれ《生れてきたものらしい》。

「物うるさがりせず」とは、うるさきことをいとはぬなり《いやがらないということである》。「うるさき」とは、面白くもあらぬことなどを長々しく書きたるやうのことなり。巻々に《［源氏物語の］》、いふべきことを略する詞《ことば》に、「うるさければ書かず」[二]といへるところ多し。それにてここの心を知るべし。偽《いつは》り多きそぞろごと《とりとめもない話は》の物語は、見るにうるさきものなるを、いとはで[三]賞翫《しやうくわん》するは、

一 『枕草子』にも名が見えて、平安中期に流布していた物語であるが、散逸した。現存するのは鎌倉時代に改作されたものである。改作は原作を簡略にしているが、大筋はほとんど変らないと考えられている。主人公の姫君が、継母の奸計《かんけい》によって、主計頭《かぞえのかみ》という齢《よわい》七十ほどの醜い老人に盗み出されそうになるくだりがあって、玉鬘はそのことを、大夫の監に強引に求婚されたわが身にひきくらべているのである。なお『宝暦二年以後購求謄写書籍』によれば、宣長は宝暦二年（一七五二、二十三歳）十月、銀二匁二分で『住吉物語』を購入している。また和歌に関する事がらを何くれとなく書きつけた青年時代の雑記帳『和歌の浦』の第三冊に、『住吉物語』の語句を抄出して語釈を加えた部分があり、末尾に宝暦四年二月十八日の日付が記入されている。

二 記述を省略した理由について、作者が地の文に直接顔を出して、「面倒だから書かない」と述べる。このように、作者が自分の感想・意見などを地の文に直接述べた部分を、「草子地《そうしじ》」という。

三 いやがらずに愛好するのは。

女といふものは人にあざむかるるやうに生《む》まれたるものぞ、となり《ということである》。「あざむかるる」とは、下《しも》に《次に》「真《まこと》少なき」といふに応ず。

源氏、物語をわざと否定する

これより源氏の詞《ことば》にて、すこしたはぶれがかりて《からかい半分に》古物語をいひ貶《おと》し給ふなり《悪くいわれるのである》。さてこれよりして《ここから始まって》、式部が下心は《紫式部の本心は》、この《〔古物語に託して〕》『源氏の物語』のことを論難するなり《批判するのである》。あるいは褒《ほ》め、あるいは貶《おと》し、抑揚《よくやう》[四]し、つひに《最終的に》捨てがたく《〔源氏物語は〕》いみじきいはれを《重要なものである理由を》のべたり。次第に《〔以下〕順々に》注するを見よ。

[五]ここらの中に真《まこと》はいと少なからんを、かつ知る知る《一方では承知していながら》、かかるすずろごとに心を移し《こんなとりとめもない話に心を動かされて》、はかられ給ひて《だまされなさって》、暑[六]かはしきさみだれ髪の乱るるも知らで書き給ふよ」とて笑ひ給ふものから《お笑いになるものの》、

すべて物語は、なきことを作りたるものにて、実《まこと》にありしことは多くの中にもまれまれなり《きわめてまれである》。「すずろごと」とは、ただ何の心もなくすずろに書ける《とりとめもなく書いた》あさはかなるもの、となり。「かつ知る知る」は、さやうにはほのぼの《うすうす》知りながら、それにあざむかるる、となり。

四　否定したり肯定したりして。

五　たくさんの物語の中に、本当のことはたいへん少ないということを。

六　それでなくても暑苦しい五月雨《さみだれ》の時分に、髪の乱れるのにも頓着せず。

「暑かはしきさみだれ髪」とは、この時五月雨《さみだれ》のころなれば、暑くろしく乱れたる髪にいひかけたるなり《掛け言葉にしたのである》。「知らで」は、かまはずにといふ心なり。「書き給ふ」は、絵物語を書き写すなり。「笑ひ給ふ」といふにて《いうことによって》、すこしたはぶれかかりてのたまふ《おっしゃる》といふことを知るべし。

この一節、式部が下心は、まづ『源氏物語』を偽《いつは》りのそぞろごとなりというて、かやうの書に《そんな書物に》心を移して見るは《読むのは》無益《むやく》なりと破《やぶ》る《悪くいう》人の難問の心なり《人の非難の気持である》。さて末に《最後に》「ものから《ものの》」といふ詞《ことば》にて論を転じて、この次は答への心なり。

また「かかる世の《こうした昔の》古言《ふるごと》ならでは《物語でなくては》、げに何をかまぎるることなきつれづれを《本当に何もほかに気のまぎらわしようもない所在なさを》慰《なぐさ》めまし《慰められようか》。前にはいつたんいひ《悪く》貶《おと》し給へども《おっしゃったけれども》、それはたはぶれなり《冗談である》。いかにもかやうの古言ならでは《こうした昔の話でなくては》、つれづれ慰むことなし、となり《というのである》。「げに」とは、賞翫《しやうくわん》する人を「げに《なるほど》」と諾《だく》するなり《肯定するのである》。「何をか」の「を」文

＊宣長の『源氏物語』に対する関心は、二十歳ごろに書いた『源氏物語覚書』から始まる。これはごく短いメモで、仮名づかいに注意すべき語の抄出、約四百の古語の語釈、巻々における源氏の年齢の考証などが記されている。宝暦二年（一七五二）、二十三歳で医学修業のため上洛《じようらく》してから、宝暦七年松阪にもどるまでの間は、『宝暦二年以後購求謄写書籍』によって、これまでの頭注に指摘したもの以外に、『帚木抄』『源氏装束《そうぞく》抄』などの『源氏』の注釈書類を書写したり購入したりしていることが知られる。『排芦小船』の成稿は、京都遊学中とも松阪にもどってからともいわれるが、その第五一項に『源氏』の文章を讃えた一節がある（二一三頁注七参照）。また第五六項で、「すべてこの道（歌道）は風雅をむねとして、物のあはれを感ずるところが第一なるに」と述べてもいる。松阪にもどってからは、小児科医を開業するかたわら古典研究にうちこみ、『源氏』関係では、まず宝暦八年五月に『安波礼弁・紫文訳解』を著わした。前半の「安波礼弁」は、「あはれ」という語について、『古事記』『日本書紀』などに用例を求め、語義を考証するが、その冒頭の一節に「すべて和歌は、物のあはれを知るより出づることなり。『伊勢』『源氏』等の物語みな、物のあはれを書きのせて、人に物のあはれを知らしむるものと知るべし」とあって、前述『排芦小

船』第五六項とならんで「物のあはれを知る」の説の萌芽《ほうが》を見せている。後半の「紫文訳解」は、『源氏』から三十語を選んで、語義を説明してある。また同じ宝暦八年の夏から、門人たちを相手に『源氏』の講釈を、一カ月に九回のペースで開始した。八年後の明和三年（一七六六）六月に至って全巻の講釈を終了する。生涯に四度取り組む『源氏』全巻講釈の第一回目である。宝暦年間に、時期は未詳であるが、他に『源氏四季風景詞』を著わす。これは花宴《はなのえん》までの巻から四季の風景の描写を抄出し、分類した書である。同じく宝暦年間のある時に、『手枕《たまくら》』を著わしてもいる。これは、『源氏物語』の中に明記されていない源氏と六条の御息所《みやすんどころ》とのなれそめを、想像で補って創作したもので、宣長の生涯唯一の小説である。そして宝暦の末年近くに、『源氏物語年紀考』（三二頁注五参照）を著わす。以上のような準備段階を経て、宝暦十三年、宣長三十四歳の六月七日に、『紫文要領』は書き上げられたのである。

一 宣長の説に従えば、「何によって」の意となって「慰めまし」にかかるが、「何をか」のままでも傍注のように解しうる。

二 なるほどこの『源氏物語』を非難する人のいうとおり、物語というものは偽りごとであるが。

三 なるほどさもあろうというふうに物の哀れを表わし。

字は、誤りなるべし。語《ご》をなさず。「何にか」とあるべし。

下心は、いかにも[二]難問のごとく偽《いつは》りごとにてはあれども、一向《まったく》に無益とはいひがたし《いいにくい》、との答へなり。

さてもこの偽りどもの中に、[三]げにさもあらんと哀れを見せ、つきづきしう続けたる《もっともらしく文章を書き連ねてあるのは》、はたはかなしごとと知りながら《一方ではたわいもないことと承知していながら》いたづらに《無益にも》心動き《心が動き》、

全体は偽りなれども、その中に、げにさもあるべきことと見えて、《〔読む者が〕》感ずるところあるものなり。偽りながらも似つかはしく《本当らしく》いひ続けたる《言葉を連ねてある》ところを見れば《読むと》、またいたづらに心の動くものなり。「いたづらに」と云ふは、実《まこと》に今あることに《現実に存在することに》心を動かすは、その詮《せん》もあれば《甲斐もあるので》いたづらならず、空言《そらごと》の《偽りの》物語を見て心を動かすは、詮なくいたづらなり。

下心、「げにさもあらんと哀れを見せ」といふところが、『源氏物語』の緊要《きんえう》なり。物の哀れを知るといふは、ここのことなり。その

哀れを知らさむための『源氏物語』なり（[一]このこと、なほ奥にいふ〔さらに後に述べる〕）。また古来『源氏物語』を、[二]勧善懲悪《くわんぜんちようあく》のため、ことには[三]好色の戒《いまし》めに書くといふは、大きにひがことなり〔まったく誤りである〕。ここに物語を見て「いたづらに心動く」とこそあれ〔とあるではないか〕。いかでか〔どうして〕それが戒めになるべきぞ（[四]なほこのこと、奥にくはしくいふべし）。

[五]らうたげなる姫君の物思へる、見るに片心つくかし〔見ていると少し心がひかれるものだ〕。いづれの物語にもあるべきこと〔ありそうな場面〕なり。その姫君の物思へることをいひ、または絵に書けるを見れば、心つくなり。「心つく」は、「心動く」も同じやうのことなり。「[六]片心《かたこころ》」とは、ひたぶるに〔ひたすら〕まめやかに〔真剣に〕心つくにはあらず〔心がひかれるのではなく〕、何となく心につくといふなり。

下心、これまた好色の戒めにならぬ証。

またいとあるまじきことかなと見る見る〔けっしてあるはずのないことと思いながらも〕、おどろおどろしくとりなしける〔ぎょうぎょうしく物語ってあるのが〕が目おどろきて〔目を見はるように思われて〕、静かにまた聞くたびぞ憎けれど〔落着いて二度目に聞く時は気に入らなくなるのだが〕、ふとをかしき節あらはなるなどもあるべし〔ひょっと見たところ面白い点が訴えてくるなどということもあるだろう〕。

一　一二四頁最終行以下に詳述される。

二　四〇頁注一参照。

三　『湖月抄』の「発端」の「大意」の項に引く『明星抄』に次のようにいう、「ここに不審をかくる人あり。この物語はことごとく好色淫乱の風なり。何とて仁義五常を備ふべきやと。これ、道を知らざる人の一隅の管見（せまい見方）なり。四書五経とて仁義五常を旨《むね》とする書に、殊に淫乱の悪虐《あくぎやく》を記せり。これ上に申すごとく悪をば懲《こ》らさんの義なり。…この物語も好色淫風の事をのせて、この風の戒めとす。さればこそ世の翫《もてあそ》び物とはなれりけれ。およそ四書五経は人の耳に遠くして仁義の道に入りがたし。いはんや（無学な）女房ごときのためにその徳、益なし。さればまづ人の耳に近く、また人の好むところの淫風を書き顕《あら》はして、善道の媒《なかだち》として中庸の道に引き入れ、終《つひ》には中道実相の悟りにおとし入るべき（導き入れるための）方便の権教《ごんけう》（仮りの教え）なり」。

四　一六三頁八行目以下に詳述される。

五　かわいらしい姫君が悲しみに沈んでいる場面は。

六　「かた心」は、「方心」の字をあてられ、「さやうのものを見れば、その方《かた》の心つく、となり」（『湖月抄』）などと解されてきたが、契沖の『源註拾遺』がこれに「片心」（心のすべてではなく、一部分）の字をあてた。以下の宣長の解釈は契沖説に示唆を得たものと考えられるので、ここと六行目の「片心」は、底本・自筆稿本ともに「かた心」とあるのを、「片心」

物語中の二種類のテーマ

これまた物語にある一種《ひとしな》のことなり。前の一種は、「[七]げにさもあらん」と思はるること《なるほどそうもあろうと思われること》、この一種は、見るに《見てみて》「あるまじきこと」《あるはずがないと思われること》と思はるることなり。「見る見る」といひ、「聞くたび」といふ。「見る」も「聞く」も同じことなり。文を変へて書けるまでなり《書いただけのことである》。みづから読みて見るも、人に読ませて聞くも、心は同じ。すべておどろおどろしくあまり珍しきことは、いくたびもいくたびも静かに見聞く時は飽《あ》くものなり。しかれども珍しくおどろおどろしきこともまた一《いっ》興《きょう》にて、面白きもの、となり《ということである》。この心は、[八]帚木《ははきぎ》の巻の品定《しなさだ》めにある、木の道の工《たくみ》《指物師》・絵師《ゑし》・手跡《てかき》などのたとへ《比喩》にもかなへり《合致している》。

(八)下心、『源氏物語』にある事どもを[九]二種《ふたしな》に分けて、その本意《趣旨》を述べたり。前には、げにさもあらん《なるほどそうもあろう》と哀れを見せたる事どもをいふ。その本意《ほい》は、いたづらに心動き、片心つくといへるが《いっているのが》本意なり。それを本意とはいかにといふに、人の心を感ぜしめ、物の哀れを知らするゆゑなり。物の哀れを知りて感ずるゆゑに、心動き、心つくな

と改めた。

七 五一頁四行目の「げにさもあらんと哀れを見せ」を受ける。

八 帚木の巻の雨夜《あまよ》の品定め（一〇四頁注一参照）において、馬の頭《かみ》が技芸の道になぞらえて女の美徳を説く。その中に、木の道の工《たくみ》・絵師・手跡（能書家）それぞれについて、人目を驚かす派手で技巧的な作風は、真の名人の落着いた作風には及ばないが、それはそれとして面白くないでもない、という趣旨の論がある。

九 この「二種」は、「げにさもあらんと哀れを見せ」た事ども、すなわち物語本来の重要なテーマと、「いとあるまじきことかなと見る見る、おどろおどろしくとりなしけるが目おどろ」く事ども、すなわち一興までに書いた軽いテーマとの二種である。これについて、原注八で述べていることの大意は、前者が、六三頁の「よきさまにいふとては、よきことの限りを選《え》り出で」に対応し、後者が、六四〜五頁の「人にしたがはむとては…また悪しきさまの珍しきことを取り集めたる」に対応し、ここの二種は読者の立場からの、後の二種は作者の立場からの論である、ということである。

り。されば教戒《けうかい》にはすこしもあづからぬ《かかわらない》ことと知るべし。さて次に、[一]さもあるまじくおどろおどろしき《そんなことはありそうもないほどに仰々しい》事どもを書けるは、本意《ほい》といふにはあらねども、まれまれには一興に書けるなり《たまにはこれも一つの面白さということで書くのだ》。ゆゑに「静かに聞くたびぞ憎けれど」といへり。畢竟《ひつきやう》は一興までなり《つまりは一興というだけのことだ》。しかるを物の心も知らぬ愚《おろ》かなる人は、ただあやしく珍しきことを書ける書をのみ好みて、なだらかに哀れを見せたることをば好まぬものなり。『源氏物語』を見よ。おどろおどろしく目さむるやうのことはいと《非常に》たまさかにて《まれで》、五十余帖長々《ながなが》しきうち、みなことごとく哀れを見せたることとのみ多し。

紫式部の慎重な配慮

このごろ[二]幼き人の、女房《にようばう》などに時々読ま《〔物語を〕》するを立ち聞けば、絵物語といふもの、まづははかなき翫《もてあそ》び物なれば、[三]児女子《じぢよし》の読むものにして、男などの見るものにはあらぬゆゑに、かやうに《このように》「時々立ち聞けば」といひなし給ふなり《わざとおっしゃるのである》。実《まこと》はさにあらず《そうではないのだ》。下心、[四]卑下《ひげ》の心あり。

一 『源氏物語』自体から例を引くと、末摘花《すゑつむはな》（八六頁注三参照）は鼻が長い上にその先が赤い醜貌《しゆうばう》の持主で、末摘花の巻は、源氏が末摘花と初めて一夜を過したあとでそのことを知るという一種の滑稽譚として書かれている。また源氏の友人の内大臣の落し胤《だね》である近江《おうみ》の君は、成長してから内大臣に引き取られるが、育ちが悪く非常識で、周囲の人々の失笑を買ってばかりいることが、常夏《とこなつ》・篝火《かがりび》・行幸《みゆき》・真木柱《まきばしら》などの巻に語られる。宣長はこれらのことを念頭に置いている。

二 幼い人が。「幼き人」は、源氏が明石に滞在中に知り合った明石の上との間にもうけた女児（明石の姫君）。源氏が引き取って、紫の上に養育させている。

三 おんなこども。

四 紫式部自身の、『源氏物語』を児女子の翫《もてあそ》び物にすぎないとする卑下の気持がここに籠《こ》められている、というのが宣長の解釈。

五 源氏が物語の作者を評してこのようにいう。

六 五一頁四行目参照。

七 かりに『源氏物語』を非難する人の立場に立って、物語に書いてあることはみな偽りだということにして、いっているのである。

八 五〇頁一一行目参照。

九 だまされて読者は感動するのだ、と非難したわけである。

五ものよくいふ者が《口先の達者な者が》の世にあべきかな《この世にはいるらしいな》。空言《そらごと》をよくしなれたる口つきより《偽りをいいなれた口から》ぞいひ出だすらん《いい出すのであろう》と覚ゆれど、さしもあらじや《そうでもないのですか》」とのたま《〔源氏が〕》へば、

「あべき」とは、推量《おしはか》りていへる詞《ことば》なり。右のごとくに、空言とは知りながらげにと《なるほどと》思ひて心動き、またあるまじきこととは思ひながらも、いつたんはをかしく思はるるやうに《最初読んだ時は面白く思われるように》書きなすは《上手に書くのは》、世には空言をしなれて巧みに偽《いつは》りをよくいふ者のあるにこそ、と思ふはいかに《と私は思うのだがどうで》と、《すかと》問ひかけたるなり。

下心、前に「六さてもこの偽りどもの中に」といへるは、七しばらく難問せる人にしたがひて、みな偽りにしていへるなり。みな偽りながら、見る人も感じて心を動かしなどすると答へて、前の「八つれづれを慰《なぐさ》む」といへる答への心をなほ広くのべたり《さらに敷衍したのである》。さてここに「ものよくいひ云々」といへるは、また難問《非難》なり。それはみなものよく《口先を上手に》いうて《いって》空言しなれたる者のいふゆゑに、九人の感ずる、と難《なん》じたり。

さてまたこの答へは次の一節をへだてて下に《後に》のべたり。

「げに偽りなれたる人《本当に偽りをいいなれた人は》や、〔物語について〕さまざまにさも汲み侍らん《そのように邪推するのでしょう》。

玉鬘《たまかづら》の君の返答なり。[一]これを源氏のことを指《さ》していへると注せるは《注釈するのは》、誤りなり。源氏のことならば、「さも汲《く》み給ふらん」とあるべし。「侍《はべ》らん」とあれば、これはただすべての人のことにていへるなり。よくよく詞《ことば》づかひを味《あぢは》ふべし。物語を偽《いつは》りとのみのたまふが《おっしゃるのが》、いかにも常に己《おの》が《自分が》偽りをいひなれたる人は、その心ならひに《その性癖から》、人のいへることをもさまざまに疑ひて、偽りならんと推量《おしはか》るべきことなり《ということである》。

〔私には〕ただいと真《まこと》のこととこそ思ひ給へられけれ《とにかく本当のことと思われます》」とて、〔玉鬘が〕硯《すずり》をおしやり給へば、
源氏のあまりに物語をいひ貶し給ふをむつかり《悪くおっしゃるのに機嫌を悪くして》、まめだちて《真面目になって》、「われらはみな真《まこと》と思ひ侍《はべ》る」と、いひはげましたるなり《強い口調でいったのである》。「硯をおしやる」は、前に「さみだれ髪《がみ》の乱るるも知らで書き給ふ」といへるに《といったのに》

一 『湖月抄』のこのくだりの頭書《かしらがき》に、「源氏は玉（玉鬘）を子分（養女）といつはりて、下に（心中に）懸《け》想《さう》の心あるを、玉の恨めしと思ふゆゑ、かくのたまふなり」という。つまり源氏は玉鬘を娘分として引き取っておきながら、恋心を示して、玉鬘を当惑させる。玉鬘はそれにあてつけて、源氏のことを「偽りなれたる人」といったのだ、という解釈である。宣長は尊敬語の有無によってこの解釈を否定しているが、玉鬘が源氏にあてつけながらも露骨にならないよう配慮して、一般化した表現をとったと解すれば、尊敬語の有無は否定の論拠にはならない。

＊ 宝暦十三年（一七六三）六月七日に本書『紫文要領』を書き上げた後の宣長の『源氏物語』研究のあとをたどると、翌明和元年（一七六四）二月に、『源氏物語』中の和歌をすべて抄出した『源氏物語和歌抄』を完成している。同二年四月には、契沖の『源註拾遺』全八冊の書写を終えた。同三年六月に第一回の『源氏』全巻講釈を終えると、翌七月から第二回にとりかかり、これは八年後の安永三年（一七七四）十月に終了する。ついで安永四年正月から第三回を開講し、十三年後の天明八年（一七八八）五月に終了している。また、はっきりした時期は未詳であるが、安永六年七月以後、同八年十一月以前に本書『紫文要領』を『源氏物語玉の小琴《おごと》』と改題して、内容を全面的に改訂した。その改訂は『紫文要領』の自筆稿本に直

首尾《しゅび》なり《呼応したのだ》。むつかりたる《機嫌を悪くした》体《てい》なり《様子である》。

下心なし。ただし「君子《くんし》はあざむくべし《だますことができる》」〔二〕といへるやうに、心の素直《すなほ》なる人は偽《いつは》りをも真《まこと》と思ふものなり。人の言《ことば》を偽りとのみ思ふは邪智《じゃち》なり。ことに『源氏物語』を見ん人《読む人は》、これはみな空言《そらごと》ぞと思ひて見る時は、感ずること浅く、哀れも深からず。されば、みな真《まこと》のことと思ひて見よといふ心もあるべし。

「こちなくも聞え落してけるかな《無作法にも物語を悪くいってしまったことです》。〔物語は〕神代より世にあることを記しおきけるななり《神代の昔からこの世に起ったことを記録しておいたものなのだろう》。『日本紀《にほんぎ》』などはただ片《かた》そばぞかし《片端に過ぎないのだ》。これら《物語に》にこそ《こそ》道々《みちみち》〔三〕しくくはしきことはあらめ《書いてあるだろう》」とて、笑ひ給ふ。

源氏の君の詞《ことば》なり。玉鬘のむつかりて《機嫌を悪くして》「真《まこと》のことと思ひ侍る」とのたまへるゆゑに、たはぶれて《冗談に》、理《ことわ》りをのたまふなり《弁明なさるのである》。「われは無骨《無作法》に《に》大切なる物語を申しくたしたるかな《悪くいってしまったことだ》。いかにもそこ《あなたが》の仰《おほ》せらるるごとく、みな真《まこと》にて候《さうらふ》。物語どもはみな神代《かみよ》より世間にあることを記《しる》せしものなるべし。『日本紀』などはただ片端《かたはし》ばかりにてこそあ《真実の一部分だけに過ぎ》

接書きこまれたため、自筆稿本はきわめて読みにくい姿となっている。本集成の翻刻で自筆稿本を底本に採用しなかったのはそのためで、底本に採用した東大本居文庫蔵写本は、改訂が書きこまれる以前に、自筆稿本を忠実に写しとったものである。底本の跋文（二四二頁参照）が安永六年七月二日付であるから、改訂の書きこみはそれ以後のことであると知られる。また宣長は安永八年十一月に『萬葉集玉の小琴』という『萬葉集』の注釈書を完成していて、「玉の小琴」という書名をそちらに移しているから、『源氏物語玉の小琴』という書名のもとでの改訂はそれ以前のことであると知られる。その後宣長は、安永八年冬から、『源氏物語玉の小櫛』という新しい書名のもとに、『紫文要領』の改訂を含めてもっと詳しい『源氏』研究書を執筆することになったが、なかなか完成できなかった。その間、天明八年六月から第四回の『源氏』全巻講釈を開始する。寛政八年（一七九六）、六十七歳の秋、宣長を尊敬していた石見《いわみ》浜田藩主松平康定に『源氏物語玉の小櫛』の完成を勧められて、急遽書き上げ、寛政十一年五月に出版した。これに精力を費したためであろう、第四回の講釈はついに終了に至らなかった。

二 自分が嘘をつかない人格者は、他人にだまされやすい、の意。典拠未詳。

三 道理にかかわっていて。

らめ《ないのだ》。この物語どもにこそは道のこと《道理に関することの》、くはしきことはあるべけ《詳しい記述はあるはずなのだ》れ」と、(九)わざとたはぶれてのたまふなり。

下心、この一節[一]は前の答へにはあらず。前の答へはこの次の文なり。ここは一段、問答《もんだふ》の間にはさみて、他の心をのべたり。他の心とは、紫式部が心に、『源氏物語』をよきやうにのみいひなさば《いいようにばかりいいこしらえると》、人の聞きて、さては神世《かみよ》よりのことを記して、道々しくくはしく、『日本紀』にもまされるもののやうに思ひて作れるかと、嘲《あざ》けられ《嘲笑され》んことを汲みはかりて《るかも知れないと推察して》、[二]その難をのがれんために《非難を逃れようと》かくいへるなり《〔先手をうって〕このようにいったのだ》。

[三]「その人の上とて《〔物語は〕これこれの人のことだといって》、ありのままにいひ出る《語る》ことこそなけれ《ことはないけれども》、よきも悪《あ》しきも、[四]世にふる人の有様の、見るにもあかず、聞くにもあまることを、後の世にもいひ伝へさせまほしき節々《ふしぶし》を《後世までいい伝えさせたい事どもを》、心にこめ《しまっ》がたくて《ておけないで》いひおき始めたるなり。

これより前に源氏《源氏が》の古物語のことをいひ貶《おと》し給ふは、実《まこと》の心にあらず。玉鬘《たまかづら》の君《きみ》のあまりにこのことに[五]精《せい》を入れて書き読み給ふを見て、

一 「物語とは空言《そらごと》（偽り）ではないのか」という源氏の自問（五五頁一〜二行目参照）に対する自答ではない、自答はこの頁の九行目以下の文章である、の意。

二 宣長は、原文に「笑ひ給ふ」とあることを重視して、この一節を、源氏の冗談として挿入したところに紫式部の深慮がある、ととっている。

源氏、物語肯定論を述べる

三 このくだりについては、「よきも悪しきも」といっているところから、宣長以前には道徳論の立場から解釈するのが普通であった。六一頁注七参照。宣長はそれに反対して、独特の解釈を展開する。注九参照。

四 この世の中で過している人の有様の、見ているだけでは満足できず、聞いているだけでは胸におさめておけないことを。

五 熱心にお書き写しになり、お読みになるのを見て。

わざとさからひて、偽《いつは》りて《〔物語を〕》悪しくいひなし給ふなり《〔源氏の物語観は〕》。実はさにあらず《実はそうではない》。ゆゑにここに至りて真《まこと》の評をいひ出《い》だし給ふ。[六]これよりが《ここからが》、物語のことを源氏の思《おぼ》し召すままの評なり《お考えになっているとおりの批評である》。

「その人の上とて云々」。すべて物語は、一向《いつかう》になきことを作りたるもあり、また古歌に[七]よりてそのことを作りたるもあり、また現《うつつ》に[八]ありしことを、その人と名をあらはさずして《名前をはっきり出さないで》書けるもあり、またかた《痕跡》のあることをとりて《のあることを素材にして》、それに作り添へたるも《作り加えたものも》あり、また現にありしことをそのまま書けるもあり。その中に、多くは作りたるが《作り上げたものが》多けれど、ここは紫式部の下心ありて書けるゆゑにかくいへり《こういったのである》。「よきも悪しきも」。[九]これには見やうあり《解釈のしかたがある》。下にくはしく注す。「見るにもあかず」は、見てそのままにさしおきがたく《放っておきにくく》思はるるなり。「聞くにもあまる」は、聞きてさしおくにあまりあるなり。「後の世にも云々」。見聞くことのそのままに過《す》ぐしがたく、後の世にも伝へまほしく《伝えたく》思ふことの、心のうちにのみ思ひてはやみがたきなり《思うだけではいられないのである》。それ

六『源氏物語玉の小櫛』一にこの引用部分の書き出し「その人の上とて…」について、「上に『笑ひ給ふ』といひて、ただに（すぐに）この文へ続きたる、移り（接続の仕方）悪しきやうに聞ゆるは、もし（ひょっとして）この間に詞の落ちたるにやあらん。よしさらずとも（たとえそうではなくとも）、いま試みに補はば、（源氏の言葉として）『かやうに聞ゆるは（申し上げるのは）戯れにこそあれ、まことには』などやうの詞あらば、移りの意、確かなるべし」という。

七　まず歌があって、その歌をもととして物語が作られる場合。『伊勢物語』を念頭に置いているか。契沖の『勢語臆断』に、「この物語（『伊勢物語』）と『古今集』と相違の事あり（同じ歌の成立事情を語っていながら、その歌をめぐる『伊勢物語』の話と、『古今集』の詞書とが相違していることがある）。彼（『古今集』）は勅撰なれば確かにて、これは物語なれば筆にまかせたる事あるべし」という。

八　現実にあったことを。

九　ここでいう「よき」「悪しき」は道徳上の善悪とは異なる、の意。宣長の独特の解釈は八二頁三行目以下に詳論される。しかし常識的に解すれば、ここの「よき」「悪しき」はやはり道徳上の善悪のことであって、宣長の解釈は螢の巻の原文を離れた、宣長自身の思想の表明である。七三頁注六参照。

ゆゑにいひ始めたる物語どもなり。

[一]物語の表《おもて》は、これより以前は源氏のわざと玉鬘《たまかづら》の君《きみ》にさからひて、物語を悪《あ》しきやうにものたまひて《おっしゃって》、さて「その人の上とて」といふ《という部》よりが《分からが》源氏の君の真《まこと》の了簡《れうけん》なり。さて紫式部の下心は始めより実《まこと》の論にして、表はたはむれたるところも下心は実の論にて、さまざま[二]難陳抑揚《なんちんよくやう》して、さて「その人の上とて」といふよりは、直《ただ》ちに自己の説を述《の》べ、『源氏物語』作れる趣意をあらはしたり。前に「げにさもあらんと哀れを見せ」などいへるところは、[三]この物語を読む人の心ばへ、ここより下の文は、[四]作れる趣意なり。

さて前に「[五]空言《そらごと》をよくしなれたる口つき《偽りをいいなれた口から》よりぞ」といへるは、難問の心《非難の気持》なり。その答へはすなはちここなり。[六]「いかにも空言にてはあれども、この世に一向《いつかう》かたなきことにはあらず《まったく痕跡のないことではない》。みな世にあることなり。その人のことと正《まさ》しく名を指《さ》して、ありのままにこそいはね《いいはしないが》、みな世にあることにて、よきこと悪《あ》しきことの目にあまり耳に

一 『源氏物語』の文脈に即していえば、の意。

二 非難したり弁護したり、論の運びに変化をつけて。

三 読者の立場に立っての気持。注四と合わせて、五三頁注九参照。

四 作者としての気持。

五 五五頁一～二行目参照。

六 以下、五八頁九～一二行目の螢の巻の原文をやさしくいい直す。

あまること、後世までもいひ伝へまほしく思ふが《思うことが》、心のうちにくた《埋もれ》しがたきによりて《朽ちさせることはできないので》、作り物語に託してそのことどもを書けるぞ」となり。しかれば空言ながら空言にあらずと知るべし、となり。

さてこのところを勧善懲悪《くわんぜんちようあく》[七]と人ごとに思ふなれど《誰でも思うのではあるが》、それは浅々《あさあさ》しき見やうにて《理解であって》、紫式部の本意にあらず。

たとへをあげてこの心をいはば、今《いま》、人《ひと》、世にためしなき《世間に例のない》珍しきあやしきことを見たらんに《見たような場合に》、わが心の内にのみ「あやしきことかな、珍しきことかな」と思うてばかりはゐられぬものなり。さやうのことを見聞《みき》けば、人[八]に語りて聞かせまほしき《聞かせたい》ものなり。これをもて《このことをもって》悟るべし。人に語りたりとて《語ったところで》我にも人にも何の益《やく》もなく、心の内にこめたりとて何の悪《あ》しきこともあるまじけれども《ないであろうけれども》、これは珍しと思ひ、これは恐ろしと思ひ、悲しと思ひ、をかし《面白い》と思ひ、うれしと思ふことは、心にばかり思うてはやみがたきものにて《いられないものであって》、必ず人々に語り聞かせまほしきものなり。世にあらゆる見るもの聞くものにつけて、

七『紫家七論』の「作者本意」に、五八頁九～一二行目のくだりを引いて、「これ、古記・草子のことを論ずるやうにて、やがて（そのまま）式部が意趣（紫式部の考え）と見ゆれば、物語をすべて作り事とのみいふべからず。みなその世にありし人の上を述べて、勧善懲悪を含みたり」という。また『湖月抄』に「その人の上とて」に注して、「およそ作り物語はその人の事とて名を顕《あら》はしては書かねども、世の人の有様の善悪の、見ても聞きてもさしおかれぬ事の、後世に残して人の教へにもしたきゆゑ、書きおきたるものぞとなり」という。

物のあわれを知る心から物語を書く

八 他人の共鳴を求めるという心の動きは、宣長の「物のあはれを知る」の説の非常に重要な要素である。二三五頁七行目以下に詳述され、和歌の場合について『石上私淑言』第一四項（三一二頁三行目以下）に述べられるところを要約すると、次のようになる。人は物のあわれを知った場合（感動を受けた場合）、そのことを表現せずにはいられない。それも、日常の表現ではなく、受けた感動の深さを的確に表わせるように、強調や修辞を用いた表現をせずにはいられない。その表現を受けとった側は、それによってはじめの感動者の感動を追体験し、物のあわれを知ることができる。受け手の感動するさまを見て、はじめの感動者は自己の感動を再確認し、満足することができる。

心の動きて、これはと思ふことは、みな然り《みなそうである》。[一]詩歌の出で来るもこのところなり《生れてくるのも人の心のこういう働きからである》。

　さてその見るもの聞くものにつけて、心の動きて、珍しとも、あやしとも、面白しとも、恐ろしとも、悲しとも、哀れなりとも見たり聞きたりすることの、心にしか思うてばかりは《そのように思ってばかりは》ゐられずして、人に語り聞かするなり。語るも物に書くも同じことなり。さてその見[二]るもの聞くものにつきて哀れなりとも悲しとも思ふが《思うのが》、心の動くなり《心が動くという　ことである》。その心の動くが、すなはち「物の哀れを知る」といふものなり。されば この物語、物の哀れを知るより外《ほか》なし。作者の本意が物の哀れより書き出でたるものなれば、「その見るにもあかず、聞くにもあまる」事どもを書きて、それを読まん人にも物の哀れを知らさむ《知らせるため》ためといふこと、このところの文にて悟るべし。

　さて「よきも悪《あ》しきも」といへるによりて、なほ《やはり》勧善懲悪《くわんぜんちようあく》[三]の心と思ふ人あるべけれど、この「よき悪しき」は見やうあり《解釈のしかたがある》。奥に《後に》くは

一 物語と歌は、人が物のあわれを知り、そのことを表現して他人の共鳴を求めるところに生れるという点で、本質を同じくする、という考え方。歌の場合については『石上私淑言』第一三・一四項（三〇四～一五頁）に述べられる。この考え方は、荻生徂徠や堀景山の詩歌論から示唆を得て、まず歌の発生を物のあわれを知ることと結びつける考え方が生れ、それを物語の発生にも及ぼしたものであろう。徂徠の論は八四頁注一参照。景山の論は『石上私淑言』三〇五頁注二参照。ただし、感動を心のうちに押えておけなくなったところに歌が発生するということは景山と同じであるが、他人の共鳴を求める心の動きに着目し、したがって強調や修辞による表現効果を重視するのは、宣長の独創である。

二 『石上私淑言』第一二項（二八〇頁）参照。

三 五九頁注九、六一頁注七参照。

しく注す。

四あるひと云はく、「ここの文を見れば、『源氏物語』一部のうちにあること、みな式部が間近《まぢか》く当代に（その時代に）見ること聞くことを、〔その人の〕名を隠して書けるなり」と。今按《いまあん》ずるに（考えるに）、この説は文面[五]になづめる一偏《いつぺん》の僻見《へきけん》なり。たとひ一事も見聞きたることはなくとも、見聞きたる心になぞらへて書かむことは（似せて書くことは）、すこしも妨《さまた》げなし。また一部のうち、一つも虚誕《きよたん》[六]なることはなく、みなことごとく世間に常にあることなれば、似たることの世にいくらもあるべければ、それを見聞きて書けることもあるべし。「見るにもあかず、聞くにもあまる」といへるは、現《うつつ》にさらずとも（現実にそうでなくとも）、その心にて書けるものと知るべし。たとへば今歌《いまうた》[七]よむに、現に今《いま》見聞かぬこともその心になりてよむに同じ。

よきさまにいふとては（〔登場人物を〕よいようにいうといっては）、よきことの限りを（よいことのすべてを）選《え》り出で、「よきことの限り」とは、よきことのありたけ（ある限りすべて）といふことなり。「選り出で」とは、よきことばかりを選り出でていふなり。作り物語な

「よきこと」と「珍しきこと」

四 誰の説か未詳。概して国学以前の古典学では物語が虚構であるという認識が不十分で、作中の出来事などは事実を書いたものと考える傾向が強い。『伊勢物語』について、賀茂真淵の『伊勢物語古意』総論に当時のそうした受け取り方を批判して次のようにいう、「かかる書《ふみ》を物語と名づけたることは、実《まこと》の録《ふみ》のごとくにはあらで、世の人の語り伝へ来し事を、真言《まこと》、寓言《そらごと》をも問はず、その語るまにまに書き集《つめ》たるてふ意にて、今云ふ昔々の例《あと》なし物語に同じ。しかはあれど文よく書きたれば、こよなき心やり種《ぐさ》とぞなれりける。しかるを後の世の人は物語てふ名をいかに意得《こころえ》つらん、殊に寓言《そらごと》にいひなしつるこの『伊勢物語』をば、実《まこと》の録《ふみ》のごとく思へるこそいぶかしけれ」。

五 文章のうわべにとらわれた、片よった見方である。

六 でたらめ。

七 今の歌はすべて古歌のまねであり、現実に見聞きしたことを詠《よ》んでいるわけではない、しかし現実に見聞きしたつもりで詠むのである、というのが宣長の考え方。二二〇頁注二参照。また『排芦小船』第三六項に、「されば今の歌はみな古人のまねなり。まことの心より出づるにあらず。されどもこの道を好み、古歌に心をそめ、行住坐臥《ぎやうぢゆうざぐわ》これに心をおく時は、自然と古人の歌に化せられて、情・辞ともに自然のごとくになるなり」という。

れば、よくいはむとては[一]人の上にもよきことばかりを選《え》り出でていふ、となり《ということである》。

下心、これ《このことは》、読む人をして深く（一〇）感ぜしめんためなり。感ずるとは、[二]俗《ぞく》にいふ意は一偏《いつぺん》につきて心得れども、すべて見ること聞くことにつきて、面白しとも、をかしとも、恐ろしとも、珍しとも、憎しとも、いとほしとも、哀れとも思ひて心の動くは、みな感ずるなり。さてその物事につきて、よきことはよし、悪《あ》しきことは悪しし、悲しきことは悲し、哀れなることは哀れと思ひて、その物事の味《あぢは》ひを知るを、物の哀れを知るといひ、物の心を知るといひ、事の心を知るといふ。さればこの物語はそれを知らさむためなれば、よき悪しきことを強くいへるなり。

（一一）人にしたがはむとては《世間の人の評価に従おうといっては》、

下心、ここは「悪しきさまにいふとては《悪いようにいうといっては》」といふべきところを、かくいへること《このようにいっていることは》、面白し。紫式部、用捨の詞なり《考えた上での表現である》。すべて人の悪《あ》し

一 ある一人に関する記述にも。

二 世間で普通にいう意味は、一つの場合についてだけ理解しているが。「感ず」は、江戸時代の普通の用法では「感心する」「感動する」の意であり、以下にあげるうちの「恐ろし」「憎し」などの場合には用いられなかった。『石上私淑言』二八三頁一二行目以下参照。

＊ 寛政十一年五月刊の『源氏物語玉の小櫛』は、同八年末には完成していたとして、『紫文要領』から三十三年後の著述であるだけに、その間の宣長の『源氏』研究の深まりを反映して精密になってはいるが、反面、宣長の『源氏』観の基本は『紫文要領』で完成してしまっていて、その後ほとんど変化しなかったことをも教えてくれる。すなわち『玉の小櫛』全九巻のうち、巻三の年立《としだて》（源氏と薫の年譜）、巻四の本文校訂、巻五～九の『源氏』全巻にわたる語釈は、研究の精密化を示すもので、一〇六頁注二に見るように、個々の文章や語句について『紫文要領』とは異なる解釈があることが知られる。しかし巻一・二は、『紫文要領』を改訂したもので、文章が全面的に書き改められて、より洗練され、論点を前後入れかえるなどのことはあるが、趣旨はほとんど変っていない。若干の変化はあるが、それについては、たとえば一六〇頁注三のように、頭注で指摘した。

きことをいひ立ててそしるほど、うるさきはなし《いとわしいものはない》。ゆゑに人を悪しくいはんとにはあらねども《悪くいおうというのではないけれども》、三世間の人の悪しと定《さだ》むるをば、その人の定めにしたがひて悪しとする、これやむことをえず悪しとする心なり。かくのごとく、世の人の悪しと定むるままにしたがひていはむとては、となり。四古注、誤れり。

（一二）また悪しきさまの珍しきことを取り集めたる、

下心、「珍しきこと」といへる《といっているのは》、また面白し。前の「よきことを選り出で」といへるその裏《うら》にて、詞《ことば》を変へたるばかりにあらず、「珍しきこと」といへるは、心あることなり《意味のあることである》。人の上の五悪しきことを選り出で、いひ連《つら》ねて、そしるにもあらず《非難するというのでもない》、また悪しきことを書き記して、読む人の戒《いまし》め・心得にせむとにもあらず《教訓・たしなみにしようというのでもない》。ただ世に珍しきことを書き集めて、読む人の一興にそなへ《軽い慰みに提供し》、珍しがらしめむため、となり。六近江《あふみ》の君《きみ》のたぐひをいふべし《いうのであろう》。これ紫式部用捨の詞にして《熟慮の上の表現》、七人をそしることを深く恥ぢたる心ばせ、ありがたし《尊いことである》。人の国の《外国の》書と《書物とは》

三 世間の普通の人が悪いことだと思っていることを、その判断のとおりに悪いこととする、の意。

四 『湖月抄』に、この「人にしたがはむとては」に注して、「人の善悪のさまざまにしたがひては、また世に珍しく悪しきさまの事をも書く、となり」という。これによれば、「人が善悪さまざまであるのに応じて、悪いことの珍しい様子もおのずと書くことになる」という解釈となり、宣長の解釈と相違する。

五 『源氏物語玉の小櫛』一の、この一節の注に、「『悪しき』とは、必ずしも世の常の儒仏の書などにいふ悪行をいへるにはあらず」とある。ここでいう「悪しき」は道徳上の悪ではなく、またそれを描くことに教訓の意図はない、との意。

六 五四頁注一参照。そういう近江の君の行状を「悪しきさまの珍しきこと」の例として想起させ、「悪しき」の意味するところは、道徳上の悪とは無縁のもので、「みっともない」などの意であると念を押す。

七 文脈の上からは「よきさまにいふとては」の対句として「悪しきさまにいふとては」とあるべきところを、源氏に「人にしたがはむとては」といういい方をさせているのは、紫式部自身の、人を悪くいうことを恥ずかしく思う気持を表わしている、の意。宣長の、『源氏物語』の文章を丁寧に味わって、紫式部の謙抑《けんよく》な人柄を読み取ろうとする試みは、他にも例がある。一一五頁注一三参照。

心ばへの変れるところを《心がけの違っているところを》見るべし。またみだりに教戒《けうかい》の方《かた》へ引き入れて釈《しやく》すること《解釈するのは》、作者の本意にあらざることを知るべし。

みな方々《かたがた》につけて、この世の外《ほか》のことならずかし。

下心、作り物語にて、かたなきことと《こしらえ事とは》はいひながら、みな世の中にあること、となり《というのである》。それをよきをも悪しきをも強く大きにいひなしたるは、前[一]にいふごとく、見る人をして深く感ぜしめむためなり。

「方々」は、「よき方・悪しき方」なり。

人のみかどの才《ざえ》・作りやう変れる、

「みかど」は、朝《てう》[二]なり。異朝《いてう》といふことなり。「才《ざえ》」は、人の才智なり。「作りやう」は、書物の作りやうなり。「[三]才ある人の作れる」と《才ある人が作ったと解釈する》見るは《のは》、文義にかなはず《文章の意味に即していない》。これは、才の変れると《才が変っているのと》、作りやうの変れると《書物の作り方が変っているのと》、二つを重ねていへるなり。「変れる」を二つへかけて見るべし。「才の変れる」とは、異朝の人とわが国の人とは才[四]の勝負《かちまけ》異なるをいふ。または学問[五]のしやうの異なるべきをいふか。

一 六一頁注八参照。

二 「朝」は朝廷、または国家。「人のみかど」で「異朝」。ここでは中国を指す。

三 『花鳥余情』に、このくだりに注して「才ある人の作れる書なり」といっている。

四 才智において、何をすぐれているとし、何を劣っているとするかの基準が異なっている、という意味である、の意。

五 学問のしかたが異なっているはずだという意味にもとれる、の意。

漢文の書物と物語との違い

六 外国（もっぱら中国を意識する）の書物（ないし思想）は、道徳をきびしく論じ、万事を理屈で解釈しようとし、どの人も自分こそ賢いというように言いこしらえ…、の意。それゆえ外国の書物（ないし思想）は、偽善的であり、狡智にたけ、かつ人智を越えたこの世界の深い真実を見失うというのが、宣長が国学者としてこの後くり返しくり返し説き続ける主張であった。『石上私淑言』第六六（四〇八頁）・八五項（四六〇頁）参照。また古道論の著書『玉くしげ』（寛政元年刊）にも次のようにいう、「世の中に死ぬるほど哀《かな》しき事はなきものなるに、かの異国の道々には、あるいはこれを深く哀しむまじき道理を説き、あるいはこの世にてのしわざの善悪、心法のとりさばきによりて、死して後になりゆく様をも色々と広くくはしく説きたるゆ

さて「作りやうの変れる」は、異朝の書籍《ふみ》とこの物語などと、その趣き雲泥《うんでい》にしてさらに同じからざるなり《まったく異なっているのである》。まづ六異国の書は、何の書も、とかく人の善悪をきびしく論弁して、物の道理をさかしく《分別ありげに》いひ《いい》、人ごとに《どの人も》我賢《われかし》こにいひなし、七風雅の詩文に至りても、とかくわが国の歌とは違《ちが》ひて人の情《こころ》をばあらはさず、何となくさかしく賢《分別くさく》こげに見ゆるなり。わが国の物語は、物はかなく《どことなく頼りなく》しどけなげ《とりとめがなく》にて、すこしもさかしだち賢こげなることはなく、とかくに人の情のありのままをこまかに書き出だせり。

八すべて人の心といふものは、実情は、いかなる人にても愚かに未《み》練《れん》なるものなり。それを隠せばこそ賢こげには見ゆれ《見えるのだが》、真《まこと》の心の内をさぐり見れば、誰《たれ》も誰も児女子《じぢょし》のごとくはかなきものなり。異朝の書は、それを隠して、表向き・うはべの《表面の》賢こげなるところを書きあらはし、ここの《わが国の》物語は、その心の内の真《まこと》をありのままにいへるゆゑに、はかなく《頼りなく》つたなく《おろかしく》見ゆるなり。これ人の国と《外国と》わが国の作りや

ゑに、世の人みなこれらに惑《まど》ひて、その説どもをもつともなる事に思ひ、信仰して死を深く哀しむをば愚かなる心の迷ひのやうに心得るから、これを愧《は》ぢて、しひて迷はぬふり、悲しまぬ体を見せ、あるいは辞世などいひて、ことごとしく悟りきはめたるさまの詞を遺《のこ》しなどするは、皆これ大きなる偽《いつはり》の作り言《ごと》にして、人情に背《そむ》き、まことの道理にかなはぬことなり。すべて喜ぶべき事をもさのみ喜ばず、哀しむべき事をもさのみ哀しまず、驚くべき事にも驚かず、とかく物に動ぜぬをよき事にして尚《たふと》ぶは、みな異国風の虚偽《いつはりかざり》にして、人の実情にはあらず」。

七 漢詩文。道徳などとは無縁のはずの、という気持で「風雅の」といっている。なお漢詩が中国思想（儒学）の影響のもとに、人情を偽り飾るようになったことについては、『石上私淑言』第六二～六項（四〇三～一一頁）参照。

八 人情の真実は、愚かしく、未練がましく、女々《めめ》しいものである、の意。中国の思想がそれを恥ずかしいものとして包み隠し、人情について偽善的な論を立てるのに対し、わが国の歌・物語は人情の真実をありのままに伝えている、というのも、宣長の生涯にわたる特徴的な主張。二〇二頁以下に詳論される。また『石上私淑言』第六六・六七項（四〇八～一三頁）参照。なお自筆稿本で、ここの「未練なる」が「めゝしき」と改訂されており、宣長において「未練なり」と「女々し」が同義語であったことを示す。

う変れるなり。異国の書をもてこの物語をとかく論ずるは、作者の本意にかなはぬ《合致しない》といふこと、この一言をもても悟る《もってしても分るのである》べし。

同じ大和《やまと》の国のことなれど、一昔今《むかしいま》のに変るなるべし。

二「ことなれば」とある本は用ゆべからず《採用してはいけない》。「ば」にては、「てにをは《助詞が》」かなはず《適合しない》。伝写の誤りなり。それを知らで《知らないで》「ば」を用ゆるは、いふにたらぬことなり。三唐《もろこし》の書の変れるのみならず、同じこの国の書といへども、昔と今との書に作りやう変れる、となり。「四なるべし」といへるは、その変れることは人みな知りたることなるが、そのいはれは昔と今との変りなるべし、となり。さてこの国の昔の書といふは、前にもいへる五『日本紀』のたぐひなり。これらはまたく《まったく》漢文にて、異国の書を学びて書けるものなれば、物語とは変れるなり《異っているのである》。「今の」といふが《いうのが》物語のたぐひなり。古物語を「今」といふはいかにと《今と称するのはなぜかというと》いふに、かの『日本紀』などにくらぶれば近き世のものなれば、「今」といふなり。下心は、「今作る『源氏物語』」なり《というつもりなのである》。

一 昔の書物、今の書物、というふうにも変化があるであろう、の意。

二 『湖月抄』の本文に「ことなれば」とある。宣長のいうところも一説であるが、「同じ日本のことなのだから、変化があるとすれば、それは昔の書物、今の書物という変化だろう」の意に解すれば、「ことなれば」でも通ずる。

三 中国の書物が日本の書物と異なっているだけではない、の意。

四 昔と今の作り方に変化があるのは明白な事実であるのに、「なるべし」という推定のいい方をしたのは、その理由について、時代の変化によるのだろうと推定したからである、の意。

五 『日本書紀』を始めとする六国史を指す。『日本書紀』が文章のみならず思想面でも「異国の書を学びて書けるもの」であることは、『古事記伝』一の「書紀の論《あげつら》ひ」に詳論されている。なお、中国の書物と日本の物語とは異なり、同じ日本のものでも昔の書物と今の物語とは異なるということは、螢の巻の原文でいわれているが、その具体的な相違点として宣長が以上に説明したことは、完全に国学者としての宣長自身の意見であって、紫式部がこのとおりのことを考えていたということはあり得ない。この一段が、螢の巻の解釈の形をとってはいるが、実は宣長自身の物語論であることの表われである。七三頁注六参照。

深きこと浅きことのけぢめこそあらめ《違いはあるだろうが》、
「深きこと」は、「深き詞《ことば》」にて、異国の書物または『日本紀』のたぐひの書なり。「浅きこと」は、物語のたぐひなり。「深き」は、作りやう、[六]文章の華麗《くわれい》、巧《たく》みにして、心を用いたるをいふ。「浅き」は、女文字にて《仮名を用いて》何となくしどけなく《とりとめなく》書けるをいふ。「深き・浅き」といはずして、「こと」[七]といへるに、心をつくべし《注意しなければならない》。

[八]ひたぶるに空言《そらごと》といひ果てむも、事の心違《たが》ひてなんありける。

文章・詞《ことば》の浅深《浅さ深さの差はあるだろうが》こそあるべけれ、心は深き浅きのけぢめあるべから《差があるはずはないから》ざれば、[九]一向《いつかう》に空言なりとて棄てんも相違なり、となり。「心の浅《せん》深《しん》はあるべからぬ《あるはずがない》」といふことは見えねども《〔文章の表面には〕》、「[一〇]けぢめこそあらめ」といへる語勢にて、その心を言外に含めること知られたり。「事の心違《たが》ふ」とは、俗に「心得違《こころえちが》ひなり」といふほどのことなり。

下心、これまでは《このくだりまでは》、前に「空言」とて難じた《非難した》る、その答へなるゆゑに、終りにかくいひて《このようにいって》結びたるなり。

六 文章の美しさが技巧的で。漢文で書かれているということを、このように形容する。
七 単に「深き・浅き」というと作品の内容（次にいう「心」）のことになってしまうので、「深き・浅き」の差のあるのは「言《こと》」＝用字・用語だけなのだと限定したところに、紫式部の深慮がある、というのが宣長の解釈。
八 物語を一方的に嘘・作りごとといいきってしまうのも、心得違いというものだ。五五頁一～三行目で、「物語とは空言ではないのか」といったことについて、源氏がみずから結論を下したもの。
九 一方的に嘘だといって無視するのも、物語の実情にそぐわない。
一〇「こそ」＋已然形の係り結びが、後に逆接の関係の文章を要求することをいう。

物語は仏典の方便と同じ

さてこの次は、空言《そらごと》とても、見るにたらずとて棄て果つるは《無視してしまうのは》心得違《たが》ひなりといふ証拠に、その例をいふなり。

仏《ほとけ》の、いとうるはしき《たいへん立派な》心にて説きおき給へる《この世に残しおかれた》御法《みのり》も《お教えも》、「一うるはしき」は、きつと《厳粛で》として正しきことなり。〔物語を〕空言なりとてひたぶるに《一方的に》棄つることの《無視してしまうことの》誤りをいはんとて、証例に出《い》だせるゆゑに、「うるはしき」といふ詞《ことば》をそへたり。そのゆゑは、仏の正しき御心より説き給ふ御法なれば、空言などはあるまじきことなれども、その正しき心もて説き給ふ御法にさへ「二方便《はうべん》」のあれば、まして三凡夫《ぼんぶ》は、事に触れては《事につけては》、などか《どうして》方便には《方便として》なきこともいはざらん《こしらえごとをいわないでおられよう》、となり。

さて同じことながら《似たようなものではあるが》、方便といふと《いうのと》空言といふとはすこし意味変るべし。いひて悪しきことには《いってはいけないこしらえごとに対しては》、空言といふ。四妄語《まうご》なり。いひて益《やく》あることには、方便といふ。されば前に「空言といひ果てんも《いいきってしまうのも》」とあるは、この物語を悪《あ》しくいひなす詞《ことば》なり。それに答へて、五これは

一 宣長が『源氏物語』中の難語を選んで語義を考証した『紫文訳解』（五〇頁頭注＊印参照）に、「宇留波《うるは》志記《しき》。美麗なるを云ふにあらず。物語にいへる『うるはしき』は、きつとして正しくてよきを云ふなり。美麗は『めでたき』と云ふ詞によくかなへり。『うるはしき』はきつとして正しき方を重《おも》にして、すぐれたるを兼ねたる詞なり」とある。

二 仏語。仏が衆生を真実の悟りに導く過程で、相手の理解度に応じて便宜的な説き方をすること。その部分だけを取り出せば、本来の教えと矛盾する面もある。『湖月抄』の頭注に、「方便は、手だてとも、たばかりとも読めり。衆生の機（悟りに至る契機）をととのへて、一実に帰せしめんとて、（仏が）さまざまの手だてをなし給ふをいふなり」という。

三 仏語。道理をまだ十分に理解していない者。

四 仏語。嘘。いつわり。仏が妄語戒として強く戒めるところのもの。

五 このくだり、後年の『源氏物語玉の小櫛』一では分りやすい文章に改まっていて、「これ（物語）はひ

たすらに空言といふべきたぐひにはあらず。もろもろのよきこと悪しきことを書きあらはして、人に物のあはれを知らしめんためなれば、仏の方便といふことのたぐひぞ、となり」となっている。

六 疑問を持つであろう、というのである。

七 大乗経典の総称。次行で宣長が説明にいう「方等部の経」とまったく同じではない。「方等部の経」は、大乗経典のうち、維摩経《ゆいまぎよう》・勝鬘経《しようまんぎよう》など初期に説かれたものを指す。

八 同一の趣旨に帰着して。

九 最終の趣旨。

空言といふべきたぐひにはあらず、世に益《やく》あらん（物の哀れを知らしむ）ためなれば、仏の方便といふことと同じ心なり、といふことを知らさんために、仏の方便のことをここにあげて証例とせるなり《したのである》。

方便といふことありて、悟りなき者は、ここかしこ《あちこちで》違《たが》ふ疑ひを置きつべくなん《矛盾しているという疑問を抱くに違いない》。「方便」の本意を悟る智恵のなき者は、疑[六]はん、となり。「ここかしこ違ふ」とは、ここに説き給ふことと、かしこに説き給ふことと、くひ違《ちが》ひて相違《さうゐ》するなり。

[七]方等経《はうどうきやう》の中に多かれど、

方便は諸経ともにあれども、この方等部の経の中に別して《格別に》ここかしこくひ違ふことの多きなり。

いひもてゆけば《せんじつめると》[八]一致《ひとつむね》に当りて、

ここかしこ違《たが》ふやうなれども、[九]畢竟《ひつきやう》の極意《ごくい》は一つ所へ落つるなり《同一の教えに帰着するのである》。たとへば、弓射る人の、立てるところ《立っている場所は》は異なれども一つ《同じ》的《まと》へ当《あた》るがごとく、海より行くも陸《くが》より行くも、道は変れど落ちつくところは一つなるがごとし。

菩提《ぼだい》と煩悩《ぼんなう》との一へだたりなん、「一致《ひとつむね》」と指《さ》すところは、すなはちこの菩提《悟り》と煩悩《迷い》となり。仏の御《み》法《のり》は二実説と方便とさまざまに説き給ひて、ここかしこ違《たが》ふやうのこともあれど、畢竟《ひつきやう》の極意《ごくい》をいへば、菩提と煩悩とのへだたる間の事《両極の間の人間界のこと》を説き給ふ一致に当りて《を色々と説かれるその同一の教えに帰着して》、この外《ほか》なし。「仏の」といふより《という個所から》これまでは《ここまでは》、譬《たと》へなり《比喩である》。

三この、人のよき悪《あ》しきばかりのことは変りける。

「この」とは、「かの」といはんがごとし《いうのと同じだ》。四かの上にいへる《前にいった》物語の中の「人のよき悪しき」なり。五仏経の譬《たと》へをここにて物語へ引き合せたり。まづ上にいへる漢文の書籍《ふみ》は、仏の御法《みのり》の中にも《中でも》実説のごとし。歌・物語は方便のごとし。その漢文の書《ふみ》と歌・物語と、作りやう変り《話の作り方が変っていて》、心ばへの異なるを見て《趣きが異なっているのを見て》、物語は空言《そらごと》なりとて《偽りだといって》信ぜぬは、か

一 底本で「へだたりなん」の下に小字で「句ニアラズ」とある。「ここで文が終るのではない」の意。
二 方便ではない、本来の教え。
三 宣長の説明に即して、このあたりの螢の巻の文章の意を敷衍《ふえん》すると次のようになる。「仏典で用いられる方便は、結局は実説と同一の教えに帰着して、ともに、菩提と煩悩との間にある人間界のことを説いているのである。それと同様に、漢文の書籍は実説に相当し、歌・物語は方便に相当して、両者ともに、人間界のよきことと悪しきことの区別を説いているのである」。この解釈は、『湖月抄』から現代の諸注に至るまでの普通の解釈とははなはだ異なる。普通の解釈では、漢文の書物と物語との対比は六九頁七行目の「…事の心違ひてなんありける」で終っており、七〇頁三行目の「仏の、いとうるはしき…」からは別の話題になっているととって、七九頁注一〇・八〇頁注一の『湖月抄』に見るように、「菩提と煩悩の違いは、物語の中に描かれた人間の『よき』と『悪しき』の違いのようなもので、菩提と煩悩が結局は差がないのと同様に、人間の『よき』と『悪しき』にも大差はないのである」の意に解する。宣長が右のような特異な解釈を立てたのは、宣長にとって、漢文の書物と物語との対比、および、よきことと悪しきことの区別が、重大な問題だったからである。しかし漢文の書物と物語との対比をこの一節の解釈の中に持ちこんだ宣長は、両者の差異を強調したいのに、この頁の一～六行目に見るよう

の「ここかし違《たが》ふ疑ひ」を置くがごとく《抱くようなもので》、悟《さと》りなき人なり。漢文の書も歌・物語も畢竟の極意は一致《ひとつむね》なること、仏の御法の一致に当るがごとし。さてその漢文の書も歌・物語も一致とはいかにといふ《どういうことかとい》に《うと》、人のよき悪しき、その分《わか》ちを人に《違いを読者に》示し知らさんと思ふ本意は、漢文の書も歌・物語も一致にして異なることなきこと、仏の御法も菩提と煩悩との間を説き給ふより外《ほか》はなきがごとし、となり。

下心も表《おもて》の意に同じ。

あるひと問ひて云《い》はく、漢文の書も物語も、畢竟の極意は一致にして、人のよき悪しき分ちを見る人に示し知らさむためといはば、これ勧善懲悪《くわんぜんちようあく》の意にあらずや《意図ではないか》。

答へて云はく、[六]よき悪しきの指《さ》すところ、漢文の書と物語と異《こと》なり。物語のよきとするは《物語がよい人とするのは》、物の哀れを知る人なり。悪しきとするは、物の哀れを知らぬ人なり（このこと、くはしく奥にいふべし）。されば漢文の書と指すところ異なり。しかれどもそのよき悪しき分ちを人

に、「いひもてゆけば一致《ひとつむね》に当りて」という原文に制約されて、「漢文の書物と物語は、人のよき・悪しきの区別を示すという点では同一である」という解釈をいったん立てなければならなくなってしまった。そこで次に、「漢文の書物と物語とでは、よき・悪しきの基準がまったく異なっているのだ」という論を展開することになる。両者のよき・悪しきの基準の違いということは、八二頁三行目以下に見るように、宣長の力説したいテーマであるから、右のような論の運び方は、宣長の論理においてはつじつまがあっている。しかし螢の巻の解釈としては、かりに漢文の書物と物語との対比をこの一節に持ちこむことを認めるにしても、「両者のよき・悪しきの基準はまったく異なっているのだ」と次に説明することを予定して、「両者ともよき・悪しきの区別を示す点では同一である」ということが述べられている、と解するのは苦しい。この頁の一四行目から七四頁の二行目にかけて宣長のいうところは、かなりの強弁である。

四　五八頁九～一〇行目参照。

五　仏典を比喩に用いた説明。

六　このように、螢の巻の物語論でいう「よき悪しき」とは、物のあわれを知る知らぬの違いのことであるという論を立て（八二頁三行目以下に詳論する）、全体をその文脈に沿って解釈するのが、前述（四七頁注五）の、すでに抱懐している「物の哀れを知る」の説へ螢の巻の論旨を強引に付会している点である。

物語を卑下して締めくくる

に示し知らせんと思ふ趣意は変ることなきゆゑに、一致《ひとつむね》といへるなり。よくよく工夫《くふう》すべし《考えなければならない》。

よくいへば、すべて何ごとも空しからずなりぬや《無駄ではなくなってしまうね》」と、〔源氏は〕物語をいとわざとのことにのたまひなしつ《非常にたいそうなことのように論じてしまわれた》。

「よくいへば」とは、悪しき事もよきやうにいひなせば、となり《という意である》。「何ごとも空しからず」とは、すべて万《よろづ》の事をかやうに《このように》よき方《かた》にいひなせば、何ごともみなよきに《よいことに》なりて、無益《むやく》の事はなき、となり。畢竟《ひつきやう》歌・物語ははかなき無益の物のやうに思へども、[一]よくとりなして理《ことわ》りをつくれば、無益の物にはあらず、となり。「[二]わざとのこと」とは、「ゆゑあり心あること《深い道理があり意義のあること》」なり。まづは物語といふものは、普通にていへば女童《をんなわらは》の玩《もてあそ》び物にて、はかなく作りたるものなり。それを今《いま》源氏の君は、ゆゑありげに心ある物のやうにいひなし給ふ《定めておしまいになる》、となり《というのである》。

この一節、下心《〔この物語についての〕》は、式部が卑下の詞《ことば》なり。右のごとく、この『源

一 よいもののようにいいこしらえて、理屈をつけること。

二 『源氏物語玉の小櫛』一では、「『わざとのこと』とは、はかなきすさびごと（たわいもない遊びごと）にはあらで、せではかなはぬこと（しなければいけないこと）をいふ。物語は、女童《をんなわらは》の玩《もてあそ》び物にて、はかなきすさびなるを、今かく源氏の君の、読まではかなはぬ物のやうにいひなし給ふ、となり」と、若干解釈を変えている。

＊ 螢の巻の物語論に着目した『源氏物語』論として、他に上田秋成の『ぬば玉の巻』がある。これは安永八年（一七七九）の成立で、『紫文要領』に十六年遅れる。宣長のように螢の巻の物語論全体を丁寧詳細に考察しているわけではなく、源氏が仏典の方便に言及したくだりを中心に、軽く触れているという程度である。かつ秋成は、物語というものは、作者の思うところを、世をはばかって直接には述べず、虚構に託して述べたものであると論じて、教戒の手段に過ぎない仏典の方便と物語とでは性格が異なるといっている。秋成が宣長の著述に接して、ことごとに批判的な見解を抱くようになるのは、天明期（一七八一～九年）以後のことであって、『ぬば玉の巻』は『紫文要領』とは無関係に著わされたものである。

氏の物語』を心ありげには《意義深いもののようには》申せども、所詮《しょせん》ははかなきあだごとなり《無駄ごとである》と、卑下《ひげ》[三]して筆をとどめたり。

さてこの段、始めに「さまざまに珍らかなる人の上などを」といへる《述べた所から始めて》より始め、「あなむつかし。女こそ」とあるところより、古物語のことを源氏の君の玉鬘《たまかづら》の君へ語り給ふ物語に寓託《ぐうたく》して、紫式部この『源氏物語』作れる心ばへ《を著わした意図》を述《の》べたり。されば この段、表《おもて》はただ何となく源氏の君と玉鬘の君との物語なれども、下の心は式部が《作者式部の》この『源氏物語』の大綱総論《たいかうそうろん》[四]なり。表はたはむれにいひなせるところも《冗談のようにいいこしらえたところも》、下心はことごとく意味ありて、褒貶抑揚《ほうへんよくやう》[五]して論定《ろんてい》したるものなり。しかも文章迫切《はくせつ》[六]ならず、ただ何となくなだらかに書きなし、また一部の始めにも《源氏物語全体の最初にも》書かず、終りにも書かずして、何となきところ[七]にゆるやかに大意を知らせ、さかしげ[八]にそれとはいはねど、それと《それと分る》聞かせて《ように》書きあらはせること、和漢無双《わかんぶさう》[九]の妙手《めうしゅ》といふべし。

[一〇]しかるに古来注解《ちゅうかい》多しといへども、ただうはべ《表面だけ》ばかりひとわた《通りいっぺん》

三 宣長が紫式部の卑下の気持を特に強調するのは、原文の「よくいへば」を重視したからであろうが、その背後には、五八頁注二・六五頁注七で見た、紫式部についての慎重で謙抑な人という判断がある。

四 (『源氏物語』についての) 根本的な解説・総まとめ。

五 物語をほめたりけなしたり、上げたり下げたりした末に、結論を出したものである。

六 文章に意気ごんだ調子がなく。

七 物語の中のさりげない個所で、じっくりと『源氏物語』の趣旨を読者に悟らせ。

八 もっともらしく、これが大綱総論なのだとはいわないけれど。

九 わが国にも中国にも並ぶもののないすぐれた手ぎわ。

一〇 四七頁以下ここまでの解説は、何カ所か指摘したように強引な論法をふくむものではあるが、螢の巻のこのくだりを通して紫式部自身の物語観をさぐるという着想を示している点で、従来の諸注にくらべて画期的なものであることは、宣長の自負するとおりである。

り《の》の注にて、作者の本意《ほい》あらはれがたく、また誤りて注せること多きゆゑに、大きに本意にそむき、義理《意味を》を取りそこなひたること《理解しそこなったこと》多きゆゑに、今《いま》くはしく注解をなし、ことに表裏の義をつまびらかに注し分くものなり《表と裏の意味をくわしく区別して注釈するのである》。見む人よくよく心をとどめて、表の義と下心に含めたる裏の義とをわきまへて、混ずることなかれ《混同してはいけない》。

仏教に付会する従来の解釈への批判

右に抄出《せうしゅつ》せる螢の巻の文段《もんだん》、古来《こらい》諸抄の説誤《あやま》り多き中に、[一]かの仏《ほとけ》の御法《みのり》に引き当てて《較べて》いへるところ《述べている個所の》の注釈《ちゅうさく》、ことに牽強《けんきゃう》にしてことごとく誤りなり。やすらかに《素直に》見るべきところを《解釈すべきところを》、さまざまに義理をつけて《理屈をつけて》むつかしく《わずらわしく》ことごとしく《ぎょうぎょうしく》注せるゆゑに、悟りなき人《おろかな人は》はげにもと思ふべけれど《なるほどと思いもしようが》、かへりて《かえって》それは愚《おろ》かなる注なり。そのゆゑは、[二]経文《きやうもん》の上ばかりにて聞けばさることなれども、[三]ここに引き出だせる譬《たと》への意に当らず。[四]本《もと》を忘れて末《すゑ》の穿鑿《せんさく》ばかりくはしくしても、旨《むね》とするところ《中心になっている》の義理にかなはざれば《意味とずれているのだから》無益《むやく》のことなり。かへりて人を惑《まど》は

一 『湖月抄』に、古来の諸注や、著者、北村季吟自身の説をとりまぜ、仏典を煩瑣《はんさ》に引用したきわめて事々しい注が加えられている。七七～九頁頭注参照。

二 古来の注釈を、そこに引用された仏典の解釈としてだけ読むなら、その注釈もそれなりに正当なのであるが。

三 源氏がここで「仏の御法」を持ち出して物語のことを説明しようとした、その比喩の趣旨からすれば、それらの注釈は見当はずれである、の意。

四 「本」は、「仏の御法」は比喩として持ち出されたのだということ。「末」は、「仏の御法」それ自体の内容。

すことなり。[五]今この注は《私のこの注釈は》、紫式部が下心と物語の上と経文の上とを引き合せて、よくかなへることを《ぴったり適合していることを》記す。諸抄の注は、経文の上ばかりをことごとしくいへるゆゑに、紫式部の譬への本意と大きに相違して別々のことになるなり。よりて諸抄の説のかなひがたきいはれを《〔紫式部の本意と〕適合しがたい理由を》くはしく述べて、読む人の迷はざらんことをねがふ。このところの義理《意味が》明らかならざれば、一部の《物語全体の》本意明らかならざるゆゑなり。

まづ諸抄の誤りとは、「仏のうるはしき心」といへるを《いうのを》、[六]経文の意を引きてことごとしく注せること、当らぬことなり。[七]「うるはしき」といふ詞《ことば》は物語の中に多くありて、みなきつとして正《ただ》しきことなり。ここばかり何ぞ深き義理あらん《この場合に限りどうして特に深遠な意味があろうか》。すべて注といふものは、こことかしこと《あちらとこちらで〔解釈が〕》相違しては用いがたし。かやうに多く方々《かたがた》にある詞は《このようにあちこちに出てくる言葉は》、いづこもいづこもよく見合せて《考え合せて》、[八]違《たが》はぬやうに注すべきことなるに、諸抄の注は、外《ほか》を見合さずして、ただ己《おの》が[九]闇推《あんすい》にてよきやうに注せるゆゑに、こことかしこと見合す時に大きに相違《さうゐ》するなり。このた

五 七二頁注三で見たように、宣長は、この「仏の御法」のくだりには漢文の書物と物語との対比が寓されているという独特の解釈を立てている。物語には漢文の書物とはまったく異なる「よし・悪し」の基準が示されているということを重視する宣長は、自分のそのような解釈こそが「紫式部の譬への本意」と合致するものであると信じて疑わなかったのである。

六 『湖月抄』に引く『弄花抄』に、「およそ如来出世の本意は、凡聖一如《ぼんしやういちによ》、善悪不二《ぜんなくふじ》の理りを説きて、衆生の迷ひを速《すみ》やかにひるがへさんと思《おぼ》し召《め》す心あれば、大悲の窮《きはま》りこれに過ぎたることあるまじきゆゑに、『うるはしき』といへるか。このゆゑに国も実報花王《じつぽふくわわう》の土を現じ、仏も報身の姿、説法も三界唯心《さんがいゆいしん》の法なれば、仏の心も法もうるはしき姿なるべし。『華厳経』の心なり」と、「うるはし」という語を特に仏の慈悲に引きつけて注している。

七 七〇頁注一参照。

八 くい違いが生じないように。

九 あて推量。

一 法華経を実教（根本の教え）として、釈迦がそれ以前に説いた経典はすべて方便の教えであるとするのは天台宗の考え方であって。「法華宗」は普通は日蓮宗をいうが、ここでは天台宗を指す。『花鳥余情』に、「しばらく天台宗の義によらば、法華（法華経）を真実に定むるにつきて爾前の諸経（それ以前に説かれた種々の経典）をばみな方便といへり」という。

二 小乗の諸経を指すと解釈するのは。『湖月抄』に引く『細流抄』に、「最初より大乗を説き給ふこと仏の本意なれど、衆生の機至らざれば、まづ大乗をやはらげて権教《ごんけう》（方便の教え）を説き給へり。その中に『阿含《あごん》』は一向に小乗なり」という。「大乗」は広大無辺のすぐれた教え、「小乗」は卑近狭小な教え、の意。

三「四教」は、釈迦一代の教説を四種に分類したもの。天台宗の開祖智顗《ちぎ》が、蔵教・通教・別教・円教に分けた。『湖月抄』に引く『細流抄』に、「未だ衆生の機縁熟せざる間、四教の大小乗をならべて説き給ふなり」といっている。

四「五時」は、釈迦一代の教説を、それが説かれた時期によって五種に分類したもの。智顗が、華厳時《けごんじ》・阿含時・方等時《はうどうじ》・般若時《はんにやじ》・法華涅槃時《ねはんじ》に分けた。『河海抄』に、「五時の説教ことごとく法華一実道に帰するなり」といっている。

五 釈迦の生前にその説法の席に連なって教えを聞いた人。『細流抄』の注三所引の部分に続けて、「この時に昔の悟りをも今の悟りをも得ざる人あるなり。この

ぐひ多し。みな同じ理《ことわ》りなり（理屈である）。「うるはしき」をここばかり仏の上（特に仏に関係づけて注釈するのは）につきて注せるは、はなはだいはれず（根拠のないことである）。外のところにあるを（他の個所に出てくるのを）ばいかが解《げ》すべきや（どう解釈したらよいのか）。

「方便《はうべん》」といふこと、[一]法華《ほつけ》を実教《じつけう》として余《よ》の爾前《にぜん》の経《きやう》をばみな方便とすること、法華宗の意にして、さることとなり（〔しかし〕）。それによりてここの方便といへるを[二]小乗《せうじよう》の諸経《しよきやう》として見るは、誤りなり。ここに方便といへるは、ただ何の経によるともなく、すべて仏の御法《みのり》の中にある方便なり。法華経の中にも方便はあるなり。大小乗《だいせうじよう》・[三]四教《しけう》・[四]五時《ごじ》の沙汰は無用のこと（議論は不必要なことであって）、ここにかなはず（適合しない）。ただ衆生《しゆじやう》を済度《さいど》せんために（救済するために作り設けてお説きになる）設け説き給ふ方便といふことなり。

「悟りなき者」とは、俗《ぞく》に合点《がてん》の悪い者（のみこみの悪い者）といふことなり。これは末《すゑ》の世に経文を見る人のことなり（後世に経典を読む人を指しているのである）。しかるを「悟りなき」といふ詞《ことば》になづみて（とらわれて）、[五]仏の在世《ざいせ》に会座《ゑざ》に連《つら》なりて説法《せつぽふ》を聞ける人のこととして、さまざま注せるは、誤りなり。そのことは正しく経にあることなれ

時に狐狼野干《こらうやかん》とはなるとも、二乗《じじよう》の見《けん》をなすべからざる由を（釈迦が）のたまふを聞きて、迦葉《かせふ》泣きて三千にふるひ、須菩提《しゆぼだいぜんきつ》善吉惘然《まうぜん》として手に一鉢を投ぐといへり。その後、畢竟空《ひつきやうくう》の理を聞きて、いささか悟りを得るとなり」と述べ、仏典に登場する「悟りを得ざる人」にそのまま付会している。

六 七一頁注七参照。

七 五時の教えはすべて『法華経』の真如に帰着する、の意。『河海抄』の注。注四参照。

八 「畢竟皆空」は、究極において万事は空であるという認識。「万法一如」は、究極において万事は真如と同体であるという認識。『湖月抄』に引く『弄花抄』に、「方等にして有空錯乱《うくうさくらん》せしを、いま畢竟皆空と説きて、彼等の機をゆりそろへて、有空一念の悟りを与へ給ふ。これをも『いひもてゆけば一致』といへるか。また般若に限らず万法一如の心かと云々」と注している。

九 真実がそのまま説かれた根本の教え。「権教」の対。

一〇 『湖月抄』に引く『細流抄』に、「人の善悪、菩提と煩悩となり。（紫式部はこのくだりを）悉皆《しつかい》（すべて）天台の法文（経典）をもて書けり。紫式部は天台宗の許可までを受けて、宗旨を極めたり」といっている。なお八一頁一行目以下参照。

ば、「べく」《〔推量の〕》とはいふべからず《いうはずがない》。後の世の人のことゆゑに「疑ひを置きつべく《抱くに違いない》」といへる、「べく」にて悟るべし《理解せねばならない》。「悟りなき」といふ詞も外《ほか》に多し。かれこれ《あれこれの用例を》を引き合せて心得《こころう》べし。

『方等経《はうどうきやう》』[六]云々」。仏の方便は大小乗の諸経ともに多くあることなれど、ことに方等部《はうどうぶ》の経にはここかしこ《あちらこちら》相違せるやうのこと多し《矛盾するように見えることが多い》、となり《という意味である》。

「いひもてゆけば一致《ひとつむね》《せんじつめれば同一の》に当りて《趣旨に帰着して》」。これを「五時の教へ[七]ことごとく法華《ほつけ》一実《いちじつ》に帰《き》する」と注するはかなはず《適当でない》。また「畢竟皆空《ひつきやうかいくう》」[八]、あるいは「万法一如《まんぽふいちによ》」などと釈《しやく》するは、いよいよ《ますますもって》当らぬことなり。これはただ、仏の本意は衆生《しゆじやう》を救はむためなれば、さまざまの方便もみな空しからず《無駄ではない》、畢竟《ひつきやう》の極意《ごくい》をいひもてゆけば、方便も実教[九]も差別《しやべつ》なく一致《ひとつむね》なり、といへるなり。

「菩提《ぼだい》と煩悩《ぼんなう》とのへだたりなん」。この「へだたり」といへるを、諸抄には何と見たるやらん《どのように受けとったのだろう》、大きに心得ぬ注なり《全く理解に苦しむ注釈である》。「悉皆天台《しつかいてんだい》[一〇]の法《ほふ》文《もん》にて書ける《によって書いた》」といひて、[一]龍女成道《りゆうによじやうだう》のことなど引きて、[二]煩悩《ぼんなう》・菩提《ぼだい》、差別《しやべつ》なき極意《ごくい》をいへり。それは「へだたり」といへるに大きに相違せり。[三]裏腹《うらはら》の違《ちが》ひなり。この所をよくよく味《あぢは》ふ時は、『細流《さいりう》』『弄花《ろうくわ》抄《せう》』などにことごとしくいへる法文《うるさく引用してある経典の文章は》、みなこの段にかなはず。「へだたり」とは、「違《ちが》ひ」といはんがごとし《いうようなものだ》。

「この、人のよき悪《あ》しきばかりのことは変りける」。前に「へだたり」といひ、ここに「変りける」といへるこそ《いっているのこそ》、仏教を証例に出《い》だしたる肝心要《かんじんかなめ》のところなれ。それを《〔しかるに〕》「菩提・煩悩《悟りと迷いは》、へだてなし《結局同じ》」といふ心《意味に》に落着《らくぢやく》して釈《しやく》したる《説明したのはどんなものであろう》は、いかにぞや。それならば、[四]人もよき悪しき差別なしといふ心に落着するなり。これ《それが》、作者の本意ならん《作者紫式部の真意であろう》や《か》。

大方《おほかた》これらの注釈は、作者の本意まではさらにもいはず《いうまでもなく》、文面《文章の表面》をだに《をさえ》くはしくはかへりみず《検討しないで》して、みだりに《でたらめに》いひ散らしたる杜撰《づさん》のいたり、とかくいふにもたらぬこと《あれこれ批判するまでもないことである》となり。

一『法華経』提婆《だいば》品《ほん》に見える話。娑竭羅《しやかつら》龍王の娘の龍女が八歳で男子に変じ、成仏したという。『湖月抄』に引く『弄花抄』に、「菩提と煩悩とのへだたりなきことは、龍女が無垢《むく》世界（浄土）の成道にて聞えたり（理解できる）。毒龍の角《つの》を棄《す》て鱗《うろこ》を変へたるにもあらず。ただそのままの成道なり」といっている。

二 煩悩（迷い）と菩提（悟り）とは全く差がない、つまり「煩悩即《そく》菩提」という仏の教えの核心を説明している、の意。

三「菩提と煩悩とのへだたり」と「煩悩即菩提」とでは、まったくの正反対である、の意。

四 人間も、よい人間と悪い人間の間に違いはないという意味に帰着する、の意。宣長にとって、蛍の巻でいわれている「よし」と「悪し」とは、「物のあわれを知る」ことと「物のあわれを知らない」ことであるから、この両者は結局同じであるなどとする解釈は絶対に容認できないものである。

さてまた「五式部は天台《てんだい》の許可〔天台宗の〕を受けて宗旨《しゅうし》をきはめたれば《奥義を悟っているので》、悉皆《しっかい》天台の法文《ほふもん》をもて書ける」といへるも、六式部が本意にそむくなり。

まづ式部が気質《きしつ》を考ふるに、学問だてし《学問めかし》賢《さか》しだちたることをば《利口ぶったことを》大きに憎み恥ぢたること、巻々にその心あらはれ、かれが《彼女の》『七日記』にもその心あらはなり（八このこと、なほ奥に記《しる》すべし）。しかるにいかでか《どうして》ここにさやう《そんな》のことごとしき事を九いひ出づべきぞや。たとひ《かりに》さやうのことを《そんなことを》書くべきにもせよ《書くつもりだったとしても》、ここは表《おもて》は源氏の君の玉鬘《たまかづら》の君への物語《お話》なり。源氏の君自身は天台の法文の奥旨《あうし》をよくわきまへ給ふとも、若き姫君に対して、いかでか《どうして》はさやう《そのような》の宗旨の大事、仏法《ぶつぽふ》の大義《たいぎ》を譬《たと》へに出だしてのたまふべき《おっしゃるだろうか》。若き婦人の、いかでか《どうして》はさやうのはかばかしき《本格的な》したたかなる事を《ぎょうぎょうしいことを》聞きて心得給ふべき《お分りになろうか》。婦人などにいふ詞《ことば》は、ただやすらか《平易に》によく聞えて《理解できて》、物遠からぬことにてこそあれ《卑近なことがらであるのだ》。されば「方便《はうべん》ありて」とはいはずして《いわないで》「方便といふこと」といへる《といっている》、一〇これらにても婦人にいふ詞をさとるべし。紫式部はかやうのところ

五『細流抄』の注。七九頁注一〇参照。「許可」は、修行の功を認められ、奥義《おうぎ》をさずけられること。

六 契沖の『源註拾遺』の「大意」に次のようにあって、このあたりの宣長の説は、これから影響を受けたと思われる。「たとひ式部、天台法門の意を知るとも、橋姫の巻に、法師さへあまり聖《ひじり》だちたるを（悟りすました高僧ぶるのを）嫌ひ、『（紫式部）日記』にも、ことごとしく数珠《ずず》引きさげ経よみなどするは女に似合はぬよし書ければ、（自分から）さやうのこはごはしき（固苦しい）ことはすべからず。もし（従来の）説のごとくならば、憎きことなるべし」「古抄（『源氏物語』の古注釈書）に、台家（天台宗）の化義化法の、両種の四教などの沙汰あり。やさしく書ける物語をこはごはしき物とす」。なお右に契沖が「橋姫の巻」というのは、「椎本《しいがもと》の巻」の記憶違いであろう。一三五頁七〜九行目参照。

七 すでに『紫家七論』のその一「才徳兼備」でも、著者、安藤為章が『紫式部日記』を根拠に紫式部の人柄の謙抑《けんよく》なことをいっている。

八 一七四頁一二行目以下参照。

九 いい出すというようなことがあろうか。

一〇 こういう、言いまわしを柔げた言葉の使い方からも、婦人に向っていった言葉であることに気がつくべきである。

に別《べつ》して心をつけて〔とりわけ注意して〕書けり。さやうのこと〔そういうことの〕用意なく〔配慮がなく〕、みだりに書く式部にはあらず。

歌・物語における善悪と儒仏の書における善悪

前に抄出《せうしゆつ》[一]するところの文段《もんだん》の中に、「[二]よきも悪《あ》しきも、世にふる〔世間を渡って〕人の〔ゆく人の〕」といひ、「[三]よきさまにいふとては〔よいようにいうといっては〕、よきことの限りを〔よいことばかりを〕選《え》り出で〔選び出して〕、人にしたがはむとては〔世間の人の評価に従おうといっては〕、悪しきさまの〔悪い行状の〕」といひ、終りに「[四]人のよき悪しき」といへる、これらの「よき」と「悪しき」とは、[五]尋常《つね》の書籍《ふみ》に「善人悪人」、「君子小人《くんしせうじん》」といへるとは異なり。「よし」「悪し」の指《さ》すところ、変りあるゆゑなり。指すところ変りあるとは、尋常の〔普通の〕書に悪ししとする事の〔書物では悪いとする事がらで〕、歌・物語にてはよししとする事あり〔よいとする事がらもあるし〕、歌・物語にて悪ししとする事の、尋常の書にてはよしとする事もあるなり。ゆゑによき人悪しき人といへるも、尋常の書にいふよき人悪しき人とは定《さだ》むるところ異なるなり〔定義の仕方が違っているのである〕。

すべてよし悪しといふものは、その道その道によりて変り、また

一 抜粋して引用した、の意。
二 五八頁九行目参照。
三 六三頁一二行目・六四頁一二行目参照。
四 七二頁九行目参照。
五 通常の道徳で説く「善」「悪」とは異なる、の意。「君子小人」は儒学の用語。君子は道徳的にすぐれた人、小人はその反対。
六 仏教をいう。
七 儒教をいう。『大学』に、「物格《いた》りて后《のち》に知至る。知至りて后に意誠《まこと》なり。意誠にして后に心正し。心正しくして后に身修まる。身修まりて后に家斉《ととの》ふ。家斉ひて后に国治まる。国治まりて后に天下平かなり」とある。

時にふれ所にしたがひ、事によりても変りあるなり。仏の道にてよしとする事も、儒家《じゆか》にては悪《あ》しとし、儒道《じゆだう》にてよしとする事も、仏家《ぶつか》にて悪しとすることもあるやうに、よし悪し変ることあり。歌・物語は、儒仏の道のやうに、惑《まど》[六]ひを離れて悟りに入る道にもあらず、[七]身を修《をさ》め、家を斉《ととの》へ、国を治《をさ》むる道にもあらねど、おのづか《自然と》らその中につきても《歌・物語の世界の中で》また一様《ひとやう》のよし悪しあるなり《独自の善悪の基準があるのである》。

さてその歌・物語の中にていふよし悪しとはいかなる事ぞ《どのようなものか》といふに、かの尋常《つね》の儒仏の道にていふよし悪しと格別の違《たが》ひあるにもあらねども、おのづから変るところあるは、まづ儒仏は人を教へみちびく道なれば、[八]人情に違《たが》ひてきびしく戒《いまし》むることもまじりて、[九]人の情《こころ》のままに行《おこ》なふことをば悪とし、情をおさへてつとむることを《感情を抑制してがまんすることを》善とすること多し。物語はさやうの教戒《けうかい》の書にあらねば、儒仏にいふ善悪はあづからぬことにて《関係がないのであって》、ただよし悪しとする[一〇]ところは、人情にかなふ《合致する》とかなはぬとの分《わか》ちなり《差である》。その人情の中にはかの儒仏の道に

八「人情」という語は、朱子学の道徳的厳格主義に反対する古学系統の儒者、伊藤仁斎や荻生徂徠らが盛んに用いた。宣長によるこの語の使用も、そうした思想史の流れの上にある。四六頁注二参照。宣長が師事した堀景山も、学統は朱子学であるが、荻生徂徠の影響を強く受けていて、その著『不尽言』にも、「人情のもつとも重く大事なるものは男女の欲なり」などと、この語をよく用いている。

九 人間の感情にまかせて行動することを。

一〇 このあたりの主張は、古学系統の儒者の中でも、特に荻生徂徠の『詩経』論から大きな示唆を得て、それを物語論に適用したものである。徂徠の『詩経』論は、四六頁注二・次頁注一参照。また『弁名』の「義」の項に、朱子の勧善懲悪主義の『詩経』解釈を批判して「それ古への詩はなほ今の詩のごとし。その言、人情を主とす。あに義理（道理）の言ふべきことあらんや。後儒の（『詩経』を）以て勧善懲悪の設けとする者は、みなその解を得ざる（正しく理解していない）者の言のみ。けだし先王の道は人情に縁《よ》りて以てこれを設く。いやしくも（先王が）人情を知らずんば、（その道が）いづくんぞ能《よ》く天下に通行して、窒碍《ちつがい》する所（行きづまること）あることなからんや」という。なお宣長の京都遊学中の読書記録である『本居宣長随筆』二には、徂徠の『徂徠先生答問書』『弁道』『弁名』などが抄写されていて、宣長がこれらの書物に親しんだことを示している。

かなはぬ《合致しない》事あるゆゑに、儒仏の道にいふよし悪しと変るなり。かやうにいはば、ただ善悪にかかはらず人情にしたがふをよしとして、人にもさやうに《そのように》教ふるかと思ふ人あるべけれど、さにはあらず《そうではない》。右にいふごとく教戒《けうかい》の道にあらざるゆゑに、人にそれを教ふるといふことにはあらず。教戒の心を離れて見るべし。

物のあわれを知るのが物語における善

人情にしたがふとて、己《おの》が思ふままに行なふとにはあらず《というのではない》。ただ[一]人情のありのままを書き記《しる》して、見る人に人の情《こころ》はかくのごとき《このようなものなのだ》ものぞといふことを知らするなり。これ、物の哀《あは》れを知らするなり。さてその人の情のやう《ありさまを》を見て、それにしたがふをよしとす。これ、「物の哀れを知る」といふものなり。人の哀れなることを見ては哀れと思ひ、人の喜ぶを聞きてはともに喜ぶ、これすなはち人情にかなふなり、物の哀れを知るなり。[二]人情にかなはず、物の哀れを知らぬ人は、人の悲しみを見ても何《なに》とも思はず、人の憂《うれ》へ《心配事》を聞きても何とも思はぬものなり。かやう《このような》の人を悪しとし、かの物の哀れを見

一　ここも、『詩経』には人情の真実があらわれているので、それを読むことによって人情の委曲《いきょく》に通ずることができるという、古学派の儒者、ことに荻生徂徠の『詩経』論を物語に適用した考え方。『徂徠先生答問書』中に、「まづ五経の内に『詩経』と申す物御座候。これはただわが邦《くに》の和歌などの様なる物にて、別に心身を治め候道理を説きたる物にても御座なく候。古への人の憂きにつけうれしきにつけうめき出だしたる言の葉に候を、その中にて人情によくかなひ言葉もよく、またその時その国の風俗を知らるべきを、聖人（孔子）の集め置き、人に教へ給ふにて候。これを学び候とて道理の便りには成り申さず候へども、言葉を巧みにして人情をよく述べ候ゆゑ、その力にて自然と心こなれ、道理も練れ、また道理の上ばかりにては見えがたき世の風儀・国の風儀も心に移り、わが心おのづからに人情に行きわたり、高き位より賤《いや》しき人の事を知り、男が女の心ゆきをも知り、また賢きが愚かなる人の心あはひ（心の持ち方）をも知らるる益御座候」と見え、堀景山の『不尽言』にも、「元来『詩経』と云ふもの、上《かみ》は王公大人・朝廷のことよりして、下《しも》は賤しき士民の耕作のことまでを詠じたる詩を采《と》り集め、諸国の詩を載《の》せたれば、国の風俗人情ことごとく知らるるなり。『詩』（『詩経』）を学ぶといふは、全く人の五倫、世人朝夕の間において、貴賤上下、色々様々なる人情の、善も悪も酸《す》いも甘いも、

知る人をよしとするなり。たとへば物語の中にいたりて《きわめて》あはれなる事のあらんに《あるとして》、かたはらなる人[三]これを見聞きて、一人はそれに感じてあはれに思ひ、一人は何とも思はずあらん《思わないでいるとする》。その感じて哀れがる人が、人情にかなひて物の哀れを知る人なり。これをよき人とす。何とも思はぬ人が、人情にかなはず悪しき人なり。

　さればその物語を今読む人も、その哀れなる事を見て哀れと思ふは、人情にかなふ人なり。何とも思はぬは、物の哀れを知らぬ人なり。ここにおきてかの[四]物語の中の一人、物の哀れを知る人をよしといひ、物の哀れを知らぬ一人を悪ししとするを見て《読んで》、かの読む人《その今読む者で》の物の哀れ知らぬも《物の哀れを知らない者も》、己《おの》が悪しきを知りて《自分の誤りに気がついて》、自然《じねん》と物の哀れを知るやうになるなり。これすなはち、物語は物の哀れを書き記《しる》して、読む人に物の哀れを知らするといふものなり。されば物語は教戒《けうかい》の書にはあらねども、しひて教戒といはば、儒仏のいはゆる教戒には《教戒ではなくて》あらで、物の哀れを知れと教ふる教戒といふべし。

委細に通ずるためと見えたり」と見える。

二 「人情にかなはず、物の哀れ知らぬ」とは具体的にどういうことであるのか、『源氏物語』の登場人物を例にとって一一九頁四行目以下に説明してある。

三 物語の登場人物で、その場に居合せる人。

四 ここの文脈は、「かの物語の中の一人」と「物の哀れを知る人」が同格。「よしといひ」は、「物語の作者がよしといい」、つまり「(物の哀れを知る一人が)物語の中でよき人として扱われており」の意。次の「悪ししとする」も、「(物の哀れを知らぬ一人が)物語の中で悪しき人として扱われている」の意。

人生万般にわたり物のあはれはある

問ひて云はく、しからば物語は、ただ物の哀れを書き記すが詮《せん》ならば《目的ならば》、その外《ほか》のことは無用《むよう》なるに、あるいは四季折々《をりをり》の風景を書き、あるいは人のかたち《容姿》・衣服のことをいみじくいひ《大切なことのようにいい》、あるいはをかしき《滑稽なこと》事をも書ける、これらはいかに。

答へて云はく、四季折々の景気《けいき》は《風物は》、ことに物の哀れを感ずるものなり。これはいふにも及ばず。また人のかたち《容姿》・衣服によりて感ずることは、帚木《ははきぎ》の巻に云はく、「[一]鬼神《おにがみ》も荒だつまじきみけはひなれば」、浮舟《うきふね》の巻に云はく、「[二]いみじき仇《あだ》を鬼に作りたりとも、おろかに見棄《みす》つまじき人の御有様《みありさま》なり」といへるたぐひにて、人のかたち・有様のよし悪し、衣服のよし悪しにて感ずること、勿論《もちろん》なり。[三]末摘花《すゑつむはな》の君《きみ》の衣服の悪しきことなど思ひ合すべし。[四]またよき悪しきといふには、人のかたち・有様、衣服、器財、居所、すべて何ごとにもわたるなり。[五]はかなき器《うつは》にても、よく作りたるを《上手に作ってあるのを》見てよしと思

一 鬼神も手荒なことはしないであろうというほどの美しい御様子なので。空蟬(九〇頁注一参照)のもとへ忍んでいった折の源氏の容姿を、地の文で讃えている。

二 恐ろしい仇敵《きゅうてき》を鬼の姿にしたような非情のものでも、おろそかにお見捨てするまいと思われるほどの美しい御様子である。浮舟(一六〇頁注三参照)に逢いに出かけた匂の宮が、薫の命令によって屋敷の警固が厳重なので、近づくことができず、途方にくれている折の様子をいう。

三 源氏の愛人の一人であるが、醜貌《しゅうぼう》で、気のきかない婦人として描かれている。末摘花の巻に、「聴色《ゆるしいろ》のわりなう上白みたる(ひどく色あせた)一襲《ひとかさね》、名残りなう黒き(色目も見えないほど黒ずんだ)袿《うちぎ》」などとある。

四 一二七頁八行目以下参照。

五 別にどうということのない、ありふれた器物でも。

ふは、すなはち物の心《本質》を知り、物の哀れを知るの一端《いったん》なり。何ごともかくのごとし。またをかしき事《滑稽なこと》・悪《あ》しき事を書けるは、悪しきを見て《悪いことを見て》悪しと知るも《悪いと知るのも》、物の心を知り、物の哀れを知るなり。すべて世にありとある事どもを記して《世の中のあらゆることが書いてあって》、見る中にて《読んでいるうちに》、おのづからよし悪し、物の心をわきまへ知るなり。[六]物の心をわきまへ知るが、すなはち物の哀れを知るなり。世俗にも、世間《せけん》の事をよく知り、事に当りたる人は《物ごとに経験をつんだ人は》、[七]心が練《ね》れて《柔軟で》よき、といふに同じ。

儒仏で悪とすることの中にも物のあわれはある

問ひて云はく、しからば《それなら》右にいふごとくならば、物語のよき悪しきといふも、尋常《つね》の書物にいふ善悪も、変ることなかるべし《ないはずである》。しかるを《それなのに》何とて《どうして》よし悪しの指《さ》すところ変るとはいへるぞ《いうのか》。

答へて云はく、[八]儒仏の教へももと人情によりて《人情にしたがって》立てたるものなれば《設定したものなのだから》、ことごとく人情に違《たが》ふべき道理にあらず。しかれども人情の中には善悪があれば、その善を育て悪をおさへて、善に移るやうにと

六 このこと、一二五頁二行目以下に詳論される。

七 「心が練れる」とは、酸《す》いも甘いもかみ分け、人間というものをよく理解していること。八四頁注一所引の徂徠や景山の『詩経』論に、「心こなれ、道理も練れ」とか、「色々様々なる人情の、善も悪も酸いも甘いも、委細に通ずる」とかいうのも、同じことである。

八 一三五頁一四行目以下参照。

するが教へなれば《するのが教戒というものだから》、その悪をばきびしく戒《いまし》めて人情にさかふこと《そむくことが》あるなり。物語はその善悪を[一]勧懲する書にはあらざるゆゑに、物の哀れを知るといふ中には儒仏の教へにいみじく《厳密に》戒《いまし》めたる事も多くあるなり。

[二]たとへば人のむすめに心をかけてねんごろに《しんそこ》懸想《けさう》する人あらんに、その男いみじく恋ひ慕うて［その苦しさに］命も堪《た》へがたく思ひて、そのよしをいひやりたらむに《その事情をいってやったとしたら》、かの女、その男の心を哀れと思ひて、父母に隠れてひそかに逢《あ》ふことあらん。これを論ずるに、男の《男が》かの女のらうたき《美しい》かたち《容姿》を恋しと思ふは、物の心を知り、物の哀れを知るなり。いか《なぜか》にとなれば《というと》、かたちのよきを見てよきと思ふは、これ物の心を知るなり。また女の心に男の心ざしを哀れと思ひ知るは、もとより物の哀れを知るなり。

物語の中にはかやうの類《るい》ことに多し。命にもかくるほどに《生命にかかわるほどまでに》思ふは、物の哀れの中におきても最も深きことゆゑに、かやうの恋のみ多き

一 底本に「ススメコラス」と振り仮名がある。

二 この例話とほぼ同じ例話が『石上私淑言』第七四項（四二四頁）の「問ひ」にも見える。ともに師の堀景山への批判を寓していると考えられる。景山の『不尽言』の、一四〇頁注五所引のくだりのやや後に、次のようにある。「すべて恋といへば、ただ大方《おほかた》の訳を知らぬ片むくろなる（考えの片よった）人などは、一《いち》途《づ》に淫欲交会（性交）のことに志し、性《しやう》の悪きことのみ心得たれども、恋と云ふことはあながちにさやうのことばかりにてはあるまじきことと覚ゆるなり。もちろんかの今様《いまやう》世上の娼女《いうぢよ》舞妓などに溺愛《できあい》し、長夜の飲（酒宴）を至楽これならではと思ひ、あるいは深閨《しんけい》の処女（家の奥深くで大切に育てられている娘）などを虚言して摟《そそら》かしたりする（誘惑したりする）軽薄虚蕩《けいはくきよたう》に、淫欲をのみ目あてとするむげの俗人の蓬心《きたなごころ》からは、その事（性交）のみを恋と心得るなるべし。いかなればとてさやうの媱媟穢醜《えうせつわいしう》の（みだらでけがらわしい）事を君臣父子の間に吟詠し、朝廷の重典となれる雅歌と云ふべきやうやある。ことさらに和歌は、古《いにし》へも我が朝の治道の助けとなり、その時代の和歌の風を見て、政《まつりごと》の善悪、世の盛衰を考ふることといへることなれば、その訳あるべきことなり。愚拙（わたしが）これを論ずるに、恋といへるは、夫婦の思慕深切なるところの実情をいへることとなるべし」。つまり景山は、一四〇頁注五に見るように、恋愛を寛容に肯定して、その点では宣長に大きな影響を与えているのである

なり。[三]それを記す心は《書きとどめる意図は》、それをよしとして人に勧《すす》むるためにもあらず、悪《あ》しとして戒むるためにもあらず。そのしわざの善悪はうち棄てて《無視して》かかはらず《関知せず》、ただ取るところは《関心を持つのは》物の哀れなり。これを儒仏の道にて論ぜばいかがあらん《どうであろう》。親の許さぬ女を思ふも、親の許さぬ男に逢ふも、みな教へにそむけり。悪とするところなり。しかるを物語にはその悪をば棄《す》ててかかはらず、その物[四]の哀れを知るをもてよしとす。これ、よし悪しの指すところ異なるにあらずや《善とし悪とする事がらが［儒仏と］異なっているのではないか》。[五]さいへばとて、淫奔《いんぽん》をよしとして取るにはあらず《みだらなのをよいこととして評価するのではない》。それをば棄ててかかはらず、物の哀れを取るなり。このところをよくよくわきまふべし《理解しなければならない》。なほかやうにいへるばかりにては《それでもこのようにいっただけでは》疑ひあるべし。ゆゑに物語を引きて証すべし《証明しよう》。まづこの物語一部《全体の》の中におきてよき人とするは、男にては第一(一三)が源氏の君なり。かの「[六]よきさまにいふとては《よいようにいうといっては》、よきことの限りを選《え》り出で」といへる、すなはちこの君が第一なり。しかるにこの源氏の君の本末《もとすゑ》[七]を考ふるに、淫乱《いんらん》なることあげていひがた《いい尽すことができな》

が、しかし何といっても儒者であるから、道徳に拘束される面があって、男女の情を夫婦の間においてのみ肯定して、深閨の処女をひそかに語らうようなことは、遊女遊びと同様のみだらな行為であるとして、そうした恋を歌に詠ずることは認めなかった。深閨の処女を例に持ち出した宣長は、恐らく右の師説を念頭に置いている。師の名をあげることは遠慮したものの、道徳と歌・物語とでは「よしとするところ」が異なるという主張は、師説への批判でもあるのである。なお、『源氏物語玉の小櫛』一・二は、前述（六四頁頭注＊印）のように本書『紫文要領』を改訂したもので、趣旨はほとんど変っていないが、この深閨の処女の例話は省かれている。『玉の小櫛』は石見《いわみ》浜田藩主松平康定の勧めによって書き上げたもので、康定に献上されたであろうし、かつ公刊の書であることでもあり、『源氏物語』を擁護することはそれとして、例話にまで、当時の人にとって抵抗の多い種類の話をわざわざ持ち出すこともない、という配慮が働いたかも知れない。

不道徳な源氏こそ「よき人」の代表

三 『石上私淑言』第七四項にも、以下と同じ趣旨のことをいう。

四 その男なり女なりが、物のあわれを知っているということを、よいことだとするのである。

五 そういったからといって。

六 六三頁一二行目参照。

七 行状の一部始終。

し《い》。空蟬《うつせみ》[一]・朧月夜《おぼろづくよ》[二]・薄雲《うすぐも》[三]の女院《にようゐん》などのことは何といふべきぞ《どういったらよいのか》。別し《とり》[四]ては《わけ》かの女院とのことなど、儒仏の教へ、尋常《常識的な》の了簡《れうけん》にていはば《考えでいったら》、無類の極悪《ごくあく》、とかく論ずるにも及ばぬほどの事なり。しかるにその人をしもよき人のためしに《よい人の例としてあげてあるのは》いへることは、いかにぞや《どういうことだろう》。よし悪しの指《さ》すところ変れるとはこのことなり。

さりとて《だからといって》その淫乱《いんらん》をよしといふにはあらず。物の哀れを知るをよしとして、その中には淫乱にもせよ何にもせよまじれらん《まじっているのは》は、棄《す》てかかはらぬことなり。物の哀れをいみじういはんとては《強調しようとすると》、必ず淫《いん》事《じ》はその中に多くまじる《まじってしまう》べき理《ことわ》りなり《道理なのである》。色欲はことに情《こころ》の深くかかるゆゑなり（[五]このこと、なほ奥にくはし）。好色の事にあらざれば《色欲に関する事がらでなければ》いたりて深き物の哀れはあらはし示しがたきゆゑに、ことに好色の事は多く書けるなり。さてかの「[六]よきことの限りを選《え》り出で」といへる[七]人にかやうのことあれば《こんな淫事があるのだから》、物語のよしとするところは尋常《つね》と変りあ《普通とは違っ》ることは知られたり《た点があることは明らかだ》。

一　左大臣（源氏の舅《しゆうと》、葵の上の父）に仕える紀伊守《きいのかみ》の父、伊予介《いよのすけ》の後妻。源氏が強引に犯すようにして契りを結んだことが帚木《ははきぎ》の巻の終りに語られる。

二　源氏の異母兄に当る朱雀院《すざくいん》の妃の一人で、源氏の政敵、右大臣の娘。源氏が好色心からこれと契ったことが賢木《さかき》の巻に見え、このことが源氏の失脚、須磨流《る》謫《たく》の原因となる。

三　藤壺のこと。薄雲の巻で源氏が藤壺の死を悼《いた》んで詠んだ「入日さす峰にたなびく薄雲はもの思ふ袖に色やまがへる」という歌による呼称。源氏の父、桐壺帝の中宮。源氏は亡母桐壺の更衣の面影をやどすこの人と密通し（若紫の巻）、やがて藤壺は不義の子（のちの冷泉院）を出産する（紅葉賀《もみじのが》の巻）。以上三例、すべて人妻との密通。

四　空蟬、朧月夜、藤壺の三人の人妻との密通事件のうちでも、特に藤壺は父の妻であり、源氏にとっては義母に当る。そういう立場の婦人と通じ、子供まで産ませたというのは、儒教・仏教のみならず、世間の常識からも、最も強く戒められる罪悪であるため、「別して」といった。

五　一四一頁以下参照。

六　六三頁一二行目参照。

七　ここでは源氏を指す。

さて源氏の君をよき人の手本とせることは《してあることは》、いふにも及ばず、この物語を開き見れば明らかなることなれど、[八]なほいはば、須磨《すま》の巻に、[九]かの浦へ下り給ふことを「世ゆすりて惜しみ聞え《世間が大騒ぎして惜しみ申し上げ》、下には《下々では》朝廷《おほやけ》をそしり奉る《朝廷を批判申し上げている》」といひ、蓬生《よもぎふ》の巻には、「[一〇]都に帰り給ふと、天《あめ》の下《天下》の喜びにて立ち騒ぐ《の人々の喜びごととして大騒ぎする》」といへり。天の下の人の思へること《〔源氏を〕天下の人々が大切に思っていることを》、知るべし。ただし[一一]世の人は薄雲《うすぐも》の女院《にようゐん》に密通のことは知らねばとも《知らないからなのだということ》いふべけれど《もできようが》、明石《あかし》の巻に云はく、「去年《こぞ》より[一二]后《きさき》も御物のけに悩み給ひ《物の怪のために病気になられて》、さまざまの物のさとししきり《神仏のお告げがたび重なり》、騒がしきを《不穏であるのに》」とあれば、天《てん》も源氏にくみし《味方し》、神仏も源氏をあはれみ給ふなり。[一三]この心ばへ始終《しじゆう》見えたり。源氏をよき人とするにあらずや《よい人として描いているのではないだろうか》。

問ひて云はく、[一四]作り物語なれば、かやうのこと証《しよう》とするにたらざるか。

答へて云はく、作り物語にもせよ、それはとまれかくまれ《ともかくとして》、紫式部が心に源氏の君をよしとして書けるなり。かくのごとく不義淫乱

八 やはりいってみると。

九 源氏が、朧月夜との密通の発覚を機に政敵右大臣方の強い圧迫を受け、須磨に流されたことをいう。注二参照。

一〇 明石の巻の終り近くで政界の事情が好転し、蓬生の巻で源氏は二年数カ月ぶりで都へもどる。

一一 藤壺（薄雲の女院）との密通は、源氏も藤壺もかたく秘密にしていたから、「世の人は…知らねば」という。

一二 弘徽殿《こきでん》の大后《おおきさき》（右大臣の娘で、朧月夜の姉。反源氏方の中心人物）が、無実の源氏を流罪したことにより、物の怪にとりつかれて病気になったことをいう。

一三 この、神仏も源氏の味方をするという趣旨は、作品の中にくり返しあらわれる、の意。

一四 作品自体が架空のものなのだから、神仏が味方するということも本当の話ではなく、そんなことは源氏が「よき人」として扱われているという証拠にならないのではないか。

をばうち棄てて《無視して》かかはらず《関知せず》、源氏の君をよき人にしたるは、人情にかなひて物の哀れを知る人ゆゑなり。源氏の君に限らず、一部の中《物語全体の中の》のよき人とし、よきこととする、みなこの心ばへなり。

かの一女三《きんなさん》の宮《みや》のことによりて病《やまひ》つきてはかなくなりぬる《死んでしまった》衛門《ゑもん》の督《かみ》のこととよ《ことこそ》、あるが中にも哀れなるものなり《物語の中でもっとも趣きの深い話である》。されば柏木《かしはぎ》の巻の終りに云はく、

高きも《［身分の］》下《くだ》れるも惜しみあたらしがらぬはなきも《［柏木の死を］惜しみ残念がらない人はいないのも》、むべむべしき《表向きの学識などの》方をばさるものにて《面はいうまでもないとして》、あやしう《不思議なまで》情《なさけ》を立てたる人にぞものし給ひければ《情愛の深い人であられたから》、さしもあるまじきおほやけ人《びと》《それほど悲しむにも及ばない役人や》、女房《にょうばう》などの年古めきたるどもさへ《女官たちの年老いた者たちまでもが》、恋ひ悲しび聞ゆる《恋い慕い悲しみ申し上げる》。まして上《うへ》には《帝には》、御《おん》遊びなどの折ごとにまづおぼし出でて《［柏木を］思い出されては》なんしのばせ給ひける《なつかしくお思いになられた》。「二あはれ衛門の督の」といふ言《こと》ぐさ《言いぐさ》、何ごとにつけてもいはぬ人なし。

とあり。よき人とすること《［柏木を］》、知るべし。ただし世の人はかの不義を知らぬゆゑともいふべけれど《ということもできようが》、三不義のことを知りたる夕霧《ゆふぎり》の大将の《［柏木の》

不義を犯した柏木もまた「よき人」

一　源氏の友人である内大臣（致仕《ちじ》の大臣《おとど》）の息子、柏木の衛門の督が、源氏の正室の女三の宮と密通して、女三の宮は不義の子、薫を出産する。その秘密を源氏に知られ、柏木は懊悩《おうのう》のあまりに病死し、女三の宮は出家する（若菜の下の巻・柏木の巻）。柏木のことは、一四七〜八頁・一五五〜八頁でもくり返して触れられる。

二　「あはれ」は感動詞。ああ。柏木に対する哀惜《あいせき》の念を表わす。

三　源氏の息子の夕霧は臨終まぎわの柏木から秘密をほのめかされ、真相をほぼ知るが、柏木の死を深く哀惜する。そのことは、柏木の巻の終り近く、夕霧が柏木の遺託《いたく》によって未亡人落葉の宮を弔問し、宮の母の御息所と対面するあたりなどに示される。

惜《死を》しみあはれがり給ふことも見え、また源氏の君の惜しみ哀れがり給ふこと、若菜《わかな》の下[四]・柏木《かしはぎ》[五]・横笛《よこぶえ》[六]・鈴虫《すずむし》[七]等の巻々に見えたり。

この衛門《ゑもん》の督《かみ》も、尋常《つね》の議論にていはば、人[八]の室家《しつか》を奸《かん》して子を生ましむる不義《ふぎ》大なれば、何ほどよきこと外《ほか》にありとも、称《しよう》するに《ほめるに》たらぬ《値しない》ことなるを、かへりて《かえって》それゆ[九]ゑに死したる心をあはれみ、世の人に惜しまれ、源氏の君さへ深く惜しみあはれみ給ふこと、他[一〇]に異《こと》なるさまに書けること、物の哀れを先《さき》として《優先させて》、淫事《いんじ》をば棄ててかかはらぬことを知るべし。またそれをあはれむ源氏の君は、尋常《つね》[一一]の了簡《れうけん》にていはば大なるしれ者《大ばか者》といふべし。しかるに己《おの》が恨《うら》み怒りをばさしおきて、物の哀れを先とし給ふこと、これもかれもよしとす《源氏をも柏木をもよい人と定める》ること《というのは》、尋常のよきといふとは《いうのとは》指《さ》すところ変れり。

さて女にてよき人のためしにする人は《例としてある人物は》、一部の中にて《作品全体の中で》薄雲《うすぐも》[一二]の女《にょう》院《ゐん》・紫《むらさき》[一三]の上《うへ》などなり。その中に女院は不義あれども、そのことはすこしも悪《あ》しきとて貶《へん》したる《けなした》ことはなくて、薄雲の巻に云はく、

四　一五五頁注三参照。
五　一五五頁注五参照。
六　一五六頁注二参照。
七　一五七頁注六参照。
八　他人の妻を犯して。
九　「それ」は、不義の恋の苦悩を指す。
一〇　他の人の死んだ場合以上であるというふうに描いたことによって。
一一　世間一般の考え方に立っていうならば。妻に密通した男の死を悼んでいることになるから、こういった。
一二　藤壺。九〇頁注三参照。
一三　源氏が生涯を通じてもっとも愛した婦人。若紫の巻に初めて幼女として登場して以来、須磨・明石流謫時代を除いて常に源氏の傍にあった。紫の上が没し（御法《みのり》の巻）、源氏が出家を決意する（幻《まぼろし》の巻）ところで、『源氏物語』のうちの光源氏の物語は終る。

女で「よき人」は藤壺・紫の上

一かしこき《尊い》御身《おんみ》のほどと聞ゆる中にも《御身分と申し上げる中でも》、御心ばへなどの《お気立てなどが》世のためにも《世間の人に対して》あまねく《広く公平に》哀れにおはしまして《情けぶかくいらっしゃって》、豪家《がうけ》二にことよせて《権勢をかさに着て》、人の愁《うれ》へとある事などもおのづからうちまじるを《迷惑になるようなことも世間にはよくあることなのだが》、いささかもさやうなる事の乱れなく《〔この女院は〕すこしもそんな道にはずれたことはなく》、人のつかうまつる事をも《家来が奉仕することでも》、世の苦しびとあるべき事をば《世間の難儀になるようなことは》とどめ給ふ《おさし止めになる》云々、何と分くまじき《何もわきまえない》山伏《やまぶし》三などまで惜しみ聞ゆ《〔その死を〕》。をさめ《御葬儀》奉《たてまつ》るにも《につけても》、世の中響きて《世間が大騒ぎして》、悲しと思はぬ人なし。

かくのごとくにほめ申したり。その中に、「世のためにもあまねく哀れにおはしまして」といへる、「哀れ」といふ詞《ことば》に心をつくべし《注意せねばならない》。四下《しも》の品々《しなじな》はその哀れにおはします中の事なり。五源氏の君に逢ひ給へることも《と契りをかわされたことも》、物の哀れにしのびぬ御心の《感じやすいお心が》ありしゆゑなれば《あったためなのだから》、いひまはせば《せんじつめれば》「哀れにおはします《情けぶかくいらっしゃる》」といふ中にこもるべきなり《という中に含まれるはずのことなのである》。薄雲の女院をよき人とせること、かくのごとし。

「あだ」でもだめ
貞淑一方でもだめ

さて紫の上のよきことは、巻々にその心見えて、今別にいふに及

一 世人が藤壺の死を悼《いた》むことを述べたくだりの一節。

二 底本の表記は「かうけ」。『源氏物語玉の小櫛』一にこの文章を引用してあるのに「がうけ」と濁点がふられていることから、宣長も『湖月抄』の「豪家」の宛て漢字ならびに語釈に従っていると判断する。

三 後世のいわゆる「山伏」ではなく、「山にこもって修行する者」の意。

四 この引用文で以下に述べてある事がらは。

五 このこと、一八三頁一二行目以下に詳論される。

ばず。その紫の上の心ばへをいはば、[六]螢《ほたる》の巻の絵物語のことをいへる段に云はく、

上《うへ》、「心浅げなる人まねどもは、見るにもかたはらいたく《見ているだけでもばかばかしく思われます》こそ。

「上」とは紫の上なり。紫の上の詞《ことば》を書けるところなり。「人まねども」とは、物語どものことなり。人の身の上にある事どもをまねてかける物ゆゑに、「人まね」といふなり。「心浅《思慮が》げなる」とは、心浅きあだあだしき《浅く浮気っぽい》女の有様を書けるは、見るにもかたはらいたき、となり。「かたはらいたき」は、俗《ぞく》に「笑止《せうし》」などいふことなり。〔物語を〕「見るにも」といへるにて《といっていることによって》、まして[七]さやうの事する女のかたはらいたきと〔紫の上が〕思ひ給ふこと、知るべし。

『宇津保《うつほ》』の藤原の君の女《むすめ》こそ、いと重りかに《とても思慮深く》はかばかしき人にて《しっかりした人で》、あやまち《間違いは》なかめれど《ないンでしょうが》、

この人は[八]『宇津保物語』にある人《登場する》にて、[九]『花鳥余情《くわてうよせい》』に要《えう》を取りて《要約して》記《しる》し給へり。くはしくはかの物語を見るべし。この人はかの「心浅

六　前掲（四七頁一二行目〜七四頁四行目）の玉鬘《たまかずら》相手の物語論に続く場面。明石の姫君（源氏と明石の上の間に生れた女児。源氏が引き取って紫の上に育てさせている）にどんな絵物語を与えたらよいかという、源氏と紫の上との間でかわされる教育論議。

七　そんな浮気っぽいことをする現実の女は。

八　二九頁注一〇参照。

九　『花鳥余情』の要約を『湖月抄』にさらに簡略にしてあるものを引く。「『宇津保物語』に、藤原の君とて一世の源氏（皇子が源姓を賜って臣籍に降ったもの）にて、右大将雅頼《まさより》と云ふ人の子（娘）の、九つに当りて貴宮《あてみや》と申す。みめ心（容姿と気立て）すぐれ給へりければ、時の有識《いうそく》（才知すぐれた人々）聞き伝へて心を尽すに、心づよくて（求婚者たちの切ない心情を平然と無視して）春宮《とうぐう》（皇太子）へ参りぬれば、かの心尽したる人々、あるは出家し、また死し、家を焼きなどして恨みければ、聞き入れざりしを、『重りかにてはかばかしき人にて、誤りなし』といへり」。

げなる」といへる女の反対にて、多くの人々の懸想《けさう》《恋慕》を聞き入れず、つれなかりしかば《薄情であったので》、かの人々恨みて、あるいは死にけるもありしか《あったけれど》ども《も》、すこしも《〔この姫君は〕》哀れとも思はざりしなり。かやうの《このような》女は、尋常《つね》の論にていはば最も貞烈《ていれつ》なりとてほむべきさまなり《貞操堅固だといってほめてよいところだ》。されば[一]「あやまちなか《ン》めれど」といへり。俗にいはば、さやうの人はしそこなひはあるまじけれ《失敗はしないであろう》ども《が》、となり《ということである》。

すくよかにいひ出でたるしわざ《無愛想に〔返歌を〕詠み出したやり方は》、さも女しきところなかめる《いかにも女らしいところのないンような》ぞ《のが》、一《ひと》やうなめる《かたくなです》」とのたまへば、

「すくよか」は、木などのまつすぐにすつと立ちのびたるばかりにて、何の見どころもなきやうの心なり。風流温潤《ふうりうをんじゅん》[二]のなきなり。「女しき」は、「女らしき」なり。女はあまりさやうなるもよろしからぬ《あまりそのように無愛想なのもよろしくない》、となり。「一やう」とは、一偏《いっぺん》にかたよることとなり。この文を見て紫の上の心ばへを知るべし。心浅くあだあだしき女はかたはらいたきことは勿論《もちろん》なり。されば《だからといって》とてかの藤原の君の女《むすめ》のやうに、一

一　ここで宣長は、「あやまち」を犯した浮舟（一六〇頁注三参照）のことを恐らくは想起している。

二　雅《みやび》やかでうるおいがあること。自筆稿本では右傍に「やはらびなまめかしきこと」という改訂が記入されている。

偏に貞烈を立てて人になびかぬすくよかさも《人の恋を受けいれないかたくなさも》あまりにて《極端であって》、女に相応せず《女にふさわしくない》といへるは、紫の上の心にも、好色の方《かた》にも物の哀れは知れと《方面でも物の哀れに感じるべき》の心あらはなり《だと考えているのは明白だ》。されば一部の中に《作品全体の中で》よしとする紫の上の心も、尋常《つね》の書によしとするところとは変りあり。貞烈なる女を「一やうなり」とのたまふにて《おっしゃることによって》知るべし。

問ひて云はく、しからば紫の上に淫事《いんじ》[三]なきはいかに。物語の中の婦人、多く淫事あり。紫の上にはなきゆゑ、よしとするか。

答へて云はく、淫事の有無《うむ》は棄てて《無視して》かかはらぬ《関知しない》ことなり。物語の中に、[四]淫事なくても悪《あ》しき人あれば、淫事ありてもよき人あり。されば[五]淫事なくてよき人は勿論《もちろん》なり。

右の紫の上の詞《ことば》を受けて、源氏の君の詞に云はく、

「うつつの人も《現実の人も》さぞ《そういうものの》あるべかめる《ようです》。」

紫の上ののたまふところは『宇津保物語』の上なり《に関してである》。それを受けて、現在の人の心ばへも《現実の人の心の持ちようも》さやうあるべし《そうなのであろう》、となり《というのである》。

三　紫の上には源氏以外の男との密事はない。かたくなな貞烈さを批判していながら、自分自身貞烈なのはどうしてか、と問う。

四　自筆稿本に、「弘徽殿《こきでん》の大后《おほきさき》などは淫事一つもなけれども、ことに悪《あ》しき人なり」と頭注する。弘徽殿の大后については、九一頁注一二、また一二〇頁五行目以下参照。

五　自筆稿本に、「朝顔の斎院《さいゐん》は、源氏につひになびき給はねども、よき人とせり」と頭注する。朝顔の斎院については、一六二頁注一参照。

人々しく立てたる趣《おもむ》き異《こと》にて、よきほどに構《かま》へぬや。

「人々しく立てたる趣き異にて」とは、〔藤原の君の娘が〕女の守るべき道は貞心《ていしん》ぞと一筋《ひとすぢ》に立てたるところ《ひたむきに標榜したところが》、世の人に異なるなり。「人々しく」といへるは、〔貞心を〕人間の第一に守るべきことと思ひ、それを守るを、人々しきこととするなり。「よきほどに構へぬや」。これ紫の上の「一《ひと》やうなり」とのたまへるに《おっしゃったのに》同心して《賛成して》、いかにも貞烈なればとて《たしかに貞操堅固であるからといって》一偏に固まりたるは悪しし《かたくなにこり固まったのはよくない》、よきほどに構ふべし《ほどよい態度をとるべきだ》、となり。[一]「や」文字にていひ棄てたるは、紫の上の「一やうなめる」とのたまへるに同心して、[二]「よきほどに構へぬや、げに一やうならん」といふ語勢なり。されば源氏の君も紫の上に同心にて、女もよきほどには物の哀れを知れ、となり。

よしなからぬ親の《嗜みのないでもない親が》心とどめて《十分に注意して》生《お》ふし立てたる人の《育て上げた娘が》、[三]子めかしきを生《い》けるしるしにて、後《おく》れたること多かるは《劣ったところが多いのは》、何わざをしてかしづきしぞと《どんなやり方で育てたのだろうと》、親のしわざさへ《親の育て方まで》思ひやらるるこそ《想像されるのは》いと口惜しけれ《まことに残念なものです》。

一 『湖月抄』に引く『細流抄』の説に、「この『や』の字にて読み切るべし。ただよきほどにすべきこと、となり。中庸《ちゅうよう》を立つる、ありがたし（めったにない）となり」。季吟がつけ加えて、「『よきほどに構へぬや、悪しからん』と、含めたる詞《ことば》なり」という。

二 ほどよい態度をとらないというのは、なるほど偏屈というものだろう。注一の旧注の説を踏まえた解釈。

三 おっとりしているのだけがただ一つの取りえで。「子めかし」は、『湖月抄』に引く『細流抄』『孟津抄』に、「大やうなる」と注する。おおような、おっとりしている、の意。帚木の巻に「子めく」という動詞が出てきて、『源氏物語玉の小櫛』五に説明して次のようにいう、「おほやうなるをいふ。『花鳥（余情）』に『幼《をさな》がましき心なり』と見え、『（雨夜物語）だみ詞』（一〇四頁注一参照）に『娘《むすめ》の子めきてなり』といへる、よろし。『親めく』に対ひたる詞《ことば》なり。親はよろづに子の扱ひをするを、子は、親に従ひて、親のするままに、おほやうにてある意なり」。

よしある親《立派な親が》の心をつけて《注意して》大事に育てたる娘の、ただ子めかしきばかりが取りえにて、何の能もなきは、何ごとをして育てたるぞと思はれて、親のしわざまでが思ひやられて、見落さらるる《四 つい軽蔑してしまうというのである》、となり。さてこの「後《おく》れたること多かる」といへるは、諸[五]芸などのことをすべ《合わせ》ていへるなれども《ていっているのであるが》、上の《前文の》物の哀れ知らぬことの続きに書きたれば、主《しゅ》とするところは、物の哀れを知ることの後れたるをいふなり。下[六]に引ける夕霧《ゆふぎり》の巻の詞《ことば》にて知るべし。

　げにさいへどその人のけはひよ《なるほどそうはいってもその人らしいやり方だ》、と見えたるは《と見えるのは》かひあり《［育てた］かいがあり》、おも《［親も］》だたしかし《面目が立ちます》」。

よしある人の娘なるが《娘である女が》、なるほどどうでも《何としても》その人の娘ほどある《その人の娘だけのことはある》、と見ゆることとあれば、親の心とどめて《親が細心の配慮で》育てたるかひありて《育てたかいがあって》、親のためにも面目《めんぼく》ぞ、となり。これ、物の哀れ知らぬ人は親まで見下《さ》げられ、物の哀れ知りて、し出づること《行為に表わすこと》、いひ出づること《口に出すことが》よしあれば《奥ゆかしいと》、親までよく思ひやらるる《立派に想像されるのである》なり。

四　「見落さらるる」は底本のまま（自筆稿本も同じ）。文法的には「見落さるる」とあるべきところ。

五　詠歌・手跡（書道）などのたしなみ。

六　一〇二頁三～四行目参照。

「よきほど」に身を処することのむつかしさ

また夕霧《ゆふぎり》の巻に、夕霧の大将と女二《をんなに》[一]の宮《みや》との間のことを聞し召し《〔源氏が〕》て、わがなからん《自分が死んだのち》跡《あと》にては君の心もうしろめたき《〔誰かに心を移すかと〕あなたのお気持が気がかりだ》といふことを《ということを》、源氏の君ののたまへるを聞きて、紫の上の思《おぼ》し召《め》す心を書きて云はく、

「女ばかり《女ほど》身をもてなすさまも《身の処し方も》所せう《窮屈で》、哀れなるべきものはなし《心の晴れないものはない》。女ほど身持《みもち》のむつかしきものはなき、となり。思ふままに身をもて《振舞うと》ば難《なん》も出でくれば《非難を受けたりするので》、思ふことの心にむすぼるるがちなるゆゑに《心に鬱積しがちであるゆえに》、「哀れなるべき」[二]といへるなり。最もよくよく味《あぢは》ふべきところなり。源氏の君に行く末を疑はれて、つくづくと思ひ続け給ふところなり。

　物の哀れをもをかしき事をも見知らぬさまに、引き入り沈みなどすれば、何につけてか、世にふる栄《はえ》へ栄《ばえ》しさも常なき世のつれづれをも慰むべきぞは。

「見知らぬさまに引き入り沈む」とは、女[三]といふものは、心のうちに物の哀れを知りても、それを外へあらはせば人にいはるる《人にとやかくいわれるような》ことの

一　柏木（九二頁注一参照）の未亡人、落葉の宮のこと。夕霧は柏木の遺託によって落葉の宮のもとへたびたび弔問しているうち、落葉の宮に恋し、強引に求婚する。その噂を聞いた源氏が、自分が死んだ後、紫の上も誰かにいいよられ、心を移すというようなことになるのだろうかと思うのである。

二　底本、「哀れ」（底本の表記は「哀」）の右傍に小字で「字眼」と注する。この「哀れ」は非常に重要な文字である、の意。下に「最もよくよく味ふべきところなり」というのと呼応する。

三　『湖月抄』に引く『細流抄』に、「あまり物の哀れをも知らぬやうにすれば、（世間の人が）親の育てたるところもいかがと思ふものなり。また哀れをも知り顔なれば、浮き名の立つものなり。とにかくに大事なる、となり」といっている。

出で来るものなれば《ことになるので》、知りても知らぬやうに引き入り沈めてゐねば《引っこみ思案に黙っていなければ》ならぬ《ならない》、これ身をもてなすさまの所せく《窮屈で》哀れなるいはれ《理由》なり。さてしかればとて《だからといって》、さやうに見知りても見知らぬふりして心のうちにのみ籠《こ》めてゐれば《包み隠していると》、[四]何につけてかこの世にふる栄へ栄へしさもあらん、また何につけてか[五]常なき世のつれづれをも慰めん、となり。予《まろ》《私が》が常に「物の哀れ、物の哀れ」といふを、[六]牽強《けんきやう》のやうに思ふ人あらん。

[七]この段をもてその牽強ならざることを知れ。

さて「物の哀れをもをかしき事をも」といへる二つは、[八]人情の大《たい》綱《から》なり。[九]合《がつ》していふ時は、「哀れ」といふに「をかしき」もこもれども、分けていへば、「哀れ」は物思はしく悲しき方《かた》にいひ、「をかしき」は面白くうれしき方にいふなり。物語の中にも分けていへるところもあれど、多くは合していへり。合していふ時は、面白き事うれしき事も「哀れ」といふなり。人情のうちに、面白くうれしくをかしき事は軽く浅くして、物思はしく悲しきやうの事は重く深し。

四 何によってこの世に生きている晴れがましさも味わい、何によって無常なこの世の所在なさも慰めよう。

五 『源氏物語玉の小櫛』二では、「常なき世」という語に着目して、いう、「さて『常なき世』としもいへるは、この世は常なくて、いくほどもあらぬ命のほど（ほんのわずかの人生）なるに、心の慰さむわざなくては、口惜《くちを》しかるべしとの意にていへるなるべし。しからざれば（そう解釈しなければ）、『常なき』といふ言、いたづら（無駄）なり」。

六 こじつけ。

七 物のあわれを知っていても、その心を表に出すことができなければ生きている甲斐がないとまで、『源氏物語』でいっているのだから、物のあわれを知るということがいかに重要なことであるか、分るはずだ、の意。一一二頁注一で説明するのと同じ論法。

八 人の感情の動き方の基本である。

九 広い意味で「哀れ」という言葉を用いる時は。以下の論、『石上私淑言』一九八頁一行目以下参照。

前に引ける螢《ほたる》の巻の文段《もんだん》の中の、「哀れを見せ[一]」といへると「をか[二]しき節《ふし》」といへるとの二つ、またここに引き合せて見るべし。

大方《おほかた》物の心を知らず、いふかひなきものにならひたらん〔つまらない女ということになってしまったのでは〕も、生《お》ふし立てけむ〔育て上げた〕親もいと〔たいへん〕口惜しかるべきものにはあらずや。

「物の心を知る」は、すなはち「物の哀れを知る」なり。それ知らぬを、「いふかひなきもの」といへり。前の「後《おく》れたること多かる[三]」とあるを、物の哀れ知らぬことと注せる、ここに引き合せて心得《こころう》べし。

心にのみ籠《こ》めて、無言《むごん》太子《たいし》とか、法師ばらの悲しきことにする〔法師たちがつらい修行の例にする（無言の行の」〕昔のたとひのやうに〔昔のいい伝えのように〕、悪《あ》しき事よき事を思ひ知りながら埋《うづ》もれなんも〔黙りこんでいるのも〕いふかひなし。

[四]無言太子のことは『河海抄《かかいせう》』に出だせり。「悪しき事よき事」は、要《えう》を取りていはば〔要約していえば〕、[五]物の哀れ知ると知らぬとなり。[六]それを見知りわきまふるも、物の哀れを知るなり。見知らぬは、物の哀れ知らぬな

一 底本・自筆稿本ともに「哀れに見せ」とあるが、改める。五一頁四行目参照。
二 五二頁一四行目参照。

三 九八頁一三行目参照。

四 『河海抄』に『太子休魄経』を引いて次のようにいう。無言太子は波羅奈《はらな》王の太子休魄《きゅうはく》である。生れて十三年、口をきかなかったので、生き埋めにされることになった。その時はじめて太子は口を開き、自分は前生で国王であったが、過ちがあって地獄に六万余年堕された。地獄を恐れるあまり、口をきかなかったのであると。仏道修行の一つである無言の行は、この故事から起った。
五 八四～五頁に既述。
六 世間の人の振舞いのうち、何がよきこと（物のあわれを知った振舞い）であり、何が悪しきこと（物のあわれを知らぬ振舞い）であるか、それを区別し、心得るのも、物のあわれを知ることである。

り。しばらく恋の上《恋のこととして》にていはば、哀れなる[七]方《かた》にはなびき、哀れならぬ方にはなびかぬ、これ物の哀れを見知るなり。されども見知り顔《見知っている》をすれば人にいはるるゆゑ《ような顔をすると人にとやかくいわれるので》、引き入りて埋もるるが、女の身をもて《身の処し方の》なすことのむつかしきいはれ《理由》なり。

わが心ながらも、よきほどにはいかで保つべきぞ」と思《おぼ》しめぐらすも、今はただ女一《をんないち》[八]の宮《みや》の御ためなり。

「思しめぐらす」といふまでが、紫式部のこの物語書ける下心《意図をも含ん》も含めるなるべし《でいるのだろう》。かの螢[九]の巻と考へ合すべし。また「思ひ知りながら埋もれなんもいふかひなし」といへるところが、歌よみ出づるとこ[一〇]《歌をよむ契機となると》ろなり《ころである》。かくのごとく、女はとにかくに身をもてなすことのむつかしき、となり。さてその物の哀れ知りながら心のうちに埋もらすは、世間のならひ《習慣》におさへられて憚《はばか》るところにして、紫の上の本意《ほい》にはあらず。ゆゑに「いふかひなし」とのたまへり。この段をもて紫の上の心を知るべし。またそれをよき人にしたる式部が本意を知るべ

七 物のあわれを知っていて、しみじみと物思わせてくれるような相手の思いには答えてやり、物のあわれを知らない粗野な相手の思いには答えてやらない、これが物のあわれを知るということである。

八 今上《きんじょう》(冷泉院の次の帝。朱雀院の皇子)の第一皇女。明石《あかし》の女御(源氏と明石の上との間に生れた婦人)が産んだ娘で、義理の祖母に当る紫の上が自分の手もとで養育している。「今はただ女一の宮の御ためなり」とは、女一の宮を心ばえのすぐれた婦人に育て上げるにはどうしたらよいか、紫の上が心をくだいていることをいう。

九 紫式部は自分自身の物のあわれを知る心を押えかねて『源氏物語』を書いたわけであるが、書いたことを人からとやかく批判されることを避けるために、螢の巻の物語論の中で、宣長の解釈によれば、わざと『源氏物語』を批判する人の立場に立ってみたり(四九頁四~五行目参照)、先手を打ってことさら『日本紀』にたとえてみたり(五八頁五行目以下参照)、卑下してみたり(七四頁一四行目以下参照)、周到な配慮をしている。そのことと紫の上の苦心とを考え合すべしといっているのである。『源氏物語玉の小櫛』二に、「このところ、紫式部、この物語を作れる本意をもこめたるべし。この物語は、紫式部が世の中のよきこと悪しきことを見知りたるを、心にこめて埋もれむがいふかひなさに、書きあらはせるものなり」という。

一〇 六一頁六行目以下参照。

し。「今は女一の宮の御ため」とは、紫の上自身ははや盛《さか》り過ぎて、身をもてなすことも心やすし《気楽である》、今はまた女一の宮を育つる心ばへが大事《だいじ》ぞ、となり。

右の「よきほどにはいかで保つべきぞ」といへるが大事なり。帚《はは》木《き》の巻、品定《しなさだ》め[一]の文《ふみ》に云はく、

なよびかに[二]女《をんな》しと見れば、あまり《あまりにも》情《なさけ》に引きこめられて《情愛にとらわれて》、とりな《結論的に》せばあだめく《いえば浮気っぽい》、これを初めの難とすべし《このことを第一の欠点としなければならない》。

前の螢の巻にある藤[三]原の君の女《むすめ》のやうに、女しきところのなきも一《いっ》偏《ぺん》にてよろしからず。また女しき人と思へば、必ず情《なさけ》の方へ《情趣という方面に》引きこめられて《とらわれて》、あだあだしき方に《浮気っぽいというふうに》とりなさるるなり《見なされるのである》。これ、女の第一[四]の難《なん》なり。されば「よきほど」といふことは保ちがたきもの、となり。

ここに見やうあり《大事な点がある》。あまり物の哀れを知り過ぎてはあだあだしくなるによりて、[五]よきほどに物の哀れを知れといふやうに聞ゆれども、さいひては《そのようにいっては》心違《たが》へり《意味が違ってくる》。物の哀れをばいかにも深く知りて、さて《そうして》あだ

「雨夜の品定め」の解釈

一　源氏十七歳の夏、五月雨の一夜、物忌《ものい》みで宮中に籠《こも》っている源氏のもとへ、頭《とう》の中将・左の馬の頭《かみ》・藤《とう》式部《しきぶ》の丞《じょう》という当代の粋人三人が集まってきて、それぞれの体験をもとに婦人の品定め（品評）を展開する。古来「雨夜の品定め」と呼ばれて名高いくだりで、江戸時代には、上田秋成の師、加藤宇万伎《うまき》の『雨夜《あまよ》物語だみ詞』など、このくだりだけを抜き出した注釈書が刊行されたりした。江戸時代における「雨夜の品定め」についての普通の理解は、『紫家七論』の「才徳兼備」に、「（『源氏物語』は）様々の婦徳を記し、殊に『品定め』に、あだ（浮気）なるをしりぞけて、実（実直）なるをすすめ、しばしば警戒（教訓）を示したるは、しかしながら式部が心掟《こころおきて》なりといへども」とあるように、実直を尊ぶ婦徳が説かれているとするものである。ここで宣長が、「雨夜の品定め」には物のあわれを知るべきことが説かれていると解説するのは、特異な説である。

二　ものやわらかで女らしいと思うと…。馬の頭の発言の一節で、この直前に、妻としてふさわしい女を見つけるのはなかなかむつかしいという旨の論がある。『源氏物語玉の小櫛』五に、「とりなせばあだめく」に注して、いう、「この所いひざまむつかしくして、ふと（すっと）心得にくし。すべての意をよく得て、悟るべし。まづ『あだめく』とは、あだなるさまに見ゆるをいひて、ただに『あだなり』といふとは異なり。

さて物やはらかに、女らしき女ぞと見れば、さやうの女は必ず心弱くして、（男の強引さに負けて）あまり情に引きこめらるるものなるゆゑに、おのづから、とりなす時は（どちらかに決めるとすれば）あだにとりなさるる（浮気だということになってしまう）さまなるものぞ、といふなり」。

三　九五頁注九参照。

四　ここでは「第一の難」（最大の欠点）といっているが、『源氏物語玉の小櫛』五では解釈が変っていて、「右の（馬の頭のいう）『難』は、ことに世に多くあるものなるゆゑに、女はまづこれを慎しむべきことぞ、といふ意にていへるなり。『第一の難』といふごとく聞ゆれども、さにはあらじ。『とりなせばあだめく』といへるは、ただに『あだなり』といふにはあらざれば、『第一の難』とはいふべくもあらざればなり」という。本当に「あだ」なのではなく、単に「あだめく」だけなのだから、「第一の難」というほど厳しく非難されるべきものではない、という解釈である。

五　ほどほどに、適当に。

六　何をやっても粗雑なことなどあるはずのない婦人は…（以下、傍注）。この一節は、以下の宣長の解釈に従うと、傍注に示したような現代語訳になる。この解釈は、ここでの「物の哀れ知り過ぐし」を、「家事について物のあわれを十分に知る、家事万端の事情を十分に心得る」の意に解しているのが特異で、一二七頁一〇行目以下の論と結びついている。

あだしからぬやうに保つを、「よきほど」といふなり。物の哀れを知ればとてあだなるべきものにもあらず《知ったからといって浮気っぽいはずのものでもなく》、知らねばとて実《じつ》なるべきものにもあらず《真面目であるはずのものでもない》。されどそこをよく保つ人は少なきものにて、物の哀れを知り過ぐれば《知りすぎると》あだなるが多きゆゑに《浮気っぽいということが多いので》、かくいへるなり《このようにいったのである》。この次の文にて心得べし《理解してほしい》。

　六事が中になのめなるまじき人の、後見の方は物の哀れ知り過ぐし《家事の面で細かい配慮をめぐらしさえすれば》、はかなきついでの情あり《ちょっとしたことにつけても感情が豊かで》、をかしきに進める方《情趣に敏感であるというような面は》、なくても《なくても》よかるべしと見えたるに《よいように見えるのであるが》、

この一節は、詞《ことば》の続きすこし心得にくきやうなるゆゑに《文脈がちょっと理解しにくいようなので》、悪《あ》しく《間違って》心得る人あり《解釈する人がある》。よくよく文章の意味を工夫すべし《考えなければならない》。今よく心得らるる《分るように》やうにいはば《いい直すと》、「はかなきついでの情《なさけ》ありて、をかしきに進める方《かた》はなくても、後見《うしろみ》の方の物の哀れさへ知り過ぐしてあらば《十分に心得ているならば》よかるべし《それでよいであろうと》と見えたれども、事が中になのめなるまじき人はさやうにても悪しき《それぱかりでもいけない》」といふ心なり。さやうばかりにても悪しきといふ心は、次の

文にいひのべたり《敷衍してある》。されば「見えたるに」といへる「に」《〔逆接の〕「に」が重要なの》文字が重きなり《である》。「[一]情《なさけ》あり」の「あり」と、「なくても」の「なく」とを対して見ては《〔文脈上〕並列していると解釈したのでは意味が通らない》、聞えぬなり。上の「あり」は軽く見て、「あり」も下の「なく」の中へこもる《含まれる》詞《ことば》なり。「なく」は、「はかなきついでの情」といへる《といっている句へも》へもかかる字なり。

さて「[二]事が中になのめなるまじき人」とは、[三]上品《じやうぼん》の人にして、いふ事する事、あらゆる事が中に、[四]なのめなる事はあるまじきはづの人なり。さやうの人は、ただ後見《うしろみ》の方《かた》ばかり知りてもいと口惜しき《〔物足りなくて〕大変残念だ》、となり《というのである》。さて物の哀れといふことは、[五]万事《ばんじ》にわたりて何ごとにもその事その事につきてあるものなり。ゆゑに「後見の方の物の哀れ」といへり。これは家内《かない》の世話をすることにつきて《家の中の仕事を処理するについて》、その方《かた》の万事の心ばへ《事情》をよく弁知《べんち》したるなり《心得ていることである》。世帯むきの事はずいぶん心あるといふ人なり《非常によく心得ている》。世帯《せたい》むきさへよくば、[六]花紅葉《はなもみぢ》の折節《をりふし》の情《なさけ》、風流《ふうりう》なる方はなくても事欠くまじきやうなるものなれども《不足はないようなものだけれど》、何ごとにもすぐれて

一 以下の説明は、結局、「…はかなきついでの情があれば、をかしきに進める方はなくてもよい」というふうに解釈してはいけない、の意。

二 後年の『源氏物語玉の小櫛』五では、この一節の解釈が変化していて、「なのめなるまじき」でいったん文を切る。「この所、昔より読み誤れるから、意も違へり。これは、『なのめなるまじき』と読みて、『人の後見の』と続けて読むべし。『人の後見《かた》』とは、夫の後見するをいふ。夫の後見をする方の事は、女の万《よろづ》の事の中に、殊になのめ(疎略)にてはえあるまじき、第一のわざなるをいへり。…『物の哀れ知り過ぐし云々』のやうなる、風流の方は、夫の後見の方にはなくてもよかるべきがごとくなれども、となり。『物の哀れ知り過ぐし』とは、物の哀れ知れるよしの振舞するをいふ」。この説明にしたがって現代語訳すると、次のようになる。「女の仕事の中でも疎略であってはならない、夫の世話ということに関しては、物のあわれを知ったようなふりをしたり、ちょっとしたことにつけても感情が豊かで、情趣に敏感であるというような風流な面は、なくてもよさそうに見えるのであるが」。したがって前頁注六で指摘したような「家事について物のあわれを知る」という考え方がなくなり、一二七頁一〇行目以下に相当する論は『玉の小櫛』からは消えている。

三 「上品」は仏語。同じく浄土に往生するにしても、生前の善根の度合に応じて浄土での位置が上・中・下

に分れるといい、その最上位を意味する。ここでは「上品の人」で、きわめて資質のすぐれた人、の意。

四 いい加減なこと。疎略なこと。

五 このことは、一二七頁九行目以下にさらに詳しく説明される。

六 花や紅葉の折ごとの感情の豊かなはたらきなど、風流面での能力は。

家事専一で情趣を解さない妻では不満足

七 『湖月抄』に引く『細流抄』に、「貧相なるなり。『き』の字は添へ字なるべし」というが、『源氏物語玉の小櫛』五に、「貧相なるといふはひがことなり。『拾遺』（契沖の『源註拾遺』）に『無㆓美相㆒』とせるは、貧相よりはまさりたれど、なほ別こと《こと》となるべし」とあって、宣長ははっきりした語釈をほどこしていない。今日では契沖の説をとって「美相なき」（美しさがない）と解されている。

八 『玉の小櫛』五に、「古への女はみな髪を垂《た》れたるに、額髪とて左右に耳より前へも垂るることなるを、かたちをつくろはぬ女は、耳より前へ垂りたる髪をうるさくむつかしく（わずらわしく）思ひて、耳のうしろへ掻い越して、耳にはさむをいふ」という。

九 『湖月抄』に引く『孟津抄』に「これはまた誠しき後見の方ばかりを知りて、その外の事には心遅れたる人をいふなり」とあるのを批判する。

一〇 一一一頁一一行目以下参照。

よき人とするには、風流の物の哀れを知らでは（知っていなくては）いと口惜しき、となり。

また、まめまめしき筋を立てて（貞淑さという面を固く守り）耳はさみがちに（髪をいつも耳の後にはさみ）、七びさうなき（色気のない）家《いへ》刀自《とうじ》の（主婦が）、ひとへにうちとけたる後見《うしろみ》（ひたすら世帯じみたことの世話）ばかりをして（ばかりやいて）、これすなはち「後見の方は物の哀れ知り過ぐしたる女」なり。「まめまめしき筋《すぢ》を立てて」は、「貞烈《ていれつ》の操《みさを》を立てて」なり。八「耳はさみがち」とは、髪《かみ》を後《うしろ》へ掻《か》い越《こ》して、家内の世話を下《お》り立ちて（みずから手を下して）かひがひしくする有様《ありさま》なり。ひとへに家内のうちとけたる世話ばかりをして、となり（ということである）。「また」とあるによりて、これをまた九上と別の一種の人と見るは（前文に述べたのと別の人と見るのは）誤りなり。「事が中に」といふより、下《しも》に「いかがは口惜しからぬ」といふまで、一種の人の上をいへるなり（ひとりの人のことをいっているのである）。一〇そのいはれ（その理由）は下に至りていふべし（後で述べよう）。すべてこの物語は、文章すぐれて意味の深《しん》長《ちやう》なるものなれば、ひとわたりのことにては（通りいっぺんの解釈では）文義の心得がたきこと（文章の意味のつかみにくいことが）多し（多い）。心得がたきをしひて心得顔に（無理に分ったような顔で）注したるゆゑに、諸抄《しよせう》ともに誤り多し。よくよく文義を明《あき》らめ、作者の本意を心得て後に、注すべきことなり。「また」[一]といふ字の意味、下《後で》にいふべし。

[二]朝夕の出で入《い》りにつけても、公《おほやけ》私《わたくし》の人のたたずまひ《公私にわたる人々の振舞や》、よき《よいこと》悪しき事の《悪いことで》、目にも耳にもとまる有様を《目にも耳にも強く印象づけられた様子を》、うとき人にわざとうちまねばむやは《親しくない人にわざわざ話して聞かせようか》、[三]近くて見む人の聞き分《わ》き思ひ知るべからんに、語りも合せばやと、[四]うちも笑《ゑ》まれ《笑いが》、涙もさしぐみ《こみ上げてきたり》、

「朝夕の出で入り」は、宮仕《みやづか》へと私の事とに《公務と私用とで》世間へ出でつきあふことなり。「うちまねばむやは」とは、人の上の事の《他人に関することで》、よき悪しき万《よろづ》の事の、[五]わが心のうちに思うてばかりはゐられぬことのあるものなり。それは人に語りてたがひにとかう《あれこれ》いへば、心のうちの晴るるものなり。しかれどもうとき人に《親しくない人に》ことごとしげにはいひ聞かせがたし。「まねぶ」は、人の有様《ありさま》を語るなり。さやうの時に妻といふものはかたみに心へだてぬものにて《たがいに心を許し合った相手であって》、語らひ合せて心も晴らすものなるに、かの世《せ》帯《たい》むきの世話ばかりよくして風流《ふうりう》の物の哀れを知らぬ妻には、

一　一一一頁一一行目以下参照。

二　夫は、朝出かけてては夕方帰る世間との交わりにつけても。

三　底本、「近くて見む人」の右傍に小字で「妻ノ事也」と注を記入する。生活をともにする妻で、話がわかり、理解してくれるであろう人と、語りあってみたいものだと。

四　上文との間に「思うものの、現実の妻はそういう女ではないので、ひとり胸の内で」という文章を補って解する。ただし、「うちも笑まれ、涙もさしぐみ」の対象は、本書『紫文要領』と後年の『源氏物語玉の小櫛』とで解釈に変化がある。次頁四～五行目および注六参照。

五　六一頁注八参照。

六　「うちも笑まれ、涙もさしぐみ」の対象について、『源氏物語玉の小櫛』五では解釈が変化していて、「語りてかひなき妻の、こちたきこと（妻のそのひどさ加減）を思ひてひとり笑ひもせられ、またいふかひなきことを思ひて涙もさしぐむなり」という。

語りても、その味ひ《あぢはひ》・物の心を知らぬゆゑに何のせんもなければ《何のかいもないので》、心のうちにのみ思ひてゐつつ《［自分の］心の中だけであれこれ思いながら》、これを聞き分けてその味ひを思ひ知らん妻に《理解してくれるような妻に》語らひ合せたく思ひて、いふかひなきことを口惜しく思ひつつ《［現実の妻が］まったく話にならない女であることを残念に思いつつ》、六をかしき事につきてはひとり心のうちに思ひてうち《自然と》笑《ゑ》まれもし《笑ってしまい》、またあはれなる事、悲しき事につけては涙もさしぐむ《涙も出てくるということなのである》、となり。

これ、七はかなきついでの情《なさけ》、をかしき方のなき女は、また口惜しきことの一つなり。

もしは《あるいは》あやなき《むやみに》八公《おほやけ》腹立たしく《義憤がこみあげてきて》、心ひとつに思ひあまる事など多かるを、何にかは聞かせんと思へば《話してきかせて何になろうと思うと》、うちそむかれて《ついそっぽを向いてしまう》。人知れぬ《他人には分らない》思ひ出で笑ひもせられ《思い出し笑いをついしたり》、「あはれ」ともうちひとりごたるるに《ああ とひとりごとをついいってしまったりする時に》、「何ごとぞ」《［妻が］》など、あはつかに《無関心に》さし《上を》仰《あふ》ぎゐたらんは《見ていたりするのは》、いかがは口惜しからぬ《どうして残念でないことがありましょう》。

世間にまじはれば、おのづから腹立たしく心外なる事ありて、九わが心ひとつには思ひあまりて、すましがたき《［そのままでは］》こと多きものなるに、そ

七 ちょっとした折の感情の豊かさや、情趣を解するという点のない女は。一〇五頁七行目の引用を踏まえる。

八 『湖月抄』に引く『孟津抄』に、「公方《おほやけがた》の事につきて腹立つことなり」、つまり「公的な事がらについて立腹する」という解釈をほどこしている。宣長も一二二頁二〜五行目の記述からして、その解釈にしたがっていると考えられるが、『玉の小櫛』五では解釈が変化していて、「おのが身にはあづからぬ人の上の事をかたはらより見聞きて、腹立たしく思ふことなり（つまり、人ごとながら腹が立つ、の意）。この『おほやけ』は、俗《よ》のいやしき言に（下世話の言い方で）、身にあづからぬ人の上の事に妬《ものねたみ》するを『法界《ほふかい》りんき』といふ、『法界』の意に当れり。『枕草子』に、『あさましう公腹立ちて、眷属《けんぞく》の心地も心憂く見ゆべけれど、身の上にてはつゆ心苦しきを思ひ知らぬよ』…など見えたり。『あやなき』（筋が通らない・理性的でない、などの意）とは、わが身にあづからぬ事に腹立つをもていへるなり」という。

九 「心ひとつに思ひあまる事」についても、ここでは「公腹立たしく、それがわが心ひとつには思いあまる」と解しているように読めるが、『玉の小櫛』五では解釈が変化していて、「これは『公腹立たしく』とは別事なり。続けて心得べからず」と、両者は並列関係にある二つのことだといい、「さて『何にかは云々』は、二つを合せていふなり」という。次頁注二参照。

の中に人にはいはれぬ事は、妻にこそは語らひ合せてその心をも晴らし慰むべきを、かの物の哀れ知らぬ妻にはいひてもかひなければ、何のためにかは語り聞かせんと思へば、見るも心づきなくてうちそむかるる（〔妻の顔を〕見るのもしゃくにさわってそっぽを向いてしまう）、となり。「そむかれて」といひて下へ続くやうなれども、ここは「て」[一]文字にて句を切りて心得べし。この格多し（こういう文体は多い）。これまた物の哀れ知らぬ女は口惜しきことの一つなり。「人知れぬ思ひ出で笑ひ」[二]とは、かの腹立たしき事とは別なり。これは何ごとにもせよ[三]昔ありしをかしき[四]事を思ひ出でて、われひとり心のうちに思ひ続けて笑ふことなり。「『あはれ』[五]ともうちひとりごたるるに」とは、これも昔ありし事とすれば、「人知れぬ思ひ出で」といふをここまでかけて見るなり（という言葉がここまでかかるものとして解釈するのである）。また今身の上にある事として（現在身の上にあることとして）見るも苦しからず（解釈するのも差支えない）。何にても心に深く思ふ事を歎息するなり。「『あはれ』[六]と」といふ時は、漢文に「嗚呼《ああ》」といふと同じことにて、深く歎息することなり。もと「ああ」も「あはれ」も同じ詞《ことば》の転じたるものなり（変化して成立した語である）。心に深く

一 次に「『人知れぬ思ひ出で笑ひ』とは、かの腹立たしき事とは別なり」と述べる解釈にしたがって、「そむかれて」で文章を切ったのである。『源氏物語玉の小櫛』五では、注二に示すように「思ひ出で笑ひ」は前文を受けるものと解釈するので、「て」で文章を切るという説明は消えている。

二 『玉の小櫛』五では、「ありし事を心の内に思ひ出だして笑ふをいふ。ここは『心ひとつに思ひあまる事』の中に、笑ふべきことを思ひ出だしては、笑ひもするなり。『思ひあまる事』は、必ずしも憂き事、悲しき事などには限らず、あやしき事、をかしき事などにても、心にあまりて人に語らまほしき事はあるなり」という。

三 底本、「昔ありし」の右傍に小字で「マヘカタノ事」と注を記入する。

四 底本、「をかしき」の右傍に小字で「オモシロキ」と注を記入する。

五 『玉の小櫛』五では、注二を受けて、「これは、『思ひあまる事』どもの中に『ああ、はれ』と歎息すべき事を思ひては、歎息するなり。さて『人知れぬ』といひ、『ひとりごたる』といへる、みな妻に語りてもかひなかるべきがゆゑなり」という。

六 『石上私淑言』二八四頁一〇行目以下参照。

思ふ事をいひ聞かせ語らひて、慰むべき人もなき時は、ひとり歎息するなり。

かやうに思ひ出で笑ひもせられ、「あはれ」ともひとりごたるる《ついひとりごとをいって》時に《しまう時に》、物の哀れを知りたる妻なれば語り合せても慰むべく、またそれとはいはずとも、夫の気色《けしき》を見て《様子を見て》、よきやう《適切な》のあへしらひもあるべく《応対をするであろうし》、ともにあはれと見て慰めもしつべきこととなるを、心なく物の哀れ知らぬ妻は、かやうの時も心つかず《気がつかず》、何とも思はで《思わないで》、夫のやう《様子を》を見て、「それは何ごとぞ」などと七しみつかぬあひしらひして《とってつけたようないい加減な応対をして》、そ知らぬ顔してうち仰《あふ》のきゐたらんは、いかでかは《どうして》口惜しからざるべき《残念でないことがあろう》、となり《というのである》。

さて上に「八また」といへるは《いってあるのは》、ここまでかけて見るべし。後見《うしろみ》の方《かた》の物の哀れさへよく知らば、はかなきついでの情《なさけ》、をかしき方の物の哀れは知らでもよかるべし《知らなくても結構だ》とは見ゆれども、また、ただうちとけたる方の《世帯じみたことの》後見《世話》ばかりしてゐる妻は、九かやうの折々はいかがは《どうして》口惜

七「しみつかぬ」は、引用文中の「あはつかに」（一〇九頁一一行目）の解釈。『玉の小櫛』五に、「『河海（抄）』に『淡々しきなり』とあり。俗にいふ『しみやかならぬ』なり。『さしあふぎゐ』は、うち仰《あふ》のきゐるにて、あはつかなるさまをいふなり」とある。

八 一〇七頁三行目の「また」。底本、「また」（底本の表記は「又」）の右傍に小字で「『又マメ〳〵シキ』トアル『又』也」と注を記入する。

九 夫が、心と心の理解を求めるこのような折は。

しからざるべき、となり。かくのごとく前後を貫《つらぬ》きて見る時、始めて文義明らかなり。閉《と》ぢめに[一]（締めくくりに）「いかがは口惜しからぬ」といへる筆《ひっ》勢《せい》、物の哀れを知らぬ女を強くいきどほりたること（憤慨していることは）いちじるし（明らかである）。さればこの物語の本意は「物の哀れを知る」をよしとすること、明らかなるものなり。

「物のあわれを知る」ことと「あだ」との違い

問ひて云はく、「物の哀れ知る」をよき人とし、「知らぬ」を悪《あ》しき人とすといふこと（するということは）、なほ心得ず[二]。[三]そのゆゑは、巻々に、ひたすらあだなる（浮気っぽいのを）を悪しきことにいひ、まめなる（誠実なのを）をほめたる心ばへのみ見えて、あだなる人をよしとせる心は見えず。いかが。

答へて云はく、あだなるをよしとすとは、誰《たれ》か（誰もいっていない）はいへる。あだなるを戒《いまし》むるは、尋常《つね》[四]の論はさらにもいはず（いうまでもなく）、物語にてもいはば（物語に関してもいうならば）、あ[五]だなるは物の哀れ知らぬに近し。さればいかで（どうして）それをよしとはせむ（よしとしようか）。[六]前にもいへるごとく、物の哀れを知るとあだなるとは（知るのと）別のことにて、

一 以下、五行目までの論は、『源氏物語』が物のあわれを知ることを重視する作品だということは、宣長個人の解釈においてそうなのではなく、作品の中に直接語られているのだということを、何とか論証しようとする姿勢を示す。一〇一頁注七参照。

二 まだ納得できない。

三 右の「雨夜《あまよ》の品定め」の解釈において、「まめまめしき筋を立て」る女に不満を覚えるような趣旨のことを述べたことについての疑問。これでは『源氏物語』本文の、「まめなるをほめたる心ばへのみ見え」る実情にそぐわないではないか、と質《ただ》す。

四 世間普通の道徳論。

五 このこと、一六〇頁四行目以下で詳論される。

六 一〇五頁一～三行目参照。

たがひにあづからぬ事なり《無関係の事がらである》。ただし物語の本意は、まめなるとあだなるとは緊要《きんえう》にあらず《重要な問題ではない》。物の哀れを知ると知らぬが、よし悪しの緊《きん》七要関鍵《えうくわんけん》なり。

また問ひて云はく、しからばかの帚木《ははきぎ》の巻の品定《しなさだ》めの中に、女の有様《ありさま》をとかく《あれこれ》論じて、ひたもの《ひたすら》あだなる《浮気っぽい》方《かた》をばいひ貶《おと》し《方を非難し》、まめなる《誠実な方を高》を取れる中にも《く評価している中でも》、

八ただひとへに物まめやかに《実直で》、静かなる心の《落着いた気立ての》趣《おもむ》きならんよるべを《女をこそ》ぞ、つひの頼み所には思ひおくべかりける《生涯の頼る相手と思いきわめておくのがよいようです》。九あまりのゆゑよし・心ばへ《それ以上の余分の長所や気立て》うち添へたらんをば《が加わっているとしたら》喜びに思ひ《それをもうけ物と思い》、すこし後《おく》れたる方あらん《不十分な点があったとしても》をもあながちに求め加へじ《それを無理に求めたりはするまい》。一〇後《うしろ》やすくのどけきところだに強くば、うはべの《一通りの》情《なさけ》はおのづからもてつけつべきわざをや《女らしい風情は自然と身にそなわってくるものなのだから》。

といひ、また一一木の道の工《たくみ》・一二絵所《ゑどころ》・一三手《て》跡《かき》などの譬《たと》へをいひて、

一四まして人の心の《女の心の》、時に当りて《当世風に様子ぶって》一五気色《けしき》ばめらん《見せるような》、見る目の《表面だけの》情《なさけ》をば《風情などは》え頼むまじく《信頼できないものだと》思う給へ侍《はべ》る《思います》。

七「かんぬき」と「かぎ」。転じて物事の要所。

八 馬の頭《かみ》の言葉。妻として理想的な女を論ずるくだりの一節。

九「ゆゑよし」は、『源氏物語玉の小櫛』五に、「何わざにもあれ、ひと才《かど》とるべきふしあるを、『ゆゑあり』とも『よしあり』ともいふなり」と注する。「心ばへ」は、『湖月抄』に「よろづの事に気のつくやうの心なり」とあるのを、『玉の小櫛』五に「いみじきひがことなり」と否定するのは、どういう趣旨かよく分らない。

一〇 安心して家事をまかせられ、落着いているという点さえ確かなら。『玉の小櫛』五に、「これすなはち上の『物まめやかに、静かなる心の趣き』といへるものなり」という。

一一 指物師《さしものし》。家具調度など木工芸にたずさわる者。

一二 宮中の装飾などを担当する役所。

一三 書道。

一四 馬の頭の言葉。種々の技芸にたとえて女の美徳を説くくだりの一節。五三頁注八参照。

一五 底本、「気色ばめらん…」の右傍に小字で「此事下ニ論ズベシ」と記入する。「下ニ論ズベシ」は、一三九頁四行目にこの一節が再び引用されるのを指す。

といひて、一指嚙《ゆびく》ひの女《をんな》と二木枯《こがら》しの女との二事をいひて、三そのまめなる方を取り、あだなるを強く戒《いまし》めたり。これらはいかが。

答へて云はく、品定《しなさだ》めは四展転反覆《てんてんはんぷく》して、五あるは六まめなるを助けてあだなるを貶《おと》し、または物の哀れ知らぬことを強くいきどほり、さまざまに論じて一決《いつけつ》しがたきやうなれども、七終りの詞《ことば》に、

いづれとつひに思ひ定めずなりぬるこそ八世の中や。九ただかくぞとりどりにくらべ苦しかるべき。このさまざまのよき限りを取り具し、一〇難《なん》ずべきくさはひまぜぬ人は、いづこにかはあらん。

といへるが一一極意《ごくい》なり。

さればかの指嚙ひ女のこともさのみよきさまには書かず。されど心にかなふ人はありがたき世なれば、本妻とする人のあだなるは取りがたければ、やむことを得ずかの指嚙ひ女のやうなるにても、まづまめなる方《かた》を取りてよるべとするをいへるなり。これ、せん方なきゆゑのしわざにして、それをよしとするにはあらず。下心《したごころ》には、

結論がまとまりにくいようだが
どういう女がよいか　結局分らなくなってしまうのが　男女の仲ですね　このように
あれもこれも一長一短で思うにまかせません　よい点だけを身にそなえて　非難すべき点のまったくない女は　どこにいましょうか
それほどよいようには
自分の理想どおりの女はめったにいない現実であるから　浮気っぽいのは困るので　とにかく誠実である　点を評価して妻とすることを　どうにもしかたがないゆえのことであって

一 馬の頭《かみ》の体験談に出てくる女。誠実にまめまめしく馬の頭の世話をしたが、嫉妬深く、痴話喧嘩《ちわげんか》の際に馬の頭の指に嚙《か》みついたことがあって、それがきっかけで別れた。

二 同じく馬の頭と交渉のあった女。呼び名はこの女の詠じた歌に「木枯し」の語があることによる。魅力的ではあるが、派手で浮気っぽい女として描かれている。

三 馬の頭自身の意見として、妻にするとすれば指嚙いの女のような者がよく、木枯しの女のような者は信頼が置けないという。問い手はこれらを論拠にして、「まめ（誠実）」な女を高く評価するのが雨夜の品定めの趣旨なのではないかと問う。宣長は、問い手の立場を当時の一般の雨夜の品定め論を代表するものとして設定し、それに反論を加えるのである。

四 議論が、あちらへ向きこちらへ向き、あともどりすること。

五 ある時は。

六 「まめ」であることに味方して「あだ」であることを否定し。

七 「終りの詞」とあるが、次の引用文は頭《とう》の中将の体験談の締めくくりであって、雨夜の品定め全体の結論の位置に置かれているわけではない。

八 この部分を宣長がどのように句切って読んでいたのか、未詳。『源氏物語玉の小櫛』にも説明がない。『湖月抄』の句点は、「…なりぬるこそ。世の中やただ。

かくぞ…」とある。ここでは幕末の国学者、萩原広道の『源氏物語評釈』に、「この所いささか紛《まぎ》らはし。もしくは脱文あるにや。このままにて解かば、『世の中』の下に『なれ』といふ辞を含めて、上の『こそ』を結びたるなり」というのに従う。

九『玉の小櫛』六には、この文に「これをとりて見ても、かれをとりて見ても、とにかくに難ありて、思ふにかなひがたき意なり」と注する。

「まめ」であるだけでは不十分

一〇「くさはひ」は「くさ」（種）に同じ。材料。たね。

一一 ここは、「究極のところ」の意。

一二 前の文章。一〇五頁六行目～一〇九頁一二行目の引用文を指す。

一三 以下、次頁五行目まで、紫式部は、物のあわれを知ることをよしとするという自分の意見を、いかにも物のあわれを知る人らしく、一方的に強調しようとせず、世間の常識にも従う穏やかな説き方で述べているので、あなたのような誤解も生ずるのだ、という気持でいっている。

さやうの女の物の哀れ知らぬを《物の哀れを知らないのを》よるべとしてゐることの《妻としていることが》口惜しきいはれは《残念だという事情は》、一一先々《さきざき》の詞《ことば》にも見え、終りに「いづれと思ひ定めぬ」といへるにて知るべし。

また問ひて云はく、しからば《それなら》、やむことを得ざる時は物の哀れをばまづさしおきて《ひとまず棚上げしておいて》、まめなる方につくなれば《誠実さという点を重視するので》、まめなるをよしとするが本意なるべきにや《〔源氏物語の〕本来の意図なのだろうか》。

答へて云はく、一三万《よろづ》の事《万事につけて》、わが思ふ方のみを立てて《自分の思うことだけを強調して》、世の人のいふところをひたすらにいひ貶《おと》すは《けなすのは》、これすなはち物の哀れ知らぬ我執《がしふ》の強き人なり。またわが本妻とすべき女の、いかに物の哀れ知りたればとて《いくら物の哀れを知っているからといって》、心のあだなるを誰《たれ》かはよしとせん《誰がよいと思おうか》。やむことを得ずば、せん方なく《どうにもしかたがなく》、物の哀れは知らずともまめなる方を取るべし。これまた人情の必ず然《しか》るべきことなり《そうあるはずのことである》。されば、かの我執なると《我執の強いことと》人情にそむけるとは、必ず紫式部が憎むべきところなり。

いかに物の哀れを知るを本意《ほい》とすればとて、物の哀れさへ知らばあだあだしくとも《浮気っぽくても》よしとはいかでか《どうして》いはる《いえよう》べき。ここは式部が心に《紫式部の気持に》なりてもみよかし《なってもみなさい》。一我執《がしふ》をはなれ人情にしたがへる書きざま、とりもなほさず、これが物の哀れを知れる《知った》書きざまなり。まめなれども物の哀れ知らぬ女を妻にする、二やむことを得ざるところにして、しばらく人情にしたがひてわが思ふ本意《ほい》を通さず。かくのごとしといへども、それをばいたく《非常に》口惜しく《残念に》思ふ心ばへ、三前に引ける文《ぶん》どもにも見え、また言外《げんぐわい》にもその意いちじるし。いはんや、終りに「いづれと思ひ定めずなりぬ」といひ、「難《なん》ずべきくさはひまぜぬ人は《非難すべき点のまったくない人は》、いづこにかはあらん」といひ、また「四いづ方に寄り果つともなく《どういう結論に落着くということもなく》、果て果ては《しまいには》あやしき事どもになりて《要領を得ない話になって》、明《あか》し給ひつ《夜を明かされた》」と書き閉《と》ぢめたるにて《文章を締めくくったことによって》、本意は物の哀れにあることを知るべし。

さてこの時の「五物定《ものさだ》めの博士《はかせ》」になりたる馬《むま》の頭《かみ》は、六下﨟《げらふ》なれば、七極上品《ごくじやうぼん》の女の御心ばへ《気性や》有様《様子》はくはしく知らず。ゆゑに「八なにがしが《私の手の届く》及ぶべきほどならねば《範囲ではありませんから》、上《かみ》が上《上流中の》はうちおき侍りぬ《上流について論ずるのは遠慮します》」といへれば《といっているから》、か

一 物のあわれを知ることをよしとするという持論を一方的に主張せず（我執をはなれ）、「まめ」なるをよしとする世間の常識をも尊重した（人情にしたがへる）紫式部の書き方は。

二 底本、「やむ事なき」とあって、「事なき」をミセケチにして右傍に小字で「ことをえさる」と訂正するのに従う。自筆稿本にも同様のミセケチ・訂正記入がある。

三 「まめまめしき筋を立て」るばかりで、物のあわれを知らない女を馬の頭が「いかがは口惜しからぬ」（一〇九頁一一行目）と評し、「後《おく》れたること多かる」女を源氏が「いと口惜しけれ」（九八頁一四行目）と評しているのは、紫式部自身のそれを残念がる気持の表われであると、宣長は解釈する。

四 雨夜の品定めの締めくくりの文章。この直前に次頁四〜六行目の引用文がある。

五 婦人の品評の先生。雨夜の品定めの中に、「馬の頭、物定めの博士になりて、ひひらきゐたり（弁じたてている）」とある。「博士」は、大学寮・陰陽寮《おんみようりよう》の教官。ここではふざけていっている。なお「博」は底本・自筆稿本ともに「轉」。意によって改める。

六 身分の低い者。

七 最高級。上品（一〇六頁注三参照）の最高のもの。

八 『源氏物語玉の小櫛』五には、「この語を以て、この品定めはみな中の品のことにして、上が上と、下が

の品定《しなさだ》めにかれこれと論ずるところは中品《ちゆうぼん》以下の女のことにして、上品の女のことにはあらず。されば中品以下には「難《非難すべき点が》ずべきくさはひまぜぬ女はなし《まったくない女はいない》」といへるに、奥の文[九]に、

君は人ひとりの《源氏はある一人の人の》御有様を心の内に思ひ続け給ふ。[一〇]これは、たらずまたさし過ぎたることなく物し給ひけるかなと、ありがたきに《世にもまれな人だと》もいとど胸ふたがる《思うにつけてもますます胸がふさがる》。

と書けり。これにて知るべし。源氏の君は藤壺《ふぢつぼ》の御心ばへ有様をよく知り給ふに、いま馬の頭が論ずるところの「難《なん》ずべきくさはひまぜぬ人」とはこの人のことなりと、心の内に思ひ続け給ふなり。

「たらずさし過ぎたることなき」といふが《というのが》、かの紫の上の「[一一]よきほどにはいかで保つべきぞ《ちょうどよい程度にはどうやって身を保てるのでしょう》」とのたまへるところなり。さてその所の[一二]釈《しやく》に「[一三]よきほどとは、物の哀れをよきほどに《ほどほどに》知れといふことにあらず」といへるを、ここに思ひ合すべし。[一四]薄雲《うすぐも》の女院《によういん》はいかにも深く物の哀れを知り給へる御方なり。それを「よきほど」といふ人に当

下とはあづからざることを知るべし」と述べている。

九　雨夜の品定めの最後のくだり。これに続いて前頁九〜一〇行目の引用文がくる。

一〇　この人は、足りないこと、また程度を越えたこともなくていらっしゃることだなと。この解釈の場合、「これ」は、源氏が心中ひそかに思っている人、藤壺を指す。『玉の小櫛』六には、「『これは、足らずとおぼゆることもなく、またさし過ぎ云々』などいはでは、『これは』といふ言いかが（言い方は不自然である）。一本に『これに』とあり。うち聞くにはいかがなるやうなれども、『に』とある方まされるにや。『これ』とは、いま馬の頭の論によろしとするところを指していふ。されば、『この論によろしとするところに、足らざることもなく、過ぎたることもなし』となり。なほよく考ふべし」といふ。

藤壺は物のあわれを知る人

一一　一〇三頁五行目参照。

一二　私の注釈に。

一三　一〇四頁一二〜四行目参照。

一四　藤壺のこと。九〇頁注三参照。

てたり。さて《そして》[一]物の哀れを知り給ふよりして《お知りになることが原因で》、源氏の君と密通《みつつう》あり。さらば《それなら》あだなる人《浮気な人》とするかと思へば、「よきほど」といへる人なり。これをもて《このことによって》、あだなると物の哀れを知るとは別の事にして、あづからぬことを《無関係であるということを》知るべし。同じく源氏と密通せし朧月夜《おぼろづくよ》の君《きみ》とこの女院《にようゐん》との御事をくらべて、尋常《つね》の書物の心ばへにて論ぜば、朧月夜の[二]方《かた》は罪軽《かろ》かるべし。しかるを朧月夜[三]をばあだなる方の人とし、この女院をば極上品《ごくじやうぼん》のよきほどの人とす。これをもて、尋常の書物にいふよし悪《あ》しと、この物語にいふよし悪しとは変りあることを知るべし。また教戒《けうかい》のためにあらざることを知るべし。

また問ひて云はく、「[四]君は《源氏は》人ひとりの御有様を云々」といへる文《ぶん》の下に、「いづ[五]方《かた》に寄り果《は》つともなく」とあれば《とあるから》、藤壺《ふぢつぼ》の女御《にようご》をよきにきはめたる《よい人と決めた》書きやうにあらざるか《書き方ではないのではないか》。

答へて云はく、「君は人ひとりの云々」といふは源氏の君の心の内に思ひ続け給ふ事なれば、人は《他の人々は》その定めをば知らず《〔源氏の〕その結論を知らない》。ただ馬《むま》の頭《かみ》

一 このこと、一八三頁一二行目以下に詳論される。

二 藤壺は源氏の義母に当るのに対し、朧月夜は源氏の異母兄の朱雀院の妃の一人であるから（九〇頁注二参照）、不倫の程度が低いといえる。

三 作中、「重りかなる方はいかがあらむ（落着きといった点ではどうであろうか）」（賢木《さかき》の巻）などと、軽々しく浮気っぽい人物として描かれている。

四 一一七頁四行目参照。

五 一一六頁九行目参照。

が定めの中品以下の事ばかりにて《馬の頭の品評の中流以下の女のことだけで》、品定《しなさだ》めは終りたるなり。とにかくに物の哀れを本意として、男にては源氏の君、女にては薄雲の女院・紫の上などをよき人のためし《例》とすること、右のごとし。

また[六]葵《あふひ》の上《うへ》をもずいぶんよき人のやうにいひたれども、葵の巻に、かの[七]車争《くるまあらそ》ひのことを源氏の君の聞き給ひて思《おぼ》し召《め》す心を書きて云はく、

なほあたら《やはり惜しいことに》重りかにおはする人の《重々しくいらっしゃる人なのに》、ものに《物事に》情後《なさけおく》れて《つけて情愛がなく》すぐすぐし《角》きところつき給へるあまりに《ばった点がおありになる結果として》云々。

若菜の下に云はく、

[八]うるはしく《端正で》重りかにて《重々しく》、その事の《この点が》あかぬかなと《不満だなと》覚ゆることもなかりき《思うような点もありませんでした》。ただいとあまり乱れたるところなく《くつろいだ点がなく》、すぐすぐしく《生真面目で》、すこし[九]賢《さか》しとやいふべかりけんと思ふには[一〇]、頼もしく、見るにはわづらはしかりし人ざまになん。

といへるにて知るべし。うるはしく重りかにて、ここぞと難ずると《ここが悪いと非難すべき点》

物のあわれを知らぬ人々

六 源氏の最初の正妻。聡明ではあるが固苦しく、源氏にとって気詰りな妻として描かれている。

七 賀茂の祭の折、見物するのによい場所を取るのをめぐって、葵の上の車と源氏の愛人の六条の御息所《みやすんどころ》の車が争い、御息所側は押しやられて屈辱を味わわされる。

八 これも葵の上についていっている。源氏が紫の上を相手に、半生を回顧し、交渉のあった婦人たちのことを語るくだりの一節。

九 頭がよすぎるというべきだったのだろうかと思うにつけても、信頼がおけたのだが、妻として見るとうっとうしい人がらでした。注一〇に見える宣長の句の切り方に従って解釈する。

一〇 底本、「思ふには」の下、「頼もしく」の下に小字で「句」と記入する。それぞれの所で、いったん文を切ることとの指示。

ころは見えぬ《は見えない》上品《じやうぼん》の人なれども、それは頼もしくはあれども、情後《なさけおく》れて《情愛に欠けていて》、物の哀れを知る方の薄[一]かりしゆゑに、本妻として見るにはわづらはしきといへるを見れば、物の哀れ知らねば、いづこがよくて《他のどこが立派でも》も難《なん》となるなり《欠点になるのだ》。

さてまた物の哀れ知らぬを悪しき人とすることは、桐壺《きりつぼ》の巻に云はく、

[二]風の音《おと》、虫の音《ね》につけても、物のみ悲しく[三]おぼさるるに《お思いになる折節》、弘徽《こき》殿《でん》には久しう上《うへ》《帝の》の御局《つぼね》にもまうのぼり給はず《御寝室にも参上なさらず》、月の面白きに夜ふくるまで遊びをぞし給ふなる《なさる御様子である》云々。

物の哀れ知らぬ人の有様を見るべし。[四]月を「面白き」と書きたるに《書いたところに》、心あり《深い意味がある》。「[五]見る人から艶《えん》にもすごくも《美しくも殺風景にも》」といへる心ばへにて、帝《みかど》は風の音、虫の音にさへ物を悲しく思《おぼ》し召《め》すころしも《折も折》、心あらん人は《物の哀れを知る人なら》月を面白しと見給ふべきことかは《御覧になるはずがあろうか》。

[六]いとおし立ち《非常に気が強く》、かどかどしきところ《かど立ったところの》物し給ふ御方にて《おありになる方で》、事[七]にも

一 底本、「き」とあって、右傍に小字で「かりし」と記入する。自筆稿本も同様で、かつ「き」をミセケチにしてあるのに従う。

二 源氏の父、桐壺院が、桐壺の更衣《こうい》を追憶して悲しんでいる時に、弘徽殿《こきでん》の女御《にようご》が管弦を奏して騒ぐさま。弘徽殿の女御は桐壺の更衣に帝の寵愛《ちようあい》を奪われたことを恨んでいたので、更衣の死を喜んでいる。

源氏物語系図

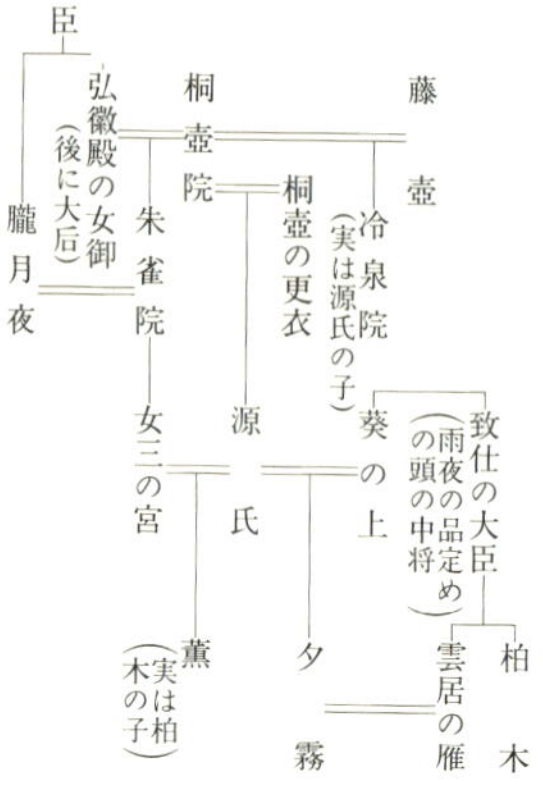

三 底本、「おぼさるるに」の右傍に小字で「帝ハ」と記入する。

四 『源氏物語玉の小櫛』二に、右の一節を引いて、「ここに『月の面白きに』とは、弘徽殿の御心をもて書けるなり」という。

五 見る人によって。一二九頁一二行目参照。

六 右の引用部分のやや後、弘徽殿の女御の人がらを述べるくだりの一節。

あらず思《おぼ》し消《け》ちてもてなし給ふなるべし。

賢木《さかき》の巻に云はく、

[八]院のおはしまいつる世こそ憚《はば》かり給ひつれ、[九]后《きさき》の御心いちはやくて、かたがた思《おぼ》しつめたる事どもの報《むく》いせむとおぼすべかめり。

これ弘徽殿《こきでん》の大后《おほきさき》の事なり。

真木柱《まきばしら》の巻に云はく、

この[一〇]大北《おほきた》の方《かた》ぞさがな者《性悪者であった》なりける。

若菜《わかな》の下に云はく、

大北の方といふさがな者。

これ紫の上の継母《ままはは》のことなり。すべてこの物語の中、源氏の君の方《かた》《光源氏のがわに》ざま《対して》に悪《あ》しく当る人をば悪しき人に書きなして、物の哀れ知らぬ人にせり《設定してある》。これ、源氏をよき人とするゆゑなり。

また帚木《ははきぎ》の巻、品定《しなさだ》めに、[一一]博士《はかせ》の娘がこと《娘に関して》、賢《さか》しだち学問ぶりせ《賢こぶって学問をふりま》しことを聞きて《わしたということを聞き》、[一二]君《きん》だちむくつけき事と爪弾《つまはじ》きをしてあはめ給ふよ《お憎みになったとい》

七 大したことでもないと無視してお振舞になるのであろう。『玉の小櫛』二に、『事にもあらず思し消ちて』とは、帝（桐壺院）の悲しみ給ふを、事ともし給はぬなり」とある。

八 桐壺院の御在世中こそ、反源氏の動きを遠慮しておられたが。桐壺院が崩御し、弘徽殿側がこの機会に源氏側を政治的に追い落そうとすることを述べるくだり。

九 大后（弘徽殿の女御）の御気性ははげしくて、あれこれくやしいと思いつめてこられたことの報復をしようとお考えのようである。弘徽殿の女御は新帝の朱雀院の生母なので、皇太后となった。

一〇 紫の上の父、式部卿の宮の正妻（紫の上の生母ではない）。紫の上の縁にすがって源氏の引き立てを期待するが、それがかなえられないので、源氏のことを悪しざまにののしる。

一一 雨夜の品定めで、藤式部の丞《じよう》の体験談に出てくる女。ある博士の娘で、学問をふりまわして可愛げのない人物として描かれる。暑気あたりの薬として蒜《ひる》（にんにく）を食べたことが語られるので、「蒜食ひの女」と呼ばれる。二〇七頁注七参照。なお「博」は底本・自筆稿本ともに「轉」。意によって改める。

一二 貴公子たちが、気味の悪いことと…。

し書けり《うことを書いている》。これ、いたりて悪しき事にせり《きわめて悪いこととして書いてある》。

（[一]問ひて云はく、[二]この段に「公《おほやけ》ごとをもいひ合せ《公的な事がらをも相談し》」といへるは、前に「[三]あやなき公腹《おほやけはらだ》立たしく」といへる所に応ずる詞《ことば》にして、かれ《あれは》は物の哀れ知らぬこと、これは物の哀れ知れることのやうに聞ゆ。さればこの女を悪しきになすは相違のやうなり《悪い人として書いてあるのは矛盾しているようだ》。

答へて云はく、「公《おほやけ》ごとをもいひ合せ」とあるは《という部分は》、いかにもよき事に書けり。されどこの女のことは、賢《さか》しだち学問ぶりすることを《学問をふりまわすことを》詮《せん》に憎みたる書きざまなれば《主として取り上げて憎んだ書き方なので》、かの物の哀れのことは、この女につけてはしばらく強くは論ずべからず。その学問だてを強く憎みたることは、紫式部自分《自身の》の学問だてせぬ心をあらはさむためなり。式部は広才《くわうさい》の女なれば、世の人の《才能豊かな女なので世間の人が》、さぞ《［式部は］》学問自慢をすると、この物語作れるにつきても憎むらんと推量《おしはか》りて、学問だてせぬことを知らさんために、この女を悪しく書けると見えたり。学問だてのこと、[四]なほ奥に記す《後に書く》。さて悪しき女の証《しよう》にこの女をここへ挙《あ》げたる丸《まろ》が意は《私の意図は》、

一　以下、次頁一行目までのカッコ内の問答は、底本では二行割注の形になっている。

二　「蒜食ひの女」の段を指す。その最初の部分で、「公《おほやけ》ごとをもいひ合せ、私ざまの世に住まふべき心おきてを思ひめぐらさん方も至り深く（公務のことも相談し、私生活の処世上の心がけを配慮する点も周到で）」と、その女を一応ほめている。

三　一〇九頁八行目参照。そこでは、「公腹立たし」いこと（義憤がこみあげてくること）を話して聞かせることもできない女（妻）を、物のあわれを知らないといって批判しており、それに対してここでは、蒜食いの女のことを、「公ごとをもいひ合せ」ることのできる女といっているのだから、この点に関する限り、蒜食いの女は物のあわれを知っている人ということになる、の意。

四　一七四頁一二行目以下参照。

好色の事につきてなり。このいはれ（理由は）、次下にいふ。見るべし）
右の人々は、好色の事は見えざれども、悪しき人としたる書きざま、あらはなるものなり（はっきりしているのである）。もし尋常《つね》の儒仏の論をもていはば、源氏の君・薄雲《うすぐも》の女院《にようゐん》などは弘徽殿《こきでん》の大后《おほきさき》よりもはるかに無道《ぶだう》の人といふべし。しかるにそれとは変れるゆゑに（そういう尋常の評価とは変っているから）、この物語のよし悪《あ》しの指すところ、右段々のごとし（右に色々述べてきたとおりである）。

物のあわれによって善悪を分つ

また悪しき人といふにはあらねど、致仕《ちじ》の大臣《おとど》のことを、夕霧《ゆふぎり》と雲居《くもゐ》の雁《かり》とのことにつき（恋について）強く（きびしく）折檻《せつかん》し給ふことを（非難なさったことを）、あまり心なきさまに書きなし（あまりにも物の哀れを解さないというふうに書き）、夕霧と雲居の雁のことは悪しきやうには書かず。これも尋常の論にていはば、大臣の折檻はさることにて（当然のことで）、夕霧と雲居の〔親の許しを得ない恋だから〕雁とは不義なり。しかるをその論にはかかはらず、ただ物の哀れを主《しゆ》としてよし悪しを分かてり（区別したのだ）。これはよし、これは悪ししとはいはねど（明言しないけれど）、その文章の書きざまにて、よしとする方《かた》と悪ししとする方はいとよく分かるるなり（まことにはっきりと区別されているのである）。

五　ここの文意はやや明瞭を欠くが、「次下にいふ」は、二〇七頁五～六行目の蒜《ひる》食ひの話を指すか。蒜を食べたために恋人の藤式部の丞に逃げられたので、いくら立派な学問を身につけていても、男女の間での物のあわれを知らなければ何にもならない、ということであろう。
六　道理にはずれた人。
七　雨夜の品定めにおける頭《とう》の中将。若い頃からの源氏の友人で、葵の上の兄。
八　夕霧は、源氏と葵の上との間に生れた男子。雲居の雁は致仕の大臣の娘。少女《おとめ》の巻に、まだ子供のこの二人が相愛の仲になったことについて、致仕の大臣が激怒するという話がある。後年、二人は結婚する。

しかるを[一]古来の注釈《ちゆうさく》はみな、儒仏の道々しき《道徳的な》書物の議論を見てそれを羨《うらや》み、しひて《無理やり》物語をも教戒《けうかい》の方《かた》へ落さんと《こじつけようと》するゆゑに、[二]よくいへる事をも悪しき事のやうに注して、これはしかじかの《これこれの》戒《いまし》めなり、これはしかじかの教へなり、などと注して、読む者の心を惑《まど》はし、作者の本意《ほい》を失ふこと多し。そのゆゑは、しひて戒めの方《かた》へよせて《こじつけて》懲悪《ちようあく》のことに見る時は、物の哀れの深きところもさむるものなり《興ざめになるものである》。それも眼《まなこ》の明らかならん人は《見識のしっかりしている人は》注には迷はねども、大方《おほかた》の人は注を《〔この物語を〕》指《し》南《なん》にして《指針にして読む》見るものなれば、その注のままに心得る《理解する》ゆゑに、大きに注にて人を迷はすなり。大方この物語を見むには、決して戒めの心とは見るべからず。作者の本意にあらず。物語はさやうの道々しき事にはあらざる証拠《しようこ》は、[三]最前に引ける《先ほど引用した》螢《ほたる》の巻にて明らかなり。かへすがへす《くれぐれも》も物の哀れを主として見るべきことなり。

事の心・物の心を知らねばならない

おほよそこの物語五十四帖《でふ》は、「物の哀れを知る」といふ一言に

一　一六九頁一二行目以下に詳論される。

二　作品中でよい事とされていることをも悪いことのように注釈して。柏木と女三の宮との密通についての旧注が典形的な例。一五八頁一一〜四行目参照。

三　五二・六一・六七頁あたり参照。

て尽きぬべし。その物の哀れといふことの味《あぢは》ひは右にも段々いふごとくなり。なほくはしくいはば、[四]世の中にありとしある事の《ありとあらゆる事がらの》さまざまを、目に見るにつけ耳に聞くにつけ、身に触《ふ》るるにつけて、その万《よろづ》の事を心に味《あぢは》へて、その万の事の心を《本質を》わが心にわきまへ知る《深く理解する》、これ《これが》、事の心を知るなり《知るということだ》、物の心を知るなり、物の哀れを知るなり。

その中にもなほくはしく分けて《細分して》いはば、わきまへ知るところは物の心・事の心を知るといふものなり。わきまへ知りて、[五]その品《しな》にしたがひて感ずるところが、物の哀れなり。たとへばいみじく《たいそう》めでたき《美しい》桜の《桜が》盛《さか》りに咲きたるを見て、めでたき花と見るは、物の心を知るなり。めでたき花といふことをわきまへ知りて、さてさてめでたき花かなと思ふが、感ずるなり。これすなはち物の哀れなり。しかるにいかほど《どれほど》めでたき花を見てもめでたき花と思はぬは、物の心知らぬなり。さやうの人《そんな人は》ぞ、ましてめでたき花かなと感ずることはなきなり。[六]これ物の哀れ知らぬなり。

四 以下の論と同じことが『石上私淑言』二八二頁六行目以下に詳論されている。

五 わきまえ知った物・事の本質の種類に応じて、それにふさわしい感情が動くのが。

六『源氏物語玉の小櫛』二で、右と同趣旨のことを述べてきて、次にいう、「物のわきまへ、心ある人は、感ずべきことにはおのづから感ぜではえあらぬわざなるに、さもあらぬは（そういうふうに心が動かないのは）、何とも思ひ分《わ》く方《かた》なくて（物事の情趣を、これはめでたいこと、これは悲しいことというように感じ分けることができないで）、必ず感ずべき心を知らねばぞかし（必ずそれに感ずるはずの物事の本質をわきまえ知らないからである）」。

また人《他人が》の重き《肉親》憂《うれ》へにあひて《などの死に出会って》いたく悲しむを見聞きて、さこそ悲しからめと《さぞかし悲しいことだろうと》推量《おしはか》るは、悲しかるべきことを知るゆゑなり。これ事の心《本質》を知るなり。その悲しかるべき事の心を知りて、さこそ悲しからむとわが心にも《自分の心中でも》推量りて感ずるが、物の哀れなり。その悲しかるべきいはれ《理由》を知る時は、感ぜじと思ひ消ちても《感ずるまいと気持を押えつけても》自然《じねん》と忍びがたき心あり《がまんできない気持があって》、いやとも《いやおうなく》感ぜねばならぬやうになる、これ人情なり。物の哀れ知らぬ人は何とも思はず。その悲しかるべき事の心をわきまへぬゆゑに、いかほど《どれほど》人の悲しむを見ても聞きてもわが心にはすこしもあづからぬゆゑに《関係がないゆえに》、さこそと《さぞかしと》感ずる心なし。

これらはただ一つ二つをあぐるなり《例にあげたまでだ》。これに準じて万《よろづ》の事の物の哀れといふことを知るべし。その中に軽《かろ》く感ずると重く感ずるとのけぢめこそあれ《違いはあるであろうが》、世にあらゆる事にみなそれぞれの物の哀れはあることなり。その感ずるところの事に善悪邪正《ぜんあくじゃしゃう》の変り《違い》はあれども、感ずる心は自然と忍びぬところより出づるものなれば《がまんできないところから出てくるものなので》、わが心ながら《自分の心ではあるが》

一 たとえ道徳的には悪とされる事がらに対してでも、人の心は感動することがある、の意。『論語』為政篇に、孔子が『詩経』を評していった「思ひ邪《よこしま》なし」という句があり、この句に対する江戸時代の反朱子学の立場の儒者たちの解釈を通して、人の心は悪に感ずることもあるという事実を承認する右のような考え方が定着した。すなわち朱子学では「邪」を「邪悪」の義にとり、この句を、「『詩経』には邪悪な思いを述べた詩はない」の意と解して、『詩経』から道徳的教訓を引き出そうとする。それに対して伊藤仁斎《じんさい》は『論語古義』において、「『思ひ邪なし』とは、直なり」と解した。「『詩経』の詩には、気持が率直に述べられている」の意である。この解釈は、『詩経』、ひいて文学一般を道徳論・勧善懲悪論から解放しようとする江戸時代の文芸思潮の流れの上で大きな意義を担《にな》っている。宣長が師事した堀景山の『不尽言』にも次のようにいう。「孔子、『思ひ邪なし（思無邪）』の三字を借つて、詩といふものの出来る訳を解釈し給ふなり。この『邪』の字を朱子は人の邪悪の心と見られたれども、それにては味なきことなり。人の邪念より出ぬ詩をよしとすることは勿論なれども、詩三百篇（『詩経』中の詩の概数）の内には、邪念より出づる詩も多くあることなり。心の内に安排工夫（思慮分別）をめぐらし、邪念を吟味して、邪念より出ぬやうにと一しらべして（いったん反省して）出来たるものは、詩にてはあるまじきと思はるるなり。…我知らずふつと思ふ通りをいひ出だすが詩といふものなるべし。その詩を見て、邪念より出づると正念より出づるといふことを知り分つは、それは詩を見る人の上にこそあるべけれ、詩といふものの本体にてはなきことなり。詩を作り出す人は、邪正はかつて覚えぬ（詩を作るその時には邪正の分別は念頭にない）なり。それゆゑ詩といふものは恥づかしきものにて、人の実情の鏡にかけたやうに見ゆることなれば、善悪邪正ともに、人の内にひそめたる実情の隠されぬものは、詩にあることとなり。…その思ふ通り我知らず内から自然にずつと真つすぐに出でて、情実を吐露したるところを、『邪なし』といふ意なるべし。…和歌の道もこの通りに少しも変ることはなきもの、ただ唐山《から》・大和と人の語言の違ひたるばかりにて、ともに人の『思ひ邪なし』になりたるところより発出せるものなり」。賀茂真淵の『続萬葉論』序にも、「歌のまことといふは、後の唐人の義と理にかなへるをいふとは異なり。たとひ思ふごとくは不義にまれ（不義ではあっても）、ひとへに思ひ乞ふ事をそのままにいひ出だすをまことととはいふなり。…唐歌（漢詩）も古へはさこそありけめ。『思ひ邪《よこしま》なし』てふは『直なり』と解きて、その事はよくまれ悪しくまれ、思ふ事を直《ただ》ちにいへるを崇《たふと》みたるを…」という。

二　一〇五頁六行目参照。

わが心にもまかせぬもの《自分の心の自由にならないもので》にて、悪《あ》[一]しく邪《よこしま》なる事にても感ずることあるなり。これは悪しき事なれば感ずまじ《感動するまい》とは思ひても、自然と忍びぬところより感ずるなり。ゆゑに尋常《つね》の儒仏《じゆぶつ》の道は、その悪しき事には感ずるを戒《いまし》めて、悪しき方《かた》に感ぜぬやうに教ふるなり。歌・物語は、その事に当りて物の心・事の心を知りて感ずるをよきこととして、その事の善悪邪正は棄ててかかはらず《無視して関知しない》、とにかくにその感ずるところを物の哀れ知るといひて、いみじきことにはする《重要なこととするのである》なり。

物のあわれにも種類がある

物の哀れ知るといふ味《あぢは》ひ、右のごとし。されど右にいふところはその大綱《たいかう》にして、なほその中にはさまざまの品《しな》《種類》あるなり。世の中にあらゆる事に、みなそれぞれに物の哀れあるなり。ゆゑに帚木《ははきぎ》の巻には「後見《うしろみ》[二]の方《かた》は物の哀れ知り過ぐし」といへり。されば家内《かない》の世《せ》帯《たい》むきの世話する中にも、物の哀れといふことはあるなり。それはいかやうの事ならんといふに《どのようなことかというと》、まづ世帯を持ちて、たとへば無益《むやく》の費《つひ》えなる事《無駄な出費》などのあらんに《あるような場合》、これは費えぞ《浪費だ》といふことをわきまへ知るは、事の心《本質を》を知るなり。その費《つひ》えなるといふことを、わが心に[一]「ああ、これは費えなる事かな」と感ずるところは、これらの事にもあるなり。これすなはち後見《うしろみ》の方《かた》につきて事の心を知り、物の哀れを知るなり。無益《むやく》の費えあれどもそれを何とも思はず、みだりに財宝を費やすは、これ費えぞといふことを心に感ぜぬなれば、後見の方の物の哀れ知らぬなり。この心をもて推《お》して知るべし。

　後見の方の物の哀れも、なほさまざまの事あるべし。されどもその後見の方の物の哀れも物の哀れの一端《いつたん》にして、[二]その理《ことわ》りは変らね《理屈は同じで》ども《あるが》、物語の本意とする物の哀れはさやうの事にはあらず。同じ物の哀れなれども、その事と物とによりてその趣《おもむ》き変るゆゑなり。さ《だか》れ《ら》ば[三]かの後見の方の物の哀れ知れるをば《知っている女を》、物の哀れ知らぬ人にいへり。同じ義理《理屈のものであっても》にして、その事によりてかやうに表裏の相違《さうゐ》あることは、たとへば火の用のごとし。火に変りはなけれども、薪《たきぎ》にたき炭におこしては、寒さを防ぎ食物を熟[四]しなど、その益《やく》[五]はなはだし。そ

一　吉川幸次郎氏の「文弱の価値」（日本思想大系『本居宣長』解説）に、このくだりについて次のようにいう、「私はこの条を、松阪の木綿《もめん》問屋の子であった宣長の幼時の経験から発想されたと想像することが、困難でない。上方の町家の何よりの戒律は、倹約であった。あるいは富裕な町人の家ほどそうである。且つ宣長のそだった家は、かつての富裕を失いゆく過程にあった。賢い婦人であったことを、（宣長が）『家のむかし物語』でたたえる母刀自恵勝大姉《けいしょうだいし》（母の戒名）おかつが、過誤の濫費《らんぴ》を偶然に犯したとき、発したであろうしみじみとした嘆声、ああもったいない、それへの記憶が、『ああ、これは費えなる事かな』というこの条の文章となっているのでないか」。

二　無駄な出費には、ああ無駄だと感ずるというように、事がらの感ずべきところに感ずるという理屈は、物のあわれを知ること一般と共通している、の意。

三　一〇七〜一一二頁の、雨夜の品定めの本文ならびにそれに対する宣長の解説参照。

四　底本・自筆稿本ともに「熟」。あるいは「熱」の誤りか。

五　有用さ。

物のあわれの有無は知る人の心による

の火を悪しくして《悪く用いて》家屋へ付《つ》くれば、また世の大災となるがごとし。

さてまた（一四）四季折々の風景、はかなき木草鳥獣につけて物の哀れを知るといふは、桐壺《きりつぼ》の巻に、「六虫の声々、もよほし顔なる《人にも泣けとすすめているような》」、また「七風の音《おと》、虫の音《ね》につけても、物のみ悲しくおぼさるるに」、柏木《かしはぎ》の巻に、「八お前の木立《こだち》ども思ふ事なげなる気色《けしき》を見給ふも、いと物哀れなり」、これらは折々の景物につけて物の哀れを知るなり。九その時の心にしたがうて同じ物も感じやうの変るなり。悲しき時は、見る物聞く物がみな悲しきなり。面白き時は、見る物聞く物がみな面白きなり。

その見る物聞く物は心なければ《心を持たないので》、悲しく見せん《悲しく見せかけよう》、面白く見せんとて、その人によりて変るにはあらねど《様子が変るわけではないが》、その人の心にて変るなり。されば帚木《ははきぎ》の巻に、「一〇何心《なにごころ》なき《無心な》空の気色も、ただ一一見る人から艶《えん》にも《美しく》すごくも《もさびしくも》見ゆるなりけり」といへるごとく、物の哀れを知らぬ人が見ては空の気色も何ともなけれど、物の哀れ知る人が見れば、悲し

六 桐壺の更衣《こうい》の死後しばらくたった秋の夜、更衣の里方に慰問につかわされた靫負《ゆげい》の命婦《みょうぶ》と更衣の母君とが語り合って涙にくれる場面の一節。

七 一二〇頁七行目参照。

八 庭さきの木立の何の悩みもなさそうな様子を御覧になるにつけても。柏木の死後、未亡人の落葉の宮とその母の御息所の住む家を夕霧が弔問に訪れたくだりの一節（九二頁注一・三参照）。引用の部分の「見給ふ」の主語は夕霧。

九 『源氏物語玉の小櫛』二の、このあたりに該当する記述の中に、「春夏秋冬折々の花鳥月雪のたぐひを、（『源氏物語』の中に）をかしきさまに書きあらはせるなど、これみな人の心を動かし、あはれと思はするものにて、心に思ふことある時は、ことに空の気色《けしき》、木草の色も、あはれをもよほすくさはひ（種《たね》）となるわざなり」とある。

一〇 空蟬（九〇頁注一参照）と過した一夜が明けて、部屋の外へ出た源氏が、あたりの様子をしばし眺めるくだりの一節。この時の源氏はうしろ髪を引かれる思いでいる。

一一 見る人の気持次第で。

き時は悲しく見え、艶《えん》なる時は艶に見ゆるなり。またわれはかくば《これほど》かり物を思ふに《悩んでいるのに》、空の気色《けしき》は思ふ事なげに見ゆるよ《悩みがなさそうに見えることだ》と感ずるも、一つの感じやうなり。

松風《まつかぜ》の巻に、「[一]秋のころほひなれば、物の哀れとり重ねたる《いくつも重ねたような》心地《ここち》して《気持がして》云々」、これは時節に感ずるなり。須磨《すま》の巻に云はく、「[二]琴《きん》の声、風につきてはるかに聞ゆるに、所のさま《場所の様子》、人の御ほど《源氏の身分の高さ》、物の音《ね》《楽器の音》の心細さとり集め《すべて思い合せて》、心ある限り《情趣を解する者はみな》みな泣きにけり」といへる、これ、所のさまを感じ、人のほどを感じ、物の音を感じたり。ゆゑにさまざまの感ずべき事の集まりたるゆゑにみな泣くなり。しかるに「心ある限り」といへるが《といってあるのが》緊要《きんえう》なり。かやうに感ずべき物をとり集めても、物の哀れ知らぬ人は何ともなきなり《何も感じないのだ》。心あるほどの人は泣く、となり。

されば物の哀れを知る人が、すなはち心ある人なり。物の哀れ知らぬは心なき人なり（物の音はことに人を感ぜしむるものなり）。蓬生《よもぎふ》の巻に云はく、

一　明石《あかし》の上（源氏が明石滞在中に契りを結んだ婦人）が源氏に招かれて、源氏との間に生れた姫君と母をともなって都へ上ることになり、父の入道と別れる日の夜明けの描写の一節。

二　源氏の流謫されている須磨の海を、都へ上る太宰《だざい》の大弐《だいに》の船が通る。その船中の人々が源氏のことを思いやるくだりの一節。

三わざと好ましからねど《特に進んでするというのでもないが》、おのづから急ぐことなきほどは《別に急ぐ用事のない時には》、同じ心なる《気の合う同士の》文通《ふみかよ》はしなどもうちしてこそ《文通などを気軽にしてこそ》、若き人は木草につけても心を慰め給ふべけれ《若い人々は四季折々の草木につけても気をお紛らわしになれるものなのだが》云々、

これ、若き女などのよるべなく《頼るところがなくて》心細くつれづれなる《さびしい暮しを》住居《すまひ》するは《するのは》、おのづから心のうちに思ひむすぼほるることのみ《考えこみ鬱屈することばかりが》あるものなれば、さやうの時《そのような時》、物の哀れを知る人なれば、四目に触れ耳に触るるはかなき木草につけても、思ふ心がそれに感ずるものなれば、五その感じたる心をそのままにさしおけば《放置しておくと》、いよいよ深くむすぼほれて心にあまるなり《心におさめておけなくなる》。それをあるいはその感ずるところの花紅葉《はなもみぢ》に六つけて、感じたる心のやうを《様子を》歌によみ文《ふみ》に書きて《手紙に書いて》、同じ心の友だちなどのもとへつかはして見すれば、そのむすぼほるる心も晴れて、つれづれも慰むなり。さてその《そして「友が」》返事などしておこすれば《よこすと》、いよいよ心は慰むものなり。これ物の哀れを知る人のあるやう《ありさま》なり。

竹河《たけかは》の巻に云はく、「七物あはれなる折からにて、取りて見給ふ」

三 源氏が須磨へ去ったあとの末摘花（八六頁注三参照）のわびしい暮しぶりを述べるくだりの一節。引用部分の次に、「しかし引っこみ思案の末摘花は、そういうこともまったくしない」という意味の文章が続く。

四 底本、「は」とあって、右傍に小字で「なれは」と記入する。自筆稿本も同様で、かつ「は」をミセケチにしてあるのに従う。

五 六一頁六行目以下参照。

六 底本、「つけて」の右傍に小字で「ツケテヤル事」と注する。「花紅葉に関連して」の意ではなく、「花紅葉に（手紙を）結びつけて」の意であると、注記したもの。自筆稿本にも見えるから、底本の書写者の解釈ではなく、宣長自身の注記である。

七 夕霧の息子の蔵人《くろうど》の少将は、故鬚黒《こひげぐろ》の大臣《おとど》の長女、大君《おおいぎみ》に恋するが、上皇の冷泉院も大君に執心している。鬚黒の未亡人、玉鬘《たまかずら》は、大君の入内《じゅだい》を望んでいた夫の遺志を尊重して、大君を冷泉院の妃にすることに決め、蔵人の少将の恋はかなえられない。大君が冷泉院のもとに上るその日に蔵人の少将の文《ふみ》が届けられる。その際の大君の気持を述べたくだりの一節。「物あはれなる折から」とは、大君が妹の中《なか》の君《きみ》と今日を限りに別れ別れになることを悲しみ、自分の入内を望んでいた亡き父のことを思い出してしんみりする、その折から、ということ。

といへるは、蔵人《くらうど》の少将《せうしやう》、故《こ》鬚黒《ひげぐろ》の大臣《おとど》の姫君に深く心をかけて、たびたび文《ふみ》つかはせども《手紙をおやりになるのだが》、見給ふことはなきに《ないのに》、この時は折しも物あはれに思《おぼ》し召《め》すことある時節なりしゆゑに、〔文を〕取りて見給ふ、となり。これ、心に感ずることありて、哀れに思ふことのある時は、他の事にも深く感ずるものなり。今いふ「物あはれなる折」といふは蔵人の少将のことにはあらねども、その「物あはれなる」心につきて蔵人の少将のことをも感ずる心がもよほして《自然に湧いてきて》、取りて見給ふなり。

大方《おほかた》物の哀れといふものは、右にかれこれいへるがごとし《あれこれいってきたとおりのものである》。なほ物語を見て、その味《あぢは》ひを知るべし。夕顔《ゆふがほ》の巻に云はく、「[一]物の情《なさけ》知らぬ山賤《やまがつ》も、花の陰《かげ》にはなほやすらはまほしきにや《やはり休みたいのであろうか》」、紅葉賀《もみぢのが》の巻に云はく、「物見知るまじき《何も分るはずのない身分》下人《しもびと》などの《賤しい者で》、木《こ》の本《もと》、岩がくれ、山の木《こ》の葉に埋もれたる《木の葉に埋もれて見物している者どもでも》さへ、すこし物の心知るは《情趣を解する者は》、〔感動して〕涙おとしけり」。これらを見よ。花はいたりてめでたき物なれば《きわめて美しいものであるから》、何の心もあるまじき《あるはずのない》山賤さへ花の本《もと》に休まんと思ふほどの心はあれば、物の哀れをす

一　情趣を解さない木こりも。源氏が六条の御息所のもとで一夜を明かして、夜明けに帰ってゆく際の容姿の美しさを述べるくだりの一節。このあとに「源氏を見る人で、身分に応じて、自分の娘や妹を御奉公させたいと思わない者はなかった」という意味の文章が続く。どんな賤しい者でも源氏の容姿の美しさに感動しない者はいない、の意。

物のあわれ知らぬ人は虎狼にも劣る

こしは知るなり。また紅葉賀《〔の巻〕》の詞《ことば》は、源氏の君の《が》「[二]青海波《せいがいは》」を舞ひ給ふを見ての心なり。これも、いたりて賤《いや》しき者もすこし物の心知るは、感じて涙をおとす、となり《というのである》。これをば「[三]空の気色《けしき》さへ見知り顔なり」と書けり。

また帚木《ははきぎ》の巻に、「[四]鬼神《おにがみ》も荒だつまじきみけはひなれば」、須磨《すま》の巻に云はく、「[五]虎狼《とらおほかみ》だにも泣きぬべし」などといへるを見よ。かの螢の巻に、「[六]よきさまにいふとては《よいようにいうといっては》、よきことの限りを《よいことをすべて》選《え》り出で《選び出して》」といへるごとく、よき事を強くいはんとて《強調していおうとして》かく書けり。それは何ゆゑぞとなれば、山賤《やまがつ》・心なき者もいたりて《きわめて》よき事には感じ、虎狼のたけき《非情な》獣《けもの》さへ涙をおとして泣くべしといひて、ましてや心あらん人は感ずべき理り《道理を》を知らせ〔読者に〕、それを感ぜぬ人の口惜しく《話にならず》心なきことを強くいへり。されば物の哀れ知らぬ人は虎狼にも劣れることを知るべし。

柏木《かしはぎ》の巻に云はく、

二　舞楽《ぶがく》の曲名。桐壺帝が朱雀院に行幸あって、源氏がこれを舞った。

三　前頁一一行目に引用した「物見知るまじき…」のやや前に、「日暮れかかるほどに気色ばかりうち時雨《しぐ》れて、空の気色さへ見知り顔なるに」とある。宣長のこの説明の仕方では、「空までが源氏の舞い姿の美しさに感涙をもよおし、時雨《しぐれ》する」の意と解しているらしい。萩原広道の『源氏物語評釈』では、「空の気色さへ折からの風流なる物の感《あはれ》を見知り顔なり」と、「見知り顔」の対象を行幸の盛儀全体ととっている。

四　八六頁八行目参照。

五　虎や狼でさえも…。須磨へ退転することになった源氏が舅《しゅうと》の左大臣（葵の上の父）邸へ暇乞いにゆき、退出するのを、女房たちが見ていて感ずることを述べたくだりの一節で、引用文の次に、「まして源氏を子供の時から見馴れていた女房たちなので、御境遇の変化をたいそう悲しく思う」という意味の文章が続く。「虎狼」は情けを知らないものの代表。

六　六三頁一二行目参照。

一　柏木との密通によって不義の子を出産した女三の宮は出家する（九二頁注一参照）。源氏と出家したばかりの女三の宮との問答。

二　肉親の間の愛情。もっとも断ち切りがたいものであるだけに、仏教においては妄執《もうしゆう》の代表のように考えられる。

仏道にも物のあわれにかかわる面がある

「一なほ哀れとおぼせ《やはりいとしいとお思い下さい》」と聞え給へば《と申し上げなさると》、「かかるさまの人は《こういう〔出家の〕姿の人は》物の哀れも知らぬものとこそ聞きしを《聞いておりましたが》、ましてもとより知らぬことにて《まして〔私は〕もともと知らないことで》云々」、

これは女三《きんなさん》の宮《みや》の入道《にふだう》し給ひて後のことなり《出家なさってのちのことである》。源氏の君の詞《ことば》に、「出家はし給ひつれど《なさいましたが》、なほわが心ざしを哀れとおぼせ《やはり私の〔あなたへの〕気持を哀れとお思い下さい》」とのたまへば《とおっしゃると》、女三の宮のいらへに《答えに》、「かやうに入道したる人は物の哀れも知らぬものなり、と聞き侍《はべ》るなり。ましてわれはもとより物の哀れはしらぬ無骨者《ぶこつもの》なれば、何とかいらへは申すべからん《どうお答えしたらよいのでしょう》」となり。

さて法師の物の哀れ知らぬといふいはれ《理由》は、まづ仏の道といふものは、心弱く物の哀れを知りては修行《しゆぎやう》することのならぬ道なり。されば《したがって》いかにも物の哀れを知らぬ人になりて行ふ道なり。まづ第一、離れがたき父母・兄弟・妻子の恩愛《二おんあい》をふり棄てて家を出づる、これ大きに人情の忍びがたきところなり。それを心強く離るるが仏道なり。その時物の哀れを知りては出家はならぬなり。さてまたわが身《わが身を》

の形をやつし《僧形に変えて》、財宝を棄て、山林にひきこもり、魚肉の味を口に触《ふ》れず、声色《せいしょく》[三]の楽しみを絶《た》ちなどすること《近づけないなどすることは》、みな人情の忍びがたきところなり。それを忍びて行ふが仏道なれば、物の哀れ知りては行はれぬなり。

さてまた人を勧《すす》めて《誘って》仏の道にみちびき、生死流転《しやうじるてん》[四]を離れしめむとするにも、この世の物の哀れを知りては救ひがたし。ずいぶん《はなはだ》哀れ知らぬ者になりて心強く勧めざれば、済度《さいど》はならぬなり《救うことはできないのだ》。されば椎《しひが》本《もと》の巻に云はく、「阿闍梨《あざり》[五]のあまり賢《さか》しき聖心《ひじりごころ》を、憎くつらしとなんおぼしける」とあるは《とあるのは》、八の宮の隠れ給ふ時の《お亡くなりになる時の》ことなり。阿闍梨は仏道の心をもちて、執着《しふぢやく》を離れしめんために《離れさせるために》親子の恩愛《おんあい》をかへりみず、つれなき事を《無情なことを》申すを、姫君たちは物の哀れを知る心よりして、これをあまり憎くつらしと思《おぼ》し召《め》す、となり。これにて法師の物の哀れ知らぬといふいはれ《理由》を知るべし。

されどそれはもと仏の、（一五）深く物の哀れを知れる御心より、衆生《しゆじやう》[六]の

三 音楽と色欲の楽しみ。感覚的快楽。以上、仏教でいわゆる「五欲」（色《しき》・声《しょう》・香・味・触《そく》）を断つことをいう。

四 生死流転の境涯を離脱させようとするにも。「生死流転」は、生きかわり死にかわり三界《さんがい》（欲・色・無色の三つの世界。迷いの世界）をさまようこと。輪廻《りんね》。悟りを得た時、これを脱却することができる。

五 阿闍梨のあまりにも悟りきった僧侶らしい気持を、二人の姫君は憎らしく薄情だとお思いになった。宇治の八の宮が知人の阿闍梨（僧の称号の一つ）の山寺に籠ったまま没する。親の死に目に会えなかった二人の姫君（四四頁注一所見の二人の姫君）が死顔との対面を希望すると、阿闍梨が、親子の愛執《あいしゅう》を断たねばならないとさとす。それに対する姫君たちの気持を述べたくだり。

六 仏語。迷いの世界にあるあらゆる生類。仏の救済の対象になるもの。なお、仏教ももとは、衆生が妄執にとらわれているのをあわれと思う仏の御心から生れた道であるという、ここの宣長の論は、『源氏物語』自体に内包される仏教観でもある。たとえば幻の巻において、紫の上を失った源氏が出家を決意して述懐するくだりに、「世のはかなく憂きを知らすべく、仏などのおきて給へる身なるべし（仏などが運命を定めておかれたわが身なのだろう）」などとある。

この世の恩愛《おんあい》につながれて生死を離るることあたはざるを《できないのを》、哀れと思《おぼ》すよりのことなれば《お思いになるからのことなので》、しばらくこの世の物の哀れは知らぬ者になりても、実は深く物の哀れを知るなり。[一]儒道《じゆだう》も心ばへは同じことなり。さればこれら[二]は常の《普通の》物の哀れ知らぬ人と一口にはいひがたし《同じようには論じがたい》。されば儒仏は物の哀れ知らぬやうなるがその道にして《その道の教えであるが》、畢竟《ひつきやう》はそれも物の哀れ知るより起れることなり。

歌・物語はさやうの教戒《けうかい》の書にはあらざるゆゑに、ただその眼前の物の哀れを知り、またその仏の慈悲《じひ》、[三]聖人《せいじん》の仁義《じんぎ》の心をも物の哀れと知るゆゑに、とかく一偏《いつぺん》にかたよることはなく、とにかくに物の哀れを知ることを書けるなり。ゆゑに巻々[四]に儒道の心ばへをいへる所も多く、[五]夕霧《ゆふぎり》の君《きみ》を儒道に入れて学問せしめ給ふ《おさせになる》こと、その外《ほか》学問の事も多く見え、また仏道は物の哀れを棄つる道にして、[六]かへりて《かえって》物の哀れのあること多し。定めなき憂《う》き世の有様を[七]観《くわん》じ、しかるべき《大事な》人に後《おく》れ《人に先立たれ》、身の歎きに当りて《一身の悲しみを体験して》、盛りの形を《［人生の］盛りの身を》墨染《すみぞめ》の衣《ころも》にやつし《変え》、

一 儒学でも「仁《じん》」「恕《じよ》」など愛情・思いやりの気持を重要な徳目とする。また、物のあわれを知る心と儒学とに共通する一面があるという場合、宣長は特に荻生徂徠や堀景山の『詩経』論を意識していたであろう。これまで頭注でたびたび指摘したが、たとえば八四頁注一・一二六頁注一参照。

二 儒仏の道を真面目に奉ずる人を指す。この一句は、徂徠や景山に対する宣長の敬意が籠められているようで、興味深い。

三 儒学において理想とされる人格者。「仁義」は、孟子が「仁」と「義」を並称したもので、「人や物を愛し、筋道を正すこと」というほどの意。

四 藤袴《ふじばかま》の巻の源氏の言葉に「女は三に従ふものにこそあなれど」というのが、『儀礼』喪服伝の「婦人三従」（未だ嫁せざれば父に従ひ、既に嫁しては夫に従ひ、夫死しては子に従ふ）を踏まえ、柏木の巻において、死の床にある柏木が見舞いに来た夕霧に向って、「親にもつからうまつりさして…」と、親への孝も君への忠も十分に果さず、自分自身も名を揚げられなかったと述懐するのが、『孝経』を踏まえている、などの例がある。

五 少女《おとめ》の巻で、源氏は十二歳になった息子の夕霧を大学寮に入れて、学問を身につけさせようとする。

六 このこと、後にもう一度触れる。二〇〇頁六行目以下参照。

七 「観ず」は仏語。妄念を捨てて対象を観察し、真

世離れたる《世間から遠い》山水《さんすい》に心を澄ましなど、その方につきて《出家ということについて》物の哀れ深き事、また多し。ゆゑに巻々に仏の道の事をいへること多く、[八]ことに物の哀れ知りてよき人は、ややもすればこの世を厭《いと》ひて、世を遁《のが》るる望《避ける願》み《い》あることを書けり。これ、この世のはかなきこと、心にまかせず《思うとおりにならず》憂きこと《つらいことも》を思ひ知るゆゑなれば、すなはち物の哀れを知るなり。

すべて仏道は[九]儒道よりも教へのきびしくして、人情に遠きものなれども、かへりて儒道よりも人を感ぜしむること深く、物の哀れの深きこと多くて、やはらかなるところ《やさしい点が》あるゆゑに、つやつや《すこしも》物の心も知らぬ山賤《やまがつ》・女童《をんなわらは》まで感ずるものゆゑに、物語には儒道のことよりも仏の道を多くいへり。螢《ほたる》の巻に云はく、「[一〇]不孝《ふけう》なるは仏の道にもいみじくこそいひたれ《きびしく戒めています》」といへる《といっているのを》を思ふべし。孝《かう》[一一]をいふことは儒道にこそいみじくいひたれ《やかましく論じているが》、[一二]仏の道には儒道ほどにはいはず。しかるを儒道をばいはで《あげないで》仏の道といへるは、女に対してのたまふ《〔源氏が〕おっしゃる》詞《ことば》なれば、とかく女童まで人情に深くそみたる《しみこんでいることをいわなければ分って貰えぬから》事をいはでは心得ぬゆゑな

実を悟ること。

八　例は多い。幻《まぼろし》の巻で、紫の上を失った源氏が愛惜《あいじゃく》に堪えず、出家しようとすること、橋姫の巻で、八の宮が俗世を厭って出家の希望を持つことなど。

九　儒学は、『礼記《らいき》』礼運篇に「飲食・男女は人の大欲存す」とあるように、条件つきながら色欲を肯定する論理を有するし、社会秩序を重視するから、仏教のように夫婦・親子の結びつきを妄執《もうしゅう》として否定することはない。

一〇　四七頁一二行目以下の物語論が終って、源氏が玉鬘に恋心をほのめかすくだりの一節。玉鬘は源氏の娘分として養われているから（五六頁注一参照）、源氏は「親である私の意向にはしたがいなさい」というつもりで、このようにいった。

一一　『孝経』などに説かれる。

一二　右の螢の巻の一節「不孝なるは仏の道にも…」に対する注として、『花鳥余情』に、『華厳経《けごんぎょう》』と『心地観経《しんじかんぎょう》』の「孝」を説いたくだりを引く。

り《である》。この詞《ことば》をもて仏道の人情にそみたることを《しみこんでいることを》知るべし。「にも」といへるに儒道はこもる《といったところに儒道も含まれている》といふ注[一]は、いはれぬことなり《理屈に合わないことだ》。浅々《あさあさ》しきことなり。さてまた法師は右にいふごとく、忍びがたき情を忍びて道を行ふものなれば、これまたあはれなることなり。

物のあわれ知り顔するのはよくない

さて物の哀れを知るといふ味《あぢは》ひはあらあら《だいたい》右のごとし。なほ多け《［例は］ほかにも多》れど《いが》、余《よ》はなぞらへて知るべし《その他はこれに準じて理解できるだろう》。さてまた物の哀れを知り顔つくり《知ったような様子を》て《して》、それを人に見せん《見てもらおう》聞かせんとする人をば、大きに憎むことなり。それは誠の物の哀れにはあらで《ではなくて》、人に知らせんためのうはべのつくろひ事なればなり。似て非なる物を強く憎む心ばへなり。帚木《ははきぎ》の巻に云はく、

[二]すべて男も女も、わろ者は《なま半可な人間は》、わづかに知れる《ちょっと知っている》方《かた》の事を残りなく《方面のことを全部［人》見せ《に］》尽さむと思へるこそ、いとほしけれ《困ったものです》云々。[三]万《よろづ》の事に、などかは、さても、と覚ゆる、折から・時々思ひ分《わ》かぬばかりの心にては、よしばみ情《なさけ》だたざらんなん、日やすかるべき。すべて心に知《心得ている》

一 『湖月抄』の注。「にも」の「も」は、「仏道にも儒道にも」の意をあらわす、ということ。宣長はこの「も」は並列ではなく強調であると解している。

二 雨夜《あまよ》の品定めの最後で、馬の頭《かみ》が総まとめのようにして話すくだりの一節。一七五頁五行目以下に再出。この直後に、一一七頁四行目以下に引用の文章が続く。

三 万事につけて、どうしてそんなことをするのか、そのままでいいのに、と思われるような、折節《おりふし》や時と場合の区別もつかない程度の分別では、気取ったり風流ぶったりしない方が無難でしょう。『源氏物語玉の小櫛』六に、「『などかは、さても』。『などかはかかることはせん、さてもあれかし』といふ意なり。『さてもあれかし』とは、そのままにてもあれかしにて、俗言に、物をせずしてやむを、ままにするといふ、これなり。歌などをよみてもやらず、何ともせずしてあれ、といふ意なり」という。

れらん事《ことであっても》をも知らず顔にもてなし《知らないように振舞い》、いはまほしからん事《いいたいことでも》をも一つ《〔そのうち〕一つ》二つのふし《二つのことは》は過《す》ぐすべくなんあべかりける《いわないでおくのがよいようです》。といへるたぐひ、これに近し。また「ただうはべばかりの情《なさけ》にて」[四]といひ、「気色《けしき》ばめらん[五]、見る目の情」などいへるは、みなこのたぐひにして、かの木枯《こがら》[六]しの女のやうにあだあだしき《浮気っぽい》人にそのたぐひ多し。「気色《けしき》だつ」といひ、「よしばむ《気取る》」といひ、「情だつ《風流ぶる》」といふやうなるは、みな誠の心ばかりにあらず、うはべの飾りなり。これらはかの「物の哀れを知り顔つくる」[七]といへるものなり。巻々《まきまき》に、物の哀れを知り過ぐるといふことを悪しきやうにいへるは、これなり。物の哀れを深く知るを、「過ぐる」といふにはあらず。「よきほど」[八]といへるも、大概《たいがい》に知る《ほどほどに知る》といふことにあらず。「過ぐる」といふは、万《よろづ》の事に物の哀れを知り顔つくりて、気色《けしき》ばみよしめきて《風情をつくり 気取って》、さし過ぎたる《出すぎた》ことなり《ことをいうのである》。それはまことに物の哀れ知れるにはあらず《知っているというものではない》。必ず知らぬ人にさやうなる《そんなふうな態度が》が多きものなり。ゆゑに品定《しなさだ》めにもこれを悪

四　雨夜の品定めの発端で、頭の中将が「表面だけ風《ふ》情《ぜい》をつくろう女は多いが、本当にすぐれた女はいないものだ」などと論ずる中に、「ただうはべばかりの情にて走り書き」という句がある。ただし『玉の小櫛』五では、「…情にて、走り書き」ではなく、「…情に、手走り書き」であると解している。

五　様子ぶって見せた、見た目だけの風情。一一三頁一三行目参照。

六　一一四頁注二参照。

七　胡蝶《こちょう》の巻に、「すべて女の、物つつみせず（慎しみを忘れ）、心のままに、物の哀れも知り顔作り、をかしき事をも見知らんなむ（情趣も十分に解しますといったふうの女は）、その積りあぢきなかるべきを（結局はろくなことにならないのだが）」とある。一五〇頁一三行目以下参照。

八　一〇四頁四行目以下参照。

しき事にせり。まことに深く物の哀れ知る人は必ず然《しか》らず。薄雲《うすぐも》の巻に云はく、「女御《にょうご》は[一]（秋好《あきこの》む中宮《ちゅうぐう》）、秋のあはれを知り顔にいらへ《〔源氏に〕お答》聞えてけるも《え申し上げたことも》、くやしく《残念で》恥づかしと《恥ずかしいと》云々」、これは「げにいつとなき中に、あやしと聞きし夕《ゆふべ》こそ[二]」とのたまへることなり《おっしゃったことを指すのである》。よき人はこれほどの事さへ恥づかしく思《おぼ》し召《め》すなり。さればかのよしばみ[三]情《なさけ》だつと、まことに物の哀れを知るとは、わきまへあることなり《区別を知らねばならないことである》。

問ひて云はく、「物の哀れを知る」といふ心ばへは聞えたり《心の持ち方は理解できた》。その中に好色の事のみ多きはいかに《多いのはどうしてか》。（この答への詞《ことば》は次の巻に見ゆ）

一 源氏が春も秋もとりどりによいといったのに対して、秋好む中宮（冷泉院の中宮。源氏の愛人であった六条の御息所の娘）は、次にあるように、「げにいつとなき中に（本当にどちらがよいとも決められませんが）、あやしと聞きし夕こそ（古歌に『あやしかりけり』といっている秋の夕暮が）、はかなう消え給ひにし露のよすがにも思ひ給へられぬべけれ（はかなく亡くなった母御息所の思い出にもつながるとあなたには思われるでしょう）」と答えた。そのあとで、秋好む中宮は後悔して、このように思う。

二 『古今集』一一、五四六番歌「いつとても恋しからずはあらねども秋の夕はあやしかりけり」。宣長は『古今集遠鏡』で「いつぢやと云うても恋しうないと云ふことはなけれども、その内にも取り分けて秋の時分の夕方はまた格別にどうも堪へられぬわい」と訳している。

三 前頁六行目参照。

四 四一頁六行目以下参照。

五 恋愛、ないし恋愛を扱った文学作品を人情の自然として肯定する思想は、反朱子学の立場の儒者の人情論・文学論の中でおのずから形成されつつあったが、ここに見るように宣長が特にそのことを強調するのは、堀景山の影響が考えられる。景山の『不尽言』には、儒者の立場からではあるが、宣長と似通う論が以下のように詳細に述べられている。「人情の最も重く大事なるものは男女の欲なり。しかるゆゑに人の五倫

紫文要領《しぶんえうりやう》 巻下

大意の事 下

答へて云はく、[四]前にもいへるごとく《前にもいったように》、[五]人情の深くかかること《発揮される点では》、好色《恋愛に》にまさるはなし《まさるものはない》。されば《だから》その筋《すぢ》につきては人の心深く感じて、物の哀れを知ること何よりもまされり。ゆゑに神代《かみよ》より今にいたるまで、よみ出《い》づる歌に恋の歌のみ多く、またすぐれたる《〔歌〕》も恋の歌に多し。これ、物の哀れいたりて《きわめて》深きゆゑなり。物語は物の哀れを書き集めて、見る人に物の哀れを知らするものなるに、この好色の筋《恋愛の方面のこと》ならでは《でなくては》、人情の深くこまやかなること、物の哀れの忍びがたく《押えていられず》ねん《深く人》

物のあわれは恋においてもっとも深い

の内にて能《よ》く吟味してみるに、夫婦の間ほど人の実情深切なるものはなきなり。大方の人が父母兄弟にもいはぬ事を、夫婦の間にては言ひ明《あか》すものなり。…欲といへば悪しきことのやうにのみ心得るは大きな違ひなり。欲は即ち人情のことにて、これなければ人と云ふものではなきなり。欲は天性自然に具足したるものなれば、人と生れて欲のなきものは一人もなきなり。…しかれば男女の欲は人情の最も重きことにて、聖人の第一に慎しみ畏れ給ふところなるゆゑ、『詩経』の始めにまづ「関雎《かんしよ》」の詩を載せ、夫婦の間、琴瑟《きんしつ》相和する情思の、正大高雅なる風詩（民謡）を以て人に示し給ひしのみならず、〈『関雎』は楽しみて淫せず〉（『論語』八佾《はちいつ》篇）と理《ことわ》り給ふなり。ここに能《よ》くよく心を平らにし、公《おほや》けにし、とくと気をつけて体究してみるべきことなり。…和歌は我が朝古来の宗匠《そうしやう》の論にも、恋の歌を以て大事とし、重きこととしたるも、夫婦の情は人情の本原にて、和歌のよつて起るところなれば、『萬葉集』にも『相聞』とて、恋の部の歌を巻首に載せ、全体に恋の歌多く入れられ、その後の代々の撰集にも、恋歌を最も多く載せてこれを主とすることなり」。なお宣長にとって、景山の恋愛肯定論にもまだあき足りない点があったことは、八八頁注二参照。他に宣長の恋愛肯定論は、『石上私淑言』第七一（四二〇頁）・七四〜六項（四二四頁以下）参照。

ごろなるところの《の心をとらえるという点の》くはしき意味は、書き出《い》だしがたし。ゆゑに恋す《〔物語は〕》る人のさまざま思ふ心の、とりどりにあはれなる趣きを、いとも《非常に》こまやかに書き記《しる》して、読む人に物の哀れを知らせたるなり《〔源氏物語より〕》。後《のち》のことなれど、俊成三位《しゅんぜいさんゐ》[一]の「[二]恋せずは人は心もなからまし物の哀れもこれよりぞ知る」とよみ給へる、この歌にて心得べし。恋ならでは《恋でなくては》、物の哀れのいたりて忍びがたきところの意味は知るべからず《知ることができない》。

桐壺院の恋

その忍びがたき事のさまは巻々に見えたれど、なほ少々引きてい《引用して説明》はば《するなら》、まづ桐壺《きりつぼ》の巻に帝《みかど》の御事を書きて云はく、

[三]よにいささかも人の心をまげたる事はあらじと思ふを、ただこ《本当にすこしでも人の気持を傷つけるようなことは〔自分は〕していないと思うのだが この》の人ゆゑにてあまたさるまじき人の恨みを負ひ云々、《桐壺の更衣のことが原因で 沢山の恨まれてはならない他の妃たちの恨みを買い》

いささかの事も「まげたる事はあらじ」と思《おぼ》し召《め》す御心なれども、恋にはそこの忍びがたきところのあることを知るべし。「人の心をまげたる事はあらじ」と思し召したるそのしるしは《証拠は》、「[四]明くる年の春、[五]坊《ばう》定まり給ふにも、いと引き越さまほしう思《おぼ》せど、御後見《うしろみ》すべ

一 藤原俊成。一八頁注二参照。

二 俊成の家集『長秋詠藻』に見える歌。宣長は『安《あ》波《わ》礼《れ》弁《べん》』（五〇頁頭注＊印参照）で、「この歌の意は、物の哀れを知るゆゑに人は心あるものにして、さてその物の哀れも何ゆゑに知るぞなれば、恋によりて知るものなれば、恋せずは物の哀れを知るまじければ、人は心なからん、となり。恋は人情において第一にあはれのかかるものなり」といっている。堀景山の『不尽言』でも、一四〇頁注五に引用のくだりのやや後にこの歌をあげて、「さのみ秀歌にはあらずとも、その意趣向上なることにして（歌の趣旨はすぐれていて）、人情によく達したることなり」という。

三 桐壺の更衣《こうい》の死後、更衣の母君のもとを靫負《ゆげい》の命《みょう》婦《ぶ》が弔問に訪れ、帝（桐壺院）の言葉を伝える。その帝の言葉の一節。桐壺の更衣は帝の最愛の婦人で、帝との間に光君《ひかるぎみ》（のちの源氏）をもうけるが、光君が三歳になった年の夏に没し、帝は悲嘆にくれる。

四 桐壺の巻で、右の引用のややのち、光君が四歳になった年の春、皇太子が決定されることを述べたくだり。

五 皇太子がお決りになる時も、帝は弘徽殿の女御の生んだ第一皇子（源氏の兄、のちの朱雀院《すざくいん》）をさしおいて、光君を皇太子に立てたいとお考えになったが、光君には後楯《うしろだて》になるような有力な親族がなく。

き人もなく、また世のうけひくまじき事なれば《世間が納得するはずのないことなので》、六なかなかあやふく思《おぼ》し憚《はば》かりて、色にも出ださせ給はず」といへるにて知るべし。かやうに他の事は世のうけひくまじきを憚からせ給ふ《遠慮なさる》。天子《てんし》の御心に《天皇の御心と》はありがたきものなり《してはめったにないことである》。かくのごとき賢君にてましませども《いらっしゃるけれども》、好色は人情の忍びがたき《押えることのできない》ところあるものにて、更衣《かうい》のことにつきては乱れたる御事多し。その忍びられぬ御心知られて、いとあはれ深し。物の哀れの深きはここなり。

また云はく、

七人のそしりを《非難を》もえ憚からせ給はず《気になさる余裕もなく》、世のためしにもなりぬべき《世間の語り種にもなりそうな》御もてなしなり《〔帝の〕なさりようである》云々。やうやう《次第に》八天《あめ》の下にも《広く世間でも》あぢきなう《面白くないことだと》人のもてな《人々の悩み》やみぐさになりて《のたねになって》、

また云はく、

九そこらの人の《大勢の人の》そしり恨みをも憚からせ給はず、この御事に触れたる事をば《更衣に関係のあることには》、一〇道理をも失はせ給ひ、今はたかく世の中の事をも《〔亡くなった〕今はまたこのように日々の現実の》思《おぼ》

六 そんなひいきは、光君の将来にとってかえって危険だと遠慮なさって、その御希望は少しも表《おもて》にお出しにならない。

七 桐壺の巻の冒頭部分、帝が桐壺の更衣を深く寵愛《ちょうあい》するさまを述べたくだりの一節。

八 『源氏物語玉の小櫛』五に、「天の下の人も、あぢきなき御しわざとするよしなり」とある。

九 同じく桐壺の巻。更衣の死後、帝が悲しみのあまり何ごとも手につかなくなったさまを述べたくだりの一節。最初に「桐壺の更衣の生前は」と補って解する。

10 底本の表記は「をは」。『玉の小櫛』五に、「『をは』の『を』文字いかが。『には』とあるべき語なり」という。

し棄てたるやうになり行くは《ことにも投げやりになってゆかれるのは》云々、前《さき》の「世のうけひくまじき事《世間が納得するはずのないこと》」を憚《はば》からせ給ふと、これらの文《ぶん》とを合せ見て、一恋の哀れの忍びがたきことを《心に押えておけないことを》知れ。

葵《あふひ》の巻に云はく、

二年ごろあはれと思ひ聞えつるは、片《かた》はしにもあらざりけり云々。かくて後は《こうなってからは》、内《うち》にも院にもあからさまに参り給へるほどだに《内裏や上皇の御所にちょっと参上なさっている間でさえも》しづ心なく《そわそわと落着かず》云々、あやしの心やと《おかしな自分の気持だと》われながら思《おぼ》さる。

これ、源氏の君、紫の上に新枕《にひまくら》かはし給ひし時のことなり《初めての契りを結ばれた時のことである》。これをもて《もって》恋の哀れのこよなく《この上なく》深きことを知るべし。新枕かはして後《のち》の心にくらぶれば《くらべると》、それより前の大方《おほかた》の哀れは「片はしにもあらず」となり《というのである》。また、われながらあやしと思ふほどに深く思ひしみ給へる《お感じになる》情《こころ》を思ふべし。

薄雲《うすぐも》の巻に云はく、

三かうあながちなる事に《こんな無理な恋に》胸ふたがる癖のなほありけるよと《胸がいっぱいになる癖がまだ自分にはあったのだと》、われ

源氏の恋

一 自筆稿本ではこの個所に付箋があって、いう、「されば恋の道につけてはさるまじき（そうであってはならない）振舞《ふるまひ》、理《ことわ》りにそむける事もおのづから出で来るわざにて、源氏の君の上にて、空蟬《うつせみ》の君のこと、朧月夜《おぼろづくよ》の君のこと、藤壺《ふぢつぼ》の中宮《ちゆうぐう》の御ことなど、これなり。そはわりなくあながちなる（理性ではどうにも押えられない）ことなれば、さやうの筋はことにいまひときは物の哀れの深きことあるゆゑに、書き出でたるものなり」。

二 数年来、紫の上をかわいいと思い申し上げてきた気持は、契りを結んだ現在の気持のほんの一部分にも当らない。

三 薄雲の女院《によういん》（藤壺。九〇頁注三参照）の死後、夜《よ》居《い》の僧が冷泉《れいぜい》院に密奏して、藤壺と源氏の間に密通のあったこと、冷泉院の実父は源氏であることを告げる（一八六頁注八参照）。源氏は冷泉院が真相を知ったことを察して、衝撃を受ける。それから間もないのに、今度はわが子の冷泉院の妃である秋好む中宮に思いをかけるのである。この引用部分のすぐ後に、一五二頁一一行目以下に引用の文章が続く。

四 恋の山では、孔子ほどの聖人でも倒れる（失敗す

ながら思《おぼ》し知らる。

これ、薄雲《うすぐも》の女院《にようゐん》と密通《みつつう》の御事を冷泉院《れいぜいゐん》の知ろし召して後に《お知りになってのちに》、かの事を恐ろしく思ひ給ふが、またこりずまに《性懲りもなく》秋好《あきこの》む中宮《ちゆうぐう》に心をかけ給ひての源氏の心なり。

胡蝶《こてふ》の巻に云はく、

四 恋の山には孔子《くじ》の倒《たふ》れ云々、

これ、世の諺《ことわざ》なるべし。恋には迷はぬ人なきといふことを強くいはむとて、聖人とある《聖人とされている》孔子《こうし》も恋の山には倒《たふ》るる、となり。五『河《か》海抄《かいせう》』引《ひき》歌《うた》、「六いかばかり恋の山路の深ければ入りと入りぬる人惑《まど》ふらん」。

若菜《わかな》の上の巻に云はく、

七 いとあるまじき事といみじく《決してあってはいけないことと 厳しく》思《おぼ》し返すにも《反省なさるのだが》、かなはざりけり《どうすることもできない》。

これ、源氏の君、朧月夜《おぼろづくよ》の君《きみ》を思ふ心なり。あるまじき事といみじく思し返しても忍びがたき心は《押えることのできない心は》、わが心にもかなひがたし《自分の思うままにはならないことだ》。

夕霧の恋

夕霧《ゆふぎり》の巻に云はく、

る）。

五『湖月抄』のこの個所の頭注では、『花鳥余情』の引歌《ひきうた》（引用歌）として「いかばかり…」の歌をあげてある。自筆稿本では、いったん『花鳥余情』と書いたのを抹消し、その横に『河海抄』と書きこんである。『河海抄』にもこの歌は引かれているが、それは胡蝶の巻のこの個所の注としてではなく、若菜の下の巻の「恋の山路はえもどくまじき（誰も非難できないような）御心まじりけり」という個所の注としてである。しかも歌の上の句が「いかばかり恋の山路のしげければ」の形になっている。宣長は本書『紫文要領』を著わすに当って『湖月抄』を座右に置いていたと考えられるので、まず『湖月抄』所引『花鳥余情』の引歌の形でこの歌を掲げ、かつ出典も『花鳥余情』としるし、その後この歌が別の個所の注ながら『河海抄』にも見えることに気づいて、『河海抄』の方が『花鳥余情』より古いので、出典を『河海抄』と改めたが、歌の上の句を『河海抄』の形に直すことはうっかり忘れた、という次第であろう。

六 恋の山路がどれだけ奥行も知れぬほど深いからといって、そこへ入りこむ人の誰も彼もが迷ってしまうのだろう。

七 源氏の異母兄、朱雀院が出家したので、その妃の一人であった朧月夜（九〇頁注二参照）と源氏の仲が復活して、密会を重ねることになる。そうした折の源氏の胸中を述べたくだりの一節。

一人の上などにては《他人の身の上の事としては》かやうの好き心思ひ入らるるは《こんな恋愛感情で夢中になってしまうのは》、もどかしう《けしからぬことで》うつし心ならぬ事に《正気とも思えないことのように》見聞きしかど、身の上にては《「それが」自分のことになると》げに《なるほど》いと堪《た》へがたかるべきわざ《事態》なりけり。あやしや《不思議なことだ》、など《なぜ》かうしも《このように》思ふらんと、思ひ返し給へど、えしもかなはず《どうすることもできない》。

恋するとて思ひ入らるるを《夢中になってしまうことを》、人の上に見たり聞きたりする時は、うつし心とも思はれず、もどかしう《非難したいように》思ひしが、今わが身の上に恋してみれば、げにいかにも堪へがたかるべき事なりと、わが身に思ひ当るなり。夕霧の大将のことなり。二一部の恋はこの心にて見るべし。

また云はく、

三げにかやうの筋にてこそ、四人の諫《いさ》めをもみづからの心にも《忠告にも自分自身の反省にも》したがはぬやうに侍《はべ》りけれ云々。

これも夕霧の大将の詞《ことば》なり。「げに」とは、世間にていふ事をわが身に思ひ当れる詞なり。恋の道ばかりは人の諫めにもみづからの心にもしたがはぬ物と世にいふは、まことにさること《そのとおりであると》なりと思ひ当る

一 夕霧は柏木の未亡人落葉の宮を弔問しているうち、宮を深く恋するようになるが、宮は夕霧に心を開かない。妻の雲居《くもい》の雁《かり》の激しい嫉妬と落葉の宮のかたくなな拒否の中で、夕霧はいよいよ宮への思いをつのらせる。その気持を述べたくだりの一節。

二 『源氏物語』全体の恋は。

三 まったくこういう方面のことについては。同じく夕霧の巻の一節。夕霧は落葉の宮との結婚の準備を強引に進める。そのことについて父の源氏から叱責されるのではないかと、父の愛人であり自分の母代りである花散里《はなちるさと》に話すくだりの一節。

四 『源氏物語玉の小櫛』八に、「(『人の諫めをも』の『をも』は)『にも』とあるべきを、『をも』といへるは、『聞かず』といふことを、次の『したがはぬ』といふにこめて、省《はぶ》きたるなり」という。

なり。夕霧[五]はさしものまめ人なるさへかくのごとし《あれほどの真面目な人であってさえ〔恋においては〕このとおりだ》。この情《こころ》の人ごと《どの人も》にまぬかれがたきことを知るべし。

さて上に引ける《前に引用した》巻々の詞《ことば》に、「あやしの心やとわれながら思《おぼ》さる」、「われながら思《おぼ》し知らる」、「いみじく思し返すにも、かなはざりけり」、「思ひ返し給へど、えしもかなはず」、「みづからの心にもしたがはぬ」などいへるを、よくよく味《あぢは》ふべし。右の詞どもをもて、好色の情の万[六]《よろづ》に過ぎて深きこと、忍ばむとすれど忍びられぬこと《押えようとするのだけれどがまんできないこと》、人《どの》ごと《人も》に離れがたきことを《無縁ではいられないということを》知るべし。されば物の哀れを知ること、恋より深きはなし。

柏木の恋

柏木《かしはぎ》の巻に、衛門《ゑもん》[七]の督《かみ》、女三《をんなさん》の宮《みや》の御事によりて病《やまひ》づき、つひにはかなくなりなんとするころの《死んでしまいそうになっている頃の》歌に、

　今[八]はとて燃えむ煙《けぶり》もむすぼほれ
　　たえぬ思ひのなほや残らん

[九]宮の御返し《御返歌》、

五　夕霧は物語の中で生真面目な人物として描かれている。夕霧の巻の冒頭にも、「まめ人の名をとりて賢《さか》しがり給ふ（堅物《かたぶつ》と評判をとって賢こぶっている）大将」と紹介されている。

六　他のあらゆることよりも深いということ。

七　柏木の衛門の督。九二頁注一参照。なお、この人名は「衛門督」と表記するのが普通であるが、底本・自筆稿本とも、ここを含めてこれ以後数カ所に「右衛門督」と表記してある。すべて「衛門の督」と改める。

八　死を迎えて焼かれる私の体から立ちのぼる煙もくすぶり、あなたに対する諦めきれない私の思いはいつまでもこの世に残るでしょう。

九　女三の宮。

[一]立ち添ひて消えやしなまし憂《う》きことを
思ひ乱るる煙《けぶり》くらべに

この物語の中あまたの《たくさんの》恋の中にも、ことに哀れ深し。衛門《ゑもん》の督《かみ》今は《臨終時の描写は》の書きざま哀れ深きが中にも、この贈答は《〔歌の〕》ことに哀れ深く見ゆ。されば、かの人も《柏木も》「[二]この煙ばかりはこの世の思ひ出でなり」といへるわたり《というあたりは》、読む者すずろに《ただもう》涙落ちぬべく覚ゆるなり。

されば物の哀れ知る人は、節義《節操》を守る人とても《人であっても》、折にふれ事によりては忍びがたき《気持を押えがたい》こともあるなり。帚木《ははきぎ》の巻に、[三]空蟬《うつせみ》の君《きみ》の心を書きて云はく、

[四]しひて思ひ知らぬ顔に見消《みけ》つも、[五]いかにほど知らぬやうに思《おぼ》すらんと、心ながらも胸いたく、さすがに思ひ乱る云々。無心《むじん》に心《情の》づきなくて《こわい　気にくわない女と思われたままで押し通そうと》やみなんと云々。

これ、物の哀れを知らぬことをば、貞節を立つるを《操を守る場合であっても》さへ「無心に心づきなく」といへり。空蟬の巻の歌に、

一　煙となるあなたと一緒になって、私は消えてしまいたい。つらい身の上を嘆く気持を競い合いながら。

二　この煙の歌の贈答だけは。柏木の巻で右に続く一節。「立ち添ひて」の歌を含む女三の宮の返事を読んだ時の柏木の思い。原文は「いでや、この煙ばかりこそは、この世の思ひ出でならめ」。ここの宣長の文章は舌足らずですこしおかしい。「さればかの人も」を括弧の中に入れて、柏木の巻の原文の一部であるように読むと落着くので、宣長の記憶違いがあるか。

三　九〇頁注一参照。

四　無理に源氏の気持を分らぬふりで無視するのも。

空蟬の恋

心ならずも源氏と契りを交したのち、源氏がさまざまにいってくるのを、空蟬は拒否し通すが、拒否しながらも動揺する気持がある。そのことを述べたくだりの一節。

五　なんとも自分（源氏）の身分や心ざしをわきまえない強情な態度だと、源氏の君がお思いだろうと、拒否し通すことに決めた自分の心ながら切なくて、空蟬はなんといっても思い乱れるのである。『源氏物語玉の小櫛』六に「ほど知らぬやうに」に注して、「源氏の君の御心ざし・御身のほどを知らぬやうに、なり」という。もっとも一九八頁一二～一三行目にもこの一節が引用されていて、そこでは「ほど知らぬ」は「(空蟬が源氏の) 品・位を何とも思はぬことなり」とあって、「御心ざし」は言及されていない。

六　空蟬が源氏との事はもう終ったのだと自分にいい

聞かせてよむ歌。蟬の羽根に置く露が木の間隠れになって見えないように、私も人知れず涙を流している。
七 これと同じことだ。薄雲の女院（藤壺）も、貞節を立てようという気持はあったのであるが、物のあわれを知る人であるだけに、源氏の切ない恋に応じてしまったのは、空蟬と同様、やむをえないことだったのだ、の意。
八 一三二頁注一のくだりに続く文章。ここでこの文章をあげたのは、源氏はこのようにすばらしい人物なのだから、空蟬が「物の心を思ひ知る」人である限り、源氏に心を動かされたのは当然のことである、というため。
九 源氏方と弘徽殿の大后方とは政治的対立関係にある。源氏と朧月夜の密通は朱雀院への反逆であるから、弘徽殿の大后と右大臣は激怒し、かつこれを口実にして源氏を失脚させようと図る。一二〇頁頭注系図参照。
一〇 桐壺院が崩御して、今後は右大臣の思いのままだろうと廷臣たちが不安に思うくだりの一節。原文は「いと急に性なくおはして」。
一一 わが子ながらも密通を暴露されては恥ずかしく思うであろうと、大臣ほどの身分の人なら配慮なさるべきである。右大臣が娘の朧月夜と源氏の密会の現場を発見して騒ぎ立てるのを、草子地《そうしじ》（作者が作中に直接顔を出して、自分の意見を述べる文章。四八頁注二参照）で批判するくだりの一節。

物のあわれを知る人は恋に理解が深い

六 空蟬の羽《は》に置く露の木《こ》隠《がく》れて
忍び忍びに濡《ぬ》るる袖《そで》かな

この人の《空蟬の君の》心ばへ、始終かくのごとし。物の哀れを知れるさま、作者の心ばへもこれらをや本意とすべからん《真意と見るべきであろうか》。薄雲《うすぐも》の女院《にようゐん》もこの七定《ぢやう》なり。

夕顔《ゆふがほ》の巻に云はく、

八 さりぬべき《折にふさわしい》ついでの御言の葉もなつかしき《お歌も好もしく詠まれる》御気色を見奉る人の、《［源氏の］御様子を拝見する人で》すこし物の心を思ひ知るは《知っている人は》、いかがはおろかに思ひ聞えん《どうして［源氏を］なおざりに思い申し上げよう》云々。

「物の心を思ひ知るは」といふに心をつくべし《といっているのに注意しなければならない》。

好色はかく人ごとに《このように誰も彼も》まぬかれがたきものなれば、その意味を知るゆゑに、よき人は人の恋するをも深くとがめず、悪《あ》しき人は深くとがむるなり。賢木《さかき》の巻に、九源氏の君と朧月夜《おぼろづくよ》の君《きみ》と密通のことを弘《こ》徽殿《きでん》の大后《おほきさき》と父大臣《おとど》と悪しくのたまふ所を《非難しておられるくだりを》見よ。一〇父大臣をば「いと《大変》急に《短気で》性《さが》なくおはします《意地悪くていらっしゃる》」といひ、

一一 子ながらも恥づかしと思《おぼ》すらんかしと、さばかりの人は思し憚《はば》

かるべきぞかし。されどいと急《きふ》にのどめたるところおはせぬ大臣（ゆったりしたところのおありにならない大臣が）の、思しもまはさずなりて（前後の見さかいもなくなられて）、

といひ、

一 思ひのままに（勝手気ままで）、籠《こ》めたるところおはせぬ本性に（胸に納めておくことのおできにならぬ御性質で）、いとど老いの（その上に老人の）御ひがみ（偏屈さまで）さへ添ひ給ひにたれば（加わっていらっしゃるので）、

などいへり。また二 大后《おほきさき》を悪しき人にいへることは、なほ（やはり）所々に見えたり。

玉鬘に対する源氏の配慮

さてまたよき人の〔恋愛を〕深くとがめぬことは、物の哀れを知るゆゑなり。

胡蝶《こてふ》の巻に云はく、

三 右《う》近《こん》召し出でて（お召しになって）、「〔玉鬘に〕かやうにおとづれ聞えん人をば（このように恋文を送ってくる人については）、人選《え》りし（相手を吟味して）ていらへなどはせさせよ（〔女房に〕返事をさせなさい）。すきずきしうあざれがましき（浮気っぽく遊び半分の）今やうの（当世風のことで）事の、びんない事し出でなどする（不都合なことをしでかしたりするのは）、男子《をのこ》のとがにしもあらぬこと（男として罪というわけのものでもない）なり云々。すべて女の物つつみせず（慎しみを忘れ）、心のままに、物の哀れも知り顔作り（分ったような顔をして）、をかしき事をも見知らんなむ（情趣も十分に解しますといったふうの女は）、その積りあぢきなかる（結局はろくなことにならないの）

一 右の引用部分のやや後に出てくる文章。

二 この密通発覚のくだりでは、弘徽殿の大后は右大臣からそのことを告げられて激怒し、源氏をこのままにしておいては、朱雀院のために危険であるという意味のことをいう。また一二〇頁五行目以下参照。

三 源氏が娘分として養育している玉鬘《たまかづら》のもとへ、貴公子たちから盛んに恋文が届けられることについて、源氏が、ある程度は返事をするようにと玉鬘の女房の右近に注意を与えるくだり。

べきを《だが》、宮・大将はおほなおほな《それぞれ》なほざりごと《いい加減なことを》をうち出で給ふべ《口にされるような方々》きにあらず《ではない》。また[四]あまり物のほど知らぬやうならんも御有様に違《たが》へり。その《宮や》際《きは》より下は《大将より身分の低い相手には》、心ざしの趣きにしたがひて《熱心さの程度に応じて》哀れをも分き《愛情の深浅を区別し》給へ《なさい》。[五]労《らう》をもかぞへ給へ」など聞え給へば《申し上げなさると》云々、

この段をよくよく味ふべし。作者の本意、始終かくのごとし。

末摘花《すゑつむはな》の巻に云はく、

[六]上《うへ》の《帝が》、まめにおはしますともて悩み聞えさせ給ふこそ《［あなたが］生真面目でいらっしゃると気に病み申し上げなさるのが》云々、

「上」は桐壺《きりつぼ》の帝《みかど》なり。「まめにおはす」とは源氏の御事《おんこと》なり。子の《子供が》実法《じつぱふ》なるを親のもて悩み給ふは《真面目なのを親が気に病みなさるのは》、いたく《ずいぶん》後《のち》のことなれど《後の時代のことであるが》、兼好法師が若き男《をのこ》の色好まぬを《恋愛に無関心なのを》「[七]玉の杯《さかづき》の底なき」にたとへし心ばへなり。

梅枝《むめがえ》の巻に云はく、

[八]かやうの事はかしこき御教へにだにしたがふべくも覚えざりし《こういう恋愛のことについては［私自身が］もったいない御教訓に従おうとも思わなかった》かば《ので》、[九]言《こと》まぜまうけれども云々、

これは源氏の君の、夕霧の大将へ教訓の詞《ことば》なり。「かやうの事」と

四 あまり物の程度もわきまえず、返事を出さないでいるというのも、姫君（玉鬘）の身分や年齢にふさわしくないことです。

五 功労のほども考えてやりなさい。たびたび恋文をよこす相手には好意的にしてあげなさい、の意。

源氏に対する桐壺院の配慮

六 源氏は、心やすくしている大輔《たいふ》の命婦《みやうぶ》という女房から末摘花の噂を聞き、大いに関心を持った。そこで、大輔の命婦がからかっていった言葉の一節。

七 せっかくの宝石の杯の底がぬけている。『徒然草』三段。

夕霧に対する源氏の配慮

八 夕霧と雲居の雁の恋愛について、雲居の雁の父の致仕の大臣ははじめ反対していたが（一二三頁注八参照）、今は立場が逆転して、致仕の大臣は早く夕霧に娘を娶《めと》ってもらいたいのに、夕霧の態度が煮えきらない。そういう夕霧に対して、父の源氏が早く身を固めるようにと教訓するくだりの一節。

九 （息子のお前にも）口出ししたくないのだが。

は好色の筋《すぢ》なり。「かしこき御教へ」は、むかし父帝《ちちみかど》の源氏へ教訓し給ひし事なり。さてこの夕霧へ教訓の御詞《ことば》、その文長し。みな好色を戒《いまし》め給へり。子を訓《をし》ふる、さもあるべきことなり《当然そうあるはずのことである》。しかるにかやうに「われもかしこき《畏れ多い》父の教訓にも一したがふべく《従おうとも》も覚えざりし《思わなかったのだ》ことなれば《から》、今もこの筋の事はかれこれ《あれこれ》と詞をまぜていはむことは《口出しするのは》憂《う》けれども《いやなのだが》」とのたまへるは、すべて若き時は誰《たれ》とてもこの筋は離れ《恋愛の道には無関心》がたく《ではいられず》、えさらぬ《やむをえぬ》過《あやま》ちもあるものなれば、それを年たけて《年をとって》をさまり《落着いた》たる心もて《気持をもって》、若き人のすきずきしきを《浮気っぽいことを》難ずべきにはあらねど《非難すべきではないが》、との《おっ》たまへるは《しゃるのは》、物の哀れを知りたる御詞、ゆるやかなるものなり《寛容なものである》。

薄雲《うすぐも》の巻に云はく、

二これはいと似げなき事なり《不都合な恋である》。三恐ろしう罪深き方は多くまさりけめど《恐しく罪深いという点ではずっとひどかったであろうが》、古への《昔の藤壺》好《す》きは《との密通は》、思ひやり少なきほどの過ちに《思慮の足りない若いうちの過失として》仏神《ほとけかみ》も許し給ひけむ《仏や神も許して下さったのだろう》云々。

源氏の君の心なり。「これは」とは、秋好《あきこの》む中宮《ちゅうぐう》に思ひをかくる《懸ける》こ

一 『源氏物語玉の小櫛』二に、右の引用文を解釈して、「『したがふべくも覚えざりし』とは、ことさらにしたがはじと思《おぼ》せるよしにはあらず。御教へのごとくに守らんことは難《かた》かるべきやうに思せるなり」という。

二 一四四頁一四行目以下の引用文にすぐ続く文章。「これは」は、源氏の秋好む中宮への恋を指す。

三 同じく帝の寵妃《ちょうひ》への恋であっても、藤壺との場合は義理の母への恋であるから、「罪深き方は多くまさりけめど」という。

となり。「恐ろしう罪深き方」とは、むかし[四]薄雲《うすぐも》の女院《にようゐん》を蒸《をか》し奉り給ひしことを、恐ろしう罪深く今は思《おぼ》し召《め》すなり。されどそれは若《わか》気《げ》の過《あやま》ちなりしかば、「仏も神も許し給ひけむ」となり。誰《たれ》も老いては若き人の好色を強く戒《いまし》むれども、若きほどは、[五]この筋には忍びがたき方《かた》のありて、過《あやま》つことあるなり。年たけて《年をとっても》も心は同じことにても、思ひやりが《思慮分別が》深くなるゆゑに、忍びがたきところをもしひて忍《無理に押えつける》ぶ方あり。いま源氏の秋好む中宮を思ふ心は、「似げなき事《不都合なこと》」と忍《我》び給ふがごとし《慢なさるようなものだ》。されどもその上になほ《やはり》忍びぬこともまたあるなり。ゆゑに源氏の、この後《のち》にもなほ朧月夜《おぼろづくよ》に密通は絶えざりしなり。その所の詞に、「[六]いとあるまじき事《決してあってはいけないことと》といみじく《厳しく》思《おぼ》し返すにも《反省なさるのだが》、かなは《どうする》ざりけり《こともできない》」と(若菜《わかな》の上に見ゆ。前に引く)いへり。さればその忍びぬところの物の哀れを知る人は、人をも深くとがめず。

夕霧《ゆふぎり》の巻に云はく、

[七]かの事は聞《きこ》し召《め》したれど、何かは聞き顔《がほ》にもと思《おぼ》いて、ただう《ただじっと》

四 藤壺のこと。九〇頁注三参照。「蒸」には「密通」の意味がある。

五 この恋愛ということについては、自分を押えられなくなる点があって。

六 一四五頁一一行目参照。

七 あのことはお聞きになってはいるけれど、どうして知っている様子をする必要があろうとお考えになって。一四六頁注一・三に述べた話に続く部分。夕霧が源氏の前に伺候すると、源氏は、わが子夕霧と落葉の宮の一件は聞き知っているが、その事は口にせず、ただ夕霧をしみじみと見つめる。そのくだり。

ちまもり給へるに《〔夕霧を〕御覧になると》、「いとめでたく《大変立派で》清《きよ》らに《きれいで》、このごろこそ《ちょうど今こそ》ねびまさり給へる《いちだんと成熟なさった》御盛《さか》り《絶頂の》なめれ《時期のようだ》。さるさまの《あんなふうな》好事《すきごと》をし給ふとも、人のもどくべき《人が非難するような》様《さま》もし給はず《ことはなさらない》。鬼神《おにがみ》も罪許しつべく、あざやかに物清げに《人目に立ってすっきりしていて》、若《わか》う盛りに匂ひを散らし給へり《美しさをふりまいていらっしゃる》。物思ひ知らぬ若人《わかうど》《分別のない若者》のほどに《という年輩でもまたいらっしゃらず》はたおはせず、かたほなる所なう《欠点がなく》、一ねびととのほり給へる理《ことわ》りぞかし。女にてなどかめでざらん、鏡《かがみ》を見てもなどか驕《おご》らざらん」と、わが子ながらも思《おぼ》す《お思いになる》。

「かの事」とは、夕霧《ゆふぎり》と落葉《おちば》の宮《みや》の御事なり。「うちまもり給ふ」は、夕霧を源氏のつくづくと見給ふなり。前に教訓の詞には好色を強く戒め給へども、心の内にはかやうに、〔色恋沙汰を〕理りぞと思《おぼ》し召《め》すなり。物の哀れ知る人はかくのごとし。

賢木《さかき》の巻に云はく、

二内侍《かむ》の君の御事もなほ絶えぬさまに聞し召し《まだ切れていないようにお聞きになって》、気色《けしき》御覧ずる折もあれど《その様子にお気づきになることもあるが》、何かは今始めたることならばこそあらめ《いやいや最近始まったことならともかく》、ありそめに《前から続いてい》

一　十分に成長しておられることから起った当然のことなのだ。女の立場としてどうして立派な男だと思わずにいられよう、鏡を見ても自分でどうして得意にならずにいられよう。

源氏に対する朱雀院の配慮

二　桐壺院が崩じ、権勢は帝（朱雀院）の母の弘徽殿の大后方へ移る。大后は源氏追い落しを策するが、朱雀院は母と違って源氏に親しみを感じており、自分の

ける事なれば《ることなのだから》、さも心かはさむに《そのように二人が心を通じ合っても》、似げなかるまじき人のあはひ《不似合いとはいえない二人の仲なの》なりかし《だと》とぞ思《おぼ》しなして《思い決められて》、とがめさせ給はざりける。

「内侍《かむ》の君の御事」とは、源氏と朧月夜の内侍《ないし》の督《かみ》と密通のことなり。それを朱雀院《すざくゐん》の絶えぬさまに聞《きこ》し召《め》し、また気色《けしき》を御覧じての御心なり。

若菜《わかな》の下の巻に云はく、

三 六条《ろくでう》の院《ゐん》にも〔柏木の病気を〕いと口惜しきわざなり《たいへん残念なことだと》と思《おぼ》し驚きて《御心痛になって》、御訪《とぶ》らひに《御見舞に》たびたびねんごろに《丁重に》四 父大臣《おとど》にも聞え給ふ《お便りをなさる》。

これは、柏木《かしはぎ》の衛門《ゑもん》の督《かみ》のわづらひ給ふを、かく《このように》口惜しく〔源氏が〕思し召すなり。

柏木の巻に云はく、

五 親たちの、子だにあれかしと歎《なげ》い給ふらんにもえ見せず、人知れずはかなき形見ばかりを止《とど》め置きて、さばかり《あれほど》思ひあがりおよ《高い望みを持ち立派に》なっていた身を ずけたりし身を、心もて失ひつるよ《自分から滅ぼしたことだ》と、あはれに惜しければ《かわいそうで残念なので》、め〔源氏は〕

妃の一人である朧月夜と源氏との密通を知っていても、とがめようとは思わない。帝のその気持を述べたくだり。「内侍の君」は朧月夜を指す。

柏木に対する源氏の配慮

三 女三の宮との密通を源氏に知られ、柏木は恐怖のあまり重病の床に臥《ふ》す。九二頁注一参照。そのことを知った源氏の思いをいう。「六条の院」は源氏を指す。

四 内大臣(致仕の大臣)。柏木の父。若い頃からの源氏の友人。

五 柏木の両親が、せめて柏木が子供でも残していてくれたらと嘆いているのに、この子を見せてやることもできず、柏木は人知れずはかない形見のこの子だけをこの世に残して。柏木の死後、源氏が、わが妻である女三の宮と柏木との間に生れた不義の子、薫を見て、感慨にふけるくだりの一節。

ざましと思ふ心もひき返し《しからんと思う気持も思い直して》、うち泣かれ給ひぬ《つい泣いてしまわれる》。

これ、源氏の君の薫《かをる》を見て、過ぎにし《死んでしまった》衛門《ゑもん》の督《かみ》のことを思《おぼ》し召《め》す心なり。「心もて身を失ふ」をば、物の哀れ知らぬ人はかへりて《かえって》憎むことなるを、〔妻に密通された源氏が〕かへりていよいよ哀れに思し召す御心、物の哀れを知るゆゑなり。「めざましと思ふ心もひき返し、うち泣かれ給ふ」といへる、よくよく味《あぢは》ひて、物の哀れを知るべし。

また云はく、

一 六条《ろくでう》の院《ゐん》にはましてあはれと思《おぼ》し出《い》づること、月日に添へて《月日がたつにつれて》多かり。

〔源氏が〕これも衛門の督の失せ給ひしことを思すなり《お亡くなりになったことをお思いになるのである》。

横笛《よこぶえ》の巻に云はく、

二 故権大納言《こごんだいなごん》のはかなく失《う》せ給ひにし悲しさを、あかず口惜しきものに《いつまでも残念なことと》恋ひしのび給ふ《恋いしのばれる》人多かり。三 六条の院にも、大方《おほかた》につけてだに世に目やすき人の亡くなるをば惜しみ給ふ御心に、ましてこれ《柏木は》

一 九二頁七〜一二行目引用のくだりにすぐ続く文章。「六条の院」は源氏を指す。

二 横笛の巻の冒頭。「故権大納言」は柏木を指す。底本、右傍に小字で「柏木也」と記入する。柏木の一周忌を迎えた人々の気持を述べたくだりの一節。

三 源氏の君においても、特別の関係のない者に対してでも、世間に人望のある人が亡くなるのを惜しみなさるお心であるのに。

は朝夕に親しく参りなれつつ《〔御自分のもとに〕やってきて親しみ》、人よりも《誰よりも》御心とどめ思したりし《お目をかけてかわいがっておられた》か
ば、いかにぞや《のでけしからんと》思《おぼ》し出《い》づることはありながら、哀れは多く、折々
につけてしのび給ふ。御果《は》てにも《一周忌にも》、誦経《ずきやう》などとり分きせさせ《特別におさせになる》給ふ。
四 万《よろづ》も知らず顔にいはけなき〔薫の〕御有様《ありさま》を見給ふにも、さすがにいみじ
くあはれなれば、五 御心の内にまた心ざし給ひて、黄金《こがね》百両をなん
別《べち》にせさせ給ひける《別に供養なさる》。

よき人の物の哀れ知るさまを思ふべし。金百両、別に薫《かをる》の志《こころざし》とし
て誦経にし給ふは、感涙《かんるい》袖をうるほすばかりなり。

鈴虫《すずむし》の巻に云はく、

六 御琴どもの声々かき合せて《合奏して》面白きほどに《興の乗ってきた時分に》、〔源氏が〕「月見る宵のいつと
ても物哀れならぬ折はなき中に、今宵の新《あら》たなる《あざやかな》月の色には、七 げ
になほわが世の外《ほか》までこそ万《よろづ》思ひ流さるれ。八 故権大納言、何の折
々にも亡きにつけていとどしのばるること多く《亡き人だと思うといっそう思い出されることが多く》、公《おほやけ》私《わたくし》《公私につけ》、物の折
節の匂ひ失せたる心地こそすれ《て事あるごとに華やかさがなくなった気持がする》。花鳥《はなとり》の色にも音《ね》にも〔柏木は〕思ひわきま《風情を解し》

四 何も知らずに無邪気な。底本、「いはけなき」の右傍に小字で「薫也」と記入する。

五 内心ひそかにさらに薫の分として追善を志されて。

六 柏木が死に、女三の宮が出家してから二年後の八月十五夜、源氏は邸内で出家生活を営む女三の宮のもとを訪れて庭に鈴虫を放つ。そこへ夕霧たちが来て、管弦の遊びが始まる。その際に、源氏が柏木のことを思い出すくだりの一節。

七 本当にこの世のほかのことまでも、あれこれと想像してしまいます。

八 柏木のことが、の意。

へ、いふかひある《話が通ずるという》方《かた》の《点で》いとうるさかりしものを《たいした人物であったのに》」などのたまひ出でて、みづからもかき合せ給ふ御琴の音《ね》にも袖ぬらし給ひつ。御《み》[一]簾《す》のうちにも《〔女三の宮が〕》耳とどめてや聞き給ふらんと《注意してお聞きになっておられるだろうと》、片《かた》[二]つ方《かた》の御心には《一方のお心では》思《おぼ》しながら《お思いになりながら》、かかる御《おん》遊びのほどにはまづ《〔柏木が〕》恋しう云々。

物の音と月とはことに人の心を感ぜしむるものにて、今柏木《かしはぎ》のことを思《おぼ》し出づるなり。

これらを見るべし。よき人は物の哀れを知るゆゑに、好色の忍びがたき情《こころ》を推量《おしはか》りて、人をも深くとがめず。ことに朱《す》[三]雀院《ざくゐん》の源氏をとがめ給はぬと、源氏の君の柏木を哀れに思《おぼ》し召《め》すとは、いたりて《きわめて》物の哀れを深く知る人にあらずは《人でなくては》かくはえあるまじきことなり《とてもそのようにはいかないことである》。柏木のことは、源氏の君さへかやうに《このように》哀れに思し召すものを、後世、この物語を注するとて、これをあはれなるやうにはいはで《いわないで》、かへり《かえって》て人の戒めにせよといふやうに注[四]せるは、いかに物の哀れ知らず、心なき人ぞや。《〔そんな解釈は〕》必ず式部が《必ず式部の》本意《ほい》にそむくこと知るべし。好色は人ご

一 底本、「御簾のうち」の右傍に小字で「女三宮ノ事」と記入する。

二 自筆稿本の頭注に、「『片つ方の御心』とは、あはれとも（女三の宮がいまだに柏木のことを忘れかねているであろうことをかわいそうだとも）思ひ、めざましとも（同じそのことを一方ではけしからんとも）思ふをいふ。片への心にはあはれと思ひ、片への心にはめざましと思ふなり。面白き文体なり」とある。

三 朱雀院は源氏の異母兄。源氏はその兄の妃の一人である朧月夜と通じたが、朱雀院は源氏をとがめようとしない。一五四頁注二参照。

四 『湖月抄』に、柏木の話は好色の戒めとして書かれたという旨の頭注が数カ所ある。たとえば柏木の巻で、重病におちいった柏木が「などかく、ほどもなく死なしつる身ならん（どうしてこのように、間もなく死なねばならないことにしてしまったわが身なのだろう）」と後悔するくだりの頭注に、「世の不義をなす人、初めよりやがてあらはれん（発覚するだろう）と思ひてはせざれども、終《つひ》にあらはれて、悔ゆるにもかひなく、いたづらに身を殺し、名をくたす（名を傷つける）こと、なべて柏木に異なることなし。これを記して人の戒めとするなるべし」という。

とにまぬかれがたく、忍びがたき《押えがたい》情《こころ》のあるものといふことを知り給ふゆゑに、〔朱雀院は〕とがめ給はず、〔源氏は〕哀れに思《おぼ》し召《め》すなり。

再び「物のあわれを知る」ことと「あだ」と

問ひて云はく、しからばこの物語は、好色をいみじき事《立派なことと考えて》にして賞美するか。色に迷うて身を失ふ人をもよしとするか。あだあだしき《浮気っぽい》振舞ひをもよしとするか。

答へて云はく、色好《この》むをいみじき事にして賞するにはあらず。物の哀れを知るを賞するなり。たとへばある人の泥水《ひぢみづ》をたくはふる《たくわえているのを》を見て、ある人問うていふやう、「真人《まうと》《あなたは》は濁れる泥水をいみじき物に思ひて賞するか」といふに、かの人答へていふやう、[五]「泥水をたくはふることは、蓮《はちす》を植ゑて花を見む料《れう》《手段である》なり。泥水を賞するにはあらねど、蓮の花のいみじく《たいへん》いさぎよき《清らかであるのを》を賞するによりて、泥水の濁《にご》れることは棄《す》ててかかはらず」と答へける、この定《ぢやう》《これと同じことだ》なり。されば物の哀れの花を愛《め》づる人は、恋の水の澄み濁りにはかかはる《関知しない》べからぬことなり。また柏木《かしはぎ》の衛門《ゑもん》の督《かみ》の好色によりて空《むな》しくなれる《死んでしまったのも》も、その

五　宣長はこの比喩が気に入っていたらしく、『排芦小船』第三三項にも『源氏物語玉の小櫛』一にも見える。『排芦小船』には、「淫乱の人のよめる恋歌を、よみたるその歌を賞するは、たとへば蓮の花を賞するがごとし。蓮は至りて汚き泥中より生ずれども、花のうるはしければ賞するなり。その生ずる所がけがらはしとて、花を棄つべけんや。恋の歌あるを以て歌道をそしるは、蓮を愛するを見て泥を喜ぶといはんがごとし。生ずる所の清穢《しやうゑ》は、花を愛する人のかまはぬことなり」とある。

しわざ《行為を》を賞するにはあらず。身をいたづらになすほどの《身を滅ぼすほどまでの》物思ひの深き心のほどをあはれぶなり。またあだあだしき《浮気っぽいことを》をよしとせぬことは、巻々にその心見え、前[一]にも弁じたることなり。

大方《おほかた》、物の哀れを知ればあだあだしきやうに思ふは、ひがことな《あやまりである》り。あだなるはかへりて《かえって》物の哀れ知らぬが多きなり。そのゆゑは、[二]前にもいへるごとく、物の哀れを知り顔作りて、ここへもかしこへも物の哀れ知ることを知らさむとてなびきやすに《どの相手にもいい顔をして》、あだなるが多きなり。これは実《まこと》に知るものにはあらず。うはべの情《なさけ》といふものにて、実《まこと》は物の哀れ知らぬなり。またさにはあらで《そのように浮気なのではなくて》、ここもかしこも物の《あちらこちらへ物の》哀れ知りてなびくもあり《あわれを知るがゆえになびく人もいる》。これも事によるべけれども、まづはそれは一方《ひとかた》の物の哀れ知りても、一方の哀れを知らぬになるなり《知らないということになるのだ》。

されば浮舟《うきふね》[三]の君はそれを思ひ乱《みだ》れて、身をいたづらになさんとせしなり《わが身を滅ぼしてしまおうとしたのである》。薫《かをる》の方《かた》の哀れを知れば、匂《にほふ》の宮《みや》の哀れを知らぬなり。匂の宮の哀れを知れば、薫の哀れを知らぬなり。ゆゑに思ひわびたる《懊悩した》な

一　一〇四頁一二行目以下・一一二頁六行目以下参照。

二　一三八頁六行目以下参照。

三　宇治の八の宮の二人の姫君の異母妹。宇治十帖の女主人公。薫と匂の宮の二人の男に求愛される。先に薫と知り合い、薫の恋人となるが、匂の宮の強引な求愛に負けて契りを交してしまう。薫からそのことをとがめられ、浮舟は宇治川に入水《じゆすい》するが、横川《よかわ》の僧都《そうず》に助けられ、尼になる。この浮舟のことは後年の『源氏物語玉の小櫛』でも当然取り上げられるが、論点が微妙に変化している。すなわち本書『紫文要領』では以下に「一身を失うて両方《ふたかた》の物の哀れをまたく知る人なり」とあるように、懊悩《おうのう》の末、自殺を決意したところに、浮舟が物のあわれを知る人であることの証明を見出そうとしているのであるが、『玉の小櫛』二においては、入水のことには関心が向けられず、懊悩したことそれ自体の中に、浮舟が物のあわれを知る人であることの証明を見出そうとしている。宣長のような考え方をとるならば、『玉の小櫛』の方が論理が徹底している。

り。かの芦《あし》[四]の屋《や》の少女《をとめ》も、この心ばへにて身を生田《いくた》の川に沈めて、空《むな》しうなれり《死んでしまった》。これ、いづ方《どちらの側の》の物の哀れをも棄《す》てぬといふものなり。一身を失うて《身を滅ぼすことによって》二人の哀れをまたく《完全に》知るなり。浮舟の君も、匂の宮に逢ひ奉《たてまつ》りしとて、あだなる人とはいふべからず。これも一身を失うて両方《ふたかた》の物の哀れをまたく知る人なり。「あだなる」といふは、ここもかしこもなほざりに思ふゆゑに、いづ方《かた》へもなびくなり。されば畢竟《ひつきやう》は《つまりは》、あだなる人は実《まこと》は物の哀れ知らぬなり。

ただし物の哀れを知るは、一方《ひとかた》[五]には限るべからず。折にふれ事によりては、此方《こなた》[六]も彼方《かなた》も忍びがたく哀れなることもあるべければ、一偏《いつぺん》にはいひがたし。その人その事によりてすこしづつの品《しな》《違い》はあるべきことなれば、二人になびけばとて、あだなるともいふべからず、一方《ひとかた》の物の哀れ知らぬとも一概に定めてはいふべからず。事によるべきなり。されば薄雲《うすぐも》[七]の女院《にようゐん》と空蟬《うつせみ》の君《きみ》とは、夫《をつと》ありながら源氏の君に逢ひ[八]奉り給へども、あだなりとはせず、よき人にいへり。これ、

四 『萬葉集』九、一八〇一番歌や『大和物語』一四七段に見える伝説の主人公。二人の男に愛され、悩んだ末に生田川に投身したという。

五 一人の人に対してでなければならないと限られているわけではない。

六 こちらの人に対してもあちらの人に対しても、気持を押えがたく、心が動くこともあるであろうから、一概にはいいにくい。

七 藤壺（薄雲の女院）と空蟬が作中「よき人」として描かれていることについては、ここまでにたびたび指摘があるが、特に一四九頁注七参照。

八 「逢ふ」は、「男女が交わる」の意。

忍びがたき哀れのあるゆゑにかくのごとし。物の哀れを主《しゆ》とするゆゑなり。また朝顔《あさがほ》の斎院《さいゐん》は始終つれなかりしかども、物の哀れ知りてよき人とせり。葵《あふひ》の巻に云はく、「つれなながらさるべき折々の哀れを過ぐし給はぬ、これこそかたみに情《なさけ》も見はつべきわざなれ」とあるなり。また葵の上は万《よろづ》にすぐれたれど、まめすぎて物の哀れ知る方《かた》の後《おく》れたるをすこし難《なん》じ、紫の上は物の哀れ知り給ふゆゑに難なし。

されればとにかくに「物の哀れ知る」といふところが緊要《きんえう》なり。源氏の君は思ひ人たち多くしてこれかれに心を分け給へば、物の哀れ知らぬともいふべきやうなれども、これも、いづこもいづこも哀れの忍びがたきところあるゆゑにかくのごとくなれば、あだなる人とはせず。末摘花《すゑつむはな》はかたちもわろく御心も万後《よろづおく》れて、取りどころなきやうなる人なれども、身の御ほどを思《おぼ》し召《め》し、心細き有様《ありさま》を思し召すゆゑに棄《す》て給はず。花散里《はなちるさと》はかたち悪《あ》しけれど、心ざまのよきゆ

一 桐壺院の姪《めい》で、源氏のいとこに当る婦人。源氏がかねがね思いをかけ、何かといいよるのに、志操堅固で、つけ入る隙を与えないさまが、朝顔の巻を中心に語られる。

二 すげないながらも、しかるべき折々のこちらの気持にはちゃんと答えて下さる。これこそ互いの気持をいつまでも交しあえるものなのだ。源氏の手紙に対する朝顔の斎院の返事を見ての、源氏の気持を述べたくだりの一節。底本、「つれなながら」の右傍に小字で「槿《あさがほ》斎院ノ事」と記入する。

三 源氏の最初の正妻。一一九頁注六参照。

四 自筆稿本ではこのあたりに頭注があって、『伊勢物語』六三段の、業平が自分を恋い慕う老婆とところよく寝てやったという話を引く。

五 末摘花の巻と蓬生《よもぎう》の巻に登場する。皇族の婦人ながら醜貌《しゆうばう》で気がきかないが、源氏はその寄るべのない身の上に同情して庇護を加える。

六 源氏の早くからの恋人の一人で、目立たない存在であるが、源氏に大切にされ、少女の巻において夕霧の母親代りの大役をまかせられる。その際の夕霧の花散里評に、「かたちのまほならずもおはしけるかな（お顔立はきれいでなくいらっしゃる）。…心ばへのかうやうに柔らかならむ人をこそあひ思はめ（性質がこの方のように素直な人と愛し合いたいものだ）」などとある。

ゐに棄て給はず。これらはみな、物の哀れの忍びがたき方《かた》あるゆゑにかくのごとくなれば、源氏の君はあだなる人とは別《べち》なり。物語を開き見てその味《あぢは》ひを知るべし。

好色の事はとりどり様々《さまざま》にしてその品多ければ《そのあり方は色々なので》、一方《ひとかた》には《一概には》いひがたし。されどその極意《ごくい》をきはむる時は《究極のところをいうならば》、一部の本意《源氏物語全体の趣旨は》、「物の哀れ」よりほかなし。これを読まむ人、必ず[七]邪説に迷うて道を忘るることなかれ。ただ一筋に物の哀れを目当てとして、脇目《わきめ》することなかれ。

源氏物語は好色の戒めにならない

[八]この物語をことごとく勧善懲悪《くわんぜんちようあく》の心と見て、ことに好色の戒《いまし》めとするは、大きなるひがこと《あやまり》なり。作者の本意、戒めの心にあらず。また見る人も戒めにはなりがたし《読者の立場からしても教訓にはなりにくい》。まづ源氏の君をば万《よろづ》にすぐれてよき人のためし《例》に書きたれば、見む人もこの人のしわざ《行為》を何事にもよしとして、ならひ学《まな》ぶべきことなるに、ことにこの人に好色の事多く、その中には[九]あるまじく大きなる不義もあれば、[一〇]見む人もそれ

七 以下に述べられる、勧善懲悪論を始めとする儒仏への付会・『荘子』『史記』への付会など。本書の最後では「魔」という言葉を用いている（二三八頁注一参照）。

八 『湖月抄』に集約されている従来の注釈書の姿勢。四〇頁注一・五二頁注三参照。

九 父桐壺院の妃であり、自分にとっては義理の母である藤壺との密通を指す。

一〇 このくだり、荻生徂徠の『徂徠先生答問書』下に、「『詩』（『詩経』）にて勧善懲悪の教へを施すといふこと、さりとては聞え申さざる（理屈に合わない）ことに候。古聖人の智にて、さやうのつまり申さざる（不合理な）ことこれあるべきやう御座なく候。『詩経』は淫奔《いんぽん》の詩多くこれあり候。朱注（『詩経』の朱子の注釈）には、（そのような詩が収録されたのは）悪を懲《こら》しむるためとこれあり候へども、かへりて淫を導くためになり申すべく候」というのと論旨が似ている。

にならうて、このよき人にさへかくのごときことあれば何かは苦しからむ《どうして好色が悪いことがあろう》、と思ふ心にこそなるべけれ《と思う気持になりはするだろうが》、いかでかは戒《いまし》めにはなるべきぞ。また薄雲《うすぐも》の女院《にようゐん》をいみじくよき人にしてほめたれば、これを読まむ婦人もその心ばへをならひ慕《した》ふべきことなるに、女院の不義を見ては、かかる《こんな》すぐれたる人さへこの過《あやま》ちあれば、事によりては不義もさのみ苦しからぬことにや《それほど悪いことでもないのだろうか》、といふ心になるべし。されば戒めにはならずして、かへりて《かえって》好色をいざなふ《勧める》書になるべし。

およそ勧善懲悪《くわんぜんちようあく》といふことは、よき事をせしものは末々《するずゑ》まで《子孫まで》幸ひありて栄え、悪しき事せし者は禍《わざは》ひにあひて身を滅《ほろ》ぼすやうのことを書きてこそ、それを見て慎《つつ》しむ心も出《い》で来《く》るものなれ。源氏の君は大不義ありて、好色の乱れはなはだ多し。しかるに一生安楽にして栄華《えいぐわ》身に余り、[一]太上天皇《だいじやうてんわう》の尊号《そんがう》まで得給ひ、この世の事大方《おほかた》御心にかなはぬことなく、[二]子孫まで繁昌するを見て、誰《たれ》か《誰が》は好色を慎しむ心を起さん《起すだろう》。[三]中ごろ須磨《すま》の浦へ移ろひ給ふは《お移りになったのは》、大后《おほきさき》のしわざにし

一 「太上天皇」は、退位した天皇（すなわち上皇）の尊称であるが、源氏は皇位についたことがないのに准太上天皇位を贈られたことが、藤裏葉《ふじのうらば》の巻に見える。『源氏物語玉の小櫛』八に、このことに注して「位に即《つ》き給はで太上天皇の尊号を得給ふことは、この時まではいまだ例なきことなるに、…もとは追号（死後に贈られる号）ながら淡路の廃帝（淳仁天皇）の御父舎人《とねり》の親王を尽敬天皇、光仁天皇の御父施基《しき》の皇子を田原の天皇と号し奉られしなどを思へるか」といっている。

二 『源氏物語』に見える源氏の子供は三人で、冷泉院（藤壺との密通によって生れた男子）は源氏の異母兄の朱雀院の次に皇位につき、夕霧（最初の正妻、葵の上との間に生れた男子）は左大臣に至り、明石の姫君（明石の上との間に生れた女子）は今上（朱雀院の皇子。冷泉院の次に即位）の中宮となって春宮《とうぐう》（皇太子）を産む。

三 九一頁注九・一四九頁注一〇参照。

て、邪《よこしま》なるやうにいひ、（〔源氏の流謫を〕世間の人がすべて悲しみ）天が下こぞつて悲しみ、[四]仏神《ほとけかみ》も天もこれをうけ給はぬやうに（了承なさらないように）いひたれば（記述したので）、いよいよ戒めにはなりがたし。[五]柏木の身を失ひたるをもて好色の戒めと思ふは、[六]一隅《いちぐう》を守りて三隅を知らぬなり（一端にとらわれて他のことを見失っている）。[七]しからば源氏の君の末長く栄え給ふは何とかいはむ（どう説明するのか）。

夕顔《ゆふがほ》の巻に云はく、

[八]かやうの並々《なみなみ》までは思《おも》ほしかからざりつるを、ありし（さきごろの）雨夜の品定めの後《のち》、[九]いぶかしく思ほしなる品々《しなじな》あるに、いとどくまなくなりぬる御心なめりかし（ますます残るくまなく関心をお持ちになるお心なのであろう）。

「かやうの並々」とは、夕顔《ゆふがほ》の君・空蟬《うつせみ》の君を指すなり。これらは[一〇]中品《ちゆうぼん》以下の並々の女なり。源氏の君、以前はかやうの並々の女までは思《おぼ》し召しかくることもなかりしが（お気持を向けられることもなかったのだが）、一夜の品定めに、[一一]受領《ずりやう》といひて、人の国の事に（地方の政務に）かかづらひ営みて（あくせくかかずらって）、品定まりたる（中流と定まった階層）中にも（の中にも）、また刻《きざ》み刻みありて（いくつか段階があって）、中《なか》の品《しな》のけしうはあらぬ（そう悪くはない女を）、選《え》り出でつべき頃ほひなり（選んでもよさそうな御時勢なのです）。

四 九一頁七行目以下参照。

五 一五八頁注四参照。

六 『論語』述而の「一隅を挙げて、三隅を以て反《かへ》らざれば、則ちまたせざるなり」による表現。

七 好色を戒めるというのなら。

八 こんな程度の身分の女にまでは関心が向かなくていらっしゃったのだが。空蟬（九〇頁注一参照）という、普通なら恋愛の対象に選ぶはずのない、低い身分の女に源氏が深く執着する気持を述べたくだり。

九 知りたくお思いになるいろいろな身分の女がいるので。

一〇 「中品」は上品（一〇六頁注三参照）に次ぐ位。ここでは中流階級の意で用いている。空蟬は受領（注一一参照）の妻で、帚木の巻に源氏の述懐として「めやすくもてつけてもありつる（見苦しくないたしなみを身につけた）中の品かな」とある。夕顔は五条あたりの陋屋《ろうおく》に住む女で、夕顔の巻に源氏の述懐として「宿れる住ひのほどを思ふに、これこそ（雨夜《あまよ》の品定めの際に）かの人（頭《とう》の中将）の定めあなづりし（軽蔑した）下の品ならめ」とある。

一一 雨夜の品定めにおける馬の頭《かみ》の言葉。「受領」は国の守《かみ》。位階は五位・六位で、貴族としては中流。雨夜の品定めは主として中流階級の婦人を論じている。紫式部自身もこの階級に属する。

といひ、

一さて世にありと知られず、さびしくあばれたらん葎《むぐら》《淋しく荒れはてた葎の生い繁る》の門《かど》に《門の中に》、思ひのほかにらうたげならん人《かわいらしげな女が》の閉《と》ぢられたらんこそ《ひっそりと住んでいるのこそ》、限りなく珍《めづら》しくは思《おぼ》えめ。

などといへることを聞き給ひてしゆゑにや、その後《のち》は中以下二の品《しな》にもしや《もしかして》さやうの思ひのほかの事もあらんかと、いぶかしく《知りたく》思《おぼ》し召《め》す心つきて《目ざめて》、その後《のち》はいよいよ三好色の心くまなくなり給へる、となり。これをもて見るに、四かの品定めを好色の戒めに書けるといふは大きなるひがこと《あやまり》なり。源氏の君は品定めによりて好色の心いよいよまされれば《つのってしまったので》、今読む人も好色の心はつきこそすらめ《起ってくるであろうが》、慎しむ心の《慎しむ心が》いかでか《どうして》出で来べき《出てこよう》。

末摘花《すゑつむはな》の巻に云はく、

五かやうの所にこそ、昔物語にもあはれなる事どもありけれ《よくあるものだ》、など思ひ続けて、ものやいひ寄らましと思せど《気持をうち明けてみようかとお思いになるが》、

一 そのように生きているとも世に知られず。馬の頭《かみ》の言葉。『源氏物語玉の小櫛』五に、「『花鳥（余情）』に、『これは下の品の人をいふなり』とあるは違へり。これらもみな中の品のうちなり」といっている。

二 夕顔の巻の、前頁注一〇に引用した部分に続いて「その中に思ひのほかにをかしきこともあらば（案外に美しい女がいたりすれば面白いのだが）、など思ほすなりけり」とある。これは二〜四行目の馬の頭の言葉が頭の中に残っていての思いである。

三 残るくまなく、さまざまの女に関心を持つようになりになった、の意。

四 一〇四頁注一参照。

五 源氏がはじめて末摘花（一六二頁注五参照）の屋敷を訪れ、邸内の荒れ果てた様子に、昔物語でもこのような場所にこそ美女がいることになっていると、かえって関心をそそられるさまを述べる。

物語は好色の心をつのらせる

六 夕霧と雲居《くもい》の雁《かり》がまだ子供同士なのに相愛の仲になり、それを知った雲居の雁の父、致仕《ちじ》の大臣《おとど》が、雲居の雁の乳母《めのと》たちを監督不行届と叱責した（一二三頁注八参照）のに対する、乳母たちの弁解の一節。

七 匂の宮が『伊勢物語』四九段を絵にしたものを見

これまた同じ心ばへにて、すべて好色の事を書ける物語の、好色の戒めにはならず、かへりて《かえって》好色の心をいざなふことを《勧めることを》見るべし。

少女《をとめ》の巻に云はく、

六 かやうの事は、限りなき帝の御いつき娘も《やんごとない帝が大切になさっている皇女でも》おのづから《つい》過《あやま》つためし《あやまちを犯す例が》、昔物語にもあめれど《昔物語にもあるようですが》、

これまた、さるためしもあると《そういう例もあると》昔物語を例《れい》に引きたれば、さらに《〔物語は〕決して》戒めにはなりがたし。

総角《あげまき》の巻に云はく、

七 在五が物語を《伊勢物語を》書きて《〔絵に〕》、妹に琴《きん》教へたるところの「人の結ばむ」といひたるを見て云々、「古《いにし》への人も、さるべきほどは《差支えのない間柄では》へだてなくこそ《隔てをおかないのを》ならはして侍りけれ《習わしとしていました》云々」

これも昔物語をためしに引けり《〔好色の〕例に引いている》。

右の詞《ことば》どもを見るべし。あるいは好色の心をいざなひ、またはた《〔好色の〕》ためし《例》に引きて、昔もかかる事あればと思ふ心こそ出で来れ《こうしたことがあるのだから〔自分も…〕と思う心こそ出てくるが》、物語を

て、同母妹の女一の宮に戯れかかる場面。『伊勢物語』のその段は、兄が美しい妹に恋心を覚え、「うら若みねよげに見ゆる若草を人の結ばむことをしぞ思ふ」（若々しくて、ともに寝ればすばらしいだろうと見える妹を、他人がわがものとしてしまうのが残念に思われる）と詠んだという話。総角《あげまき》の巻には「妹に琴教へたるところ」とあるが、現行の『伊勢物語』にはそれに当る文章はない。なお『伊勢物語』のこの段は、兄妹姦に類する話であるため、契沖以前には、そのとおりに解釈することを憚《はばか》って、道徳的に抵抗のない話のように無理に解釈する傾向があった。細川幽斎《ゆうさい》の『伊勢物語闕疑抄《けつぎしょう》』では、右の「うら若み」の歌を「自分の眼には、若々しくて寝よげに見える妹なのだから、誰かいい相手が嫁に貰ってほしいものだ」の意と説明してある。これに対して契沖は『勢語臆断』において、今日の道徳観を古典解釈に持ちこんではいけないといって、ありのままに兄妹間の恋愛と解釈すべきことを主張した。宣長には『伊勢物語』を論評した著述はないが、『玉の小櫛』九の、総角の巻のこのくだりの注の中で、「『伊勢物語』の心は、妹をいたはりて、うつくしみに（兄としての思いやりの気持から）いへるなりとは、例の漢籍《からぶみ》にいたくへつらひたる強《し》ひごと（強弁）なり」と、契沖以前の解釈を、中国風の偽善的道徳主義（『石上私淑言』第六五〈四〇六頁〉・七五項〈四二七頁〉参照）に毒されたものと論じている。なお二〇九頁注四参照。

見て好色を慎《つつ》しむ心を起せしことは見えず。されば螢《ほたる》の巻に云はく、

「一姫君の御前《おまへ》にてこの世慣れたる物語など《こうした達者な色恋沙汰の物語などを》な読み聞かせ給ひそ《読み聞かせてはいけません》。密《みそ》か心つきたる者の娘などは《〔姫君が〕内緒の恋心がついた物語中の娘のことなどを》、をかしとにはあらねど《素敵だと思わないまでも》、かかること世にはありけり《こんなことも世間にはあるのだななどと》と見なれ給はむぞゆゆしきや《当り前のように思われたら大変なことです》」とのたまふ。

これにて《〔物語が〕》好色の戒《いまし》めにはならぬことを思ひ定《さだ》むべし。紫式部が本意《ほい》も戒めのためにあらざることを知るべし。そのゆゑは、『源氏物語』にある人々《登場する人々が》の古物語を見たる心ばへも《読んだ時の気持も》、後《のち》の人の『源氏物語』見る心ばへも同じことなれば、もし戒めの本意ならば《〔源氏物語執筆が〕かりにも戒めの趣旨に出るものならば》かやうには書くまじきことなり《このようには書かないはずである》。

二巻々《まきまき》の中に人を教へ人を戒めたることもあるは《書いてあるのは》、すべてこの世にありとある事を広く書ける物なれば、その中にはおのづから人を戒むることもあるべき《あるはずの》理《ことわ》りなり《道理である》。それをとらへどころにして《根拠にして》一部の本意《作品全体の趣旨を》をみな戒めと見るは、はなはだ偏見《へんけん》なり。若菜《わかな》の下に云はく、

三言葉《ことば》遣《づか》ひきらきらと《はっきりしていて》、まがふべくもあらぬ事どもあり《〔柏木に〕間違いないようなことが書いてある》。年を経《数年来》

一　源氏と紫の上の間で交される教育論議の一節で、九五頁三行目以下の引用の直前の文章。「姫君」は、紫の上が養育している明石の姫君。

二　一五一頁注八参照。また少女《おとめ》の巻に、源氏が息子の夕霧を大学寮に入れようとして、しっかりした学問を身につけることがいかに重要であるかを論ずるくだりがある。これらのこと。

三　源氏が、自分の妻の女三の宮に宛てた柏木の恋文を偶然入手し、読むくだり。

四　恋文。

五　このあたりで述べていることに相当する『源氏物語玉の小櫛』二の記述には、次のような一節があって、これは本書『紫文要領』に見えない考え方である。「(物語は決して教訓の書物ではないのであるが)

て思ひわたりける事の《思いつめていたことが》、たまさかに本意かなひて《たまたま望みがとげられて》、心安からぬ筋《〔かえって〕不安だというよう》を書き尽したる詞《なことを詳しく書いた言葉はとても》、いと見所《みどころ》ありて哀れなれど《すぐれた点があって胸うたれるが》、いとかくさやか《これほどはっきり》には書くべしや《書いていいものだろうか》。あたら人の文をこそ思ひやりなく書きけれ《柏木ほどの人がうかつな手紙の書きようをしたものだ》。落《人目》ち散ることもこそと思ひしかば《に触れるようなことがあってはと思ったので》、昔かやうに細かなるべき折節に《〔自分は〕昔はこのようにこまごまと書きたい折にで》も事そぎつつこそ紛はししか《も事柄を省いて人には分らぬように書いたものだ》。しか人の深き用意はかたきわざなりけりと《そのように人間は深く配慮するということはむつかしいことだと》、かの人の心をさへ《柏木の心根をまでも》見落し給ひつ《見下してしまわれた》（柏木《かしはぎ》の方より女三の宮へ贈りたる文を、源氏の君の見つけ給ひての御心なり）。

これをば何といふべきぞ。[四]艶書《えんじよ》の書きやうを教へたれば、人に好色を教ふるといはむか《教えるというべきであろうか》。かやうの詞《ことば》もあれば、たまさかに《たまたま》教訓《けうくん》の詞《言葉が》ありとて《あるからといって》、それをとらへて一部《作品全体を》をみな戒めの心に見るは、はなはだ偏《かたほ》なることなり。[五]

[六]古抄《こせう》の説に、この物語を「[七]『春秋』の褒貶《ほうへん》を学《まな》びて勧善懲悪《くわんぜんちようあく》のために書く」といひ、また「[八]内外《ないげ》の書籍《ふみ》に悪逆無道《あくぎやくぶだう》なる人のことを書け

なほいはば、儒仏の教へとは趣き変りてこそあれ、物の哀れを知るといふことをおし広めなば、身を修め、家をも国をも治むべき道にもわたりぬべきなり。人の親の子を思ふ心しわざを哀れと思ひ知らば、不孝の子は世にあるまじく、民のいたつき（労苦）・奴《やつこ》（下僕）のつとめを哀れと思ひ知らむには、世に不仁《ふじん》の君はあるまじきを、不仁なる君・不孝なる子も世にあるは、いひもてゆけば、物の哀れを知らねばぞかし。されば物語は物の哀れを見せたる書《ふみ》ぞといふことを悟りて、それを旨として見る時は、おのづから教戒になるべきことは、万《よろづ》にわたりて多かるべきを、始めより教戒の書ぞと心得て見たらむには、中々の物ぞこなひ（誤解）ぞありぬべき」。これは物語のいわば社会的効用を説く論であるから、『玉の小櫛』が松平康定という大名の勧めによって執筆され、恐らくは康定に献上されたであろう書物であるために（五七頁頭注＊印参照）、書きこまれたものと考えられる。なおこうした考え方は、『石上私淑言』第七九項（四四一頁）にも述べられる。

六 古い注釈書。

七 『湖月抄』に引く『明星抄』の論。四〇頁注一参照。『春秋』については一七一頁注七参照。

八 これも『湖月抄』所引『明星抄』の論。五二頁注三参照。「内外の書籍」は、内典《ないでん》（仏教の典籍）と外典《げでん》（仏教以外の典籍）。

古来の道徳的解釈はすべて牽強付会

るは、みなそれを見て懲《こら》さむためなれば《こらしめようというためだから》、この物語も好色淫乱《いんらん》のことを書きて、見る人をして懲さむために書く」といひ、また「[一]人をして仁義《じんぎ》五常《ごじやう》の道に引き入れ、つひには中道実相《ちゆうだうじつさう》の妙理《めうり》を悟らしむ」といひ、また「[二]盛者必衰《じやうしやひつすい》、会者定離《ゑしやぢやうり》の理《ことわ》りを知らしめ、煩悩即《ぼんなうそく》菩提《ぼだい》の理りを悟らしむ」といひ、また、「[三]男女《なんによ》の道を本《もと》とせるは《中心としたのは》、関雎《かんしよ》・螽斯《しゆうし》の徳《徳が》、王道治世《わうだうちせい》の始めたるにかたどる《始めであるのになぞらえたのだ》」といひ、また「[四]天台四教五時《てんだいしけうごじ》の法文《ほふもん》を引き合せて見るべし」といへるなど、ことごとしく《もっともらしく》聞えて、げにと《なるほどと》思ふ人あるべし。それは大きなるひがこと《あやまり》にて、かへりて《かえって》愚昧《ぐまい》なることなり。右の説どもみな当らず、牽強付会《けんきやうふくわい》のはなはだしきものなり。

[五]前にも所々にいへるごとく、ここの《わが国の》物語といふものはまた別に一《一つ》体ありて《のあり方があって》、人の国の《外国の》儒仏《じゆぶつ》の書とはその趣きはるかに異なる物なり。そのはるかに異なる書籍《ふみ》の趣きをもてとかく《あれこれ》引き合せむとするは《〔物語に〕適用しようとするのは》、愚昧《ぐまい》にあらずや、付会《こじつけ》にあらずや。ただここの《わが国の》物語はここの物語を

一『湖月抄』に引く『明星抄』の論。四〇頁注一・五二頁注三参照。「仁義五常」は一七二頁注二を、「中道実相の妙理」は同注四を、それぞれ参照。

二『湖月抄』の「発端」の「大意」に、「天地も始終あり。いはんや人間においてをや。これによりて（『源氏物語』は）盛者必衰、会者定離、生老病死、有為転変の理を深く示す。この上において世間常住壊空《せけんじやうぢゆうゑくう》の法文をたて、煩悩即菩提の文、この物語の大意なり」と論じられている。「盛者必衰、会者定離」は、一七三頁注五を、「煩悩即菩提」は同注九を、それぞれ参照。

三 同じく『湖月抄』の「発端」の「大意」に、「そもそも男女の道を本とせるは、『関雎』『螽斯』の徳、王道治世の始めたるにかたどれり」という。一七四頁注二参照。

四『湖月抄』に引く『細流抄』、および『河海抄』の論。七八頁注三・四、七九頁注一〇参照。

五 四〇頁七行目以下・四六頁一三行目以下参照。

もて論ずべし。[六]その同じたぐひなるがゆゑなり。しかるにその近きわが国の古物語をもて論ずることをば知らず、遠き唐《もろこし》の異類の書を引き出《い》でていふこと、大きにいはれなき《まったく根拠のないことである》ことなり。

まづ『春秋』[七]の褒貶《ほうへん》をもていふこと、大きにかなはず《不適当である》。そのゆゑは、『春秋』は悪《あ》しき事をば悪しくいひ、よき事をばよくいひたればこそ褒貶なれ、この物語は好色ならびなき《好色の点で較べる者もない》源氏の君を始終よき人《よい人の》のためし《例として》にいひたれば、好色をほめてまめなる《真面目なのを》をそしれる《非難している》といふべきか。これをもて『春秋』の褒貶の例と大きに異なることを知るべし。もししひて《無理に》褒貶と見る時は、物の哀れを知ると知らぬとを褒貶せりと《したと》いふべし。そのゆゑは、好色にはかかはらず《好色それ自体は問題とせず》、物の哀れ知れ《知って》るを《いるのを》よくいひ、知らぬを悪しくいへればなり。このこと、前[八]にくはしくいへり。

また儒仏の書籍と同じく、この物語も好色淫乱のことを書きて、見る人《読者に》を懲《こら》さむため《思い知らせるため》、といへるも同じことにて、一向《いつかう》当らぬことな

六　ある一つの物語を基準にして別の物語を批評すれば、同じ性質のものをもって論ずるわけであるから、異質の基準を評価の尺度に持ちこむという誤りを防げる。

七　『春秋』は五経の一。孔子の著。魯《ろ》国を中心にした古代中国の歴史を書く。簡潔ながら独特の記述法で人物の善悪をきびしく判断してあるとされ、それを古来「『春秋』の筆法」という。「褒貶」は、褒《ほ》めることと貶《けな》すこと。なお宣長の以下の論には、契沖の『源註拾遺』の「大意」の次のような一節の影響がある。「『春秋』の褒貶は、善人の善行、悪人の悪行を面々に記して、これはよし、かれは悪しと見せたればこそ、勧善懲悪明らかなれ。この物語は一人の上に美醜相まじはれることを記せり。何ぞこれを『春秋』等に比せん」。

八　一一二頁六行目以下参照。

り。異国の書には、悪逆無道《あくぎやくぶだう》の人のことを書きては、いつたん栄ゆといへどもつひには身滅び禍《わざは》ひをうけ、あるいはその身は幸ひにして一生つつがなし《無事である》といへども、子孫に至りて禍ひをかうぶり《受け》、あるいは子孫絶え果て、またはその身にたちまち禍ひあるやうのことあり。またさなくても《そうでなくても》、悪事をば悪しく議論してこれをそしりたれば、読む人それを見て恐れ慎《つつ》しむべし。この物語は、好色の源氏、一生安楽にして栄華《えいぐわ》この上なく、[一]子孫まで繁昌し、作者の詞《ことば》に〔源氏を〕もよきやうにのみ論じたれば、読む人、ようせずは《悪くすると》好色をよき事と思ひてならふ心は出《い》で来《く》るとも、決して慎しむ心は起るべからず。されば、この説また大きなるひがことなり。

また[二]仁義五常《じんぎごじやう》の道に引き入れんことも《導き入れるということも》おぼつかなし《怪しいものだ》。ようせずは好色の道に入るべし。[三]前《さき》に引ける螢《ほたる》の巻の源氏の君の詞《ことば》に、「姫君の御前にてこの世慣れたる物語などな読み聞かせ給ひそ《こうした達者な色恋沙汰の物語などを読み聞かせてはいけません》」とあるをもて知るべし。またつひには[四]中道実相《ちゆうだうじつさう》の妙理《めうり》を悟らしむといへるは、

一　一六四頁注二参照。

二　「五常」は、普通には仁・義の他に礼・智・信をあてる。儒教でいう、人の守るべき五つの徳目。

三　一六八頁二行目以下参照。

四　宇宙万有の実相は、有でもなく無でもなく、絶対真実の中道であるという道理。

いよいよおぼつかなし。釈迦《しやか》・達磨《だるま》に見せたりとも、この物語にて中道実相の理《ことわ》りはえ悟り給はじものをや《とても悟ることはおできにならないであろうのに》。

また盛者必衰《じやうしやひつすい》[五]、会者定離《ゑしやぢやうり》の理《ことわ》りを知らしむといへる、これはいかにも《たしかに》この世の中の有様この理りをまぬかれず《ありさまはこの道理からはずれることはできず》、またそれにつきて物の哀れも深きこと多ければ、巻々に多く見えたり[六]。されどそれは仏経《ぶつきやう》のやうにその道理を知らしめむためにはあらず、物の哀れを知らしめむためなり。もしその理りを知らせむためならば、必ず源氏の終り《死》を書くべきことなるに、源氏の終りを書かず[七]、また老衰のことをも書かず、ただ源氏は始終よき事ばかり書きて悪しき事を書かぬが、この物語第一の趣意なり。この筋《すぢ》の物の哀れは紫《むらさき》の上《うへ》の薨去《こうきよ》にて書き尽し、源氏の終りをば書かざるにて《書かないことによって》、会者定離、盛者必衰の理りを知らしむるにはあらざることを知るべし（源氏栄華[八]のことは、なほ奥にくはしくいふべし）。

また煩悩即菩提《ぼんなうそくぼだい》[九]の理りは一向によりもつかぬことにて《〔この物語と〕縁もゆかりもないことで》、いとあさ

五 栄える者は必ず衰え、会う者は必ず別れる運命にあるということ。仏教でこの世がはかなく無常であることを説く時に用いる言葉。

六 すぐれた人が死去して、周囲の人々がそれを悲しむことは、冒頭の桐壺の更衣の死から始まって、『源氏物語』中に数多くある。

七 一四頁注九参照。

八 一八五頁一一行目以下参照。

九 仏語。煩悩（迷い）はそのまま菩提（悟り）の機縁であるということ。七九頁一二行目以下参照。

はかなる説、笑ふに堪へたり《おかしくて仕方がない》。これと中道実相《ちゆうだうじつさう》の説は、かの螢《ほたる》の巻の仏経《ぶつきやう》のたとへを悪しく見ていひ出《い》でたること、またしひて《無理に》天台《てんだい》の法門《ほふもん》へ引き入れんとての《ひっぱりこもうとしての》説なれど、さらにさらに《まったくまったく》よせなきこと《無関係のことである》なり。[一]くはしく上巻に螢の巻を引ける所に《引用した個所に》弁ぜり。

[二]また男女の道を本とせるは《〔作品の〕中心にしたのは》、関雎《かんしよ》・螽斯《しゆうし》の徳、王道治世の始めたるにかたどる《ならったものだ》といへる、[三]これは『詩経《しきやう》』の見やうによりて《理解の仕方によっては》当らぬこととはいひがたけれども《いいにくいけれども》、それにかたどりて書けるといふは、大きにひがことなり。

また天台四教五時《てんだいしけうごじ》の法文《ほふもん》に引き合せて見るといへるも、かの螢の巻より出でたり。一向当らぬこと、よりもつかぬことなり《何の関係もないことである》。これも[四]くはしく上巻にいへり。

紫式部の謙虚な人柄

まづ紫式部の性質、この物語と、かの『日記』《紫式部日記》とをもて考《かむが》ふるに、さやうの儒仏の道々しき事を《学問めいたことを》引き出でて賢《さか》しだちたることといふをば《利口ぶったことをいうことを》、大きに女の上には《女の行為としては》憎めるなり。されば式部をほめむとてさやうにい《ほめようとしてそのようにいうの》

一 七七頁七行目以下参照。

二 『源氏物語』が恋愛を中心に書かれているのは、『詩経』の中の「関雎」や「螽斯」の詩に詠まれた夫婦相和して子孫が栄える幸福が、聖人が世を治める道の基本であることにならったものである、というのは。

三 『詩経』のこうした詩を、恋愛をありのままに詠じた詩と解して、そこから無理に道徳的教訓を引き出そうとしなければ、『源氏物語』と趣きが似ているといえないこともないが、『源氏物語』が『詩経』を手本にしたというのは、誤りである、の意。

四 七八頁八〜九行目・七九頁一四行目以下参照。

ふは（は）、かへりて（かえって）式部が心にかなはず。帚木《ははきぎ》の巻に云はく、

「[五]すべて男も女も、わろ者は（なま半可な人間は）、わづかに知れる（ちょっと知っている）方《かた》の事を残りなく（方面のことを全部〔人に〕）見せ尽さむと思へるこそ、いとほしけれ（困りものです）。[六]三史《さんし》五経《ごきやう》の道々しき方（本格的な学問の方面のことを徹底的に究め尽そうとするのは）を明らかに悟り明かさむこそ愛敬《あいぎやう》なからめ（かわいげがないだろうが）、などかは女といはむからに（どうして女だからといって）、世にある事の公私《おほやけわたくし》につけて、むげに知らずいたらずしもあらん（〔学問を〕全然知らず不案内であるということがあろうか）。わざとならひ学ばねども（わざわざ勉強しなくても）、すこしも（多少とも）[七]かどあらん（才知ある女性なら）、人の耳にも目にもとまること（世人の耳目を引くような点が）、自然《じねん》に多かるべし。さるままには（〔しかし〕それにまかせて）真字《まんな》を走り書きて（漢字を達者に書いて）云々[八]。すべて心に知れらん事をも（知っていることでも）知らず顔にもてなし（知らないふりをし）、いはまほしからん事をも（いいたいことも）一つ二つのふしは（〔そのうち〕一つ二つのことは）過《す》ぐすべくなんあべかりける（いわないでおくのがよいようです）」。

この詞《ことば》をよく味《あぢは》ふべし。[九]紫式部、天台の許可を受けて宗旨《しゆうし》を究《きは》めたりとて、中道実相の妙理《めうり》、煩悩即菩提《ぼんなうそくぼだい》の理《ことわ》りなどを知らさむとするは（人に説こうとするのは）、女の分《ぶん》にあらず（分に過ぎたことだ）、「わろ者《もの》は、わづかに知れる事を見せ尽さむとする」といへるものなり。また「三史五経の道々しき方《かた》を明《あき》ら

五 雨夜の品定めの一節。馬の頭《かみ》の言葉。一三八頁一一行目以下にも引かれる。

六 「三史」は、『史記』『漢書』『後漢書』。

七 『源氏物語玉の小櫛』六に、「『かどあらん』にて切るべし。たてて（とりたてて）学問とてはせねども、すこしもかどあらん女は、世の人の耳にとまる詞、目にとまるしわざはおのづから多かるべきことにて、珍しからねば、それに高ぶりほこるべきことにはあらず、との意なり。『かどあらん人の』と続けて見るはわろし。『かどあらん』はその女のことにて、『人』は世の人なり」という。

八 この省略部分に、上に述べた「漢字を達者に書く」ような女を否定する言葉がある。

九 八一頁注五・六参照。

かに悟り明かすは、女にては愛敬なし《女の行為としてはかわいげがない》」といへるを見れば、かの『春秋《しゆんじう》』・『詩経《しきやう》』・仁義《じんぎ》五常《ごじやう》の説《せつ》の当らぬことを知らるる《知ることができる》なり。愛敬《あいぎやう》なしと憎めることをみづからせむや《憎んでいることを自分からするであろうか》。さてさやうの道々しき方を明らかに悟り明かすは、女にては愛敬なきことなり。さればとて《だからといって》、いかに女なればとて[一]世間の事には一向通ぜぬも無下《むげ》のことなれば、女も世間の事には通じてあるべきことなり。これ、さやうにあるべき《そうあるのが当り前なのだ》はずのことなれば《から》、さのみ《それほど》それを高ぶりて自慢すべきことにはあらざるを、わろ者は《なま半可な人間は》、わが知りたる事を人に知らせんとて物知り顔する、となり《というのである》。

賢木《さかき》の巻に云はく、

[二]女のまねぶべき事にしあらねば、この片端《かたはし》だにかたはらいたし。

これは桐壺帝《きりつぼてい》、朱雀院《すざくゐん》へ御遺詔《ごゆいせう》のことなり。かやうの公《おほやけ》《政治向きの公》のはかばかしき事は《的なことは》、女のまねぶべき事ならず、となり。

薄雲《うすぐも》の巻に云はく、

一　世間のことには一向通じていないというのでは、お話にならないから、の意。

二　女が口にすべきことではありませんから、ここにほんの一部お話するだけでも気がひけます。「まねぶ」は、あったことをそのとおりに語る、の意。桐壺院が朱雀院に与えた遺言の一部分を紹介して、その次に出てくる文章で、いわゆる草子地《さうしじ》（四八頁注二参照）。作者が直接顔を出して、帝の遺言は政治に関わることなので、女の私がくわしく紹介するのは憚《はばか》られる、と述べたもの。

三片端《かたはし》まねぶもかたはらいたしや《ほんの一部をお話するのも気のひけることです》。
これも冷泉院《れいぜいゐん》と源氏の君と、天下の政道《せいだう》の事など御物語《おんものがたり》のことなり。
さやうの事を女の片端も《女が一部分でも》まねびて書くは、かたはらいたし、となり。

少女《をとめ》の巻に云はく、

四女のえ知らぬ事まねぶは憎きことをと、うたてあれば漏らしつ。

これは詩のことなり。

大方《概して》式部が心ばへかくのごとし。またかの『日記』に云はく、

五かかること聞き侍《はべ》りしかば、いかに《どのように》人も伝へ聞きて憎むらんと《〔私を〕》恥《は》づかしさに、御屏風《びやうぶ》の上《かみ》に書きたることをだに《上に書いてある漢詩文をさえ》読まぬ顔をし侍りし《読めないふりをしました》。

「かかることを聞く」とは、〔ある人が〕式部を「日本紀《にほんぎ》の御局《つぼね》」とつけたることを《あだ名したことを》聞きてなり。かくのごとく式部は学問だてして《学問をひけらかし》賢《さか》しだつことを《利口ぶることを》ば大きに恥ぢ憎みたれば、諸抄《しよせう》の説に儒仏《じゆぶつ》の書籍《ふみ》に当ててとかくいへるは《あてはめてあれこれ説明するのは》、作者の本意《ほい》にそむけること明《あき》らかなり。

三 凶事が続くことについて冷泉院が不安の念を述べると、源氏が和漢の例を引いて力づけるくだりがあって、その次に出てくる文章。これも草子地である。

四 女の身で、知りもしないことを口にするのは生意気だといわれる、それがいやなので書き漏らしました。源氏が学者たちを集めて漢詩を作る会を催す。その模様を述べたくだりの次に出てくる文章で、これも草子地である。漢詩文も政治と同様に女が関わってはいけない事がらであった。

五 「かかること」は、一条天皇が『源氏物語』を読んで、この作者は『日本紀』を読んでいるに違いないといったところ、もともと紫式部に悪意を持っていた左衛門の内侍という女房が、紫式部は学問を鼻にかけていると陰口をきき、「日本紀の御局」というあだ名をつけたという一件を指す。

荘子・史記・資治通鑑に学ぶというのも牽強付会

古抄《こせう》に云はく、「[一]物語の大綱《たいかう》、『荘子《さうじ》』が寓言《ぐうげん》に本《もと》づけり」と。これまた誤りなり。わが国には物語といふ一体の書《一つの様式の書物があって》ありて、古物語ども多し。されば、この『源氏の物語』も古物語に本づきてその体《てい》に書ける物にして、さらに《けっして》人の国《外国の》の書のたぐひにはあらず。ただしすべて物語のたぐひは無き事を《架空のことを》作りて書ける物なり。ことにこの物語は、おのがいはまほしき事を《自分がいいたいことを》物語の中の人にいはせたるやうのこと多ければ、かの『荘子』が書と、いふところの《作中に述べた》事と心ばへとは《事がらと趣旨とは》はるかに異なれども、その書きやうの《書きかたの》心ばへは《具合は》よく似たれば、『荘子』の寓言の心ばへなりとはいふべし《趣きであるとはいえるだろう》。それに本づくといふは誤りなり。

また「[二]文体は『史記《しき》』の筆法《ひつぱふ》をうつす」といへる説も妄説《まうせつ》なり。『史記』の文体をうつせることさらになし。これは巻々に折々[三]『史記』のことをいひ、また並びの巻をかの[四]列伝《れつでん》に当つる《なぞらえる》などいふより、みだりに《勝手に》いへる説にして、よく文体を味《あぢは》ひ見ていへる説にはあらず

一 『湖月抄』の「発端」に引く『明星抄』に、「まづこの物語の大綱、『荘子』が寓言にもとづけり」という。「寓言」は『荘子』寓言篇で解説される概念で、他の事に託して教訓や意見を述べること。寓言篇に、『荘子』の文章の十分の九は寓言であるという。抽象的な概念を擬人化するなどのたとえ話を用いて難解な思想を平易に解くという、『荘子』に特徴的な論法が寓言である。ここでは、架空の存在に託して自分の思想を語るという方法を、『源氏物語』は『荘子』の寓言から学んだ、という意。

二 『湖月抄』の「発端」に引く『明星抄』に、「うるはしく文体を似するところは『史記』の筆法をうつし、巻に次第を立つるも『史記』の面影を模す」という。ここでいう「文体」は、今日いう「文体」より意味が広く、文章の構成や論旨などをも含めていう。また「巻に次第を立つるも…」は、三〇頁注四の説を指していう。

三 たとえば少女の巻で、大学寮に入った夕霧について、「ただ四、五月のうちに『史記』などといふ書《ふみ》は読み果て給ひてけり」などという。

四 三一頁注五参照。また三〇頁注四参照。

五 『源氏物語』の文章についての詳細な論を書くつもりだったのであろうが、それは果されなかった。ただ『源氏物語玉の小櫛』二の「くさぐさのこころば

[五]（文体のことは別にくはしくいふ）。

すべて古抄《こせう》の説は、ただすこしの事をとらへどころ《根拠》にして、よくも考《かんが》へず、みだりにいへる杜撰《ずさん》のこと多きゆゑに、よく考へてみればみな相違すること多し。学者その心を得て《そのことを理解して》、みだりに《やたらに》注釈《ちゆうさく》を信ずることなかれ。

また[六]段々の《数々の》褒貶《ほうへん》は『資治通鑑《しぢつがん》』の文勢にして《文章の趣きと同じで》、司馬光《しばくわう》が詞《ことば》を学ぶ」といへる、これにて古抄の妄説なることを悟るべし。司馬光は紫式部より後輩にして、『通鑑』はこの物語より五六十年も後《のち》に出《い》で来たる物なり。いかで《どうして》かそれを学ぶことのあらん。時代の前後をさへ考へず、みだりに筆にまかせて書き散らし、学者を惑《まど》はすことなり。

「物のまぎれ」は問題にするほどのことではない

『七論《しちろん》』に冷泉院《れいぜいゐん》の[七]物のまぎれを一部の大事とし《作品全体の重要事と論じて》、この諷諭《ふうゆ》に心つかせ給ひて《お心をおとめになって》、いかにもいかにも物のまぎれをあ《前》

へ」に、『源氏物語』の文章を評した項が二つあるので、その一つを掲げる。他は、一〇三頁注二参照。「まづ唐人《もろこしびと》の文のさまを論ずるやう、大方《おほかた》、言《こと》少なに短かく書きとれるをよしとするは、まことにさることにて、ここ（日本）の文はた同じことにて、『伊勢物語』はまことに言少なにめでたきこと、異《こと》物語にまされり。しかるにこの（源氏）物語の、詞《ことば》長くくはしきは、『伊勢物語』には劣れるにこそと思ふは、その文のよしあしをば尋ねずして、ただ言の長きと短かきとをもて劣り優りを定めむとするは、かの漢文《もろこしぶみ》の定めになづめるものなり。…この物語の文は、言多けれどもさらにいたづら（冗漫）なることなく、よきほどに長くて、いと長き所も長きままにいよいよめでたくこそあれ」。

六『湖月抄』の「発端」に、三条西実枝の説としていう。「褒貶」は、作者が作中人物をほめたりけなしたりすること。『資治通鑑』は宋の司馬光の著。一〇八四年成立。周から五代に至る千四百年間の歴史を編年体にまとめる。この書で歴史上の人物を道徳的に批評しているのを、たとえば源氏や藤壺がよく描かれ、弘徽殿の大后や右大臣が悪く描かれていることになぞらえる説。

七 藤壺が源氏と密通した結果、冷泉院が生れたということ。『紫家七論』の「一部大事」の項はこれを論じている。

あらかじめ《もって》防がせ給ふべし《お防ぎにならねばならない》、ようせずは《悪くすると》疑はしき事[一]あるべしと、君の御心得に書けるなり《「この作品を」君主の御心得のために書いたのだ》。また臣下《しんか》[二]は薫大将のまぎれを見て用意あるべし《薫大将の出生の表に出せない事情を見て用心すべきである》。

といひて、作者の本意《ほい》、皇胤《くわういん》のまぎれを《天皇の血統の混乱を》恐れて書けるゆゑに、一部の大事なりとせり《作品全体の重要事と論じた》。今按《あん》ずるに《考えるに》、これまた唐《もろこし》の書《ふみ》の趣きをもて見るゆゑに、かくのごとく一部をことごとく諷諭《ふうゆ》の心に見るよりして《意図に解釈することから》、この事は皇胤のまぎれなればと心つきて《注意がひかれて》、一部の大事と思へるなり。かの『七論』を見る人、げにもと《もっともだと》思ふべきことなれども、とかく物語は人の国の《外国の》書《ふみ》とは趣きの大きに異なる物なれば、その大きに異なる書を見る心ばへをもて読むときは、大きに作者の本意にそむき、物語の意味も知れがたきなり《理解しにくいのである》。いかにもいかにも唐の書の道々しき《道徳的な》心を《意図を》うち棄《す》ててすこしも《まったく》かかはらず《関知せず》、ただわが国の歌・物語の心ばへをよく会得《ゑとく》してこの物語を見る時は、かの『七論』の僻説《へきせつ》[三]なることおのづから知るべし《自然と分るはずである》。唐[四]の書の習気《しふき》の失《う》せぬ間《あひだ》は、この物語の意

一 帝の妃が密通して皇統の純血に疑問が生ずることをいう。『紫家七論』の、ここの引用部分のすぐ前に、大略次のようにいう。「源氏が藤壺に通じて冷泉院を産ませた姦淫の罪は重いが、それによって皇統が乱れたわけではない。源氏は桐壺院の子であるから、冷泉院は正しく桐壺院の孫に当り、神武天皇の御血統なのである。そうであってすら、冷泉院の次の帝には冷泉院の皇子を立てず、桐壺院の実子である朱雀院の皇子を立てて、皇統が素性正しい朱雀院の系統にもどるように物語を設定した。紫式部の寓意は何ときびしいことか」。要するに、「物のまぎれ」は、紫式部が、皇統の純血が乱れないよう天皇に警告する意図をもって設定したという説で、ここの引用の冒頭の「この諷諭」とは、天皇たる者、後宮をしっかり監督しなければ皇統が乱れる恐れがある、ということ。賀茂真淵の『源氏物語新釈』の「惣考」も、この『紫家七論』の説をそのまま受け入れている。

二 臣下はまた、源氏の子供の薫が実は柏木の子であることを見て、各自の家の血統が乱れないよう、妻妾《さいしょう》を監督しなければならない、の意。

三 かたよった説。道理にあわない説。

四 中国の書物によって身にしみついた物の考え方のなくならない間は。

味はえ知るまじき《とても理解できないだろう》ことなり。

唐《もろこし》の書《ふみ》の道々しき方《かた》を離れて、ただ歌・物語の趣きをもて見るときは、この一事《(物のまぎれ)》を別に《特に》出《い》だして《取り出して》論ずべきことにはあらず。これもおのづから物語の中の一事にして、物の哀れを知らさむためのことなれば、格別に論ずべきにはあらねども、かの『七論』に一部の大事といへるにつきて、[五]〔源氏物語を〕見る人これに迷ふゆゑに、しばらく《ここでちょっと》この一事を書ける作者の趣意をいふべし《説明しよう》。

まづ[六]女御《にようご》・后《きさき》に臣下《しんか》の密通《みつつう》のことは、『伊勢物語』に[七]二条の后のこと、『栄華物語《えいぐわ》』に[八]花山院《くわざんゐん》の女御のこと、『後撰集《ごせんしふ》』に[九]京極《きやうごく》の御息《みやすん》所《どころ》のことあり。その外《ほか》今の世に伝はらぬ古物語の中にもかやうの事あるべきなり《あるはずである》。されば、それらの例によりて《先例にならって》この源氏の君と[一〇]薄雲《うすぐも》の女《にょう》院《ゐん》とのことも書けるなるべければ《書いたのであろうから》、さのみ《それほど》議論もいらぬことなり。

そのうへ、かの二条の后・花山院の女御のことは現《うつつ》にありしことな《実際にあったことま》るさへ《で〔遠慮なく〕》書きあらはし《書き表わし》、また『後撰』は勅撰の集なるさへ《勅撰集であるのまでが》その名をあ《当人の名を明示》

五 底本「つけて」。自筆稿本に「つきて」とあるのに従う。

六 女御・皇后に、臣下が密通した例は。

七 清和天皇の皇后。在原業平と密通したことが、『伊勢物語』の三・四・五・六段に語られる。

八 花山法皇の女御婉子が中納言藤原実頼と密通したことが、『栄華物語』見果てぬ夢の巻に語られる。

九 宇多天皇の妃の一人。『後撰集』一三、九六一番の元良《もとよし》親王の歌「侘びぬれば今はた同じ難波《なには》なる身をつくしても逢はむとぞ思ふ」の詞書に、「事出で来て後に、京極の御息所に遣《つかは》しける」とあり、親王と御息所の密通が発覚した後に、御息所に贈った歌と解されている。以上三人のことは『紫家七論』の「一部大事」にもあげられていて、「これらの御方々、心ばせ重からずして、私のねぎごと（相手の男のひそかな懇願）になびきたるなるべし」とある。

一〇 藤壺のこと。九〇頁注三参照。

らはして《して》書けり《書いている》。いはんやこの物語《(源氏物語)》は作り事なれば、かやうのこと《こういうことを書い》書ける、《たからといって》何のことかあらん《どうということもない》。別に深き心あるべきにあらず《特別に深い意図があるはずはない》。

ただし『伊勢』『栄華』等には、[一]そのことにつきて《その密通に関して》皇胤のまぎれたることはなし《天皇の血統が乱れたという事実はない》。これは《今の場合は》そのまぎれあるゆゑに大事なりともいふべけれど、[二]すでに密通あるうへはそのまぎれは必ずあるべきもはかりがたき理りなれば《きっとあるはずだということも一既に否定できない道理なので》、かの『伊勢』『栄華』に密通を書きしも、物のまぎれを書けるも同じことなり。密夫《みつぷ》を持ちたる妻の子を生まむに《妻が子を産もうとする際は》は、その夫《をつと》、必ず物のまぎれは疑ふべきことにして、[三]他より心をつくるに及ばぬことなり。されば[四]密事を知ると知らぬは大事にして、密通を知るうへは、物のまぎれは知らするには及ばぬことなり。[五]秦《しん》の始皇《しくわう》・晋《しん》の元帝《げんてい》のことはそのたぐひ異なり《事の性質が別である》。されば密通のことは『伊勢』『栄華』の物語にも書きたれば、今さらこの物語に大事として知らしむべきにもあらず《〔読者に〕教えてやるほどのことでもない》。

物のまぎれ《(不義の子の出生)》を書けることは、すべてこの物語は古物語に書き古さ《あまり書かれ》

一 密通の男女の間に子供が生れなかったので。

二 物のまぎれ（不義の子の出生）はなかったということになっている『伊勢物語』『栄華物語』などの場合でも、密通があった以上、その婦人の産んだ子供には疑惑が残る、ということ。

三 その子はあなたの子かどうか分らない、ということを、はたから注意してやるまでもないことである。

四 夫にとって大事なのは密通の有無を知ることであって、密通があったとなれば物のまぎれの疑惑（子供が誰の子かという問題）は必然的に付随するのであるから、疑惑があるということを、夫にわざわざ教えてやるにも及ばない、の意。右に「密通を書きしも、物のまぎれを書けるも同じことなり」といったのに説明を補うつもりで、このようなことをいっている。

五 中国における「物のまぎれ」の例として、旧注に指摘される。一九二頁注一参照。ここで宣長が「そのたぐひ異なり」というのは、秦の始皇は父の荘襄《そうじよう》王の子ではなく、実は呂不韋《りよふい》の子であるが、それは始皇の母が密通したというのではなく、荘襄王が呂不韋から愛妾を譲ってもらった時、愛妾はすでに呂不韋の胤《たね》をはらんでいたのに、それを秘密にしていた（『史記』呂不韋伝）という事情によるものであり、これは、子供の父親が誰かという問題が、密通に付随するという形をとらずに成立するケースである、ということ。晋の元帝については、『晋書』元帝紀に元帝の母が牛氏《ごし》に密通して元帝を産んだとあり、宣長があげているわ

ぬ事を《ていないことを》珍しく書き出《い》だせるが一段の妙手なれば《一段すぐれた手腕なのだから》、この事も、かの『伊勢物語』などにあること、または花山院《くわざんゐん》の女御《にようご》のことなどのありしを準拠《なずらへ》にして、薄雲密通を書き、さてその上を《そしてそれ以上のことを》一段珍しく書かむために物のまぎれは書き加へたるなるべし。かくのごとく見る時は、この事を書けること怪しむに足らず《不審がる必要はない》。また大事とするに及ばぬことなり。

ただしなほ《やはり》この一事は作者の心ありて《作者に特別の意図があって》書けるものなるべしといひて、しひて式部が趣意を按ずる時は《ことさら紫式部の意図を考えてみるならば》、この一事におきて、好色の物の哀れのいたりて《きわめて》深きところを書き出ださんがためなり。また源氏の君の栄華をきはめていはんためなり《徹底的に述べようとしてである》。この二つの心にて書けるものなり。

作者の一つの意図は、深い物のあわれを描くため

まづ物の哀れのいたりて深きところを書きあらはさむがためといふゆゑは、前にもいへる六ごとく、好色ほど哀れの深き物はなし。その好色の中にも、万《よろづ》すぐれて《万事につけてすぐれ》わが心にかなふ人には《自分の心に満足のいく人に対しては》、ことに思ひの

が王朝の密通の話とどのように「そのたぐひ異なり」なのか、判然としない。

＊前述の上田秋成の『ぬば玉の巻』（七四頁頭注＊印参照）では、藤壺との密通を始めとする源氏の好色の行状を、「しふねくねぢけたる（しつこくてゆがんだ）ところある君なりけり」と批判している。秋成は、文学を鑑賞するということは作中人物の行為を道徳的に批判することであるという、勧善懲悪の文学観からは脱却していたから、これは源氏の不道徳をあげつらう論ではなく、源氏のあまりの好色ぶりが人間の造型としてリアリティーを欠如しているという作品批判である。したがって「須磨のさすらへ（流謫）は己《おの》れ罪なしと覚えたるは、教へ（教養）なき山賤《やまがつ》が心なり」と、源氏の幼児的自己中心性をも指摘して、「女々《めめ》しき心もて書きたるには、ところどころ行きあはず（矛盾していて）かつ愚かげなる事も多かりけり」と、そういう不十分な人物造型しかできないのは、紫式部が所詮女だからだと論じている。『源氏物語』は源氏一身の上に「よきことの限り」を描き出そうとしたものだと考える宣長においては、秋成のような、源氏の人物像にリアリティーがあるかどうかという問題は、存在しない。

六　一四一頁以下参照。

深くかかるものなり。また逢《あ》[一]ひがたく、人のゆるさぬことの、わりなき仲は、ことに深く思ひ入りて哀れの深きものなり。されば今この一事は、物の哀れの深くかかる恋の中にも、ことに万《よろづ》にすぐれたる人どちにして、またことに逢ひがたく、またことに人のゆるさぬわりなき事を書き出《い》だして、物の哀れのいたりて深きところを書きあらはせり。

　まづ源氏の君はもとより万《よろづ》人にすぐれたる人にて、物の哀れをよく知る人なり。さて薄雲《うすぐも》の女院《にようゐん》もまた万《よろづ》にすぐれたる人にて、前に[二]いへるごとく女の中にはたぐひなきよき人なれば、源氏[三]の心をかけ給ふところに、忍びがたき物の哀れのありしゆゑに、このことは出で来つらん。また源氏の君の心にも、この君をばすぐれて難なき人と思ひて心にかなひたるゆゑに、たがひに物の哀れの忍びがたきところありつらんゆゑに、源氏の君、一生涯この君のことをば忘れ給はず、何事につけても思ひ出でて、その、人にすぐれたることを恋

世間で許さぬ恋愛の　道理にはずれた間柄というものは
夢中になって
人同士であって
道理にはずれたことを
二人の密通は発生したのであろう
欠点のない人
と

一　不倫の恋においてこそ、物のあわれはとりわけ深いという考え方。『石上私淑言』第七四項（四二四頁）参照。また恋のこうした一面は、『源氏物語』において源氏の個人的性癖としても描かれている。賢木《さかき》の巻で、六条の御息所が源氏との離別を決意し、斎宮になった娘に従って伊勢へ下ることになり、源氏が送別の歌を贈ると斎宮が返歌をよこす。源氏がその返歌を見て、斎宮（のちの秋好む中宮）にふと好き心を動かすことを、「かうやうに例に違《たが》へるわづらはしさ（このように普通と違った面倒な恋）に、必ず心かかる御癖《くせ》にて」と評する。「例に違へるわづらはしさ」とは、この場合でいうと、神に奉仕する身ゆえに恋愛はタブーとされており、かつ嫉妬深い六条の御息所の娘である斎宮に恋心をおぼえることをいう。そういう、実現しようとすれば種々の面倒が予想される恋に気持が動くのが、源氏の「御癖」であるという。

二　九三頁一二行目以下・一一七頁七行目以下参照。

三　源氏が恋い慕ったところに、藤壺にとって押えることのできない物のあわれがあったため、藤壺がその物のあわれに感じて、の意。ここは藤壺を主体にしていっている。

四　たとえば朝顔の巻で、藤壺が三月に没したその年

ひしのび給へり。[四]巻々にその詞《ことば》見えたり。これ恋の中にもよき人のわが心にかなふは、ことに思ひの深くかかれるなり。

さてまたこの密通はいたりて逢ひがたく、いたりて人のゆるさぬことの、いたりてわりなき仲なれば、ことに深く思《おぼ》し入れて一生涯忘れ給はず。これまた巻々[五]にその心見えたり。これ逢ひがたく人のゆるさぬわりなき仲は、ことに深く思ひ入りて哀れの深かりしなり。かくのごとくこの御事は物の哀れの深かるべき限りを取り集めて書けるものなり。これすなはちかの螢《ほたる》の巻にいへる、「[六]よきさまにいはむとては、よきことの限りを選り出で」といへるものなり。「よき」とは物の哀れを知ることなり。前[七]にくはしくいへり。

道理にはずれた間柄なので
夢中になられて
深くあるはずの条件をすべて一つの設定の上に
集めて書いたものである
よいように
おうとしては「その人の」よいことのすべてを選び出して

もう一つの意図は源氏の栄華を尽すため

さてまた物のまぎれを書けることは、源氏の君の栄華をきはめていはんためといふゆゑは、これまた「よきさまにいふとては、よきことの限りを選《え》り出で」といへる心にて、すべて何の物語にも主《しゅ》としてよきさまにいひなす人[八]あるなり。その人のことをいふとては、

徹底的に
述べるとなると

の冬の一夜、源氏は紫の上に向ってさまざまの婦人の人がらを語って聞かせるが、藤壺について、「もて出でてらうらうじきことも見え給はざりしかど（取り立ててしっかりしているというふうにもお見えにはならなかったが）、いふかひありて（立派で）、思ふさまに（申し分なく）、はかなき事わざをもしなし給ひしはや（ちょっとした事でも格別にやってのけられた）。世にまたさばかりのたぐひ（あれほどのお方）ありなんや」などと述べている。

五 たとえば幻の巻で、源氏は明石の上に対して次のように語り、最愛の紫の上の死後にもなお藤壺を追慕する気持のあることを示す。「故后《きさい》の宮（藤壺を指す）のかくれ給へりし春なん、花の色を見ても、まことに（古歌にいうように）『心あらば（桜も今年だけは黒く咲いてほしい）』とおぼえし。…（私は藤壺の）をかしかりし御有様を幼くより見奉りしみて、さる閉《と》ぢめ（死亡）の悲しさも、人よりことにおぼえしなり」。明石の上は藤壺との密通のことを知らないので、源氏はあくまでも義母への通常の追慕であるかのように語っている。

六 六三頁一二行目参照。なお底本、「よきさまには」とある。「は」を省く。「いはむ」は、螢の巻の原文では「いふ」。

七 八四頁六行目以下参照。

八 登場人物がいるものである。

世にあらゆるよき事を選《え》り集めていへり。されば身の栄華《えいぐわ》もよき事のうちなれば、その人の幸ひありて、つひには上なき《この上ない》幸ひになることを書ける、これ物語の通例なり。されば今この物語も源氏の君を主《しゆ》として、よき事の限りを選り出でてこの人のことをいみじく《立派に》書ければ、その栄華をきはめて《頂点に至ったように》書かむとするに、およそ人の栄華の極《きはま》りは帝位なり。されば[一]執政《しつせい》・大臣《だいじん》の尊貴《そんき》といへども、人臣《じんしん》の位《くらゐ》はなほ《まだ》あかぬ《不十分な面がある》ことあり。ゆゑに[二]太上天皇《だいじやうてんわう》の尊号《そんがう》をかうぶらしめて《いただかせて》、源氏の君の尊貴栄華をきはめたり。

さてその尊号をかうぶらしむるに、そのよしなくては《理由がなくては》[三]虚誕《きよたん》に近きゆゑに、天子の父として尊号をかうぶらしめたり。天子の父とせむ[四]料《れう》に物のまぎれは書けるなり。されば源氏の君は天子を[五]（桐壺《きりつぼ》の帝《みかど》）父とし、天子と[六]（冷泉院《れいぜいゐん》）后《きさき》と（明石《あかし》の中宮《ちゆうぐう》）大臣《だいじん》と（夕霧《ゆふぎり》）を子として、尊号をかうぶり給ふ。ここに至りて尊貴栄華きはまれり。

さて[七]冷泉院の物のまぎれは、またく《まったく》天子を子に持ち給ひて尊号を

一 摂政・関白。天皇の臣下として昇り得る最高位。
二 退位した天皇の尊称。一六四頁注一参照。
三 でたらめ。
四 手段として。
五 源氏は桐壺院と桐壺の更衣との間に生れた。
六 桐壺院の中宮の藤壺が、源氏と密通して産んだ男子。以下、源氏の三人の子供については一六四頁注二参照。
七 冷泉院が出生したという「物のまぎれ」、の意。
八 藤壺が崩じた直後、夜居《よい》の僧（帝の側に伺候して終夜加持《かじ》する僧）が冷泉院に、冷泉院の実の父親は源氏であるという秘密をこっそり奏上する。僧のいうところでは、藤壺に仕えていた王命婦《おうみようぶ》という女房と自分だけがこのことを知っていると。時に冷泉院は十四歳。源氏は三十二歳。桐壺院が崩じてから九年、冷泉院が即位してから三年たっている。
九 重大事でございますことを。底本・自筆稿本ともに、「侍ることを」の左傍（自筆稿本は右傍）に、小字で「心ヲツクヘシ（注意しなければならない）」と記入する。次の一〇～一一行目にいう「を」についての注意。
一〇 中宮。藤壺を指す。
一一 源氏を指す。

かうぶらせ奉《たてまつ》らんために書くといふ証《しよう》は、薄雲《うすぐも》の巻に云はく、

八 これは来しかた行く先《さき》《過去将来にわたる》の九 大事と侍る事を、過ぎおはしましにし院《お亡くなりになった桐壺院》、一〇 后《きさい》の宮、ただいま《現在》世をまつりごち給ふ《政治にたずさわっておられる》一一 大臣《おとど》の御ため、すべてかへりてよからぬことにや漏り出で侍らん《かえって具合の悪いこととして世間に漏れてしまうかもしれませんが》、かかる《〔私のような〕》老法師の身には、一二 たとひ憂《うれ》へ侍りとも何の悔《く》いか侍らん、仏天《ぶつてん》の告げあるによりて奏し侍るなり《仏や諸神のお告げがございましたので申し上げるのです》。

これ、夜居《よゐ》の僧、この物のまぎれのことを冷泉院へひそかに奏せむとての詞《ことば》なり。この詞をよくよく味《あぢは》ふべし。「来《き》しかた行《ゆ》く先の大事」とは、いま冷泉院の《冷泉院が》、実の父を知らずして《本当の父親を知らないまま》、臣下として《〔源氏を〕》おき給ふことなり。「大事と侍る事を」といへる、「を」文字に心をつくべし《注意すべきである》。一三 この「を」文字を「仏天」といへる所へ掛《か》けて見るべし。さらでは《そうでないと》この「を」文字心得られぬなり《理解できないのである》。この事を奏しては、過ぎ給ひし院・后《きさい》の宮・今の源氏の大臣《おとど》の御ために一四 かへりて《かえって》よからぬことになり侍らんも知らねど《なってしまうかも知れないが》、老法師はたとひその咎《とが》めに当りても苦しか《かまわない》

一二 たとえお咎めがございましょうとも、何の後悔することがありましょう。

一三 「過ぎおはしましにし」から「悔いか侍らん」までを、挿入句として見よ、との意。

一四 「来しかた行く先の大事」について、『湖月抄』に格別の説はないが、「物のまぎれ」（冷泉院という不義の子の出生）を指すという説が当時行われていたものか。宣長は次頁二〜三行目に見るように、「冷泉院が源氏を実父と知らないまま、臣下として扱っていること（したがって、もし冷泉院が事実を知ったら、源氏に孝養を尽そうとするであろうこと）」を指すと考えており、『源氏物語玉の小櫛』一二で、『源氏物語』の原文にあるこの「かへりて」という語に注目して、次のように自説をより強く述べている。「（自分、すなわち僧が）この事を奏して、（帝が）実の御父を知りて、孝《けう》じ給はむは、いといとよき事なれども、桐壺の帝・藤壺の中宮・源氏の君などの御ためにかへりてよからぬ事に漏り聞えやせむ、となり。しかるにもしこれ（来しかた行く先の大事）を、物のまぎれの方（密通・不義の子の出生それ自体）を『大事』といふと見ては、『かへりてよからぬこと』といへるにかなはず。物のまぎれのことならば、（世間に漏れては）この御方々のためによからぬことは、もとよりの（当然の）ことなれば、いかでか『かへりて』とはいふべき。この『かへりて』といへる言に心をつけて、文の意を悟るべし」。

らず、これは来しかた行く先の大事なるゆゑ、それを仏天《ぶつてん》の告げに《お告げの》まかせて《ままに》奏する、といふことなり。されば「大事」といへる作者の意は、実《まこと》の父を〔冷泉院が〕知ろしめさぬことを《お知りにならないことを》主《しゅ》としていへるなり。ゆゑにこの上の詞にも《この前の方の文章にも》、「〔帝が〕知ろしめさぬに罪重くて《御存知ないためにその罪が重くて》、天の眼《まなこ》恐ろしく思う給へらるることを《天の眼が恐ろしく思われますことを》」といへり。これも源氏は実の父なることを〔帝が〕知ろしめさぬが《お知りにならないのが》「罪重き」[二]といひ、「天の眼恐ろしき」といふも、実の父を知らずして臣下にしておき給ふを見そなはす《御覧になる》天の眼が恐ろしき、といふなり（またこの僧都《そうづ》の、[三]我ばかり知りながら知らせ奉らぬことを、天の照覧《せうらん》おそろし、といふ心にも見るべし《解釈できる》。[四]下文に見ゆ）。

また云はく、

〔夜居の僧が〕くはしう奏するを聞し召すに《お聞きになると》、〔冷泉院は〕あさましう珍らかにて《思いもかけず驚くべきことで》、恐ろしうも悲しうも様々《さまざま》に御心乱《みだ》れけり。

かの物のまぎれのやうを《事情を》聞《きこ》し召《め》しての冷泉院の御心なり。「あさましう」といへるも、「恐ろしう」といへるも、「悲しう」といへるも、

一 夜居《よい》の僧が、前頁二行目以下のことを奏上する際に、前置きのようなことをいって口ごもる。その前置きの一節。

二 冷泉院が真相を知らないまま、実父の源氏を臣下として扱っていたことは罪に当る、という指摘自体は、宣長の独創ではなく、『湖月抄』で、このあたりの頭注に、「これ、源氏は冷泉院の実父なるを知り給はで、臣下としておき給ふゆゑ、この咎めによりて、天よりも奇瑞を顕《あら》はし（注六参照）、公《おほやけ》の後見《うしろみ》すべき人々（国政を補佐すべき人々）も逝去あると、僧都は知りて、このよしを冷（泉院）へ知らせ参らせたくはあれども」などとある。

三 自分一人知っていながら、帝にお知らせ申し上げないことを、天が御覧になっているであろうことが恐ろしい。

四 以上の解釈に従うと、「罪重くて」の主語も「お知らせ申し上げない私（夜居の僧）自身」ということになる。「下文に見ゆ」というのは、次頁八～九行目の「さらに某と王命婦とよりほかの人、このことの気色見たる、侍らず」が、ここでいう「我ばかり知りながら知らせ奉らぬ」に相当する、ということ。

みな父を知らずして臣下としておきしことを思《おぼ》し召《め》すなり。
また云はく、
心に知らで過ぎなましかば《知らないままで過ぎていたとしたら》、後の世までの《来世にまで及ぶ》咎《とが》めあるべかりける《罰を受けるはずであった》ことを《ことを》云々、
冷泉院の御詞《ことば》なり。源氏を父なりといふことを知らで過ぎなば、と《と》なり《いうのである》。
また云はく、
さらに某《なにがし》と王命婦《わうみやうぶ》とよりほかの人《拙僧と王命婦以外の者で》、[五]このことの気色《けしき》見たる、侍らず。さるにより《それだからこそ》なんいと恐ろしう侍《はべ》る。[六]天変《てんぺん》しきりにさとし《天変がしきりに啓示を現し》、世の中静《しづ》かならぬは《不穏なのは》、このけなり《このためです》。
前に「天の眼《まなこ》恐ろしう」といへるを受けて、「さるによりなんいと恐ろしう」といへり。天変のさとし、世の中の静かならぬも、みな父を知ろしめさぬをとがむるなり《〔帝が〕本当の父親を御存知ないのを咎めるのである》、といふことなり。
いときなく《〔帝が〕まだ幼くて》、物の心を知ろしめすまじかりつるほどこそ侍りつ《物の道理がお分りになるはずがなかったうちはそれでもようございました》

五 この間の事情を知っている者はおりません。
六 薄雲の巻のこの夜居の僧の密奏のくだりの前に、この年は世間に変事（疫病の流行や災害）が多く、月日星雲の天文現象にも異変があったことを述べている。「さとす」は、神仏が、天変などを通じて、思うところを人間に示すこと。

れ、《が》やうやう《次第に御年齢が》御齢《よはひ》足りおはしまして《十分になっていらっしゃって》、何ごともわきまへさせ給ふべき《どんなことでもお分りになるはずの》時にいたりて《時機になって》、［天は］咎《とが》をも示すなり《その罪を示すのです》。

この詞《ことば》を見よ、「天の眼恐ろしき」といひ、「大事」といひ、「仏天の告げ」といひ、「天変」といひ、「世の中静かならぬ」といへる、みな父を知らせ給はぬことの咎めなり。[一]もし物のまぎれの方《かた》を主《しゆ》としていはば、などかは《どうして》冷泉院《れいぜいゐん》にのみその咎めあらん《咎めがあるのだろう》。それならば源氏の君にこそ咎めはあるべけれ《あるはずである》。源氏にはすこしも咎めなくして、冷泉院《れいぜいゐん》に咎めをかくるをもて《咎めを負わせることをもって》、父を知ろしめさぬ咎《とが》を主《しゆ》としていへることを悟るべし。

　万《よろづ》の事《一切のことは》、親の御世《みよ》より始まるにこそ侍るなれ《親の時代に起因するもののようでございます》。

僧の詞、かくあるべきことなり《こうあるはずのことである》。万事《ばんじ》親のつくりおく善悪の、子の世に報《むく》ゆること多し。しかればいま冷泉院《冷泉院が》の十善[二]の帝位に登りて四《し》海《かい》を保ち給ふも《天下をお治めになるのも》、源氏の君の陰徳《いんとく》によりてかくのごとし。されば［冷泉院が］天子の御位《くらゐ》を踏み給ふも畢竟は父の徳なるに《につかれたのも結局は父の源氏の徳のためであるのに》、その恩《おん》を知ろしめさず《御存知なくて》

天の咎めを受けたのは源氏ではなく冷泉院

一『源氏物語玉の小櫛』二に、「もしこれら（仏天の告げや天変など）、物のまぎれの方のゆゑならむには、その咎めは多く源氏の君にこそかかるべきに、ただ冷泉院にのみかけて申せるを思ふべし。橋姫の巻に、薫の君（源氏の正室の女三の宮が、柏木と密通して産んだ男子）の、宇治にて弁の尼に、実の父は柏木の君なることを始めて聞き給ひしところの詞に、『（あなた、つまり弁の尼との）かかる対面なくば、（実の父を知ることなく）罪重き身にて過ぎぬべかりけること、などのたまふ』とあるをも、引き合せて悟るべし」という。

二　前世で十善を行なったためにこの世で得る帝位。「十善」は不殺生《ふせつしよう》・不偸盗《ふちゆうとう》・不邪淫《ふじやいん》など十種の善。

して、《〔源氏を〕》臣下として使ひ給ふゆゑに、様々《さまざま》の咎《とが》め・さとしはあり、となり。

また云はく、

故院《亡くなった桐壺院》の御ため《のためにも》もうしろめたく《気がかりで》、大臣《おとど》[三]のかくただ人にて世に仕へ給ふも《源氏の大臣がこのように臣下として仕えていらっしゃるのも》哀れにかたじけなかりけること《おいたわしく畏れ多いことであると》、かたがた《あれこれ》思《おぼ》し悩みて《お悩みになって》、

冷泉院の御心なり。

また云はく、

いよいよ《ますます》御学問をせさせ給ひ《なさって》つつ云々、一世《いつせ》[四]の源氏また納言《なごん》・大臣になりて後に、さらに皇子《みこ》にもなり、位にもつき給へるも、あまたの例《ためし》ありけり。《〔源氏の〕》人柄のかしこきに事よせて《すぐれているのにかこつけて》[五]さもや譲り聞えましなど、万《よろづ》にぞ思《おぼ》しける。秋の司召《つかさめし》[六]に太政大臣《だいじやうだいじん》になり給ふべきこと云々、

冷泉院いよいよ御学問をし給ふは、源氏の君を帝位につけ奉らんと思し召して、その例を《その前例を》考《かむが》へ給ふなり。ゆゑに下に「あまたの例あり

三 底本・自筆稿本ともに、「大臣」（表記は「おとゝ」）の右傍に小字で「源氏也」と記入する。

四 皇子が源姓を賜っていったん臣籍に降下したり、あるいは大・中納言や大臣に就任してのちに、皇太子になり、帝位におつきになることも、たくさんの前例がある、の意。『河海抄』には、光仁天皇（もと大納言）・桓武天皇（もと従五位上、大学頭・中務卿）・光孝天皇（もと一品《いつぽん》式部卿）の例をあげてある。

五 源氏に帝位を、それらの前例のようにお譲り申し上げようかなどと、万事につけてお考えになる。

六 諸官庁の官吏を任命する儀式。毎年秋に行う。なお源氏は、太政大臣に任じようという冷泉院の意向をこの時は辞退する。源氏が太政大臣になるのは翌年のことである（少女《おとめ》の巻）。

けり」といへり。これ、御学問して考《かむが》へ給へるところをいふなり。一「唐《もろこし》には」「日の本には」といへるわたり《いっているあたりを》を見て、「この御学問は物のまぎれの例を考へ給ふなり」といへる説はかなはず《不適当である》。「一世の源氏」といへるところへ直《ただ》ちに書き続けて、「例ありけり」といへるを見れば、源氏の君を位につけんとて、その例《前例を》を考へ給ふ御学問なり。さていつたん二ただ人《臣籍に降下した人が》になれる人の位《帝位に》につき給ふ例もあまたあるゆゑに、源氏を位《くらゐ》につけ奉らむことを思《おぼ》して、まづ太政大臣《だいじやうだいじん》にし給ふなり。

この詞《ことば》どもをよくよく味《あぢは》ふべし。この「物のまぎれ」を書ける趣意は、戒《いまし》め・心得のためにはあらず。またく《まったく》源氏を天子の父として三尊号をかうぶらしめ《いただかせる》むためなり。さて《そうして》それは源氏の君の栄華をきは《頂点に》めて書かむためなり《達したように描くためである》といふことを知るべし。

源氏を皇位につけなかった理由

問ひて云はく、源氏の尊貴栄華をきはめて書かむために太上天皇《だいじやうてんわう》の尊号をかうぶらしむるならば、何とて《どうして》いま一段《もう一段階》きはめて《徹底させて》、天子の

一　前頁八行目の引用文の「いよいよ御学問をせさせ給ひつつ」の次の省略部分に、薄雲の巻の原文では「さまざまに書《ふみ》どもを御覧ずるに、唐には、あらはれても忍びても（公然たること、秘密のこと、さまざまであるが）みだりがはしきこといと多かり。日の本には、さらに御覧じ得るところなし」とある。この「唐には…」について、『湖月抄』所引の『細流抄』や『紫家七論』の「一部大事」に、宋の随筆『鶴林玉露』などを引いて、秦の始皇帝と晋の元帝が実はそれぞれの父親の子ではないこと（一八二頁注五参照）を指摘する。ここで宣長がいう「この御学問は物のまぎれの例を考へ給ふなり」という説とは、このとおりの文章が宣長に先行する注釈書類にあるわけではなく、右の『細流抄』や『紫家七論』の態度を指していっているのである。

二　前頁注四参照。

三　太上天皇の号。

位にはつけ奉らざるぞや《おつけ申し上げないのか》。

答へて云はく、狭衣《さごろも》[四]の大将《たいしやう》は、かの物語に主《しゆ》としてよき事の限りをいひ集めたる人なり。ゆゑにつひには天子の位につけて、その尊貴栄華をきはめて書けり。これもこの物語と同じ趣意なり。されば紫式部も源氏の君の栄華をきはめて書かむとする趣意なること、同じたぐひをもて引き合せて見るべし。しかるにかの『狭衣』は、天[五]子の位につけたるによりて何とやら《何となく》むことさらめきて《わざとらしくなって》、いかにも作り事のやうに思はれ、また天子の位になり給ふところの書き様《やう》もあさはかにてよせなく《必然性がなく》、虚誕《きよたん》[六]に聞ゆるなり。これが『源氏物語』より一段上を書かむとして《一段階徹底したことを書こうとして》、かへりて《かえって》大きに劣れるところなり。これを《この一事を》もても《もってしても》『源氏』と『狭衣』との勝劣《しようれつ》はるかなること知らるるなり《優劣のかけ離れていることが知られるのである》。紫式部はそこに一段心をつけて《ひときわ注意して》、わざと天子の位にはつけ奉《たてまつ》らず、太上天皇にて源氏の君の栄華をば書ききはめたるが《書き納めたのが》、妙手なり《すぐれた手腕なのだ》。

さてその太上天皇の尊号さへ、よせなく《いわれなく》にはかに《突然に》書きては作り事

四 『狭衣物語』の主人公。ある事情からその子が皇子として扱われ、さらに皇太子に立てられることになるが、父を臣下においたまま子が帝位につくのは道に反するという天照大神のお告げがあり、父の狭衣の大将が皇太子になり、やがて即位する。なお『宝暦二年以後購求謄写書籍』によれば、宣長は宝暦二年以前に『狭衣物語』八冊本を銀六匁《もんめ》で購入しており、さらに宝暦九年閏七月、里村紹巴《さとむらしようは》著の注釈書『狭衣下紐《さごろもしたひも》』を添えた十六冊本を銀十九匁で購入している。

五 『源氏物語玉の小櫛』二にも、「『狭衣の物語』にかの大将をつひに帝になしたるは、この物語の源氏の君をまねびて、いま一きはすすめて書けるものなるを、かの大将は帝の位につけたるによりて、何とかやまことに作り事めきて、そのよし（必然性）なく、中々に（かえって）浅はかに聞ゆるを」といっている。

六 でたらめ。

めきて虚誕《きよたん》に近からむことを思ひはかれるゆゑに、かの「物のまぎれ」を書き出《い》でて、天子の父としておのづから太上天皇《だいじやうてんわう》になり給は《おなりにならないではすまないように》ではかなはぬやうに書きなせるなり。このところが無類の名文のしるし《証拠》なり。

桐壺《きりつぼ》の巻に、高麗人《こまうど》[一]の相《さう》せる詞《ことば》に云はく、

「[二]国の親となりて、帝王の上《かみ》なき位に登るべき相おはします人の、そなたにて見れば《そういうお方として占うと》、[三]乱れ憂《うれ》ふることやあらん。公《おほやけ》のかためとなりて《朝廷の柱石の臣となり》天《あめ》の下をたすくる《国政を補佐するという》方《かた》にて見れば《面で占うと》、またその相《またそういう相》違《たが》ふべし《ではありません》」といふ。

といへるが作者の伏案《ふくあん》[四]にして、源氏の君の尊貴栄華をきはめむとする下心、また天子の位を一段残して太上天皇に止《とど》まることの由緒《ゆいしよ》[五]を書きて、その下心を知らせたるものなり。

薄雲《うすぐも》の巻に云はく、

[六]故院《こゐん》の御心ざし《故桐壺院のお気持は》、あまたの《たくさんの》皇子《みこ》たちの御中に《皇子たちの中で》とりわきて《特別に》思し召しながら《〔私、源氏を〕御寵愛でおられながら》、位を譲らせ給はむことをば《帝位をお譲りになることは》思し召しよらずなりにけり《お考えにならなかったのです》。

一 来朝した高麗人の中の相人（人相見）が幼い源氏を見て、その将来を予測していった言葉。『源氏物語玉の小櫛』五に、「延喜のころ参れるは、みな渤海《ぼつかい》国の使にて、高麗にはあらざれども、渤海も高麗の末なれば、皇国《みくに》にてはもといひなれたるままに高麗といへりしなり」という。

二 君主となって、帝王というそれより上のない位に登るはずの相のおありになる人だけれど。

三 国が乱れ民が苦しむことがあるかも知れません。『玉の小櫛』五に、「源氏の君は、つひに天皇の御父にて、太上天皇の尊号を得給へれば、始めより帝王の相おはせしなり。しかれどもまさしく帝位には登り給はざれば、帝王の相はありながら、いささか欠けたるところのありしなるべし。…『乱れ憂ふること』といへるは、帝王の相にて、欠けたるところのあるを疑ひて、もしさることやあらんといへるなり。しかるを、もとより乱れ憂ふべき相のありしやうに（諸注に）注したるは誤りなり」という。

四 伏線。後に述べることとの効果を上げるため、それに関連のあることを前もってほのめかしておくこと。本来は漢文の表現技法の一つであるが、和文にも適用されるようになり、『紫家七論』の「文章無双」にも、『源氏物語』の文章を讃えて、「波瀾・頓挫《とんざ》・照応・伏案などいふ唐《もろこし》の文法（文章の技法）おのづから備はり」という。

五 由来。起り。

「物のまぎれ」に教訓の意図はない

何かその御心あらためて《どうしてその御心にそむいて》、及ばぬ《及びもつかぬ》際《きは》には登り侍らん《極限の帝位に登りましょうか》。

とあるも《とあるのも》、作者のこの下心を寓《ぐう》したるなり《託したのである》。

さて右に段々《色々と》いへるごとくなれば、この「物のまぎれ」を書けることは、物の哀れのいたりて《きわめて》深きところを書きあらはさむため、また源氏の君の栄華をきはめむがためにして、さらに《けっして》戒め・心得のための諷諭《ふうゆ》にはあらず。すべて物語の《物語が》戒めにはなりがたきこと、前に[七]くはしくいへり。わきて《とりわけ》この物のまぎれにつきていはば、まづ源氏の君のしわざ《行為》を教戒《けうかい》の心にて論ぜば、人倫《じんりん》の道にそむけることはいふにも及ばず。皇胤《くわういん》を乱りたる大罪《天皇の血統を乱した大罪》、わが国の大きなる罪人なれば、天も神もこれをとがめ給ひて、大きなる禍害《くわがい》をかうぶるべき人なり《身に受けるはずの人である》。しかるにこの人、幸ひのみありてすこしも禍《わざは》ひなく、身の栄えをきはめたること、右に[八]いへるがごとく、天子《てんし》と后《きさき》と大臣《だいじん》とを子として尊号をかうぶり《いただき》、[九]一生安楽に過ぎて、子孫まで栄え、天も神も仏もくみして《味方して》、天《あめ》の下の人までなびきしたがひ、世にたぐひなき人なり。

六　前掲（一八七頁二行目以下）の夜居の僧の密奏によって源氏が実の父であることを知った冷泉院は、源氏に帝位を譲ろうとまで思いつめ、源氏を太政大臣に任じようと内定したついでに、譲位の意向を源氏に漏らす。この引用文は、源氏がそれを固辞する際の言葉である。

七　一六三頁八行目以下参照。

八　一八六頁九行目以下参照。

九　一六四頁一一行目参照。

されば此の物語を見む人は《読む人は》、源氏のしわざを羨《うらや》み、その栄華を望《のぞ》む心になるべし。ことにこの物のまぎれによりて尊号をかうぶり、わ《とり》きて《わけ》尊栄《そんえい》[一]し給ひたれば、見む人いよいよそのしわざを学《まな》び羨《うらや》みて、かへりて《かえって》女御《にょうご》・后《きさき》に心をかくる人《恋心を抱く人が》の出で来べき理《ことわ》り《あらわれる道理では》ならずや《ないだろうか》。

されば此の事は君の御心得にはなることありとも《君主のたしなみになることはあるとしても》、またかへりて女御・后に心をかくる人の出《い》で来《く》べき理りあれば《道理があるので》、末《すゑ》[二]に益《やく》あらんことを欲して本《もと》に損《そん》あるなり。これ、流れを清くせんとして水上《みなかみ》を濁《にご》すといふものなり。また薪《たきぎ》[三]を抱きて火を救《すく》ふ《鎮める》といへる古き譬《たと》ひ《諺》のごとし。紫式部、さやうの《そのような》拙《つたな》き女にはあらず《おろかな女ではない》。

薄雲《うすぐも》の巻に云はく、

[四]恐ろしう罪深き方《かた》は多くまさりけめど、古《いにし》への好《す》きは、思ひやり少きほどの過《あやま》ちに仏神《ほとけかみ》も許し給ひけむ云々。

これ、この密通のことを後《のち》に源氏の思《おぼ》し召《め》す心なり。源氏もかやうに罪許され給ひて、仏神の咎《とが》めもなかりしうへは、今とても《現代だって》若きほ

一　尊貴になり、繁栄すること。

二　（君主の戒めのために物のまぎれを描いたとすれば）末梢的な面での効果を望んで、本質的な面では害があるということになるのだ。一八〇頁注一で見た『紫家七論』の説に対する批判。

三　もと『戦国策』に見える文で、ことわざとして行われた。

四　一五二頁一一～一三行目参照。

五　『源氏物語玉の小櫛』二の、このあたりに相当する記述の中には、次のような論拠もあげている。「澪《みを》標《つくし》の巻にいはく、『当代のかく位にかなひ給ひぬるこ

とを（今の帝がこうして無事に即位なさったことを）、思ひのごと（望んでいたとおりだと）うれしと思《おぼ》す』。これは源氏の君の思せるにて、『当代』とは冷泉院の御事なり。もしかの論（『紫家七論』の「一部大事」）のごとくならんには、源氏の君、冷泉院の御位につき給へるにつきては、いよいよ恐ろしく思ひて、皇胤のまぎれぬることを歎き給へるさまにこそ書くべけれ。かやうに『思ひのごとうれしと思す』などは、書くべきものかは（書くはずがあろうか）」。

尊貴栄華は物のあわれに関係がある

六 八四頁六行目以下、一一二頁六行目以下参照。
七 八九頁一〇行目以下参照。

八 人品・身分。

どの過《あやま》ちは何か苦しからん《どうして悪いことがあろう》、仏神も許し給ふべしと、読む人必ず思ふべきことなり。しかる時は《そうなると》この事さらに《まったく》戒《いまし》めにはなりがたし。戒めになりがたきことを知りながら、それを戒めのために書かむことは愚かならずや。[五]されば紫式部が本意、戒めのためにあらざること明《あき》らけし。また戒めのためといふ説の牽強《けんきやう》なること明らけし。

問ひて云はく、「よき人」とは物の哀れを知る人をいふ、と前[六]にいひて、「[七]よきことの限りを選《え》り出で」といへるも物の哀れを知ることとせり。しかるに「栄華もよき事のうちなれば、源氏の君の栄華をきはめて書ける」といふは、前後相違せり。栄華は物の哀れにかかはるまじきことなり《関係しないはずのことである》。いかが。

答へて云はく、人の上には、心のよし悪《あ》し、しわざ《行為》のよし悪し、かたちの《容姿の》よし悪し、品《しな》[八]・位《くらゐ》のよし悪しあるなり。その外《ほか》すべての事にみなよし悪しあり。しかればよき事の限りを選《え》り出づる時は、心もしわざもかたちも品・位もその外も、みなよきを選り出づるなり。

これすなはち「よき人」なり。その中にも心としわざ《行為》が人は肝要《かんえう》なれば、俗《ぞく》にも心としわざのよきをよき人といへるに同じく、物語にても心としわざのよきをよき人とするなり。その心としわざのよきといふは、物の哀れを知ることなり。しわざも物の哀れを知りたるしわざをよしとするなり。

さてまた[一]かたちのよきを見てよしと思ひてそれに感ずるも、物の哀れを知るなり。品《しな》・位《くらゐ》のよきに感ずることもまた多し。[二]巻々にその心見えたり。ただしそれは富貴《ふうき》の人にへつらひ追従《ついしよう》する[三]薄情《はくじやう》とは別にして、品・位によりて自然《じねん》とやむことを得ず、忍びがたき《心を押えがたい》方《かた》もあるものなり。空蟬《うつせみ》の君《きみ》の源氏に逢《あ》ひ奉《たてまつ》りしも、[四]品・位に忍びぬ方もありし心ばへ見えたり。[五]かの巻《まき》の詞《ことば》に、

しひて思ひ知らぬ顔に見消《みけ》つも、いかにほど知らぬやうに思《おぼ》すらん。

とある、この「ほど知らぬ」といへるが品・位を何とも思はぬこと

一 八六頁七行目以下参照。

二 自筆稿本で、このあたりに頭注して次のようにいう、「橋姫の巻に云はく、『よき人は、物の心を得給ふ方《かた》の（物の本質を理解なさるといった面で）、いとことにものし給ひければ（格別すぐれていらっしゃるので）云々』（これは薫が宇治の八の宮について思ったことである）。この『よき人』は、品・位のよき人を云ふなり。この詞《ことば》を以て、（紫式部が）源氏の尊貴をきはめて（頂点に達したように）書ける意を知るべし」。

三 真の親愛の情に欠けた気持。

四 源氏の人品・身分に惹かれるのを、押えがたかった気持を見ることができる。

五 帚木《ははきぎ》の巻。一四八頁一〇～一一行目参照。

なり。されば品・位におのづから感ずること多し。たとへばやむご《高貴な》となき上臈《じやうらふ》[六]と見ゆる人のいたく《ひどく》難儀《なんぎ》にあへるを見ると《見るのと》、賤《いや》しき人の難儀にあへるを見ると、その難儀は同じことにても、見る人の心大きに変りて、上臈の難儀にあへるを見る方《かた》はいたはしう《お気の毒に》思ふ心ことに深し。これ品・位に感ずる自然の人情なり。されば品・位高き人の上にては、同じ物の哀れも深く感ずるなり。

ゆゑにすべて物語によき事を取り集めて書けるは、深く感ぜしめ《感じさせよう》むためなり《というためである》。今この物語も源氏の君によき事を選《え》り集めて書けるは、みな物の哀れのためなり。[七]心としわざはさらにもいはず《いうまでもなく》、[八]かたち《容姿を》をすぐれて《非常に》めでたきさまに《美しいように》書けるも、人に感ぜさせんためなり。品・位をきはめて《最高のものとして》栄華をいみじく《すばらしいように》書けるも、人に感ぜさせんためなり。その感ずるには様々《さまざま》の感じやうあり。その尊貴栄華によりて人のなびきしたがふも、感ずるなり。敬《うやま》ひおそるるも、感ずるなり。羨《うらや》み願ふも、感ずるなり。物語を見る人の心もまた同じく、よきを見て

六　身分の高い人。

七　柏木の死を哀惜したこと（九三頁一～二行目参照）、末摘花や花散里のような美しくない婦人をも見捨てなかったこと（一六二頁八行目以下参照）などが源氏の「心としわざ」の「よき事」であり、さらに宣長の論にしたがえば、藤壺との密通も「物のあわれをよく知る」という美点に由来することである（一八三頁一二行目以下参照）。

八　源氏の容姿を賛美する『源氏物語』中の記述は、一三二頁九行目以下参照。

はよきに感じ、悪《あ》しきを見ては悪しきに感じて、すべてよし悪し万《よろづ》の事につけて事の心を知り、物の心を知りて、哀れをわきまへ知るゆゑに、よき事悪しき事を強く《強調して》いへるなれば、といふもかくいふも《さまざまに描写するのも》畢竟《ひつきやう》落ち着くところ一致《ひとつむね》に当りて《一つの趣旨に絞られて》、物の哀れを深く書きて、読む人に物の哀れを知らするより外《ほか》のことなし。

仏道には物のあわれの深い面がある

問ひて云はく、源氏の君を始めその外の人々も、一この世を厭《いと》ひ後《来世》の世を願ふ《[の幸福]を願う》心ざし深く、ともすれば遁世《とんせい》せむことを心にかけ、また二女にても、尼《あま》になり後世の勤め《来世のための勤行を》をし給ふも多く、また三仏事をいみじ《尊いこと》く書ける《として》所々多し。されば作者の本意、人をして仏道におもむかし《入らせようとい》めんためなるべきか《うためなのであろうか》。

答へて云はく、四儒者《じゆしや》はこの物語に仏の道のことをいみじくいへる所々多きを見て、仏者の見識なりとて《僧侶の物の考え方だといって》これを憎み、また五仏者はこれをもておのが道へ引き入れんとするなり《自分たちの仏道にこじつけようとするのである》。六これ、ともに偏見《へんけん》なり。

一 たとえば、幻《まぼろし》の巻において、五十二歳になった源氏は、最愛の紫の上の一周忌をすませ、出家を決意する。その前の御法《みのり》の巻において、病気がちの紫の上は死期の近いことを悟り、後世のために出家を望むが、源氏は許さない。

二 たとえば関屋《せきや》の巻において、空蟬は夫の死後、出家する。柏木《かしわぎ》の巻において、柏木との間の不義の子を出産した女三の宮は、悔恨から出家する。

三 源氏に関していうと、亡父桐壺院追善の法華《ほつけ》八講を行うこと（澪標《みおつくし》の巻）、嵯峨野に御堂を造営すること（松風の巻）、藤壺の死を悼んで念誦《ねんず》堂にこもること（薄雲の巻）、柏木の一周忌にねんごろな供養をすること（横笛の巻）、紫の上の葬儀（御法の巻）、紫の上の一周忌の供養（幻の巻）、などのことがある。

四 熊沢蕃山《くまざわばんざん》の『源語外伝』には、たとえば夕顔の巻で夕顔の詠ずる「前《さき》の世の契り知らるる身の憂さに行末かねて頼みがたさよ」という歌に注して、「前世の宿縁つたなければ、今世かくのごとしと、ただ身のはかなきを観じて、未来は頼む所もなきよしなり。西戎《せいじゆう》の仏法には前世・現世・後世をたてて、世界を輪廻《りんね》と見たれば、三世をいふなり。中華の儒道にては、三世をいはず。…万物みな無中より来たり、形色《けいしよく》（姿かたち。転じて、存在するもの）は数《すう》（運命）ありて消え失せぬ。残る物は何もなし。生れかはるといふことな

おほよそこの物語は、世の風儀《風俗》人情をありのままに書きて、物の哀れを知らしむるものなれば、かりにも人情に違《たが》へることを《そむいたことを》書かず、人情に違へることをば悪《あ》しきこととせり。[七]仏の道は深く人情を感動せしむるものにて、智者《ちしゃ》も愚者《ぐしゃ》もこの道には心を傾《かたぶ》くるもの《心をひかれるものだ》なり。ことにわが国は古《いにし》へより、世の憂《う》きこと《辛いことが》あるときは必ず形をやつし《僧形に姿を変えて》、この道に入ること、世間普通の風儀人情なり。

さるから《だから》この道につきては物の哀れ深きこと多し。このゆゑに仏道のこと多く書けるなり。これ、古今貴賤《ここんきせん》変ることなく一同に《一様に》かくのごとくなるが風儀人情なれば、紫式部はおのが見識を立てて《自分の主張をうち出したために》かたよれるにはあらずと《仏道に偏向したのではないと》知るべし。もしかくのごとき風儀人情にそむきて、おのが見識にまかせて仏道を悪《あ》しくいひ、または仏道へ一偏《いっぺん》に引き入れんとしなどせば《誘いこもうとしたりなどしたら》、一偏にかたよれるなれば、憎かるべきことなり。[八]紫式部は必ず《決して》然《しか》らじ《そうではないであろう》。

く、輪廻はなしと知るなり」というなど、『源氏物語』に表われた仏教思想を批判する論が散見する。それを指すか。ただし『源氏物語玉の小櫛』二では『源語外伝』の書名をあげて批判しているくだりがあるが、本書『紫文要領』執筆時にすでに宣長がこの書を読んでいたというはっきりした徴証はない。

五 ここでは、『湖月抄』に集成されている、『源氏物語』を仏教に付会しようとする旧注の諸説（七六頁六行目以下参照）を指していっているのであろう。

六 『紫家七論』の「正伝説誤」にも、「儒仏の家々、みづからの引く方《かた》にまかせて、式部が本意にもあらぬ道理に落す（こじつける）めれど、五十四帖の広き中にはおのづから儒仏の道理にもかなひ、漢家（中国）・本朝（わが国）の故事を思ひ寄せたることも多けれども、その本意、儒仏の道を明さんとにもあらず」とある。

七 一三六頁一二行目以下参照。

八 一一五頁注一三参照。「物のあわれを知ることをよしとする」というのが、紫式部のもっとも主張したいことであるが、そのことを述べるについて、仏道を重んずるという世間普通の人情や風俗を尊重して、人人に抵抗を感じさせない穏やかな述べ方をするのが紫式部のやり方であると、宣長は考えている。

問ひて云はく、源氏の君を始めとしてその外《ほか》のよき人とても《高貴な人といっても》、みなその心ばへ女童《をんなわらは》のごとくにて、何事にも心弱く未練に《未練がましく》して、男らしくきつとしたることはなく《きっぱりした面がなく》、ただ物はかなく《何となく頼りなく》しどけなく《締りがなく》愚かなる《愚かしい》こと多し。いかでか《どうして》それをよしとはするや。

答へて云はく、[一]大方人《おほかた》の実《まこと》の情《こころ》といふものは、女童のごとく未練に愚かなるものなり。男らしくきつとして賢きは、実《まこと》の情《こころ》にはあらず。それはうはべをつくろひ飾りたるものなり。実の心の底をさぐりてみれば、いかほど賢き人もみな女童に変ることとなし。それを恥ぢてつつむ《隠すのと》とつつまぬとの違《たが》ひめばかりなり。唐《もろこし》の書籍《ふみ》はそのうはべのつくろひ飾りて努めたるところをもはら《もっぱら》書きて、実《まこと》の情《こころ》を書けることはいとおろそか《疎略である》なり。ゆゑにうち見るには《ちょっと見ると》賢く聞ゆれども、それはみなうはべのつくろひにて実のことにあらず。そのうはべのつくろひたるところばかり書ける書《ふみ》を見なれて、その眼《まなこ》をもて見るゆゑに、さやうに思はるるなり。

人情の真実は未練で愚かなものである

一 以下、宣長の特徴的な人情理解。六七頁注八参照。この主張は徂徠学派における反朱子学の人情論の影響を受けている。この時期の宣長が読んでいたかどうか未詳であるが、徂徠門の服部南郭《はつとりなんかく》の『南郭先生燈下書《とうかのしよ》』に次のような一節がある。「風雅の情とは、わが身に罪もなきが、君親などに思ひ棄てられたるを、何ほど苦にいたし候ても益なく候はんに…『君親のいたらざるは（不出来なのは）是非なし。わが身さへ誤りなくばそれまでよ』と思ひ取り（割り切り）、さらさらと諦らめ、苦にもせざる者あらんに、後世（朱子学風の）理屈の上にては、『愚痴にもなきよき合点《がてん》（思案）よ』と申すべきことなれども、詩人の情はさにあらず。益なきことは我も知りて、思ひ返し思ひ返しすれども、悲しみ憤りも出で候あまり、その情を詠歎して、せめて君親の万一も思ひ返し、人もあはれと感ずるやうに、諷諫《ふうかん》（文学によって人の心に働きかけること）にも用い候こと、これすなはち風雅の情にて候。またたとへば友などに別るる時、平生の好《よし》みを思ひ出で、別後の恨み憂さをなげき、ともに涙を流してあはれを述ぶるなどいふやうのこと、宋以後理学（理屈の学、朱子学）ばかりの目よりは、手ぬるき児女子《じぢよし》のやうに見え候ことなれども、それすなはち風人の情にて候」。

ここ《日本の》の歌・物語は、人の実《まこと》の心の底をあらはに書きあらはして、物の哀れを見せたるものなり。人情のこまやかなるところをくまなくはしく書きあらはせること、歌・物語にしくはなし《及ぶものはない》。[二]その中にもこの物語はすぐれてこまやかにして、明鏡《めいきやう》をかけて形《姿を》を照らし見るがごとくに人情のくはしきところを書きあらはせり。ゆゑに女《をんな》童《わらは》のごとくはかなく未練に愚かなること多し。ことによき人は物の哀れを知るゆゑにいとど《いよいよ》人情は深くして、忍びがたきこと多きゆゑに、いよいよ心弱く愚かに聞ゆること多しと知るべし。

唐《もろこし》の書は《中国の書物は》、たとへば紅粉《こうふん》[三]をよそほひ髪かたちをつくろうて《ととのえて》、鏡にうつせるがごとし。見るところはうるはしけれども、それは仮《かり》のつくろひにて、実《まこと》の美醜《びしう》はあらはれがたし。また武士《もののふ》の戦場におきていさぎよく討死《うちじに》したることを物に書く時、そのしわざ《〔表面の〕行為を》を書きてはいかにも勇者と聞えていみじかる《立派であろう》べし。その時の実《まこと》の心のうちを、つくろはずありのままに書く時は、故里《ふるさと》の父母も恋しかるべし、妻子

二『源氏物語玉の小櫛』二の「くさぐさのこころばへ」に、『源氏物語』の文章を讃えて、いう、「すべての文詞《ふみことば》のめでたきことはさらにもいはず、世に経《ふ》る人のたたずまひ、春夏秋冬折々の空の気色、木草の有様などまで、すべて書きざまめでたき中にも、男女《をとこをんな》、その人々のけはひ心ばせを各々異々《おのおのことごと》に書き分けて、ほめたるさまなども、みなその人その人のけはひ心ばへにしたがひて一様ならず、よく分れて、現《うつつ》の人に会ひ見るごとくおしはからるるなど、おぼろげの（凡庸な）筆のかけても（決して）及ぶべきさまにあらず。さてまた万《よろづ》よりめでたき事は、まず漢文《からぶみ》などは、よにすぐれたりといふも、世の人の事にふれて思ふ心の有様を書けることは、ただひとわたりのみこそあれ、いとあらく浅きものなり。すべて人の心といふものは、漢文に書けるごと一方《ひとかた》につきぎりなるものにはあらず（一方へばかり割り切れるものではない）。深く思ひしめたる事に当りては、とやかくとくだくだしく女々《めめ》しく、乱れ合ひて定まりがたく、さまざまのくま（陰影）多かるものなるを、この物語はさるくだくだしきくまぐままで、残る方なくいともくはしく、細かに書きあらはしたること、曇りなき鏡にうつして向ひたらむがごとくにて、大方人の情《こころ》のあるやうを書けるさまは、日本《やまと》、唐《もろこし》、古《いにし》へ、今、行く先にも、たぐふべき（比較できる）文はあらじとぞおぼゆる」。

三 紅《べに》と白粉《おしろい》。

もいま一度《ひとたび》見まほしく《見たく》思ふべし。命もすこしは惜しかるべし《惜しいであろう》。[一]これみな人情の必ずまぬかれぬ《そうであるはずの》ところなれば、誰とてもその情《こころ》は起るべし。その情のなきは岩木に劣れり。それをありのままに書きあらはす時は、女童《をんなわらは》のごとく未練に愚かなるところ多きなり。[二]唐《もろこし》の書《ふみ》はその実《まこと》のありのままの情をば隠して、つくろひ嗜《たしな》みたるところをいへ《きちんと整えた所を述べる》ば《ので》、君のため国のために命を棄《す》つるなどやうのことばかりを書けるものなり。

すべて人の情《こころ》の自然《じねん》の実《まこと》のありのままなるところは、はなはだ愚かなるものなり。それをつとめて直《なほ》し、飾りつくろひて賢こげにするところは、情を飾れるものにて、本然《ほんぜん》の情にはあらず。儒仏《じゆぶつ》の教へは、人の情の中に善なるところを育て長《ちやう》ぜしめて《発展させて》、悪なるところをば押へ戒《いまし》めて善に直さんとするものなり。さて《そうして》その教へによりて、悪なる情も直りて善に化することあるなり。[三]歌・物語は、その善悪・邪正・賢愚をば選ばず《区別せず》、ただ自然と思ふところの実《まこと》の情をこま

一 『排芦小船』第三八項に右と類似の例話があって、「たとへば武士の戦場に出でて、君のため国家のためには一命を棄ててつゆ惜しまず、いさぎよく死するは義士の常なり。これ、死する時に当つて、故郷に残しおきたる妻や子をばかなしく思はざらんや。老いたる親にはいま一度も逢ひみたく思はざらんや。今はの時に至りて、いかなる鬼のやうなる荒男たりとも、物悲しく思ふことのなどかなからんや。この時に当つて、親兄弟妻子を思ひ、何となく悲しく、哀れを催し、歎かはしく思ふは、千人万人、人情の本然、聖人凡人変ることなし」という。

二 中国の書物の偽善性に対する批判は、宣長の主張のうちきわめて重要なものの一つである。六六六頁注六参照。

三 八三頁七行目以下参照。

四 この上に、「問ひて云はく」という脱文がある。

五 「宿曜師」は、宿曜の術（二十八宿と七曜の関係にもとづく占星術）を行う者。「相人」は、人相見。澪標《みをつくし》の巻で、須磨《すま》・明石《あかし》の流謫《るたく》が終って京にもどった源氏が、明石に残してきた明石の上が無事に女児を出産したという知らせを受けて、かつて宿曜師や相人が自分の運勢をすばらしいものと予言したが、それが一つ一つ適中してゆくようだと、心中に喜ぶというくだりがある。

かに書きあらはして、人の情《こころ》はかくのごときものぞといふことを見せたる物なり。それを見て人の実《まこと》の情を知るを、「物の哀れを知る」といふなり。

作中の迷信は当時の風儀人情である

四 仏神の利生《りしやう》のあらたなる《利益のあらたかな》ことを書き、五 宿曜師《すくえうし》・相人《さうにん》などのことを、験《しるし》ありて空しからぬことにいひ《効果があって無駄ではないことのようにいい》、六 また夢を信じて国をたすくる《〔夢占いを〕政治に役立てる》などいへる事ども、愚かにつたなきこと多し。何とてかかる《こうした》事どもをいみじく書けるや《ぎょうぎょうしく書いているのか》。

答へて云はく、これらを愚かにつたなき事といふは、七 儒者の見識《考え方》なり。八 しばしばいへるごとく、この物語を見るに、かやうの道々しき理屈を大きに忌《い》むことなり《きらうのである》。とにかくに賢こげなる議論をさらりとうち棄《す》てて、ただ世の風儀人情《風俗》を旨《むね》として《第一として》見るべし。これらの事《(信仰や占い)》みな世の風儀人情なり。

六 明石の巻で、源氏が須磨滞在中に一夜暴風雨があり、翌朝、明石の入道が夢に住吉明神のお告げがあったといって、源氏を迎えにくる。その際の入道の言葉に、「人の朝廷《みかど》（異朝。中国を指す）にも、夢を信じて国をたすくるたぐひ多う侍りけるを」とある。

七 儒者はとかく賢こげに理詰めで物を考え、物事を素直に受け取らないので、合理性を超越したこの世の深遠な真実を把握できない、というのが宣長の持論で、このために宣長の思想は非合理主義・神秘主義の傾向を帯びるに至る。『石上私淑言』第八五項（四六〇頁）参照。また『くず花』上に、「漢国《からくに》の人は、聖人の智は天地万物の理を周《あまね》く知り尽せる物と心得をるから、その賢《さか》しらを手本として、己《おの》が限りある小智をもて、知りがたき事をもしひて測《はか》り知らんとするゆゑに…」などという。この思想は、荻生徂徠による朱子学的合理主義への批判の影響を受けたものである。徂徠の『弁道』第一六項に、「蓋《けだ》し先王の教へは物を以てして理を以てせず。教ふるに物を以てする者は、必ず事を事とする（事実を尊重する）ことあり。教ふるに理を以てする者は、言語詳《つまびら》かなり。…（しかし）言の尽す所の者は（言語＝論理で究明できるものは）、僅僅乎として（わずかに）理の一端のみ」とある。また二〇二頁注一所引『南郭先生燈下書』でも、朱子学を「理屈の学」として否定している。

八 一二四頁一行目以下・一七八頁一行目以下参照。

加持祈禱も風儀人情

問ひて云はく、病《やまひ》[一]といへば加持祈禱《かぢきたう》をのみして、今はの時《死ぬ間際の時》までもひたすら僧法師をのみ頼みて、医療を加へ薬を用ゆることかつてなし。愚かなることならずや。

答へて云はく、病《やまひ》[二]といへば物の怪《もののけ》といひ、さならでも《そうでなくても》ひたすら加持祈禱をのみすること、これまたその頃の風儀人情なり。その頃のみにもあらず、今とても《現在でも》また神仏の力を仰《あふ》ぐこと《頼ることは》、世の常なり。わが国のみにもあらず、人の国もまた然《しか》り《外国でも同様である》。しかるを人情風儀を棄《す》てて、愚かなりと難ずるは、これまた儒者の理屈にして、大きに物語読むには《読む時には》忌《い》むことなり《避けるべきことである》。

また医薬の沙汰なきを見て《医薬のことが出てこないのを見て》、昔は薬をも用いざりしかと《用いなかったのかと》思ふは、古《いにし》へに暗きことなり《古代の事情に無知なのである》。わが国の古《いにし》へ、医薬のこと諸書に見え、またこの物語の頃とても医薬を用いたることはいふに及ばぬことなり。若菜《わかな》の巻に、「医師《くすし》[三]などやうの様《さま》して云々」、宿木《やどりぎ》の巻に、「医師[四]の列《つら》にてもさぶらはむ」などいへるを見て、医を用いたることを知る

一　源氏が瘧病《わらわやみ》をわずらって、北山の僧侶のもとへ加持を受けに行くこと（若紫の巻）、産褥《さんじょく》で物の怪にとりつかれた葵の上のために盛んな加持が行われること（葵の巻）、死期の迫った柏木のために、父の致仕《ちじ》の大臣《おとど》が盛んな加持を行い、陰陽師《おんみょうじ》が、女の怨霊《おんりょう》が取りついていると占うこと（柏木の巻）など、例は多い。

二　病気になったといえば、それは物の怪のせいだと思いこみ、の意。たとえば若菜の下の巻で、突然発病した紫の上のために源氏が加持を行うと、物の怪が出現するなどの記述がある。

三　医師などのような様子をして。若菜の上の巻。出産間近の明石の中宮のすぐそばに大尼君（明石の中宮の祖母）がいるのを見て、明石の上（明石の中宮の母）がたしなめる言葉の一節。

四　医師と同列ということで伺候しよう。中の君の病気を見舞った薫が、中の君のそばによりたいと、おつきの女房にいう言葉の一節。

べし。しからば何とて《どうして》医師《くすし》のことは書かずして験者《げんざ》[五]のことばかりを書けるぞといふに、神仏の利生を《利益に》仰《あふ》ぎ《すがり》験者の力を頼むは、ものはかなく人情のあはれなる方《かた》にて風流に聞え、医者[六]を頼みて薬を服《ぶく》することは、すこし賢《さか》しだちて《理性が働いていて》人情あはれならず、風雅に聞えぬ方《かた》あり。よりて医師の事を書かず、薬の事を書かず。帚木《ははきぎ》の品定《しなさだ》めに、極熱《ごくねち》[七]の草薬《さうやく》を服したる女をいみじう心なきことにいひ落したるをもて《非常に情趣を解さないもののように批判してあることをもって》、その余《よ》の薬もこれになぞらへてやさしく哀れならざること《優美で趣き深くないということも》と知るべし。

紫式部はかやうのところによく心をつけたり。薬をば「薬」とはいはず「御湯《おんゆ》」といへり。これ「薬」といふは賤《いや》しく聞ゆるゆゑなり。柏木《かしはぎ》の巻に、衛門《ゑもん》[八]の督《かみ》の病中のところにいはく、「御湯参り《お薬を召し上り》、物などをも聞し召せ《お食事などもお取りなさい》。尊きことなりとも《「仏道修行が」功徳になることだといっても》、御身弱うては《お体が弱くてはお勤めもお》行ひもし給ひてむや《出来になりましょうか》」といへる、またく《まったく》薬のことと見えたり。湯を飲みたりとて身の養生《やうじやう》にはなるまじきなり。また人の患《わづら》ひを「薬の事」といへり。明石《あかし》[九]の巻・若菜の巻などに見えたり。「薬をのむ」といへば賤

五　修験者《しゅげんじゃ》。加持祈禱をして物の怪を退散させ、病気を直す行者。

六　『源氏物語玉の小櫛』二では、ここに該当する文章の後に次のようにいう。「されば東三条の院は御病の時も医師に見せ給はざりしこと、『栄華物語』に見えたり。往昔《そのかみ》のさばかり何事もあてに（上品で）気高かりしならひにては、やむごとなき女の御あたりにはげにさる者を近づけ給はむことは、慎ましく（憚りがあり）あるまじきわざに思《おぼ》しけむも理りなりけり」。

七　藤式部《とうしきぶ》の丞《じょう》の体験談に出てくる女。博士の娘（一二一頁注一一参照）。「極熱の草薬」（暑気あたりの薬）として蒜《ひる》（にんにく）を飲み、におうといけないから といって物越しに対面するなど、滑稽な女として描かれる。

八　これは宣長の思い違い。出産に続いて病中にある女三の宮が出家の希望を漏らしたのを、源氏がいさめるくだりの一節である。

九　たとえば明石の巻に、朱雀院の病気のことを、「内裏《うち》に御薬の事ありて、世の中さまざまにののしる（騒ぐ）」と表現されている。

一　古典作品に反映しているその時代の風俗習慣・言語などは現代のそれとは違うということの明確な認識は、次頁二行目以下に見るように、現代の道徳規範を古典に当てはめてはいけないという主張に通ずる。この認識は契沖に始まるもので、国学をそれ以前の古典研究と分つ重要な指標の一つである。

二　二〇五頁注七参照。

しく聞え、「薬の事」といふやうなるは、いひなれて《言葉として定着していて》賤しくも聞えぬなるべし。

[一]かやうの事はその時のならはせ《習慣》・詞遣《ことばづか》ひを知らでは《知らなくては》くはしきことはいひがたけれど、よくよく心をつけて読む時は、その味《あぢは》ひ自然《じねん》に知るるものなり。今の世の心にては、薬といふが《薬というのに》何の賤しきことあ《どうして卑俗なことがあろ》らん、それを飲むが何の賤《いや》しきことあらんと思ふべけれど、時代によりてかやうのことは変るものなり。たとへば「頭《かしら》つき」「面《つら》つき」などいふこと、物語に多し。貴人のことにもいへり。今の世にははなはだ賤しき詞《ことば》なれども、昔はさはなかりしゆゑに《そうではなかったがために》書けるなり。これらにて、時代によりて変ること知るべし。また薬飲むが賤しきことならば、何とて《どうして》貴人は飲めるぞといふ人あるべけれど、これも理《り》[二]屈《くつ》なり。病《やまひ》を癒《いや》さむとて薬飲むも人情風儀なり。またそれをあらはにいふことを賤しむも人情風儀なり。たとへば今の世にも、あらはにその名をいひては賤しく聞ゆることは、詞を変へていふたぐひ多

し。いはゆる御所詞《ごしよことば》[三]のたぐひ、思ひ合すべし。

問ひて云はく、男女の間《あひだ》、私《秘密の》の懸想《けさう》《恋愛》はいふに及ばず、親々の心もて合はする《親たちが判断して一緒にさせる》婚姻《こんいん》のこともみだりがはしく見ゆ《風儀が乱れているように見える》。すべて昔はさやうにみだりなりしや。

風俗は時代によって異なる

答へて云はく、これは昔の風儀と今の風儀と変るゆゑに、今の風儀をもて手本として見るゆゑにみだりがはしく聞ゆるなり。唐《もろこし》は唐の風儀、わが国はわが国の風儀、昔は昔の風儀、今は今の風儀あれば、一偏《ひとかた》《一概には》にはいひがたし。[四]いづれが是《ぜ》とも、いづれが非《ひ》とも、きはめて《断定的には》はいひがたきことなり。しかるを儒者は唐《から》の風儀を是としてこの《日本の》風儀をそしり、今の人は今の風儀になれて昔の風儀を怪《あや》しむ《不審がる》。これみな偏見なり。

歌・物語は、いづれもその時の風儀をよくよく心得て、その時の人の心になりて見るべきことなり。昔は男女対面するに、うとき人《親しくない人》

三 宮中に仕える女房たちの間で用いられた言葉。豆腐を「おかべ」というなど、食物の名など優雅でないと考えられた言葉をあらわにいわないための一種の隠語。「女房詞《にょうぼうことば》」ともいう。

四 注一参照。『伊勢物語』四九段の、兄が妹に恋の歌を贈る話（一六六頁注七参照）について、契沖以前の注釈では兄妹姦めいた話と認めることに道徳的抵抗が強く、無理な解釈が行われていた。契沖の『勢語臆断』で、これを兄の妹への恋の話とありのままに認め、話の背景に異母兄妹の間の恋を禁じなかったわが古代の風習があると論じたその次に、「後（後世）に嫌《きら》はしき事（忌むべきこと）となれるをもて昔を難ずべからず。また昔をもて後の例となすべき事にあらず」という。宣長はこの考え方から影響を受け、さらに深化させたのである。

は簾《みす》をへだて、几帳《きちやう》をへだてて会へり。兄弟とても多くは几帳をへだてて、あらはに顔をば見せず。声を聞かするをさへ、うとき人には慎《つつ》ましくせり《慎重にした》。これらは今よりもへだての厳《げん》なるところあり。[一]されば一偏《ひとかた》《一概に》にみだりがはしき風儀とはいひがたし。何事もその時代のならはせ《習慣》によるべし。[二]人情は古今《ここん》貴賤《きせん》のへだてなしといへども、その時・処《ところ》の風儀と[三]境界《きやうがい》とにつれて変ることもあるものなれば、物語は、その時の風儀、その人の境界をよく心得て、その人の心になりて見ざれば《見ないと》、怪《あや》しきこと《おかしな》もあり、またひとわたり聞えても《一応は理解できても》深き意味の知れぬこともあれば、物語を読むには、その時の風儀、その人の境界をよく心得て、その人の心になりて見る時は、いまひときは物の哀れも深きものなり。

描かれているのは中以上の人の有様

問ひて云はく、世の中にありとある事を書くとならば《あるすべてのことを書くというのならば》、下々《しもじも》の賤《いや》しき者のうへをも《事がらをも》くはしく書くべきことなるに、ただ上々《うへうへ》の事のみ

一『源氏物語玉の小櫛』二の、このあたりに相当するくだりには、次のような例もあげられている。「また新枕《にひまくら》（結婚）のほどの作法も、昔は女のもとに男の行き通ひたりしことなるを、今は男の家に女の行くことなれるは、唐《もろこし》の国俗《くにぶり》にうつれるなり。これはた理《ことわり》をもていはば、男の行くこそ正しきにはあれ、女のまづ行くはいかがとぞおぼゆる。さればまたかへりて昔の人の今の世のさまを見たらんには、いとみだりがはしく、正しからずとぞいはまし」。

二『石上私淑言』第八七項（四六四頁）参照。『排芦小船』第四六項にも次の問答が見える。「問、時世の人情につれて、和歌も変化すると云ふこと、聞えざることなり。そのゆゑは、人情と云ふものは、全体古へも今も、唐《から》も天竺《てんぢく》もこの国も変ることなし。みなみな富貴を願ひ、貧賤を厭ひ、美色を悦《よろこ》び、美味をむさぼり、…これらのこと、一つとして昔も今もすこしも変ることなし。しかるに人情の変化すると云ふはいかが。答、これその変らぬ所を云ひて、変る所を云はざるなり。…人情もそのごとく、上古、中古、下古、今時、だんだんうつり変りくれども、しからばどこが変りたるぞと云ふ時に、そこそこが変りたるとはなけれど、人の面のごとくにて、云ふにいはれぬ所に変り目がありて、同じ人はなきごとく、変りたる所があるものなり。これは書面・言句をさしおきて（書物の表面にとらわれず）、和漢の書物をよくよく見れば、

もはら《もっぱら》書きて、下《しも》の事はさのみ《それほど》見えざるはいかなるゆゑぞや。

答へて云はく、紫式部は中宮《ちゅうぐう》[四]に宮仕へして、常に見なれ聞きなれ交《まじ》らふ人もその事も、みな上々《うへうへ》の人のうへのみなり。またみづから[五]の身の上もいたりて下賤《げせん》の《非常に下賤の》分にはあらず《身分というわけではない》。されば常に[六]見る事、聞く事、思ふ事、ことごとく中《ちゅう》以上の事にして、下賤の事にあづからず《関与しない》。また作るところの物語も中以上の人の見るべき物にして、下賤の者の見る物にあらず。さればその常に見る事、聞く事、思ふ事の筋《すぢ》にあらざれば、感ずること薄し。万《よろづ》の事、わが身に引き当てて見る時は、ことに物の哀れ深きものなり。されば物語は上々の人の見るものなれば、上々の事をもはら書きて、心に感じやすからしめむためなり。たとへば人の国《外国》の事をいふよりはわが国の事をいふは、聞くに耳近く《みみぢか》、昔の事をいふよりは今の事をいふは、聞くに耳近きがごとく、常に目に近く耳に近く触るる事の筋《すぢ》は感ずることこよなし《この上なく深い》。[七]この物語のみにもあらず、すべての物語みな同じことなり。

心に浮びて、云ふにいはれぬ所の違ひは知るることとなり。昔今の違ひのみならず、今同時にても、国々所々の風儀にても、人情の違ひ、すこしづつはあるものなり」。もっとも宣長には、ある面から見れば人情は変化しないという論もある。『石上私淑言』第九四項（四七九頁）参照。

四 一条天皇の中宮、上東門院彰子（一五頁注一三参照）。

五 紫式部は中流貴族階級である受領《ずりょう》層の出身（二〇頁注四参照）。

六 『源氏物語』だけでなく、歌もまた中以上の人々の文化の産物であり、物のあわれを知るためにはいにしえの中以上の人々の風儀人情に通じなければならない、というのが宣長の説。二一六頁九行目以下参照。

七 『玉の小櫛』二の、このあたりに相当するくだりに、次頁九行目以下の須磨の巻の一節など『源氏物語』からの引用とならべて、『栄華物語』音楽の巻に、法成寺《ほふじやうじ》つくらるることをいへるところに、池掘る翁の歌よめるを、『かかる者も物思ひ知るにやとあはれなり』」という一節をあげ、「…とあるたぐひをもて、下ざまの事の物遠くうときほどを知るべし」という。

大方《おほかた》昔は歌・物語などもてあそぶことは《愛好することは》中以上のことにて、下民《げみん》などのかやうの事にたづさはることさらに《まったく》なし。されば下々《しもじも》の民などのかけても《けっして》見る物にてはなかりしなり。しかるに次第に世の中文《ぶん》華《くわ》になりて《文化が普及して》、近頃に至りては下《しも》が下までかやうの物語など見るやうにはなれるなり。さて今の世のその心をもて見るゆゑに、下々の事を書かぬを怪しく《不審に》思ふも、その時の風儀《風俗》を知らぬゆゑなり。かの筑《つく》紫《し》[一]の監《げん》がむくつけかりし《武骨だった様子》有様《ありさま》、また浮舟の君の継父《ままちち》[二]の常陸守《ひたちのかみ》があららかに《荒々しく》田舎びたりしことなどを思へば、ましてそれより下〔身分の〕にはいかでか《どうして》は見所《みどころ》あることのあらん。須磨《すま》[三]の巻に、海士《あま》ども《漁師たちが》の身の上の事を憂へ申す《つらく思って申し上げるのを》を聞き給ひて、源氏の君の心に、「そこはかとなく《何かしら》さへづるも《ぺちゃぺちゃしゃべるのも》、心の行方《ゆくへ》《思う》は同じ《ところは同じなのだなと》ことなるかなと哀れに見給ふ」とあるをもて、〔作者の関心から〕下々の事のはるかに遠きを知るべし。同じ人類とも見えぬまで変りたる書きざまなり《変ったものを書くような書き方である》。

一 玉鬘《たまかずら》に求婚した大夫《たいふ》の監《げん》。四七頁注八参照。玉鬘の巻に「むくつけき（武骨な）心の中にいささか好きたる（好色な）心まじりて」と記される。

二 東屋《あずまや》の巻に登場して、「事好みしたるほどよりは（風流めかしているわりには）あやしうあららかに田舎びたる心ぞつきたりける」と記される。

三 須磨滞在中の源氏に漁師たちが貝などを献上したので、おつきの者を通じて生活の様子を尋ねるくだりの一節。

四 宣長が歌と物語は本質において同じものと見ていたことは、六二頁注一参照。ただし歌道において『源氏物語』を重視するということ自体は、注五に見るように古くからの習慣であった。

五 「中古」については、二一六頁注三参照。ここではもちろん『源氏物語』成立以後を指しており、「中古以来」で漠然と平安中期以降をいう。「歌人もはらこの書をもてあそぶ」というのは、二〇頁注二にあげた俊成・定家の言などに始まって、歌道において『源氏物語』が重視されてきたことをいう。たとえば松永貞徳《ていとく》の『戴恩記《たいおんき》』に、戦国時代の公家歌人九条稙通《たねみち》について、次のような逸話を伝える。「ある時、紹巴《せうは》法《ほっ》

歌人、この物語を見る心ばへの事

歌と物語の本質は同一

[四]歌道の本意《本質》を知らんとならば《知ろうとするのならば》、この物語をよくよく見てその味《あぢは》ひを悟るべし。また歌道の有様《ありさま》を知らんと思ふも、この物語の有様をよくよく見て悟るべし。この物語の外《ほか》に歌道なく、歌道の外にこの物語なし。歌道とこの物語とは、まつたくその趣《おもむ》き同じことなり《本質が同じである》。されば前にこの物語のことを論弁したるは、すなはち歌道の論と知るべし。歌よむ人の心ばへ《情神》はまつたくこの物語の心ばへなるべきことなり。しかるに中古以来[五]、歌人もはら《もっぱら》この書をもてあそぶ《愛好する》といへども、[六]ただ詞《ことば》を取り心を取りて、よむ歌の趣向とし、[七]あるいは物書く文章の手本などにするまでのことにて、全体歌道《歌道全体》の心ばへ《意義》を知らむと思うて見る人なし。ゆゑに読む人は多けれど、この物語の実《まこと》の

橋《けう》（連歌師里村紹巴）参りて、『何をか御覧なさるる』と申されければ、（九条稙通が答えて）『源氏』。また『珍らしき歌書は何か侍る』と問はれしかば、『源氏』。また『誰が参りて御閑居を慰め申すぞ』と申されければ、『源氏』と、三度まで同じ御返答ありし」。

六　たとえば『愚問賢註』（南北朝期の歌論書。『石上私淑言』三一二頁注三参照）に、「『源氏』は歌より詞を取る（『源氏』は歌より散文の部分の方がすぐれている）など申して侍るが、須磨（の巻）に『暁かけて月出づるころなれば』といへるを取りて、『春はただ霞ばかりの山のはに暁かけて月出づるころ』、宇治（浮舟の巻）に、『御馬に召すほど、引きかへす心地してあさまし』といへるを、『面影のひかふる方にかへりみる都の山は月細くして』と侍る。艶《えん》に面白く侍るにや。ともに京極入道中納言（定家）の歌なり」と見える。

七　鴨長明の『無名抄』に「古人云ふ、仮名に物書く事は、歌の序は古今の仮名序を本とす。…物語は源氏に過ぎたる物なし」という。宣長自身、『排芦小船』第五一項にいう、「倭文《わぶん》（和文、仮名文）は『源氏』に過ぐる物なし。『源氏』を一部よく読み心得たらば、あつぱれ倭文は書かるるなり。しかるに今の人、『源氏』見る人は多けれど、その詞一つもわが物にならず、今日文章書く時の用にたたず」。もちろん宣長は『源氏物語』を、文章の手本にし、かつそればかりでなく文学としても読んでいるわけである。

味《あぢは》ひを知る人もなく、また歌道の実《まこと》の味ひを知る人もなし。悲しきことならずや。

歌よまむ人は《歌を詠もうとする人は》必ず、歌道はいかなるものぞ《どのようなものであろうか》といふ実の本意《真実の本質》を知るべきことなり。しかるに歌よむ人は世に多けれど、歌道といふものの全体の心得《理解》みな違《たが》へり《間違っている》。歌道の趣きを知らぬ歌よみはむげのこと《お話にならない》なり《ことだ》。されば歌よまむ人は必ず歌道の趣きをよくよく知るべし。歌道の趣きを知らんとならば、必ずこの物語の趣きをよくよく見るべし。この物語の趣きを知らんとならば、丸《まろ》が《私が》記せる「大意」の部をよくよく考へ、物語と引き合せて見るべし。

この物語、古来注釈《こらいちゅうさく》多しといへども、あるいはくはしからず、また近代[一]の抄《せう》どもは《諸注釈書は》くはしきやうなれども、歌道の趣きを知らぬ人の作れるゆゑに、物語の本意《ほい》に違《たが》へることのみ多ければ、見る人の《読む人の》歌道のたより《手引き》になりがたし。近代の人々は、歌道を知り顔にはいへども実は知らぬゆゑに、物語の見やう《読み方》みな違へり《間違っている》。丸《まろ》これを悲しく思

一　近い時代。『排芦小船』にこの語が散見して、概して江戸時代に入って以後を指していると解される。

＊　宣長は寛延二年（一七四九）二十歳の年の三月から本格的に和歌を学びはじめ、享和元年（一八〇一）七十二歳で没するまで、国学の研究とともに和歌の実作をも終生廃することがなかった。その作品は八千首あまりを収める歌集『石上稿《いそのかみこう》』全十九巻に集大成されているが、それに漏れたものも多く、宣長が生涯に詠じた歌の数は一万に及ぶといわれている。宣長において、歌を詠むことは、単なる趣味ではなく、物のあわれを知る心、すなわち宣長が、人間にとってもっとも重要と考える心を養うための必須の営みとして位置づけられていて、「物のあわれを知る」の説がまだはっきりとした形をとっていなかった時期の著述『排芦小船』の第三二項にすでに、次のように述べられている。「人情に通じ、物の心をわきまへ、恕心《じょしん》（思いやり）を生じ、心ばせをやはらぐるに、歌よりよきはなし。春たつ朝《あした》より雪の中に歳《とし》の暮れゆくまで、何につけても歌の趣向にあらざることなし。かくのごとき風雅の趣き、面白きありさまを朝夕眼前に見つつ、一首の詠もなくして空しく月日を送るは、この世にこれほど惜しきことはなきなり」。後世の人の心、歌はいやしくなったので、作歌にあたっては古人の心、古歌に学ばねば

ならないという主張も早く『排芦小船』に現われているが（二二〇頁注二参照）、やがて宣長の学問が古道論の性格を強めるにつれて、その主張は、「古《いにし》えの道を明らかにする学問に従事する者は、古歌に学んだ歌をみずから作ることによって、古人の心を追体験しなければならない」という主張へと移行してゆく。晩年、六十九歳の宣長が門人に示す学問の手引きとして著わした『宇比山踏《ういやまぶみ》』には、「すべてみづから歌をもよみ、物語《ものがたり》書などをも常に見て、古《いにし》へ人の風雅《みやび》の趣きを知るは、歌学びのためはいふに及ばず、古への道を明《あき》らめ知る学問にもいみじくたすけとなるわざなりかし」とある。しかしこれは、作歌が古えの道を明らかにするという目的に奉仕する手段の位置におとしめられたということではない。宣長にとって、古代とは単なる客観的な認識の対象であるのではなく、価値であり、憧憬《どうけい》の対象であるのであるから、古人の心、ひいて古代の文化を追体験するということは、それ自体が目的でもあるような重要な意義を有する。さればこそ宣長は、終生作歌を廃することがなかったのである。

二　このこと、二二三頁三行目以下に詳論される。
三　六二二頁注一参照。

ふゆゑに、いまくはしく物語の本意を書きあらはして、見む人の惑《まど》ひを解《と》かしむ。その趣き、「大意」の部にいへり。見るべし。さてその物語の趣きをよくよく心得て、物語をよくよく見る時は、歌道の趣きおのづから明らかなり。歌道の趣き明らかなる時は、よむ[二]ところの歌、よきも悪《あ》しきもことごとく古人の歌に異なることなかるべし。

ともに物のあわれを知ることから出る

問ひて云はく、この物語と歌道と、その本意まつたく同じきいは《理由は》れはいかに《どういうことか》。

答へて云はく、歌[三]は物の哀れを知るより出《い》で来《き》、また物の哀れは歌を見るより《読むことから》知ることあり。この物語は物の哀れを知るより書き出でて、また物の哀れはこの物語を見て知ること多かるべし《多いはずである》。されば歌と物語とその趣き一つなり。

古えの中以上の風儀人情を知るべし

問ひて云はく、しからば《それならば》物の哀れさへ知らば歌はよまるべし《詠むことができる》。また歌さへよまば物の哀れは知るべし。しかるに何とて《どうして》この物語を見《読ん》て《で》歌道の本意《本質》を知れとはいふや《いうのか》。

答へて云はく、前に[一]もいへるごとく、人情は古今《ここん》貴賤《きせん》のへだて《差》なき物とはいへども、その中に時の風儀《風俗》と人の境界《きやうがい》《立場》とにつれて変るところもあるものなり。[二]歌も人情《人情が》の物に感ずるところの物の哀れよりよみ出《い》づるものなれば、古今貴賤の差別《けぢめ》はあるまじかるべき《あるはずのない》理《ことわ》《道理》りなれども《ではあるが》、[三]中古以来の歌は古《いにし》への風《ふう》を学びてその風情《ふぜい》によむことなれば、古への風儀人情のままによむことなり。さてまたその学ぶところの古への歌どもはみな中《ちゆう》[四]以上の人のよめる歌にして、中以上の風儀人情の物の哀れより出でたる歌なり。しかれば古への歌を学ばむとならば、古への中以上の人の風儀人情の物の哀れを知らではかなはぬ《知らなければいけないのである》ことなり。その古への中以上の人の風儀人情の物の哀れを知らんためには、[五]この物語を見るにまさることなし。このゆゑに歌道の

一 二二〇頁五行目以下参照。

二 以下の論、二二〇頁九行目以下にさらに詳しく述べられる。

三 「中古」は、宣長の用語としては「中昔《なかむかし》」ともいい、平安初期から南北朝ごろまでを指す（日本古典文学大系『近世文学論集』所収「源氏物語玉の小櫛」補注参照）。ただし「中古以来」といった時は「以来」に比重がかかっており、ここは「平安中期以後、現在に至るまで、歌においては平安初期の風を学ぶことになっている」という意味である。『源氏物語玉の小櫛』二ではより明確に、「中昔よりこなたの歌はしも、必ず今思ふ心をのみありのままによみ出づるにもあらず。古への歌をまねびて、その趣きによむわざなれば、古への世の有様、人の心ばへ・しわざをよく知らではかなはぬわざなり。また古へをまねぶといふ中にも、『萬葉集』よりあなた（以前）のは、世あがり事遠くして、そのさまいたく古りにたれば、さしおきて、大方『古今集』よりこなたをまねぶことなるに」

本意を知らんとならば《知ろうというのならば》、この物語をよくよく見よ《しっかり読みなさい》とはいふなり。

ただしそれも古への歌をよくよく見たらば、この物語見ずとも、古への中品《ちゆうぼん》[六]以上の境界の風儀人情は知らるべきことと思ふ人あらん《知ることができるはずだと思う人がいるだろう》。それは《それでは》末《すゑ》を《末梢を》見て本《もと》を知らぬなれば《見るだけで本質を知らぬことになるから》、暗きところあるなり《不案内のところが残る》。今の歌人はみなこれなり。たとへばよき細工人《さいくにん》[七]の作りたるめでたき《美しい》器物《うつはもの》[八]あらんに、いま一つそれと同じさまに作らんとするに、それを見て作るがごとし。それも《新しく作った物も》見たるところはすこしも違《たが》はねども、よくよく心をつけて見、または使うて見る時に、さらに《けっして》同じ物ならず。これ古への歌ばかりを見て古への風儀人情を知らぬ人のよめる歌のごとし。

[九]この物語をよくよく見て、古への中以上の人情風儀をよくよく心得《心を》、その境界に心をなして《その立場に置いて》、さて《そうして》その古への歌をよくよく見てよむ歌は、かの細工人のもとへ行《ゆ》きて作りやう《作り方》をくはしく学び問ひ聞きて、さてかの器物を見て、その形《かた》に作るがごとし。これその作りやうの本《もと》をよく考へ知りて作れるゆゑに、はじめの器《うつは》と変ることとなし。

という。『萬葉集』が詠歌の手本にならないことについては、『排芦小船』第一九項にも、「『萬葉集』はことのほか古代のものなれば、今の詠格には証拠としがたきこと多し。『萬葉集』にありとて、今よみなれぬ事を詠ずべからず。…今の詠歌はとかく『古今』三代集(『古今集』『後撰集』『拾遺集』)を第一根本の法度《はつと》として、さて時の宜《よろ》しきにしたがひ用捨あるべきことなり」といっている。

四 二二四頁一二行目以下参照。

五 『源氏物語』は中以上の人々の風儀人情を描いた書物であるから。二一〇頁一二行目以下参照。

六 一六五頁注一〇参照。

七 細工師。

八 器物があるとして。

九 『源氏物語』が当時の風儀人情をよく伝えていることについては、二〇三頁注二・二二八頁九行目以下参照。

今の歌は、古《いにし》への歌を見てそれにならふといへども、その歌の出《い》[一]で来たる本《もと》を知らぬゆゑに暗《不案内なところ》きところありて、古への歌とその趣《おもむ》き違《たが》ふこと多し。この物語をよく見て、古への中以上の人情風儀をよくよく心得て読む時は、古への歌の出《い》で来《く》るところの始めをよく知るゆゑに、今よむ歌も古へに変らざるべし《違わないであろう》。

問ひて云はく、この物語を見て古への歌の出で来たる本《もと》を知るとは、いかなるゆゑぞや。

答へて云はく、古への歌は、事に触れて物の哀れを知るより出で来たる物なり。されば出で来たる本といふは、物の哀れを知ることなり。その古への人の物の哀れの知りやうは《知り方は》いかなるものぞと《どのようなものなのかと》いふことをよく知るを、出で来たるところの本をよく知るといふなり。[二]さてその古《いにし》へ人《びと》の物の哀れの知りやうはこの物語にくはしく書きたれば、これをよくよく見て、古への人の物の哀れを知りたるさまを

一 生れてくる根本を。

二 以下の三行の論、二三五頁七行目以下に詳しく述べられる。

歌の根本は物のあわれを知ること

＊ 宣長は前述のように寛延二年（一七四九）の三月から本格的に歌を学び始めるが、それ以前、延享四年（一七四七）十八歳の十一月から『和歌の浦』の筆録を始めている。これは和歌に関する事がらを、種々の書物の抄録を中心に何くれとなく書きつけたノートで、京都遊学中の宝暦四年（一七五四）まで書きつがれる。懐紙・短冊のしたため方についての諸書の抄録がくり返し現われたりして、宣長が上層町人の教養としての歌の嗜《たしな》みから出発したことを示している。寛延二年三月からの歌学びの師は宇治山田の宗安寺の住職法幢《ほうどう》和尚であったが、この人物は、ごく平凡な二条派末流の地方歌人であろうという以上のことは知られない。宝暦二年、二十三歳の三月に医学修業のために京に上った宣長は、かたわら堀景山の塾で漢学を学ぶが、歌の面でも、同年九月に堂上歌学の冷泉家の門人であった新玉津島神社の神官森川章尹に入門している。ついで宝暦六年二月からは二条派の地下《じげ》歌人として名声のあった有賀長川の歌会に出席して、指導を受けるようにもなった。宝暦七年十月松阪にもどると、「物のあわれを知る」の説の形成にともなって盛んな作歌活

よく知れとはいふなり。

問ひて云はく、物の哀れを知ることは、古《いにし》へも今も貴《たふと》きも賤《いや》しきもへだて《差》はあるまじきに《あるはずがないのに》、何とて《どうして》「古への中《ちゆう》以上の人の物の哀れの知りやう」とはいふや《いうのか》。

答へて云はく、[三]前にもいへるごとく、人情は和《わ》漢《かん》・古《こ》今《こん》・貴《き》賤《せん》の差別《けぢめ》なきは勿論《もちろん》のことなれども、その中に時代の風儀と国処《くにところ》の風俗と人の境界《きやうがい》とにつれて、人情もすこしづつは変るところのあるものなり。しかるに中古以来の歌のよみ方は、みな古への歌を学ぶことなり。古への歌はみな中以上の人のよめる物にして、平民《へいみん》[四]のよめるはなし。されば古への歌を学ばむとする時は、古への中以上の人情風儀をよく心得ざれば《理解しなければ》、その歌の出で来たる本《もと》は知りがたかるべし《知りにくいはずである》。これ、古へと今と貴と賤とにすこしづつ人情の異《こと》なるところもあるゆゑなり。情《こころ》に異なるところあれば、物の哀れを知るさまもすこし

古えの歌はみな中以上の人のもの

動を展開する。本居家の菩提寺である樹敬寺《じゆきようじ》の塔《たつ》頭嶺松院《ちゆうれいしよういん》では、宣長の幼時から歌会が行われていたが、宣長はその歌会の指導者格となり、その他の月次《つきなみ》の歌会などにも熱心に出席し、また自宅でもしばしば歌会を催した。そうした作歌活動の成果を収めたのが『石上稿』全十九巻であって、ごく一部を除き、ほとんど自筆稿本が残っている。法幢和尚の指導を受けるようになる前年の寛延元年（一七四八）十九歳の正月の詠に始まって、享和元年（一八〇一）九月二十九日、七十二歳で没する、その十六日前の九月十三夜の詠に至るまでの八千首あまりの作品が収められており、歌人としての宣長の生涯を覆うものである。ただしこれに収められたのは短歌（少数の旋《せ》頭歌《どうか》・今様《いまよう》を含む）だけである。宣長には別に『鈴屋集《すずのやしゆう》』全九巻という刊本の歌文集があり、七巻までは、宣長が老大な数の自作の中から意にかなったものを精選して、六十九歳の寛政十年（一七九八）から同十二年にかけて刊行し、残り二巻は子の春庭《はるにわ》がそれ以後の作品の中から選んで、宣長没後の享和三年（一八〇三）に刊行した。これには短歌約二千五百首、長歌約五十首、旋頭歌五首、今様三首と、文章六十六篇が収められている。

三 二一〇頁五行目以下参照。
四 普通の人。ここは無位無官の庶民。

は異《こと》なることもあるゆゑに、古《いにし》への人の中以上の物の哀れの知りやうをよく心得べしといふなり。

古人は物のあわれを知ることが深い

問ひて云はく、古への歌を見るに、今の平民《へいみん》の歌よむ心もさのみ《それほど》変れるところ《違っている点は》は見えず。桜を見れば面白く《趣きがあり》、梅は匂ひ深く、春は心ものびらかに《のびのびとして》、秋は物悲しく、月見ればもの哀れに、恋すれば物思《物思い》はしく《にふけりがちで》、旅にては故里《ふるさと》恋しく、無常《むじやう》[一]は悲しく、祝ひ事はよろこばしきなど、これみな古今貴賤変ることなし。されば古への中以上の人情とて、別に変ることはあるまじきにや《ないはずではないか》。

答へて云はく、それは変らぬところをいへるなり《取り上げているのだ》。また《また別に》古へと今と、貴と賤と変りて、古への歌にいみじくよめる事も《重要なこととして詠んだことも》今は何とも思はず、今もはら《もっぱら》人のもてはやしていみじく思ふ物も古への歌にはよまぬことなど多し。これ古へと今と変るところなり。さて今の歌のよみ方は古へを学ぶゆゑに、今[二]何とも思はぬことも古へにならうて《昔の歌のまねをして》

一 人の死は悲しく。

二 今の歌は古えの歌のまねをして詠むのであり、そういう意味ではいつわりであるというのが宣長の考え方。『排芦小船』第三六項に次のようにいっている。「世のうつり変るにしたがうて、常の言葉ははなはだ変り、きたなくなりゆき、人情もおのづから軽薄になりたる世なれば、詞《ことば》を飾らずして、心のありていをよまむと思へば、はなはだ下劣の歌になるべし。…されば今の世の歌、十に七八はみな実情にあらず。偽りなり。みな古人のまねをするなり。詞も今の平生の言語にあらざれば、古への雅言を借り用ゆるなり。いはば古への雅言を借りて今の情《こころ》を詠ずるなれども、その情もまつたく今の情にはあらず。そのゆゑは、たとへば今心にもつぱら思ふ事も、古へより歌によみ来たらぬ意《こころ》は、異《こと》やうなればよまず。されば意もまた古への意を借ること多し。大方《おほかた》三代集などまでは、大方心も詞もみな自然《じねん》より出でて、古へを借ることなし。その後は多くは心詞ともに古へを擬し借りたるものなり。…

古人のよみおける歌どもに心をひそめ、起居それに慣れしめば、またおのづから情も化して、古人の雅意、心に生じ、自然の風雅もあるやうになるなり。今現に卑俗の人は面白がらぬ月雪も、歌人詩人ははなはだ心に愛するやうになり、もとは不風雅なる人も、詩歌を心がくれば、おのづから花鳥風月に心を慰めもてあそぶ心になる。これまったく古歌に心を用いて化したる自然の情なり」。また『石上私淑言』第八六（四六三頁）・八七項（四六四頁）参照。

三　その月花に触発され、恋愛など、その人その人の立場に応じて当然感ずるはずのことに深く感じて。

四　宣長の歌集は二一八頁頭注＊印で触れた『石上《いそのかみ》稿《こう》』『鈴屋《すずのや》集』以外にも種々のものが伝わるが、百首歌ばかりを集めた『鈴屋百首歌』の中の、本書『紫文要領』執筆時に近い宝暦九年（一七五九）春の百首歌から、花と月の歌を二首ずつ例示してみる。「初花。いかばかりうれしと知るや初桜花待ちえたる今日の心を」「朝花。朝ごとに咲きそむる花の心地して夜の間見ざりし色もめづらし」「関月。名のみして霞の関も明くるまで光くもらぬ秋の夜の月」「竹間月。呉竹《くれたけ》のよはの白露風こえて葉分けの月の影ぞこぼるる」。

いみじくよみ《大層なことのように詠み》、今いみじくすることも古への歌になければよまず、これ、古へと今と変るならずや《違っているのではないか》。

一つ二つその例を出だしていはば、古へと今と月花を愛《め》づる心をくらべて見よ。今の人はいかほど風雅を好む人とても、昔の歌または物語などのやうには深く愛づることなし。古への歌や物語を見るに、月花を愛づる心の深きこと、また[三]それにつけて思ふ事の筋《すぢ》を感じて物の哀れを知れることなど、今とは雲泥《うんでい》の違《たが》ひなり。今の人はひとわたり《通りいっぺんに》こそ花は面白し、月は哀れなりとも見るべけれ《見るであろうが》、深く心に染《そ》むる《思いこむ》ほどのことはさらに《まったく》なし。これらを古今変らずといふべけむや《いうことができるだろうか》。さてその[四]月花の歌をよむにも、今の心のままによめらんは《詠んだならば》いたく《まったく》見所《みどころ》あらじ《見所があるまい》。今の心とは相違すれども、ただ昔の歌にならうて《まねをして》昔の人の情《こころ》のごとくによむが、今の歌のよみ方なり。さればこそ古への人の情をよくよく心得べしとはいへ《というのだ》。

また恋の歌をよまむに、今も人ごとに色好まぬはあるまじけれど《いかなる人でも恋愛に気持をよせないということはな》

一 現実に起ったか、あるいはそれが演劇化されたかして、宣長が見聞した心中事件などを指していう。京都遊学中の宣長は人形浄瑠璃・歌舞伎を好んで、たびたび劇場に足を運んだし、またたとえば『在京日記』宝暦六年七月七日の条に、「去《い》んぬる六月の二十日ごろかや、ある屋敷の中間《ちゅうげん》やうの者とかや、頂妙寺の新地わたりの妓に年ごろ相語らひけるがありける、恨みありて、夜行きて斬り殺し侍る。…この殺されし女は、そのわたりにていたう全盛の妓なりしとかや。その頃よほど評判ありしが、今ふと思ひ出でて書き侍る」などとある。「その趣き・心ばへは古へと大きに異なり」とは、心中なり刃傷《にんじょう》なりが優美でないということであろう。

二 前頁注四と同様に、宝暦九年春の百首歌から恋の歌を三首例示する。「初恋。知るやいかにまだ初しほの恋衣今より深く染むる心を」「逢はざる恋。末とげぬ歎きはいとどまさるともよしや一夜のあふこともがな」「片恋。よそに見て人はつれなき恋の山たなびく雲の晴れぬ思ひを」。

三 歌は本来的に実情を飾って表現するものであって、古代の歌といえどもありのままの実情を詠じてはいないという考え方。『石上私淑言』二一三頁五行目以下参照。また『排芦小船』第四一項には、「すでに『古今』のころさへ『萬葉』の歌を学べることありしなり。いはんや後世、古《いにし》へを学ばざらんや。『古今』のころとても、実情をありのままに述ぶるとは云ふも

も《いはずだが》、古へのやうに命にもかくるほど《〔恋を〕命にかかわらせるほどに》のわりなき《はげしい》恋する人も少なかるべし。[一]この筋《すぢ》に命を棄《す》つる者は今も多けれども、その趣き・心ばへは古《いにし》へと大きに異なり。されば恋せぬ人も恋の歌はよむことなるに、みな古歌の情《こころ》にならひてよむなれば《詠むのであるから》、[二]恋の歌よまんとては《詠もうとすると》ことさらに古への風儀人情を知らではかなはぬ《知らないままではすまされない》ことなり。大方《おほかた》これらをもて、古への情《こころ》と今の情《こころ》との変れるところあること、余《よ》は推《お》して知るべし。

ただし[三]古へとても、歌によめるほどにはあるまじき事もあらんなれども《〔実際は〕歌に詠んであるほど大層なものではないということもあるだろうが》、それはまたなほ上古の情を学びてもよみ、[四]あるいは思ふことを強くいはむとて、心の思ふほどよりもはなはだしくいへることもあるなり。かの[五]「よきさまにいふとては、よきことの限りを選《え》り出で」といへるがごとく、歌も物語も物の哀れを深くいひて《表現して》、見る人聞く人の深く感じて物の哀れを知らんことを思へるなれば《知ってくれることを願うのであるから》、古への歌はたとひその作者の実《まこと》の情《こころ》のままにはあらずとも、それはとま《どうで》

れかくまれかかはらぬこと（あろうと〔歌を学ぶのに〕関係のないことだから）なれば、とにもかくにもそのよめる歌の（表現された歌の）情《こころ》を学ぶべし。

源氏物語を読んで古人に同化すべし

その情《こころ》を学ぶにつけて、物語の情態《こころしわざ》[六]と古歌と一致《ひとつむね》[七]なれば、この物語をよくよく見て古への中以上の人情風儀をよく心得て、おのが心を（自分の心を）[八]その境界になして（立場に置いて）よむ時は、よみ出《い》づる歌、よきも悪《あ》しきも古へに違《たが》ふことなかるべし（ないはずである）。さて明け暮れこの物語をもてあそび（愛好し）、心をその境界《きやうがい》になして歌よむ時は、いつともなく（いつのまにか）古への雅《みやび》やかなる風儀人情が心に染《そ》みて、自然《じねん》と心も古への情《こころ》に似たるやうになりゆきて、俗人の情《こころ》とは（よりも）はるかにまさりゆけば（すぐれたものになってゆくので）、月花を見る心も俗人とは変り、いまひときは物の哀れも深くなるなり。されば歌人のこの物語見て益《やく》あること、必ず見ではかなはぬ（読まなければならない）ことを知るべし。

かやうにいはば、この物語見ずとも古へを学びて歌よまば、その心ばへは同じことなるべしと思ふ人あるべけれども、さにあらず。この前[九]にいへるごとく、歌ばかりを見て古への情《こころ》を知るは末《すゑ》[一〇]なり。この

のの、詞も風情も随分工夫して、思慮をめぐらし、うるはしく続くることを要とするなり」といっている。
四 他者の共感を求めるため、思うところを強調していおうとする、そこに表現の美が生れる、というのが宣長の考え。二三五頁七行目以下参照。また六一頁注八参照。
五 螢の巻の物語論の一節。六三頁一二行目参照。
六 情《こころ》のあり方。振り仮名は自筆稿本からとった。二三二頁一〇行目に「古への情態」、同一一行目に「古への情」とあって、宣長が「情態」と「情」をほぼ同じ意味で用いていたことが知られる。
七 趣きは同じであるから。
八 模倣の極致、古人と同化してしまうに至る、という考え方には荻生徂徠の古文辞学の影響がある。『石上私淑言』第八七項（四六四頁）参照。
九 二一七頁二行目以下参照。
一〇 末梢のことである。

物語を見《読んで》て、さて《そうやって》古への歌を学ぶは、その古《いにし》への歌の出《い》で来《き》たるよ《い》し《われ》をよく知るゆゑに、本《もと》《根本が》が明らかになるなり。されば[一]古歌の集の詞《ことば》書《がき》をうち見るにも、物語見ぬ人の目には、何とやらん《なんとなく》よその国の一《いっ》向《かう》知らぬ所の事を聞くやうにて、物遠く覚ゆるなり《ぴんとこないのである》。歌も同じことなり。これ古への風儀人情をよく知らぬゆゑなり。この物語をよく読みてその趣きをくはしく心得ゐれば《理解していれば》、一首見る古歌も、一《ひと》くだり《一行》読む詞書も、わが里のことを聞くやうにて早速《さつそく》心得やすく、物の哀れもひとときは深きなり。たとへば、見も知らぬ人のうへを《人のことを》語るを聞く心と、常にむつまじく交《まじ》はれる友のうへを語るを聞く心とのごとし。同じあはれなる事も、知る人と知らぬ人とにて大きに異なるがごとし。

再び中以上の風儀人情について

問ひて云はく、歌よむには古への人の情《こころ》を知らではかなはぬこと《知らなければいけないことは》は聞えたれども《分ったけれども》、中以上といへることなほ不審なり。そのゆゑは、

一 歌の詞書に貴族社会の行事や習慣がよく出てくるが、物語に親しんでいないとそういう行事や習慣が生活の中で持っていた意味が実感されない、という主張。

＊ 宣長の和歌は、その物語論・歌論が「物のあわれを知る」の説を中心に従来の古典研究と隔絶した画期的な主張を含んでいるのに較べて、驚くほど凡庸《ぼんよう》である。二条派末流の歌人と思われる法幢和尚に最初の手ほどきを受け、京都では冷泉家末流の森川章尹に学び、二条派の有賀長川の歌会に連なったという初期の歌歴は、江戸時代においてもっともありきたりの穏健で保守的な歌風を宣長に染《し》みこませた。研究の分野においては、宣長は『排芦小船』で堂上歌学の形骸化を批判し、契沖の新しい歌学を絶讃する論を述べるなど、和歌について早くから一見識を有して、『石上私淑言』のようなすぐれた歌論を著わしたし、『玉勝間』一〇には木下長嘯子《ちょうしょうし》の『挙白集』が引用されていて、新傾向の和歌にも無理解ではなかったようであるが、実作においては、当初からの旧派の歌風を終生脱することがなかった。『石上稿』から、本書『紫文要領』完成の宝暦十三年（一七六三）六月ごろの作品を四首例示してみる。「雨中苗代《なはしろ》。降る雨に袂《たもと》やいかに早苗《さなへ》とる賤《しづ》が田歌の声もしをれて」「夏夜待風。風ならで袖にまちとる松の月見る涼しさは限りありけり」「杜蟬《もりのせみ》。秋風も

古への情にてさへあらば、貴《き》賤《せん》にはかかはらざるべきことなるに《身分の高下は関係ないはずのことであるのに》、何とて「中以上の風儀人情を知りて心をその境界になせ《その立場に置け》」とはいふや。

答へて云はく、前にもいへるごとく、人の情《こころ》は境界《きやうがい》によりて変ることもあるものなり。貴人《きにん》は貴人の情、賤者《せんじや》は賤者の情、僧は僧の情、俗《俗人は》は俗の情、男は男の情、女は女の情、老人は老人の情、壮夫《さうふ》[二]は壮夫の情と、すこしづつは変るところのあるものなり。されば、この物語の中にも、それぞれに変れるやう《様子》を書き分けたり。情《こころ》のみならず言語もすこしづつ変れば、それもそれぞれに書き分けたり。見る人よくよく心をつけて《注意して》味《あぢは》ふべし。されば貴人の情と賤者の情と変れるところあること勿論《もちろん》なり。

ただし歌は思ふ事をよみ出づる物なれば、下賤《げせん》の者は下賤の者の情にてよむべきことと思ふ人あるべし《あるであろう》。それはさること《もっともなことであるが》となれども、中古以来、よむところの歌のならひ《習慣は》はみな古へを学ぶことにて、必

まだかた岡のもりの松梢《こずゑ》は蟬の声ばかりして」「田家道。あぜづたひ牛さき立てて賤男《しづのを》が田面《たづら》の庵《いほ》に帰る夕暮」。できばえにおけるこうした凡庸さと、それにもかかわらずあきることなく生涯歌を作り続けた執着との共存は、宣長において、詠歌という行為が完全に生活の中にとけこんでしまい、芸術的感興とはほとんど無縁の、日常の習慣になっていたことを物語る。それとともに、宣長の歌論それ自体も、実作における凡庸さの理由になっている。実情を美しく飾るのが歌の本質であると信ずる宣長（二二〇頁注二・二二二頁注三・二二六頁一二行目以下参照）は、『新古今集』を歌の歴史のうちの絶頂と考えた（二三〇頁注七参照）。江戸時代もっとも普通に行われた旧派の歌風は、中世以来の新古今亜流の歌風をさらに通俗的にしたものであったから、宣長は旧派の歌学にまつわる堂上家の権威や古今伝授などの風習を否定はしても、『新古今集』につながるその歌風自体は否定されるべきものとはすこしも考えなかったのである。したがって宝暦十三年末に賀茂真淵に入門し、歌についても真淵の指導を受けるようになると、真淵は宣長の歌が新古今調であることを批判し、萬葉調の歌を詠むことを強く勧めたが、宣長は頑固に当初からの歌風を守り通したのであった。

二 血気盛りの男。

ずしも今おのが《自分が》思ふ通りはよまず。今思はぬ事も古《いにしへ》の歌にならう《古歌のまねをして》てよむこと、前[一]にいへるがごとし。されば今の歌は悉皆《しつかい》[二]古人の歌の情《こころ》にてよむなり。しかるにいま手本《てほん》とするところの古歌に、むげ[三]の賤山賤《しづやまがつ》のよめるは見えず。それらも《彼らも》程々《ほどほど》につけてはよみもしつらめ《それ相応に〔歌を〕詠みもしたであろう》ど《が》、〔彼らの歌が〕いま伝はれることなし。伝ふべきほどの歌もなかりつらん《〔後世に〕伝えるに値するような歌もなかったのであろう》。今に伝へて集どもに《歌集に》ある歌は、みな官位俸禄《くわんゐほうろく》もあるほどの人のよめる歌のみなれば、その[四]分際《ぶんざい》の風儀《ふうぎ》人情《にんじやう》よりよみ出でたる物にて、月花を見る心ばへも恋する心ばへも、賤民《せんみん》[五]の心ばへとは必ず異なることあるべし。その歌どもを手本として、それにならうてよむことなれば、必ずその風儀人情をよく知らではかなはぬことなり《知らなくてはいけないのである》。その風儀人情を知るには、この物語をよくよく見るにしくことなし《読むのが一番である》。

下賤の者も中以上の人を学ぶべし

問ひて云はく、下賤《げせん》の人は下賤の人相応《さうおう》に、おのが分際の情《こころ》をよ《自分の身分・環境の》むこそ誠の歌ならめ《歌であろうのに》、おのが分をさしおきて貴人《きにん》の情を似せたらん《まねするようなこ》

一 二二〇頁一三行目以下参照。
二 ことごとく。
三 ひどくいやしい木こり。「賤山賤」は古来、身分いやしいものの代表としていう。
四 そういう身分にふさわしい習慣や心の持ち方から。
五 下々の者。二一九頁注四の「平民」に同じ。
六 「歌の本」とは、「歌は実情を詠ずる」ということ。実情を飾らずに詠むのが歌の本来のあり方ではあるが、人の心の賤しくなった時代にありのままの情を詠めば、かえって歌が賤しくなるし（二二〇頁注二参照）、人間には表現をつくろい飾ろうとする自然の傾向があるのだから、むしろその傾向に即して、つくろい飾ってでも古人の風雅に学ぶべきであるという考え方。『石上私淑言』第八四項（四五八頁）参照。また『排芦小船』第四二項にいう、「上古は人の心素直にて、偽り飾ることなければ、歌も己れが分量（分際《ぶんざい》・身分）を出でず。その身の上にて思ふ事をありのままによみ出でしものなり。されば上古の歌は実《まこと》にして、天子の歌は天子の身の上の事、公卿《くぎやう》百官はそれぞれの公卿百官の身の上の事、民百姓は民百姓の身の上の事をよみて、よく分るるなり。しかるに世だんだん末になり、後世になるほど、人の心偽り多く、思ふ事をありのままにもいはず、つくろひ飾るやうになり

は《とは》、実《まこと》のことにはあらず。僭上《せんしやう》といふものにあらずや《分を越えた振舞いではないだろうか》。

答へて云はく、歌の本《もと》[六]を論ずる時はまことにさることなれども《そのとおりであるが》、よき歌をよまむとする時は、詞《ことば》も意《こころ》も必ずよきを選ばではかなはぬ《よいものを選ばなければいけない》ことなり。よきを選ばむとする時は、必ず古への歌のよきを学ばではかなはぬ《学ばなければ》ことなり。古への歌を学ばんとすれば、かの中以上の風儀人情を学ばではかなはぬことなり。もしおのが《自分が》思ふままに下《くだ》れる《後の》世《時代の》の下賤の情にてよまば、よき歌は出で来がたかるべし。

問ひて云はく、もし貴人《きにん》の情《こころ》を学ぶがよくば《よいのならば》、今も堂上《だうじやう》[七]は実《まこと》に貴人なれば、地下人《ぢげびと》《庶民》の歌よりよろしかるべきか《よいのであろうか》。またこの物語見給はずとも、貴人はおのづからその風儀人情なるべし。いかが。

答へて云はく、古への貴人と今の貴人と、一つにはいひがたきことあり《同じものとしては扱いがたい点がある》。雲の上《宮中の》の有様《ありさま》などは古へに変らぬこと多く、大方雅《おほかたみやび》やかに昔覚ゆること《昔をしのばせることが》多かれど、また変れることもいと多し。中頃[八]だにも

ゆくにしたがひて、歌もまた偽り多く、思ふ事のありていにはあらぬやうにだんだんなりゆくにしたがひて、上たる者のよみたるも、下たるもののよめるも分れがたく混じゆくなり。これを、深く考へぬ人は和歌の衰へゆくと思ふは誤りなり。これまたかの人の心の偽り多くなりゆくにつるるものなれば、またいやとも（必然的に）かくのごとくなりゆくはずの自然の道理なり。…今は人の心偽り飾ること多ければ、歌もまた偽り飾ること多きが、即ち人情風俗につれて変易する自然の理にかなふなり。…されば今の世にてこの道にたづさはり、和歌を心がくる者は、とかくまづ（偽り多い）今の人情にしたがひて、偽り飾りてなりとも、随分古への歌を学び、古への人の詠じたる歌の如くによまむよまむと心がくれば、その中におのづから平生見聞する古歌古書に心が化せられて、古人のやうなる情態にもうつり化するものなり。その時は、まことの思ふ事をありのままによむ、といふものになるなり」。

今の公家は昔の公家と違う

七　公家は実際に貴人なのだから。

八　昔と今との中間を漠然と指す語。次に順徳院（一一九七～一二四二年）の歌を引いているところからして、宣長の用法では、少なくとも上限は「中古（中昔）」（二一六頁注三参照）の上限より後、平安末から鎌倉時代を指すか。

[一]「古き軒端《のきば》のしのぶにも」などよませ給へるに《お詠みになられたのに》、ましてや今はいか《どうし》でかは古へのやうにはあらん《て〔風儀人情が〕昔のようであろうか》。古《いにし》へありて歌に多くよめる事も、今は絶えてなき《まったくない》事どもも多し。これ、時世《ときよ》とともにうつりて、風儀も変れば人情も変るなり。されば[二]いま貴人《きにん》のよみ給ふ歌を見れば、古への歌とは趣きの違《たが》へること少なからず。これ[三]一つにはいひがたき証拠なり。

されば今の貴人の風儀人情を目《ま》のあたり見慣れんよりは《直接にいつも見るのよりも》、この物語をよくよく見て、古への貴人の風儀情態をよくよく心得むが《理解するのが》、歌《歌を》のためには《詠むためには》はるかにまされり。この物語を読む時は、源氏の君を始めとして、よき事《よいことばかりを》の限りを取り集めたる古への人々に目《ま》のあたり交《まじ》はりて、そのかたち《容姿》を見、その言語を聞き、そのしわざ《行為》に慣れ、その心の底までを知りて、その世の雲の上《宮中の》の有様、貴人の風儀、折々の[四]公事《くじ》・[五]節会《せちゑ》などまで、こまかに今見聞くがごとし。さればこれにまさりたる[六]歌道のたすけあるべけむや。かへすがへすも歌人《歌人が》の心を《熱心に》

一 『続後撰集』（一二〇二番）のほか『百人一首』にもとられる順徳院の歌。「ももしきや古き軒端のしのぶにもなほあまりある昔なりけり」（宮殿の軒に忍草がはえるにつけても、昔のことをしのぶのだが、どんなにしのんでもしのびきれないほど、昔は遠くへだたってしまった）。順徳院の頃でさえ、すでにこう詠まれるほど上古、中古とは風儀人情が変ってしまっていたのに、まして…、という気持で引いた。

二 宣長が当代の堂上歌学の権威を認めていなかったことは、三八頁注五・三九頁注九参照。また堂上の歌風についても、『排芦小船』第五九項に、「逍遥院（三条西実隆。室町中期の歌人）以来《このかた》の歌は、かの為家・頓阿《とんあ》の正風《しやうふう》（二条家の歌風）を守れとは教へながら、なほ自分の歌には分量（力量）に過ぎたることとまま見えて、すこし風体《ふうてい》の悪しきこととあり。…ややもすれば己《おの》が分に過ぎて、飛ばんとする心あらはれて、真の正風とはいはれぬこと多し。ことに後水尾帝《ごみづのを》（江戸初期の天皇）の御歌には異風なるが多きなり。…逍遥院以来の歌を見る時は、世の人いよいよ競うて飛び上らんとすることのみなるべし。かへすがへすも近世の歌を好みもてあそぶことなかれ」といっている。

三 今の公家と昔の公家とを同一視することはできないという根拠である。

四 朝廷の儀式。

五 公事の際に天皇と廷臣が行う宴会。

六 『源氏物語玉の小櫛』一の、このあたりに相当す

入れて明け暮れに見るべき物は、この物語なり。

問ひて云はく、古への事を書ける書籍《ふみ》も多く、また物語も多きに、とりわきてこの物語を見よといふこと、いかが。

答へて云はく、書籍は多けれども、国史[七]のたぐひは、唐《もろこし》の書《ふみ》の作りやうにならひて書ける物ゆゑに、人情のこまやかなること知れがたし《なかなか知られない》。唐[八]の書と歌・物語とをたとへていはば、人の家のごとし。唐の書は、人情をいふこと、表向きの玄関・書院《座敷》のごとくなり。つくろひ飾りたる所なれば、きららかに《美々しく》うるはしく《端正ではあるが》はあれども、その家の内々《うちうち》のこまかなるところは知れがたし。歌・物語は、台所より奥向きの居間まで通りて見るがごとし。内々の所なれば、うちとけてしどけなき《雑然とした》ことは多けれども、その家の有様《ありさま》、残るところなくくはしく知らるるなり。されば人の実《まこと》の情《こころ》のつくろはぬところをつぶさ《くわしく》に見んと思ふには、物語見るにしくはなし《物語を読むのが一番である》。その物語も多くある中

るくだりには次のようにあって、「歌道のたすけ」ということが具体的に述べられている。「(『源氏物語』には当時の貴族社会が微細にわたって生き生きと描かれていて)雅《みやび》たる事の限りを今の現《うつつ》の目の前に見るがごとくなれば、古《いにし》へ人《びと》の歌の出で来たる本《もと》の有様《ありさま》・心のよく知られて、かやうの歌はしかじかの時に出できて、その折のよみ人の心はしかじかなる物ぞとやうに、くはしく知らるるわざぞかし。さるゆゑに、この物語に書きたる事ども、人々のしわざ・心ばへは、ことごとく歌よむべき心ばへ(自分が歌を作る時学ぶべき心の持ち方)ぞ、とはいふなり」。

源氏物語にまさる物語はない

七『日本書紀』以下の六国史、その他漢文の史書。六八頁注五参照。

八 以下の論、六六頁注六・六七頁注七参照。

一 万事につけて。

二 二〇三頁注二参照。

三 読者はある記述を別の記述と対比することによって理解を深め、広い範囲にわたって物のあわれを知り、の意。

四 『詩経』のこと。三百五首の詩を収めるので、概数をとって別称を「三百篇」という。孔子が編集したとされる。宣長がここで『詩経』を持ち出したのは、『詩経』によって人情世態を知ることができるという、反朱子学の儒者たちの『詩経』論（四六頁注二参照）を念頭においているからで、人情を知る上で、『詩経』より『源氏物語』の方がはるかに有益である、という気持でいっている。

五 六経の中にお加えになるであろう。「六経」は儒学の根本となる六つの経書。『詩経』『書経』『易経』『春秋』『礼経』『楽経』。このうち『楽経』は秦《しん》の始皇《しこう》帝《てい》の焚書《ふんしよ》によって滅んだとされ、伝わらない。

六 私のいうことを言い過ぎとはいえないだろう。

七 二一六頁注三参照。また『排芦小船』第四三項に、「『日本紀』『萬葉』は至りて質朴なれば、かへつて拙《つたな》く鄙《いや》く、見苦しきことも多し。ただ『古今集』三代集が花実全備して、すぐれてうるはしければ、専らこれを規矩《きく》準縄《じゆんじやう》とすることなり」という。ただし宣に、この物語をとりわきて賞することは、[一]万《よろづ》他の物語にまさりて、古今《ここん》並びなき物なるゆゑなり。

そのすぐれたることは今さらいふもさらに《いうまでもないことで》にして、古人の賞美あまりあることなれども、なほいはば《つけ加えていうと》、[二]文章めでたければ《すぐれているので》、読む人感ずることまさりて、物の哀れ深し。また万《よろづ》こまやかに心をつけてくはしく書けるゆゑに、読む人、今の現《うつつ》にその事を見聞くがごとく、その人に会ふがごとし。よりて《だから》いよいよ感ずること多く、物の哀れ深し。また大部《たいぶ》にして、事の始終をつまびらかに《くわしく》書き、世の事を広く書けるゆゑに、[三]読む人かれこれを通《かよ》はして物の哀れを知ること広く、世の風儀人情を広く知り、事の始終をつまびらかに知るゆゑ、ひときは物の哀れも深し。またすこしも虚誕《きよたん》なる事を書かず《でたらめのことを書かず》、常に世の中にある事をなだらかに《流暢に》やさしく《優美に》書けるゆゑに、読む人げに《なるほどと》もと思ひてことに感ずること深く、物の哀れ深し。これらのこと、他の物語の及ぶところにあらず。はるかにすぐれたる物なり。

大方《おほかた》世の風儀人情をつまびらかに書きあらはして、人をして物の哀れを知ること深からしむること《深くさせることでは》、和漢古今《〔源氏物語は〕》に並びなし《並ぶものがない》。孔子《こうし》もしこれを見給はば、[四]三百篇の詩をさしおきて、必ずこの物語を[五]六経《りくけい》に連ね給ふべし。孔子の心を知れらん儒者は《知っているような儒者なら》、必ず[六]丸《まろ》が言を過称《くわしよう》とはえいはじ。

問ひて云はく、古への歌を学ぶといへるは、いづれの頃の歌を指《さ》していふや。

答へて云はく、中古以来の学ぶところ、[七]第一《まづ》、『古今集』なり。さては《その次は》『後撰《ごせん》』『拾遺《しふゐ》』、この三代の集を手本として、詞《ことば》も情《こころ》もこれをならひてよむことなり。なほ歌の[八]体制《ていせい》のこと、世々の風格変化せることなど《時代時代の歌風が変化したことなど》、くはしきことは[九]別に論弁してこれをいへり。よりて今ここに省《はぶ》く。

長が『古今集』を学ぶべしというのは、『古今集』それ自体を尊重するからではない。もとより宣長も最初の勅撰集として『古今集』を尊重するが、美しく飾ることを歌の本質と考える宣長にとって、歌道の典範となる最高の歌集は『新古今集』であり、『古今集』を学ぶことは、『新古今集』をよりよく学ぶための手段として位置づけられている。『排芦小船』第五九項にいう、「さて『新古今』はこの道（歌道）の至極せるところにて、この上なし。…『古今』の風は今の世にはまつたくは用いがたし。まつたく『古今』のごとくによみては、今の人の性情には合ひがたし。『新古今』に似る時は、今の世までも通じて、めでたき歌なり。…さて『新古今』にすこしにても似よりて、よき歌よまむとならば、三代集（『古今集』『後撰集』『拾遺集』）をずいぶん学ぶべし。これ肝要なり。そのゆゑは、新古今時代の名人、いづれもみな三代集を手本にしてよめる中にも、定家卿の教へに、『心を古風に染めよ。三代集を手本にせよ』とのことなり。三代集をよくよく学べば、おのづから風体《ふうてい》よくして、『新古今』に似よりたる歌になるなり」。

三代集が歌の手本

八 様式。

九 『排芦小船』の第五九項を指す。「歴代変化」と題され、注七・二二八頁注二に見るように、『萬葉集』から江戸初期に至るまでの和歌の歴史を論ずる。

古えにならうということ

問ひて云はく、『詠歌大概《えいがたいがい》』[一]に「情《じやう》[二]は新しきをもて先《さき》とす《第一とする》」とあるに、〔あなたが〕古歌の情をならふ《模倣する》といふは、当世のよみ方に違《たが》へるやうなり。いかが。

答へて云はく、かの「情は新しきを先とせよ」と〔定家卿が〕のたまへるは《おっしゃったのは》、ただ「こころ」といふことなり。「情」の字になづむべからず《とらわれてはいけない》。これは今よむ歌の一首一首の「意《こころ》」[三]をいふなり。一首一首の意は古人のよみ古《ふる》さぬ新しき事をよめ、となり。丸《まろ》がいふ《私がいう》「古へにならふ情《こころ》」といふはさにあらず《それとは違う》。例をあげていはば、桜花《さくらばな》を雲かと思ひ、紅葉《もみぢば》を錦かと思ひ、涙に袖の《袖が》朽《く》つるといひ、海士《あま》[四]も釣《つり》するばかりなどいふたぐひはさるものにて《私のいう情であって》、大方《おほかた》いま歌によむ事はみな古への情《こころ》[五]態《しわざ》なり。あるいは物[六]によそへて《託して》思ひを述べなどする、すべて古への情《こころ》にあらざることなし。

かの『詠歌大概』にある「情」の字はその心にあらず《そういう意味ではない》。かの[七]桜花を雲かと思ひ、紅葉葉を錦かと見るやうの情は古歌にならひて、そ《その》

一 藤原定家著の歌論書。『宝暦二年以後購求謄写書籍』によれば、宣長は宝暦六年（一七五六）三月、この書を銀五分で購入している。
二 『詠歌大概』の冒頭。原文は漢文で、「情は新しきを以て先と為し（人の未だ詠ぜざるの心を求めて之を詠ぜよ）、詞は旧きを以て用ゆべし（詞は三代集の先達の用ゆる所を出づべからず。『新古今』の古人の歌は同じく之を用ゆべし）」とある。
三 以下の説明からすると、「情《こころ》」が対象のとらえ方であるのに対して、「意」はとらえた対象を表現に定着させる段階の具体的な趣向ということになる。
四 涙が海のようにたまり、漁師も釣ができるほどだ。
五 情のあり方。振り仮名は二二三頁注六を適用。
六 『石上私淑言』三〇九頁五行目以下参照。
七 以下の論、『石上私淑言』第九〇項（四七二頁）参照。また『排芦小船』第二〇項にいう、「さればただ古き詞《ことば》にて新しくよみなすべし。歌は古き詞にても、一字二字の分《わか》ち、てには（助詞）の使ひやうなどにて、格別に新しくとりなさるるなり。趣向も今新しく格別によみ出でんとすれば、異《こと》やうにいやしくなりて、はなはだ嫌ふことなり。ただ古くよみ来たれる風情を面白く新しくよむが上手なり。歌知らぬ人は、詞も情も大方古きに似たれば、何の事もなき一通りの歌と思へど、さにあらず。（言葉の）続けがら使ひやう

の内にて《大枠の中で》また同じ事を新しくとりなして《趣向をこらして》よめ、となり《というのである》。雪をよむとて、「空の海より塩ぞ降りける」[八]などやうに《などというように》新しくよめといふことにはあらず。もし古への情にならはずして今の情にて新しくよまば、必ずかやうのことあるべし。ゆゑに詞《ことば》も情《こころ》も古へを学ぶとはいふなり。

問ひて云はく、『古今集』を第一として、『後撰《ごせん》』『拾遺《しふゐ》』までの歌を手本としてよむゆゑに、その頃の風儀人情をよく心得よといふに、『源氏物語』[九]〔それらの歌集より〕はすこし後に出で来たれば、時代相違せむか《時代がずれるのではないか》。そのうへ紫式部[一〇]が頃は歌の風体《ふうてい》もすこし悪《あ》しくなりかかりたる頃なれば、この物語を見てその時代の風儀人情を学ばむことはいかが。

答へて云はく、時代にしたがうて世の風儀もうつり変る中に、『萬葉集』以前の事はしばらくさしおきて、〔都が〕[一一]今の京となりて後しばらく《現在の都になった後しばらく》、歌の道世に行はれず《すたれてしまって》、上《かみ》にさらにその沙汰もなかりしに《朝廷では全く取上げられることもなかったのに》、

によりて、詞も情もすこしの事にてはなはだ新しく面白くなることなり。今の世すこし歌も人なみよりはよくよむといふくらゐになれば、人と同じ平懐（平凡な趣向）なる事を嫌ひて、新しくよまむとては、聞きなれぬ異やうなる詞・風情を好む。これ未熟の至りなり。古き詞・風情を新しくよみなすことをえせぬゆゑなり。今とても古き心・詞にていかやうにも面白くよみなさるるなり」。

八　伝統的な雪のとらえ方の枠をはずれており、「意」を通りこして「情」が新しくなってしまった例。

三代集と源氏物語と風儀情態は同じ

九　『源氏物語』の成立時期は、宣長によって長保（九九九～一〇〇四年）の末か寛弘（一〇〇四～一一年）の始めと推定されている（一九頁五～七行目参照）。『古今集』『後撰集』『拾遺集』はそれぞれ十世紀初頭と中頃に編纂された。『拾遺集』は『排芦小船』第五九項に「花山院（九六八～一〇〇八年）の御自撰」とあるが、それは退位（九八六年）後のことで、今日では『源氏物語』とほぼ同じ頃の成立と考えられている。

一〇　三代集の次の時代なのでこのようにいう。『排芦小船』第五九項に、「さて『後拾遺』『金葉』『詞花』（四・五・六番目の勅撰集）は風体よろしからず。…詞をいたはらぬ（大切にしない）ゆゑに優艶なることなし。いはゆる実《じつ》のみにして花なきものなり」とある。

一一　平安初期、漢詩文に押されて和歌が衰えた一時期があった。『石上私淑言』第六八項（四一三頁）参照。

[一]仁和《にんな》の頃よりまた起りて《復活して》、[二]寛平《くわんぴやう》・延喜《えんぎ》の頃よりこの道《(歌道)》盛《さか》りに世に行はるることにはなれり。世上《せじやう》の風儀も次第に変れるなり。しかるに絵物語の世にもてはやさるることも寛平・延喜の頃より盛りなりと見えて、大方《おほかた》物語どもに書けることはその頃の風儀情態《ふうぎじやうたい》なり。[三]『伊勢物語』などはすこし前《〔寛平・延喜より〕》なれど、さのみ《それほど》風儀情態《〔作中の〕》の変れることも見《見え》えねども《ないけれど》、すこしは変れるところもありて、[四]文体《ぶんてい》も古風なり。その外《ほか》の物語どもも大方《おほかた》みな寛平・延喜前後の風儀情態にて、格別《かくべち》の変りも見えず。

　さてその後《のち》、[五]一条院《いちでうゐん》の頃と寛平・延喜の頃とをくらべ見るに、歌の風《ふう》は変りたることもやや《若干は》見ゆれども、世上の風儀情態は同じことにて、変れるところ見えず。貴人《きにん》の風情《ふぜい》、雲の上《宮中の》の有様《ありさま》など、ただ同じことなり。しかれば三代集の歌を学ぶにつきて、その頃の《三代集の頃の》風儀人情を心得むためにこの物語を見むこと、すこしも時代の相違《さうゐ》はあるまじきことなり。萬葉風の歌をよまむとて《詠もうといって》この物語を見むなどは《見たりするのなどは》、

一 平安時代の年号。八八五～九年。ここでは宇多天皇（在位八八七～九七年）の時代に歌合《うたあわせ》などが盛んになり、和歌が復興してきたことをいう。

二 ともに平安時代の年号。「寛平」は八八九～九八年。宇多天皇の治政。「延喜」は九〇一～二三年。醍醐天皇の治政。延喜五年に醍醐天皇が『古今集』撰進の勅命を下した（ただし延喜五年は完成した『古今集』の奏覧の時という説もあり、宣長がどちらの説をとっていたか未詳）。

三 在原業平の生存時期（八二五～八〇年）から推して、『伊勢』は『源氏』より「すこし前（の成立）」といっているのであろう。

四 一七八頁注二・五参照。賀茂真淵の『伊勢物語古意』総論では、『源氏』より『伊勢』の文章の方を高く評価して次のようにいう。「『源氏』の言葉はまねぶべし（真似ができる）。この詞（『伊勢』の言葉）はうつし取ること難し。『源氏』は後によれる文（後世につながる文体）にて、事を書き尽し、かつ心・言葉ともに薄し。『伊勢』は古へにつきたる物（古代を継承する文体）にて、心・言葉こと少くて篤《あつ》きなり」。

五 在位九八六～一〇一一年。紫式部の仕えた上東門院彰子は一条天皇の中宮。

大きに相違なるべし。風儀大きに変れるゆゑなり。三代集の歌とこの物語とは情態すこしも変らず、まつたく同じ事なり。[六]されば歌よ《歌を詠》まむ人は《もうとする人は》明け暮れこの物語に眼をさらし心を《心を》潜《ひそ》めて《集中させて》、古への風儀人情をよくよく心得て、心をその境界になし《気持をその状況に置いて》、その情《こころ》になりて物の哀れをわきまへ知る時は、今よみ出づる歌も古へに変ることなかるべし。

源氏物語は物のあわれを尽す

問ひて云はく、この物語を読みて物の哀れを知るやう《知る方法》、なほくはしく聞かむ《お尋ねしたい》。

答へて云はく、この物語はまづ世にありとある事につきて、〔紫式部が〕見るところ、聞くところ、思ふところ、触るるところの物の哀れなる筋《すぢ》を見知り、心に感じて、それが心の内に《心中に》籠《こ》めおきがたく《しまっておきにくく思われることから》思ふよりして《して》、物に書きて心を晴らしたるなり。[七]すべて心に思ひむすぼるる事《思いが積り鬱屈する》は、人に語り、また物に書き出づれば《書き表わせば》、そのむすぼるるところが解

六 『源氏物語』に沈潜することによって古人になりきってしまうという論。二三三頁注八参照。

七 六一頁六行目以下参照。

け散ずるものなり。さて《そこで》その紫式部が常に心に思ひ積《つも》りたる物の哀れをこの物語にことごとく書き出でて、[一]なほ見る人に深く感ぜしめむがために、何事も強くいへるなり。されば物の哀れなる事の限りはこの書に漏《も》ることなしと知るべし。さればこれを読む人の心に、げにさもあるべきことと《なるほどそのとおりだと》思うて感ずるが、すなはち読む人の《読者が》物の哀れを知るなり《知ったということなのだ》。さやうに感ぜしめむがために、物の哀れをことさらに深く書きなしたるものなり。深く書きなしたるゆゑに、読む人は感じやすくて《容易に感ずることができ》、物の哀れを知ることとやすくして《容易であって》深きなり。

たとへば人々の物思ひしてわりなく《どうしようもなく》深く思ひ入りたる心のやうを《ありさまを》書けるを見て、げにさもあるべき事と思はるるは、すなはちその人の心を推察して物の哀れを知りたるなり。その推察するゆゑは何ゆゑぞといふに、その物思ひになるべきいはれを《物思いにふけるようになった理由を》くはしく書けるゆゑに、それを見てその心を推察するなり。万《よろづ》の事みなかくのごとし《こうなのだ》。その事とその心とを引き合せて《〔作中の〕その事がらとその当事者の気持とをつき合せて》、かやうかやうの《これこれの》事に当りては《事がらに直面すると》かや

一 二二三頁注四参照。以下、八四〜五頁で説明した物語の機能が『源氏物語』においてもっとも見事に実現されていることをいう。

＊ 自筆稿本で、二二六頁一二行目以下の問答のくだりに長文の頭注があって、よい歌を詠もうとしてつくろい飾るということは一面で想像力の営みである、ということが論じられていて興味深いので、以下に掲げる。「今、地下人《ぢげびと》（庶民）の歌にて雲の上（宮中）の事などをよめば、知らぬ事をよむとて堂上の人は笑へども、これは大きにいはれぬ（理屈の通らない）事なり。そのゆゑは、今の歌はすべて古《いにしへ》の歌を学びてよむことなれば、かりそめにも見も聞きも思ひもせぬ、一向に知らぬ事をも、古歌にならうてよむならひなり。されば天子の御歌にも民の上を思《おぼ》し召しやりて、一向に知ろしめさぬ事をもよみ給ひ、また七夕《たなばた》の歌よむとては牽牛《けんぎう》の心になりてよみなどするも同じことにて、知らぬ事をも知り顔によむが歌のならひなり。もし地下人は雲の上の事知らずとてよむまじくは、天子はいかでか民の上を知ろしめさむ。この世の人はいかでか天上の牽牛・織女《しよくぢよ》の心を知らん。僧は恋の歌はよむまじきか。もし知らぬ事をよむが誤りならば、今の堂上の人の京より外へ出でたる事もなき人は、何とて国々の名所はよみ給

ふぞ。地下人とてもこの物語（『源氏物語』）を見る時は、古への雲の上の有様は、今見るよりも明らかに知らるる事なれば、今の雲の上の事知らずとて、少しも歌よむには事欠けぬ（不自由しない）ことなり」。もっとも宣長がこのように述べた直接の動機は、きびしい口調からして、恐らくは堂上歌人たちの傲慢さに対する反撥であって、三八頁注五に見える堂上歌学への批判や、本書跋文に見える、地下の歌学者としての強い自負（二四二頁注二参照）などと一脈通ずるものがある。

ニ　六二頁注一参照。

うかやうの思ひがあるものなり、かやうかやうの事を聞きてはかやうかやうに思ふものなり、かやうかやうの物を見てはかやうかやうの心がするものなりと、万《よろづ》の事を推察して感ずるが、すなはち物語を見て物の哀れを知るなり。

かくのごとくに、物語の中のあらゆる事、人々のしわざ、人々の心をよくよく推察し心得《理解する》る時は、古《いにし》への風儀人情を知ること、掌《たなごころ》を指すがごとし《掌中の物を指すように正確である》。花見る時の心はかやうかやうのもの、月見る心はかやうのもの、春の心はかやうかやう、秋の心はかやうかやう、郭公《ほととぎす》を聞きたる心はかやうかやうのもの、恋する時の思ひはかやうかやうのもの、〔恋人に〕逢はぬつらさはかやうのもの、逢ふうれしさはかやうの心と、くはしく書きあらはしたれば、それをわが心にことごとく引き当てて推察し、げにさもあること《なるほどそのとおりだと》といふ意味をよく心得れば、それが物の哀れを知りたるにて、いま歌よむ時大きなる益《やく》あることなり。

[ニ]歌の出でくる本《もと》は物の哀れなり。その物の哀れを知るにはこの物

語を見るにまさることなし。この物語は紫式部が知るところの物の哀れより出《い》で来て《生れてきて》、今見る人の物の哀れはこの物語より出で来るなり。さればこの物語は物の哀れを書き集めて、読む人に物の哀れを知らしむるより外《ほか》の義なく《意義はなく》、読む人も物の哀れを知るより外の意《こころ》なかるべし。これ歌道の本意《ほい》なり。物の哀れを知るより外に物語なく、歌道なし。ゆゑにこの物語の外に歌道はなきなり《ないのである》。学者よくよく思ひはかりて《思案して》、物の哀れを知ることを要せよ《求めよ》。これすなはちこの物語を知るなり。これすなはち歌道を悟るなり。

しかるに諸抄の趣き《諸注釈書の傾向は》、この物語をもて戒めの本意として《教訓が趣旨であるととらえて》、見る人をして《〔この物語を〕》その身の戒《いまし》めとせしむ《させる》。これ、この物語の魔[一]なり。かりそめにも戒めの心をもて見ることなかれ。丸《まろ》《私は》、この魔のために学者の惑《まど》はされて悟ることを得ざることを悲しぶゆゑに、今かくはしくこれを弁じて《説明して》作者の本意をあらはし、学者の惑ひを解かしむるなり。

そもそも戒めの方《かた》に引き入るるをこの物語の魔なりといふいはれ《理由はど》

＊二一六頁注三・二二〇頁注二・二二二頁注三・二二六頁注六などで、「歌は実情をつくろい飾るものである」という宣長の歌論を紹介した。念のためにいえば、ここで宣長が肯定的にいう「つくろい飾る」は、国学者としての宣長がきびしく批判した中国思想の偽善性（六六頁注六・二〇四頁注二参照）とはもちろん異なる。宣長自身の説明を借りれば、『源氏物語玉の小櫛』二の、本書二二七頁二〜七行目に相当するくだりにいう、「まづ歌といふもの、その本《もと》をいはむには、おのが心に思ふ節《ふし》をこそよみ出づべきわざなれ、人のよめる意詞《こころことば》をならひまねぶべきにはあらざれども、そは上つ代こそあれ、中昔よりは然《しか》のみにもあらず。またすべて歌は、神にも人にも聞かしめてあはれを見するわざにしあれば、よくよまむと構《かま》ふる（工夫する）も、もとよりの（人間本来の）真心《まごころ》にして、後《のち》の偽《いつは》り（中国の影響を受けて後世になって発生した偽善）にはあらざるを、よき歌をよまむとするには、必ず古《いにし》へのよき物をならひまねばではえあらず」。

源氏物語は儒仏の書とは異なる

一 本来は仏語で、善事を妨げる悪神、あるいは悟りを妨げる煩悩。『八雲御抄』（順徳院著の歌論書。『石上私淑言』四七三頁注三参照）六に、「（古歌を取り入れるだけで）わが心も詞もなき、かへすがへすこの道の魔なり」といういい方が見える。

はいかにといふに《ういうことなのかというと》、戒めの心をもて見る時は物語の《〔正しい理解の〕》妨げとなるゆゑにしかいふなり《そういうのである》。何とて《どうして》妨げとはなるぞといふに、[二]戒めの方に見るときは物の哀れをさますゆゑなり《物の哀れの興趣を冷ましてしまうからだ》。物の哀れをさますは、この物語の魔にあらずや。また歌道の魔にあらずや。さて戒めの方に見るが何とて物の哀れをさますぞといふに、[三]大方《おほかた》儒仏《じゆぶつ》の教戒《けうかい》は、人情の中に育て長《ちやう》ぜしむることと《発展させる面と》、押へ《抑制し》戒めて止《とど》むることとがある《発展させないようにする面とがある》なり。されば物の哀れを知る中には、かの教戒の方《かた》に育て長ぜしむることもあり、また押へ止《とど》めて戒むることも多し。ゆゑにその教戒の方に見る時は、物の哀れを知ることを押へ止《とど》むることが多きゆゑに、その心にて見れば物の哀れがさむるなり。ゆゑにこれを妨げといひ、魔といふなり。

　この物語も歌道も、儒仏の道を本意とはせず《本来の精神とはせず》、物の哀れが本意なれば、かの道々しき《道徳的な》書籍《ふみ》とひとつに《同じように》心得ては大きに本意にそむくなり。それぞれの立つる《標榜する》ところの本意、[四]用いどころの変れることをわ

二　一二四頁六行目には「懲悪のことに見る時は、物の哀れの深きところもさむるものなり」といっている。

三　八三頁九行目以下参照。

四　人生において用いられる局面がそれぞれ異なっており、人間として儒仏の教えに従わなければいけない時もあるし、儒仏の教えより物のあわれを知る心を優先させなければいけない時もあるということ。

きまへずして、何の道もかの道もひとつに混じて心得るは、いと暗《大変愚か》きことなり《なことである》。儒は儒の立《た》つる《標榜する》ところの本意《ほい》あり。仏《ぶつ》は仏《ぶつ》の立つるところの本意あり。物語は物語の立つるところの本意あり。[一] それをかれとこれとをしひて引き合せて《儒仏の本意と物語の本意とを無理に較べて》とかくいふは《あれこれ論ずるのは》、付会《ふくわい》《こじつけ》の説といふものなり。歌・物語は歌・物語の立つるところの本意をもていふが《論ずるのが》正説《しやうせつ》といふものなり。外《ほか》の書籍《ふみ》の本意は、いかほど《どれほど》よき事にても、それを歌・物語へ引きかくるは《あてはめるのは》付会の邪説なり。教戒《けうかい》の道を羨《うらや》みて歌・物語をもその方《かた》へ引き入れむとするは、いともきたなく見苦しきことなり。これ、歌・物語は歌・物語の方にまた一つの本意あることを知らぬゆゑなり。また他の道をもていふ時は肝要《かんえう》のこの道の本意を妨ぐる《抑圧してしまう》、といふことを知らぬゆゑなり。[二] 教戒のことは外《ほか》にいくらもその方の書籍が多くあれば、物遠きこの物語を《あまり関係のないこの物語を》借るには及ばぬことなり。

この物語を戒めの方に見るは、たとへば花を見よとて植ゑおきた

一　一六九頁一二行目以下参照。

二　このいい方は、荻生徂徠の『詩経』論、たとえば『弁道』第二二項の次の一節と似通う。「後世はすなはち『書』(『書経』)を読むの法を以てして『詩』(『詩経』)を読み、これ勧善懲悪の設けなりと謂ふ、…果してその説のごとくんば、聖人なんぞまた別に訓戒の書を作らずして、(『詩経』をもって勧善懲悪を説くなどという)この迂遠《うゑん》の計(まわりくどいやり方)を以てするを為すや」。

る桜の木をきりて、薪《たきぎ》にするがごとし。このたとへをもて心得べし。三薪は日用の物にて、無くてかなはぬ《なければならない》物なれば、薪を悪《あ》ししと憎むにはあらねども、薪《たきぎ》にすまじき木を《してはいけない木を》それにしたるが憎きなり。薪にすべき木は外《ほか》にいくらもよき木あるべし。桜をきらずとも薪に事欠《か》くことはあらじ。桜はもと《本来》花を見よとて植ゑおきたれば、〔薪にするのは〕植ゑたる人の心にもそむくべし。またみだりにきりて薪とするは、心なきことならずや。桜はただいつまでも物の哀れの花を愛《め》でむこそは、本意ならめ《本来の趣旨であろう》。

三　自筆稿本でこの個所に次のような頭注がある。「薪は実用の大切なる物なり。花見るはあだ事（むだごと）なり」。これは、教戒という実用性の見地からすれば花（『源氏物語』）はまったく無価値であるということを強調したもので、花を薪の下位に置いたわけではない。

右『紫文要領《しぶんえうりやう》』上下二巻は、年ごろ（数年来）丸《まろ》が心に思ひよりて（私が心にかけていて）、[一]この物語をくり返し心を潜《ひそ》めて読みつつ考《かむが》へ出だせるところにして、[二]まつたく師伝の趣きにあらず（師から教わったというようなことではない）。また諸抄の説と雲泥《うんでい》の相違なり。見む人（読む者は）あやしむことなかれ（そのことを変に思ってはいけない）。よくよく心をつけて物語の本意《ほい》を味《あぢは》ひ、この草子《さうし》と引き合せ考へて（本書と較べて考えて）、丸《まろ》がいふところ（私の説が）の是非を定むべし（是か非かを決定してほしい）。必ず人をもて言を棄つることなかれ（無名の若輩というだけでその説を否定しないでほしい）。かつまた文章・書きざまはなはだみだりなり（乱雑である）。草稿なるゆゑにかへりみざるゆゑなり（十分に気をつけなかったためだ）。重ねて繕写《ぜんしや》するを待つべし（清書するまで待ってほしい）。これまた言をもて人を棄つることなからんことを仰《あふ》ぐ（文章の乱雑を理由に私の説を否定しないことをお願いする）。

時に[三]宝暦《ほうれき》十三年六月七日　[四]舜《しゅん》庵《あん》

本居宣長　[五]在判《ざいはん》

[六]安永六年七月二日　[七]誂人書写畢《ひとにあつらへてしよしやしをはんぬ》　[八]門人

一 本書『紫文要領』執筆に至るまでの宣長の『源氏物語』研究の歩みについては、五〇頁頭注＊印参照。

二 以下の強い口調は、堂上歌学の秘説などが無批判に尊重されてきた従来の『源氏』研究に対する憤りと、一介の田舎人である自分がそういうものとは無縁のところでこの書を書き上げたという自負とを反映している。

三 一七六三年。宣長三十四歳。十二日前の五月二十五日、松阪に宿泊した賀茂真淵と生涯に一度の対面（いわゆる松阪の一夜）をしたばかりである。

四 宣長の号。「舜庵」「春庵」と書くこともあった。

五 この写本のもととなった自筆稿本ではここに宣長の花押《かきはん》がある、という意味。

六 一七七七年。

七 人に頼んで写してもらった、の意。ここでは、宣長が自筆稿本を門人に写させたということを表わし、書写に当った門人が宣長の意を受けてこのように書いたもの。

八 この「門人」が誰であるかは未詳。

原　注

（一）

為時《ためとき》越前守《ゑちぜんのかみ》たりしことは、『続世《ぞくよ》継《つぎ》』第九巻に、一条院《いちでうゐん》の御時、越後守《ゑちごのかみ》為時、県召《あがためし》に淡路《あはぢ》になりて、いとからく思へるよし、文《ふみ》作りて奏しけるによりて、国盛《くにもり》と云ふ人の越前になれるを召しかへして、為時を越前になされて、国に下り、高麗人《こまうど》と文作りかはせること見えたり。しかれば、始め越後守にて、後に越前守にはなれるなりけり。

（二）

桐壺《きりつぼ》に云はく、「なほ匂《にほ》はしさはた[九]とへむ方《かた》なく、うつくしげなるを、世の人光君《ひかるぎみ》と聞《きこ》ゆ」。また云はく、「光君と云ふ名は、高麗人のめで聞えてつけ奉りけるとぞ」。今按《いまあん》ずるに、これを両説と見るは悪しし。高麗人のつけたる名を世の人の申したるとなり。ゆゑに高麗人は「つけたる」と云ひ、世の人は「聞ゆ」と云へり。上に世の人の申す光君と云ふ名は、高麗人のつけたる名なり、と知らせたるなり。

（三）

紅葉賀《もみぢのが》に云はく、「顔の色あひまさりて、常よりも光ると見え給ふ云々」。

◇原注一は、本書二〇頁八行目付近に該当する底本の頭部余白に施されている。

◇原注二は、二七頁九行目付近の頭部余白に施されている。

九「たとへむ」、底本は「タトヘハム」。自筆稿本により改める。

◇原注三は、二七頁一〇行目付近の行間に記入されている。

（四）

◇原注四は、二八頁六行目付近の頭部余白に施されている。

（五）

◇原注五は、二九頁二行目付近の頭部余白に施されている。

一「北史」、底本は「壮史」。自筆稿本により改める。

（六）

◇原注六は、三〇頁五行目付近に、付箋を貼って施されている。

（七）

◇原注七は、四〇頁二行目付近の頭部余白に施されている。

（八）

また云はく、「同じ光にてさし出で給へれば云々」。葵《あふひ》に云はく、「一《ひと》ところの御光にはおしけたれためり」。この外に多し。

「光源氏」と続くこと、若紫《わかむらさき》の巻、玉鬘《たまかづら》の巻、紅梅《こうばい》の巻、竹河《たけかは》の巻。

源姓のこと、漢土に源賀と云ふ人あり。この姓のこと、『魏書《ぎしよ》』列伝第二十九、『北史《ほくし》』列伝第十六、『晋書《しんじよ》』載記等に見ゆ。その文、別に記す。

『栄華物語』煙の後の巻に云はく、「物語合せとて、今あたらしく作りて、左右方分き《ひだりみぎかたわ》て、二十人合せなどせさせ給ひて、いとをかしかりけり」。これを見れば、その頃までは物語は作りしなり。

『続世継』の終りに、「作物語《つくりものがたり》の行方《ゆくへ》」と題して、この物語作れる大意の論あり。おほむね仏道にみちびく意を以て云へり。させることなし。

「げにさもあらんと哀れを見せ」と云ふよりこれまでは、物語を読み見る人の心ばへを云ふ。それを二つに分けて、「片心つくかし」と云ふまでは、下《しも》にいへる「よきさまにいふとては、よきことの限りを選《え》り出で」と云へるへ当てて見るべし。また「いとあるまじきことかな」といふより、「ふとをかしき節《ふし》あらはなるなど[二]もあるべし」と云ふまでを、下の「人にしたがはむとては、また悪しきさまの珍しきことをとり集めたる」と云へるへ当てて見るべし。ここの二品《ふたしな》は、物語を読む人の心ばへ、下の二品は、物語を書ける人の心なり。されば書ける人の心ばへと、見る人の心ばへを云ひて、この『源氏物語』作れる本意と、それを読まむ人の心持とを、示し教へたるものなり。下の二品と云ふは、下に「よきさまにいふとては云々」、「人に従はむとては云々」、これなり。よき事を選り集めて書けるゆゑに、げにさもあらんとあはれに見え、また片心もつき、心も動くなり。さればそのよき事の限りを集めて書けるは、哀れと思はせ、心を動かさしめんためと云ふことを知るべし。また悪しきさまの珍しき事をとり集めて書けるゆゑに、目おどろきて、ふとをかしくも思はるることなり。されどそれは、珍しき事は見ざめするものにて、二度と見てとくと見れば、あるまじき事と見え、憎く思はるるなり。されどもこれも一興にまづ書く、となり。かくのごとく上の二種と下の二種とを引き合せて、作者の本意を知るべし。

◇原注八は、五三頁一〇行目付近の頭部余白に施されている。

二「など」、底本・自筆稿本ともに「事」。本文に引用された原典により改める。

（九）

「『これらにこそ道々《みちみち》しくはしきことはあらめ』とて、笑ひ給ふ」と云へる一言を以て知るべし。『源氏物語』を、道々しき理《ことわ》りを以て解し、道々しき心に見ることの、作者の本意にあらざることを知るべし。

◇原注九は、五八頁二行目付近の頭部余白に施されている。

（一〇）

深く感ぜ[一]しめんためと云ふ証拠は、上に物語を見る人の心をいへる処《ところ》に、「げにさもあらんと哀れを見せ」と云ひ、「いたづらに心動き」と云ひ、「片心つく」と云へる、これすなはち感じたるところなり。上の二種をこのよし悪しの二種に引き当てて見よといへるは、この事なり。

◇原注一〇は、六四頁三行目付近の頭部余白に施されている。

一　「ぜ」、底本は「モ」。自筆稿本により改める。

（一一）

「人[二]にしたがふ」と云ふ詞《ことば》は、すべて、われは好まぬ事なるを人のするままにしたがふことなり。紅葉賀《もみぢのが》の巻（[三]二十六丁）「人にしたがへば、すこしはやりかなるたはぶれごとなど云ひかはして云々」、これもはやりかなるたはぶれごとなどを、われは好まねども相手の心にしたがへば、となり。

◇原注一一は、六四頁一二行目付近の頭部余白に施されている。

二　「に」、底本は「ラ」。自筆稿本により改める。

三　版本『湖月抄』の丁数。

（一二）

この所は、上《かみ》の二品の中の、「またいとあるまじき[四]ことかなと見る見る、おどろおどろしくとりなしけるが目おどろきて、静かにまた聞くたびぞ憎

◇原注一二は、六五頁六行目付近の頭部余白に施されている。

四「き」、底本は「ホ」。自筆稿本により改める。

（一三）

◇原注一三は、八九頁一二行目付近の頭部余白に施されている。

（一四）

◇原注一四は、一二九頁二行目付近の頭部余白に施されている。

（一五）

◇原注一五は、一三五頁一四行目付近に、付箋を貼って施されている。

けれど、ふとをかしき節あらはなるなどもあるべし」と云へるに当てて見るなり。悪しき事をとり集めて書けるゆゑに、「憎けれど」と云へり。人の悪しきことをいひたつるを憎める心、知るべし。されどもこれも人の定めにしたがひて、一興に書く、となり。ゆゑに目おどろきて、ふとをかしき節もある、といへり。

真木柱《まきばしら》の巻に云はく、式部卿《しきぶきやう》の宮の詞に、源氏のことを「世に難つけられ給はぬ大臣《おとど》を」とあり。

朝顔《あさがほ》の巻に云はく、「木《こ》の葉のおとなひにつけても、過ぎにし物のあはれとりかへしつつ、その折々をかしくもあはれにも、深く見え給ひし御心ばへなども思ひ出で、聞えさす」。

仏の物のあはれをよく知り給ふと云ふ事、『長秋詠藻《ちやうしうえいさう》』に云はく、「『法華経』の歌、人記品《にんきぼん》、寿命無有量以愍衆生故、かぎりなき命となるもなべてよの物のあはれを知れるなりけり」。

石上私淑言

石上私淑言《いそのかみのささめごと》 巻一

舜庵[一] 本居宣長 撰

ある人問ひて云はく《ある人が質問していうには》、歌《うた》とはいかなる物をいふぞや。予《まろ》答へて《私が》云はく、広くいへば、三十一字《みそぢひともじ》[二]の歌のたぐひを始めとして、神楽歌《かぐらうた》[三]・催馬楽《さいばら》、連歌《れんが》・今様《いまやう》・風俗《ふぞく》[四]、『平家物語』・猿楽《さるがく》[五]のうたひ物、今の世の狂歌《きやうか》・俳諧《はいかい》、小歌《こうた》・浄瑠璃《じやうるり》[六]、童《わらは》べのうたふ《子供が歌う》はやり歌、臼《うす》[七]づき歌・木《こ》びき歌のたぐひまで、詞《ことば》のほどよくととのひ、文《あや》あり《美しい点があって歌われるものは》てうたはるる物は、みな歌なり。この中に古今《ここん》雅俗《がぞく》のけぢめ《違い》はあれども、ことごとく歌にあらずといふことなし《歌でないということはない》。されば《だから》今あやしき《無教養な》賤《しづ》

〔一〕ほどよくととのい、文《あや》のある言葉を歌という

一 宣長の号。『紫文要領』二四二頁注四参照。

二 以下の論は宣長の京都遊学中の師、堀景山が『楽教訳解』で次のように述べたことから示唆を得たものと、佐佐木信綱『賀茂真淵と本居宣長』（大正六年刊）にいう。『楽教訳解』は未翻刻のまま今日所在不明で、佐佐木博士が紹介したこの一節しか残っていない。「和歌も披講する事ありて、節《ふし》をつけ拍子をとり、歌ひて心を慰め楽しむ事なれば、これ即ち楽なり。そのほか我が朝に楽といふもの品々ありて、上品《じやうぼん》にては、管絃・舞楽《ぶがく》・神楽・朗詠及び催馬楽など、一等さがりては、平家・舞・謡能など、また一等さがりては、筑紫琴・三線・小歌・浄瑠璃・尺八・胡弓・歌舞伎狂言の類にいたるまで、その中に雅俗善悪はあれども、畢《ひつ》竟《きやう》はみな人の心を慰め楽しましめ、人情の免《まぬか》るること能はざる所のものなれば、これもやはり楽なり」。

三 神楽歌は古代の宮廷で神事の際に奏された音楽。催馬楽は古代の貴族社会が民間の歌謡を取り入れ、宮廷音楽風に洗練したもの。

四 「風俗歌《ふぞくうた》」ともいう。古代の各地方の歌謡が貴族社会に取り入れられ、洗練されたもの。

五 ここでは謡曲を指していう。

六 『在京日記』によれば、京都遊学中の宣長は人形浄瑠璃を好み、たびたび劇場に足を運んでいる。

七 臼をひいたり木をきったりする時に歌う労働歌。

の女《め》《田舎女が》が口ずさびにうたふものをも歌といふ。これすなはちまことの歌なり。かの三十一字《みそぢひともじ》の歌のたぐひは、昔の人の歌なり。小歌《こうた》・はやり歌のたぐひは、今の人の歌なり。これ同じ歌にしてそのさま《様子が》ははるかに異《こと》なるは、古今《ここん》のけぢめ《差》なり。一 昔の歌は詞《ことば》も意《こころ》も雅《みやび》やかにてめでたく《すぐれており》、今の小歌・はやり歌は詞も意も賤《いや》しくきたなきは、雅俗《がぞく》のけぢめなり。かくのごとくそのさまは古今雅俗のけぢめはるかに違《たが》ひて、同じ物といふべくもあらねど《とてもいえないが》、二 みなことごとく歌にあらずといふことなし。このゆゑにかの童《わらは》べの口ずさびにうたふをも、すなはち歌といふなり。これ神代《かみよ》より今にいたるまで相伝《あひつた》はりて、おのづからその名義《みやうぎ》を失はぬものなり《歌という名称を保存している》。歌のさまは、意も詞も世々にうつり変りぬれども、その趣《おもむ》き心ばへは《あり方と性格は》、神代の歌も今のはやり小歌もひとつにして変ることなし。三 なほ下にくはしくいふべし。

有情のものの声には歌がある

人のみにもあらず、禽獣《きんじう》にいたるまで、四 有情《うじやう》のものはみなその声に歌あるなり。『古今集』の序に、

一 今よりも昔を貴しとするのは前近代の思想に普通の尚古《しようこ》主義の表われであるが、それを特に「雅俗」の差というのは、享保頃から顕著になった、俗を嫌って雅につこうとする、徂徠学派を中心とする人々の文人意識の影響がある。服部南郭《はつとりなんかく》の『南郭先生燈下書』に、「同じく悲しみ喜びを述べ候に、詞によりて格別軽重雅俗も変り候ゆゑ、詞の選み第一にて、三百篇（『詩経』）以来みな随分に詞を選びたるものに候」とある。

二 前頁注二の堀景山の思想のさらに背後に、昔の詩も今の詩も昔の歌も今の歌も、人情の表現という本質においては同一であるとする徂徠学派の文学観がある。太宰春台《だざいしゅんだい》の『独語』に、「異国もわが国も、古《いにし》へも今も、人情は異なることなきゆゑ、詩も歌も心の一つにて（本質は同一で）、性情を吟詠するものなれば、唐土と大和と、詞のかはるのみにて、性情を吟詠することは少しもかはることなし」とある。京都遊学中の宝暦六年（一七五六）から松阪へ帰って後の明和三年（一七六六）ごろまでにかけて筆録された『本居宣長随筆』五の第四三四項に、『独語』が抄出されている。

三 第六三・七〇項に、神代の歌も今の歌も本質は同一であると述べるのを指すか。「今のはやり小歌」自体は、第八四項でむしろ「賤しくきたなき歌」であると否定的に述べられている。

四 生きもの。この語が用いられたのは、『古今栄雅抄』に「有情のみならず、非情の響きも歌なり」とあるなど、『古今集』

花になく鶯《うぐひす》、水にすむ蛙《かはづ》の声をきけば、生きとし生ける物《生きている限りのものは》、いづれ《どれ》か《か》歌をよまざりける《歌を詠まないものがあるであろうか》。といへる《いっているのを》を見るべし。鳥虫なども、その鳴く声のほどよくととのひておのづから[五]文《あや》あるは、みな歌なり。しかる《それを》を[六]鶯蛙《うぐひすかはづ》の歌とて三十一字の歌を伝へたるは、『古今』の序の詞《ことば》によりて、好事《かうず》の者の作りたるなり。禽獣はいかでか《どうして》人の歌をよむことあらん《詠むことがあろうか》。鶯は鶯、蛙は蛙、おのがじし《それぞれ》鳴く声の文《あや》あるを、それが《それの》歌とはいふなり。さればこの世に生きとし生ける物は、みなおのおのその歌あるなり。[七]ある説に云はく、「歌は、天地《あめつち》のひらけし始めより万《よろづ》の物におのづからその理《ことわ》りそなはりて、風の音・水の響《ひび》きにいたるまで、ことごとく声あるものはみな歌なり」といへるは、事の心《事の本質を》を深く考へて、歌の心ばへ《意義》を広くいへるに似たれども、かへりて《かえって》浅き説なり。そのゆゑは、歌といふ物は、ほどよくととのひて文《あや》あるをいふなり。されば鳥虫の声も、すべて歌なりといふにはあらず。その鳴く声の文《あや》

仮名序（次頁注二参照）の旧注で有情・非情の語を用いる習慣があったことによる。

五　宣長が言語表現の美しさを「文」という漢字で表わしたのには、荻生徂徠の影響があろう。徂徠の「平《へい》子彬《しひん》に与ふ」（『徂徠集』二二）に、「辞は言の文《ぶん》なる者なり。言は文ならんことを欲す。…言、何を以て文ならんことを欲するや。君子の言なればなり」と、言語表現の典範たる古文辞（古代中国の言語）の特徴を「文」と形容する。『排芦小船《あしわけおぶね》』第四八項に、「実情に文《あや》をなしていふが歌なり。…文《ぶん》なきは詩にあらざるなり」と、宣長みずから「あや」「ぶん」二通りの振り仮名をほどこしている。なお『本居宣長随筆』二の第一三四・一四〇項に『徂徠集』の抄録があり、宣長が京都遊学中からこの書に接していたことが知られる。

六『古今集』仮名序の旧注に、鶯の詠んだ歌「初春の朝《あした》ごとには来たれどもあはでぞ帰るもとのすみかに」、蛙が詠んだ歌「住吉の浜のみるめし忘れねばかりにも人にまたとはれぬる」という伝説歌を伝える。

七　出典未詳。これに似た説は、たとえば『古今和歌集序聞書三流抄』に、「一切の生類はこれ五行（木火土金水）を以て体とす。かの声は五行の響きなり。歌の五句は五行なり。ゆゑに生類の声を歌とす。…五行具足すること有情のみにあらず、草木塵沙《さうもくぢんしや》、みな五行具足の体詞なり。…春の林の東風に動き、秋の虫の北露に啼《な》くも、みなこれ歌と見えたり。…されば有情非情ともにその声みな歌と見えたり」などとある。

非情のものの声は歌ではない

あるところを歌といふなり。また人の詞《ことば》も、文《あや》ありてうたはるるを《歌われるものを》歌といふ。その外《ほか》は歌にあらず、ただの詞なり。かつ《しかも》歌は有情《うじやう》の物にのみありて、[一]非情《ひじやう》の物には歌あることなし。このゆゑに『古今』の序にも「生きとし生ける物」とこそいへれ《とはいっているが》、「万《よろづ》の物」とはいはず。同じ[二]真名序《まなじよ》に「物皆《ものみな》有《リ》レ之《これ》」と書けるも、生ける物をいふなり。

されば「万物の声みな歌なり」といふは妄説《まうせつ》なり。生ける物はみ《生きているものは》な[三]情《じやう》ありて、みづから声を出《い》だすなれば《出すのであるから》、その情より出でて文《あや》ある声、すなはち歌なり。非情の物はみづから声を出だすことなし。外《ぐわい》物《ぶつ》にふれて声あるなり《出てくるものであるから》。[四]歌は情より出づるものなれば、非情の物に歌あるべき《歌があるという》理《ことわ》りなし《道理はない》。されば金石糸竹《種々の楽器の》の妙《たへ》なる物の音《ね》《美しい音色》さへ歌とはいはず《その理由は》。これ、情ありてみづから出だす声にあらざるゆゑなり。かかれば《だから》風の音・水の響《ひび》きはいかでか歌といはむ《どうして歌といえよう》。たとひ文《あや》ありても、非情の物の声は歌にあらず。まして文なからんは《美しい点がないのは》、歌といふべき理《道理》りなし《がない》。

一 草木や鉱物など。動物以外のもの。

二 『古今集』の漢文の序。『古今集』の序には仮名序、真名序の二つがある。前者は本書で単に「『古今』の序」と呼ばれているもので、仮名まじり文で書かれ、紀貫之《きのつらゆき》が草したとされる。後者は仮名序とほぼ同じ趣旨のことを漢文で書いたもので、紀淑望《よしもち》が草したとされる。ここの引用の「之」は歌を指す。

三 底本で「情」という字に振り仮名がある場合、ほとんどすべて「こころ」となっていて、感情面を重視して人間精神を把握しようとした宣長の姿勢を表わしている。ここは底本に「ジヤウ」とあるが、前後の「有情」「非情」という漢語に引かれたに過ぎない。二八一頁七行目にここととほぼ同じ趣旨の文章が出てくるが、そこでは底本の振り仮名に「コヽロ」とある。

四 ここの「情」も、前後に「非情」という語があるので、振り仮名をつけるとすれば「じやう」であろうが、「こころ」と読んでも差支えない。その「こころ」とは「物のあわれを知る心」であって、「歌は情より出づ」とはつまり「歌は物のあわれを知る心から出てくる」ということである。第一二項に詳論される。

＊ 本書『石上私淑言《いそのかみのささめごと》』は、『紫文要領』のような成立時期を明示する跋文《ばつぶん》を持たないが、宝暦十三年（一七六三）の成立とするのが通説となっている。二八四頁九行目と三〇〇頁九行目に『紫文要領』の書名が見えて、同年六月七日に書き上げた『紫

文要領』よりは後の成立であると知られる。この二書は「物のあはれを知る」の説を中心に論旨に重複する点が多く、執筆時期が近接していることを思わせるから、『紫文要領』完成にすぐ引続いて本書の執筆に取りかかったのであろう。本書は、二九四頁注二に見るように空白の個所があり、また巻三の最後の第一〇二項が書きさしのままになっており、未完の著述である。大久保正氏は、本書が未完に終ったのは、宣長が宝暦十三年十二月に賀茂真淵に入門したことと関係があるらしいと推測している（筑摩書房版『本居宣長全集』第二巻解題）。これが正しければ、成立は宝暦十三年末ということになる。

五 後年の『玉勝間』一の「言を文字といふ事」の項では、「歌の三十一字《みそぢひともじ》を、近きころ古学する輩《ともがら》は『字《もじ》』といふことを嫌ひて三十一言《みそぢひとこと》といひ、五文字七文字などをも五言七言とのみいふなれども、『古今集』の序にも『みそもじあまりひともじ』とありて、古へよりかくいへり」と、「五言七言」といういい方を否定している。

六 『古今集』仮名序に「ちはやぶる神代には歌の文字も定まらず」といい、また仮名序の小注（次頁注一参照）に「文字の数も定まらず」とある。

七 以下のこと、第九八項（四八七頁）に再論される。

〔二〕ほどよくととのうとは五言か七言の句をいう

問ひて云はく、「詞《ことば》のほどよくととのひて文《あや》ある」とは、いかな《どんなこ》るをいふぞ《とをいうのか》。

答へて云はく、うたふに《歌う際に》詞の数ほどよくて《言葉の数が適当で》、とどこほらず面白く聞ゆるなり。「文《あや》ある」とは、詞のよくととのひそろひて、乱れぬことなり。大方《おほかた》五言七言にととのひたるが《五音か七音にととのっているのが》、古今雅俗《ここんがぞく》にわたりて、ほどよきなり。されば昔の歌も今のはやり小歌《こうた》も、みな五五言七言《いつことななこと》なり。これ自然《じねん》の妙《めう》なり。

「六上つ代《かみよ》の歌は文字の数も定まらず」といへるは《いうのは》、誤りなり。神代《かみよ》の歌といへども、五言と七言とに漏《も》るることなし《はずれることはない》。七その中にあるいは五言を四言または三言によみ《五音にすべきところを四音や三音にし》、七言を六言八言《むことやこと》によめることも《詠むことも》多けれども、それもみなうたふ時は、足らざるを《〔音の〕足りないところは》節《ふし》を永《なが》くしてこれを足《た》し、余れるをば《余分のところは》節《ふし》を切《つづ》めて短くうたひて、みな五言七言の調《しら》べにかなへてうたへるものなれば《合うようにして歌ったのであるから》、三言四言六言八言《みことよことむことやこと》も、うたふところはみな五言と七言の調《しら》べなり。何をもてこれを知るといはば、今の世に児童《わらはべ》の謡《うた》ふはやり小歌《こうた》、臼《うす》づき・木《こ》びきの歌を聞くに、みな五言と七言なり。その中に余る《「音が五音七音より」多い》と足らぬとをば《また少ない句は》、節の長短をもての《延ば》べしじめて《したり縮めたりして》、五言七言の調べにかなふるに《合わせるのであって》、うたふところを聞けば、みな五七の調べなり。これ自然《じねん》の妙《めう》にして、神代も今も異なることなし。

しかるに『古今』の序の小注《せうちゆう》[一]に、下照姫《したてるひめ》の歌を「文字の数も定まらず、歌のやうにもあらぬ」といへるは《いうのは》、この理《ことわり》を知らずして、ただ『日本紀《にほんぎ》』に書ける[二]ところを見て、後の世の心からいへるなり《いったのである》。神代《かみよ》の歌もみなほどよくととのひて文《あや》あるなり。五七の調《しら》べに漏《も》れざるべし。かの下照姫の歌は、ことにその詞《ことば》ほどよくととのひて、うるはしく聞えたり。もしその文字の数定まらざれば《定まっていないと》、うたふに《歌う時に》その調べとどこほり乱れて、耳にさはりて《耳ざわりで》聞きよからぬなり《聞きぐるしいものである》。今のはやり小歌のたぐひもまた然《しか》なり《その通りである》。これ人のよく知るところなり。上《かみ》

一『古今集』仮名序は、所々に小字で注が書きこまれた形で後世に伝えられた。それを「小注」とか「古注」とか呼ぶ。仮名序の原形にはなく、ある時期の注釈が本文中に書きこまれ、あたかも序文の一部であるかのように固定してしまったものと考えられている。ここに引かれている小注は、仮名序本文の「(歌が)世に伝はることは、久方の天《あめ》にしては下照姫に始まり」という一節の次に見えるもので、全文は「下照姫とは天稚御子《あめわかみこ》の妻《め》なり。兄《せうと》の神の形、丘谷《をかたに》に映《うつ》りてかがやくをよめる夷歌《えびすうた》なるべし。これらは文字の数も定まらず、歌のやうにもあらぬ事どもなり」とある。背景になっている神話は『日本書紀』神代下第九段（以下、段数は日本古典文学大系『日本書紀』による）に見えて、本書二七〇頁六〜八行目にも引かれている。下界平定のため天照大神から派遣された天稚御子(『書紀』では「天稚彦」)が八年たっても復命しなかったので、天照大神が怒って天稚彦を殺した。天稚彦の親友の味耜高彦根《あじすきたかひこね》の神《かみ》が葬儀に列したところ、容貌が天稚彦によく似ていたので、妻子たちが天稚彦は生きているといって喜んだ。そこで味耜高彦根の神の妹であり、天稚彦の妻である下照姫が、丘や谷に照りかがやく美しい人は天稚彦ではなく、味耜高彦根の神であることを人々に知らしめようとして、一首の歌を詠んだ。これがここにいう「下照姫の歌」である。二首のうち、『古事記』にも収められている第一首を、契沖の記紀歌謡注釈書『厚顔抄《こうがんしよう》』の解釈によって掲げる。

「天なるや　弟織女《おとたなばた》の　嬰《うな》がせる　玉の御統《みすまる》の　穴玉《あなたま》はや　真谷《みたに》　二亙《ふたわた》らす　味耜高彦根」。冒頭三句は五字・七字であるが、以下はどのように句を切っても、字数に過不足がある。

二 下照姫の歌をあげてあるのを見て、の意。

三 第九八項（四八七頁）参照。

＊本書には宣長の自筆稿本が残っていて、それを本集成の翻刻の底本とした。自筆稿本は三巻三冊であるが、巻三はいつの頃にか巻一・二から離れ、今日、巻一・二は本居宣長記念館、巻三は東大本居文庫と、別々に所蔵されている。宣長没後の文化十三年（一八一六）、本居大平《おおひら》（宣長の養子）の門人、斎藤彦麻呂が本書を刊行したが、それは巻一・二だけを巻上・下と改めたものである。本書はその文化十三年版本によって世に行われたため、巻三の存在することは長く知られず、昭和二年岩波書店刊の『増補本居宣長全集』第十巻に収められて、初めて公けにされた。なお文化十三年版本で彦麻呂は頭注を幾つか増補しているが、宣長の関知しないものであるから、この翻刻では、宣長自身の頭注を一括した巻末の「原注」にはそれを加えていない。

四 『平家物語』や浄瑠璃は、詞章に叙事性が強い点で通常の歌謡とは異なっており、「語る」といって、「歌う」とはいわない。

つ代《よ》の歌は、そのよめる時に《それを作る時に》すなはちうたふゆゑに《同時に歌うので》、うたひて調《しら》べととのへば、三言にもあれ四言六言八言にもあれ、みな五言七言の調べにさへうたへば、字の足らぬと余るとはかかはらざりしなり《音が五言七言より少ないとか多いとかということには無関心であった》。それも、〔音が〕余りてもよき所、足らでもよき所《足りなくてもよい個所》、余りては《超過しては》悪《あ》しき所《まずい個所》、足らでは《足りなくては》悪しき所あるべし。みなうたふ時に知るることなり《わかることである》。なほ五言七言にととのふることは、下に[三]くはしくいふべし。「詞《ことば》のほどよくととのひ、文《あや》ある」とは、かくのごときをいふなり《このようなことをいうのである》。禽獣《きんじう》の鳴く声も、これに準《なぞら》へて知るべし。五言七言は人の詞のほどよきなり。鳥虫などもそれぞれに、その声のほどよきところのあるものにて、それがすなはちそのものの歌なり。

〔三〕 語り物も歌の一種である

問ひて云はく、前にいへる《前に挙げた》[四]『平家物語』、今の浄瑠璃《じやうるり》のたぐひは、歌にはあらじと思ふはいかに《歌ではないと思うのだがどうですか》。

答へて云はく、これらはもと《もともと》物語のたぐひなれども、節《ふし》をつけてうたふところは歌なり。物語のたぐひは、もとは《本来は》うたふべき物にはあらねども、『平家物語』に節つけて《曲節をつけて》うたふこと始まりてより、猿《さる》楽《がく》の謡物《うたひもの》・浄瑠璃《じやうるり》のたぐひ出《い》で来たり。人の国にも《中国でも》、詩《し》と文《ぶん》との分《わか》ちありて《区別があって》、文《ぶん》はうたふことなきものなるを、近き世[一]になりては、文《文章の》の体《てい》なる物にも《体裁のものでも》、うたふがありとかや《歌うものがあるとかいうことだ》。此方《ここ》にても《わが国でも》物語のたぐひは文《ぶん》なり。うたふべき物にはあらず。歌と[二]文とはその詞《ことば》も異なること多し。そのさま異なる物なるを、文の詞をもうたふことになりぬるは、末《すゑ》の代《よ》のわざなるべし《やり方であろう》。されども《とはいっても》、それをほどよくうたはるるやうに《歌うことができるように》つくりてうたふところは、歌なり。ただし『平家』は「うたふ」とはいはず、「語る」といふ。これ、うたふべき物にあらず、物語のたぐひなるゆゑに、その心ばへ《本質》を知りていへる《知ったうえでいう》名目《みやうもく》なり《名称である》。されど名は「語る」なれども、実《じつ》は「うたふ」なり。このゆゑにこれらをもまづ歌のたぐひとするなり。

一 日本の浄瑠璃に似た「諸宮調《しよきゆうちよう》」という語り物が元代に行われたなどのことがあるが、宣長がどのようなものを思い浮べているのか、未詳。

二 古語の意味や用法を説いた後年の著書『玉あられ』の「文の部」に「歌と文との詞の差別《けぢめ》」の項があって、次のようにいう、「おほよそ同じき雅言の中にも、歌の詞と文の詞と差別あるがあるを、今の人はこの差別なくして、歌の詞にして文には使ふまじきを文に使ふこと多し。心すべし。たとへば花に『手折《たを》る』といふは歌詞なり。文にはただ『折る』といふべし。車を『小車《をぐるま》』といふは歌詞なり。文にはただ『車』といふべし。『さ夜ふけて』といふは歌詞なり。文には『夜ふけて』といふべし。…」。また四七一頁注六参照。

三 この、歌というものは。

四 正しくは『古今余材抄』。契沖の著わした『古今和歌集』の注釈書。古今伝授の風習にとらえられていた『古今集』に対して、自由な立場から注釈を加えた最初の書。宣長は京都遊学中にこの書に接して大きな感銘を受け、宝暦七年に全冊を書写している（『宝暦二年以後購求謄写書籍』）。なお宣長の契沖に対する尊敬の念については、『紫文要領』三六頁注九・三九頁

〔四〕イザナギ・イザナミ二神の唱和が歌の始まり

また問ひて云はく、この歌は何時《いつ》より始まりけるぞ。

答へて云はく、『古今』の序に、「この歌[三]、天地《あめつち》のひらけ始まりけ《天地が始まるのと同時に》る時より出で来にけり《出現したのである》」といへるを《いっているのを》、『余材抄《よざいせう》』[四]に注して、「神代紀《じんだいき》」[五]に云はく、「開闢之初《かいびやくノはじメ》、洲壌浮漂《くにつちうかびただよへルコト》、譬《たとへバ》猶游魚《ごとシあそブうをノ》之浮《うかベルガ》水上《みづノうへニ》也」。この時をいへるにあらず。『古語拾遺《こごしふゐ》』[六]に云はく、「一《ひとタビ》聞《ク》、夫開闢之初《そレかいびやくノはじメ》、伊弉諾《いざなぎ》・伊弉冊《いざなみ》二神、共為《ニなリテ》夫婦《ト》、生《うミタマフ》大八洲国《おほやしまぐに》及《ビ》山川草木《ヲ》」。この心なり。(以上、『余材抄』文)といへり《といっている》。ある説[七]に、天地開闢《てんちかいびやく》の始めより歌の理《り》[八]そなはるをいふとて、陰陽五行《いんやうごぎやう》の理をさまざまいへるは、「天地《あめつち》のひらけ始まりける時より出《い》で来《く》」といへるにしひてかなへんとする《合致させようとする》説にして、ひがこと《あやまり》となり《である》。二神[九]〔出現の〕の時をも開闢の始めといふことを知らぬゆゑなり。よりて『余材抄』に『古語拾遺』を引きて、二神の時をも開闢の始めといへることを《というのだということを》知らせたり。

その時に歌の始めて出で来たることは、伊弉諾《いざなぎ》・伊弉冊《いざなみ》[一〇]二神、磤《おの》

注八参照。
五 『日本書紀』巻一・二の「神代」を指す。以下の引用は巻一(神代上)第一段本文。訓は、底本の訓点(返り点・送り仮名・音訓を示す連字符)に従った。『余材抄』の訓とは異なる部分がある。
六 平安初期成立の史書。斎部広成《いんべのひろなり》著。天地開闢《かいびやく》から奈良朝までを扱う。宣長は後年、『宇比山踏《ういやまぶみ》』で「(『古事記』『日本書紀』の)次に『古語拾遺』。やや後の物にはあれども、二典のたすけとなる事ども多し。早く(学問の初期に)読むべし」といっている。訓は注五と同様。『余材抄』の訓とは異なる部分がある。
七 『古今集』の旧注に歌を陰陽五行に付会する説のあること、四八二頁注七参照。
八 歌の原理が存在することを説明するといって。
九 「二神」はイザナギ・イザナミを指す。『古今栄雅抄』に「『開闢』は国常立《くにのとこたち》の尊化生《みことけしやう》し給ひしより前の事なり。伊弉諾《いざなぎ》・伊弉冊《いざなみ》の天下り給ふ事は遥かに後の事なり」とあるのなどを批判していう。
一〇 この神名は『日本書紀』寛文九年版本・『日本書紀通証』などで「伊弉冊」と表記されるが、今日では、「伊弉冉」と表記するのが正しく、「冊」はある時期からの「冉」の誤写であるとされる。宣長も後年の『古事記伝』三で「冉」とあるべきことを主張するが、本書ではまだ「冊」と書いている。

二神の歌の解釈

駁盧島《ごろじま》に天降《あまくだ》りて、「共為《みとのまぐはひせむ》二夫婦一」とて天之御柱《あめのみはしら》をめぐりて、かたみに《たがいに》唱《とな》へ給へる辞《ことば》をいふなり。その詞は、『古事記』に云はく、

伊邪那岐命《いざなぎノみこと》、先言《まヅいヒ》二阿那邇夜志《あなにやし》、愛袁登売袁《えをとめをト》一、後《のちニ》妹伊邪那美命《いもいざなみノみこと》、言《いフ》二阿那邇夜志《あなにやし》、愛袁登古袁《えをとこをト》一。(一)

とある、これなり。かくのたまへる《このようにいわれた》御詞《みことば》の意《こころ》は、「神代紀《じんだいき》」に、

[二]妍哉《あなにゑや》、可愛少男歟《えをとこを》。妍哉、[三]此云《これヲいフ》二阿那而恵夜《あなにゑや》一。可愛、此云《これヲいフ》レ哀《えト》。

これにて知るべし。『古事記』は古語のままを仮字《かな》[四]にて書き、「神代紀」は文字[五]に訳してその義[六]をあらはしたるものなり。「妍」は字書[七]に「麗也《うるはしきナリ》」とも「好也《かほよき》」とも注したり。されば[八]たがひに佳偶《よきたぐひ》を喜び給へる《お喜びになった》御辞《みことば》なり《気持を表わしたお言葉である》。

なほくはしく解《と》かば、「阿那《あな》」(三)は、『古語拾遺』に「古語《こご》、事甚《ことノはなはダ》切《せつナル》、皆称《みなとなフ》二阿那《あな》一」とあり(このこと、『旧事紀《くじき》』[九]にも見えたれど、偽書《偽書で》なれば引かず《あるから引用しない》)、『萬葉』には「痛《あな》」[一〇]と書けり。「あな恋し」「あな尊《たふと》」などの「あな」(四)に同じ。すべて「阿那《あな》」「阿夜《あや》」「阿々《ああ》」など、みな

一 イザナミが先に歌を詠み、イザナギがそれに唱和し、次にイザナギが先に詠み、イザナミが唱和する。ここの引用はその二回目の部分。

二 「神代紀」第四段、一書第一。四行目のイザナミの歌を『書紀』ではこのように漢文で表記する。訓は底本の訓点に従う。

三 「妍哉」と書いて「アナニヱヤ」と読み、「可愛」と書いて「エ」と読む、の意。『日本書紀』にはこのように漢文表記に対する読みの説明が所々に挿入されていて、これを「訓注」という。

四 ここでは「萬葉仮名」の意。

五 ここでは「漢字」の意。

六 二神の唱和の言葉の意味を示したのだ。

七 『康熙字典《こうきじてん》』を指す。ただし、「好也」は正確には「美好也」とある。また「うるはしき」「かほよき」は宣長の加えた振り仮名。『本居宣長随筆』五の第四三八項に『康熙字典』が引用されていて、宣長はこの書を早くから利用していた。

八 二神が互いによい配偶者を得たことを。

九 正しくは『先代旧事本紀《くじほんぎ》』。神代から推古朝までを扱った史書。聖徳太子著と伝えるが、それは誤伝で、平安朝初期の成立とされる。宣長は宝暦十一年成稿の『阿毎菟知弁《あめつちべん》』ではまだ『旧事紀』を尊重していたから、宝暦十三年ごろ成稿の本書『石上私淑言』までの二年ほどの間に、学問が進んで、聖徳太子著とする通説を否定するに至

歎ずる詞なり。
「瀰夜志《にやし》」は、外《ほか》に見あたらぬ詞なれども、「神代紀」に「妍哉」と書きたれば、その意《こころ》なり。その中に「瀰《に》」といふ《ニというのが》が言《ことば》にして《言葉の本体で》、「夜志《や》」は助辞《じよじ》[一一]なり。「波斯祁夜斯《はしけやし》[一二]」などの「やし」(五)に同じ。また「神代紀」には「而恵夜《にゑや》」とある、これも「恵夜《ゑや》」は助辞なり。同じ「妍哉」を「神武天皇紀《じんむ》[一三]」には「此云《これヲいフ》二鞅奈珥夜《あなにやト》一」とあれば、「恵《ゑ》」も助辞なることを知るべし。かつ「余志恵夜志《よしゑやし》[一四]」といふ《というのも》も、「恵夜志」は助辞にて、ただ「余志《よし》」といふ意《こころ》なり。『萬葉』第五に「古《こ》[一五]飛斯宜志恵夜《ひしげしゑや》」とよみ、(六)「天智天皇紀《てんぢ》」の童謡《わざうた》[一六]に「苦《くる》し」を「倶流《くる》之衛《しゑ》」とある、これらも同じことなり。

「愛袁登古《えをとこ》」は、「よきをとこ」といふに同じ。「神代紀」に「美哉《あなにやし》[一七]、善少男《えをとこ》」とも書けり《書いてある》。「住吉」を「須美能愛《すみのえ》」、「日吉」を「比愛《ひえ》」といふたぐひ、「よき」を「え」といへること《いっている例は》多し。『古事記』の「愛《え》」は仮字《かな》にて、音《おん》を借るばかりにて《漢字の音を借用しただけで》、字に意《こころ》なし。「神代紀」の

ったわけである。『旧事紀』偽書論は後に『古事記伝』一の「旧事紀といふ書の論」で詳しく述べられる。

一〇「痛醜《あなみに》く賢《さか》しらをすと酒飲まぬ人をよく見ば猿にかも似ん」(巻三、三四四番歌。契沖の『萬葉代匠記』の訓)など。

一一 本来は漢語の分類において文末の「也」「焉」などを指す語であるが、ここでは「添え言葉」というほどの意で用いている。『古事記伝』四のこの歌の注釈のくだりに、「『瀰夜志《にやし》』は『瀰《に》』てふ言《ことば》に、『夜志《やし》』てふ辞《ことば》を添へたるなり」と見える。

一二『古事記』中巻の倭建の命《やまとだけ みこと》の歌に、「波斯祁夜斯吾家《はしけやし わぎへ》の方よ雲《くも》ゐ起《た》ち来《く》も」。二七七頁一三行目参照。「はしけ」は形容詞「愛《は》し」の連体形「はしき」の転。

一三『日本書紀』の神武天皇の部分(巻三)。以下の引用はその三十一年四月乙酉条の訓注。

一四『萬葉集』一五、三六六二番歌「天の原ふりさけ見れば夜ぞふけにける与之恵也之《よしゑやし》ひとり寝《ぬ》る夜は明けば明けぬとも」など。「ままよ、どうでもよい」の意の「ヨシ」に「ヱ・ヤシ」が加わったいい方。

一五 八一九番。「世の中は古飛斯宜志恵也《こひしげしゑや》…」。

一六 時世を諷刺《ふうし》する歌謡。「天智紀」十年十二月乙丑条の童謡に、「み吉野の吉野の鮎、鮎こそは島辺《しまへ》もよき、あ苦しゑ…」とある。

一七「神代紀」第四段、一書第五。ただし寛文九年版本では「美哉」の振り仮名は「あなにゑや」とある。「あなにやし」は宣長の訓。

「可愛《え》」は、文字の義を取るなり（漢字の意味を採用したのである）。混《こん》ずべからず（混同してはいけない）。また上[一]の「恵《ゑ》」とこの「愛《え》」とは、義も音も別なり。これまた混ずることなかれ。「袁登古《をとこ》」は少男、「袁登売《をとめ》」は少女にて、ともに少壮《わかき》をいふなり（意味するのだ）。[二]末《すゑ》の代《よ》に老少（老若に）を択《えら》ばず（関係なく）「於登古《おとこ》」といふは、義も音も（〔古語と〕）違《たが》へり。

さて下の「袁《を》」は助辞[三]なり。今の世の「てにをは」の「袁《を》」の意にはあらず。上《かみ》つ代《よ》の歌には詞《ことば》の下に「袁」を置けること多し（置くことが多い）。「迦《か》[四]賀那倍弖《がなべて》　用邇波許々能用《よにはここのよ》　比邇波登袁加袁《ひにはとをかを》」の「袁《を》」、「淤富佐迦《おほさか》[五]邇《に》　阿布夜袁登売袁《あふやをとめを》　美知斗閉婆《みちとへば》云々」の「袁《を》」のたぐひ、『萬葉』にも多し。みな助辞なるうちに、「余《よ》」と呼ぶ意あるなり（呼びかける気持がある）。「袁登古余《をとこよ》」「袁登売余《をとめよ》」といはむやうの（いったような）詞《ことば》なり。それを「神代紀」[六]には「少男歟《をとこを》」また「少男乎《をとこを》」と書けり。「歟」「乎」は、常には「加《か》」と読み、または「夜《や》」と読みて、疑辞《うたがふことば》なれども、字書に「語末之辞《ごまつノじ》」[七]とも注し、「語之余也《ごノよナリ》」とも注したれば、今の（ここで論ずる）「袁《を》」といへる（いうのに相当するから）に当れば、「神代紀」をも『古事記』のごとく読むべし。

一　上述の…。前頁五行目「にゑや」の「ゑ」を指す。

二　『古事記伝』四に、「袁登古《をとこ》は、古《いにし》へは袁登売《をとめ》と対《むか》ふ称《な》にて…『萬葉』にも『壮士』などと書きて、若く壮《さかり》なる男を云へり。老いたる若きを云はず、男を《を》すべて袁登古《をとこ》と云ふは、後のことなり。また於《お》の仮名を書くも非《ひがこと》なり」という。

三　下に「『てにをは』の『袁《を》』の意にはあらず」というのは、今日の文法でいう格助詞ではない、の意。つまりここの『助辞』は終助詞・間投助詞に当る。

四　二七六頁二行目参照。『古事記伝』二七に「結《とぢめ》の『を』は『よ』と云はむがごとし。古き歌にはこの格《さま》の『を』てふ辞《ことば》多し。契沖が、『を』と云へるは『過ぎたり』の意こもれりと云へる（『厚顔抄』の説）は、『十日を過ぎたり』と云ふ意に見たるなり。そは古《いにし》への意にあらず」というのも、歌末の「を」が格助詞ではなく終助詞であるという主張。

五　『古事記』下、履中《りちゆう》天皇の条で天皇の詠じた歌の一節。底本、左傍に小字で「大坂遇少女道問者」と漢字を宛てる。後年の『古事記伝』三八では説が変って、「『処女《をとめ》に』と云ふべきを『を』と云ふこと、古《いにし》へこの例多し。…またここは『を』は『よ』の意と見てもあるべし」と、格助詞ととる立場に傾いている。

六　「神代紀」第四段、一書第一に「妍哉、可愛少男歟」、一書第十に「妍哉、可愛少男乎」。

七　『康熙字典』に、「歟」字に注して「語末の辞」、「乎」字に注して「語の余なり」とある。「語の余」は、

さてこの御詞《みことば》は、『古事記』『日本紀《にほんぎ》』ともに歌[八]とはいはず。また『日本紀』[九]は歌をばみな仮字《かな》にて書けるに《書いてあるのに》、これは常の詞と等しく《普通の言葉と同様に》漢文に書けり。げに《まったく》もたしかに歌といふべきほどのことにはあらず。されども五言二句にととのひて、その詞のやうも《様子も》ただの詞にあらず。このゆゑに「唱《となふ》」[一〇]といひ「和《こたふ》」といふ。これ常の詞にあらざるゆゑ《普通の言葉ではないためである》なり。されば〔余材抄が〕この唱和《しやうわ》をもて歌の始めとすること、いはれたり《鋭い指摘だ》。すべて何ごとも始めは、後々のやうに《後世そうであるように》さだかにはあらぬ《はっきりした形で存在するわけではない》ものなり。

〔五〕 日本書紀より古事記の方が古語を伝えている

問ひて云はく、この唱和の御辞《みことば》は、『日本紀』の「神代」の巻に「[一一]憙哉《あなうれしや》、遇《あヒヌ》ニ可美少男《うましをとこ》一焉。憙哉《あなうれしや》、遇《あヒヌ》ニ可美少女《うましをとめ》一焉」とあるを取らず《採用しない》して《で》、『古事記』[一二]を引けるは《引用したのはなぜか》いかに。

答へて云はく、『日本紀』[一三]はすべて漢文を飾りて、うるはしから《きちんとしたもので》むと書けるゆゑに《あろうという意図で書いてあるので》、古語にかかはらず《古語と無関係に》、ただ文章を主《しゆ》として書けること多し。『古事記』は文章にかかはらず、古語を主として書ける

文末に軽く添える字、の意。

八 記・紀で歌謡をあげる場合、「作《みうたよみ》ニ御歌《したまふ》一」、「歌之《うたよみ》曰《してのたまはく》」などと、「歌」字を用いるのが常であるが、この二神の唱和に対してはそうなっていない、の意。

九 『日本書紀』では、歌謡はすべて一字一音の萬葉仮名で表記してあるのに、この唱和は「妍哉、可レ美少男歟」などと、漢文表記になっている、の意。

一〇 「神代紀」第四段の一書第一に、「陰神《めかみ》乃《すなは》ち先《ま》づ唱《とな》へて曰《のたま》はく、『妍哉《あなにゑや》…』、陽神《をかみ》後《のち》に和《こた》へて曰はく、『妍哉…』」。

一一 「神代紀」第四段の本文に見える形。訓は底本のままで、これは『書紀』寛文九年版本の訓である。

一二 奈良時代以来、『日本書紀』がもっぱら尊重されて、『古事記』は軽視されてきた。江戸時代に入ってもその状況が続いたが、国学の興隆につれて『古事記』を重視する動きが出てきた。賀茂真淵も『古事記』の注釈を志したが、果せぬままに終った。ただし宣長は早く宝暦十年ごろに『日本書紀』は古語を正しく伝えていないと論じているから（二六五頁注一一参照）、ここで『書紀』よりも『古事記』を尊重しているのは、真淵の影響ではなくみずから到達した判断である。

一三 『書紀』に漢文の潤色が多く、古語・古意を失っているということは、後年の『古事記伝』一「書紀の論《あげつら》ひ」に詳論される。次頁注一参照。

物なり。しかるに末[一]の代には、ただ文章のうるはしき方《かた》にのみなづみて《文章がきちんとしている点にのみとらわれて》、古語を考ふることなし。このゆゑにもはら《もっぱら》『日本紀』をのみ用いて《尊重して》、『古事記』あることを知らず。よりて古語は日々に失ひゆくなり《日を追って消滅してゆくのである》。詞《ことば》[二]は本《もと》にして文字は末《すゑ》なることを知らず。悲しきことなり。

今この「憙哉云々」といへるも、文字を見ればその理《ことわ》りは聞えたれど《意味は判明するが》、その詞は考ふべきたよりなし《読み方は考える手がかりがない》。そのゆゑは、文字[三]のかたはらにつけたる訓《よみ》は、後の人のしわざなれば《〔日本書紀より〕ずっと後世の人のしたことだから》、信じがたきこと多し。

されば「憙哉《きさい》」の古語はなにをもて知るべきぞや《昔の読み方はどうやって知ることができるのか》。「少男[四]、此《これヲ》云《いフ》二烏等孤《をとこ》ト一」と注し、「神武天皇紀[五]」に「可美」を「于魔詩《うまし》」と訓《くん》じたることあれば、「可美少男」をば「宇魔志烏等孤《うましをとこ》」とも読みつべし《読んでよいだろう》。「憙哉」はおぼつかなし《憙哉の読みは確かでない》。しひて読まば《読むならば》、『古事記』と一書[六]とを拠《よりどころ》にて、「阿那邇夜志《あなにやし》」、または「阿那而恵夜《あなにゑや》」など読むべし。そのゆゑは、「妍哉」をしか訓じたるは《そのように読んだのは》、この「憙哉」、後《のち》の「美哉[七]」へもわたるべし《適用できるだろう》。また、「可愛[八]」を「哀《え》」と訓じたるも、ここの「可美」、

一　宝暦十一年三月から同十三年にかけて執筆された『本居宣長随筆』三の第一九〇項に、「『日本紀』はすべて文章をかざれるゆゑに、古語にあらぬこと多し」とある。『日本書紀』は日本語の正確な表記を犠牲にして漢文の潤色に意を用いており、そのため古語を伝えていないという判断は、『石上私淑言』執筆直前のころから宣長に抱懐されるようになったのである。

二　言葉が本来で、それに宛てられた漢字は借り物にすぎないという考え方は、第一五項に「うた」という言葉と「歌」という漢字に即して詳論される。

三　『日本書紀』のテキストとして江戸時代にもっとも流布し、宣長も見ていた寛文九年版本には、「憙哉」に対して「あなうれしや」とあるのを含めて、振り仮名が多い。その振り仮名の信用しがたいことをいう。

四　『書紀』第四段本文の「憙哉、遇可美少男焉」の下に挿入された訓注。訓注については二六〇頁注三参照。訓注は『書紀』編纂当時の読み方を伝えていると考えられ、信用できる。

五　「神武紀」即位前紀戊午年十二月条に、「可美真手《うましまで》の命《みこと》」という神名に対する訓注に、「可美真手、此《これヲ》云《フ》二于魔詩莽耐《うましまで》一」とある。

六　二六〇頁六行目に掲出の一書第一に、「妍哉」に対して「阿那而恵夜《あなにゑや》」という訓注がある。

七　一書第五に見える形。二六一頁注一七参照。「後の」は「一書」の順番をいう。

八　注六と同じく、一書第一の訓注。

後の「善」[九]の字へもわたるべければ、ここも「憙哉《あなにゑや》、遇可美《え》少男焉《をとこを》」と読むべきにや《読むべきなのだろうか》。「遇」の字は、ただ義理をもて書ける字にて《〔会うという〕文意に応じて置いた字で》、古語にはあるまじくや《古語ではないのではなかろうか》。[一〇]今の本《ほん》のごとく、「あなうれしや、うましをとこにあひぬ」と読まむは《読むのは》、唱和の詞《ことば》とも聞えず。

とにかくにさだかならねば《不明確なので》、ただ『古事記』の明らかなる古語を本《もと》として、後に『日本紀』の文字によりて、その義理を《意味を》解《げ》すべきことなり《理解すべきである》。すべて何も何も、『古事記』を本文《ほんもん》とし、『日本紀』[一一]を注解《ちゆうかい》として見るべきことなり。ことに言《こと》の葉《は》の道におきては、古語《ふること》をむねとして《第一として》考ふべきことなれば、『古事記』[一二]はまたたぐひもなくめでたき《較べるものもない すばらしい》書《ふみ》にて《書物で》、この道にこころざさむ人は《古い言葉の研究にこころざす人は》、明け暮れに《常住不断に》読みならふべきものなり。

〔六〕 八雲の神詠が歌の始まり

また問ひて云はく、たしかに《明確に》歌といへることの始めはいかに。

答へて云はく、『古事記』にも『日本紀』にも、歌の始めといふ

九 一書第五に「善少男」とある。

一〇『書紀』寛文九年版本を指す。二六三頁九行目に見るような振り仮名・返り点がある。

一一『本居宣長随筆』一一の第七二六項は、宣長がまだ『旧事紀』が偽書であることに気がつかない宝暦十年ごろの執筆であるが、次のようにいう、「『日本紀』は文章をかざりて悉く《ことごとく》漢文にうつせるを以て、古語の意を失ふ事も多きなり。そのゆゑは、点訓まちまちにして後人の意に出でたる事も多くあるゆゑなり。その点訓たとひ舎人《とねり》親王（『日本書紀』の撰者）の旧義のままなりとも、元来漢文につきて訓じたる詞《ことば》なれば、そのことばづかひ全く《まつた》古語なりとはいはれぬ事多し。ただ古語の全体を見んには、『旧（旧事紀）』『古（古事記）』の二記よろしきなり。さて『旧』『古』と『日本紀』とを照し合せて、その義を心得べきなり。『日本紀』の漢文は、舎人親王の註なりと心得べきなり」。

一二『古事記伝』一の「古記典等総論《いにしへぶみどものすべてのさだ》」に、「意《こころ》と事《こと》と言《ことば》とはみな相称《あひかな》へる物にして、上つ代は意も事も言も上つ代、後の代は意も事も言も後の代、漢国《からくに》は意も事も言も漢国なるを、『書紀』は後の代の意をもて上つ代の事を記し、漢国の言をもて皇国《みくに》の意を記されたるゆゑに、相称はざること多かるを、この『記』は……古《いにしへ》より云ひ伝へたるままに記されたれば、その意も事も言も相称ひて、みな上つ代の実《まこと》なり。これもはら古への語言《ことば》を主としたるゆゑぞかし」とある。

八雲の神詠の解釈

こと見えねば、さだかならず《はっきりとはしないのであるが》といへども、二紀に始めて記《しる》せる歌は、かの八雲《やくも》[一]の神詠《しんえい》といふ歌なり。『古事記』に曰《い》はく、

作《つくル》[二]二須賀宮《すがノみやヲ》一之時、自《より》二其地《そこ》一雲立騰《くもたチのぼル》、爾《すなはチ》作《つくルみ》二御歌《うたヲ》一、其歌《そノうたニ》曰《いハク》、

夜久毛多都《やくもたつ》　伊豆毛夜弊賀岐《いづもやへがき》　都麻碁微爾《つまごみに》
夜弊賀岐都久流《やへがきつくる》　曾能夜弊賀岐袁《そのやへがきを》

これなり。『日本紀』には「菟麻語昧爾《つまごめに》」とあり。「微《み》」と「昧《め》」と一字異なり《一字違っている》。

さてこの御歌《みうた》の意《こころ》を解《と》くに、古来[三]さまざまの付会《ふくわい》《こじつけ》の説多し。みな古《いにし》へに暗き《無知な》ことにて、さらに《まったく》取るにたらず。必ず邪説《じゃせつ》に迷ふべからず。『余材抄《よざいせう》』に云はく、

「八雲《やくも》」とは、「八《や》」は数の多きにいへば《数の多いことの形容にいうので》、「八重雲《やへぐも》」なり。八重桜・八重山吹《やまぶき》など、必ず八重ならねど《必ずしも八重でないのだが》、多く重なれるをいひならへるがごとし《沢山重なっている様子を八重といいならわすようなものだ》。「出雲《いづも》[四]」とは、国の名には《国の名としては》この御歌によりて後につけたるなるべければ《命名したのであろうから》、この時はまだ、「いづも」の枕詞《まくらことば》に「八

一　素戔嗚《すさのお》の尊《みこと》が八岐《やまた》の大蛇《おろち》を退治したのち、奇稲田姫《くしいなだひめ》と結婚し、出雲の須賀に宮殿を作った時に詠んだ歌。『古今集』仮名序に「（歌が）世に伝はることは、久方の天にしては下照姫《したてるひめ》に始まり、あらがねの地《つち》にしては素戔嗚の尊よりぞ起りける」と、地上における歌の最初と位置づけたので、古来『古今集』の注釈書には必ずこの歌が取り上げられる。

二　以下の訓は、底本の訓点に従い、校注者の私見をごくわずかに加えてある。この当時『古事記』のテキストとして流布していた『鼇頭《ごうとう》古事記』（貞享四年刊）とも、後年の『古事記伝』ともやや異なる。三三三頁注六参照。

三　版本『古今序註』に、「素戔嗚の尊、大蛇を殺して焼き給ひし時、その煙、雲となりて立ちのぼりければ、『焼雲《やきくも》立つ』と云ひけるを、『やくも』と云ふなり」とあり、北村季吟《きぎん》の『八代集抄』には、「『八雲立つ』とは、かの八岐の大蛇の居る所に常に八色の雲ありしその心なり。『いづもやへがき』とは、その八雲立ちし出雲の地に八重に垣をして宮作りし給ふ心なり」とあるなど。

四　「八雲立つ」は普通には「出雲」の枕詞であるが、「出雲」という国名はこの歌から生れたのであろうから、この歌の場合には、「八雲立つ」はまだ枕詞にはなっておらず、実質的な意味を持っており、「出雲」もまだ地名ではなく、「出る雲」という意味なのであろう、の意。

雲立つ」とのたまへるにはあるべからず《おっしゃったのではないであろう》。上の「八雲」を重ねて《八雲ということを反復して》、「出づる雲《現われてくる雲》」とのたまへる詞《ことば》なりと知るべし。

宣長按《あん》ずるに《考えるに》、「夜《や》久《く》毛《も》多《た》都《つ》」は、かの雲の立ちのぼるを見給ひて、「弥雲立《いやくもた》つ」[五]とよみ給へるなり。「伊《い》豆《づ》毛《も》」は、『風土記《ふどき》』[六]にも、この御歌《みうた》によりて国の名となれるよしあり《国の名となったということが書いてある》。さればここは国の名をよみ給へるにはあらず。ただ「出づる雲」なり。「伊《い》豆《づ》毛《も》」を国の名とし、「八雲立つ」を枕詞とするは、ひがことなり《間違ったことである》。「八《や》穂《ほ》蓼《たでを》平[七] 穂《ほ》積《づみ》」「摩《ま》蘇《そ》餓《が》予《よ》[八] 蘇《そ》餓《が》」などの例になづむべからず《とらわれてはいけない》。「夜《や》弊《へ》賀《が》岐《き》」は「弥重垣《いやへがき》」なり。これは須賀《すが》の宮《みや》の実《まこと》の垣《かき》にはあらず。ただ雲を垣といひなし給ふなり。「やくもたち」といはずして、「たつ」[九]といへるは、見渡し給ふところをのたまへるなり。「いづもやへがき」とは、すなはちその見るところの雲を垣といひなし給ふ詞《ことば》にて、「いづる雲のやへ垣」なり。「都《つ》麻《ま》碁《ご》微《み》爾《に》　夜《や》弊《へ》賀《が》岐《き》都《つ》久《く》流《る》」とは、「今わが妻をこむる料《れう》に《隠しておくために》、雲もやへ垣を造るよ《幾重にも重なった垣を作る》」とよみ給へるなり。雲《雲が》

五　伊勢の神道家谷川士清《ことすが》の『日本書紀通証』五に、「今按ずるに、『八雲』は謂はゆる天の八重雲なり。『八《や》』の言たる、『弥《いや》』なり。多きを称するの辞」とある。『本居宣長随筆』二の第一五九項には、『日本書紀通証』から数多くの日本語の語源説を抄出してあるが、その中に「八《やつ》〈弥津《いやつ》〉」という項がある。

六　『出雲風土記』には、八《や》束水臣津野《つかみずおみつの》の命《みこと》が「八雲立つ出雲の国は狭布《さの》の稚国《わかくに》なるかも」といったことから「出雲」という国名が生れたとあって、素戔嗚の尊の八雲の神詠のことは見えていない。ここで宣長が「この御歌（八雲の神詠）によりて」といったのは、実際には『出雲風土記』を見ておらず、『日本書紀通証』に「『出雲風土記』に曰く、出雲と号する所以《ゆゑん》は、八束水臣津野の命の『八雲立つ』と詔するの故なりと。八束水臣津野の命は、蓋《けだ》し素戔嗚《すさのを》の尊の別名」とあるのだけを見て速断したものであろう。

七　『萬葉集』一六、三八四二番「小児等《わらはども》草はな刈りそ八《や》穂蓼《ほたで》を穂積《ほづみ》の朝臣《あそ》が腋草《わきくさ》を刈れ」。

八　「推古紀」二十年正月丁亥条で、天皇が蘇我の馬子に対して詠んだ歌の一節。以上二例、枕詞とそれがかかる言葉とに「穂」「蘇我」の語が重複していて、「八雲立つ」と「出雲」に「雲」の語が重複しているのに似ることから、挙げたもの。

九　『古事記伝』九には、「『(八雲) 多都《たつ》』とまづ言ひ切りたるは、その時見給へるままに、『八雲の立つよ』と、まづ言ひ出で給へるなり」という。

の垣造らんことといかが《垣を作るなどということはおかしいと》と思ふ人あるべし。これは実《まこと》に造《つく》るにはあらず。立ちのぼる雲を見て、やへ垣を造るといひなし給ふなり。雲霧《くもきり》は立ちふさがりて物をへだつれば、垣といふこと《垣と表現するのは》、後の世も同じ心ばへなり。「天雲垣、其既立《てんうんかきシテそレすでニたツ》」[一]（七）など、人の国にもいへり《中国でも表現している》。これを須《す》[二]賀《が》の宮《みや》の墻《かき》のこととするは誤りなり。ただ雲のことなり。（八）「曾能夜《そのや》弊賀岐袁《へがきを》」と重ねていへるは、上《かみ》[三]つ代《よ》の歌に多きことなり。謡《うた》ふものは、今の世の童《わらは》べの口ずさびも同じことにて《口ずさみにうたう歌も同じことで》、上の詞をかへして《くり返して》再《ふた》びいふこと多し。これ歌謡《かえう》の自然《じねん》のことにて、人[四]の国のも同じことなり。留《とま》りの《文末の》「袁《を》」は、かの二[五]神の唱和の留りの「袁《を》」と同じ。この時須賀の宮を造る折ふしなれば《時であったので》、立ちのぼる雲を見て、かく《このように》「やへ垣」にとりなして《たとえて》よみ給へるなり。歌はすべて雲をよみ給へるなり。

〔七〕
下照姫の歌の位置づけ

問ひて云はく、『古今』[六]の序に「ひさ方の《〔歌というものは〕》天《あめ》にしては《天上では》、下照姫《したてるひめ》《下》に

一 出典未詳。

二 二六六頁注三所引の『八代集抄』に実際の垣と解しており、契沖の『余材抄』でも二六六頁一一行目以下に所引の部分に続けて、「垣のすみやかに出《い》で来《く》ること雲のごとくなるによそへて（たとえて）、『出づる雲の八重垣』とは続けさせ給ふか」とあって、やはり実際の垣ととっている。『日本書紀通証』も同様。

三 『八代集抄』に、「下句は同じ事をかさねてよみ給へり。神代の歌の体なり」。『日本書紀通証』五に、「言の反覆は、古風の体然《しか》り」。『古事記伝』九に、「かく二度上の詞を返して云ふは、古《いにし》への歌の常なり。中頃（平安時代）よりはこの格なきを、かへりて今の世の俗の謡《うた》ふ歌には常多し。これ歌謡《うたふもの》の自然《おのづから》の勢ひにて、折り返せばその情《こころ》深くなることぞかし」。

四 『詩経』の「国風」の詩に、くり返しの例が多い。

五 二六二頁五行目以下参照。『古事記伝』九に、「終《とぢめ》の『袁《を》』はただ助辞にて、『余《よ》』と云はむがごとし。『（八重垣）を作る』と上へ返る意に似たれど、古への意は然《さ》にあらず」。

六 二六六頁注一参照。『古今集』仮名序では、天上における歌の始まりは下照姫の詠、地上における歌の始まりは八雲の神詠とする。下照姫については二五六頁注一参照。

始まる（照姫から始まった）」といへるに、今八雲《やくも》の神詠《しんえい》を始めとするはいかに。

答へて云はく、歌の出で来たる時[七]をもていへば、八雲の（八雲立つの）御詠《みうた》（お歌）は前なり（が先である）。この序の詞《ことば》は、歌の前後をばさしおきて（取り上げないで）、天地《あめつち》[八]の次第にていへるなり。天上にてよめることは下照姫の歌始めなり（下照姫の歌が最初である）、といふなり。されど『古事記』『日本紀』ともに、八雲の御歌《みうた》は前《まへ》に出で来たる（出現したという）よしなれば（ことであるから）、これを始めといふなり。そのうへ『古事記』には、八雲の御歌の次に、八千矛《やちほこ》[九]の神の長歌二首、沼河日売《ぬかはひめ》[一〇]の長歌、須勢理《すせり》[一一]毘売《びめ》の長歌などありて後《のち》に、かの下照姫の長歌は載せたれば（記載してあるので）、始めといふべからず。序[一二]などは、ただ文章をめでたく書かむ（立派に書こうとして）ために、天（天と）と地とを対《つい》して（地とを対句にして表現しようとして）いはむとて、かくは書けるなり（このように書いたのである）。天上にてよめる歌はこの下照姫のが始めなりと、たしかにいへるにはあらず。上文に（〔序のこの部分の〕前に）「世に伝《つた》はることは」といへるにて知るべし。天上にてよめる歌と（歌だと）いひ伝へ（いって）、書き伝はりてあるは（ある歌は）、これが始めなり、といふなり。

しかるに天上にてよめる歌といふは、この「阿米那流夜《あめなるや》[一三]」の歌と、

七 神話の順序でいうと、素戔嗚の尊が「八雲立つ」の歌を詠じてのち、その子孫の大国主《おおくにぬし》の命《みこと》が葦原《あしはら》の中つ国を建国し、そこへ天照大神が天稚彦を派遣してくる。以下、二五六頁注一のように話が進行する。

八 天が第一、地はその次という順序でいっている。

九 大国主の命の別名。越《こし》の国（北陸地方）の沼河比売に求婚する際の長歌と、正妻須勢理毘売《すせりびめ》の命の嫉妬を避けて出雲から大和へ行こうとする際の長歌が見える。

一〇 注九の八千矛《やちほこ》の神の求婚に応ずる際の長歌が見える。名前の漢字表記は『古事記』に「沼河比売」「沼河日売」の両様がある。「ぬかはひめ」の振り仮名は底本のまま。後年の『古事記伝』一一では「ぬなかはひめ」となっている。ここでは、『鼇頭《ごうとう》古事記』に「ぬかはびめ」とあるのに従ったもの。

一一 注九の、大和へ行こうとする八千矛の神を引きとめる際の長歌が見える。

一二 書物の序文の、事実に反してでも文飾を重んずる傾向については、四三六頁注二参照。

一三 下照姫の歌。「阿米那流夜」は『古事記』の表記。『書紀』では「阿妹奈屢夜」。記・紀で表記にも詞章にも相違がある。『書紀』所見の詞章は二五六頁注一に掲出。『古事記』所見の詞章を『古事記伝』の注釈に従って漢字を宛てて掲げる。「天なるや　弟棚機《おとたなばた》の　頸《うな》がせる　玉の御統《みすまる》　御統に　穴玉《あなだま》はや　真谷《みたに》　二亙《ふたわた》らす　阿遅志貴《あぢしき》　高日子根《たかひこね》の　神ぞや」。

同時の「阿磨佐箇嬮《あまさかる》[一] 避奈菟謎廼《ひなつめの》」といへる歌と、二首の外《ほか》は見えず。またこの歌を天上にてよめることもさだかならず。そのゆゑは、『古事記』[二]にては、《〔この歌は〕》まつたく天上にてのことにあらず、この国《地上のこの日本で》にてよめるなり。『日本紀』には「将《ゐテ》[三]レ柩《かばねヲ》上去《のぼりゆイテ》、而於《おイテ》レ天《あめニ》作《つくリ》二喪屋《もヤヲ》一、殯《もがりシ》哭《なク》レ之《これヲ》」といひ、「登《のぼツテ》[四]レ天《あめニ》弔《とぶらフ》レ喪《もヲ》」とあれども、下照姫《下照姫が》の天へ登りてこの歌よめるよしは見えず《この歌を詠んだということは書いてない》。そのうへ作者は、「喪《もに》[五]会《つどへる》者《ひと》歌《うたよみして》之曰《いハク》、或云《あるニいフ》、味耜高彦根神《あぢすきたかひこねノかみノ》之妹《いろと》下照姫《したてるひめ》、欲《ほりスレ》レ令《メント》下衆人《つどへるひとヲシテ》知《しラ》中映《てりかがやク》二丘《をか》谷《たにニ》一者《ものハ》、是《これ》味耜高彦根神《ノナリト》上、故歌《ニうたよみして》之曰《いハク》」とあれば、下照姫の歌といふは、『紀』[六]中の一説なり。そのうへ、いま[七]一首《もう一首の歌も》の歌もその時によせ《関係》なく《がなく》、別《べち》の事をよめるやうに聞ゆれば、かれこれ『日本紀』《色々考え合せると日本書紀の記述は》は疑ひあれば《疑わしいので》、ただ『古事記』のさだかなる《確かな記述に》にしたがふべし。『古事記』にては、この時のこと、すべて天上のことにはあらず、この国にて《この日本での出》のことなり《来事である》。作者は高比売《たかひめ》の命《みこと》とあり。下照姫の別名《べつみやう》なり。いま一首の「阿磨佐箇嬮《あまさかる》」の歌は見えず《〔古事記には〕》。

一 「神代紀」第九段、一書第一に、下照姫の歌として「天なるや」の歌に続けて掲げてある。『古事記』には「天なるや」の歌だけで、この歌は見えない。全体は、「天離る《あまさか》 夷《ひな》つ女《め》の い渡らす迫門《せと》 石川 片《かた》淵《ふち》 片淵に 網張り渡し 目《め》ろ寄《よ》しに 寄し寄り来《こ》ね 石川片淵」。『古事記伝』一三に注釈して、「『目ろ寄しに』と云ふまでの八句は、『寄し寄り来ね』を云はむとての序のみにて、『目』は網の目、『ろ』は助辞、『寄し』は『寄せ』にて、網をひけば目の寄り来るごとくに、寄せ寄り来よと云ふ歌なり」。

二 この二首（『古事記』では一首）の歌は二五六頁注一で述べたように天稚彦の葬儀の際に詠まれたものであるが、『古事記』ではその葬儀は地上（葦原の中つ国）で営まれたことになっている。

三 主語は天稚彦の妻子たち。訓は、底本の訓点に従い、足りないところは寛文九年版本で補った。注四・五の引用文も同様。

四 主語は味耜高彦根《あぢすきたかひこね》の神。

五 このくだりに続いて二首の歌が掲出されるのであるが、文脈は「喪会者歌之曰」からその二首の歌に直接続き、その間に「或云…故歌之曰」が歌の成立に関する異伝として挿入されているのである。

六 『書紀』に両説あるうちの一つにすぎない。

七 『古事記』に見えない「阿磨佐箇嬮《あまさかる》 避奈菟謎廼《ひなつめの》」の歌を指す。『古事記伝』一三に、「さてまた『書紀』にかの『ひなつめの』と云ふ歌をもここに載せられたるは、誤りなり。かの歌は、別に上つ代の恋の歌にて、ここにはさらに由縁《よし》なし」という。

八『日本書紀』は国家の正史として成立の当初から尊重され、奈良朝・平安朝を通じて宮中でしばしばその講義が行われた。それに対して『古事記』はあまり読まれることがなく、埋もれたも同然の状態で江戸時代に至った。

九 ちょっとしたこと（前頁九行目にいう、『紀』中の一説に過ぎないこと）を根拠にして。

一〇『古今集』真名序に、「長歌・短歌・旋頭・混本の類」とある。このうち長歌・短歌・旋頭歌という名称は『萬葉集』にもあるが、「混本」という歌体の名称はここに初めて見えるものである。旋頭歌は普通は五七七五七七の六句の歌体であるが、平安時代の旋頭歌には五七五七七七、五七五五七七の例もある。混本歌については古来諸説があるが、江戸時代には短歌体の最後の七言句を欠いた歌体、つまり五七五七の四句の歌体とする説が普通であった。『古今余材抄』一の真名序の注には、「混本は、三十一字の詠、終りの一句を闕《か》く。混本と名づくる所以、未だ詳《つまび》らかならず」という。次頁注七参照。なお「旋頭歌」は普通「せどうか」と読むが、当時の辞書『書言字考』に「旋頭歌《せんどうか》」とあり、『和歌の浦』（『紫文要領』二一八頁頭注＊印参照）四に宣長自身の振り仮名で「旋頭歌《せんとう》」とあるのに従った。

すべて古来[八]『日本紀』をのみ用いて、『古事記』は埋《うづ》もれて、取り見る人もなかりしかば、『古今』の序もただひとわたり「神代紀」につきて《依拠して》、この歌を天上にてよめる始めとせられたるなり《なさったのである》。そのうへ前にいへるごとく、序なれば《序文であるので》、文章を対《つい》して《対句表現にして立派に書こうとして》めでたく書かむとて、すこしの[九]拠《よりどころ》をもて書ける物なれば、しひて事実の証とはすべからず。くはしきことは二紀《にき》をひらき見て知るべし。まづ世に伝はりたる歌の始めは、八雲《やくも》の御詠《みうた》と知るべし。下照姫のは後のことなり。

〔八〕**上古には歌体の区別の意識はなかった**

問ひて云はく、三十一字《みそぢひともじ》の歌は八雲の御詠を始めとし、長歌は下照姫のを始めとすべきか。

答へて云はく、[一〇]長歌・短歌・混本《こんぽん》・旋頭《せんどう》などいふことは後《のち》につけたる名目《みやうもく》にて、神代《かみよ》にさやうの《そのような》分《わか》ち《分類はないから》はなければ、ただ長短をいはず《歌の長短とは関係なく》、八雲の御詠が歌の始めなり。そのかみは《昔は》ただ五《いつこと》七言《ななこと》の調《しら》べをととのへて、句の数にはかかはらず、思ふ心の限りをいかほどにても《どのような長さにでも》ほどよくよみしものにて、これは長歌ぞ、これは短歌ぞといふことはなかりしなり。[一]されば別《べつ》に長歌の始めといふことはなき理《ことわ》《理屈である》りなり。

ただし後世の名目《みやうもく》をもて、しひてその始めを一々に分けていはば、三十一字の歌は八雲《やくも》の御詠《みうた》なり。長歌の始めは『古事記』にある八[二]千矛《やちほこ》の神と沼河比売《ぬかはひめ》とよみかはし給へる歌なり。旋頭歌・混本歌は神代には見えず。神武天皇の御時《おんとき》にいたりても、[三]三句の歌・七句[四]の歌は見えたれども、まさしく旋頭・混本といふ歌はなし。その後《のち》[五]六句・四句の歌もあれど、なほ《それでも》すこし違《たが》へり。まさしく旋頭歌の五七七五七七にととのへるは、「雄略《ゆうりやく》天皇紀」の歌に、

[六]悋《あた》らしき　猪名部《ゐなべ》の工《たくみ》　掛《か》けし墨縄《すみなは》
爾《し》が亡《な》けば　誰《たれ》か掛《か》けんよ　悋ら墨縄

これなり。[七]混本歌は、『古事記』仁徳《にんとく》天皇の御歌《みうた》に、

[八]女鳥《めどり》の　吾《わ》が大王《おほきみ》の　織《お》ろす機《はた》　誰《た》が為《たね》ろかも

これなり。ただしこれらもおのづからかくととのひたる《〔調子が〕自然にこのように整ったものであって》ものにて、

一 第一〇〇・一〇一項（四九二～三頁）参照。

二 二六九頁注九・一〇参照。八千矛の神の求婚歌の冒頭十二句を、『古事記伝』の注に従って掲げる。「八千矛の　神の命《みこと》は　八島国《やしまくに》　妻覓《つまま》ぎかねて　遠々《とほとほ》し　越《こし》の国に　賢《さか》し女《め》を　ありと聞かして　麗《くは》し女《め》を　ありと聞かして　さ結婚《よば》ひに　あり立たし」。

三 たとえば神武天皇が七人の媛女《おとめ》の先頭に立つ伊須《いす》気余理比売《けよりひめ》を皇后に定めようとして詠んだ歌、「且々《かつがつ》も　最先立《いやさきだ》てる　妍《え》をし覓《ま》かむ」（『古事記』中）。

四 三〇九頁注三参照。

五 注九参照。

六 「雄略紀」十三年秋九月条に見える。底本は平仮名表記で、右傍に「悋猪名部之工掛墨縄爾之亡者誰掛悋墨縄」と漢字を宛てる。猪名部の工という工匠が天皇に刑死を命ぜられたのを同僚が悲しんで詠んだ歌。

七 ここでの宣長は通説に従って混本歌を五七五七の四句の歌体と解している。後年、説が変って、『玉勝間』一四の「混本」の項では、混本歌は旋頭歌の別名であると論じている。

八 天皇が女鳥《めどり》の王《おおきみ》に求婚して、あなたの織る衣服は誰のためのものかと問いかけた歌。底本は平仮名表記で、右傍に「女鳥吾大王之織機誰為歟」と漢字を宛てている。この宛て漢字はおおむね『鼇頭古事記』による。後年、説が変って『古事記伝』三七で、「はた」は「機《はた》」でなく「服《はた》」、つまり織機ではなく織った衣類を指し、「誰がたね（多泥）ろかも」は「誰が料《かね》（加

たくみて（意図して）この格《かく》をよめるにはあらず。九一字二字足らぬ歌、または五言七言の置き所の違へるなどは（配置が違っている例は）、この前にもあれば（この歌の以前にもあるから）、ただしくこれを始めといふべきにはあらねど、たまたまととのひて後《のち》の体《てい》に同じき歌の、始めて見えたるをあぐるなり。ただ上古の歌は、三句よりして（三句から始まって〔それ以上〕）、句数はいくらと定まりたることなければ、長歌・短歌といふわきまへ（区別の意識はないのである）なきことなり。

問ひて云はく、「一〇人の世となりて（人間の時代になって）、素戔嗚《すさのを》の尊《みこと》よりぞ、みそもじあまりひともじ（三十一字の歌）はよみける（は詠み始めるようになった）」と『古今』の序にあるは、いかなることぞ。一一地神《ぢじん》五代《だい》をば人の世といへるか（いったのであろうか）。

答へて云はく、『余材抄《よざいせう》』に云はく、「一二人の世となりて後、素戔嗚の尊の御歌《みうた》にならひて、三十一字に定めてよむといへる心なり」と。これにて心得べし（この説によって理解すべきである）。ただしこの御歌にならひてよむといふは（真似をして詠むようになったというのは）いかがなり（どうであろうか）。後世はもはら（もっぱら）三十一字の歌のみ多くなりたることは、かの御

泥）ろかも」で、「加」の草書体を「多」に誤ったものと説く。

九 たとえば日本武《やまとたける》の尊《みこと》の亡魂の化した白鳥を尊の妻子たちが追いかける時に詠んだ歌、「浅小竹原《あさじぬはら》　腰煩《こしなづ》む　空は行かず　足《あし》よ行くな」（『古事記』中）は、六五六六の四句体であり、応神天皇が帰化人須須許理《すすこり》の献上した酒に酔って詠んだ歌、「須須許理が　醸《か》みし御酒《みき》に　吾酔《われゑ》ひにけり　事和酒《ことなぐし》　咲酒《ゑぐし》に　吾酔ひにけり」（『古事記』中）は、五六七五四七の六句体であり、それぞれ混本歌・旋頭歌の「一字二字足らぬ歌、または五言七言の置き所の違へる」例と見うる。

一〇『古今集』仮名序の、二六六頁注一所引のくだりに続いて、「ちはやぶる神代には歌の文字も定まらず、素直にして、事の心わきがたかりけらし。人の世となりて、素戔嗚《すさのを》の尊《みこと》よりぞ、三十一字はよみける」とある。

〔九〕三十一字の歌体が自然と定着した

一一 神道では、国《くに》の常立《とこたち》の尊《みこと》からイザナギ・イザナミまでを天神七代、天照大神から鸕鶿《う》草葺不合《がやふきあえず》の尊（神武天皇の父）までを地神五代とし、ここまでは神代であって「人の世」ではない。天照大神の弟である素戔嗚の尊を「人の世」に入れるのはなぜかという疑問。

一二 この解釈は契沖の創始ではなく、北村季吟の『八代集抄』にも「素戔嗚の尊を人の世といふに似たれども、三十一字を本《もと》として人の世には歌を詠むといふ心なり」とあって、伝統的な解釈である。

歌にならひてよむとにはあらず《詠むというわけではない》。人の世となりて、もはら《もっぱら》よむところの三十一字《みそぢひともじ》の歌は、素戔嗚の尊より始まるといふ意《こころ》なり。それにならふにはあらねど、自然《じねん》にこの体《てい》がすぐれて、ほどよくととのひて、ことにうるはしく聞ゆるゆゑに、後にはおのづからこの体が多くなりゆくなり。これ自然のことなり。

神代《かみよ》に三十一字の歌は、八雲《やくも》の御詠《みうた》の外《ほか》に瓊々杵《ににぎ》の尊《みこと》の御歌、

一 瀛《おき》つ藻《も》は　辺《へ》には依《よ》れども　狭寝床《さねどこ》も
与《あた》はぬかもよ　浜つ千鳥よ

豊玉姫《とよたまびめ》の命《みこと》の御歌、

二 赤珠《あかだま》は　緒《を》さへ光れど　白珠《しらたま》の
君が威儀《よそひ》し　貴《たふと》くありけり

彦火々出見《ひこほほでみ》の尊《みこと》の御返し《御返歌》、

三 瀛《おき》つ鳥《どり》　鴨著《かもつ》く島に　わが寝《ゐね》し
妹《いも》は忘れじ　世の（九）事々に

一 「神代紀」第九段、一書第六に見える。木花開耶《このはなさくや》姫《ひめ》が瓊々杵《ににぎ》の尊との一夜の契りで身籠《みごも》ったので、尊は疑った。姫はそのことを恨んで二度と床を共にしなかった。そこで尊が嘆いて詠んだ歌。底本は全文平仮名表記。ここの宛て漢字は『厚顔抄』に従った。

二 『古事記』上の最後のくだりに見える。豊玉姫は海神の娘。彦火々出見《ひこほほでみ》の尊（山幸彦）の子を出産する時、鮫の正体を現わしたのを尊にのぞき見され、恥じて海へもどったが、尊を恋しく思って詠んだ歌。底本は全文平仮名表記。ここの宛て漢字は『鼇頭古事記』に従った。「神代紀」第十段、一書第三では、「赤珠の光はありと人はいへど君が威儀し貴くありけり」となっている。

三 豊玉姫から右の歌を贈られ、答えて詠んだ歌。底本は「島」以外は平仮名表記。ここの宛て漢字は『鼇頭古事記』に従ったが、第三句「わが寝し」を後年の『古事記伝』一七では「わが率寝《ゐね》し」と解している。また第二句「鴨著く島」は原典に「加毛度久斯麻」とあり、『古事記伝』では「鴨どく島」と読んでいる（意味は「鴨著く島」に同じといっている）。「神代紀」第十段、一書第三では、「瀛つ鳥鴨著く島にわが寝し妹は忘らじ世のことごとも」となっている。

右は『古事記』のままに記《しる》す。『日本紀』にすこし異《こと》なる所あり。

人の代《よ》となりては、神武天皇の御歌に、

[四] 葦原《あしはら》の　繁《しげ》き小屋《をや》に　菅畳《すがだたみ》
　いや清《さや》敷きて　わが二人《ふたり》寝《ね》し

同じころ伊須気余理比売《いすけよりひめ》の御歌に、

[五] 狭井川《さゐがは》よ　雲立ち渡り　畝火山《うねびやま》
　木《こ》の葉さやぎぬ　風吹かむとす

また、

[六] 畝火山　昼は雲と居《ゐ》　夕《ゆふ》されば
　風吹かむとぞ　木の葉さやげる

これら、人の代になりて三十一言《みそぢひとこと》の歌の始まりなり。

〔一〇〕 連歌の起源

また問ひて云はく、連歌《れんが》は、[七]日本武《やまとだけ》の尊《みこと》の、

[八] 新治《にひばり》　筑波《つくは》を過ぎて　幾夜《いくよ》か寝《ね》つる

四『古事記』中、神武天皇の条に見える。伊須気余理比売《いすけよりひめ》が皇后に選ばれ、宮中に参内した時、天皇が詠んだ歌。底本は「原」以外は平仮名表記。ここの宛て漢字は『厚顔抄』に従ったが、『古事記伝』二〇では、第二句を「醜《しけ》き小屋」と解する。

五 三一一頁注四参照。

六 三一一頁注五参照。

七 この人名（『古事記』では「倭建命」、『日本書紀』では「日本武尊」）は今日では「ヤマトタケルノミコト」と読まれるが、江戸時代までは「ヤマトダケノミコト」と読むのが普通であった。宣長は『古事記伝』では「ヤマトタケノミコト」と清音に読むが、本書底本で振り仮名のある個所は、ここを含めて「ダケ」となっている。

八『古事記』中の景行天皇の条と、「景行紀」四十年是歳条とに見える。日本武の尊が東国を平定して大和へ帰る途中、甲斐の国（山梨県）の酒折《さかおり》の宮で詠んだ歌。秉燭者がこれに答えて詠んだ次の歌と合わせて、連歌の始まりとされ、この歌の「筑波」の語にちなんで、連歌の書物に『菟玖波《つくば》集』『筑波問答』などがある。

と問ひ給へるを、御前《おまへ》にさぶらふ人の中《うち》に[一]秉燭者《ひともしたるもの》の、

[二]屈並《かがな》べて　夜《よ》には九夜《ここのよ》　日《ひ》には十日《とをか》を

と申したる、これが始めなりといふは、まことに然《しか》るか。

答へて云はく、これは『日本紀』に「[三]時《ときニ》有《あり》ニ秉《とル》レ燭者《ひヲもの》一、続《つギテ》ニ王歌《みこノうたノ》之末《すゑヲ》ニ而歌《うたヒテ》曰《いハク》」とあれば、後世の連歌の心ばへのやうに聞ゆれど

趣向

も、実《まこと》は「続《つグ》レ末《すゑヲ》」にはあらず、三句の歌の贈答なり。三句の歌は、『日本紀』に見えたるはこれが始めなれども、『古事記』には神武天皇の御歌に、

[四]且々《かつがつ》も　最先立《いやさきだ》てる　妍《え》をし覓《ま》かむ

ともよみ給へり。また贈答したることは、同じ御時《おんとき》に伊須気余理比《いすけよりひ》売《め》の御歌《みうた》に、

[五]あめつつ　ちどりましとど　など黥《さ》ける利目《とめ》

返歌

大久米《おほくめ》の命《みこと》の返し、

童女《をとめ》に　直《ただ》に逢《あ》はむと　わが黥ける利目

一　篝火《かがりび》をたく者。『古事記』では「御《み》火《ひ》焼《たける》之老人《おきな》」。

二　前出個所（二六二頁六～七行目）で、底本では左傍に「屈並而夜者九夜日者十日」と漢字が宛ててある。「かがなべて」は、契沖の『厚顔抄』に、「物を数ふるには、指をかがめ並べてよむものなれば、『屈《かが》め』を下略したるか。また『考《かう》がへなへて』といへるか」とある。宣長はここでは「屈並べて」という解釈に従っているのであるが、後年の『古事記伝』二七では説が変って、「日々並《かがな》べて」（日数を重ねて）の意としている。

三　訓は底本の訓点に従う。これは寛文九年版本のままである。

四　二七二頁注三参照。宛て漢字は『鼇頭古事記』による。次の二首も同様。

五　次の歌とともに『古事記』中、神武天皇条に見える。伊須気余理比売が大久米の命の鋭い目を見て詠んだ歌。底本は全文平仮名表記で、濁点は底本のまま。第一・二句は難解の句で、この時期の宣長がどのように解していたか未詳。『鼇頭古事記』には「天《あめ》つつ地《ち》に取坐人《どりましと》と」と字を宛てる。『厚顔抄』では、「あめ」は「天」、「つつ」は千鳥を呼ぶ声、「ちどり」は「千鳥」、「まし」は「汝《まし》」、「とと」は「つつ」に同じとする。『古事記伝』では鳥の名を四つあげたものと解して、「あめ」は未詳、「つつ」は鶺鴒《せきれい》の別名、「ちどり」は千鳥、「ましとど」は「真鵐《ましとど》」とする。

六　日本武の尊と秉燭者との唱和は『日本書紀』にも見えるが、それより時代の早い伊須気余理比売と大久

米の命の唱和は、『古事記』にのみあって、『書紀』には見えないことから、このようにいう。

七 日本武の尊と秉燭者との唱和を指す。「景行紀」の原文に、「有二秉燭者一、続二王歌之末一」とある。

八 振り仮名は底本のまま。「新治筑波を過ぎて…」の歌の次に、「御火焼《みひた》ける老人《おきな》、続《ついデ》二御《み》歌《うたヲ》一、以て歌ひて曰く」とある。以上の訓は『鼇頭古事記』による。

九 底本には振り仮名なし。『古事記』で、「童女に直に逢はむとわが黥ける利目」の歌の前に、「爾《すなは》ち大久米の命、答歌《こたへうた》に曰く」とある（『鼇頭古事記』による訓。『古事記伝』では、「答へてぞ歌ひける」）。

一〇 歌は秉燭者のものでも、説明の地の文は後世のものであるから、「歌を続《つ》ぐ」と記・紀に書いてあるからといって、秉燭者の時代に「歌を続ぐ」という意識があったとは限らない、の意。

一一『古事記』中、景行天皇の条に見える。東国平定を終えて大和へ帰る日本武の尊が、伊勢の能褒野《のぼの》に到った時、故郷をしのんで詠んだ歌。二六一頁注一二参照。「はしけやし」と「我家の方よ」は、『鼇頭古事記』に「はしきやし」「我家の方由《ゆ》」と読む。『古事記伝』二八の「はしけやし」という訓、「我家の方用《よ》」という改訂がこの時期からの意見であったことが分る。

一三『古事記』で右の歌をあげた次に、「此者《こは》片歌也」とある。『古事記伝』二八に、「さて片歌と名づけたる由《よし》は、三句にして、なべての五句六句の歌の半《なから》にして、片《かたがた》なるがごとくなればなり」という。

これらあれば、日本武《やまとだけ》の尊《みこと》のを始めといふべからず。例の、[六]『日本紀』ばかりを見て『古事記』を知らぬ人のいひ出《い》だせることとなり。

ただし、[七]かれは（一〇）「続《グ》レ末《ヲ》」とあるゆゑに始めなりと、しひていはば《強いていうなら》、[八]『古事記』にも「続《つグ》二御《み》歌《うたニ》一」とありて、大久米の命のはさいは《そうはいっ》ず、《てなくて》ただ[九]「答歌曰《こたへうたにいはく》」とあれば、かれを始めとするも、さもありぬ《そう決めてもよ》べきことと《いことと》もいふべけれども、歌のさままたく《完全に》同じことなれば、前《まへ》をさしおきて後《のち》なるを始めとはいふべからず。「続《つぐ》」とある詞《ことば》にな《とら》づむべきにあらず《われてはいけない》。そのゆゑは、[一〇]二紀ともに地《ぢ》の詞は、後にいひ伝へ書き伝へたるままを書けるものなればなり。後には三句の歌は絶えて、もはら《もっぱら》五句六句の歌をのみよむ世になりては、かの三句の歌は見なれぬゆゑに、六句の歌のかたがた《片一方のように》のやうに見ゆるゆゑに、その時の心をもて「続《つぐ》」とはいひ伝へしなるべし。

[一一]はしけやし　吾家《わぎへ》の方《かた》よ　雲ゐ起《た》ち来《く》も

といふ歌を[一二]「片歌也《かたうたナリ》」とあるも、この意《こころ》にて後につけたる名目《みやうもく》なるべし。

さて三句の歌は、斉明《さいめい》天皇の御時の童謡《わざうた》に、

一愛《うつく》しき　朕《あ》が稚《わか》き子を　置きてかゆかむ

といふまで、『日本紀』に見えたり。その外《ほか》上古には三句の歌も多く見えたり。それを贈答したるを連歌の始めとせば《するなら》、かの神武天皇の御世《みよ》の贈答が始めなり。ただしこれらはみな旋頭歌《せんどうか》の上下なれば、三十一字《みそぢひともじ》になる連歌にはあらず。

『萬葉』第八に、

二尼作《あまつくり》ニ頭《かしらノ》句《くヲ》一、幷《ならびニ》大伴宿禰家持《おほとものすくねやかもち》
所《らレテ》レ誂《あつラヘ》レ尼《ニ》、続《つグ》ニ末《すゑノ》句《ヲ》一

三佐保河《さほがは》の水をせき上げて植ゑし田を（尼作る）
刈《か》る早飯《わさいひ》はひとりなるべし（家持続ぐ）

とあるは、三十一字にて連歌のたぐひなり《詠んだだけのことである》。四されどこれは一首の歌を二人してよめるまでのことなり。

一　「斉明紀」四年十月甲子の条に見える。天皇が紀伊の温泉に行幸するに際して、その年五月に没した皇孫建《たける》の王《みこ》を追憶して詠んだ三首の歌の第三。底本は平仮名表記。宛て漢字は『厚顔抄』に従う。「童謡」とあるのは宣長の記憶違い。『日本書紀』でいう「童謡」は時世を諷刺する作者不明の歌の意で（四三九頁注五参照）、このように斉明天皇という作者が明らかな歌を「童謡」と呼ぶことはない。

二　訓は、底本の訓点に従った。

三　一六三五番歌。すでに二条良基《よしもと》の『筑波問答』にこの歌を連歌の早い例としてあげる。契沖の『萬葉代匠記』（精撰本）に、「表の意は、からうじて独《ひと》り植ゑし田なれば、刈るとき人を集めて贄《にへ》（御馳走）することもなく、早飯（早稲《わせ》で作る飯）をば独りのみこそ喫《は》まめ、となり。裏の意は、佐保川を塞《せ》き上げて水渋《みしぶ》付きて（水あかが衣に着くまで苦労して）みづから植ゑし田を刈りては、独り喫みて楽しぶべきがごとく、斎娘《いつきむすめ》（大切な娘）をもよく守りて生《お》ほし立てたらましかば、よき聟《むこ》など取りて、年ごろ（数年来）の苦しさを忘るる時あらむぞと、慰めてよめるか」という。

五七五・七七の連歌

四　北村季吟の『萬葉拾穂抄』に、「両作（二人の作）ながら、心は一首の和なるべし」とあるのによった言であろう。

『拾遺《しふゐ》集《しふ》』[五]（一一）に、

内にさぶらふ女を《宮中にお仕えしている女と》契りて侍《はべ》りける夜《密会の約束をした夜》、遅くまうで来けるほどに《〔男が〕遅くなってやってきたので》、うしみつと《午前二時と》時申しけるを《時刻を報ずるのを》聞きて、女のいひつかはしける《女が詠んで与えた〔歌〕》

[六]人ごころうしみつ今は頼まじよ
夢に見ゆやとねぞ過ぎにける

良岑《よしみね》の宗貞《むねさだ》

といひ、『伊勢物語』[七]に、業平《なりひら》の朝臣《あそん》、伊勢へ狩《かり》の使《つかひ》に行《い》きて、斎宮《さいぐう》に逢《あ》ひ奉《たてまつ》りける朝《あした》、女がたより出だす《女の方から差し出した》盃《さかづき》の皿《さら》に、歌を書きて出《い》だしたり。取りて見れば、

[八]かち人の渡れどぬれぬえにしあれば

と書きて、末《すゑ》はなし《下の句はない》。その盃の皿に、続松《ついまつ》[九]の炭して、歌の末を書

五　三番目の勅撰和歌集。寛弘二、三年（一〇〇五、六）ごろ成立。『排芦小船』第五九項の「歴代変化」に、「『拾遺』は花山院の御自撰なれども、歌よければ、これも同じことなり（『古今集』『後撰集』同様に歌の手本とすべきである、の意）」とある。

六　巻一八、一一八四番歌。上の句は、「人ごころ憂《う》し見つ」（あなたのお気持のつれないことが分った）と、時刻の「丑三《うしみつ》」との掛詞。下の句は「（あなたのことを夢に見るかと思って）寝ぞ過ぐ」と、「子《ね》（の刻）ぞ過ぐ」との掛詞。

七　第六九段。

八　徒歩の人が渡っても濡れない浅い江のように、あなたとは浅い縁でしたので。「江《え》」と「縁《え》」の掛詞。

九　たいまつの灯心の燃えかすで。

一 京へ帰っても、あなたに逢いにまた逢坂の関を越えてやってきます。「逢坂の関」と「逢ふ」の掛詞。

二 五番目の勅撰和歌集。天治二年（一一二五）奏覧の二度本が流布する。『紫文要領』二三三頁注一〇参照。巻一〇に勅撰集で初めて「連歌」の部が設けられ、十九組三十八句の連歌を収める。

三 巻一八の一一七九から一一八四番歌までの六首が連歌で、そのうち一一八一・一一八二番の二首が、先に下の句を詠みかけて、上の句をそれに継いでいる。一一八二番歌を掲げる。

　春、良岑《よしみね》の義方が女《むすめ》のもとにつかはすとて　藤原忠君朝臣

　思ひ立ちぬる今日にもあるかな

　かからでもありにしものを春霞　女

〔一一〕

四「物のあはれを知る」は、宣長の歌論・物語論の中核をなす概念。以下に詳論される。また『紫文要領』六二頁注一参照。

五『古今集』の通行のテキストには「ひとの心（人の心）」とあり、宣長も後年の『古今集遠鏡』ではそれに従っている。『古今余材抄』に、「顕昭《けんぜう》（四七四頁注五参照）の『古今抄』には、『ひとつ心を種として』とあり。『ひとつ心』『よろづの言の葉』、仮名《かんな》に書けるものながら（一と万と）対する心、さもあるべきにや」とあり、ここはそれに従ったものであろう。

〔一二〕

物のあわれを知るということ

きつぐ。

　また[一]あふ坂の関は越えなむ

といへる《と詠みついだのは》、これらはまさしく後の連歌のさまなり。連歌といふ名目《みやうもく》は、『金葉集《きんえふしふ》』[二]にはじめて出でたり。〔一一〕下の句をまづよみかけて、上の句をもてそれにつぐことも、『拾遺集』[三]に見えたり。

また問ひて云はく、歌の始まりはくはしくうけたまはりぬ《うかがいました》。そも《そもそも》この歌てふ物は《この歌というものは》、いかなることによりて出で来るものぞ《生れてくるものなのでしょう》。

答へて云はく、歌は[四]物のあはれを知るより出で来るものなり。

問ひて云はく、「物のあはれを知る」とは、いかなることぞ。

答へて云はく、『古今』の序に「やまと歌は、[五]ひとつ心を種として《一つの心を種子として》、万《よろづ》の言の葉とぞなれりける《沢山の言葉として繋ったものである》」とある、この「心」[六]といふが《いうのが》すなはち物のあはれを知る心なり。次に「世の中にある人、事わざしげ《さまざまな体験》

き《をするものなので》ものなれば、心に思ふことを、見る物・聞く物につけていひ出だせるなり」とある、この「心に思ふこと」といふも、またすなはち物のあはれを知る心なり。上の「ひとつ心を」といへるは、大綱《たいかう》をいひ、七ここはそのいはれを《具体的な意味を》のべたるなり。同真名序《まなじよ》に八「思慮《しりよ》易《やすく》レ遷《うつり》、哀楽相変《あいらくあひかはル》」といへるもまた、物のあはれを知るなり。

これらを「物のあはれ知るなり」といふいはれ《理由》は、九すべて世の中に生きとし生ける物は《生きている限りのものには》みな情《こころ》あり。情あれば、物にふれて必ず思ふことあり。このゆゑに生きとし生ける物みな歌あるなり。その中にも人はことに万《よろづ》の物よりすぐれて、心も明らかなれば、思ふこともしげく深し。そのうへ人は禽獣《きんじう》よりも事わざのしげき物にて《体験することが複雑で》、事に《物事と》ふるること多ければ《かかわることも多いので》、いよいよ思ふこと多きなり。されば《だから》人は歌な《歌なし》くてかなはぬ《ではいられない》理《ことわ》りなり《道理である》。その思ふことのしげく深きは何ゆゑぞといへば、物のあはれを知るゆゑなり。事わざしげき物なれば、その事にふるるごとに《かかわるごとに》、一〇情《こころ》は動きて静かならず。動くとは、ある時はうれ

六 この「心」は「物のあはれを知る心」のことであるというのは、仮名序の注の伝統の中にそういう解釈があるわけではなく、宣長の意見である。

七 すでに契沖が『余材抄』で、「世の中にある人…」に注して、「これは上にいへる事を委《くは》しくことわる（説明する）なり」といっている。

八 原典を、この引用のやや上から読み下すと、「人の世に在る、無為なること能《あた》はず。思慮遷《うつ》り易く、哀楽相変る」。『八代集抄』に注して、「人間、世に生れてしわざなしといふ事なし。春夏秋冬の詠《なが》め、慶賀・哀傷・旅懐・恋慕につけて、喜怒憂思愛悪欲の七情うつりやすく、あしたゆふべにも哀楽たがひに起る。このもろもろのしわざ、みな歌の種となるなり。仮名序に『世の中にある人、事わざしげきものなれば、見る物・聞く物につけていひ出だせるなり』といへる、この心なり」という。

九 仮名序の一節を踏まえる。二五三頁一～二行目参照。『八代集抄』に注して、「花になく鶯、水に住む蛙の声までも歌謡を発する理《ことわ》りなれば、生きとし生ける物、いづれか歌をよまざりける、といふ心なり。…かやうに鶯・蛙も歌をよめば、和国の人として、歌をよまではあるまじきといふ心をこめて、『生きとし生ける物、いづれか歌をよまざりける』といふ」とある。

一〇『詩経』大序に、「情、中に動いて言に形《あらは》る。之を言ひて足らず、故に之を嗟歎《さたん》す。之を嗟歎して足らず、故に之を永歌《えいか》す」。

一　いとしいと思い。

事の心をわきまえ知る

二「物のあはれを知る」とは、「事の心をわきまへ知る」ことであるということ、二九九頁三行目以下に再論される。また『紫文要領』一二五頁二行目以下でも詳論される。

＊本書の「石上私淑言《いそのかみのささめごと》」という書名の由来については、文化十三年版本の岸本由豆流《ゆずる》（村田春海《はるみ》門下の国学者）の序文に、「ここに伊勢の国なる本居の老翁、いそのかみ古《ふ》りにし世の心に立ち返りて、中今《なかいま》の世の歌人にささめ言のやうに説きさとされたる書なむありける」とある。「いそのかみ」は「古《ふ》る」にかかる枕詞で、前掲大久保正氏の解題（二五五頁頭注＊印参照）に、「古代を貴んだ宣長の愛した語」という。「ささめ言」は「ささ

しくある時は悲しく、または腹立たしく、または喜ばしく、あるいは楽しく面白く、あるいは恐ろしくうれはしく《心配で》、あるいは愛《うつく》しく一、あるいは悪《にく》ましく《憎らしいと思い》、あるいは恋しく、あるいはいとはしく《いやだと思い》、さまざまに思ふことのある、これすなはち物のあはれを知るゆゑに動くなり。

知るゆゑに動くとは、たとへば、うれしかるべき事にあひてうれしく思ふは、二そのうれしかるべき事の心《本質を》をわきまへ知るゆゑにうれしきなり。また悲しかるべき事にあひて悲しく思ふは、その悲しかるべき事の心をわきまへ知るゆゑに悲しきなり。されば事にふれて、（一三）そのうれしく悲しき事の心をわきまへ知るを、「物のあはれを知る」といふなり。その事の心を知らぬ時は、うれしきこともなく悲しきこともなければ、心に思ふこととなし。思ふことなくては、歌は出《い》で来《こ》ぬなり。

しかるを生きとし生ける物はみな、ほどほどにつけて《それぞれの能力などに応じて》、事の心を

やき言、ひそひそ話」の意で、普通は「私語」の字が宛てられる。宣長が「私淑言」の字を宛てたのは、「古代に私淑する気持を、分ってくれる者にひそかに語ろう」という意味を寓したものであろう。

三 浅いと深いとの違いがあって。

四 物のあわれを知らない人の例は、『紫文要領』一二〇頁五行目以下参照。

五 「物に感ずる」は漢籍に由来するいい方。『礼記』楽記に、「人心の動くは、物、之をして然らしむるなり。物に感じて動く、故に声に形《あらは》る」、「人生れて静かなるは、天の性なり。物に感じて動くは、性の欲なり」、また朱子の『詩集伝』（『詩経』の注釈書）序に、「詩は、人心の物に感じて言に形《あらは》るるの余なり」等々と見える。これらの文章は、和歌に関する宣長の若年時の雑記帳『和歌の浦』四や、『排芦小船』第一項に書きとめられている。

物に感ずる

六 「感ずる」がよいことに対する感動だけでなく、悲哀や憎悪などを含め、心の動くこと万般を意味する語であることは、『紫文要領』でも述べられる。六四頁三行目以下参照。

七 『康熙字典』に、「動也」とある。

わきまへ知るゆゑに、うれしきこともあり、悲しきこともあるゆゑに、歌あるなり。その中にも、事の心をわきまへ知るに、浅深《せんしん》[三]の違《たが》ひありて、禽獣《きんじう》は浅ければ、人にくらぶる時は《人間とくらべると》、物のわきまへなきがごとし。人は物にすぐれて、事の心をよくわきまへて、物のあはれを知るなり。その人の中にも浅深ありて、深く物のあはれを知る人にくらぶる時は、むげに《まったく》物のあはれ知らぬやうに思はるる人もありて、大きに異なるゆゑに《大いに違っているので》、常には《普通には》[四]物のあはれ知らぬといふ人も多きなり。これはまことに知らぬにはあらず。深きと浅きとのけぢめ《差》なり。さて《そうして》歌はその物のあはれを知ることの深き中より出で来るなり。

「物のあはれを知る」といふことは、大略かくのごとし。なほくはしくいはば、[五（一四）]「物に感ずる」がすなはち物のあはれを知るなり。「感ずる」とは、俗《ぞく》[六]にはよきことにのみいへども、さにあらず《そうではない》。「感」の字は字書にも「動也《うごくナリ》」[七]と注し、「感傷《かんしやう》」「感慨《かんがい》」などともいひて、す《悲し》

べて何ごとにても《いことであれ辛いことであれ》、事にふれて心の動くことなり。しかるに、此方《ここ》にては《わが国では》、その中にてよき《喜ばしい》方《かた》につきて《面のことについて》心にかなふことをのみ《満足のゆく場合だけを》、「感ずる」といふ。「売豆留《めづる》」といふに「感」の字を書くはよけれども《書くのはよいけれども》、「感」[一]の字を「めづる」と訓ずるは《読むのは》悪《あ》しき《よくない》なり。[二]そのゆゑは、めづ[三]るも感ずることの一つなれば、「感」の字を書きてもよし。「感」の字はめづることばかりには限らねば、「めづる」と訓じては字義《〔感の字の〕意味の》を尽さず《全部を尽さない》。何ごとにも心の動きて、うれしとも悲しとも深く思ふは、みな「感ずる」なれば、これがすなはち「物のあはれを知る」なり。

物のあはれを知ることは、『紫文要領《しぶんえうりやう》』にもくはしくいへり。

「あはれ」という語の原義

さて「阿波礼《あはれ》」といふは《という言葉は》、深く心に感ずる辞《ことば》なり。これも後《のち》の世《よ》には、ただ悲しきことをのみいひて、「哀」の字を書けども、「哀」はただ「阿波礼《あはれ》」の中の一つにて、「阿波礼」は「哀」の心には《意味には》限らぬなり。『萬葉』には、「𪫧怜」[四]などと書きて「阿波礼」と読ませたり。これもただ一方《ひとかた》[五]につきて書けるものにて、「阿波礼」の義理《語意》

一 「景行紀」二十七年十二月の条に「感《メデテ》」、「允恭紀」二十三年三月庚子条に「感《メデテ》」（ともに『書紀』寛文九年版本の訓）などの例がある。

二 漢字とその和訓とは正確に対応しないものであるという認識は、師の堀景山の影響による。景山の『不尽言』に、「和訓と云ふものは大概に（大ざっぱに）つけたるものにて、その字（漢字）の意味をことごとくはどうもつけおほせられぬことなり。…すべて文字の意味は心にて合点せねばならぬものゆゑに、意味まではどうも和訓につけおほせられぬ。文字はみな大概に和訓をつけておかねばならぬことなり。それでその字の和訓の通りにばかり律義に心得れば、意味の大きに違ふ類も多くあることなり」とある。なお三一六頁注一参照。

三 「めづ」は、「心をひかれる」の意。

四 二八八頁三行目参照。「𪫧」は国字（日本で作られた漢字）。『萬葉集』『日本書紀』に「𪫧怜」「怜𪫧」と熟した形でのみ現われ、この字自体の意味というものは存在しない。宣長が次に「これもただ一方につきて書けるものにて」というのは、もっぱら「怜」字についてのことで、『康熙字典』にこの字を釈して、「音連《れん》。憐と同じ」とあるのによったものであろう。

五 アハレの意味の一面だけについてこの漢字を用いたものであって。

は尽さざるなり。「阿波礼」はもと歎息の辞《ことば》にて、何ごとにても心に深く思ふことをいひて、上《かみ》にても下《しも》にても《〔身分の〕上下を問わず》歎ずる詞《ことば》なり。「阿那《あな》」といひ「阿夜《あや》」といふと同じたぐひなり。「仁賢《にんけん》天皇紀」に「[六]吾夫何怜矣、此《こレヲ》云《いフ》二阿我図摩播耶《あがつまはやト》一」とあり、「皇極《くわうぎよく》天皇紀」に「[七]咄嗟」を「阿夜《あや》」と読めるなどにて知る《読んである例などによって知られる》べし。また漢文に「嗚乎」「于嗟」「猗」などの字を「阿々《ああ》」と読むこと多し。この「阿々」も同じ歎《たん》詞《し》なり。『[八]古語拾遺《こごしふゐ》』に云はく、

当《あたリテ》二此《こノ》之時《ときニ》一、上天初《じやうてんはじメテ》晴《はレ》、衆《もろもろ》倶《ともニ》相見《あひみテ》、面《おもて》皆明白《みなめいはくナリ》。伸《のべテ》レ手《てヲ》歌《うたヒ》舞《まヒ》、相與《あひともニ》称《となヘテ》曰《いはク》、

阿波礼《あはれ》　阿那於茂志呂《あなおもしろ》　阿那多能志《あなたのし》　阿那佐夜憩《あなさやけ》云々

この文、[九]疑ひ《疑問の点があるが》ありといへども、古語と見えたり。これは天照大神《あまてらすおほみかみ》、天《あめ》の岩屋《いはや》より出《い》で給ふところの文なり。しかるに、「[一〇]阿波礼《あはれハ》、言《いフ》二天《あめ》晴《はれト》一也」などとある注は後人の臆説《おくせつ》にして、信ずるに足らず。[一一]学者この文に迷うて「阿波礼《あはれ》」は「天晴《あめはれ》」の意《こころ》と思ふゆゑに、今ここに

六 「仁賢紀」六年是秋条。
七 四年六月戊申条。『書紀』寛文九年版本に、「咄嗟」の右傍に「ヤア」、左傍に「アヤ」の両様の訓がある。
八 二五九頁注六参照。以下の引用文の訓は底本の訓点に従い、『安波礼弁《あわれべん》』所引のこのくだりの訓点を参照した。京都遊学を終えて宝暦七年（一七五七）に松阪に帰った宣長は、翌八年五月に『安波礼弁』を著わす。これは「あはれ」という語の用例を記・紀などから採集し、語義を考えた書で、『古語拾遺』のこのくだりも引用されている。
九 宣長がどういう点に「疑ひ」を感じたのか、未詳。
一〇 『古語拾遺』で、右の「阿波礼」の下に小字で記入されている注。『安波礼弁』執筆当時の宣長はまだ「あはれ」の語源が「天晴《あめはれ》」であることを信じていて、次のようにいっている。「ここの『あはれ』と云ふ心は、ただ天晴《あめは》れたりと悦《よろこ》び思ひて云へる詞なれば、その時の群神の心になりて見るべし。初めて天の明らかに晴れて、夜の明けたらんやうの時に、これを望みて、天は晴れたりけりなと、うれしく、喜びのあまりに、感慨詞《ことば》に発したるものなり」。
一一 江戸時代には広く行われた語源説で、たとえば貝原益軒の『日本釈名』中でも、『旧事紀』『古語拾遺』の天の岩戸伝説によって「『あはれ』とは『天晴《あめはれ》』なり」という。

弁ずるなり。ここに「阿波礼阿那《あはれあな》」と重ねていへるもみな歎辞《たんじ》なり。

感動詞の「あはれ」の用例

日本武《やまとだけ》の尊《みこと》の御歌《みうた》に、

[一]尾張《をはり》に　直《ただ》に向《む》かへる　一つ松あはれ　一つ松
　人にありせば　衣著《きぬき》せましを　大刀佩《たちは》けましを

[二]やつめさす　出雲建《いづもたける》が　佩ける大刀
　黒葛《つづら》さはまき　真身《さみ》なしにあはれ

この外《ほか》、[三]「思ひ妻《づま》あはれ」[四]「影姫《かげひめ》あはれ」などといふ歌あり。聖徳太《しやうとく》子の御歌にも、[五]「飯《いひ》に飢《ゑ》て　臥《こ》やせる　その旅人《たびと》あはれ」とよみ給へり。これらはあはれぶことのやうに聞えて《あわれがるという意味のように聞こえて》、それをあはれに思ふといふ意《こころ》に見ゆれども、それは後の世の意なり、上古《じやうこ》の意は然ら《そうで》ず《はない》。これらもみな歎辞にして、「影姫はや」「旅人はや」といふに同じ。日本武の尊の[六]「吾妻者耶《あづまはや》」とのたまひ、「允恭天皇紀《いんぎよう》」に[七]畝火《うねび》山・耳成《みみなし》山を、[八]「宇泥咩巴椰《うねめはや》　弥々巴椰《みみはや》」と新羅人《しらぎびと》のいへるなど、思ひ合せて知るべし。

一　「景行紀」四十年是歳条に見える。日本武の尊が東国へ向う際、尾張の尾津の浜の松の下に剣を置き忘れ、帰途そこを通ると、剣がもとのままあったのを見て詠んだ歌。

二　『古事記』中、景行天皇の条に見える。日本武の尊が出雲建を、いつわって木刀を持たせて殺した際に詠んだ歌。「やつめさす」は『鼇頭古事記』に「八矛萌」の字を宛て、「藻《も》」（「出雲《いづも》」の「も」に通う）の縁言と注するが、『古事記伝』二七に「『八つ雲刺す』にて、『八雲立つ』と同じ」という。「さはまき」は『鼇頭古事記』に「鞘巻」の字を宛て、刀の鞘《さや》を黒葛《つづら》で巻いたこととる。『古事記伝』二七では、『厚顔抄』に従って「多纏」の字を宛て、刀の鞘を多くの黒葛で巻いたことという。

三　『古事記』下、允恭天皇の条、軽の太子《かるひつぎのみこ》が同母妹衣通《そとおり》の王《おおきみ》に恋して詠んだ長歌の中に、二度見える句。

四　「武烈紀」即位前紀、物部《もののべ》の麁鹿火《あらかい》の娘影姫（『書紀』の表記は「影媛」）が、恋人平群《へぐり》の鮪《しび》が殺されたのを悲しんで詠んだ長歌の一節。

五　「推古紀」二十一年十二月朔条、太子が片岡山に遊行《ゆぎよう》して、飢えた旅人を見て詠んだ長歌の一節。

六　「景行紀」四十年是歳条。日本武の尊が、荒海を鎮めるため犠牲になって入水《じゆすい》した妻の弟橘媛《おとたちばなひめ》をしのんでいった言葉。『書紀』の表記と寛文九年版本の訓は、「吾嬬者耶《あがつまはや》」。ここで「あづまはや」と読んだのは『古事記』中の同じ話に「阿豆麻婆夜《あづまはや》」とあるのに従ったもの。
七 天香具《あめのかぐ》山《やま》を加えて大和三山と呼ばれる奈良盆地の小山。
八 「允恭紀」四十二年十一月の条に見える。允恭天皇が崩じ、新羅から弔問の使者が来朝する。葬儀が終って帰国する際、畝火山・耳成山をかえりみてこのようにいった。
九 巻四、七六一番歌。流れの早い川瀬にいる鳥がよりどころがないように、頼りどころがなくて心細く思っていたあの人よ。ああいとしい。「わが子」は『萬葉代匠記』（精撰本）に恋人を指すと解する。
一〇 巻七、一四一七番歌。『萬葉代匠記』（精撰本）に、「『鹿子ぞ鳴くなる』は、水手（船頭）を『かこ』と云ふによりて、舟歌うたふを鹿の鳴くに寄せて云へり」とある。

さて「阿波礼牟《あはれむ》」といふ詞《ことば》は、あはれと思ふ心なり。悲しと思ふを「悲しむ」といふ格なり《というのと同じである》。されば《だから》これもすべて深く心に感ずる事をさして、何をあはれむ《あれをあわれに思う》、彼《か》をあはれむ《これをあわれに思う》といふなり。愛することには限らず。

しかるをすべて詞の用い方も、世々にうつりて、本《もと》の心とはたが《次第に》ひゆくこと《ずれてゆくことが》多きものにて、「阿波礼《あはれ》」といふ歎息の詞も、後にはさまざまに用いて、すこしづつは心も変れるなり。『萬葉集』に大伴《おほとも》の坂上《さかのうへ》の郎女《いらつめ》、

[九]早川《はやかは》の　瀬《せ》にをる鳥の　縁《よし》をなみ
思ひてありし　わが子はもあはれ

この「あはれ」も、『古事記』『日本紀』の歌どもによめると同じ《詠んであるのと同じ》いひやう《い方である》なり。また作者未詳《みしやう》、

[一〇]なごの海を　朝漕《あさこ》ぎ来れば　海中《わたなか》に
鹿子《かこ》ぞ鳴くなる　あはれその水手《かこ》

一かき霧《き》らし　雨の降る夜《よ》を　郭公《ほととぎす》
鳴きてゆくなり　あはれその鳥

二これは同じ意《こころ》にて、いひ方すこし異なり。三右いづれも文字は「何《あは》怜《れ》」と書けり。この二字を「仁賢《にんけん》天皇紀」四に「播耶《はや》」と訓《よ》めれば、「あはれ」〔ハヤと同じく〕も歎ずる辞《ことば》なること知るべし。

また『萬葉』第十八、霍公鳥《ほととぎす》の鳴くを聞きてよめる長歌に、家持《やかもち》卿《きやう》、

五うち歎《なげ》き　あはれの鳥と　いはぬ時なし

六これはすこし後のよみ方に似たり《後世の詠み方に似ている》。前に引く歌どものいひ方と変れり。そのゆゑは、まづ上《かみ》つ代《よ》の歌によめるやうは《詠んであるさまは》、「一つ松あはれ」「旅人《たびと》あはれ」「あはれその鳥」などやうに、その物々にふれて心の感《うご》く時に、「某《それ》あはれ」と歎《たん》ずる詞《ことば》なり。「あはれその鳥」とよめるも、「ああ、その鳥」といはむがごとく《いうようなもので》、これも同じく歎ずる《詠嘆する》詞《ことば》なり。しかるに今の「あはれの鳥」とよめるいひ方は、すこし変じて、

一 巻九、一七五六番歌。
二 この二首の歌の中の「あはれ」は、これまでにあげた例と同じく感動詞であるが、これまでの例が「一つ松あはれ」「思ひ妻あはれ」などと名詞の下に「あはれ」があるのに、この二首の歌では名詞の上に「あはれ」がある。
三 右の二首の歌の中の「あはれ」は、『萬葉集』の原文では「何怜」という文字で表記されている、の意。
四 二八五頁三〜四行目参照。
五 四〇八九番歌。長歌の末尾。
六 「あはれ」を名詞として用いていることをいう。二九六頁七行目以下参照。

あはれと歎ずべき物をさして、「あはれの鳥」といへり《といっている》。

その後にいたりては、『古今集』七に、

荒れにけりあはれ幾世《いくよ》の宿《やど》なれや 八
住みけむ人の訪《おとづ》れもせぬ

九 あはれむかしべ　ありきてふ　人丸《ひとまろ》こそは　うれしけれ

『拾遺集《しふゐしふ》』に藤原《ふぢはら》の長能《ながよし》、

一〇 東路《あづまぢ》の野路《のぢ》の雪間《ゆきま》を分《わ》けて来て
あはれみやこの花を見るかな

これらの「あはれ」は、まつたく歎息の詞《ことば》にて、後の世までこの一《いつ》格《かく》あり。俗に「天晴《あつぱれ》」といふ詞は、この「あはれ」をつめて《促音化して》いふなり。また『古今集』に、

一一 とりとむるものにしあらねば年月《としつき》を
あはれあな憂《う》と過ぐしつるかな

また長歌に、

七 最初の勅撰集。延喜五年（九〇五）に撰進の勅命が下る（『紫文要領』一三四頁注二参照）。『排芦小船』第五九項に、「延喜に至りてこの道（歌道）大きに行はれ、はじめて撰集せられたる『古今集』なるゆゑに、和歌の道におきて第一に古《いにし》への風体《ふうてい》を見、よき歌のさまを学ぶに、この『古今集』を以て規矩《きく》（手本）とすること、末代まで変ることなし」といっている。

八 巻一八、九八四番歌。宣長が『古今集』の歌を口語訳した『古今集遠鏡』に、この歌は「この家は、あゝはれ、きつう荒れたわい。このやうにして何年にまあなる家なれば、昔住んだ人の音づれもせぬことぞ。さだめて住んだ人はあつたであらうに」と訳されている。

九 巻一九、一〇〇三番の長歌の一節。ああ、その昔いたという柿本人麻呂こそはありがたい。

一〇 巻一六、一〇四九番歌。

一一 巻一七、八九七番歌。『古今集遠鏡』に、「月日のたつてゆくのは、とりとめらるるものでなければ、どうもせう事がなさに、『あゝはれ、早《はや》うたつたことかな。ああ憂《う》いことや』と云うて、たててゆくぢや」と訳す。

[一]墨染《すみぞめ》の　夕《ゆふべ》になれば　ひとりゐて　あはれあはれと
　歎きあまり云々

これらも歎息することなり。また『[二]蜻蛉《かげろふ》日記』の詞《ことば》に「[三]関《せき》の道《みち》あはれあはれと覚えて、行くさきを見やりたれば云々」とあるも、同じく心の内に歎《たん》ずるなり。

また『古今』に、

[四]あはれてふことをあまたにやらじとや
　春に後《おく》れてひとり咲くらむ

[五]あはれてふことだになくは何をかは
　恋の乱れの束《つか》ね緒《を》にせむ

[六]あはれてふことこそうたて世の中を
　思ひ離れぬほだしなりけり

[七]あはれてふことの葉ごとに置く露は
　昔を恋ふる涙なりけり

一 巻一九、一〇〇一番歌の一節。

二 平安朝の女流日記文学の最初の作品。作者は道綱の母。『宝暦二年以後購求謄写書籍』によれば、宣長は宝暦四年（一七五四）九月、この書を銀十七匁五分で購入している。

三 天禄元年（九七〇）六月二十余日の条。

「あはれといふ言《こと》」の用例

四 巻三、一三六番歌。『古今集遠鏡』に、「今月になつて桜花のあるは珍しいことぢや。これは何でも、見る人が『あゝはれ見事な、あゝはれ見事な』と云ふ詞《ことば》を、方々の桜へ分けてやるまい、己《われ》ひとりがさう云はれうと思うて、わざと春より後に遅うひとり咲いたであらうか」と訳す。

五 巻一一、五〇二番歌。『古今集遠鏡』に、「思ひが胸に一杯《いつぱい》になる時には、声をあげて、『あゝゝはれ、あゝゝはれ』といへばこそ、すこしは胸もゆるまれ。その『あゝゝはれ、あゝゝはれ』と云ふことさへなくば、恋する者は何で心をさめうぞ。てうど萱《かや》などを刈りて乱れた時に、一ところへとり集めて、緒で結《ゆ》ひ束《つか》ねるやうに、恋で心が乱れた時には『あゝゝはれ、あゝゝはれ』と云ふのが、束ね緒ぢや」。

六 巻十八、九三九番歌。『古今集遠鏡』に、「人の『あゝはれ、おいとしや』と云うてくれる詞《ことば》が、さ、うたてや、世の中をえ思ひはなれぬほだしぢやわい。たまたまにもさう云うてくれる人があると、またどうやら（世の中を）棄《す》てるも残り多うなつてさ」。

[八]『後撰集《ごせんしふ》』に、

[九]散ることの憂《う》きも忘れてあはれてふ
ことを桜に宿《やど》しつるかな

[一〇]あはれてふことに慰さむ世の中を
などか悲しといひて過ぐらむ

[一一]聞く人もあはれてふなる別れには
いとど涙ぞ尽きせざりける

これらの歌に「あはれてふこと」とあるは、「あはれといふ言《こと》」なり。「事《こと》」にあらず。「ことの葉ごとに」ともいへるにて知るべし。さてその「あはれといふ言」とは、心に深く感じてあはれあはれと歎《たん》ずる言《ことば》なり。かの「春に後れて」といへる歌のごとき、人の見て《人が見て》あはれあはれと感ずる詞を、他《ほか》へやらず、己《おの》れひとりいはれむとて《自分だけがそういってもらおうと》、「春に後《おく》れてひとり咲きたるか」とよめるなり。余《よ》は《残りは》これに準《なぞら》へて知るべし。

七 巻一八、九四〇番歌。『古今集遠鏡』に、「昔を恋しう思うて、『あゝはれ、あゝはれ』と云ふたびごとに涙がこぼれる。すればその『あゝはれ』と云ふ言の葉へ、草の葉へ置くやうに置く露は、涙ぢやわい」。

八 『古今集』に次いで編まれた二番目の勅撰和歌集。成立時期については諸説あるが、撰進の勅命は天暦五年（九五一）に下った。『排芦小船』第五九項に、「『後撰集』は『古今』には及ばざれども、なほ歌ざまよく、精撰の集なれば、同じく（歌の手本に）取り用ゆるなり」という。

九 巻三、一三三番歌。

一〇 巻一六、一一九三番歌。

一一 巻二〇、一三九六番歌。

「あはれといふ」の用例

『萬葉集』、作者未詳、

[一] 住吉《すみのえ》の岸に向かへる淡路島《あはぢしま》
あはれと君をいはぬ日はなし

『古今集』、

[二] 世の中にいづらわが身のありてなし
あはれとやいはむあな憂《う》とやいはん

『後撰集』、

[三] あはれとも憂しともいはじかげろふの
あるかなきかに消《け》ぬる身なれば

『拾遺《しふゐ》集《しふ》』、

[四] あはれとも君だにいはば恋ひわびて
死なむ命も惜しからなくに

[五] あはれともいふべき人は思ほえで
身のいたづらになりぬべきかな

一 巻一二、三一九七番歌。

二 巻一八、九四三番歌。『古今集遠鏡』に、「世の中に、どれどこにわが身があるぞ。人と云ふものは、明日死なうも知れぬが、明日にも死ねば、ぢきに埋《うづ》み焼きかしてしまへば、この身はあつてもない物ぢや。それを思うてみれば、あはれといはうか、あゝゝ憂いといはうか、さてもさても人の身ははかない物ぢや」。

三 巻一六、一一九二番歌。第五句、『二十一代集』の諸版本や『八代集抄』には「けぬるよなれば」とあり、「よ」の右傍に「身イ」と記されている。「イ」は「異本・一本」の意。

四 巻一一、六八六番歌。

五 巻一五、九五〇番歌。

六来ぬ人を下《した》に待ちつつ久かたの
　月をあはれといはぬ夜《よ》ぞなき

これらの「あはれといふ」とよめるも、心に感じてあはれあはれと歎《たん》ずるを、「あはれといふ」といへるなり《いっているのである》。たとへば人をあはれといふは、その人に感じて歎ずるなり。わが身をあはれといひ、月をあはれといふも、みなこの意《こころ》なり。

また『古今』、

七よそにのみあはれとぞ見し梅の花
　あかぬ色香《いろか》は折りてなりけり

八紫の一本《ひともと》ゆゑに武蔵野《むさしの》の
　草はみながらあはれとぞ見る

『拾遺集』、

九山里は雪降りしきて道もなし
　今日《けふ》来《こ》む人をあはれとは見む

六　巻一八、一一九五番歌。

「あはれと見る」の用例

七　巻一、三七番歌。『古今集遠鏡』に、「おれは阿呆な。今までは梅の花をただよそにばつかりさ、『あゝはれ、見事なことかな』と思うて見てゐたが、梅の花のどうもいへぬ色や香は、折りてから近う見てのことぢやわいの。またまたよそに（遠く離れて）見たやうなことではない」。

八　巻一七、八六七番歌。『紫文要領』二四頁注二参照。

九　巻四、二五一番歌。第二句、『二十一代集』の諸版本や『八代集抄』には「雪ふりつみて」とある。宣長の誤記か。

月影をわが身にかふるものならば
　思はぬ人もあはれとや見む
これらの「あはれと見る」も、心にあはれと歎《たん》じて見るなり。

「あはれと聞く」の用例

また

これら「あはれと聞く」といへるも同じ意《こころ》なり。

「あはれと思ふ」の用例

また『古今』に、
色よりも香《か》こそあはれと思ほゆれ
　誰《た》が袖《そで》ふれし宿の梅ぞも
我《われ》のみやあはれと思はむきりぎりす
　鳴く夕《ゆふ》かげのやまとなでしこ
たちかへりあはれとぞ思ふよそにても
　人に心をおきつ白波《しらなみ》

一 巻一三、七九三番歌。

二 底本でこの次に四行分の空白がある。「あはれと聞く」の用例がすぐには見つからなかったので、あとで埋めるつもりで空白にしておいたのであろう。『古今』『後撰』『拾遺』の三代集には「あはれと聞く」の用例はない。八代集では、『詞花集』一、四五番歌「来ぬ人を待兼山《まちかねやま》のよぶこ鳥同じ心にあはれとぞ聞く」の例がある。また『源氏物語』葵《あおい》の巻に、「人の世をあはれと聞くも露けきにおくるる袖を思ひこそやれ」。

三 巻一、三三番歌。『古今集遠鏡』に、「梅の花は色もよいが、色より香がさなほよいわい。あゝはれ、よい匂ひぢや。このやうによい匂ひのするは、たれが袖をふれたこの庭の梅の花ぞい、まあ」と訳す。

四 巻四、二四四番歌。『古今集遠鏡』に、「きりぎりすが鳴いて面白い夕かげに、見事に咲いてあるあの撫子《なでしこ》と云ふ児《こ》を、母親や乳母などもうちそろうてともどもに寵愛《ちようあい》するやうに、誰にもかれにも見せて賞翫《しやうくわん》させたいものぢやに、たつた一人の手でそだてる児のやうに、おればつかりがあゝよい児やと云うて、独《ひと》り見はやさうことかや、あつたらこの花を」。

五 巻一一、四七四番歌。『古今集遠鏡』に、「このやうによそに離れてゐても、心は常住《じやうぢゆう》かの人の所へばつかりいてゐれば（行っているので）、またしてもまたしても、あゝはれ、逢ひたいことやとさ思ふ」。

六あはれとも憂《う》しとも物を思ふ時
　などか涙の糸なかるらん
七ちはやぶる宇治《うぢ》の橋守《はしもり》なれをしぞ
　あはれとは思ふ年の経《へ》ぬれば
『拾遺集』、
八身をつめば露をあはれと思ふかな
　暁《あかつき》ごとにいかで置くらむ
これらに「あはれと思ふ」とよめるも、同じく心に感じて歎ずる義なり。（詠嘆するという意味である）
かくのごとく、「あはれといふ」「あはれと見る」「あはれと聞く」「あはれと思ふ」、みなその物に心動きて歎ずることなり。

「あはれなり」の用例

さてまた『拾遺集』に、
九思ひでもなき故郷《ふるさと》の山なれど
　隠《かく》れゆくはたあはれなりけり

六 巻一五、八〇五番歌。第五句の「糸」は底本のままの表記。「…涙の糸流《なが》るらん」という解釈か。『八代集抄』『古今余材抄』では「いとま無《な》かるらん」の「ま」を略したものととる。後年の『古今集遠鏡』には、「物をあはれと思ふ時も、憂いと思ふ時も、とかく涙がほろほろ、ほろほろ、ほろほろ、ほろほろとこぼれる。なぜにこのやうに涙がいそがしうこぼれることやら」と訳されている。
七 巻一七、九〇四番歌。『古今集遠鏡』に、「宇治の橋守よ、ほかの人よりはその方をさ、おれはふびんに思ふ。おれと同じやうに年へた老人ぢやと思へばさ」。
八 巻一二、七三〇番歌。
九 巻六、三五〇番歌。

[一]年ごとに咲きは変れど梅の花
あはれなる香《か》は失《う》せずぞありける

これらは、かの家持卿《やかもちきやう》の長歌に、あはれと歎《たん》ぜらるる物をさして「あはれの鳥」とよまれたるごとく、故郷《ふるさと》の山は心に感じてあはれと歎ぜらるるといふ意《こころ》、また「あはれなる香」とは、あはれと歎ぜらるる香といふ意なり。

さて右の歌どもによめる「あはれ」は、みな用《よう》[二]（活用する言葉である）の詞なり。それを体《たい》（名詞）の詞にいへるもあり。

名詞の「あはれ」の用例

『後撰集』、
[三]あたら夜《よ》の月と花とを同じくは
あはれ知れらん人に見せばや

『拾遺集』、
[四]春はただ花のひとへに咲くばかり
物のあはれは秋ぞまされる

一 巻一六、一〇一三番歌。

二 「用（の詞）」「体（の詞）」はそれぞれ現代の文法用語の「用言」「体言」にほぼ相当する。中世の連歌の用語で、物の本体を表わす語を「体」、物の作用を表わす語を「用」といった。たとえば「花」「弓」は体であり、「咲く」「引く」は用である。これが契沖あたりから品詞を分類する術語として用いられるようになった。契沖の『和字正濫鈔《わじしようらんしよう》』一に、「もろこしには、『見花』『見月』など、まづ用をいひて、後に体をいふを、ここ（日本）には、『花を見る』『月を見る』とやうに、まづ体よりいひ」などと見える。

三 巻三、一〇三番歌。第四句、『二十一代集』の諸版本や『八代集抄』には「こころしれらん」とあり、「こころ」の右傍に「イあはれ」と記されている。

四 巻九、五一一番歌。

*『石上稿《いそのかみこう》』（『紫文要領』二一九頁頭注*印参照）のうち、本書『石上私淑言』執筆と同時期の宝暦十二・十三年の宣長自身の詠歌から、「あはれ」の語を含むものをあげておく。宝暦十二年に五首、十三年に三首見出され、本書でこれまで古歌の用例をあげてきたいい方以外に、「あはれは深き」「あはれも添ひて」などのいい方がある。「浅原義方追善、雨中無常　ながめして忍ぶべしともその人をきのふはみつのあはれ世の中」（十二年三月）、「擣衣《たうい》　賤《しづ》の女《め》が思ひも入れずうつ音もあはれは深き夜はのさ衣」（同年六月）、「暁　そこはかと物は思はぬ寝覚めにもあはれを尽す暁の鐘」（同）、「秋夕　ながめては物のあはれも知らぬ身に心あらする秋の夕暮」（同年七月）、「山居月　月のみやあはれと人はながむらん同じ山にはすむ身なれども」（同年十一月）、「被厭恋　身に知れば雲も霞もなき空のいとどあはれとながめられぬる」（十三年三月）、「関月　よそに似ぬあはれも添ひて不破の関あれしや月の光なるらん」（同）、「枕辺時雨　あはれとも聞かで寝《ぬ》る夜の手枕に心あれとやなほ時雨《しぐ》るらん」（同年九月）。

五　第六五段。

六　日頃はあきたりない気持でいるのだが。安和三年三月十二日の条。

深く感じた気持を「あはれ」と表現する

かやうに《このように》体にもいふなり。

　さてかくのごとく「阿波礼《あはれ》」といふ言葉は、さまざまいひ方は変りたれども、その意《こころ》はみな同じことにて、見る物、聞くこと、なすわざ《すること》にふれて、情《こころ》の深く感ずることをいふなり。俗にはただ悲哀《ひあい》をのみあはれと心得たれども、さにあらず《そうではない》。すべてうれしともをかしとも楽しとも悲しとも恋しとも、情に感ずることはみな「阿波礼」なり。されば面白きこと、をかしきことなどをも、あはれといへること多し、物語文《ものがたりぶみ》などにも「あはれにをかしう」「あはれにうれしう」など続けていへり。『伊勢物語』に、「[五]この男、人の国《田舎》より夜ごとに来つつ、笛をいと面白く《たいへん見事に》吹きて、声はをかしう《趣き深く》てぞ、あはれにうたひける」とある、笛を面白く吹きてうたふ声のをかしきが《趣き深いのが》、あはれなるなり。『蜻蛉日記』に、「[六]常はゆかぬ心地《ここち》も、あはれにうれしう覚ゆること限りなし」、これまた心ゆきて《満足して》うれしきことに「あはれ」といへり。

「をかし」も「あはれ」の中に含まれる

ただし『源氏』など、その外《ほか》も物語文には、「をかしき」一と「あはれなる」とを、反対にしていへる《対立語として扱う》ことも多し。これは総じていふ《まとめていうのと》と、別《べつ》していふとの《区別していうのとの》変りなり。総じて二いへば、「をかしき」も「あはれ」の中にこもれること《含まれることは》、右にいへるがごとし。別していへば、人の情《こころ》のさまざまに感《うご》く中に、をかしきこと・うれしきことなどには感《うご》くこと浅し。（一五）悲しきこと・恋しきことなどには感くこと深し。ゆゑにその深く感ずる方《かた》を、とり分《わ》きて「あはれ」といふことあるなり。俗に悲哀をのみ「あはれ」といふもこの心ばへ《趣旨》なり。たとへばすべて木草《きくさ》の花は多かる中に《たくさんある中で》、桜をとり分きて「花」といひて、梅《梅と》にも対《たい》するがごとし《対比するようなものだ》。『源氏』若菜の巻に三「梅の花を、花の盛りに並べて見ばや」といへる《見たいものだといっているのは》、これなり。また十二《じふに》律《りつ》四といへば、呂《りよ》もその中にこもれども、分けていへば、六律・六呂と反対するに同じ《六律・六呂と対比するのと同じことである》。されば「阿波礼《あはれ》」といふことを、情《こころ》五の中の一つにしていふは、とり分きていふ末のことなり。その本《もと》をいへば、すべて人の情《こころ》の事にふ

一 たとえば『源氏物語』夕霧の巻の、夕霧が落葉の宮（『紫文要領』一四六頁注二）に思いのたけを訴えるくだりに、「あはれにもをかしうも聞え尽し給へど」とある。夕霧が手を変え品を変え、いろいろに口説くさまをいっており、「落葉の宮がしみじみと胸うたれるようにも（あはれにも）、気持をそそられるようにも（をかしうも）」の意である。また物語ではないが、「をかし」と「あはれ」を対比した有名な文章に、『枕草子』の第一段がある。「夏は夜。月のころはさらなり。闇もなほ螢飛びちがひたる。雨などの降るさへをかし。秋は夕暮。夕日はなやかにさして、山際いと近くなりたるに、烏の寝所へ行くとて、三つ四つ二つなど飛びゆくさへあはれなり」（『枕草子春曙抄』による）。

二 以下のこと、『紫文要領』一〇一頁八行目以下にも述べられる。

三 若菜の上の巻。源氏の言葉。新婚の女三の宮が文（手紙）を結んでよこした梅の枝を紫の上に見せて、いう。

四 雅楽で用いられる十二の音。そのうち陰に属する六音を「呂」といい、陽に属する六音を「律」という。

五 感情の中の悲哀という一部分を指すものとするのは、感情を細かく区別する副次的な用法である、の意。

＊ 宣長には本書『石上私淑言』に先行して『排芦小船《あしわけおぶね》』という歌論書がある。執筆時期は、京都遊学

中とも、宝暦七年（一七五七）十月に松阪へもどった直後ともいい、不明である。この書は項目の配列に脈絡がなく、雑然としていて、未定稿といってよい。すなわち本書は、『排芦小船』を改稿して、記述を整理した書と見ることができ、歌の定義・起源・本質から始まって、項目の配列が体系的になっている。未定稿とはいっても、宣長の歌論の重要な主張はほとんど『排芦小船』に出そろっており、歌は実情を美しく飾って詠《よ》むべきこと、古歌を学んで古人に同化すべきこと、人情の本質は女々《めめ》しいものであること、漢詩はその人情の本質を偽り隠していること、などがすでに論じられている（三〇八頁注一・四三〇頁注一参照）。ただ、『排芦小船』においては「物のあわれを知る」の説がまだ萌芽《ほうが》の段階であった（『紫文要領』五〇頁頭注＊印参照）。本書は、「物のあわれを知る」の説を全面的に展開した『紫文要領』の後をうける著述であるだけに、『排芦小船』と同趣のことを述べていても、論の運びがはるかに精密で行き届いたものとなっている。

六 『紫文要領』でも、「世の中にあらゆる事に、みなそれぞれに物の哀れある」ことを論ずる（一二七頁九行目以下参照）。

再び、事の心をわきまえ知る

れて感《うご》くはみな「阿波礼」なり。ゆゑに人の情の深く感ずべきことを、すべて「物のあはれ」とはいふなり。

　さてその物のあはれを知るといひ、知らぬといふけぢめ《差は》は、たとへばめでたき《美しい》花を見、さやかなる月に向《むか》ひて、あはれと情《こころ》の感《うご》く、すなはちこれ、物のあはれを知るなり。これその月花のあはれなる趣《おもむ》きを心にわきまへ知るゆゑに感ずるなり。そのあはれなる趣きをわきまへ知らぬ情《こころ》は、いかにめでたき花見ても、さやかなる月に向ひても、感《うご》くことなし。これすなはち物のあはれを知らぬなり。

　月花のみにあらず、すべて世の中[六]にありとある事に《ありとあらゆる物事に》ふれて、その趣き・心ばへ《本質》をわきまへ知りて、うれしかるべきことはうれしく、をかしかるべきことはをかしく、悲しかるべきことは悲しく、恋しかるべきことは恋しく、それぞれに情《こころ》の感《うご》くが、物のあはれを知るなり。それを何とも思はず、情《こころ》の感《うご》かぬが、物のあはれを知らぬなり。されば物のあはれ知るを心ある人といひ、知らぬを心なき人と

いふなり。西行法師の、

[一]心なき身にもあはれは知られけり
鴫《しぎ》たつ沢《さは》の秋の夕暮《ゆふぐれ》

この上《かみ》の句にて知るべし。『伊勢物語《いせ》』に云はく、「[二]むかし、男ありけり。女をとかくいふこと（色々と口説くことが）、月日へにけり（長い間つづいた）。岩木にしあらねば（「女も」岩木のように無情ではないので）、心ぐるしとや思ひけむ（気の毒だと思ったのだろうか）、やうやう（だんだんと）あはれと思ひけり」。『蜻蛉日記《かげろふ》』に云はく、「[三]いふかひなき心だにかく思へば（取るにたりない無神経な自分でさえこう思うのだから）、ましてこと人は（他の人は）あはれと泣くなり」。これらにて物のあはれを知るといふ味《あぢは》ひを知るべし。なほくはしく『紫文要領《しぶんえうりやう》』にもいへり（述べてある）。

さて物のあはれを知るより（物のあはれを知ることから）歌の出で来ることは（歌が生れてくるということは）、『古今集』第十九、

[四]古歌奉《ふるうたたてまつ》りし時の目録の長歌《ながうた》　貫之《つらゆき》

ちはやぶる　神の御代《みよ》より　呉竹《くれたけ》の　よよにも絶えず　あま彦《びこ》の　音羽《おとは》の山の　春がすみ　思ひ乱れて　五月雨《さみだれ》の

一『新古今集』四、三六二番歌。宣長の『新古今集』注釈書『新古今集美濃《みの》の家づと』に、ただ一語「めでたし」と評する。二九七頁頭注＊印にあげた宣長の歌「秋夕」は恐らくこの歌を念頭に置いている。

二 第九六段。

三 天禄元年六月二十余日条。

四 巻一九、一〇〇二番。古歌を醍醐天皇に献上した時、その目録として、献上した歌の種類を詠みこんだ長歌。『古今集』の諸本・諸注には、「目録のその長歌」とある。『余材抄』に従うと、冒頭の四句で歌というものの由来を述べ、「あま彦の」から「思ひ乱れて」までが春の歌を示し、「五月雨の」から「思ひ乱れて」……「誰も寝覚めて」までが夏の歌を、「唐錦」から「見てのみ忍ぶ」までが秋の歌を、「神無月」から「なほ消えかへり」までが冬の歌を示し、「年ごとに」から「ことをいひつつ」までが以上の四季の歌を総括し、「君をのみ」から「世の人の」までが賀の歌を、「思ひするがの」から「燃ゆる思ひも」までが恋の歌を、「あかずして」と「別るる涙」が離別の歌を、「藤ごろも」と「織れる心も」が哀傷の歌を、「やちくさの」と「言の葉ごとに」が雑《ざふ》の歌を示す。

深く物のあはれに感じた時、歌が生れる

＊本書は『排芦小船』を改稿したものであるが、『排芦小船』には見えず、本書で初めて現われた論点が幾つかある。第三〇〜五三項の「やまと」という語についての考証などもそれであるが、もっ

空もとどろに　さ夜《よ》ふけて　山ほととぎす　鳴くごとに　誰《たれ》も寝《ね》覚《ざ》めて　唐錦《からにしき》　立田《たつ た》の山の　紅葉葉《もみぢば》を　見てのみ忍ぶ　神無月《かみなづき》　時雨《しぐ》れ時雨れて　冬の夜の　庭もはだれに　降る雪の　なほ消えかへり　年ごとに　時につけつつ　阿《あ》波礼《はれ》てふ　ことをいひつつ　君をのみ　千代《ちよ》にと祝ふ　世の人の　思ひするがの　富士《ふじ》の嶺《ね》の　燃ゆる思ひも　あかずして　別るる涙　藤ごろも　織れる心も　やちくさの

言の葉ごとに云々

この奉る古歌《ふるうた》は、貫之[五]みづからよみおける歌《詠んでおいた歌》といふことにはあらず。序《じよ》に「『萬葉集』に入《い》らぬ古き歌奉らしめ給ふ」とある、その古歌の目録の心なり《つもりである》。神代よりよみ来たれる《神代から詠みならわしてきた》四季・恋・雑《ざふ》のさまざまの歌はことごとく、（二六）一つの物のあはれより出で来たるといふ意《こころ》にて、この長歌の目録の中に、四季と恋・雑との間に「年ごとに[六]時につけつつ　あはれてふ　ことをいひつつ」といはれたる《詠まれたのは》、「その前後

……とも重要なのは、後年の『玉くしげ』『直毘霊《なおびのみたま》』などの古道論の著述につながる主張であって、わが国は天照大御神の御国として万国に優越し、人の心は素直であったのに、中国文化が渡来して以来、その悪影響のもとに賢《さか》しらや偽善がはびこるようになったということが、第六六・六八・七〇・八一・八五・九六項などに説かれている。人情の本質＝女々《めめ》しさを擁護しようとする強い意欲が、人情の最大の抑圧者はうわべをつくろう偽善的な儒教であるという認識を生み、その認識に対応して、儒教渡来以前のわが国固有の文化の極端な美化と皇祖神崇拝が生れる、という宣長学の展開過程がここに示されているのである。

五　『古今栄華抄』に、「古歌とは、我がよみおく歌の、その長歌は、序の長歌なり」と、献上した古歌とは貫之自身の旧作であるとするが、『余材抄』ではそれを否定し、献上したのは、仮名序に「（醍醐天皇が貫之などに）『萬葉集』に入らぬ古き歌、みづからのをも奉らしめ給ひてなん」とある、その『萬葉集』に漏《も》れた古人の歌（つまり現行『古今集』に先立って編集された古人の歌の集）であるとする。宣長は『余材抄』に従っている。

六　注四で見たように、『余材抄』ではこの四句をそれまでに述べてきた四季の歌の総括ととる（「これは惣じて上の四季をつかねていへり」）が、宣長は、続く部分を含めて、全体の総括ととっている。

の四季・恋・雑の歌はみな、時につけつつ〔その時々につけて〕物のあはれにふれて、あはれあはれと歎《たん》じつつ出で来たる歌どもなり」といふ義なり。その物のあはれの品々《しなじな》を〔種類を〕目録によみたる長歌なり。

『後撰集』第十八に云はく、

ある所にて、簾《す》の前にかれこれ〔すだれの前であれこれ〕物語し〔話をして〕侍《はべ》りけるを〔おりましたのを〕聞きて、〔聞いて〕内より〔内側から〕女の声にて、「あやしく物のあはれ知り顔なる〔変に物のあわれを知ったような様子をする〕翁かな〔老人ですね〕」といふを聞きて　　貫之

一あはれてふ言《こと》にしるしはなけれども〔効果はないけれども〕
いはではえこそあらぬものなれ　（一七）

歌は物のあはれより出で来るゆゑに、歌仙《かせん》とある人をさして〔歌仙といわれるほどの人を指して〕「物のあはれ知り顔なる」といへること、面白し。さて返答に「あはれてふ言」とよまれたるは、前にもいへるごとく、物に感じて歎息する

* 『古今集』中の「あはれ」という語を含む歌のうち、二八九〜九五頁にあげられていないものを、『古今集遠鏡』の口語訳とともに次に示す。「月影にわが身をかふるものならばつれなき人もあはれとや見む（月をば惣体《そうたい》人が『あゝゝはれ』と思うて見るものぢやが、わしが身を月にかへらるるものなら、かはつて月になつてみたい。そしたらつれない人も見て、『あゝはれ、かあいや』と思うてくれるでもあらうかい）」（巻一二、六〇二番）、「かずかずに我を忘れぬものならば山の霞をあはれとは見よ（御深切に思召《おぼしめ》して、私がことをお忘れ下されぬものならば、山へ立ちます霞をあはれとは思召《おぼしめ》してごらうじて下さりませ。山の霞が、私が煙になりました跡《あと》のゆかりでござりまするほどに）」（巻一六、八五七番）。

一　巻一八、一二七二番歌。

* 『排芦小船』になくて本書で初めて現われた論点がある一方で、『排芦小船』にあって本書では消えている論点も幾つかある。その最大のものは『紫文要領』二二八頁注二・二三〇頁注七・二三

三頁注一〇などに一部分を引用した第五九項で、これは「歴代変化」という題のもとに、上古から江戸初期に至るまでの和歌史を概観した長大な項目である。前述のように本書は未完の著述であるから、あるいはこれに相当する項目を書く予定があったのかも知れない。また『紫文要領』三八頁注五・三九頁注九に一斑《いっぱん》を示したように、『排芦小船』では古今伝授を中心とする堂上歌学の権威主義をくり返し批判しているのであるが、本書には直接それに相当する項目はない。もっともその批判の背後にある宣長の学問観は、本書の第八〇（四四六頁）・九三項（四七六頁）に、より行届いた形で述べられているともいいうる。

二　中国でも日本でも…。承平五年二月九日の条。土佐から都へ帰る貫之一行が難波《なにわ》に帰着した際、貫之夫妻が土佐で亡くなった女児のことを追憶して歌を詠んだことを述べて、その次にこの言葉をいう。

三　承平五年二月十六日の条。貫之一行がようやく都に帰着し、桂川を渡る際に人々が喜びの歌を詠じたことを述べて、その次にこの言葉をいう。

四　藤原道長の娘で東宮妃の嬉子が、男子出産直後に十九歳で死去し、それを悲しんで道長と乳母が歌を贈答したことを述べて、その次にこの言葉をいう。なお『紫文要領』四一頁注五参照。

詞《ことば》なり。あはれあはれといひて歎じたれば《ため息をついたからといって》とて、何の益《やく》もあらねども、物のあはれに堪《た》へぬ時は、いはではあられぬものぞ、となり《「あわれと」いわずにはおれないものだというのである》。さてこの詞書《ことばがき》に「あやしく物のあはれ知り顔なる」といへるは、貫之なることを知りて《貫之であることを知っていて》、「歌よみ顔なる」《歌でも詠みそうな様子》といふことをおぼめいていへる《という意味のことを婉曲にいった》詞なり《言葉である》。返答もその意を得て《先方の意図を理解して》よめり。歌よみたりとて《歌を詠んだからといって》何の益《やく》もなけれど、物のあはれに堪へぬ時は、よまではあられぬもの《詠まないではいられないものだ》ぞといふ下心《したごころ》なり。

『土佐日記』に、「二唐《もろこし》も此方《ここ》も、思ふことに堪へぬ時のわざとか《しわざとかいう》」と、歌よむことをいへり《歌を詠むことを称している》。また「三都のうれしきあまりに、歌もあまりぞ多かる《都に到着したうれしさのあまりに歌も非常にたくさんできたのである》」といへるも、うれしさのあまりに、その情《こころ》に堪へずして、よみ出づる歌の多かりしとなり。うれしと思ふも、情《こころ》の感《うご》くにて、物のあはれなり。『栄華物語《えいぐわ》』楚王《そわう》の夢の巻に、「四歌は情《こころ》をのぶといひてこそ《のびのびとさせるといって》、をかしきにもめでたきにもあはれなるにも、さまざまの人のまづよみ給ふものな《ン》めれ」といへるは、あはれをとり分《わ》きて一つの情《こころ》にしていへること、前[一]にいふがごとし。すべていふ時は《包括的にいう時は》、をかしきもめでたきもみな物のあはれなり。これらをもて、歌は物のあはれより出《い》で来《く》ることを知るべし。

〔一三〕物のあはれに感じたら歌をよまずにはいられない

問ひて云はく、歌は物のあはれを知るより出で来ることはうけたまはりぬ《わかりました》。さてその物のあはれに堪《た》へぬ時は、いかなるゆゑにて《どのような理由で》歌の出で来るぞや。

答へて云はく、歌よむは物のあはれに堪へぬ時のわざなり。物のあはれに堪へぬとは、まづ物のあはれなることにふれても、あはれを知らぬ人はあはれとも思はず。あはれと思はねば歌も出《い》で来《こ》ず。たとへばおどろおどろしう《おそろしく》神鳴り騒げども《雷が鳴り騒いでも》、耳しひたる人は《耳の不自由な人は》、聞えねば、鳴るとも思はず。鳴ると思はねば、恐ろしとも思はぬがごとし。しかるに、物のあはれを知る人は、あはれなる事にふれては、思はじとすれども《あわれと思うまいとしても》、あはれと思はれてやみがたし《気持を押えがたい》。耳よく聞く人は、

一 二九八頁一三～四行目参照。

＊ 物のあはれに堪えぬ時、人は歌を詠まずにはいられないという宣長の主張は、青年時の宣長の教養の傾向や、表現の美の必然性をそこに結びつける理論構成からして、次頁注二・三〇六頁注一に見るように、直接には師の堀景山や景山のもとで学んだ朱子の詩論に由来すると見るべきものであるが、類似の考え方はわが国の伝統の中にも無論見出される。三〇二・三〇三頁に引く『後撰集』・『土佐日記』がそうであるし、またたとえば、鴨長明の『無名抄』上の「思ひあまる時、自然によまるる事」の章にいう、「また心にいたく思ふことになりぬれば、おのづから歌はよまるるなり。『金葉集』によみ人知らずとて侍るとよ、『身のうさを思ひし解けば冬の夜もとどこほらぬは涙なりけり』。この歌は、仁和《にんな》寺の淡路《あはぢ》の阿闍《あざ》梨《り》とかいひける人の妹のもとなりけるなま女房の、いたく世をわびてよみたりける歌なり。もとより歌よみならねば（これ以外に）またよめる歌もなし。ただ思ふあまりにおのづからいはれたりけるこそ」。宣長はこうした伝統的和歌観をも踏まえているのである。

おそれじとすれども、恐ろしう鳴神《なるかみ》を思ふがごとし。

さて二さやうにせんかたなく《どうしようもなく》物のあはれなること深き時は、さてやみなんとすれども《心に思うだけですませようとするのだが》、心のうちにこめては《心の中にしまっておくのでは》、やみがたく《すませられず》忍びがたし《押えられない》。これを物のあはれに堪《た》へぬとはいふなり。さてさやうに堪へがたき時は、おのづからその思ひ余ることを、言の葉に《言葉として》いひ出づるものなり。かくのごとくあはれに堪へずして、おのづからほころび出づる詞《ことば》は、必ず長く延《ひ》きて文《あや》あるものなり。これがやがて《そのまま》歌なり。「なげく」「ながむる」などいふも《いうのも》この時のことなり（このこと、下に三いふべし）。さてかく《このように》詞に文《あや》をなし、声を長く引きていひ出づれば、あはれあはれと思ひむすぼほれたる情《こころ》《胸中に鬱積していた気持が》の晴るるものなり《晴れ晴れするものである》。これ、いはむとせざれども《特にいおうとはしないのだが》自然《じねん》にいはるるものなり《いわれるものなのである》。あはれに堪へぬ時は、いはじと忍べども《いうまいと自分を押えつけても》おのづからその趣《おもむ》きのいはるるものなり《いわないではいられないものなのだ》。まへに貫之主《ぬし》四の「いはではえこそあらぬものなれ」とよまれたるがごとし。さればあはれに堪へぬ時は、必ずおぼえず《思わず》自然と歌はよみ出でらる

二 人間は物のあわれに堪えぬ時、それを表現しないではいられない、それが歌ないし文学一般の起源である、という考え方。『紫文要領』六二頁三行目以下にも同趣旨のことが述べられる。これは師の堀景山の詩歌論、さらにはその背後にある朱子の『詩集伝』序から示唆《しさ》を得たもので、景山の『不尽言』に次のようにある。「詩と云ふものの出で来るは、人の五倫、朝夕相交《まじ》はる間の事につけて、人の七情が動き発《おこ》り、内に鬱し積つてどうもたまらぬものが、我と覚えず知らず詞《ことば》に自然と発したるものなり。朱子『詩経』（の注）の序の内に、『咨嗟《しさ》咏歎《えいたん》の余に発す』（次頁注一参照）といへるが詩の本意なり。…和歌と云ふものも、もとは詩と同じものにて、紀貫之が『古今』の序に、『人の心を種として、万《よろづ》の言の葉とはなれりけり』といひ、『見るもの聞くものにつけていひ出だせり』といへば、詩の本意と符合せるものなり。この『万』の字面白し。人情は善悪曲直、千緒万端なるものなれば、人の心の種の内にて発生の気鬱したるが、見るもの聞くものに触れて、按排《あんばい》工夫（思慮分別）なしに、思はず知らず、ふつと云ひ出だせる詞にすぐにその色をあらはすものなり」。

三 第二五項（三三八頁）参照。

四 「主」は敬称。

るものなり。

〔一四〕**感動の表現には自然と文《あや》がある**

問ひて云はく、堪へがたき時に、その思ふ筋《すぢ》を、おぼえず《思わず》いひ出《い》づるは、さることなるべし《そのとおりだろう》。それはただの詞《普通の言葉》にてもありぬべきこと《十分であるはずなのに》なるを、声を長くし、詞に文《あや》をなすとは、心得がたし《納得がいかない》。この義いかが《この点はどうですか》。

答へて云はく、今の《当世の》人の心にてはこの疑ひさることなり《もっともである》。すべて万《よろづ》のこと、その本《もと》を尋《たづ》ねて、よくよくその味《あぢは》ひを考ふべし。末の心をもて見れば《末梢的なことにこだわる心で見れば》、疑はしきこと多きものなれば、その本の心になりて味ふべし。

まづ歌といふ物の起るところは右のごとし。それをただの詞《ことば》にいはずして、声を長くし、詞に文《あや》をなすことも、巧みてしかするにはあらず《ことさら工夫してそうするのではない》。堪《た》へがたきことをいひ出づるは、おのづから詞に文《あや》ありて、長く引かるるものなり《言葉を長くのばしてしまうものなのだ》。それをただの詞にいふは、あはれの浅き時

一　感動を表現しようとすると、その表現はおのずから文《あや》（表現の装飾、美しさ）を帯びるという考え方。吉川幸次郎氏の「文弱の価値」（日本思想大系『本居宣長』解説）によれば、これは朱子の『詩経』注釈書『詩集伝』の序の、次のような言から示唆を得たものであろうという。「人生れて静かなるは、天の性なり。物に感じて動くは、性の欲なり。それ既に欲あり。則《すなは》ち思ふことなきこと能《あた》はず。既に思ふことあり。則ち言ふことなきこと能はず。既に言ふことあり。則ち之を言ひて尽くす能はざる所にして、咨《し》嗟《さ》（ため息）詠《えい》歎《たん》の余に発する者は、必ず自然の音響節族《せつそう》ありて、已むこと能はず。これ、詩の作《おこ》る所以《ゆゑん》なり」。「音響節族」は音楽美のことで、すなわち朱子は、咨嗟詠嘆のあまりに発する言には必ずおのずからなる音楽美があるといっている。また、その表現の美しさを宣長が「文《あや》」という語で表わしたのは、徂徠学派の文学論でいう「文《ぶん》」を取り入れたものであろう（二五三頁注五参照）。ただし宣長の理論はここにとどまらず、表現

を意図的に美しくすべきことを力説し、したがって歌はある意味で「いつわり」であるべきであると論ずる、独特の歌論へと展開する。三〇八頁注一参照。また第八六・八七項（四六三〜七頁）、『紫文要領』二二〇頁注二・二二六頁注六参照。

二 はかり知られず、きわまりもない。

三 聞き手が感動するかどうかという問題は、宣長の歌論において重要な意味をになっている。三一二頁注二参照。

四 荒々しい鬼神でさえもあわれと感ずる要点はここにあるのだ。『古今集』仮名序に、「力をもいれずして天地《あめつち》を動かし、目に見えぬ鬼神をもあはれと思はせ、男女の中をもやはらげ、たけきもののふの心をも慰さむるは、歌なり」とあるのを踏まえていう。

のことなり。深き時は自然《じねん》と文《あや》あり、長くいはるるなり。深きあはれは、ただの詞にいひてはあきたらず《いい表わしたのでは満足できない》。同じ一言《ひとこと》も、長く文《あや》をなしていへば心晴るること《心が晴れること》ことよなし《この上ない》。ただの詞にてはいかほど《どれほど》長くこまごまといひてもいひ尽くされぬ深き情《こころ》も、詞に文《あや》をなして長くうたへば、その詞の文《あや》・声の文《あや》によりて、情の深さも発《あらは》さるるものなり。さればその詞のほどよく文《あや》ありて長きところに、無量無窮《むりやうむぐう》[二]の深きあはれはこもりてあるものなり。[三]それを聞く人も、ただの詞にていふを聞きては、いかほどあはれなる筋を聞きても、感ずること浅し。それを《ところが》詞に文《あや》なし、声を長くしてうたふ時は、聞く人のあはれと感ずることもことよなう《この上なく》深し。これみな歌の自然《じねん》の妙《めう》なり。鬼神《おにがみ》[四]のあはれと思ふ所もここにあるなり。（一八）

かやうにいひても、なほ物遠き《まだピンとこない》心地《ここち》して、心得がたく《分りにくく》思ふ人ある《あるだ》べし《ろう》。今《いま》、目に近くあることを引きていはば、今、人せちに《痛切に》物の悲しきことありて、堪《た》へがたからんに、その悲しき筋をつぶつぶと《こまごまと》いひ続けても、なほ堪《た》へがたさのやむべく《やむはずがない》もあらず。またひたぶる《ひたすら》に「悲し悲し」とただの詞《ことば》にいひ出でても、なほ悲しさの忍びがたく堪へがたき時は、おぼえず知らず声をささげて《はり上げて》、「あら悲しや、なふなふ」と長くよばはりて、胸にせまる悲しさを晴らす。その時の詞はおのづからほどよく文《あや》ありて、その声長く、うたふに似たることあるものなり。これすなはち歌のかたちなり。ただの詞《普通の言葉》とは必ず異なるものにして、その自然《じねん》の詞の文《あや》・声の長きところに、底ひな《限りない》きあはれの深さはあらはるるなり《現われるのである》。かくのごとく物のあはれに堪へぬところよりほころび出でて《ふと口をついて出てきて》、おのづから文《あや》ある辞《ことば》が、歌の根本にして真《まこと》の歌なり。

さてまた右のやうにおぼえずしてふとほころび出づるにはあらで、よまむと思ひて《詠もうと意図して》よみ出づることもあり。それも本《もと》は物のあはれに堪へぬ時のわざなり。そのゆゑは、深く物のあはれなることありて、心のうちにこめ忍びがたき時に、[一]ただの詞にいひ出でてはなほ心ゆ《満足で》

一　歌には起源からして文《あや》がある、あるいは文こそ歌の本質であるから、意図的に文を加えることによって歌の目的は果される、というのが宣長の考え方。『排芦小船』第四八項に、「実情を云ふにも、その文《あや》によりて実《まこと》もあらはれ、人も感ずるなり。同じ実情も、ただありの（普通の）言語にいへば、人も感ぜず、実《まこと》の深き所もあらはれがたし。たとへば人の哭《な》く声にても、かろく哭く時は、しくほくと哭くのみにて、悲しみもうすき時なり。深き悲しみによりて、声を上げて哭く時は、おのづからその声に文ありて、聞く人も深く哀れに思ふなり。悲しみ強ければ、おのづから声に文あるものなり。その文と云ふは、哭く声の『おゝいおゝい』と云ふに文あるなり。これ、巧《たく》み（表現の技巧）と云ふほどのことにはあらねど、また自然のみにもあらず。その『おゝいおゝい』に文をつけて哭くにて、心中の悲しみも発することとなり。もとより外から聞く人の心には、その悲しみ大きに深く感ずるなり。…されば和歌もそのごとくにて、実情に文《あや》をなして云ふが歌なり。しかる時はまつたく巧みなきにはあらず。上古なほ然り。いはんや『萬葉』の頃の歌はなほなほ巧みはあるなり。…唐土にて詩も同じことなり。風雅三百篇（『詩経』）は実情より出でたるものなれども、これもまた深くいへば、巧みはあるなり。みなその言を文にしたるものなり。文《ぶん》なきは詩にあらざるなり。…今、和歌者流《わかしゃりゅう》にて、心を古風に染め、詞を古歌にならふも、まことは文《あや》を強くして、巧みを深くし、美しく詠まんと思ふものなり」といふ。

二 このくだりで宣長に示唆を与えたのは、すぐ次に引く『古今集』仮名序の一節であろうが、他に宣長の念頭にあったものとして、『萬葉集』巻七の「譬喩《ひゆ》歌《か》」、巻一〇の「四季の相聞《そうもん》」、巻一一・一二の「寄物《きぶつ》陳思歌《ちんしか》」などに見える、「…に寄する」という題のもとに外物に託して思いを述べる歌、また『古今集』仮名序にいう「歌のさま六」のうち「なずらへ歌」「たとへ歌」などが考えられる。次頁一〇行目の「物に託《つ》けて思ふ心をのぶる」といういい方は、『萬葉集』一一・一二の「物に寄せて思ひを陳《の》ぶる歌」に似るし、「なずらへ歌」「たとへ歌」は、仮名序の古注にそれぞれ、「これは、物にもなずらへて、それがやうになむあるといふなり」「これは、万《よろづ》の草木・鳥獣につけて心を見するなり」と解説される。

三 「神武紀」即位前紀戊午年十二月の条に見える。東征の神武天皇が大和で長髄彦《ながすねひこ》を討とうとして詠んだ歌。記・紀双方に見えるが、ここの引用のように第六句が「我は忘れず」とあるのは『書紀』の方で、『古事記』中では「我は忘れじ」となっている。底本で第一句を「みづみづし」と濁るのは、『鼇頭古事記』に濁って読み、かつ「瑞瑞」の漢字を宛てるのに従ったもの。『古事記伝』一九では説が変って、「『美都美都斯』は、『満々《みつみつ》し』にて、『円々《まとまと》し』と云はむがごとし」といふ。

かぬ時《きない時》、そのあはれなる趣《おもむ》きを、詞《ことば》に文《あや》をなし、ほどよく続けて、声長くうたへば、こよなく慰むものなり。千言万語にも尽しがたく深き情《こころ》も、わづかに三句五句の言の葉にあらはるることは《言葉に現われるということは》、歌の妙《めう》なり。

外物に託した感情の表現

　さてまた、右のごとくあはれに堪へぬ時に、さやうにしてもなほあはれの尽しがたく、あらはれがたき時は《〔気持を〕表現しにくい時は》、二耳にふるる《触れる》風の音・虫の音《ね》に託《つ》けてこれをのべ、あるいは目にふるる花の匂《にほ》ひ・雪の色によそへてこれをうたふことあり。『古今』の序に「心に思ふことを、見る物・聞く物につけていひ出だす」とあるは、これなり。ありのままをいひては、いひ尽されず、あらはしがたき物のあはれも、さやうに見る物・聞く物につけていへば、こよなく深き情もあらはれやすきものなり。さてその「物に託《つ》けてうたふ」といふは、神武《じんむ》天皇の大御歌《おほみうた》に、

三 みづみづし　久米《くめ》の子《こ》らが　垣下《かきもと》に　植ゑし薑《はじかみ》

口疼《ひび》く　我は忘れず　撃《う》ちてし畢《や》まむ

これは長髄彦《ながすねひこ》を討《う》ち給ふ時の《討伐なさった時の》ことなり。これよりさきに孔舎衛坂《くさゑさか》といふ所にて戦ひ給ひし時に、御兄五瀬《いつせ》の命《みこと》、流れ矢に中《あ》てられて神《かん》ざり給ひしことを《お亡くなりになったことを》、天皇深く恨《うら》みいきどほりて、今に忘れ給はぬといふことを、薑《はじかみ》を食ひて辛《から》き味《あぢは》ひの失《う》せがたく、口に残りてひびら《ひりひり》ぐに《するのに》たとへて、よませ給へるなり。さて後にいたりては、『古今集』に、

一 音にのみきくの白露夜《よる》はおきて
　昼は思ひにあへず消《け》ぬべし

物に託《つ》けて思ふ心をのぶること、このたぐひ、昔も今も数ふるに堪《数えることができ》へず多かり《きないほど多い》。

二 また一つのやうあり。物のあはれに堪へぬ時、三 それをあらはに《はっきりと》いひては障《さは》るところありて《差支える事情があって》、いひ出でがたきを、物に託《たく》していふことあり。伊須気余理比売《いすけよりひめ》の命《みこと》の御歌《みうた》に、

一 巻一一、四七〇番歌。『古今集遠鏡』に、「音に聞くばかりで、まだ見たこともない人を思うて、夜《よる》は寝られねば、起きてゐて、昼はまた恋しさにえこたへいで（がまんできないで）、消えさうに思はるる」と訳されている。「きくの白露」の「きく」は「聞く」「菊」の懸詞《かけことば》、「きくの白露」全体で「おく（置く・起く）」「ひ（火・思ひ）にあへず消ゆ」を導き出す序詞《じょことば》なので、口語訳には表われない。

二 物に託していうのに、もう一つの場合がある。

三 この説明は、『古今集』仮名序の「歌のさま六」のうちの「そへ歌」、ないしは詩の六義《りくぎ》のうちそれに対応する「風」を念頭に置いている。「そへ歌」は、『八代集抄』に「その事を（直接に）いはで（いわないで）、その心をさとらしむるなり」と注し、仮名序が例歌としてあげた百済《くだら》の帰化人王仁《わに》の歌「難波津に咲くやこの花冬ごもり今は春べと咲くやこの花」について、「表は梅花の上（梅花のことを詠《よ》んだ）と見えて、裏は、難波の皇子（大鷦鷯《おおさざき》の命《みこと》、後の仁徳天皇）の御位に即《つ》き給はぬことを『冬ごもり』といひ、梅の春を迎へて咲くごとく、はや御位につき給ふべき時ぞ、といへる歌なり。王仁は百済国の人なれば、（日本の皇位継承問題に口を出すことを遠慮して）表にあらはにはいはず、詩の『風』の心を和歌に詠めり」と解説する。「風」は、「風化」「風刺」の詠み方で、それとなくいうこと。

四　次の歌とともに『古事記』中に見える。伊須気余理比売は神武天皇の皇后。成立事情は以下に説明するとおり。第一句、『鼇頭《ごうとう》古事記』には「佐韋賀波由《さゐがはゆ》」とある。ここで「狭井川よ」の形で掲げるのは、『古事記伝』二〇の「佐韋賀波用《よ》」という改訂が早くこの時期からの意見であったことを示す。

五　第二句、底本の表記は「雲とゐ」。『鼇頭古事記』では「雲集《と》ゐ」と漢字を宛てる。契沖の『厚顔抄』には「雲と居《ゐ》」と宛てる。後年の『古事記伝』二〇では「雲と居《ゐ》」と宛て、「『雲と居』とは、雲にて（雲の状態で）居るを云ふなり」と注する。

六　御母君であられて。

七　それに対する準備をなさったということだ。

八　以下と同趣旨のこと、『紫文要領』一二九～一三二頁に詳論される。

[四]狭井《さゐ》川《がは》よ　雲立ち渡り　畝火《うねび》山
　木《こ》の葉さやぎぬ　風吹かむとす
[五]畝火山　昼は雲と居《ゐ》　夕《ゆふ》されば
　風吹かむとぞ　木の葉さやげる

この二歌《ふたうた》は、神武天皇崩《かむあがり》し給ひし時に、手研耳《たぎしみみ》の命の、弟《おと》の皇子《みこ》たちを殺さむと謀《はか》り給ふことを、〔伊須気余理比売は〕皇子たちの[六]御母后《ははきさき》にて、悲しび給ひて、このことを〔わが子の皇子たちに〕知らせむために、風雲《かぜくも》に託《つ》けてかくうたひ給へる《このようにお歌いになった》なり《のだ》。さて皇子たちこの御歌を聞き知りて、[七]その用意し給へりとぞ。

手研耳は異母《ことはら》の皇子なりけり。くはしうは『古事記』に見えたり。

この外《ほか》も多く、また後々もなほこのたぐひ多し。これらみな、見る物・聞く物に託《つ》けて物のあはれをいひのぶるなり《表現するのである》。

さてこのたぐひは、ことさらにその物を引きよせてよめるやうに《詠んだように》聞ゆれど、本《もと》を尋《たづ》ぬればさにあらず《そうではない》。[八]すべて心に深く思ふことある時は、目にふれ耳にふるる物、ことごとくその筋に思ひよそへられ《その深く思う事がらの方にかこつけら》

人は感動した時、他者の共感を求める

て《れて》、あはれなるものなれば《あわれに思われるものなので》、やがて《そのまま》その物に託《つ》けていひ出だす歌なれば、これまた自然《じねん》のことにして、本《もと》は巧みたることにはあらず《元来は工夫してそう詠んだのではない》。

さてまた歌といふ物は、物のあはれに堪《た》へぬ時よみ出でて、おの《自然と》づから[一]心をのぶるのみにもあらず《心をのびのびとさせるだけではない》。いたりて《きわめて》あはれの深き時は、みづからよみ出でたるばかりにては《詠んだだけでは》、なほ心ゆかず《満足できず》あきたらねば《心残りなので》、人[二]に聞かせて慰むものなり。人の《他人が》これを聞きてあはれと思ふ時に、い《非》たく《常に》心の晴るるものなり。これまた自然《じねん》のことなり。たとへば今《いま》人せちに《痛切に》思ひて、心の中《うち》にこめ忍びがたきことあらむに《しまっておくことのできないことがあるとして》、その事をひとり言《ごと》につぶつぶと《こまごまと》いひ続けても、心の晴れせぬものなれば、それを人に語り聞かすれば、やや心の晴るるものなり。さてその聞く人もげにと《なるほどと》思ひてあはれがれば、いよいよこなたの《自分の》心は晴るるものなり。さればすべて心に深く感ずることは、人にいひ聞かせではやみ《いい聞かせないですますこと》がたきものなり《はできないものである》。あるいは珍らかなること《めずらしいこと》、恐ろしきこと、をかし《滑稽なこ》き《と》ことなども見聞きて、心に感ずる時は、必ず人にもいひ聞かせま《いい聞かせたくなっ》

一 『紫文要領』四一頁注五参照。

二 深く感動した時には、他者の共鳴を求めないではいられない、他者の共鳴を得られれば、自分も満足し、鬱屈を晴らすことができる、という論は、それゆえにこそ他者の共鳴を得られるような美しい表現をしなければならないという主張の前提として、宣長の歌論・物語論において重要な論点となっている。『紫文要領』六一頁六行目以下・二三五頁七行目以下参照。

三 南北朝時代の歌人頓阿《とんあ》が二条良基の問いに答える

ほしく《て》て、心にこめがたし。さて《そうやって》いひ聞かせたりとても、人にも我にも何の益《やく》もあらねども、いはではやみがたきは《いわないではすまされないのは》自然《じねん》のことにして、歌もこの心ばへあるものなれば《趣きがあるのだから》、人に聞かするところ《聞かせるということが》、もつとも歌の本義《本当に歌の本質》にして《であって》、仮令《けりやう》のことにあらず《かりそめのことではない》。

この理《ことわ》りを《道理を》わきまへぬ人は、ただわが思ふことを、よくも悪《あ》しくもありのままにいふこそ《表現するのこそ》実《まこと》の歌なれ《本当の歌だ》、人の聞くところにかかはるは真実《まこと》の歌にあらず、といふ。これ、ひとわたりはげにと《なるほどと》聞ゆれども、歌といふ物の真《まこと》の義《ことわり》を知らぬなり。かの『愚問賢註《ぐもんけんちゆう》』[三]の首《はじめ》の問答にいへるところは末のことなれども《末梢的な事がらだけれど》、なほその源《みなもと》を尋《たづ》ぬるにも、歌といふ物は、人《他人が》の聞きてあはれと思ふところが大事なれば、その詞に文《あや》をなし、声ほどよく長めてうたふが《長くのばして歌うのが》、歌の本然《ほんぜん》にして、神代よりしかあることなり《そのようにあることである》。(一九) これを聞く人感《あはれ》と思へば、こなた《自分の》の心も晴るることこよなし《この上ない》。聞く人感《あはれ》と思はざれば、こなたの心ののぶること《自分の心がのびのびとすることは》少なし。これ自然《じねん》のことなり。今《いま》世の中にあることに《身近な世間の事がらに》引き当てて心得べ《あてはめて納得すべきであ》

人の共感を得るためにも表現に文が必要

形式の歌論書。その冒頭の問答で、「(歌は) 物にふれて情性を吟詠する外に別の事あるべからず。『萬葉』・三代集以下、みな古人の糟粕《さうはく》(かす) なり。ただ風雲草木に対して眼前の風景をありのままに詠ずれば、おのづから発明の期《ご》(歌道の真髄に開眼する時) あるべし。いたづらに古語を借り、旧典を学ぶことなかれ」という問いに対して、ありのままに詠むだけでは歌といえないという趣旨で、次のように答えている。「(歌が『古今集』仮名序にいうように) 天地《あめつち》を動かし鬼神を感ぜしむるも、文章を飾り、風情を求むべしとおぼえたり。しかあれば『萬葉』の古語も三代集の艶言も、ひろく学びて、俗言俗態を去るべきなり」。宣長が次に「末のことなれども」といっているのは、頓阿の答えが、表現を美しくしなければいけないという結論だけを述べていて、なぜそうしなければいけないのかということの考察が十分でないということであろう。なお宣長の師の堀景山の『不尽言』に、「和歌の道の極意は、『古今』の序に言を尽し、そのほか詠み方、心持は、『詠歌の大概』(藤原定家の歌論書)、または『八雲御抄《やくもみしよう》』(順徳院の歌論書) 用意の部、頓阿法師が『愚問賢註』にて (十分で)、(ほかには) 何の伝授もいらぬことと思はるるなり」と、『愚問賢註』を高く評価する趣旨の言がある。『宝暦二年以後購求謄写書籍』によれば、宣長は宝暦二年七月、銀三匁で『愚問賢註』を購入している。

し《る》。心に余ることを《心中に押えておけないことを》人にいひ聞かせても、その人あはれと思はざれば、何のかひなし。あはれと聞かるればこそ《聞いてもらってこそ》、心は慰むわざなれ。されば歌は人の聞きて感《あはれ》と思ふところが緊要《きんえう》なり《肝腎の点なのだ》。

このゆゑに神代[一]の歌とても、思ふ心のありのままにはよまず。必ず詞《ことば》を文《あや》なして、声をかしくあはれにうたへるものなり。「妻《つま》」[二]といはむとては《いおうとしては》、まづ「若草の」といひ、「夜」といはむとては、「ぬば玉の」とうち出づるたぐひなどみな、詞《ことば》を文《あや》にして調《しら》べをほどよくととのへむためならずや。後には、

[三]敷島《しきしま》のやまとにはあらぬ唐衣《からころも》
　ころも経《へ》ずしてあふよしもがな

[四]みかの原わきて流るるいづみ川
　いつ見きとてか恋しかるらむ

[五]よそにのみ見てややみなむ葛城《かづらき》や
高間《たかま》の山の峰の白雲《しらくも》

一　『排芦小船』第四八項にいう、「上代、『日本紀』『萬葉』の歌とても、ひたすら実情のみ思ふ通りをふかと（ふっと）云ひ出でたるばかりにはあらず。巧みたる所あるなり（『萬葉』なども巧みあると云ふことはかの集中にその証多し）。そのゆゑはまづ三十一字五句にととのへたるが、もと巧みたるものなり。一向巧みなく思ふ通りをづつと（すっと）云へば、歌詠と云ふものにあらず。すでに歌詠をなして、言《ことば》のととのほりたると云ふは、巧みなり。これまた偽りと云ふものにあらず」。以下、三〇八頁注一所引部分が続く。

二　以下の「若草の」も「ぬば玉の」も枕詞。枕詞は調べをととのえるための言葉であるという考えは、賀茂真淵の『冠辞考』によるか。『冠辞考』の序に、枕詞（真淵は「冠り辞《かうむりことば》」と呼ぶ）の役割を論じて次のようにいう、「言《こと》の足らぬ時は、上にうるはしき言を冠らしめて調べをなんなせりける。譬《たと》へばよそほしき冠を設けて頭《かしら》に置くがごとし。則ち『高行くや　速総別《はやぶさわけ》の　御隠料《みおすひがね》』（『古事記』仁徳天皇の条。二七二頁注八の歌に対して女鳥《めどり》の王《おおきみ》が答えた歌。「高行くや」は「隼《はやぶさ》」の枕詞）とうたへる類《たぐひ》なり。…次に思ふこと多《さは》なる時は、事の数々うたひ連《つら》ぬるに、いよよ上にも中にも冠り辞をもて姿をもよそひ、調べをもなせりける」。

三　『古今集』巻一四、六九七番歌。『古今集遠鏡』に、「どうぞ間《あひ》なしにまた逢ふやうにしたいことぢや」と訳す。上の句は、次頁一行目に「みな詞《ことば》の文《あや》なり」というとおり、第四句の「ころも」を引き出すための

これら、思ふ心をばただ二句にいひて、残り三句はみな詞《ことば》の文《あや》なり。されば、いらぬ物のやうに《無用のもののように》思ふ人あるべけれど、無用の詞の文によりて、二句のあはれがこよなく深くなるなり。『萬葉集』[六]にこのたぐひことに多し。すべてただの詞《ことば》と歌との変り《違い》はこれなり。

七 ただの詞はその意《こころ》をつぶつぶ《こまごまと》といひ続けて、理《ことわ》りはこまかに《論理はくわしく》聞ゆれども、なほいふにいはれぬ情《こころ》のあはれは、歌ならでは《歌でなくては》のべがたし。そのいふにいはれぬあはれの深きところの、歌にのべあらはさるるは何ゆゑぞといふに、詞《ことば》に文《あや》をなすゆゑなり。その文によりて、限りなきあはれもあらはるるなり。さてその歌といふ物は、ただの詞のやうに事の意《こころ》をくはしくつまびらかにいひのぶる物にはあらず、またその詞に深き義理《意味》のこもりたる物にもあらず。ただ心にあはれと思ふことをふといひ出でて、うち聞えたるまでのことなれども、その中に底ひもなく《奥底もなく》限りもなきあはれの含《ふく》むことは、詞《ことば》に文《あや》あるゆゑなり。

序詞《じよことば》なので、口語訳には省かれている。

四 『新古今集』巻一一、九九六番歌。上の句は第四句の「いつ見」を引き出すための序詞。

五 『新古今集』巻一一、九九〇番歌。「葛城や」以下の三句は、手の届かない恋人の比喩と解すれば、前二首の上の句のような単なる「詞《ことば》の文《あや》」という以上の実質的な意味を持つことになるが、宣長は、この三句は詞の文で、「よそにのみ見てややみなむ」の目的語は言外に含まれていると解したのであろう。

六 三〇九頁注二で指摘した「…に寄する」という題の歌には、上の句が序詞になっている例が多い。

七 このくだりには、「意《こころ》」と「情《こころ》」を対比している点からして、荻生徂徠の「崎陽の田辺生に答ふ」(『徂徠集』二五)の影響があろう。徂徠のその文章は一種の詩論で、散文は「意」を述べ、詩は「情」を述べるとした上で、「それ情はただ喜怒哀楽愛悪《お》欲のみにして、意は曲折万変す。然れども意の曲折万変は、言ひて尽すべく、また余蘊《よううん》なし(言語の意味によって完全に言い尽せる)。情に至っては、その名は七つといへども、態度種種、言ひて尽すべからず。ただ語の気格《きかく》風調・色沢《しきたく》神理(言語の、意味以外の要素、すなわち詩的要素)のみ、以て発して之を出だすべきにちかし(どうやら情を把握することができるようだ)。これを以てこれを観るに、意を得て語を得ざる者(言語の意味だけを理解して、詩的要素を理解しない者)の、かの情を尽す能《あた》はざることまた審《つまび》らかなり」という。

〔一五〕

「歌」という漢字と「うた」という和語

また問ひて云はく、「歌」の字の義、ならびに和訓《わくん》に「于多《うた》」といふ意《こころ》はいかが。

答へて云はく、[一]問はるるところ《お尋ねになることは》、大きに理《ことわ》りにそむけり《道理に反している》。そのゆゑは、まづ始めに「歌」の字の義を問ひ、また「于多《うた》」を和訓といはるること、はなはだいはれなきことなり《筋の通らぬことである》。「于多《うた》」は神代よりいふ古言《ふること》なり。「歌」の字ははるかに後に人の国より来たれる物なり《中国から渡って来たものである》。されば「于多」といふ言《ことば》に「歌」の字を借り用ゆるまでのことなれば、「于多《うた》」といふ詞《ことば》の意だにも知りなば《意味さえ知っていたら》、「歌」の字の義は知らず《知らなく》ともありなんものを《てもいいものであるのに》、「歌」の字の義を先に問はるること、いはれ《筋が通ら》ず《ない》。また和訓といふ名目《みやうもく》は、人の国《中国の》の書籍《ふみ》・文字につきていふことにてこそあれ《ではあっても》、此方《ここ》の事を《日本のことを》いふ時に、古言を「[二]訓《くん》」といふべき理《ことわ》りなし。「于多」は神代よりいひ来たれる詞にてこそあれ、いかでか《どうして》「歌」の字の訓ならむ《歌という字に対する訓であろう》。

一　漢字とその和訓、あるいは和語とそれに宛てられた漢字とが、本来は別個の言語であり、その間には意味のズレがあるという問題を、当時もっとも明確に認識していたのは、荻生徂徠であった。宣長とは異なって漢字を主とする立場からであるが、『訳文筌蹄』『訓訳示蒙』などの著書にそのことを述べる。宣長の師の堀景山も徂徠の影響のもとにその問題について考えており、『不尽言』に次のようにいう、「文字（漢字）と云ふもの、『一・二・三』の（ような基本的な）文字に至るまで、元来一つも日本の物にてはなきことなり。日本には日本の語あつて万事相すむことなり。…文字は中華の物なるを、日本にては日本の語意を以て、それぞれの文字の意味を推量し、日本の語に翻訳し直し、文字に一々和訓をつけて通用し来たれり。その和訓と云ふものは、すなはち字義（漢字の意味）にして、また和語なり。…和訓と云ふものは大概に（大ざっぱに）つけたるものにて、その字の意味をことごとくはどうもつけおほせられぬことなり。文字の内に、和語は同訓にして、その意味の格別なる字（いわゆる同訓異義の漢字）多くあり」。また二八四頁注二参照。こうした儒者の立場からの論を、和語を主とする立場からとらえ直せば、ここの宣長の主張となる。『排芦小船』第二四項には、「古へより先達の抄物（先学の注釈書）、とかく『歌』の字、『詠』の字の字義をのみ委《くは》しく解して、すべて此方《ここ》の詞《ことば》を和訓といふは当らぬことなり《不適当なことである》。「于多《うた》」といふが主《しゆ》にて、「歌」の字は僕従《ぼくじゆう》なり。すべて万《よろづ》みな《万事につけて》この意《こころ》にて、言《ことば》を主とし、文字を僕従として見るべきことなり。よくよく事の本《もと》と末《すゑ》とをわきまふべきことなり。分《とりわけ》きて[三]歌の道におきては、今にいたるまで神代よりいひ来たれる古言《ふること》を尊《たふと》むことなれば《古語を尊重するものであるから》、何ごとも詞の意をよくよく考ふべし。文字は《漢字は》まつたく仮《かり》の物にて、その義を深くいふ《漢字の意味を深く考察》にも及ぶまじきことなり《する必要はないのである》。しかるに人みなこの理《ことわ》りをわきまへず、文字を主として、古言をば仮《かり》の物のやうに心得て万をいふゆゑに《万事を説明するものだから》、ひがこと《あやまりが》多し。かの和訓といふ名目も、このゆゑに用い誤《あやま》れるなり。これかりそめのことに似たれども《ささいな問題と見えようが》、学問の大きなる害となること多きゆゑに、今くはしく弁ずるなり。

さればまづ「于多《うた》」といふ言《ことば》の義をいふべきことなり。「于多《うた》」は「于多布《うたふ》」の体《たい》なり《名詞形だ》。「于多布《うたふ》」は「于多《うた》」の用《よう》なり《動詞形である》。すべて一つの言を[四]体と用とにいふたぐひ多し。それに二つ《二つの》の分《わき》あり《種類がある》。

体の言葉と用の言葉

『うた』と云ふ言《ことば》の意、『ながむる』『よむ』と云ふ意、かつ『歌』の字・『詠』の字を用ゆる意などを説けることなし。これいかなる事ぞや。すべて文字はみな（中国からの）借り物なり。末《すゑ》の（末梢的な）事なり。しかるを文字と我が国の詞《ことば》（漢字とその和訓）と、始めより一つなる物と心得たるか。これ大きなる誤りなり。もとよりある言《ことば》に文字を借り用いたるものと云ふことを知らず。笑ふべし。和訓の、文字に害あることは人々よく知れども、漢字の、我が国の言に害あることを知る人なし。和訓、文字に害あれば、文字、また我が国の語《ことば》に害あること、いはずして知るべし。されば文字につきて言《ことば》を解するは、末をたづねて本《もと》を忘るるなり」といっている。

二 漢字に対する読みと称する道理はない。「訓」というのは漢字を主にした概念であるから、このようにいう。

三 神代のわが国の素直で雅《みやび》やかな精神は、後世になると、和歌の心と言葉の中にのみ保存される、というのが宣長の考え。第六八項（四一三頁）参照。

四 体言と用言。二九六頁注二参照。

一つには、体の言《ことば》の下に[一]はたらく言《ことば》を加へて用とし、省《はぶ》きて体とす。（二〇）たとへば「宿《やど》」といふは体なり。それに「留《る》」を加へて「耶杼《やど》留《る》」といふは用なり。この「留《る》」は良《ら》利《り》留《る》礼《れ》とはたらきて（活用して）、「宿らん」とも、「宿りて」とも、「宿れ」ともいふなり。「束《つか》」は体、「都加奴《つかぬ》」は用にて、これまた[二]奈《な》爾《ね》などとはたらくこと、上に同じ。「綱《つな》」と「都奈具《つなぐ》」、「腹《はら》」と「波良牟《はらむ》」、「否《いな》」と「伊奈牟《いなむ》」、「段《きざ》」と「幾邪牟《きざむ》」などのたぐひ、みな同じ。また「味《あぢ》」と「阿遅波布《あぢはふ》」、「友《とも》」と「登毛奈布《ともなふ》」、「幣《まひ》」と「麻比奈布《まひなふ》」のたぐひは、体の下に二言を加へて用となり、下の一言にてはたらくなり（下の方の一音で活用するのである）。「于多《うた》」は、于多波牟《うたはむ》、于多比天《うたひて》、于多布《うたふ》、于多倍《うたへ》などと、用の時は下の一言波《は》比《ひ》布《ふ》倍《へ》とはたらき、その一言を省きて体になるなり。

さて二つには、下のはたらく言をやがて（そのまま）体にしたるなり。たとへば「思《おもふ》」といふ言は用にて、於毛波牟《おもはむ》、於毛比天《おもひて》、於毛布《おもふ》、於毛倍《おもへ》とはたらくを、「於毛比《おもひ》」といひて体にもなるなり（名詞にもなるのである）。その時、[三]用に

一 「はたらく言」は、今日の文法用語でいう活用語尾。『排芦小船』第二二項では、「すべて体の言の下に、はひふへまみむめ等の活字を付けて、用になること多し」と「活字」という語を用いている。「はたらく」は今日の文法用語の「活用する」の意で、国学者の間で広く用いられた。「活用」の語は、谷川士清《ことすが》の『日本書紀通証』付録の「倭語通音」に見え、宣長も後の『活用言の冊子』では用いている。

二 「つかぬ」はナ行下二段活用なので、「な」という活用語尾はありえない。宣長がうっかり誤ったもの。

三 連用形の「思ひ」と名詞の「思ひ」とではアクセントが異なる、の意。宣長がこのようなことをいうのは、『古今集』の声点《しょうてん》に関する知識を援用したものと推測される。『古今集』の古写本等には、声点というアクセントを示す記号が打たれたものがある。たとえばその代表的な文献である鎌倉時代成立の『古今訓点抄』によると、二五四番歌「千早ぶる神奈備《かむなび》山のもみぢ葉に思ひはかけじ移ろふものを」の名詞の「思ひ」には「平平平」の声点が、六八五番歌「心をぞわりなきものと思ひぬる見るものからや恋しかるべき」の連用形の「思ひ」には「平平上」の声点が打たれてい

て、アクセントが相違することを示す。宣長は京都遊学以前から旧派の歌学をある程度学んでおり、遊学中も冷泉《れいぜい》家の門人である新玉津島社の神官森川章尹や二条派の地下《じげ》歌人有賀長川に歌を学んだ時期があった（『紫文要領』二一八頁頭注＊印参照）から、『古今集』の声点本を実際に見た可能性は少ないにしても、旧派の歌学を学ぶ中で、『古今集』の声点というものの意味を聞き知る機会は十分にあったと思われる。

四　五十音図は平安時代から存在したが、長い間、日本語の音節を整理するための表として用いられてきた。注一にあげた谷川士清の「倭語通音」は、用言の活用という現象を五十音図と結びつけて理解しようとしたごく早い試みで、五十音図を掲出して、各段に簡単な説明を加えている。宣長がここで「第二の音」（イ段）「第四の音」（エ段）によって動詞の連用形の転成名詞を分類したのには、士清の影響があるであろう。宣長がいっているのは、要するに四段活用と下二段活用の違いということであるが、後に宣長の子供の春庭《はるにわ》は『詞八衢《ことばのやちまた》』を著わして、動詞の活用の種類をほぼ今日の文法学説と同じ水準で分類するに至っている。

五　誰を指すか未詳。

六　一一行目にいう「体にも用にもいふ言」。

いふ「於毛比《おもひ》」と、体にいふ「於毛比《おもひ》」とは、そのよぶ音《こゑ》変るなり。「薫《かをる》」「祭《まつる》」「渡《わたる》」「扇《あふぐ》」「趣《おもむく》」「歎《なげく》」「施《ほどこす》」「勝《かつ》」「装《よそほふ》」「畳《たたむ》」などのたぐひ、同じ格にて、下の一言を幾《き》志《し》知《ち》比《ひ》美《み》理《り》などの[四]第二の音《イ段の音》にして《にして》体になること《名詞になることは》、「思《おもふ》」に同じ。今の世に「謡《うたひ》」といふ物はこの格にて、「宇多布《うたふ》」を「比《ひ》」といひて体になしたる詞《ことば》なり。意《こころ》は「于多《うた》」といふに同じ。その例は、上にいへる「耶杼留《やどる》」といふ用の詞《動詞》、「耶杼《やど》」とも「耶杼理《やどり》」とも体にいふがごとし《名詞にしていうのと同様だ》。また延《え》計《け》世《せ》天《て》禰《ね》幣《へ》米《め》礼《れ》など第四の音《エ段の音にして》にて体になるあり《名詞になるのもある》。「栄《さかゆる》」といへば用にて、佐加延牟《さかえむ》などともはたらくを、「佐加延《さかえ》」といひて体にもなるなり。「助《たすくる》」「序《ついづる》」「調《しらぶる》」「教《をしふる》」など皆同格なり。

かやうに《このように》体にも用にもいふ言《ことば》どもは、本《もと》は体の言なるを、後にはたらかして用の言になしたるか、また用の言を体になしたるか、その本《もと》はわきまへがたし。ある人[五]の云はく、「いと上つ代には《非常な大昔には》用の詞のみ多くて、体の言は少なし。されば[六]両用の言は、みな本《もと》は用の言なるを、後に体にもいふなり」と。これもさることなれど《もっともではあるけれど》、詞《ことば》によるべし。よりて按《あん》ずるに《考えるに》、上にあぐる《あげた》二様《ふたやう》のうち、下のはたらく言《ことば》をやがて《そのまま》体になして、「薫《かをり》」とも「助《たすけ》」ともいふやうなるは、用の言が本《もと》なるべきか。また「宿《やど》」「束《つか》」のたぐひは、体が本《もと》にして、それに言を加へて用にもいふなるべし。古語をよく考ふるに、しか《そのよ》思はるることあるなり《うに思われるふしがある》。

されば「于多《うた》」と「于多布《うたふ》」も、いづれが本《もと》とも確かには定めがたけれど、右の意《こころ》にしたがはば、「于多《うた》」といふが本にて、それに言を加へて「于多布《うたふ》」とも「于多比天《うたひて》」とも「于多波牟《うたはむ》」とも「于《う》多倍《たへ》」とも用の言にもいふにや《いうのであろうか》。ただし用にいへることは《動詞に用いた例は》、『古事記』建内《たけのうち》の宿禰《すくね》の命《みこと》の歌に「宇多比都々《うたひつつ》[一]」「麻比都々《まひつつ》」といふ詞あり。『日本紀』[二]にもこの歌見えたり。体に「于多《うた》」といへることは、「神武天皇紀」に「謡[三]、此《これヲ》云《いフ》二宇多預彌《うたよみト》一」とあり、古語なり。されど[四]これは地《ぢ》の詞にて《地の文の詞で》、後よりもいふべければ《後世に加わった説明文かも知れないから》、確かにその時の詞と《神武天皇時代の》

一 中巻、神功皇后の条。「この御酒《みき》を醸《か》みけん人は　その鼓《つづみ》　臼《うす》に立てて　歌ひつつ　醸みけれかも　舞ひつつ　醸みけれかも　この御酒の　御酒の　奇《あや》に　うた楽し　ささ」と見える。

二 「神功紀」十三年二月癸酉条。注一の『古事記』の歌とほぼ同文であるが、「舞ひつつ　醸みけれかも」の句がない。

三 即位前紀戊午年八月の条。「乃為二御謡一之曰」の下に施された訓注。寛文九年版本で「為二御謡一」に「ミウタヨミシテ」と振り仮名をつける。

四 二七七頁注一〇参照。

五 当時一部で行われていた説であろう。谷川士清《ことすが》の『日本書紀通証』五、八雲の神詠のくだりに、「玉木翁(神道家玉木正英) 曰く、『歌《うたふ》』は『謳《うたふ》』なり。『訴《うつたふ》』なり。その志を言ひて、その懐《おも》ひを述ぶる者なり」とある。堀景山の『不尽言』にも、「さて和歌の『歌』の字の訓を『うた』と云ふは、もと『うたふ』にて、『訴《うつたふ》』と云ふ意となり。人情の内に積りたまつてある不平の事を訴へて、その鬱を晴らす義なり」という。

六 正しくは『和名類聚《るいじゆう》抄』。平安中期に成立した漢和辞書。十巻本と二十巻本とがあるが、江戸時代に行われたのは二十巻本である。「刑部省」はその巻五「職官部」に見える。

「うたふ」と「訴ふ」

〔一六〕

はいはれず。この外《ほか》に「于多《うた》」といへること見当らず。とまれかく《とにかく》深く考《かむが》へずともありぬべし《いいのである》。ただ「于多《うた》」は「于多布《うたふ》」の体、「于多布」は「于多」の用と心得てありなん《いればよい》。さて「于多を于多布」と、体・用重ねていふも《名詞・動詞を重ねていうのも》常のことなり。これは後のことなるべし《後世のいい方だろう》。

さて「于多」といひ「于多布」といふ言の意《こころ》は、[五]一説に「『うつたふる』《訴える》なり《の意である》。心のうちに思ふことを告《つ》げ訴《うた》ふる意なり」といふ。今按《あん》ずるに、常には「うつたふ」《ウッタウ》といへども《と促音を入れるが》、「刑部省《ぎやうぶしやう》」を『[六]和名《わみやう》抄《せう》』に「宇多倍多々須都加佐《うたへただすつかさ》」とあれば《といっているから》、「[七]于多布留《うたふる》」が本語にて《本来の言葉で》、「于都多布《うつたふ》」といふは俗語なり。されば「于多布《うたふ》」と「于多布留《うたふる》」と同じ意もあるべければ、[八]かれも一説には備ふべし。この[九]外《ほか》いふべきことといまだ考《かむが》へず《考えつかない》。「推古天皇紀」蘇我《そが》の馬子《うまこ》の大臣《おほおみ》の歌に、「宇《う》[一〇]多豆紀摩都流《たづきまつる》」といふ言《ことば》もあり。

問ひて云はく、「歌」の字の義《意味は》はいかが。

七　終止形がウタフルであると考えているわけではない。ここでは「訴える」という意味のウタフと、「歌う」という意味のウタフを区別するために、前者を連体形で示したのである。

八　ウッタエルの意だというのも一説ではある、の意。

九　後年のことであるが、宣長が初学者に学問の手引きとして著わした『宇比山踏《ういやまぶみ》』に、「語釈（語源の考証）は緊要にあらず」といい、さらに説明して、「語釈とは、もろもろの言の、しか云ふ本《もと》の意を考へて釈《と》くをいふ。たとへば、『天《あめ》』といふはいかなること、『地《つち》』といふはいかなることと釈くたぐひなり。こは学者の誰もまづ知らまほしかることなれども、これにさのみ深く心を用ゆべきにはあらず。こは大方よき考へは出で来がたきものにて、まづはいかなることとも知りがたきわざなるが、しひて知らでも事欠く（不自由する）ことなく、知りてもさのみ益なし。されば、もろもろの言は、そのしか云ふもとの意を考へんよりは、古人の用いたる所をよく考へて、云々《しかじか》の言は云々の意に用いたりといふことをよく明らめ知るを、要とすべし」といっている。

一〇　二十年正月の条。現代の注釈書では「歌を献上する」の意にとるが、契沖の『厚顔抄』に「宴　奉る《うたづきまつる》」の意と解し、『日本書紀通証』もこれに従っている。

答へて云はく、先にいへるごとく、字義は考《かむが》ふるにたらぬことなり。

問ひて云はく、「于多《うた》」に「歌」の字を用ゆるはいかなるゆゑぞや。

答へて云はく、かやうにこそ《このようにこそ》問はるべき《お尋ねになるべきである》ことなれ。「于多」に「歌」の字書くゆゑは、まづ「于多」[一]と「詩」とその心ば《意味は》へもと《本来》同じ物なり（このこと、後《のち》[二]にいふべし）。されば、「于多《うた》」は此方《ここ》《日本の》の「詩」なり。このゆゑに『萬葉集』第十七に「倭詩[三]」といへる所あり。また長歌を「二上山《ふたがみやま》[四]の賦《ふ》」「立山《たちやま》[五]の賦」などといひ、短歌を「並《ならびに》[六]一絶《いちぜつ》」「並[七]二絶」「短歌[八]一絶」などとも書けり《書いてある》。また第五[九]にも「于多」を「詩」と書ける所あり。ただしこれは「謌[一〇]」の字を写し誤れるにて《写し誤ったのでもあろう》もあるべし。また『続日本紀《しょくにほんぎ》』[一一]（二二）にも「詩」といへることあり。さて詩は唐《もろこし》の于多《うた》なり。このゆゑに『古今』の序には〔詩を〕[一二]「加羅能于多《からのうた》」と

〔一七〕「歌」という字と「詩」という字

一 契沖の『古今余材抄』一に、「歌はこの国（日本）の詩なり。…心ざしの言に顕《あら》はるるを『詩』といひ、詩をば永歌すれば（声を長く引いて歌うと）『うた』といふ。名に始終の異なることあれど（心が歌として表われるまでの過程の、始めの方を詩といい、終りの方を歌というという相違はあるが）、その心は同じ。よりて『続日本紀』幷《なら》びに『萬葉』に歌を詩といへり」。なお、三二五頁注五参照。

二 第六二項（四〇三頁）参照。

三 三九六七・三九六八番の二首の歌の前に置かれた漢文の書簡の中に見える。

四 巻一七、三九八五番の題詞。「賦」は中国の韻文《いんぶん》の一種。ここでは長歌という意味で用いてある。

五 巻一七、四〇〇〇番の題詞。

六 巻一七、三九九三番の題詞。「絶」は絶句。ここでは反歌としての短歌という意味で用いてある。

七 巻一七、四〇〇三番の題詞。

八 巻一八、四一二三番の題詞。

九 八一一番の題詞に「僕報詩詠曰」とある。北村季吟の『萬葉拾穂抄』では「詩」を「歌」と改めて、「僕《やつがれ》報ゆるに歌詠みて曰く」と読んでいる。

一〇 「詩」は「歌」に同じ。第二〇項（三二六頁）参照。

一一 底本には「続日本後紀」とあり、「後」字の左傍に圏点を打つ。これは「後」字を省くという符号で、「続日本紀」とあるのが正しい。その個所は原注二一

にあげてある個所で、「称徳紀」宝亀元年三月の条。
一二 歌の六義《りくぎ》を説くくだりに、「そもそも歌のさま六つなり。からのうたにもかくぞあるべき」と見える。
一三 承平四年十二月二十六日の条。送別の宴のくだりに、「からうた、声あげていひけり」と見える。
一四 更衣死後の桐壺院の起居を述べて、「やまと言の葉をも、もろこしのうたをも、ただその筋（妻と死別した話）をぞ枕ごと（口ぐせ）にせさせ給ふ」とある。
一五『書経』のこと。「舜典」は舜の言行を記録した篇。以下の一節は、七行目の『礼記』の一節とともに、『和歌の浦』（『紫文要領』二一八頁頭注＊印参照）の巻四に書き留められている。
一六『礼記』のこと。「楽記」は音楽に関する制度などを述べた篇。「咏」は、声を長く引いて歌うこと。
一七『説文解字』。後漢の許慎《きよしん》著の字書。ただし宣長の当時まだ和刻はなかった。以下、この書の引用はすべて、手近な字書からの孫引きと見るべきである。ここは慶安元年（一六四八）の和刻のある『古今韻会挙要小補』（明《みん》の方日升著の字書。宣長は略して「小補韻会」と称する）からの孫引き。注一五にあげた『和歌の浦』四に『小補韻会』が抄録されていて、その中の「歌」字の項に「『説文』…詠也」とある。
一八 漢代に存在した書物を分類解説した篇。以下の文は、その中の『詩経』関係の書物の解説中に見える。
一九 六朝梁代に編纂された詩文集。その巻二八の挽歌・雑歌の部に「…歌」という題の詩が数編見える。

いひ、『土佐日記』には「加羅于多《からうた》[一三]」といひ、『源氏物語』桐壺《きりつぼ》の巻には「毛呂許斯能于多《もろこしのうた》[一四]」といへり。

かかれば《だから》「于多《うた》」には「詩」の字を書くべきことなるに、これを《この字を》おきて《さしおいて》「歌」の字を書くことはいかにといふに、『尚書《しやうしよ》[一五]』の舜典《しゆんてん》に「詩《ハ》言《フナリ》レ志《こころざしヲ》、歌《うたフハ》永《ながウスル》レ言《げんヲ》」とあるは、詩と歌と二つあるにあら《二つのものがあるのでは》ず《ない》。「歌《うたふ》」とはすなはち詩を長くうたふことなり。ゆゑに『礼《らい》[一六]』の楽記《がくき》に、「詩《ハ》言《フナリ》二其《ノ》志《ヲ》一也。歌《うたフハ》詠《ながムルナリ》二其《ノ》声《ヲ》一也」といひ、また「歌《ノ》之為《たルヤ》レ言也、長《ながク》二言《いフナリ》之《これヲ》一也」といひ、『説文《せつもん》[一七]』には「詠也《ナリ》」と注し、『漢書《かんじよ》』の芸文志《げいもんし》[一八]にも「詠《ながムル》二其《ノ》声《ヲ》一、謂《フ》二之《ヲ》歌《うたフト》一」とありて、もと「歌」の字は用《よう》にのみいひて《動詞としてのみ用いて　ウタウの意である》、うたふことなり。（二三）歌といふ物はなかりしなり。されどもそのうたふ言《ことば》をさしてすなはち歌ともいひて、体《名詞》にもいふことにて、『文選《もんぜん》[一九]』にも載《の》せて、歌といふ物もあるなり。ただしそれも体の別にあるにはあらず《歌という様式が別にあるのではない》。詩と同じことなり。

さて後世にいたりても、「歌」の字は体にも用にも用ゆるなり。

体に歌といふ物を按《あん》ずるに、《考えてみると》その大抵《たいてい》をいはば、《大体のところ》正《ただ》[一]しく詩にはあらねども、詩に似てうたふ物のたぐひをすべて歌といふなり。さて「詩」の字は古《いにし》へより後の世にいたるまで、体にのみ用いて、用に《用言に》用ゆることなし。「歌」の字は右のごとく体にも用にも通用して、字義も《字の意味も》声を長くしてうたふ意《こころ》なれば、此方《ここ》の《日本の》「于多布《うたふ》」といひ「于《う》多《た》」といふ言《ことば》の意も、〔ウタ・ウタウと〕体・用にいふところも、よく相《あひ》かなへるゆゑに、《似かよっているので》「歌」の字を用ゆるなり。また此方《日本でも》にても、唐《もろこし》の書籍《ふみ》を常に学び、詩をも作れるゆゑに、「于多」に「詩」の字を用いては、詩とまぎらはしくもあれば、「歌」の字を用ゆること、かれこれいはれたることなり。《いろいろな点で妥当なことである》

〔一八〕

『釈名』の「歌」の字の解釈

問ひて云はく、『釈名《しやくみやう》』[二]に「人声《ひとノこゑヲ》曰《いフ》レ歌《かト》。歌《かハ》柯《かナリ》也。以《テ》レ声《こゑヲ》吟咏《ぎんえいスルニ》、有《ルコト》二上下《じやうげ》一、如《シ》三草木《さうもくノ》有《ルガ》二柯葉《かえふ》一也」とあり。此方《ここ》の「于多」もこの義なりや。

一 漢詩の一種に「楽府《がふ》」とよばれるものがあって、古く実際に歌われた詩であるが、これに属する作品は「…歌」という題を持つものが多い。こうしたことを念頭に置いての言であろう。

二 後漢、劉熙著の辞書。ただしこの書を宣長が実際に見ていたという他の徴証はない。以下の引用は、契沖の『古今余材抄』一、あるいは『小補韻会』か『康熙字典』の「歌」の項の孫引きか。文意は、「歌《か》」の語源は「柯《か》（木の枝）」である、歌う時に声が高くなったり低くなったりするのが、草木の枝葉が風に上下するのに似ているので、「歌」を「柯」というのである、の意。歌を論ずる際に『釈名』のこのくだりを根拠にあげるのが、歌論の一つの型だったらしく、藤原定家の『詠歌大概』を細川幽斎《ゆうさい》が注した『詠歌大概抄』や、契沖の『古今余材抄』一に、このくだりが肯定的に引用されている。

答へて云はく、あらず《そうではない》。これは「歌」[三]の字の音《こゑ》につきていへる説なり。文字の音は《漢字音は》此方の言には《日本の言葉には》あづかることさらになし《まったく関係しない》。「于多《うた》」といふ言《ことば》につきてこそ、義理は《意味は》注すべきことなれ《解釈すべきであって》、「歌」の字の音につきたる義をもて「于多」の義とせむことは《しようとするのは》、大きにいはれぬことなり《大いに筋の通らぬことである》。それも「于多」と「歌」の字とは義理よく相かなひたれば《意味が似かよっているので》、「歌」の字の義にかなへる説《意味にぴったりした説》ならば、「于多」の義にもおのづからかなふまじきものにもあらねど《あてはまらないものでもないが》、かの「柯也《かナリ》」といふ説は、「歌」の字の義にもかなはず、牽強《けんきやう》の説なり《こじつけである》。さればまして此方《ここ》の「于多」にはさらに《まったく》当らぬことなり。

すべてこれのみならず、字の音《こゑ》[四]によりていへる字義は、しひたる《こじつけた》こと多し。なづむべからず《とらわれてはいけない》。まして此方《ここ》[五]の言《ことば》を解《げ》するに、文字の注《漢字の》ばかりを見て心得るは、大きなるひがこと《あやまり》なり。言《ことば》の意《こころ》と文字の意と、相かなふやいなやを《対応するかどうかを》考へて後に、文字の義を考ふべし。それも言の意だにも《言葉の意味さえ》明らかならば《明らかになったら》、文字は借り物なれば《漢字は後からあてはめたものなのだから》、深くいふべきこ

三 「歌」の字のカという字音。

四 賀茂真淵の『冠辞考』付言の頭書《かしらがき》に、「後世の人、皇朝の古《いにし》へを知らで、唐国《からくに》の音韻をもてここ（日本）の語をも仮字《かな》をも定めんと思ふは、はなはだしきひがことなり」という。なお後年の『玉勝間』二の「おのが物まなびの有りしやう」によれば、宣長は宝暦七年（一七五七）十月、京都から松阪へもどったが、もどって間もないころ、その年六月に刊行されたばかりの『冠辞考』に接し、くり返し読んで深い感銘を受けた。これが真淵という人物の名と業績を知った最初であった。

五 日本の言葉の意味を解釈する際に、その言葉に当てられている漢字についての注だけを見て理解するのは。注二であげた細川幽斎や契沖は、「うた」という和語の解釈に、「歌」という漢字についての中国の字書の説明を根拠にしている。また三二二頁注一の契沖の説明の仕方も、「歌」という漢字と「うた」という和語とを直結させている。そのような態度を宣長は批判する。また、三一六頁注一参照。

とにもあらず。しかるに文字の義理のみをくはしくいひて、それを此方《ここ》の言《ことば》の義とするは、はなはだ誤りなり。

〔一九〕「謡」という字

問ひて云はく、「神武《じんむ》天皇紀」に「為二御謡一之曰《みうたよみしてのたまはく》、謡、此《こレヲ》云《いフ》二宇《う》多《た》預《よ》瀰《みト》一」とあり。「謡」の字も「于多《うた》」に当るか。

答へて云はく、「歌謡」といひて、大方《おほかた》「歌」も「謡」も同じことなり。ただし、『詩経《しきやう》』の魏風《ぎふう》の中の詩に「我歌《われうたヒかツ》且謡《うたフ》」といふ言あり。これは「有《あルヲ》二章曲《しやうきよく》一曰《い》レ歌《かト》、無《キヲ》二章曲一曰《いフ》レ謡《えうト》」とありて、『説文《せつもん》』にも「謡徒歌也《ハただノうたナリ》」といへり。分きていふ時は（区別していう時は）かくのごとくなれども、『紀』に「謡」の字を書けるは、「歌」の字と差別あるにあらず（区別しているわけではない）。このゆゑにかの「御謡」といへる「于多」を、「是謂《こレヲいフ》二来目歌《くめうたト》一。今《いま》楽府《がふ》奏《そうスル》二此歌《ノヲ》一者《もの》云々」とあれば、正《ただ》しき歌なり（紛れもない歌である）。

〔二〇〕「謌」「哥」と「歌」

問ひて云はく、「謌」「哥」などは「歌」の字と差別《けぢめ》ありや。

一 三二〇頁注三参照。「のたまはく」は、「曰」に対して宣長のつけた訓。三二八頁注一参照。
二 「園有桃」篇の一句。
三 『小補韻会』(三二三頁注一七参照)の「謡」の項に、「楽書、韓詩曰」として、この文章をあげる。「楽書」が「韓詩」を引用しているのをそのまま引用する、の意。宣長はさらにそれを孫引きしているのである。「章曲」はメロディー。「楽書」は『史記』の篇名。「韓詩」は『詩経』の注釈書『韓詩外伝』。「我歌且謡」に対する朱子の『詩集伝』の注には、「曲に合《がつ》するを歌と曰《い》ひ、徒《ただ》に歌ふを謡と曰ふ」とあって、本項と同趣旨のことを論じた『排芦小船』第二三項にはこちらを引いてある。要するに、メロディーに合わせてうたうのが「歌」であり、ただ勝手にうたうのが「謡」であるという区別。
四 『小補韻会』の「謡」の項の孫引き。
五 『日本書紀』を略していう。
六 「神武紀」で、三〜四行目の引用部分に続けて歌謡を一首あげ、その次にある文章。訓は底本の訓点に従う。「楽府」は『書紀』寛文九年版本に「トヨノアカリ」と傍訓するが、底本には音読を指示する連字符がある。後の『古事記伝』一三に、「神武紀」のこの語をあげて、「ウタマヒノツカサ」と読むべしといい、中国漢代の楽府《がふ》(歌舞音曲を管理する役所)と類似する役所が、わが上代の宮廷にもあったのであろうと推測している。「来目歌」（久米歌）は久米部《くめべ》（大伴氏の支配下にあった集団）が伝承した歌。『古事記伝』一九に説明がある。始めに「謡」と称したウタを次に「歌」と称しているのだから、「謡」字と「歌」字とに、意味の区別による使い分けはない、ということをいっている。

七『小補韻会』などの字書類にこの三字を同意とするほか、『八代集抄』の『古今集』仮名序の注に、「『うた』は、『歌』『哥』同じ。定家卿自筆の懐紙に『謌』の字を書かれたり」とある。

八「歌を作る」という意味を表わす本来の言葉。

九 たとえば二六九頁注九・一〇の八千矛の神の歌、沼河比売の答歌、同頁注一一の須勢理毘売《すせりびめ》の歌の前にそれぞれ「歌曰」とある。ここで宣長のいいたいのは、「歌」字を名詞ととって、「歌に曰く」と読んではいけない、ということ。『古事記伝』では「うたひたまはく」という訓になっている。

一〇 三二〇頁注三参照。

一一 このこと、三二〇頁一四行目に既述。

〔二一〕「歌をよむ」といういい方について

答へて云はく、[七]みな同じことなり。

また問ひて云はく、歌を「与牟《よむ》」といひ、「詠《えい》ずる」といひ、また「詠」の字を「那賀牟流《ながむる》」といふ、これらの義いかが。

答へて云はく、「于多余牟《うたよむ》」といふは、やや後のことなるべし（時代が下ってからのことだろう）。そのゆゑは「于多布《うたふ》」が「于多《うた》」の用語なれば（動詞形であるから）、[八]根本の詞《ことば》にはただ「于多布」といふべし。このゆゑに『古事記』に歌を載《の》するとて「歌[九]曰」と書けるを見るに、上の文章の続きやう、「于多比天伊波久《うたひていはく》」とよむべき所多し。これ古語には「于多布」といへるゆゑに、そのままに書けるものなるべし。「余牟《よむ》」といふことは、やや後のことなるべし。

ただし「神武天皇紀」に「[一〇]宇多預瀰《うたよみ》」といふ言あり。ただしこれは[一一]後よりいへる言なるべければ（後世になってからいった言葉であろうから）、確かにその時の言とは定めがたけれど、『紀』の出で来たるより以前の古語にてはあるなり。しかるに「余牟《よむ》」とはなくて「預瀰《よみ》」とある「瀰《み》」の字は、下に読み続けむためのはたらく《活用語尾としてのミではなく》「瀰《み》」にはあらで、体語と聞ゆるなり《〔ヨミは〕名詞と思われる》。ゆゑに「[一]美于多余美志天能多麻波久《みうたよみしてのたまはく》」と読ませたり。後には『枕草子』にも「歌よみしておこせたる《歌を詠んでよこした》」といふこと二所《ふたところ》[二]あり。今も女童《をんなわらべ》の詞にもいふなり《女や子供の言葉としてもいう》。さてその「于多余美《うたよみ》」といふも、もと「歌をよむ」といふことあるゆゑの詞なるべければ、「余牟《よむ》」といふもいと《非常に》古き言《ことば》と見えたり。「于多布《うたふ》」といひては、古き歌を「吟詠《うたふ》」にもまぎるる《まぎれる》ことあれば、今新《あら》たに製作することをば「余牟」といひて、新古をわきまふる《区別する》ためにてもあるべし。

すべて「余牟」といふ言の意《こころ》を按《あん》ずるに《考えてみるに》、まづ「書《しよ》をよむ」「経《きやう》をよむ」などいふ、常のことなれど、これらは書籍わたりて後のことなり《書物が中国から渡来して後のことである》。もとはあるいは歌にもあれ祝詞《のりと》のたぐひにもあれ、本《もと》より定まりてあるところの辞《ことば》を今[三]まねびて口にいふを、「余牟」といふ。それも声を長めてうたふをば「余牟」とはいはず、ただよみにつぶ《普通の抑揚で》《ぶつぶ》

一「神武紀」の当該個所（三二六頁三行目）で、「謡、此云二宇多預瀰一」という訓注を受けて、本文の「為二御謡一之曰」の「為二御謡一之」の部分に対して寛文九年版本に「ミウタヨミシテ」と傍訓がある。「のたまはく」は「曰」に対する訓で、宣長が考えたもの。

二「すさまじきもの」の段（『春曙抄』二）に、「昔おぼえて異なることなき歌よみしておこせたる」。「頭の弁の御もとより」の段（『春曙抄』七）に、「さやうの物ぞ歌よみしておこせ給へると思ひつるに」。

三「まねぶ」は「まねをする」の意であるが、既存の歌や文章を口に出していうのは、その歌や文章をまねることである、という意味合で、「そのまま口に出していう」の意にも用いる。

四 仏教の呪文《じゆもん》の一種。漢訳しないで、サンスクリット語のまま唱えるものをいう。

五 兎が鰐《わに》に向っていう言葉に、「走りつつ読み度《わた》らむ」とある。すなわち、居並んだ鰐の数を数えながら、向うの島へ渡ろう、の意。

「よむ」の原義は「口に出していう」

六「よむ」はこの神話においては「数える」という意味であるが、「よむ」という言葉を表わすために、「よむ」に対応する漢字として通常用いられる「読」を、その字の意味とは無関係に用いた、の意。

七 巻一七、三九八二番歌、巻二〇、四三三一番歌など。

つぶと《つと》まねびいふを《声に出していうのを》しかいふなり《そういうのである》。後の世に「経を誦《よ》み」「陀羅尼《だらに》[四]を誦《よ》む」と同じことなり。さて後に書籍《ふみ》わたりては、それに向ひて文《ぶん》の詞《ことば》をまねびいふをも《そのまま音読するのをも》、同じく「余牟《よむ》」といふなり。

　さてまた物の数を数ふるをも「余牟」といふこと、古語《ふること》なり。神代《かみよ》の『古事記』上巻、稲羽之素兎《いなばノしろうさぎ》[五]の故事《ふること》を書ける所に見えたり。神代のことなり。すなはち「読」の字を書けり。これ字義[六]にかかはらずして古語のままに書けるなり。『萬葉集』にも「月日余美都々《つきひよみつつ》[七]」などよめること多し。また第四巻に「月日乎数而《つきひをよみて》[八]」、第十一に「打鳴鼓《うちなすつづみ》[九]数見者《よみみれば》」などもあり。歌・物語にも多し。今の俗語にもいふことなり。されば、本《もと》（三）定まりてある辞《ことば》を口にまねびて《暗誦して》いひ連《つら》ぬるも、物の[一〇]数を数ふるに似たれば、その意《こころばへ》同じことなり。

　これにつきて、歌を始めて製作するを「余牟」といふに、二つの義あるべし。

　一つには、まづ「余牟」といふはもと右にいへるごとく、定まり

歌を作ることを「よむ」という理由

八　五一〇番歌。寛永二十年版本では「月日乎数而《ほどをかぞへて》」と読んでいる。宣長が「つきひをよみて」と読むのは、契沖の『萬葉代匠記』の訓に従ったもの。京都遊学中筆録の『本居宣長随筆』二の第一四六項に『代匠記』（初稿本）の抄録があって、宣長が早くからこの書の、少なくとも初稿本には接していたことが知られる。さらに、三六三頁注一〇で示すように、本書『石上私淑言』執筆時には精撰本をも見ていたと思われるふしがある。以下に『代匠記』を引用する際は精撰本によることとする。

九　二六四一番歌。「よみみれば」は宣長の考えた訓。寛永二十年版本では「かぞふれば」と読み、『代匠記』では「かぞへみれば」と読んでいる。なお「鳴」は底本「嗚」。原典により改めた。

一〇　『排芦小船』第二三項には、「また物をかぞふることも『よむ』と云ふ。これも二つ三つ四つと、声に出だしてよむなり」という。また『古事記』下、允恭《いんぎよう》天皇の条で、軽《かる》の太子《ひつぎのみこ》と衣通《そとおり》の郎女《いらつめ》の歌をあげた次に、「此二歌者読歌也《このふたうたハよみうたナリ》」とあるが、その「読歌」ということについて、『古事記伝』三九にいう、「『読歌』は、楽府《うたまひのつかさ》（三二六頁注六参照）にて、他《ほか》の歌曲《うた》のごとく声を詠《なが》め（のばし）文《あや》なしては歌はずして、直誦《ただよみ》に読みあぐるごと唱《とな》へたるゆゑの名なるべし。すべて『よむ』と云ふは、物を数ふるごとくにつぶつぶと唱ふることなり」。

てある詞をただ詞に（普通の物いいで）つぶつぶとまねびいふことなり。されば古き歌をも、後にうたはずして（節をつけて歌わないで）ただよみに（普通の抑揚で）つぶつぶとまねびいふをば（声に出していうのを）、「余牟《よむ》」といへるなるべし（いったものであろう）。『古事記』に「[一]此《コノ》二歌《ふたうた》者《ハ》読歌《よみうた》也《ナリ》」といへることあり。これはすべて、歌を載《の》せて次に、あるいは「[二]夷振也《ひなぶり》」「[三]宮人振也《みやびとぶり》」「[四]宇岐歌也《うきうた》」などとあるはみな、後世に遺《のこ》りて「奏《うたふ》」につきて、名づけたる目《な》なり。「読歌也《よみうた》」とあるは、この歌は他の歌のやうにうたはずして、後世までただよみに誦《よ》む歌なるゆゑに、か（この）く称せしなるべし（ように称したのであろう）。されば始めて新《あら》たに製作したる歌をも、うたはずして、ただよみに誦《よ》み聞かせたることも多くありけらし（あったであろう）。それがならひになりて、おのづから製作することをも「余牟」といふやうになりけるなるべし。「于多布《うたふ》」といひては、古歌を吟詠《うたふ》にまがふこともあり、また必ずしもうたはぬことも多かれば、すべてうたふもただよみに誦《よ》むもみな、製作するをば「余牟」といふことにはなれるなるべし。

一 三二九頁注一〇参照。

二 『古事記』上。二六九頁注一三の下照姫の歌をあげた次に、「この歌は夷振なり」とある。『古事記伝』一三に、「かく『某振《なにぶり》』『某歌《なにうた》』といふは、みな後に楽府《うたまひのつかさ》にて呼べる名なり。そもそもこの『記』『書紀』などに載れる歌は、いづれも上つ代《かみのよ》の多くの歌の中にも優《すぐ》れて美《めで》たき限りなれば、多くは楽府にも取られて、管絃《ことふえ》にかけ、儛《まひ》にも合せて、奏《うた》ひし歌どもなり。そが中に『某振』と呼ぶは、まづ振《ぶり》とは、…歌にては、奏《うた》ふ声の長短巨細低昂《ながみじかふとほそあがりさがり》などの貌《さま》なり。…さて楽府に用ゆる歌は、奏ふに種々《くさぐさ》の振のあるゆゑに、その振々の各々名を付けて、『某振《なにぶり》』とは云ふなり」と詳しい。

三 『古事記』下、允恭天皇の条。大前《おおまえお》小前《まえ》の宿禰《すくね》の歌をあげた次に、「この歌は宮人振なり」とある。

四 『古事記』下、雄略天皇の条。天皇の「みなそそく…」の歌をあげた次に、「こは宇岐歌なり」とある。名称の意味について、『古事記伝』四二に、「いかなる由《よし》の名にか、未だ思ひ得ず。…若しくは詠《うた》ふ声の浮沈《うきしづみ》を以て号《つ》けたるにて、浮歌《うきうた》にや」という。

五 『古事記伝』三九に、三二九頁注一〇引用のくだりに続けて、「物を数ふるをも『よむ』と云へり。また歌を作るを『よむ』と云ふも、心に思ふことを数へたてて云ひ出づるよしなり。されば『歌よむ』と云ふは、漢国《もろこし》にて詩を作るを『賦す』と云ふ『賦』とおのづからよく似たり」という。

六 『釈名』については三二四頁注二参照。ここは『小

いま一つの義は、歌は心にあはれと思ふ事どもをいひ連《つら》ぬること、[五]物を数ふると同じ意《こころばへ》にて「余牟《よむ》」とはいふなり。唐《もろこし》《中国で》にて詩を作ることを「賦《ふ》する」といふに、この義かなへり《合致している》。『釈名《しやくみやう》』に云はく、「[六]敷《ふ》二布《スル》其義《そのぎヲ》一、謂《いフ》二之《これヲ》賦《ふト》一」と。これ物を数ふるを「余牟」といふとその義同じ。このゆゑに此方《ここ》《日本で》にて歌を六種《むくさ》に分《わか》てる中に《分類した中に》「[七]加叙幣于《かぞへう》多《た》」といへるを、詩の六義《りくぎ》の中の「賦《ふ》」に当てたり。また『漢書《かんじよ》』に班固《はんこ》が云はく、「[八]不《ずシテ》レ歌《うたハ》而誦《しようスルヲ》、曰《いフ》レ賦《ふト》」と。これまた「余牟《よむ》」といふにかなへり。鄭玄《ぢやうげん》が云はく、「[九]賦者《ふハ》或《あるイハ》造《つくリ》レ篇《へんヲ》、或《イハ》誦《ス》レ古《ふるきヲ》」と。これまた此方《ここ》にて、新歌を始めて製作するをも、古歌をただよみによむをも、ともに「余牟」といふにまつたくかなへり。「雄略《いうりやく》天皇紀」に「[一〇]詔《みことのりシテ》二群臣《きむたちニ》一曰《いハク》、為《ためニ》レ朕《わガ》讃《ほメテ》二蜻蛉《あきづヲ》一歌賦之《うたよみせよト》。群臣莫《なシ》二能敢《よクあヘテ》賦《よム》者《もの》一」。これすなはち「賦」の字を「余牟」と訓ぜり。『萬葉』第二十にも「[一一]賦《ふスル》レ雪歌《ヲ》」と書ける所あり。（二四）ただしこれらは、その詞《ことば》の義《〔賦という〕字の》のかなへる《意味がふさわしいから》ゆゑにかく書けるにはあらず《このように書いたわけではない》、ただ《〔中国の〕》「賦《スル》レ詩《ヲ》」といふに《という言い方に》

補韻会』の「賦」の項、または『古今余材抄』一の孫引きか。ある事がらを詳しく述べるのが「賦」である、の意。詳しく述べるということは、その事がらの特徴を数え上げるということでもあるから、和語の「よむ（数える）」と似る。

七 『古今集』仮名序にいう歌の六義《りくぎ》（四七四頁注七参照）のうちの「かぞへ歌」は、詩の六義の「賦」に当る。契沖の『古今余材抄』一に「かぞへ歌」に注して、「賦なり。…（この頁の四行目に見える『釈名』の一節をあげて）…たとへば物の多かるを一つ二つと数をよみゆくやうにて、ありのままなるを『かぞへ歌』といふなるべし」とある。旧注の「かぞへ歌」の説明は奇妙な点があり、宣長は『釈名』を引いたことを含めて契沖の説に従っている。

八 「芸文志《げいもんし》」（三二三頁注一八参照）の詩賦関係の書物の説明の一節である（「班固《はんこ》」は『漢書』の撰者）が、『小補韻会』の「賦」の項の孫引きであろう。

九 原典未詳。『小補韻会』の「賦」の項の孫引き。「賦」は、作品を作ることにもいい、既存の作品を読み上げることにもいう、の意。「鄭玄」は後漢の学者。

一〇 四年八月庚戌条。訓は底本の訓点を主とし、寛文九年版本を参照しつつ、校注者の若干の私見を加えた。「歌賦《ウタヨミ》」「賦《ヨム》」の訓は底本にあり、これは寛文九年版本に従ったものである。

一一 四四三九番の題詞。

ならひて書けるまでなり。

さて右二義のうち、後の義はおのづから「賦」の字の意《こころ》と相《あひ》かなひたるはさることなれども《そのとおりであるけれど》、上古《じやうこ》の言のやう《言葉のあり方》、事の心を《事がらの本質を》つらつら思ふに、なほ前[一]の義まさるべきなり。

さてすべて「余牟《よむ》」といふ言《ことば》には「読」「誦」などの字を用ゆるなり。「読」の字は大方書籍《おほかたふみ》に向ひて余牟ことに書く字なり。「誦」は『周礼《しゆらい》』[二]の「春官《しゆんくわん》」大司楽《だいしがく》に「諷誦《ふうしよう》」とある注に、「背《そむクヲ》レ文《ぶんニ》曰《いフ》レ諷《ふうト》。以《もつテ》レ声《こゑヲ》節《せつスルヲ》レ之《これヲ》曰《いフ》レ誦《しようト》」[三]といへり。此方《ここ》の「余牟」といふ言《ことば》にかなへり。ゆゑに物語文《ものがたりぶみ》などにも「歌を誦《ず》する」といへること多し、ただし古歌をよみあぐることなり《読みあげる場合である》。新《あら》たによむことにはこの字さらに《まったく》かなはず《ふさわしくない》。新たに製作することを「よむ」といふには、「賦」の字よくかなへること、右にいへるがごとし。『日本紀』[四]にも〔賦の字を〕「余牟」と訓じたる例あれば、いよいよ確かなり。しかるに後世には歌を製作するを「余牟」といふに、「詠」の字を用ゆるは、当らぬことな

歌を作るの意で「詠」字を用いるのは不可

一 後年の『古事記伝』三九では、三三〇頁注五で見たように、歌を作ることを「よむ」というのは「数える」の意からきたといって、右の後説を採用しているから、説が変ったわけである。

二 周の官制を記した書。「春官」はすべての官職を六つに大別したうちの一つ。「大司楽」は音楽を担当する官の長。ただしここは、『小補韻会』の「誦」の項に引用されているものの孫引きであろう。

三 文章に背を向けて暗誦するのを「諷」といい、その暗誦の際に声に節《ふし》をつけるのを「誦」という、の意。

四 前頁注一〇参照。

り。この字の義は下[五]にくはしくいふべし。
また『古事記』に「作[六]二御歌一」といひ、『日本紀』にも「作[七]レ歌」など書き、また（二五）『三代実録《さんだいじつろく》』などにも「作[八]」と書き、『萬葉』にもみな「作[九]」と書けり。これらはみな唐《もろこし》に「作レ詩《ルヲ》」といふにならひて書けるなり。大方《おほかた》漢文に書ける物にはみな「作」とあるなり。『萬葉』も詞書《ことばがき》はみな漢文なれば、しか書けるなり。さて古言《ふること》に「歌を都久留《つくる》」といふことは聞きつかねば、右の「作」の字もみな「余牟《よむ》」と訓ずべきことなり。「神代紀」に「為[一〇]レ歌之」、「神武帝紀」に「為[一一]二御謡一之」など、「為」の字を書けるをもみな「美宇多余美《みうたよみ》」と訓じたるに準《なぞら》へて、「作」の字も「余牟」といふべし。「都久留《つくる》」といふことはなき言なり。「顕宗天皇紀《けんそう》」に「詞人[一二]」を「于多都久留比登《うたつくるひと》」と訓じたるは、「作レ歌」といふ字を見て、それによりて後の人のしたる訓なるべし。古言にあらじ。これは「于多毘登《うたびと》」とか「于多余牟比登《うたよむひと》」とか訓ずべし。

「作レ歌」は「歌をよむ」と訓ずるのがよい

そのように書いてあるのだ

聞きなれないので

五 第二三項（三三五頁）参照。
六 上巻、素戔嗚《すさのお》の尊《みこと》の八雲の神詠を掲げる前に、「爾作二御歌一」とある。二六六頁三行目の引用部分では、底本に「爾作二御歌一《チルミウタ》」と返り点・送り仮名がほどこされていて、「作」を「つくる」と読んでいる。これは『鼇頭古事記』に「爾作二御歌一《チリタマフヲ》」とあるのに引かれたのであろうが、この頁の六〜八行目にみずからいうことと矛盾している。『古事記伝』九では、「爾作御歌《かれみうたよみしたまふ》」と読んでいる。
七 たとえば「雄略紀」十三年九月の条。二七二頁一〇〜一行目の旋頭歌を掲げる前に、「作レ歌曰」とある。
八 元慶四年五月二十八日の条。在原業平の履歴を述べた中に、「善作二倭歌一」とある。
九 例は多いが、寛延元年（一七四八、宣長十九歳）五月十五日起筆の『和歌の浦』第二冊の表紙裏の書きこみに、『萬葉』にて、歌を『作歌』『歌《ママ》』などあり」とあるくだりには、巻六、一〇五九番の題詞「春日悲二傷三香原荒墟一作歌一首并短歌」などがあげられている。
一〇 第九段、一書第六。二七四頁注一の歌を掲げる前に「乃為歌之曰」とある。寛文九年版本で「すなはちうたよみしてのたまはく」と訓ずる。
一一 三二六頁三行目参照。
一二 即位前紀に見える。寛文九年版本で「うたつくるひと」と読む。

すべて「都久留《つくる》」といふ言《ことば》は、体《かたち》のある物にいふ言なり（形のあるものについていう言葉である）。歌は口にいひてその声のみありて、形なき物なれば、「都久留」とはいふべからず。(二六) すべて此方の言と唐の言と（日本の言葉と中国の言葉と）、まつたく同じきこともあり、また変ることもあるなり。唐《もろこし》にて「作」の字は、形ある物を作るにも詩文などを作るにもわたる（適用しうる）字なり。此方《こゝ》にて「都久留」の言は歌（歌）などやうの（などのような）ことにはわたらず。これ文字の義と言の義と（漢字の意味と和語の意味とで）分別あると（違いのある点で）ころ（ある）なり。

〔二二〕「古歌をよむ」といういい方について

問ひて云はく、新歌を製作するを「余牟《よむ》」といふゆゑは聞えたり（了解しました）。古き歌を「今よむ」とはいかが。

答へて云はく、前にもいへるごとく「余牟」といふ言はもと、もとより定まりてある詞を今まねびいふことなり（口に出していうことである）。されば人のよみおきたる歌を今まねびいふをもまた「余牟」といふなり。『枕草子』に、「をかし（二 趣きがあると）と思ひし歌などを、草子に書きおきたるに、げす（身分の低い者）のう

一 宣長が以下のように主張するのは、記紀歌謡・『萬葉集』において、一字一音表記ではっきり「つくる」と読める例が、建物・田畑などの具体物の造営について用いられているということを論拠にしたものか。『古事記』巻頭の、諸神がイザナギ・イザナミに下界にただよっている国を堅固に造営せよと命ずるくだりに、「修理固成」とある。『鼇頭《どうとう》古事記』ではこの語句は「をさめかためなせ」と読まれているが、宣長は『古事記伝』において「つくりかためなせ」と読みを改めた。これも、前頁にいうところの、記紀に見える「作レ歌」という表記の「作」を「よむ」と訓ずべしという論とは逆の方向ながら、ここに述べる主張にもとづく訓であろう。

二 「をかしと思ひし歌などを」の段（『春曙抄』一二）。

ちうたひたるこそ心憂けれ《がその歌を歌っているのはいやなものだ》。よみにもよむかし《ひたすら声をはり上げることだ》」とある、これなり。

さて「于多布《うたふ》」は声を長くしてうたふこと、論なし《無論である》。「余牟《よむ》」は声を長くせずして、ただ詞のやうに《普通の物いいのように》つぶつぶと読みあぐることなり。『萬葉』第八に[三]「右二首、若宮《わかみやノ》年魚麻呂《あゆまろ》誦《よム》レ之《これヲ》」、第十六に[四]「誦《よム》二此《ノ》歌《ヲ》一」、また第二十に[五]「右二首、左大臣読《よム》レ之《ヲ》」[六]「主人大原《おほはらノ》今城《いまき》伝《つたへ》読《よム》」などとある、みな古歌を読みあぐることなり。

〔二三〕「詠」という漢字について

問ひて云はく、「詠《えい》ずる」といふはいかが。

答へて云はく、「詠」の字は、声を長くしてうたふ義なり《意味である》。前に引ける『尚書《しやうしよ》』[七]の舜典《しゆんてん》に「歌《うたフハ》 永《ながウスルナリ》レ言《げんヲ》」とある「永」の字、すなはち「咏」[八]「詠」に通じて、「歌」の字と同じ意なり。このゆゑに『説文《せつもん》』[九]に「詠《えいハ》歌《うたふナリ》也」、また「歌《かハ》詠《えいずるナリ》也」とたがひに注せり。さればこの字を「奈我牟流《ながむる》」とも「于多布《うたふ》」とも読ませて、古歌にても新歌にても声長くうたふこと《声をのばして歌うことである》なり。

三 一四二九・一四三〇番の左注。『萬葉拾穂抄』では若宮年魚麻呂《あゆまろ》を歌の作者ととって、名前を歌の前に出している。

四 三八一六番の左注の一節。『萬葉拾穂抄』では「誦《ずうシテ》二斯《この》歌《ヲ》一」と読み、頭注に「詠吟し給ふとなり」という。

五 四四五五・四四五六番の左注。

六 四四八二番の左注の一節。

七 三二三頁注一五参照。

八 『和歌の浦』四に、『小補韻会』の「詠」の項が抄録されていて、「或いは『咏』に作り、或いは『永』に作る」とある。「詠」字を「咏」とも「永」とも書く、の意。

九 『和歌の浦』四に抄録する『小補韻会』の「詠」「歌」の項に、それぞれ『説文』を引いて以下のようにある。孫引きであろう。

しかるに後世にいたりて、「余牟《よむ》」といふにこの字を用いて、歌を製作することとするは、字義かなはず（詠の字の意味と合致しない）。ただし歌は「[一]于多布《うたふ》」といふが根本の称呼なれば、「詠」の字書きて「于多布」と訓ぜば、新たに製作するにも用ゆべし。「余牟」といふにこの字は当らず。されど中古以来おしなべて、この字を「余牟」といふに用ゆることになれり。古《いにし》へはただ声を長くしてうたふことにのみ用いたり。『古事記』に云はく、「[二]此歌《このうたは》者国主等《くずらガ》献《たてまつル》二大贄《おほにへヲ》一之時々《ときどき》、恒《つねニ》至《いたルマデ》二于今《いまニ》一詠《うたフ》之歌者也《うたナリ》」、『日本紀』「崇神帝紀《すじん》」に「[三]乃《すなはチ》重《かさネテ》詠《うたフ》二先《さきノ》歌《うたヲ》一」などとあり。『萬葉』第十六に浅香山《あさか》の《の》歌を載せたる所に「[四]詠二此ノ歌ヲ一」とあるは、新《あら》たによめる歌なれども、「それをすなはちうたひたる」（その歌をそのまま節をつけて歌い上げた）といふことを「詠」と書けるなり。歌はもとうたふ物なれば、新たに製作するをも「詠」と書くは、うたふ義にて書くなり（書くのである）。それを「余牟」と訓ずることは、古くは見えず。

また『萬葉』第七・第十に「[五]詠レ天ヲ」「詠レ月ヲ」「詠レ鳥ヲ」「詠レ霞ヲ」な

一 以下四行目文末までの意をとると、「うた」はもともと「(声に出して)うたう」ものなのだから、「詠」字を、漢字の字義に即して「うたう」と読むのならば、歌を創作してうたい上げるということをいう場合にもこの字を用いて差支えない、ただしこの場合、「詠《うた》う」は「うたい上げる」ことを表わしているのであって、「歌を創作する」ことを表わすのではない、ということ。この頁の一一〜一二行目参照。

二 中巻、応神天皇の条。訓は底本の訓点に従う。「詠《うたフ》之」は、『鼇頭古事記』に「詠之《ナガムル》」とある訓を、改めている。

三 十年九月壬子条。訓は底本の訓点に従う。これは寛文九年版本のままである。

四 三八〇七番の左注の一節。『萬葉拾穂抄』で「詠《メリ》二此歌ヲ一」と仮名を送る。宣長が後文に「それを『余牟』と訓ずることは、古くは見えず」というのは、この『拾穂抄』の訓に対する批判をこめてのもの。

五 「詠《ズ》レ…」という送り仮名は底本のまま。『萬葉拾穂抄』では「詠《よメル》レ天ヲ」などと訓ずるが、宣長は以下に述べる漢詩の「詠物」に由来するという主張に従って、「詠」を音読した。

どいふこと多し。これはうたひたるといふにはあらず。詩に「詠《えい》[六]物《ぶつ》」とて、草木《さうもく》・禽獣《きんじう》、その外《ほか》何にても「詠《えいズ》レ某《それヲ》」といふことあるにならひて、書けるもの《書いたのである》なり。されどこれは詩の一つの様《やう》にして《詩の一つの形式であって》、おしなべて《全体にわたって》いふことにはあらず。よりて『萬葉』にも詠物にのみ書きて、なべてのことに《全体についていうことではない》あらず。「詠《ズ》レ恋《ヲ》」[七]「詠《ズ》ニ述懐《じゆつくわいヲ》一」などといふことはなきなり。

とにかくに歌をよむといふにすべて「詠」の字を用ゆるは、すこし当らぬことなり。同じことながら「詠歌《えいか》」(二七)といふはよきなり《差支えない》。これは二字[八]ともに「于多布《うたふ》」といふ意にて、歌を製作[九]することの根本の義にかなへり。それも後世には悪《あ》しく心得て《間違って理解して》、「詠歌」の二字を「歌を詠《よ》む」といふ義と思ふはたがへり《誤りである》。唐《もろこし》にても「詠歌する」といひて、二字ともにうたふことなり。ゆゑに「歌詠《かえい》」ともいふなり。

〔二四〕 「ながむ」と「うたふ」

問ひて云はく、「奈我牟流《ながむる》」と「于多布《うたふ》」と差別《けぢめ》ありや。

六 漢詩の一種。草木禽獣などの物の名を題にして作る詩。

七 詠物詩の題になるのは具体的な物の名に限られていて、抽象的な概念が題になることはない。それを模した『萬葉』の詠物歌も同様である。

八 「詠歌」という場合、「詠」も「歌」も動詞であって、「詠レ歌」の意ではない、ということ。

九 歌を作るということは、もともと「声に出してうたう」ということであるから。

答へて云はく、大方《おほかた》同じことなれど、くはしく分きていはば《区別していえば》、「奈《な》我《が》牟《む》流《る》」とは、声を長く引きていふことをすべて《包括して》いふなり。「于《う》多《た》布《ふ》」とは、その長むる言《ことば》の中にて、ほどよくととのひ文《あや》あるをいふなり。さればすべて声を長く引きていふはみな「奈《な》我《が》牟《む》流《る》」なり。その声に文《あや》をなしてほどよく長むるが《長く延ばしていうのが》「于多布」なり。ゆゑに「于多布」をも通《つう》じて《含めて》「奈我牟流」といへることは多し。「奈我牟流」[一]をすべて「于多布」とはいひがたきこと多し。よりて文字も、「詠」の字は「奈我牟流」にも「于多布」にも用い、「歌」の字は「于多布」にのみ用いて、「奈我牟流」には用いず。唐《もろこし》にてもこの心ばへにて、「歌」[二]の字と「詠」の字と用い方に差別《けぢめ》あるゆゑなり。なほ[三]後《のち》にくはしくいふべし。

〔二五〕「ながむ」が「物思いする」の意になる理由

問ひて云はく、「奈《な》我《が》牟《む》流《る》」とは、物思ひして歎くこと、また物をつくづくと見ることにこそ常にはいへ《普通にはいいますが》、声を長く引くこととはい

一 『古事記』下、清寧天皇の条で、「もののふの、わが背子が…」という歌謡を掲げる前に「為詠曰」とある。宣長は、この「もののふの…」は通常の歌謡とは異なって語りに近いということを根拠に、「為詠曰」を「ながめごとしつらく」と読む。『古事記伝』四三には、「『那《な》賀《が》米《め》碁《ご》登《と》』は、『長め言』にて、声を長く引きて云ふ詞《ことば》なり。師（賀茂真淵）は（『為詠曰』を）ウタヘラクと訓《よ》まれき。『うたふ』も『ながめ』も同じさまなれども、この語（「もののふの…」）は、歌の体《さま》にはあらず。別に一種なり（歌とは別に一つの様式である）。故《かれ》、（『古事記』の原文でも）『歌』とは云はず。しかるを『うたふ』と訓みては、『歌』とわきだめなし（区別がつかない）」といっている。

二 たとえば「歌舞」「詠歎」などの熟語で、「歌」字と「詠」字を置きかえることはできない。

三 次項の後半部分を指す。

かが。

答へて云はく、すべて一[四]つ詞《ことば》の、後には（後世になると）さまざまに意《こころ》変りて、あらぬ（違った意味にも）ことにも転《うつ》し用ゆること多し。「奈我牟流《ながむる》」の言《ことば》[五]もその定《ぢやう》にて、後にはさまざまの意に転《うつ》れるなり。そのよし（事情）をくはしくいはば、まづ「奈我牟流」は長くする義なり。広くするを「比呂牟流《ひろむる》」といひ、加多久須流《かたくする》を「加多牟流《かたむる》」といふ格なり。されば「[六]奈我牟流《ながむる》」はもと声を長くすることとなり。『[七]住吉《すみよし》物語』に、「人ならば問ふべきものをなどうちながめて云々」、また「尋《たづ》ぬべき人もなぎさの住之江《すみのえ》に誰《たれ》まつ風のたえず吹くらん　とうちながむるを聞けば云々」、『枕草（二八）子』にも、「[八]ながやかにうちながめて云々」、『[九]狭衣《さごろも》』に、「奥より人（奥から人が近）寄り来て（よってきて）、几帳《きちやう》の前なる人に、『ただ恨《うら》み歌をははと（ぱっと詠みかけなさい）よみかけよ』とささめく（ささやいたところ）なれば、『わぎみぞ（あなたこそ）[一〇]ながめ声《ごゑ》はよき。まろ（私は）はさらにさら（とてもとても）に』と笑ひゐれば云々」などいへるは、中ごろ（平安朝になってからでも依然として）になりてもなほその意《こころ》なり。人の言のみにもあらず、『蜻蛉《かげろふ》日記』には、「[一一]さし離れたる

四　ある一つの言葉が。

五　そのとおりであって。

六　明和六年（一七六九）から八年にかけて、宣長が門人に『源氏物語』や『萬葉集』の講義をした後に語った話をみずから記した『講後談』に、『和歌童蒙《どうもう》抄《しよう》』八に見える、「ある人、北野にまうでて、『東行南行雲眇々、二月三月日遅々』といふ詩を詠じけるに、すこしまどろみたる夢に、『とざまに行きかうざまに行きて雲はるばる、きさらぎ弥生《やよひ》日うらうら、とこそ詠ずれ』と仰せられけれ」という話をあげて、「昔は詩をもかく訓にやはらげてながめけるなり」とある。この「ながむ」は、「声を長く引いて朗詠する」の意で、ここで述べる自分の説に従って、意識的にこの語を用いたもの。

七　『紫文要領』四八頁注一参照。

八　「懸想人にて来たるは」の段（『春曙抄』三）。

九　『紫文要領』一九三頁注四参照。巻一の終りの方、狭衣の大将が今姫君の住いをのぞき見するのを知って、姫君の女房たちが、誰がどう応対するかといって大騒ぎするくだりの一節。

一〇　声を長く引いて朗詠する声。

一一　天禄元年七月二十日、石山詣での条。

谷のかたより、いとうら若き声に、はるかにながめ《声を長く引いて》鳴きた《ン》なり《鳴いた》」と、鹿の声をもいへり。これみな声を長くすることとなり。

さてまた、物思ひして歎くことを「奈我牟流《ながむる》」といへること、歌にも物語文《ものがたりぶみ》にも多し。これは「奈宜久《なげく》」といふ言《ことば》と同じことなり。それを「奈宜久《なげく》」そのゆゑは「奈宜幾《なげき》」[一]は「長息《ながいき》」といふことなり。「息《いき》」[二]と「生《いき》」と同じ言なり。生と死とをはたらかして《活用させて》いふことは、一つの息によりて分《わか》るるものにて、息すれば生なり、せねば死なり。されば「生《いく》」は「息する《いき》」といふ意《こころ》にて、本《もと》は「息《いき》」と「生《いき》」と同じ言なれば、「息《いき》」も「以久《いく》」ともはたらく言なり《活用する言葉である》。さればその息を長くするを「奈我以久《ながいく》」といひ、それを切《つづ》めて「奈宜久《なげく》」ともいふなれば《いうのであるから》、「奈宜久」は「長息する《ながいき》」といふことなり。『萬葉集』に「長気所念鴨《ながきけにおもほゆるかも》」[三]などとよめること数知らず。

さて何ゆゑに息《いき》を長くするぞといふに、すべて情《こころ》に感《あはれ》と深く思ふことあれば、必ず長き息をつく。俗にこれを「多売伊幾都久《ためいきつく》」とい

一 谷川士清《ことすが》の『日本書紀通証』七に、「今按ずるに、歎《なげき》は長息なり」とある。また真淵の『冠辞考』六の「つえたらず」の項には、「『なげき』は『長息《ながいき》』なり。…奈気紀《なげき》は、奈加伊紀《ながいき》の加伊《がい》を約《つづ》めていふのみ」とある。『古事記伝』三には、「そもそも『歎く』とは、中昔よりしては、ただ悲しみ愁《うれ》ふることにのみいへども、さにはあらず。那宜伎《なげき》は、長息《ながいき》の約《つづ》まりたる言《こと》にて、すべて何事にまれ、心に深く思はるることあれば、長き息をつく、これすなはち那宜伎《なげき》なり。されば喜《うれ》しきことにも何にも、歎きはすることなり」といっている。

二 貝原益軒の『日本釈名』中の「息《いき》」の項に、「生《いき》なり。生きたる人は息あり。死しては息なし」という。ただし『日本釈名』によらなくとも、この程度のことは通俗語源説でも行われていたであろう。

三 巻一〇、一八六〇番歌「花咲きて実はならねども長気所念鴨山吹の花」。『萬葉代匠記』に、「『長気《ながきけ》』は『なげき』なり。この『歎き』は『称歎』『歎美』などいふ『歎き』なり」とある。三四二頁三行目に「称歎」「歎美」と出てくることからしても、このあたりの宣長の論述は契沖のこの解釈から示唆を得ていると思われる。なお三六三頁注一〇参照。

ふ。漢文《からぶみ》にも「長大息《ちやうたいそく》」[四]などといへり。その長く息をつくによりて、むすぼほれたる心の晴るるゆゑに《鬱積した心が晴れ晴れするものであるから》、心に深く感ずることあればおのづから長息《ながいき》はするなり。(二九)『萬葉』第八に、「波の上ゆ[五]　見ゆる小島の　雲がくれ　あな気衝之《いきづかし》　相別《あひわか》れゆけば」とよめる「気衝之」は、すなはち「なげかはし」といはむがごとし《いうようなものだ》。この外《ほか》「なげき」[六]「いきづき」[七]などとも多くよめり。これらをもて、「奈宜久《なげく》」は長息《ながいき》するといふことを知るべし。されば息を長くすることなれば、「奈宜久」をも「奈我牟流《ながむる》」といふなり。

さて、心に深く感《あはれ》と思ふことあれば、かならず長息をするゆゑに、その意より転《てん》じて、物に感ずることをやがて「奈宜久」とも「奈我牟流」ともいふなり。このゆゑに「奈宜久」[八]といふ詞《ことば》は、すべて情《こころ》の感ずることには、うれしきをも、面白きをも、楽しきをも、みないふ言《ことば》なり。しかるに後にはうれはしく《心配で》悲しきことにのみいふは、深く感ずる情《こころ》の一つをとり分きて《特に取り出して》いふなり。「奈我牟流」[九]もその定《ぢやう》

四　『日本書紀通証』七に、「神代紀」第十段の「天孫《あめみま》悽然《いた》んで数《しば》しば歎きたまふ」（寛文九年版本の訓）の「歎」に注して、「『増韻』に、『人、慨歎すれば則ち息大にして長し。故に長大息と曰ふ』と。後人、大息に作る」とある（これに続けて注一に引用したくだりが来る）。京都遊学中筆録の『本居宣長随筆』二の第一五九項に、『日本書紀通証』から和語の語源の説明を抄出してあって、その中に右のくだりも含まれている。

五　一四五四番歌。第五句の原典の表記は「相別去者」で、寛永二十年版本・『代匠記』ともに「あひわかれなば」と読む。「あひわかれゆけば」は宣長の訓。

六　原注二九の後者参照。これは三二七六番歌で、「八尺《やさか》の嗟《なげき》」は「長い長いため息」の意。

七　原注二九の前者参照。これは二二〇番歌で、「気《いき》衝明《づきあか》す」は「ため息をつきつき夜を明かす」の意。

八　注一所引の『古事記伝』三の一節参照。二八三頁一一行目以下の「あはれ」の説明と同趣。

九　それと同じなのだ。

なり。さて「奈宜久《なげく》」には「歎」の字を書く。字書に「歎[一] 吟也《たんハぎんナリ》」とも「大息也《たいそくナリ》」とも注し、常に「歎息」といふ。此方《ここ》の《日本の》「奈宜久」によくかなへり《合致している》。また「称歎《しょうたん》」とも「歎美《たんび》」とも続けいひて、この字の義も悲しきことのみには限らぬなり。

さて右のごとく、情《こころ》に深くあはれと思ふことある時は、必ず長き息をつく。これすなはち「奈宜久」なり、「奈我牟流《ながむる》」なり。その時は息《いき》のみにもあらず、声に出でてもながむるものなり《声に出しても長く延ばしていうものである》。「阿那《あな》」「阿夜《あや》」「阿々《ああ》」「阿波礼《あはれ》」などといふ言《ことば》はみなこの長息《ながいき》とともに出《い》づる言にて、その情感《あはれ》の深さにしたがひて、おのづからその声長く出づるものなり。これまたすなはち「奈我牟流」なり。『源氏』澪標《みをつくし》の巻に「『あはれ』[二]とながやかにひとりごち給ふ」《長く声を引いて ひとりごとをおっしゃる》とある、これ「あはれ」といふ詞をながめていふなり《長く延ばして》。『古今』の長歌に「[三]あはれあはれと歎きあまり」とよめる、これ長息とともに「阿波礼《あはれ》」といふ詞のいはるるなり《言葉が自然といわれるのである》。

一 『小補韻会』の「歎」の項に、以下のように見える。

二 『源氏物語玉の小櫛』七では、このくだりに注して、「深く歎息して、『あゝ、はれ』とのたまふ声の長きなり」といっている。

三 巻一五、一〇〇一番の長歌の一節。

さてかく長息をつき《このように長い息をつき》、あはれあはれとながめてもなほあかぬ時は《物思いにふけってもあきたりない時には》、その情《こころ》に感ずるさまをうち長めていひ連ぬる《いい述べる》、その詞のほどよくととのひて文《あや》ある、これすなはち「于多布《うたふ》」なり、「于多《うた》」なり（このこと、前[四]にもくはしくいへり）。『詩』の序[五]に、「情《こころうごキテ》動二於中《うちニ》一、而形《あらはル》二於言《げんニ》一。言《いへドモこれヲ》レ之不レ足《たラ》、故《ゆゑニ》嗟歎《ながいきす》之。嗟歎《ながいきスレドモ》之不レ足《たラ》、故《ニ》永歌《うたふ》之」といへる《というのは》、唐《もろこし》も同じ心ばへなり《中国でも同じ意味なのである》。されば息を長くするも、「阿波礼《あはれ》」などといふ言を長くいふも、「于多布」も、みな通じて「奈我牟流《ながむる》」といふ。これみな物のあはれに堪《た》へぬ時のわざなれば、そのあはれの深きことを指《さ》して、やがて《そのまま》それをも「奈我牟流」といふこと、前[六]にいへるがごとし。

四 第一四項（三〇六頁）参照。

五 『詩経』の大序の一節。三三三頁に見える『尚書』舜典の一節、『礼記』楽記の一節とともに、詩を論ずる者が必ず引用する文章。ここの「ながいきす」「うたふ」という訓は底本のままで、宣長が以上に述べたところに従って独自につけたもの。

六 第一三項、特に三〇五頁六〜八行目参照。

〔二六〕「ながむ」が「見る」の意になる理由

問ひて云はく、物をつくづくと見るを「奈我牟流」といふは、いかなるゆゑぞ。

答へて云はく、「奈我牟流」はもと声を長くすることにて、それより転《うつ》りて物思ふことにもいふ言《ことば》なること、[一]前にくはしくいへるがごとし。三代集のころまでもなほこの定《ぢやう》なり。物語文《ものがたりぶみ》などにも、多くはこの二つの意にのみ用いて、見ることにいへるはまれなり《見ることにナガムという例はまれである》。しかるを『千載《せんざい》』『新古今』[二]のころよりして、もはら《もっぱら》(三〇)物を見ることにのみいへるは、またその意を一転せるものなり。それにつきて二つの今按《こんあん》あり《自分の考えがある》。

一つには、まづ物思ふ時は、常よりも見る物・聞く物に心のとまりて、ふと見出だす雲霞《くもかすみ》・木草《きぐさ》にも目のつきて、つくづくと見らる《見られるも》るものなれば《のであるから》、かの物思ふことを「奈我牟流《ながむる》」といふよりして、その時につくづくと物を見るをもやがて「奈我牟流」といへるより《といったことから始まって》、後には必ずしも物思はねども、ただ物をつくづく見るをもしか《ナガム》いふ《とい》ことにはなれるなるべし《うようになったのだろう》。されば中ごろは《平安時代には》、[三]物思ふことと見ることとを兼ねていへるやうに聞ゆるが《兼ねていっているように聞える例が》、歌にも詞《ことば》にも多し。これ、物思ふ時は必ず物をつくづくと見るもののゆゑなり。『蜻蛉日記《かげろふ》』に[四]「万《よろづ》

一　第二五項（三三八頁）参照。

二　後年の宣長は、物を見る意の「ながむ」は、声を長くする意の「ながむ」が転じたものではなく、本来別の言葉であり、むしろ物を見る意の「ながむ」から「物思いする」の意が生れたと考えるようになった。原注三〇にも指摘してあるが、『古事記』中、景行天皇の条に「恒《つね》に長眼《ながめ》を経《へ》しめ」というくだりがある。『古事記伝』二六にこの「長眼」を解して、「『長眼』とは、心を著《つ》けて久しく視居《みを》るを云ふ。…これももとは『長所見《ながみえ》』にて、彼方《かなた》より所見《みゆ》ることなれども、そを此方《こなた》より見ることに云ふなり。『ながむ』と活用《はたら》くも、『む』は『所見《みゆ》』の約《つづ》まりたるにて、…さて『ながめ』には『眺』の字などを書きて、（中国の字書の）この字の注に『眺は望なり』とも『遠く視《み》るなり』とも云へるによらば、『長《なが》』とは『遠く視る』の意の如くに聞ゆれども、古《いにし》へよりこの言《ことば》を用《つか》ひたるさまを考ふるに、しかにはあらず。なほ『久しく視る』意なり。さて心に物思ふことある時は、つくづくと物をながめ居《を》るものなるゆゑに、中昔よりは、物思ふことをもやがて『ながめ』と云ふなり。さてまた声を長く引きて詠《うた》ふをも『ながめ』と云ふ。そは別事《ことごと》なり」と論じている。

三　『排芦小船』第二三項に、「歌には、愁へありて物思ひつつ、物を見ることに、『ながむる』と云ふ」として、例に「起きもせず寝もせで夜を明しては春のものとてながめ暮しつ」（『古今集』一三、六一六番）を

をながめ思ふに」、また「[五]かかる事をつきせず《絶え間なく》ながむるほどに」などいへるは、まさしく「なげく」といふに同じくして、物思ふことなり。また同『日記』に、

　[六]かひなくて年へにけりとながむれば
　　袂《たもと》も花の色にこそしめ

『源氏』手習《てならひ》の巻に、

　[七]山の端《は》に入《い》るまで月をながめ見む
　　ねやの板間《いたま》もしるしありやと

これらは二方《ふたかた》を兼ねたるやうに《二つの意味を兼ねているように》聞ゆるなり。（三一）このたぐひなほ多し。

いま一つには、[八]三代集のころの歌にも詞《ことば》にも、物思ひ歎くことを「奈我牟流《ながむる》」といへるが《といっているのが》、物を見ることのやうにも聞えてまぎらはしき《紛らわしい例》が多かるを《が多いのを》、誤りて、物を見ることぞと心得て後《のち》には、その意に用ゆることになれるなり。されば昔の歌に物思ふことによめるを《詠んでいるのを》、見ることと心得ること《理解することが》、今も多し。

あげる。『古今集遠鏡』に次のように訳す。「起きるでもなし寝るでもなしに、うつらうつらとして夜を明しては、また昼になれば、このごろの空のやうに長雨は春の物で、一日眺めてしんきに思うて暮すぢや」。この「眺めてしんきに思うて」というのが、歌の「ながめ」の訳。

四　天禄三年五月条。

五　天延元年二月条。

六　天禄四年二月条。作者の息子の道綱が恋人に贈った歌。あなたを恋い慕う甲斐もなく、むだな年月を過したことだと、物思いにふけりつつ花（この場合は紅梅）を眺めていると、涙で袂も花の色（血の色）に染まります。

七　宇治川に入水後、横川《よかわ》の僧都《そうず》に助けられた浮舟《うきふね》は、僧都の妹の尼の庵室にあずけられる。尼の亡き娘の婿《むこ》だった中将が浮舟を見かけて横恋慕する。『紫文要領』四四頁注五参照。この歌は中将が浮舟に思いを訴えて贈った歌で、宣長が「二方を兼ねたるやうに聞ゆるなり」というのは、「月をながめる」の意と「浮舟への思いにとらわれる」との両方の意があると解釈したからである。それに添って口語訳する。月が山の端に入るまで眺めていましょう、あなたの寝室の板間に月光がさしこむように、私も忍びこましてもらえるかどうか、物思いにふけりつつ。

八　『古今集』『後撰集』『拾遺集』の三つをいう。

この両義を並べて按《あん》ずるに《考えるに》、なほ前の義まさるべし《前者の解釈の方がいいだろう》。とまれかくまれ《それはともかく》、物思ふことより転[一]ぜしは違《たが》はぬなり。さて「奈我牟流《ながむる》」といふに「眺」の字を書くは、この字は「視也《ナリ》」[二]「望也《ナリ》」と注したれば、後に《後世になって》物を見ることにいふ意《こころ》なり。言《ことば》[三]の義にはかなはず。「奈我牟流」には「詠」の字よく当れり《詠の字がぴったりしている》。ただし後《のち》の歌どもに、見ることを「奈我牟流」とよめるに「詠」の字を書くは、文字は仮り物[四]とはいひながら、目にたちて《目ざわりで》悪《あ》しきものなり《よくないものである》。

一 意味が移ったということは間違いない。この断定は、三四四頁注二で見たように、後年くずれる。
二 「視也」とあるのは不審。三四四頁注二所引の『古事記伝』二六に、「この字の注に『眺は望なり』とも『遠く視るなり』とも云へる」とあるように、これは「遠視也」の誤りであろう。『康熙字典』の「眺」の項に、「望也」「遠視也」とある。
三 ナガムルという言葉の意味にはふさわしくない。
四 底本の表記は「仮物《カリモノ》」。「仮」字には「借」の意味もあるにはあるが、三五七頁九行目に「借り字」、三五九頁一〇行目に「借りて書ける」、三七三頁一一行目に「文字は借り物」などと、他の個所では「借」字を用いており、ここもそうあるべきところ。あるいは三一七頁六・八行目に「仮《カリ》の物」（底本の表記のまま）といういい方をしているので、うっかりそれに引かれたか。

石上私淑言 巻一 終

石上私淑言《いそのかみのささめごと》　巻二

舜庵　本居宣長撰

〔二七〕
「やまとうた」と「倭歌」

ある人また問ひけらく《尋ねていうには》、「やまとうた」[四]といひ、「倭歌《わか》」といふことはいかが。

予《まろ》答へて云《い》はく、「夜麻登宇多《やまとうた》」[五]といふは古語《ふること》にあらず。「倭歌」と書くこと出《い》で来て後に、その文字につきていひ出だせる言《ことば》なり。

〔二八〕
「倭歌」という表記について

問ひて云はく、しからば《それでは》まづ「倭歌《わか》」といふことをうけたまはらむ。

四『古今集』仮名序の冒頭に「やまとうたは」とあり、真名序の冒頭に「それ和歌は」とあるのを踏まえていう。「倭」字と「和」字の関係については、第四五項（三七三頁）参照。

五 本来の日本語に「やまとうた」という言葉があったのではなく、「倭歌」という漢字表記が先にあって、その和訓として「やまとうた」という言葉が生れた、の意。

答へて云はく、「倭歌《わか》」といふ名目《みやうもく》、古くはいはぬことにて《古い時代にはいわなかったもので》、『古事記』『日本紀《にほんぎ》』には見えず。ただ「歌」とのみあるなり。「倭歌」といふことは、唐《もろこし》の書籍《ふみ》をもはら《もっぱら》学ぶ世になりて詩をも作り、また[一]かの国にも歌といふこともあれば、かれこれまぎらはしきによりて、此方《ここ》のをば《日本の歌を》「倭歌」とはよぶなり。それにとりて二つの義あるべし《解釈があり得る》。一つには、唐《もろこし》にて国々[二]の歌を「斉歌《せいか》」「楚歌《そか》」などと分《わか》ちていふ義《区別して》にならひて、「倭歌」と書くか、二つには、すべて唐《もろこし》の歌詩《かし》に対《たい》していふか。大方《おほかた》[三]「和・漢」「から・やまと」と何ごとにも対《むか》へていふこと多ければ《対比して》、後の義まさるべし《第二の解釈の方がいいだろう》。いづれにもあれ同じやうなることながら、すこしはその心ばへ《趣旨》異《こと》なるゆゑに、二義をあぐるなり《あげたのである》。

さて「倭歌」といふことの始めて物に見えたるは《文献に》、『萬葉集』第五に「書殿餞酒日倭歌四首《ふんどのノおくりざけノひノわか》」[四](天平二年のことなり)、また第二十に「先太上天皇詔二陪従王臣一曰、夫諸王卿等、宜下賦二和歌一而奏上云々《さきノだいじやうてんわうみことのりシテばいじゆうノわうしんニいハク、そレもろもろノわうけいら、よろシクふシテわかヲそうスベシ》」[五]、これなり。さて後《のち》には『日本後紀《にほんこうき》』[六]よりして代《よ》

一 三二三頁注一九参照。
二 「四面楚歌」「子夜呉歌」などの語が示すように、地方地方（国々）の歌謡を、楚・呉などの国名を冠して「…歌」と称する。
三 『排芦小船』第二五項には、「『やまとうた』といふことも、古くより云ひ来たることなり。その上、わが国には何事も漢土の事物渡り来たりてまぎるるゆゑに、何の上にも（何についても）分《わか》ち（区別）を立てて、『和・漢』『やまと・もろこし』といへば、これもさもあるべきことなり」という。
四 八七六番の題詞。「書殿」「餞酒」は底本に訓読を指示する連字符があり、宣長がどう読んだのか不明なので、『萬葉拾穂抄』の訓を採用した。
五 四二九三番の題詞。訓は底本の訓点に従った。しかし「和歌」は底本に音読を指示する連字符がある。しかしこれは宣長自身が次頁一〇〜一二行目にいう「和歌（和する歌）」と解するべきで、宣長の誤解。『萬葉拾穂抄』でも「和する歌」と訓じている。
六 大同三年九月十九日条に、「令三従五位下平群朝臣賀是麻呂作二和歌一」と見える。
七 「これ」は、「倭（和）歌」という語が原則として漢文の中で用いられることを指す。
八 仮名文は本来の日本語に即した表現法であるから、「うた」という和語があるのに「倭（和）歌」という和製漢語を用いる必要はない。
九 『源氏物語』玉鬘《たまかずら》の巻に、大夫《たいふ》の監《げん》（『紫文要領』

々《よ》の国史その外《ほか》も、漢文に書ける物には多くいへり。[七]これはさもあるべし《そうあるのが当然だ》。[八]仮字文《かなぶみ》にはかりそめにも《かりにも》書くまじき《書くはずのない》名目《みやうもく》なれども、いひなれて後には、[九]物語文《ものがたりぶみ》などにもまま見えたり《時々見えている》。

さて[一〇]漢文にても、〔漢詩と関係なく〕歌のことをのみいふ書《しよ》には、ただ「歌」と書くべきこととなり。このゆゑに『萬葉集』は詞書《ことばがき》はみな漢文なれども、ただ「歌」とのみ書けり。「倭歌」と書けるは右に引く二つのみなり。かれも《それらの例も》、第五巻なるは《第五巻にあるのは》、[一一]その時に詩などをも作りけむゆゑに分けて書けることも《区別して書いたということも》あるべし。第二十巻なるは、[一二]詔命《みことのり》の詞《ことば》なれば、これも詩にまぎるることありぬべき《混同されることがありそうな》ゆゑなり。その外《ほか》「倭歌」と書けることとなし。また所どころに「和歌[一三]」とあるは、後《のち》の集《しふ》に「返し《返歌》」といへるものにて、「答歌《こたふるうた》」なり。詩の「和韻《わゐん》[一四]」といふことにならひて書ける「和」の字にて、「やまと歌」の義《意味》にあらず。

また今[一五]の印本《いんぽん》の外題《げだい》に「萬葉和歌集」と書けるは、事を知らぬ者のみだりに書けることとなればいふにたらず。「和歌集」といふ題号

四七頁注八参照）の言葉として、「この和歌は仕うまつりたりとなむ、思ひ給ふる」とある。ただしこの場合は、大夫の監は無教養な田舎者で、宣長も『源氏物語玉の小櫛』七で「『うた』といはずして『和歌』といへる、田舎人の詞《ことば》なり」といっているように、大夫の監の田舎者ぶりを示そうという意識的な用法であって、「いひなれて後に」紫式部が無意識に用いたわけではない。『大鏡』には、「道命阿闍梨《だうみやうあざり》、きはめたる和歌の上手におはしける」（兼家伝）など幾つかの用例があって、これらは無意識の用法である。

一〇 とりたてて歌を漢詩と区別する必要がないので、このようにいう。

一一 題詞から送別の宴席での詠であることが知られるので、このようにいう。

一二 注五で見たように宣長は誤解していて、奈良朝では天皇が臣下に命じて詩を作らせるのが常であった（四三九頁一〇〜一二行目参照）ことを念頭において、ここでは詩ではなく歌なのだということを強調するために「和歌」と書いた、と考えたのであろう。

一三 二四番の題詞に「麻続王聞レ之感傷和歌」、四〇二番の題詞に「大伴宿禰駿河麻呂即和歌一首」などとある。「和する歌」の意。

一四 詩を贈られて詩を返す際などに、もとの詩と同じ韻を踏んで作ること。

一五 寛永二十年版本を指す。「外題」は書物の標題。題簽《だいせん》（表紙に貼られた書名）に「萬葉和歌集」とある。

は、『古今《こきん》』より始まることなり。さて延喜《えんぎ》[一]の勅撰集《ちよくせんしふ》を「古今和歌集」と名づけ、真字序《まなじよ》に「夫《そレ》和歌者《ハ》」と書き出《い》だし、紀氏《きし》の『新撰《しんせん》』[二]の序にも「和歌」〔三二〕といへるたぐひ、歌のことのみいふ書に「和歌」といふは、すこしいはれぬことなれども《すこし筋の通らないことだけれども》、ふとおし出だしていふ時には《特に取り出して改まって》、必ず「和歌」といふがなべてのならひになりて《いうのが一般的な風習になって》、後々《のちのち》はいよいよさのみ書きあふめり《そのようにだけとにかくもう書くようになった》。

一 『紫文要領』二三四頁注二参照。

二 『新撰和歌』。紀貫之が『古今集』から秀歌二八〇首を選び、新たに八〇首を加えて編《あ》んだ歌集。貫之の漢文の序があって、『古今集』撰進の勅命のことを「『萬葉』の外、古今《ここん》の和歌一千篇を撰進せしむ」と述べる。

〔二九〕 「やまとうた」といういい方

問ひて云はく、「倭歌《わか》」と書くことはうけたまはりぬ《〔御説明を〕うかがいました》。「やまとうた」といふはいかが。

答へて云はく、「夜麻登宇多《やまとうた》」といふは古語《ふること》にあらず。「倭歌」といふ文字につきていひ出だせる言《ことば》なり。すべて詞《ことば》に、もとよりの《もともと存在する》古《ふる》言《こと》と文字につきて出で来たる詞とあるなり《漢字表記〔が先にあってそれ〕に対して出来た言葉とがある》。たとへば「宗廟」[三]を「久爾伊弊《くにいへ》」と読み、「納言」[四]を「毛能麻宇須都伽佐《ものまうすつかさ》」と読むたぐひ、古語にあらず。文字につきていひ出だせる詞なり。「夜麻登宇多《やまとうた》」

三 「允恭紀」即位前紀に、「宗廟社稷《くにいへ》」「宗廟《くにいへ》」とある（寛文九年版本の訓）。宣長晩年の随筆『玉勝間』六の「神社を宗廟社稷と申す事」に、「『書紀』などに折々その字（宗廟・社稷）は見えたれど、ただ潤色《かざり》の漢文にして、もとより神社をいへるにはあらず。さるゆゑに『くにいへ』など訓《よ》めり。『くにいへ』とは、漢文の『国家』の訓をうつしたるなり」という。「宗廟」という漢語の訓として「くにいへ」という和語が案出された、ということ。

もこのたぐひなり。[五]それにつきて理《ことわ》りをもていはば《理屈をいえば》、唐《から》にも歌といふことあり、また詩にもまがへば《紛らわしいので》、「倭歌」と書かむは[六]なほ理りなれど、「于多《うた》」といふことは唐にはなければ、まぎるることなし《混同されることはない》。されば「夜麻登于多《やまとうた》」といふはわづらはしきことなり。しかはあれど《そうではあるけれど》おしなべて「倭歌」といふによりて、その文字のままに「やまとうた」とよぶこともあまねくなりて《一般的になって》、自然《じねん》の古言《ふること》のやうに思ふ人もあるなり。されば今しかよぶを《そう呼ぶのを》必ず悪《あ》しとにはあらねど《悪いというわけではないが》、その本《もと》の起りをよくわきまへおきて、俗説に迷ふべからず。

「夜麻登于多《やまとうた》」といふことの始めて物に見えたるは、『伊勢《いせ》物語』に「[七]狩《かり》はねんごろにもせで《狩は熱心にもしないで》、酒をのみ飲みつつ、やまとうたにかかれりける《熱中していた》」とある、これらなるべし。[八]これは詩などをも作るべき折ふし《機会》なるゆゑに、分《わ》きてかくもいふべし《区別してこうもいうのであろう》。また『[九]源氏物語』（二三）などにも、詩をも作りて混《こん》ずる時には、「からのも《漢詩も》やまとのも《和歌も》」などといへり。常にはただ「うた」とのみあるなり《とだけいっているのである》。しかるに『古今』の序

四 『和名抄』（三二〇頁注六参照）「職官部」に見える訓。

五 『排芦小船』第二五項には、「理を以て云ふ時は、（漢詩のことを）『唐《から》のうた』とは云ふべし。（和歌のことを）『やまとうた』とは云ふべからず。そのゆゑは、『歌』の字は唐《から》にもあれども、『うた』と云ふもの、異国になし。されば『倭歌』とは書くべし。『倭歌』と書きても『うた』とばかり読むべきはずなり。漢土にて詩を『中国の詩』とはいはじ。畢竟は唐土の歌詩にまぎるるゆゑ、『うた』をば『倭歌』『和歌』とも書くべけれども、唱《とな》ふる（声に出していう）には『倭歌《うた》』と云ふべし。（さもなくば）音《こゑ》にて（音読みして）『倭歌《わか》』とは云ふべきことなり」といっている。

六 そうはいっても理屈に合っているが。

七 第八二段。

八 （酒席のこととて）詩などを作ってもよさそうな機会なので。

九 原注二三参照。総角《あげまき》の巻の場合は、「文《ふみ》」が「漢文」を意味し、これが「やまとうた」と対比されている。

の首《はじめ》に「やまとうたは」と書き出されたるは、すこしいはれぬこと《筋の通らないことである》なり。(三四)これはもはら《もっぱら》歌のことをのみいふ書にて、ことにその根本を書きあらはす所なれば、ただ「于多《うた》」とのみあらまほしきところ《ありたいところである》なり。しかるに後世[一]にこれを釈《しやく》するとて《解釈するといって》、「夜麻登《やまと》」といふにさまざまの義をつけて《意味をこじつけて》、ことごとしくいひなすは、はなはだいはれなく《根拠のない》愚かなることなり。

「夜麻登」は「歌」につきたる言にあらず《〔もともと〕歌と結合していた言葉ではない》。ただ「倭歌」といふことと出で来て後にその文字につきていひならはせる言にて《その漢字に引かれていいならわすようになった言葉で〔ヤマトウタは〕》、古語にもあらず。その「倭」の字はただ人の国の《中国の》歌詩《かし》に分たむ料にて《と区別するためのもので》、「此《こ》方の歌《日本の歌》」といへるまでのことなり。それも唐歌《からうた》にまぎるることなき時は、ただ「歌《うた》」とのみいふべきことなるを、後には「夜麻登于《やまとう》多《た》」といふをめでたき《立派な》ことのやうにさへ思ひいふは、大きなるひが《誤り》ことなり。あるは《あるいは》「夷曲《ひなぶり》[二]」といふことのあるに対《たい》して、「京華《みやこ》[三]の歌を大和歌《やまとうた》といふ」などといへるは《いうのは》、取るにもたらぬ俗説なり。また

一 鎌倉時代以来の歌学において『古今集』仮名序の解釈は極めて重大な問題とされ、いくつかの伝授の系統に分れて数多くの注釈書が成立した。それらの注釈書は、仮名序冒頭の「やまとうた」という語について事々しい牽強付会の議論を展開するのを常とする。一例として宗祇《そうぎ》(室町時代の連歌師・歌学者)の『古今和歌集両度聞書』の一部を引く(版本『古今和歌集抄』による)。「『やまとうた(大和歌)』といふに『大きに和《やはら》ぐ』義あり。『大』は小に対する大にあらず。古《いにし》へより今に及ぶ『和』を『大』と称す。遠く及ぶ心なり。(歌の本質を)二神(イザナギ・イザナミ)陰陽の和合に及ぼす義なり。尽く《ことごとく》乾坤《けんこん》一切万物に及ぶ和なり。『和歌(和《やはら》ぐ歌)』、これなり。また云はく、『大』は三国(印度・中国・日本)に及ぶ『大』なり。そのゆゑは、天竺《てんぢく》(印度)の梵字《ぼんじ》を漢字に写し、漢字を和字(日本の文字、仮名)にのぶるなり。和字の歌をもて陀羅尼《だらに》(仏教の呪文《じゅもん》)の心、漢字の詩をも知る。(いろは)四十七字の和字を以てその心をのべ知ること、この道の奥意《おくい》(極意《ごくい》)なり」。なお『宝暦二年以後購求謄写書籍』によれば、宣長は宝暦八年正月に銀二匁五分で『古今宗祇抄』を購入しているが、それは恐らく版本『古今和歌集抄』のことである。

二 三三〇頁注二参照。『古事記』で「夷振《ひなぶり》」と称する下照姫の歌を、「神代紀」第九段の一書第一では「夷曲」と表記してある。次に出てくる注三の説は、「夷曲」を「田舎の歌」の意に解している。

「『大和歌』と書きて、歌は大きにやはらぐてふ理りなれば《人の心を穏やかにするという道理を表すのだから》、和《くわ》をもてむねとする《本質とする》」などいふは、いよいよ論ずるにもたらぬことなり。「夜麻登」はただわが国の名にて、「歌」にあづかることにあらぬを《歌とは無関係なのだということを考えなければ》思ふべし《ならない》。

〔三〇〕「やまと」という語

問ひて云はく、「夜麻登《やまと》」といふに古来さまざまの説あり。くはしくうけたまはらむ。

答へて云はく、「夜麻登」は歌にあづかれることにもあらねば、くはしくいはずともありぬべけれど《説明しなくてもいいのだけれど》、「やまとうた」といふこと出で来て、いひなれたるゆゑに、後世には歌のことをいふとてはまづ論ずることになりて、さまざまの説あるゆゑに、人みな迷ふことなれば、よくわきまへおくべきなり。

まづ「夜麻登」はもと一国の名にて、すなはち今もいふ大和《やまと》の国のことなり。さるを《ところが》神武《じんむ》天皇始めてこの国の橿原《かしはら》の宮に天《あめ》の下《した》しら《天下》

三 『日本書紀通証』六で右の「夷曲」を注する中に、神道家浅井重遠の「凡そ詠歌、体製具《つぶさ》に備《そな》はるに『和《やまと》歌《うた》』と曰ふ。言ふこころは、皇都の風情なり。備はらずして質直なるに『夷曲《ひなぶり》』と曰ふ。言ふこころは、辺《へん》鄙《び》の風情なり」という説が引かれている。京都遊学中筆録の『本居宣長随筆』二の第一四三項に、『日本書紀通証』の語釈が抄出されていて、その中に右の文章も含まれている。

四 「大和歌」を「大きに和《やはら》ぐ歌」と解するのは、注一所引の宗祇の『両度聞書』に見るように仮名序の旧注の常套《じようとう》である。

五 仮名序の旧注においては「やまと」の語源を論ずる習慣があり、第三八・三九項（三六二～七頁）に論ずる「山跡《やまと》」「山止《やまと》」などの説はそれらの旧注に見えているものである。

六 後に宣長はわが国のさまざまの呼称について論じた『国号考』という書を著わす（天明七年刊）が、以下第五三項（三九〇頁）までの記述は『国号考』の初稿ともいうべきものである。たとえば『国号考』の「夜麻登」の項に次のようにいう、「『夜麻登』といふは、もと畿内《うちつくに》なる大和《おほやまと》一国《ひとくに》の名なるを、神武天皇この国に大宮しきませりしよりして、後の御代御代の京《みやこ》もみなこの国内《くぬち》なりけるゆゑに、おのづから天の下の大名《おほな》（日本全体の名）にもなれるなり」。

しめしてより《を御統治なさって以来》、世々《よよ》の皇都《みやこ》もみなこの国の内なれば、帝都《みやこ》の御国《みくに》の名なるゆゑに、後にはおのづから天《あめ》の下《した》[一]の惣名《そうみやう》にもなれるなり。

〔三一〕「やまと」の語は神代からある

問ひて云はく、「やまと」の名はいつより始まりけるぞ。ある説[二]に、「神武天皇を神日本磐余彦《かむやまといはれびこ》[三]の尊《みこと》と申し奉《たてまつ》るゆゑに、この御世《みよ》の都の国なるゆゑに、しか名づくる《そのように名づけた》」といふはいかが。

答へて云はく、あらず《そうではない》。「夜麻登《やまと》」といふことは、八千矛《やちほこ》[四]の神《かみ》の御歌《みうた》にも見え、また饒速日《にぎはやび》の命《みこと》の天降《あまくだ》り給ふ時に「虚空見日本国《そらみつやまとのくに》[五]」といふ古言《ふるごと》もありて、神代《かみよ》よりの名なり。神武天皇の御号《みな》は、この国の名によりて後に《後世になって》申せるなり。「神代紀」に、

狭野尊《さのノみこと》[六]、亦号《またまをス》二神日本磐余彦《かむやまといはれびこノ》尊《みことト》一。所レ称《まをスハ》二狭野《さのト》一者、是年《こレみとし》少《わかくまし》時《ますときノ》之号《みなナリ》也。後《のちニ》撥《はらひ》二平《たひらゲテ》天下《あめノしたヲ》一、奄《しろしめス》二有八洲《やしまヲ》一。故復《かれまタ》加《くはヘテ》レ号《みなヲ》曰《まをス》二神日本磐余彦《ノ》尊《ト》一。

とある、この文疑ひ[七]あれども、始めよりの御号《みな》にあらざる証《しよう》にはな

一 日本の国全体を表わす名前ともなった、の意。「物名」は、全体的な名称。

二 誰の説か未詳。

三 この表記は『日本書紀』のもの。『古事記』では「神倭伊波礼毘古命」。訓は底本に従った。『書紀』寛文九年版本では「かん（み）やまといはあれひこ」、『鼇頭《ごうとう》古事記』では「かんやまといはれひこ」と読む。

四 『古事記』上、八千矛の神が后の須勢理毘売《すせりびめ》の命《みこと》に与えた長歌（二六九頁注九参照）に、「夜麻登《やまと》の一本薄《ひともとすすき》」という一節がある。

五 「神武紀」三十一年四月一日条。三五六頁七～一〇行目所引部分にすぐ続くくだりに見える。「そらみつ」は「やまと」の枕詞。

六 第一一段、一書第一。訓は、底本の訓点を主とし、漏れたところを『書紀』寛文九年版本で補い、校注者の私見をわずかに加えて定めた。

七 『古事記伝』一七で、神倭伊波礼毘古《かむやまといはれびこ》という名について、「『神《かむ》』と申し『倭《やまと》』と申すは論なきを（不審な点はないが）、『伊波礼《いはれ》』としも称《たた》へ申せるは、何の由《よし》にか、詳《さだ》かならず。（大和の国十市《とをち》の郡にこの地名はあれども、大御名に称へ申すべき由縁《よし》は、ありとも聞えず。…）」というのが、ここでいう「疑ひ」か。

りぬべし《るであろう》。八本紀にも其の趣《おもむ》き見えたり。また「磐余《いはれ》」も大和の国の地名なり。されば《〔ヤマトが〕》この御号《みな》より出でたる国の名にあらざること明ら《明らか》けし《である》。

〔三二〕「やまと」はもと大和の国のみを指す名称である

問ひて云はく、九ある説に、「『やまと』はもとより天《あめ》の下《した》の惣名《そうみやう》なるを、神武天皇以後、皇都《みやこ》の国の一〇別名《べつみやう》にもなれる」といふはいかが。

答へて云はく、大きなるひがこと《誤りである》なり。大方《おほかた》地名といふものは、もとは別名なるを後《のち》に惣名にも用ゆることは多し。もと惣名なるを後に別名とすることは例なし。たとへば、駿河《するが》の国・駿河の郡《こほり》・駿河の郷《さと》、出雲《いづも》の国・出雲の郡・出雲の郷、安芸《あき》の国・安芸の郡・安芸の郷、大隅《おほすみ》の国・大隅の郡・大隅の郷のたぐひも、みなもとは《本来は》郷の名なるを、郡の名にもなし《郡の名前にも用い》、またその郡《こほり》の名をつひに一国の惣名にもなしたるなり。また一一筑紫《つくし》といふはもとは今の筑前《ちくぜん》・筑後《ちくご》のことなるが、後には九国《九州の》の惣名にもなれり。また一二陸奥《みちのく》を割《さ》き分けて出羽《いでは》

八「神武紀」を指す。神武天皇が東征して大和を平定し、即位したということを述べて、その次に、天皇を神日本磐余彦火火出見《ほほでみ》の天皇《すめらみこと》と申し上げる、と記述してあるのが、右の「神代紀」第一一段、一書第一の、神日本磐余彦という称号は天下を平定して後のものであるという記述と同趣旨である、の意。

九 誰の説か未詳。「天の下の惣名」は「日本全体の名称」の意。

一〇 個別的な名称。大和の国を指す名称。

一一『古事記』上のイザナギ・イザナミの国生みの条に見える「伊予《いよ》の二名《ふたな》の島」が、阿波・讃岐・伊予・土佐の四カ国の総称であることについて、『古事記伝』五に、「これ、本《もと》は（伊予）一国の名なるが、大名《おほな》（四国全体を表わす名称）になれること、筑紫のごとし」という。

一二 出羽《でわ》の国は、和銅五年九月二十三日に越後の国から出羽の郡を割いて国として建てたもので、郡名がそのまま国名となった。ここで宣長が「陸奥を割き分けて」といっているのは、『続日本紀』和銅五年十月一日条の、陸奥の国から二郡を割いて出羽の国に編入したという記述と混同したもの。

を建《た》てらるる時も、出羽《いでは》といふ郡《こほり》の名を取りて一国の惣名《そうみやう》とし、加《か》一賀《が》の国もまた然《しか》り。いづれもみな別名《べつみやう》より起りて、後に惣名にはな《なっ》れるなり《たのである》。これらの例を引くまでもなく、「夜麻登《やまと》」は神代《かみよ》の古言《ふることと》にもただ一国の名にのみいひて、神武天皇以後までも、惣名にいへることは見えず。

〔三三〕『書紀』に見える「日本《やまと》」は大和の国

問ひて云はく、「神武天皇紀」に、

二皇輿《すめらみことめぐり》巡幸《いでまス》。因《よりテ》登《のぼりまシテ》二腋上《わきかみノ》嗛間丘《ほほまノをかニ》一、而廻《みたまヒテ》二望国状《くにノさまヲ》一曰《いハク》、「妍《あな》哉《にや》乎、国之獲《くにヲえツ》矣。雖《いへどモ》二内木綿《うつゆふノ》之真迮国《まさぐにト》一、猶《ご》二如《とシト》蜻蛉《あきづノ》之臀呫《となめセルガ》一焉」。由《よりテ》レ是《これニ》始《はじメテ》有《あり》二秋津洲《あきづしまノ》之号《な》一也。昔伊弉諾《いざなぎノ》尊《みこと》目《なヅケテ》二此国《このくにヲ》一曰《いハク》、「日本者《やまとハ》浦安国《うらやすぐに》、細戈千足国《ほそぼこちだるぐに》、磯輪上秀真国《しわがみほづまぐにト》」云々。

とあるに、「日本者《やまとハ》」とありて、前後の諸名《しよみやう》みな天の下の惣名なれ《日本全体を表わす名称》ば、「夜麻登《やまと》」も伊弉諾《いざなぎ》の尊《みこと》の御時《おんとき》よりはや《すでに》惣名と聞えたり。いかが。

一 加賀の国は、弘仁十四年二月三日、越前の国から江沼・加賀の二郡を割いて国として建てたもの。これも郡名が国名になっている。

二 三十一年四月一日条。訓は、三五四頁注六と同じ。

三 右の「神武紀」に見えるいくつかの名称は、ここではすべて大和の国を指しており、日本全体を指すものではない、の意。『日本書紀通証』八にも右のくだりの「秋津洲」に注して、「今按ずるに、天皇もと大和一国に就《つ》きて言ふ」といい、『萬葉代匠記』「総釈」の枕詞の解説の中の「蜻島《あきつしま》」の項にも、右のくだりを引用して、「この集(『萬葉集』)の歌どもも、この枕詞を置きて『やまと』と詠めるは和州(大和の国)なるを、後には本朝(日本)の総名とせり」という。

四『書紀』寛文九年版本では「真迮国《まさきくに》」と読む。『日本書紀通証』八では、「真迮国《まさき》」と振り仮名をつけるが「(この国名の意味は、『迮』という)字の如し。世《せ》波《ば》の反、佐。字書に『迮は迫なり』と」と注する。「世《せ》波《ば》の反、佐《さ》」というのは、漢字の反切《はんせつ》を仮名に応用した「仮名反《かながえ》し」と呼ばれる国語解釈の方法で、江戸時代前期の国語研究で盛んに用いられた。「せ(se)・ば(ba)」の第一音の子音と第二音の母音を組み合せると「さ(sa)」になるという考え方で、この場合に即していうと、「真迮国《まさき》」の「さ」は本来「せば」(狭)であるということになる。宣長が読みを「真迮国《まさ》」と答へて云はく、[三]これみな一国のことなり。「廻《みたま》㆓望《ヒテ》国状《ノヲ》㆒」といふにても知るべし。天《あめ》の下《した》の広大なる形状はいかでか《どうして一望に見えることがあろう》一目に見ゆべき。また「内木綿《うつゆふ》之《ノ》真迮国《まさぐに》」とのたまへるも《おっしゃっているのも》、明らかに一国のことと聞えたり。「[四]真迮国《まさぐに》」は「真狭国《ませばぐに》」なり。これまた天の下をいかでか《どうしてそん》さはのたまふべき《なふうにおっしゃることがあろう》。されば「浦安国《うらやすぐに》」などもみな一国のことなり。

しかるに『[五]釈日本紀《しゃくにほんぎ》』などにこれらを惣名にして注したるは、大きに当らぬことなり。大和の国は海なければ、「浦安」とはいふべからずと疑ふ人あるべけれど、これは「[六]うらなき」「うらがなし」「うらさびし」などの「うら」にて、「浦」は借り字なり。さて後に《そうして後世にや》「夜麻登《まと》」が惣名になりては、その外《ほか》の「秋津洲《あきづしま》」なども惣名になれるは、後のことなり。

〔三四〕「大八洲」は日本全体の名称

問ひて云はく、「神代紀」に「[七]廼《すなはチ》生《うム》㆓大日本豊秋津洲《おほやまととよあきづしまヲ》㆒云々」。これは[八]筑紫《つくし》・四国などの離れたる国々は除《のぞ》きても、なほ惣名と聞えた

改め、「真狭国《せば》」といいかえたのは、この仮名反しに従ったのである。

五 鎌倉時代の卜部兼方《うらべかねまさ》が著わした『日本書紀』の注釈書。その巻一「開題」に『書紀』の右のくだりの解釈があって、前後の論旨から、これらの国名を日本全体の名称と解しているように見える。また巻九「述義五」の一節が、『日本書紀通証』八の、右のくだりの注の中に次のように引用されている。「日本国は、東西に長く、南北に狭し。状、蜻蛉《あきつ》（とんぼ）に似る。東西は頷の方なり。東は腹の方なり。南北は両翼なり」。これは、「秋津洲《あきつしま》」という名称は本州が蜻蛉の形をしていることによるという説で、秋津洲を大和の国ではなく、本州全体の名称と解していることになる。

六 『萬葉集』一四、三五〇四番歌「春べ咲く藤の裏葉のうらやすにさ寝《ぬ》る夜ぞなき児《こ》ろをし思《も》へば」について、『代匠記』にいう、「『うらやす（に）』は…『心安《こころやす》に』なり。『神武紀』に云はく、『…浦安の国云々』。これも『浦』は仮《か》り字にて、『とこしなへに治まりて心の安き国と名付け給へるか』」。

七 第四段。イザナギ・イザナミ二神の国生みの条。二神は「大八洲《おほやしま》」と総称される八つの島を生む。その八つの名称は次頁四行目以下参照。

八 「大日本豊秋津洲」は大和一国の名称ではなく、九州・四国などは含まないにしても、本州全体の名称ではないのか、の意。

り。いかが。

答へて云はく、まづ「大八洲《おほやしま》」といふは、その大小にかかはらず、海[一]をへだてたる国を一洲《ひとしま》として、（三五）その数八つなり。八つとは、『古事記』には、淡道之穂之狭別島《あはぢノほノさわけノしま》[二]、伊予之二名島《いよノふたなノしま》、隠伎之三子島《おきノみつごノしま》、筑紫島《つくしノしま》、伊伎島《いきノしま》、津島《つしま》、佐度島《さどノしま》、大倭豊秋津島《おほやまととよあきづしま》なり（『日本紀』一書[三]同じ）。『日本紀』には、大日本豊秋津洲《おほやまととよあきづしま》、伊予二名洲《いよノふたなノしま》、筑紫洲《つくしノしま》、隠岐《おきノ》洲《しま》、佐度洲《さどノしま》、越洲《こしノしま》（疑ひあり[四]）、大洲《おほしま》、吉備子洲《きびノこじま》、これなり。

この中の「大やまと[五]」は、七洲《ななしま》を除きて地界《さかひ》の続きたる国々を《土地続きの多くの国々を》一つにすべていへれば、《合せていうのであるから やはり》なほ惣名《そうみやう》[六]なり。しかれどもこれは惣名[七]にもなりて後の世よりいへることにて、神代の古言《ふること》にはあらず。前に引ける「神武天皇紀」に「始《はじメテ》有《あり》㆓秋《あき》津《づ》洲《しまノ》之号《な》㆒也」とあるにても知るべし。神代《かみよ》よりいひ来たれる天《あめ》[八]の下《した》の惣名は「葦原《あしはら》[九]の中《なか》つ国《くに》」「大八《おほや》洲国《しまぐに》」などなり。このうち神代の古言《ふること》を考《かむが》ふるに、天上よりこの土《くに》を指《さ》しては、「葦原の中つ国」といひ、この土《くに》にていふ時は、「大八

一　海によって区分された国。
二　順に、淡路島、四国、隠岐の島、九州、壱岐の島、対馬、佐渡が島、本州に相当する。
三　第四段、一書第七。
四　「越」は現在の北陸地方を指すので「洲《しま》（島）」と称するのは不審、の意。『日本書紀通証』三でも同じ疑問を呈して、「北越の地方は、山嶽重阻」、周囲の地と隔絶しているので「洲」と称したのか、あるいは「越の洲」は「毛人島《えぞ》」（北海道）を指すのか、と論じている。
五　「大やまと豊秋津洲」を略していう。
六　ここでは本州全体を指す名称、の意。
七　記紀の国生みの神話において、「大やまと豊秋津洲」が本州を指す語として用いられているというのは、その語が本州を指すようになって以後の習慣に合わせて神話が記述されたということであって、その語の本来の用法ではない、それは、「神武紀」に、大和の国を指して「始めて秋津洲の号《な》あり」（三五六頁九行目参照）といっていることから明らかである、の意。
八　『日本書紀通証』八に、三五六頁注三所引の個所に続けて、「（秋津洲は本来は大和の国を指すが）後に四十五国（本州にある国々）を合するの名となる。謂はゆる『大日本豊秋津洲』、これなり。遂にまた大八洲（日本全体）を総じて之《な》を目づく。ここに於いて天下の通号となる」とある。『萬葉代匠記』「総釈」でも、三五六頁注三所引の個所に続けて、「およそ『神代紀』に

洲国」といへるなり。「やまと」と惣名にいへることは見えず。後のことなり。

〔三五〕「大やまと豊秋津洲」は本州を指すようになった

問ひて云はく、しかあらば《そうであるならば》「生《ウム》㆓葦原《ノ》中《ツ》国《ヲ》㆒」とか「生《ム》㆓大八洲国《ヲ》㆒」とか書きつべきことなるを《書きそうなものであるのに》、二紀ともに「大やまと」とはなど書き《なぜ書いたの》けむ《でしょう》。

答へて云はく、「葦原の中つ国」はもとより天の下の惣名なれば、その中《うち》には余《あま》り《他の》の七洲《ななしま》もこもれり《七つの島も含まれている》。一〇ここはその七洲を除《のぞ》きていふ所なれば、「葦原中《ノ》国《ツ》」とも「大八洲国」とも書きがたし。「夜麻登《やまと》」はもと一国の名にして他にわたらず《他の国を含まず》、また後には惣名にもなれれば《なったので》、かの七洲を除きての惣名に借りて書けるものなり《借用して書いたのである》。さる例は《そういう例は》「伊《い》一一予《よ》」も一国の名なるを、四国の惣名にも借りて書けり。筑紫《つくし》もその定《ぢやう》なり。これらを思ひ合すべし。

『大日本豊秋津洲』とあるは、八洲の中の別名（個別的な名称）にて、和州（大和の国）なり。ただし四国・九州等を除きて、四十余国を摂したるか」という。

八「天の下」は、ここでは「日本全体」の意。

九『古事記』上の「神代」に見える名称。『国号考』には、「葦原の中つ国とは、もと天つ神代に、高天原《たかまのはら》よりいへる号《な》にして、この御国ながら（この日本にいながら）いへる号にはあらず。さてこの号の意は、いといと上《かみ》つ代には、四方《よも》の海べたはことごとく葦原にて、その中に国処《くにどころ》はありて、上つ方より見下《くだ》せば、葦原のめぐれる中に見えけるゆゑに、高天原よりかくは名づけたるなり。かれ（ゆえに）『古事記』『書紀』には、この号は多く天上《あめ》にして（神々が天上にいて）いふ言にのみ見えたり」といっている。

一〇 八つの洲《しま》の名を列挙するくだりであるから、七つの洲《しま》を除いた残りの一つ（つまり本州）を指す名称を挙げねばならないので、の意。

一一 三五五頁注一一参照。

〔三六〕「やまと」が日本の総名になった時期

問ひて云はく、〔ヤマトが〕もと一国の名なることは聞えたり《わかりました》。そもそも惣名《そうみやう》にはいつのころよりなれるぞや。

答へて云はく、いつよりといふことなく、おのづからなれるなるべし。物名にいへることの古言にたしかに見えたるは《日本全体の名称として用いられた例が古語に確かに見えているのは》(三六)、『古事記』に、仁徳《にんとく》天皇日女島《ひめじま》一に幸《いでま》し時に、その島にて雁《かりこ》《雁が》卵を産《う》めり。よりて建内《たけうち》の宿禰《すくね》の命《みこと》を召して《お呼びになって》、この事を問はせ給へる御歌《みうた》に、「たま二きはる　内《うち》の朝臣《あそ》　汝《な》こそは　世の長《なが》の人　空《そら》みつ　やまとの国に　雁卵産《こむ》と聞くや」、これに答へ奉《たてまつ》りし歌にも、「空みつ　やまとの国に　雁卵産《こむ》と　いまだ聞かず」とよまれたり。『日本紀』にはこれを、「河内《かはち》三の国茨田《まむた》の堤《つつみ》に雁産《かりこう》む」とあり。いづれにもあれ《どの土地であろうとも》、和州《わしう》の内のことにあらず《大和の国の内のことではない》。かつ雁の産《こう》むことは、すべて此方《ここ》《日本では》にては珍しきことなれば、この「夜麻登《やまと》」は惣名なり。「虚空見《そらみつ》」四の枕詞《まくらことば》も「やまと」につきたる詞《ことば》なれば、惣名の時にもいふべし。『日本紀』五に載《の》せたるには、二首ともに、「あきづしまやまと」とあり。同じ

一『古事記伝』三七に、「摂津の国西成《にしなり》の郡（現大阪市）にあり」という。

二 第四句、『古事記伝』では真福寺本に「余能那賀比登」とあるのに従って、「世の長人《ながひと》」と読む。ここでは『鼇頭古事記』に「余能那賀之比登」とあるのに従っている。意味は「年長者」。二百数十歳の建内の宿禰に、仁徳天皇が、わが国に雁が卵を産んだ前例があるかとたずねた歌。

三「仁徳紀」五十年三月丙申条。「茨田の堤」は、現大阪府枚方《ひらかた》市から寝屋川《ねやがわ》市にかけて、仁徳天皇十一年十月に築かれた淀川の堤防。「まむた」の訓は、『古事記伝』三七にこの条が引用されている個所の振り仮名によった。

四『萬葉代匠記』「総釈」の枕詞の説明の「虚見津《そらみつ》」の項に、「『日本紀』等よりこの集（『萬葉集』）の歌に至るまで、和州の別名（大和の国という個別的名称）に付きたる枕詞なるを、ただ第一（『萬葉集』巻一）の雄略天皇の御歌（一番歌）と、第十九の孝謙天皇の御歌（四二六四番歌）に（「そらみつやまと」と）詠ませ給へるは、この国の総名に（日本全体を意味するヤマトに対して）置かせ給ふと見えたり」とあって、契沖は右の記紀の「雁卵産む」の歌を見落としている。

ことなり。さてこの御世《みよ》にすでにかく《このように》よませ給へれば、これよりさきに早く《すでに》惣名にもなれること知られたり。

〔三七〕「やまと」が総名になった理由

問ひて云はく、六本国《もとつくに》の別名《べつみやう》をもて天《あめ》の下《した》の大号《おほな》とすることは、七唐《もろこし》にて歴代《よよ》の通例なれば、此方《ここ》もそれにならひて、「夜麻登《やまと》」を惣名に用いらるるか。

答へて云はく、仁徳天皇の御世《みよ》にはや《すでに》大御歌《おほみうた》にもよませ給ふばかりいひなれたれば、いかでかは然らむ《どうしてそんなことがあろう》。八かの御世には書籍《ふみ》はすでに〔中国から〕渡りたれど《渡来していたけれど》、九まださることは《そんなことは》いささかも〔日本の風習に〕まじらはず《混入せず》、神代《かみよ》の心ばへを失はぬ時なり。しかるにかの国の《中国の》書籍をあまねく学びて、何ごとも一〇その方《かた》をのみ効《なら》ふことになれる後の世の心をもて見るゆゑに、神代よりあることどもをもかれに効へるかとのみ疑ふなり《中国の真似をしているのだろうかとばかり疑うのだ》。すべて万《よろづ》のこと、賢《さか》しらがる《かしこぶる》後の世になりてこそ、わが国・人の国《外国》、たがふ《相違する》ことのみ多けれ《ことばかり多いが》、いと上《かみ》つ代《よ》の有様《ありさま》は、いづくも《どこの国であろうと》同じこと

五 『書紀』にも仁徳天皇と建内（『書紀』の表記は「武内」）の宿禰の贈答歌を載せるが、『古事記』で「そらみつやまと」とある個所が二つとも「あきづしまやまと」となっている。

六 中心となる国、の意。

七 たとえば「秦《しん》」はもと周代の諸国の一つであったが、秦王政（始皇帝）が天下を統一してからは中国全体の国名となった。劉邦《りゅうほう》ははじめ漢中の地に王となって「漢王」と称し、天下を統一してからは「漢」を中国全体の国名とした。

八 仁徳朝に先立つ応神朝の時に儒学の書物が渡来したと、記紀に伝える。

九 中国から書籍・思想が渡来して以来、わが国の文化は次第にその影響を受けて、日本固有の精神を失ってしまった、というのが、真淵・宣長など国学者の基本的な考え方。第六八項（四一三頁）参照。

一〇 中国をばかり手本にする。

にて、此方《ここ》とかしこ《日本と中国と》とおのづから心ばへの相通《あひかよ》ふことも多かりけり。されば唐土《もろこし》の国号の例も、「夜麻登《やまと》」の惣名になれるやう《ヤマトが日本全体の名前になった事情》と、おのづから似通ひたりけむかし。

問ひて云はく、「やまと」といふ名の意《こころ》はいかが。

答へて云はく、この義つまびらかならず《意味ははっきりしていない》。古来その説多くあれど、みなわろし《全部よろしくない》。一近き世にもいひ出でたる説あれど、これらも当らぬことなり。よりて《そこで》つらつら《つくづく》思ひ求むる《考え求めると》に、「山処《やまと》」二の意なるべし。さ《そう》いふゆゑは《いう理由は》、「神武天皇紀」の天皇の御言《みこと》に、三「聞《ク》二於塩土老翁《しほつちノをぢニ》一、曰《いヒシク》、『東《ひむがしニ》有《リ》二美地《よきくに》一。青山《あをやま》四《よもニ》周《めぐレリ》云々』」、これ大和の国のことなり。『古事記』倭建《やまとだけ》の命《みこと》の御歌に、四「夜麻登波《やまとは》 久爾能麻本呂波《くにのまほろば》 多々那豆久《たたなづく》 阿袁加岐夜麻《あをかきやま》 碁母礼流《ごもれる》 夜麻登志《やまとし》 宇流波斯《うるはし》」、これと思ひ合すべし。五「たたなづく」は「畳付《たたなはりつく》」なり。また「神武天皇紀」に、六大己貴《おほあなむち》の命《みこと》の「玉牆《たまがき》の内《うち》つ国《くに》」と目《な》づけ給へるとあるも、七青垣山《あをかきやま》ご

〔三八〕「やまと」の語源――「山処《やまと》」

一 貝原益軒の『日本釈名』の、生駒《いこま》山の外側にある国なので、「山外《やまと》」の意、という説を指すか。

二 契沖は三六五頁注一三に見るように「山跡」説をとるが、『古今余材抄』一に、一説として「河多ければ『河内』とつけ、難波の大津（大きい港）によりて『津の国』の名あれば、和州も『山処《やまと》』の義にても名付けたるか」という。これに示唆を得たか。

三 即位前紀。訓は、三五四頁注六に同じ。

四 倭建の命が伊勢の能褒野《のぼの》（現三重県亀山市）で崩ずる直前、大和をしのんで詠んだ歌。「あをかきやま、ごもれる」の句切りは底本のまま。意味は注七参照。

五 『古事記伝』二八では、「畳《たた》なはりなつく（畳んだようにより合い、靡《な》みつく）」の意と説き、「『豆久《つく》』をただに『付く』と心得て、『畳なはり付く』と云へる説は事足らず（不十分である）」と述べている。

六 三十一年四月一日条。三五六頁七～一〇行目引用部分にすぐ続くくだり。大己貴の命が大和の国を「玉牆の内つ国」と名付けた。

七 青山が垣のようにとり囲んでいる。

八 ここでは『鼇頭古事記』の本文に従っているが、『古事記伝』三六では真福寺本に従い、「夜麻」を一つ省いて「袁陀弖《をだて》 夜麻登《やまと》」と読み、「『袁陀弖《をだて》』は…倭《やまと》の枕詞にて、『小楯《をだて》』なり。倭の国は楯を立て並べたるごとく、山の周《めぐ》れる国なるを以て云へり」という。

もれるゆゑの名なり。また『古事記』、仁徳天皇の皇后《おほぎさき》、石之日売《いはのひめ》の命《みこと》の御歌に、「袁陀弖夜麻《をだてやま》[八] 夜麻登《やまと》」、これも楯《たて》を立てたるごとくに山のめぐれるよしなり《山がぐるりととり囲んでいる趣きである》。また神武天皇の「内木綿《うつゆふ》の真迮国《まさぐに》[九]」とのたまへるも、『萬葉』第九、菟原《うばら》の処女墓《をとめづか》の長歌に、「虚木綿乃牢而《うつゆふのこもりて》[一〇]」と続けたると合せて見るべし。

右の古言《ふること》どもみな、青山《あをやま》のめぐれる中にある国なることをいへれ《いっている》ば《ので》、「夜麻登《やまと》」といふもその意《こころ》にて、「山処《やまと》」なること明らけし《明らかである》。大方《おほかた》古言に、この国をば山のめぐれるよしをもていへることのみ《山がとり囲んでいる趣きをもって表現することばかり》見えたること右のごとく、かつその北[一一]なる国を《北にある国を》「山背《やましろ》」といふをも思ふべし。

さて「山処《やまと》」の義とするにつけて、二つの取りやう《解釈》有るべし。

一つには、「処《ところ》」の意なることを《場所の意味のことを》「登《と》」といふ例は、「立所《たちど》」「伏所《ふしど》」「祓所《はらひど》」などいふ「登《と》」はみな「処」の意《こころ》なり。「夜麻登」の「登」はこれらと続[一二]きざまは異《こと》なれども、義《意味は》は同じことなり。「宿《やど》」

九 三五六頁注四参照。

一〇 一八〇九番歌。寛永二十年版本に「虚木綿之《そらゆふの》」と読む。『萬葉代匠記』は、初稿本は「そらゆふの」と読み、精撰本は「うつゆふの」と読む。三二九頁注八で述べたように、宣長が初稿本を見ていたことは確かであるが、精撰本を見ていたという明証はない。しかし精撰本の「うつゆふの」と読むべきことをいう説明の中に、右の「神武紀」の「内木綿の真迮国」を引用して、「社頭に木綿《ゆふ》を懸《か》くる内(内側)の狭きごとく、大和は四面に山あれば(狭い国なので)、かくはのたまふか」とあって、宣長がここで一八〇九番歌に言及したのは、この精撰本の記述を念頭に置いているからと考えるのが、偶然の一致と考えるよりも、妥当であろう。三四〇頁注三では、「長き気《け》」という語の解釈について、『代匠記』精撰本と宣長の説明とに「称歎」「歎美」という語が共通して出てくる。偶然の一致が頻出すると考えるより、宣長が精撰本を見ていたと考える方が無理がない。なお「牢而」は寛永二十年版本も『代匠記』も「かくれて」と読んでおり、「こもりて」は宣長の考えた訓である。

一一『古今余材抄』一に、「山城《やましろ》は奈良山の北に当れば、もと『山背』と書きて山のうしろの義なり」という。山城の国は今の京都府。

一二 右に挙げた例は動詞の連用形に「と」がつき、「山処」は名詞に「と」がつく。『国号考』には、「竈処《かまど》」「井処《ゐど》」など、名詞に「と」のつく例をあげてある。

「里《さと》」などの「登《と》」も同じ意《こころ》なるべし。また「止《し》」の字を「登《と》」とよむこと、『日本紀』の『私記』一に「古語《こご》謂《いヒテ》二居住《ヲ》一為《なス》レ止《とト》」とあり、字書二にも「居也《ナリ》」とも「住也《ナリ》」とも注し、『説文《せつもん》』三に「処」の字を「止也《ナリ》」と注し、『玉篇《ぎよくへん》』四に「処」の字を「居也《ナリ》」と注したる、かれ五これ合せて考ふべし。

一つには「夜麻都登許呂《やまつところ》」の切《つづ》六まりたるなり。「都登《つと》」を切《つづ》むれば「登《と》」なり。「登許《とこ》」を切《つづ》めても「登呂《とろ》」を切《つづ》めても、「登《と》」となれば、「都登許呂《つところ》」の四言は「登」の一言に切《つづ》まりて、「夜麻登《やまと》」とはなれる《なったのである》なり。これも前の義とおのづから相通《あひかよ》ふなり。

〔三九〕「山跡《やまと》」「山止《やまと》」という説

問ひて云はく、『私記』に、「天地《てんち》七剖判《ぼうはんシテ》、泥湿《でいしつ》未《いまダ》レ乾《かわカ》ズ。是以《ここヲもチテ》栖《すミ》レ山《やまニ》二往来《わうらいス》。因《よリテ》多《シ》二蹤跡《しようせき》一。故曰《ニいフ》二山跡《やまとト》一。山、謂《いヒ》二之《これヲ》耶麻《やまト》一、跡、謂《フ》二之止《ヲとト》一」、また「古語八謂《ニヒテ》二居住《ヲ》一為《ス》レ止《とト》。言《いふこころハし》止《ニ》住《ちゆうスルナリ》於山《ニ》一也」とあるはいかが。

一『日本紀私記』。平安時代に宮中で何度か行われた『日本書紀』の講釈の記録。独立の書物として、あるいは『釈日本紀』(三五七頁注五参照)に引用された形で、世に伝わる。ここの文章は次の第三九項所引の文章とともに、『釈日本紀』一に、「『弘仁私記』の序に曰く」として引かれているが、あるいは『古今余材抄』一に引用されたものの孫引きか。

二「居也」という釈義はおおむねの字書の「止」の項に見出せるが、「住也」という釈義は校注者の管見に入ったものとしては『玉篇』にしかない。

三『小補韻会』の「処」の項の孫引き。

四 正しくは『大広益会玉篇』。宋の陳彭年等編の字書。ただしここは『康熙字典』の「処」の項の孫引き。

五「居」「住」という意味の「止」字を「と」と読むということは、同じ意味の「処」字をも「と」と読んだであろうことの傍証になる、の意。

六 三五六頁注四で述べた「仮名反《かながえ》し」のこと。「やまつところ」の「つ(tu)・と(to)」が「と(to)」になり、その新たに成立した「と」と「こ」が「と」になり、さらにその「と」と「ろ」が「と」になる。仮名反しという考え方は江戸中期まで広く行われ、特に賀茂真淵は『冠辞考』で枕詞の語源の究明に盛んに用いている。この当時の宣長は『冠辞考』に深く感心していたから、ここの論にはその影響があろう。

七 この世の始まりの時、天地が分れて、泥がまだ乾

答へて云はく、これは[九]もとより天《あめ》の下《した》の惣名としていへる説なれば誤りなり。「やまと」はもと一国の名なること前にいふがごとし《述べたとおりである》。かつたとひ《たとえ》もとより惣名なるにもせよ、この説信《う》けがたし《信じがたい》。そのゆゑは、まづこれは「山跡《やまと》」と「山止《やまと》」と二義にいへる、ともに「泥湿未《ダ》《ズ》レ乾《カ》、栖《すム》レ山《ニ》」ゆゑの義とすることいはれず《筋が通らない》。「神代紀」に[一〇]「古《いにしへ》、国稚《くにいし》地稚《つちいし》」などいへることはあれど、それは二神よりも前のことにて、人物はさらにもいはず《人や物はいうまでもなく》、大八洲国《おほやしまぐに》さへまだ出で来ぬ時のことなれば、《〔人が〕》「栖《すム》レ山《ニ》」などいかでかはいふべき《どうしていうことがあろう》。その外《ほか》に、泥湿《でいしつ》の乾《かわ》かざりしことも山に住みしことも、物に《文献に》見えたることなし。またさること《そんなこと》あるべくもなし《があるはずもない》。みな妄説《まうせつ》なり。さてまた一国の別名《べつみやう》として見れば、いよいよ当らぬことなり。契沖《けいちゆう》師の[一一]「和州に限りて《大和の国だけ》泥湿の乾かざるべきにあらねば《泥が乾かないはずはないので》、取らず《〔この説は〕採用しない》」といはれしは、さることなり《もっともなことである》。

ただし沖師はなほ[一二]「山跡」の義を用いて、[一三]「和州は四面みな山なれば、往来《〔人が〕往来した》の跡《あと》、山に多かるべし」といひ、[一四]『萬葉』にも多く[一五]『山

かなかった。人々は山に住み、泥に足跡《あしあと》が沢山ついた。だから「やまと」は「山跡《やまあと》」である、という説。

八 「居住する」ことを「と」というのだから、「やまと」は「山止《やまと》」(山に住む)であるという説。この両説は仮名序の旧注(三五三頁注五参照)においてもっとも普通の語源説であった。

九 この世の始まりの時、泥がまだ乾かなかったというのは、大和一国に限られたことではなく、日本全体(あるいは世界全体)にわたるはずのことであるから、右の語源説は、「やまと」という語を日本全体を指す名称として扱っていることになる。「やまと」はもと大和一国の名称なのだからこの説は誤っている、の意。

一〇 第一段、一書第二。訓は底本の振り仮名に従う。太古、国も土もまだ若く幼なかった、の意。

一一 『古今余材抄』一に、『私記』の右のくだりを引用して、批判してこういっている。

一二 『古今余材抄』一に、「『日本』をも『倭』をも義訓して『やまと』と読めども、実《まこと》には『山跡《やまと》』の義なり」という。

一三 『私記』のように、天地開闢《かいびやく》の時、泥に足跡が残ったというのとは異なるが、やはり、山に人の足跡が残るという考え方で、契沖は「山跡《やまあと》」説をとる。

一四 『余材抄』にこのとおりの文章があるのではなく、宣長が意味をとって大幅に書き改めている。

一五 たとえば巻一巻頭の雄略天皇の長歌に、「そらみつ 山跡《やまと》の国は おしなべて 我こそ居れ」。

跡』と書き、ことに第四巻には詞書《ことばがき》[一]にさへしか書きたれば《そのように書いてあるので》」と『余《よ》材抄《ざいせう》』には記《しる》されたれど、予《まろ》は取らず《私は採用しない》。そのゆゑは、往来の跡《あと》山に多ければとて、国の名になるべくも覚えず《なるとも思われない》。「栖ムレ山ニ」の説を用ゆるとならば《というのなら》、なほ《まだしも》さもいふべし《そうもいえよう》。「栖《す》ムレ山ニ」の義を用いざらうへは《解釈を採用しない以上》、「跡」の義いはれぬことなり《アトという意味は根拠のないことだ》。大方《おほかた》「泥湿未レ乾、栖レ山、多二蹤跡一」といふ説は、古く「山跡」と書きならへる《習慣的に書く》文字につきて思ひよれる《思いついた》ことなるべし。「跡」の字につきて往来の跡《あと》と思ひより《思いつき》、さて《そうして》山に住むといひ、山に住むゆゑをいはむとて《理由を説明しようとして》、「泥湿未レ乾」といふことを設《まう》け出でたるなるべし。沖師はそれをわろし《よろしくないと》と見ながら、なほ[二]「山跡」と書けるになづまれたり《こだわられたのだ》。『萬葉』にこれを正字《せいじ》[三]のやうに詞書《ことばがき》にまで用いられたるは、古く《古くから》書きならはしたるゆゑなり《そのように書く習慣があったからである》。さて何ゆゑにしか書きならへるぞといふに《そのように書きならわしてきたのかというと》、もと《本来は》借り字なり。すべて古《いにし》へは字義にかかはらず本訓《ほんくん》[四]を借りて書くこと多し。「跡」は「阿登《あと》」なれども、「阿《あ》[五]」は言《ことば》の中に置く

一 四八四番の題詞に、「難波の天皇《すめらみこと》の妹《いろと》、山跡《やまと》に在《いま》す皇兄《すべらいろね》に奉上《たてまつりたま》ふ御歌《みうた》」とある（訓は『余材抄』の引用につけられた振り仮名による）。『余材抄』の原文に、「（『萬葉集』の）歌にはあまた『山跡』と書けれど、それはなほ（漢字の音を）借りて書けるにやとも いふべし、これ（四八四番の題詞）にまさしう名のよし（由来）顕《あら》はれたり」。契沖は、歌の中の「山跡」という表記は、漢字の音だけを借りた萬葉仮名であるとしても、漢文の中の「山跡」という表記は「やまと」の意味（語源）に即したものと考えた。

二 『国号考』に、「すべて古《いにし》へは字《もじ》の義《こころ》（漢字の意味）にはかかはらず、訓《よみ》の通へば（音が適用できるなら）いづれにまれ（その漢字を）借りて書ける例《ためし》多かる中に、地《ところ》の名などはことに借り字《もじ》の多かるを、契沖などはなほ文字になづむ世《よ》間の癖の失《う》せざりしぞかし」といっている。つまり「山跡《やまと》」の「跡」字はトという音を表わすだけというのが、宣長の考え。

三 正しい表記。宛字《あてじ》の対。意味（語源）に即した表記。

四 その漢字のもともとの訓。三八七頁七行目にも出てきて、そこの文脈では「本訓」と称する理由が分りやすい。ここでは単に「訓」というのと同じ意味で用いられている。

五 アという音は、単語の途中にある場合は省かれることが多い、の意。たとえば「高天原《たかあまのはら》」の「あ」が省かれて「たかまのはら」になるたぐい。

時は省《はぶ》く例多く、かつ上[六]の「麻《ま》」に「阿《あ》」の韻《ひびき》あれば、かたがた（いずれにしても）「山跡《やまと》」と借りて書くべきことなり（〔文字を〕借用して書くはずである）。上《かみ》つ代《よ》の文字の使ひやうみな然《しか》り。必ずしもその義（漢字の意味を）を取るにあらず。

さて近代[七]先達《せんだち》みなこの義を用いて「山跡」の意とし、『古今』の序または懐紙《くわいし》[八]など披講《ひかう》[九]するにも、「やまあと」[一〇]といふやうに読むをならひとすること、はなはだいはれなし（根拠がない）。たとひ[一一]「山跡」正説《しやうせつ》にもあれ、上古《じやうこ》より歌にも何にもただ「夜麻登《やまと》」とのみいひて、「夜麻《やま》阿登《あと》」といふことはさらに見えず。古《いにし》へに暗きことなり（古代のことに無知なことである）。いはむや（まして）その義にはあらぬをや（実際はその意味ではないのだからなおさらだ）。すべて今の代《よ》に読み癖《くせ》といふものにはこのたぐひ多し。事の本《もと》（根拠）をばよくも考へずして、いささかのことをとらへ所にして、耳なれぬ言《こと》をみだりにいひて、人の耳を驚かし、愚かなる人をまどはすなり。

さて今「山処《やまと》」の意とするにつきて、「山止」[一二]の義は通ずれども、「止《し》㆓住《ぢゆうスル》於山㆒」の説は取らず。「山のめぐれる中にある国」といふ

六「やまと」の表記に「山跡」という漢字を宛てた場合、「跡《あと》」の「あ」が「やま」の「ま（ma）」に吸収されやすいので、「跡《あと》」字を「と」の萬葉仮名として用いるのに抵抗がない、の意。

七「山跡」説は『古今集』仮名序の旧注において歴世有力であったから、広く流布した北村季吟の『八代集抄』にもあげ、また契沖の『古今余材抄』に、前述のように『日本紀私記』とは異なった意味においてではあるが「山跡」説をとるなどの例がある。

八 和歌を書くための用紙。歌道の家柄によって書き方に種々作法があり、宣長は『和歌の浦』四に数カ所にわたって聞き知ったことを書き留めている。

九 普通は歌会で歌を読み上げることをいうが、ここの文脈では、『古今集』の仮名序を儀式的に読み上げる場合もあったようである。未詳。

一〇 宗祇の『古今和歌集両度聞書』（版本『古今和歌集抄』による。三五二頁注一参照）に、「（仮名序冒頭の『やまと歌』について）読む時も『山あと歌』といふやうに心を持つべし」という。以下に述べられる旧派の歌学の「読み癖」批判は、『紫文要領』三八頁注五・三九頁注九の堂上歌学批判に通ずる。

一一 たとえ「山跡《やまあと》」が語源であるというのが正しい説であったとしても。

一二「止」を「処」と同じ意味にとるなら（三六四頁一～五行目参照）、「山止」の字を宛てても差支えないが、の意。

義に取るゆゑなり。

〔四〇〕「山外」「山戸」という説

問ひて云はく、「山外《やまと》」「山戸《やまと》」などの説はいかが。

答へて云はく、「山外」[一]は前に引ける[二]古語《ふること》どもの趣《おもむ》き《趣旨》にそむけば、信《う》けがたし《信じがたい》。また「山戸」[三]の説も古《いにし》への名づけやうの心ばへにあらず。

〔四一〕「八洲元」の略という説

問ひて云はく、ある説に「二《に》神《しん》[四]、大八洲《おほやしま》を生み給ふに、大日本《おほやまと》その始めなり。されば八洲の元《もと》つ国《根本の国》といふ意《こころ》にて、『八洲元《やしまもと》』の略なり」といふはいかが。

答へて云はく、わろし《よろしくない》。さやうに理《ことわ》りめきたる名は、古言《ふること》のさま《実態》にたがへり。「山跡」の説などは、当らぬながらもなほ上古《じやうこ》の意《こころ》に近し。この説のやうに[五]事の道理をもて名づくるやうのことは《名づけるようなことは》、後世学問《がくもん》沙汰《ざた》のうへのことなり。すべてかやうに賢《さか》しだちたる《かしこぶった》説は、後

一 三六二頁注一参照。

二 第三八項参照。そこでいうように、記紀では大和の国は「青山のめぐれる中にある国」と考えられており、「山の外」というのはまったく逆であるから。

三 『釈日本紀』一の「開題」に、「師説に、大倭《やまと》の国、草昧《さうまい》の始め（未開の時）、未《いま》だ居舎《きよしや》あらず。人民ただ山に拠《よ》りて居す。仍《よ》りて『山戸《やまと》』と曰ふ。これ山に留まるの意なり」とある。この場合の「戸」は「住居」の意味で、結局「山戸」説は「山止」説と大差ない。したがって「山止」説に対する批判（三六五頁四～一〇行目）が適用されるのであろう。

四 『日本書紀通証』一に、「『耶麻騰《やまと》』の名たるや…二尊（イザナギ・イザナミ）大八洲《おほやしま》を生むの初め、まづ大日本《おほやまと》を生む。則ち焉《なん》ぞ『八洲《やしま》の本《もと》つ国』の略語にあらざるを知らん」。『日本書紀』の所伝では、二神の国生みにおいて大日本豊秋津洲（本州）が一番目に生れたこと、三五八頁六～七行目参照。

五 小ざかしい理屈を否定する、宣長の特徴的な考え方。第六六（四〇八頁）・八五項（四六〇頁）参照。また『紫文要領』六六頁注六参照。

六 三五八頁四～五行目参照。

七 『日本書紀』より『古事記』の方が、わが国上代の言語・精神を忠実に伝えているということは、『古事記伝』一巻頭の「古記典等総論《いにしへぶみどものすべてのさだ》」に詳論するが、

の世の意なり。さらにさらに《決して決して》わが神代《かみよ》の名義《みやうぎ》にあらず。そのうへ八洲の出で来たる次第《しだい》も《順序も》、『古事記』には淡道《あはぢ》[六]より始まりて倭《やまと》は終りなり。さればその次第は確かならぬことなり《はっきりしていないのである》。しかるに古質《すなほ》[七]なる『古事記』にそむきて、潤色《かざり》多き『日本紀』をとらへて《根拠にして》、にはかに《性急に》神代の古言を定めむこと、はなはだいはれず《筋が通らない》。

〔四二〕嘉号の論は無用の事

問ひて云はく、『余材抄《よざいせう》』に、『釈名《しやくみやう》』[八]に「山《さん》ハ産《さん》ナリ也、産二生スルナリ物ヲ一」といふを引きて、「嘉号《かがう》[九]なるゆゑに天下の惣名に用いらるる」よしあるは、いかが。

答へて云はく、心得ぬことなり《理解しがたいことである》。惣名になれることは、前[一〇]にいへるごとく仁徳《にんとく》天皇より以前のことにて、上つ代《かみよ》にさやうのこざかしきことはさらに《決して》なきことなり。和銅《わどう》[一一]の詔《みことのり》に「著二好字一《つケヨよきなヲ》」とある、『延喜の式《えんぎのしき》』[一二]に「取二嘉名一《とレよきなヲ》」(三七)とある、これらはみな後世学問沙汰になりてのことなれば、上つ代のことにはあづからず《関係がない》。そのうへこれ

早く『本居宣長随筆』一一の、『旧事紀《くじき》』が偽書であることにまだ気がついていない時期、宝暦十一年(一七六一)ごろ執筆の第七二六項に、こことと同じ「古質」の語を用いて次のようにいう、「歌学のために古語を考へさぐるためには、『旧事(紀)』『古事(記)』すぐれたり。そのゆゑは、この二記は文章をかざること少なくして、古語をそのままに書けること多し。二記の中にも、『古事記』は別して古質なり。『日本紀』は文章を飾りて、悉《ことごと》く漢文にうつせるを以て、古語の意を失ふことも多きなり」。

八 三二四頁注二参照。

九 「山」という語を含む「やまと」は、生産に関係があって嘉号(えんぎのよい名称)であるから、日本全体の名称に用いられた、の意。『余材抄』一の原文は、右の『釈名』を引用した次に、「万物を化産するも山の徳なれば、千世万世を経ても仁君の宝位(皇位)動くことなくして、万《よろづ》の物化産して富み豊かなる所といふは、ことに嘉号なれば、あまたある名の中に『やまと』を多く用い来たれり」とある。

一〇 第三六項(三六〇頁)参照。

一一 三七六頁注一参照。

一二 平安初期に編纂された法令集。ここに引くのは、地名を美しい漢字二字で表記せよという趣旨の法令で、巻二二「民部省式上」の中にある。訓は底本の振り仮名に従った。原注三七参照。

らも「文字をよきに著けよ《よい文字をあてはめよ》」とにこそあれ《ということではあっても》、呼び来たれる名を改めよとにはあらず《ということではない》。「夜麻登《やまと》」も文字の沙汰はありしかど《用字についての議論はあったけれど》、言《ことば》につきて嘉号・醜名の沙汰《さた》は用《よう》なきことなり《無用のことである》。

問ひて云はく、「やまと」に「倭」の字を書くことはいかが。

答へて云はく、「倭」の字は唐《もろこし》よりつけたる名なり《中国側でつけた名である》。その始めて書に見えたるは、『前漢書《ぜんかんじよ》』の地理志に、

東夷《とういハ》天性《てんせい》柔順《じうじゆんニシテ》、異《ナリ》ニ於三方《さんぱうノ》之外《そとニ》一。故孔子悼《いたミテ》ニ道不《ノ》レ行《ルヲ》、設《まうケテ》ニ桴《いかだヲ》於海《ニ》一、欲《ス》レ居《ラント》ニ九夷《きうい》一。有《ルカナ》レ以《ゆゑ》也。夫《そレ》楽浪《らくらうノ》海中《ニ》有《リ》ニ倭人《わじん》一。分《わかチテ》為《なス》ニ百余国《ト》一。以《もテ》ニ歳時《さいじヲ》一来《きたリテ》献見《けんけんストいフ》云。

とある、これなり。その後の書どもにもみなしかいひ《そのようにいい》、常には略して「倭」とのみいへり。

さてかく名づけたるよしは《このように名づけた理由は》、物に《文献に》たしかに見えたることなし。よりて思ふに、「倭」の字の本義は『説文《せつもん》』などに「順貌《ナルさま》」と注した

一 第四五項（三七三頁）に見るように、「やまと」という語を表記するのに縁起のよい漢字を選ぶという議論はあったが、「やまと」という語それ自体が縁起がよいとか悪いとか論ずるのは無用のことだ、の意。

二 ここに「醜名」の語を用いるのは、『余材抄』一に、前頁注九の引用に続けて、「しかるに『私記』に臆説をなして、嘉号をかへりて醜名となせるを、世こぞりてわきまふることなくして、この説により来たれること、おぼつかなし」というのによる。『釈日本紀』所引の『日本紀私記』に、「やまと」の語源について第三九項の問いに見えるような説明がなされていることを、それでは「やまと」が醜名になってしまうと、契沖が批判しているのである。

〔四三〕「倭」字を用いる理由

三 『漢書《かんじよ》』のこと。後漢の班固《はんこ》の撰。「地理志」は中国を中心に各国の地理を記した篇。引用文の訓は底本の訓点に従い、校注者の私見をわずかに加えた。大意は、「東夷の性質はおとなしくて、他の南・北・西の蛮人とは異なる。孔子がその地に道の行われないのを惜しみ、渡航しようとしたのも当然だ。楽浪（漢が朝鮮に置いた郡）の海のむこうに倭人が住んでいて、百余国に分れている。時々わが国に来貢する」。

四 『後漢書』東夷伝・『魏志』東夷伝・『晋書』東夷伝など。『本居宣長随筆』二・五に抄録されている。

五 『康熙字典』の「倭」の項の孫引き。

六 原注三八にあるように『釈日本紀』（巻一）に見え

ると、右の『漢書』の文を引き合せて考ふるに、「東夷天性柔順《とういはてんせいじうじゆん》」なるゆゑに「倭人」といふと心得て、班固《はんこ》は書けるやうに見ゆるなり。おぼつかなき《確言はできないことだ》ことなり。また此方《ここ》の旧説に、(三八)「此国之人《このくにのひと》、昔《むかし》到ル二彼国ニ一。而《しかるに》問ヒテ云ク、汝《なんぢ》ガ国之名称如何《いかん》ト。答ヘテ曰《いは》ク、和奴国《わぬこく》ヤト。和奴ハ猶《なほ》レ言ハンガ二吾《われ》ト一也《ごとし》。自後《これより》謂《いフ》二之《これ》ヲ和奴国《わぬこく》ト一也」とあるよし、『元々集《げんげんしふ》』に載《の》せたれど、これまた信け《う》がたき《信じがたい》説なり。

また一説に、「倭奴国《わぬこく》を唐音《たういん》によべば於能許《おのこ》にて、磤馭盧島《おのごろじま》といふことなり」といふは、大きに《大いに》信けられず。付会《ふくわい》の言なり。すべて近世の神道家は、みだりに空理を説《と》きて、磤馭盧島をわが御国《みくに》の本号のやうにいひなせども、この島はただ一つの小島にて八洲《やしま》の数にさへ入《い》らず。人の代《よ》になりてもその名残《のこ》りて、仁徳《にんとく》天皇の大御歌《おほみうた》にもよみ給ひ、『私記』にも「今見《いまげん》ニ在ル二淡路島ノ西南角《すみ》ニ一小島、是也《これナリ》」とありて、神代《かみよ》よりさらに《けっして》わが御国の名にいへることなく、そのよしも物に《文献に》見えず。されば「八洲《やしま》」「夜麻登《やまと》」(三九)などいふことを〔中国人が〕聞き伝へ

る説。この時の宣長は『元々集』によってこの説を知り、『元々集』に「旧説に云ふ」とあるままに「旧説に」として孫引きした。原注三八は、後にこれが『釈日本紀』に見える説であることに気づいて頭部余白に補記したもの。大意は、「中国へ渡った日本人が国の名を問われて、『わぬ国や(わが国か?)』と反問したのが誤解され、『わぬ国』が国名になってしまった」。

七 北畠親房《きたばたけちかふさ》著の神道書。引用部分は第一巻「本朝造化篇」に見える。『本居宣長随筆』二の第一三二項に「本朝造化篇」の抄録があり、この部分も含まれる。

八 磤馭盧島は、イザナギ・イザナミが国生みに先立って天《あめ》の浮橋《うきはし》から下界の混沌を矛《ほこ》でかきまわした時、矛から落ちたしずくが固まって出来た島。『日本書紀通証』一に、「今按ずるに、諾・冊二尊(イザナギとイザナミ)、始めてこの島に降《くだ》る。名を淤能碁呂《おのごろ》島と曰ふ。謂はゆる『倭奴』はすなはち『淤能』の音」。

九 「神代紀」第四段に、磤馭盧島を「国の中の柱《みはしら》」として二神が国生みしたとあり、『日本書紀通証』二に、「之《これ》(磤馭盧島)を国の柱と為すを以て言ふ。すなはち吾が大八洲《おほやしま》の本号」。また三七三頁注七参照。

一〇 『古事記』下に見える。淡路島を見て詠んだ歌。「おしてるや 難波の崎よ 出で立ちて 朕《わ》が国見れば 淡島《あはしま》 淤能碁呂《おのごろ》島…」。

一一 『釈日本紀』五に、「『私記』に曰く」として見える。ただしここは契沖『厚顔抄』の注一〇の歌の注に引用するものの孫引きか。

て、[一]その音《こゑ》の文字をもて名づけむはさもありぬべけれど《名づけるというのならありうることだが》、此方《こゝ》の人《日本人》の《が》上《かみ》つ代《よ》よりさらに《まったく》いはぬ名《（オノゴロ島）》を、外国《とつくに》の人の知るべきことにあらず。この説きはめてわろし。されば「倭」と名づけたるゆゑはさだかならぬことなり。

〔四四〕「倭」を「やまと」と読む理由

問ひて云はく、「倭《わ》」の字を「夜麻登《やまと》」と読むことはいかが。

答へて云はく、唐《もろこし》の書どもに《中国の書物に》「倭」とあるを見て、やがて《そのまま》その字を此方《こゝ》の号《な》の「夜麻登」に用いて書けるなり。さてそれは何《いづ》れの時《いつごろ》よりのことぞと《からのことだろうかと》尋《たづ》ぬるに《調べてみると》、いと古《いにし》へのことと見えて、『古事記』にも「やまと」といふにはみなこの字を用いて、古くより読みなれたる《古くからその字をヤマトと読みなれた》書きざまなり。すべてこの『記』は古語《ふること》をむねとして《重視して》書けるゆゑに、いささかも《すこしでも》見なれぬ文字使ひの所には、必ず注[二]を加へて、「天《あめ》之《ノ》常立神《とこたちノかみ》」とあるに、「訓《よミテ》レ常《ヲ》云《いヒ》ニ登《と》許《こト》一、訓《よミテ》レ立《ヲ》云《いフ》ニ多《た》知《ちト》一」とさへいへるほどなるに、「倭」[三]と書きて、「云《いフ》ニ夜麻登《ト》一」と注せざれば《注を加えていないので》、世

一 ヤシマ・ヤマトという音を表わす漢字を用いて。

二 『古事記』には、撰者太安万侶《おおのやすまろ》によって、漢字表記の読みを示す注（訓注）が所どころに加えられている。ここに例示する「天之常立神」は、上巻巻頭の天地開闢の条に出てくる神々の一つで、本文に引かれているように、「常」を「とこ」と読み、「立」を「たち」と読むという注が加えられている。本文に「とさへいへるほどなるに」とあるのは、「こんな、読み誤りの恐れのなさそうな文字にまで注を加えてあるのに」という気持を表わしている。

三 『国号考』には、「『夜麻登《やまと》』といふにやがてこの『倭』の字を宛てて書くことは、いといと古《いにし》へよりのことと見えたり。『古事記』にもみなこの字を書き、また『書紀』にも、『日本』と書きて『夜麻登』と訓《よ》むことは、『神代巻』（「神代紀」を指す）に『これを耶麻騰《やまと》と云ふ』と注あれども、『倭』の字を書けるにはかかる注もなければ、世にあまねく用いならへること知られたり。すべて文字は、万《よろづ》の物の名も何も、唐《もろこし》の国のを借り用ゆる例なれば、これ（「倭」字）もかの国より名づけて書ける字を、そのままに用いむこと、さもあるべきわざなり」という。右にいう『書紀』の例は、「神代紀」第四段、イザナギ・イザナミの国生みの条の、「大日本豊秋津洲」の「日本」に対する訓注。

にあまねく《一般的に》書きなれたること知るべし。この心ばへ《趣旨は》、序[四]にも見えたり。さて[五]唐《もろこし》より名づけたるところは惣名《そうみやう》なれども、此方《ここ》にては惣名の「やまと」にも別名の「やまと」にも用ゆるなり。

「和」字を用いる理由〔四五〕

問ひて云はく、「倭」を「和」とも書くはいかが。

答へて云はく、古来「倭」の字を用い来《こ》しかども、これもと異国《ひとのくに》より名づけたる字にて、「倭奴《わぬ》」[六]などともいひて、美名《よきな》[七]にあらずと《よい名ではないと》てにや《いうわけか》、後に此方《ここ》にて《日本で》「和」の字に改められしなり。ゆゑに唐《もろこし》の書《ふみ》には後世までも「和」の字を用いたることは見えぬなり。さて「和」の字も国号にするによしあることか《理由のあることか》と尋《たづ》ぬるに、ただ「倭」と同音にて、好字《よきじ》なるを取られたるまでのことなるべし《よい文字である点を採用したというだけのことであろう》。それも上古《じやうこ》はただ「夜麻登《やまと》」といふ言《ことば》をむねとして《第一のこととして》、文字は借り物なればその沙汰《文字の意味の》にも及ばず《議論をするまでもなく》、あるにまかせて「倭」の字を用い来たれるに、後には文字の好悪《かうあく》を択《えら》むことになりて、好字《よきじ》には改められたるなり。しか

四 『古事記』の序（太安万侶撰）に、「辞の理、見えがたきは、注を以て意を明《あか》す。況むや解《わか》りやすきはさらに注せず」（『古事記伝』の訓）とある。『古事記伝』二に注して、この場合の「辞の理」とは「漢字の訓《よ》み」のことであるという。

五 中国側からいう「倭」は、日本全体の名称であるが、日本では、日本全体をいう「やまと」にも、大和の国をいう「やまと」にも、「倭」の字を用いる、の意。

六 『後漢書』東夷伝に「倭奴国」と見える。「奴」は奴隷で、日本を卑《いや》しんだ呼称。

七 荻生徂徠編の漢和辞書『訳文筌蹄《やくぶんせんてい》』の「和」の項に、「日本を和国と云ふことは、元来磤馭盧島《おのころ》といへるは、日本の本名なり。『をのこ』は丈夫なり。…中華の人、文字を作りて『倭奴国』といへり。唐音にて（「倭奴国」を中国音で読むと）『をのこ』なり。それを略して『倭』と云へり。その後、日本にて美名に改めて『和』と云ふ。倭・和、音同じければなり」と見える。『和歌の浦』四に抄録されている。徂徠は「お」と「を」を混同している。

るに「和」の字の義につきて、「[一]大《大いに》きにやはらぐはわが御国《みくに》の風俗なり」などといふは、また後の付会《ふくわい》の説なり。文字は借り物なりといふことを知らぬゆゑにかかる《こういう》説は出で来るなり。

ただし前に引ける『[二]漢書』の文、また「[三]順貌《ナルさま》」といへるなどに「和順」なども続くを思ひ合すれば、「和」と「倭」と字義も相近《あひちか》きをも取れるかと見ゆれど、それもなほ後の思ひやりごと《後世からの理由づけ》となるべし。

また「継体《けいたい》天皇紀」の詔《みことのり》に、「[四]日本邕々《やまとやはらギテ》、名擅《なほしいままニ》二天下《あめノしたニ》一、秋津赫々《あきづひかりテ》、誉重《ほまれおもシ》二王畿《うちつくに》一」とある「邕《よう》」は、「雝《よう》」と通じて、『詩経《しきやう》』大雅《たいが》に「[五]雝々」といふ注に、「[六]鳳凰鳴《ほうわうなくノ》之和《わナリ》也」とも「和之《わノ》至《いたりナリ》也」ともあり。また聖徳太子《しやうとくたいし》の[七]十七条の憲法の首《はじめ》に「[八]以《もチテ》レ和為《わヲなス》レ貴《たふとシト》」とあり。

また唐《もろこし》にて「[九]雍州《ようしう》」はもと帝都《みやこ》の国の名なり。ゆゑに此方《ここ》にても後世これにならひて[一〇]山城《やましろ》を雍州ともいふ。この「雍」の字も「[一一]和なり」といふ注あり。「雝」と通ずるゆゑなり。大方《おほかた》これらみな「和」の字によしあれば《縁があるので》、[一二]いづれにもあれ義を取られたることもあるかと

一 三五三頁注四で指摘したような、『古今集』仮名序の旧注の論法を批判する。『古今栄雅抄』にも、「『やまと』とは『大和』と書く。心は『大きにやはらぐ』と読む」とある。
二 三七〇頁七行目所引の「東夷天性柔順」の文。
三 『説文』などに「倭」字を釈して「順なる貌」とあるが、その「順」は「和」字に「和順」などという熟語として続く、の意。
四 七年十二月戊子条。訓は底本の訓点に従う。寛文九年版本の訓とは若干異なる。このくだりは、『日本書紀通証』一の「国号」の項に引用されており、宣長はそれに示唆されてここに引いたのであろう。文意は、日本国の隆盛を讃えるもので、ここの「日本」「秋津」は大和一国ではなく、日本全体を指す。
五 大雅の「思斉」篇に「雝雝として宮に在り」、「巻阿」篇に「雝雝喈喈たり」という句がある。
六 「巻阿」篇に対する朱子の『詩集伝』の注。下の「和之至也」は同じく「思斉」篇に対する注。
七 「推古紀」十二年四月戊辰の条に見える。寛文九年版本の訓に従えば、「とをちあまりななをちのいつくしきのり」。
八 「和」の音読は底本の指示に従う。寛文九年版本では「和《やはら》ぎを以て」。
九 長安一帯の地の古称。
一〇 たとえば京都の地誌に『雍州府志《ふし》』という書物がある。

思へど、なほそれまでもあるまじき《やはりそこまでのことはないのであろう》なり。

すべて後に考ふれば、おのづから《自然と》似よりたることは《似通っていることは》多くあるものなり。また『子華子《しくわし》』[一三]に「太和《たいくわ》之《ノ》国《くに》」といふこともあれど、これらはよりもつかぬことなり。

〔四六〕「和」字に改められた時期

問ひて云はく、「和」の字に改められしは何《いづ》れの御世《みよ》のことぞ。

答へて云はく、さだかに記《しる》せることなし。よりて考ふるに、『古事記』はさらにもいはず《いうまでもなく》、『日本紀』にも「和」の字を用いたることといまだ見えず。第五巻[一四]にただ一つあるは決して《必ずや》伝写の誤りなり。そのゆゑは、もしすでに「和」の字を用ゆることならば、必ずそれ《その字》を書かるべきことなるを《を書くはずのことであるのに》、『紀』中に数も知らず多き「夜麻登《やまと》」に、みな「日本」「倭」とのみ書かれたればなり。後の世には通用して書くゆゑに、ふと写し誤れるものなり。

さて『続日本紀《しよくにほんぎ》』[一五]にいたりて始めてこの字見えたれども、改めら

一一 『康熙字典』に、『玉篇』を引いて「和也」とある。

一二 「倭」を「和」と改めたのは、右にいろいろあげたうちのどの過程からであるにもせよ、「和」字の意味を採用したということもあるのだろうかと思ってみるものの、の意。

一三 中国の春秋時代に成立した道家の書。京都遊学中に宣長が参加した、堀景山の塾の漢籍の会読のノートである『荘子《そうじ》摘腴《てきゆ》 列子《れつし》抜萃《ばつすい》 荀子《じゆんし》摘萃《てきすい》 老子 雑抄』に『子華子』が抄録されており、中に次の一節がある。「喜怒哀恐、思ひて汨《みだ》すこと能はず、視聴言貌、思ひて奪ふこと能はず、夫《そ》れこれを太和の国と謂ふ」。「太和の国」は道教の理想郷の一つであるが、これを「和国」（日本）と結びつける論が実際に存在したわけではない。やや衒学《げんがく》的に『子華子』を持ち出したに過ぎない。

一四 「崇神紀」六年の条に、「天照大神・和大国魂二神、並二祭於天皇大殿之内一」とある。『書紀』寛文九年版本に「和」とあるが、伝写の誤りとする宣長の推定どおり、信頼すべき古写本には「倭」とある。

一五 次頁に、天平宝字二年二月己巳の条の孝謙天皇の詔勅に初出とある。

れたるよし《ということは》は記されず。よりて《そこで》なほ《さらに》この『紀』のやう《続日本紀の様子を》を考ふるに、首《はじめ》は「倭」の字をのみ書きて、元明《げんみやう》天皇の和銅《わどう》六年五月甲子《きのえね》の詔《みことのり》に、「[一]畿内七道諸国郡郷《きないしちだうしよこくぐんきやうノな》名、著《つケヨ》二好字《よきじヲ》一」ともあれど、これは改められずと見えて、その後もなほ「倭」の字なり。さて聖武《しやうむ》天皇の天平《てんぴやう》九年十二月「丙寅《ひのえとら》、改《あらためテ》[二]二大倭国《おほやまとノくにヲ》一為《なす》二大養徳国《おほやまとノくにト》一」、同十九年三月「辛卯《かのとう》、改《メ》[三]二大養徳国《ノヲ》一依《よりテ》レ旧《ふるキニ》為《ス》二大倭国《ノト》一」とあれば、この前後もなほ「倭」の字なること知られたり。さて孝謙《かうけん》天皇の天平勝宝《てんぴやうしようほう》[四]四年十一月乙巳《きのとみ》の文に、「以《もちテ》[五]二従四位上《ひろいよつノくらゐノかみ》藤原朝臣永手《ふぢはらノあそみながてヲ》一為《なス》二大倭《やまとノ》守《かみト》一」とあるまではみな「倭」の字にて、その後《のち》、天平宝字《てんぴやうほうじ》[六]二年二月己巳《つちのとみ》の勅《みことのり》に「大和国《やまとノくに》[七]」と始めて見えたる後はまたみな「和」の字をのみ書かれたり。

これをもて見れば、勝宝四年十一月より宝字二年二月までの間にぞ改められけらし《改められたようである》。それも何となく「和」の字を書き出だせるにはあるべからず。かの「養徳《やまと》」の例を思へば、「和」の字も必ず詔命《みことのり》

一 訓は底本の訓点に従う。「好字《ヨキジ》」も底本のまま。前出三六九頁一一行目では、底本に「好字《ヨキナ》」と振り仮名する。地名を表記する漢字を、美しい字に変えよ、の意。和銅六年は西暦七一三年。
二 訓は底本の訓点に従う。天平九年は西暦七三七年。
三 訓は右に同じ。
四 西暦七五二年。
五 訓は校注者の私見による。
六 西暦七五八年。
七 「得二大和国守従四位下大伴宿禰稲公等奏一」とある。
八 六国史の記事を神祇・帝王などと事項別に分類し、年代順に収録した書。菅原道真編。
九 鎌倉時代成立の有職故実の書。以下の記述の原文は原注四〇にあげられる。ここは、『日本書紀通証』一の「国号」の項に『拾芥抄』が引かれているのを踏まえて書き、後日に原注四〇を頭部余白に補記したもの。
一〇 「姓《かばね》」についての宣長の理解は『古事記伝』三九に見えていて、『氏姓』は『うぢかばね』と訓《よ》む。『うぢ』と云ふものは常に人の心得たるがごとし（源平藤

にてたしかに改められたるなるべきを《はっきりと改められたはずであるのを》、『紀《続日本紀》』には記《しる》し漏《も》らせるなり。『類聚国史《るいじゆうこくし》』[八]などにも見えず。『拾芥抄《しふがいせう》』[九]に天平勝宝年中[四〇]に改まるよしあるは、拠《よりどころ》ありけるなるべし《根拠があるのであろう》。

ただし「大倭《やまと》の宿禰《すくね》」といふ姓《かばね》[一〇]は、〔国名が〕「養徳」と改められたる時も、その字にしたがひて「大養徳の宿禰」[一一]と書きたれば、「和」の字に改まりても、それにしたがふべきこととなるに、宝字《ほうじ》元年六月の文までもなほ「倭」[一二]の字を書きて、同年十二月の文に始めて「大和の宿禰」[一三]とあり。これを見れば宝字元年六月より十二月までの間に改まるかとも見えたれど、また『萬葉集』を考ふるに、第十八巻[一四]までは歌にも詞《ことば》にも「和」の字を用いたることなし。第十九巻、天平勝《てんぴやうしよう》宝《ほう》四年十一月「二十五日[一五]、新嘗会肆宴応レ詔《にひなめノゑノとよのあかりニおうズルみことのりニうた》歌六首」の中に、「右一首[一六]、大和ノ国守藤原ノ永手ノ朝臣《あそみ》」とある、これ「和」の字用いたる始めなり。第二十巻に「先太上天皇詔二陪従王臣一《さきノだいじやうてんわうみことのりシテばいじゆうノわうしんニ》[一七]曰《いハク》、夫諸王卿等《そレもろもろノわうけいら》、宜《よろシク》下賦二和歌一而奏上《ふシテわかヲそうス》《ベシ》云々」「右天平勝宝五年五[一八]

橘などの類、これなり)。『かばね』と云ふは、『うぢ』を尊みたる号《な》にして、すなはち『うぢ』をも云へり(源平藤橘の類は氏《うぢ》なるを、それをも『かばね』とも云ふなり)。『うぢ』ももと賛《ほ》めて負《つ》けたるものなればなり。……また朝臣《あそみ》・宿禰《すくね》など、『うぢ』の下に着《つ》けて呼ぶものをも云へり。こは固《もと》より賛め尊みたる号《な》なり」という。

一一 天平十年閏《うるう》七月癸卯の条に、「外従五位下大養徳宿禰小東人為二(刑部)少輔一」などの例がある。

一二 天平宝字元年六月壬辰の条に、「正五位上大倭宿禰小東人為二紫微大忠一」とある。

一三 十二月壬子の条に、「正五位上大和宿禰長岡、従五位下陽胡史真身、並養老二年修二律令一功田各四町」とある。

一四 『萬葉集』の巻一七・一八・一九・二〇の四巻は、天平十八年(七四六)から天平宝字三年(七五九)まで、年月日を追って整然と書き継がれているので、以下のような議論が成立する。巻一八は天平二十年三月二十三日から天平勝宝二年(七五〇)二月十八日までの作品を収める。

一五 四二七三~八番歌の題詞。訓は、底本の訓点と『萬葉拾穂抄』の訓を総合して定めた。

一六 四二七七番歌の左注。

一七 四二九三~四番歌の題詞。訓は底本のこの個所と、前出三四八頁一三~四行目の訓点に従った。

一八 同右の左注。

月云々」。始めて「和歌」[一]とも書きたり。藤原の永手の朝臣《あそん》を大倭《やまとの》守《かみ》とするよし〔天平勝宝四年〕は十一月乙巳《きのとみ》の日のことにて、前に引けり[二]。「乙巳」は前後を考ふるに二日[三]なり。そこになほ「倭」の字を書けるに、こ[四]こに「和」の字を書ければ、この月の内に改められたるやうにも見えて、かの《あの》姓《かばね》[五]《姓の場合と相違しているようである》のやうと相違せるやうなり。

ただし『萬葉』は、見聞にしたがひて次第に《その順序に》書けるものなるに、ここに始めて「和」の字に書きたるはさることなれども《そのとおりではあるけれども》、やや後に[六]書かれたることもあるべし。またただ二つ[七]のみなれば、伝写の誤り《誤りで》もはかりがたし《あるかも知れない》。ことに「大和国」も「和歌」も、後の世には常に書きなれたることなれば、〔もとは〕「倭」の字なりけむを《倭の字であったのを》、ふと写し違《たが》へむことは、必ずあるべきことなり。また二日より二十五日までの間に変りたる、あまりにはかにも《あまりにも急なことと》覚《おぼ》ゆるなり。されば《だから》かれこれ[八]『萬葉』にもかたよりがたし《萬葉集を一方的に信ずることもできない》。また『紀』《続日本紀は》は、「倭」の字のほどは《倭の字を用いている間は》みな「倭」と書き、「和」の字を書き始めてはま

一 三四八頁注五で見たように、ここの「和歌」は「和する歌」の意であるのを、宣長は誤解している。
二 三七六頁七〜八行目参照。
三 正しくは（天平勝宝四年）十一月三日である。
四 前頁一二行目の四二七七番歌の左注を指す。
五 「大和の宿禰」という姓の場合には、天平宝字元年（七五七）六月から十二月までの間に「倭」から「和」への変更があったように見える。前頁六〜九行目参照。「大和守」という官職の場合には天平勝宝四年（七五二）十一月に変更があったように見えて、五年早い。
六 四二七三〜八番歌が作られたのは天平勝宝四年十一月二十五日の出来事ではあるが、『萬葉集』一九に収められ、題詞や左注が加えられたのはもう少し後であるかも知れない、の意。
七 『萬葉集』における、「やまと」という意味での「和」字の使用例が、四二七七番歌の左注（前頁一二行目参照）と、四二九三〜四番歌の題詞（前頁一四行目参照）と、二つだけなので。ただし後者が宣長の誤解によるものであることは、注一参照。「和する歌」の意であるから、下にいうように「倭」の誤写ということはない。
八 あれこれ考え合せると。

たみな「和」とあれば、書き誤れるかの疑ひはなけれど、姓《かばね》の文字は心にまかせて《勝手には》は書かざりしことなれば、ほどへて後別《のちべつ》[九]に改められたるも知らねば、[一〇]これもきはめたる《決定的な》証《しよう》にはなりがたし。ただし国の名より前に姓《かばね》の文字に用いむことはあるまじきことにて《あるはずのないことで》、姓《かばね》は必ず後のことなるべければ、「大和の宿禰」と書けるより前に国の名は改まりたること疑ひなし。されば勝宝四年十一月より、宝字元年十二月までの内をば《範囲を》出でざることと知られたり。

さて右にいふところはみな畿内《きない》の大和一国の名の文字の沙汰《さた》にて、天《あめ》の下《した》の号《な》のことにはあらず。物名の「やまと」には、『日本紀』《日本書紀を》よりして《始めとして》多くは「日本」[一一]の字を用いて、「倭」の字を書くことはまれなるゆゑに、その[一二]沙汰にも及ばざりしにや、この後《のち》とても一国の名の時にこそ必ず「大和」とのみ書けども、その外《ほか》のことには「倭」の字をも捨てずして、『続日本紀《しよくにほんぎ》』にもその後の物にもなほ《文献にも依然として》「倭根《やまとね》[一三]子天皇《こノすめらみこと》」など書き、その外も多し。されば後の世まで「倭歌[一四]」と

九 姓の表記法は、国名表記が大倭の国から大和の国へ変更されたのとは別の時に改められたのかも知れないから。

一〇 「これ」は、天平宝字元年六月まで「大倭の宿禰」と表記されていることを指す（三七七頁注一二参照）。そのことが、「倭」から「和」への変更が天平宝字元年六月以後であることの決定的な証拠にはならない、の意。

一一 三七四頁七行目の「継体紀」の例など。

一二 ことさら「倭」を「和」に改めるという処置をする必要もなかったのであろうか。

一三 天皇の尊称で、三八二頁三行目以下に見える「孝徳紀」二年の詔のように、詔勅・宣命《せんみよう》で用いられる。『古事記伝』二一に、第七代孝霊天皇の名「大倭根子《おほやまとねこ》日子賦斗邇《ひこふとに》の命《みこと》」を解して、「『根子』は尊称《たふとみな》にて…天皇は大倭《やまと》の国所知看《しろしめ》すを以て、『倭根子』とは申し奉るなり。…すべて御代御代の天皇の御通号《かよへるみな》（共通して称する名）となりて、詔命《みことのり》などにもみな『倭根子天皇』と申し奉ることとなり」という。

一四 たとえば『日本三代実録』元慶四年五月二十八日条の在原業平の伝の中に、「善作㆓倭歌㆒」とある（三三三頁注八参照）。

も書くことあるなり。しかはあれど《そうではあるけれど》惣名《さうみやう》もとは別名《べつみやう》より出でたることにて、その本《もと》を改められたるうへは《根本の別名の表記を「和と」改めた以上》、何ごとにもみな「和」の字を用ゆべきことなり。

〔四七〕 **天平勝宝四年以前の「和」の用例**

問ひて云はく、年号に「和銅《わどう》」[一]あり、また『続日本紀』第八に二《ふた》処《ところ》まで「大和国」[二]と書き、「和琴」[三]とも書けり。また『萬葉集』第七にも「和琴」[四]と書けり。これらは勝宝より以前のことなるに「和」の字はいかが。

答へて云はく、みな伝写の誤りなり[五]。そのよし《その理由は》は前[六]にくはしくいへるがごとし。「和銅」[七]の「和」は「夜麻登《やまと》」の義にあらねば《ヤマトの意味ではないから》別のことなり。また『萬葉』第五・第十六の目録にも「和」[八]の字に書ける所あれど、目録[九]は後の人の加へたるものなれば、いふべき限りに《論ずる必要もない》あらず。その外《ほか》何にても天平勝宝四年より前のことに「和」の字を書けるは、後のしわざ《後人の行為》と知るべし。

一 西暦七〇八～一五年。
二 養老五年（七二一）八月癸巳の条と同年十月丁亥の条。
三 養老五年正月甲戌の条。
四 一一二八番歌の題詞に「寄二日本琴一」とあり、目録に「寄二和琴一」とある。
五 『玉勝間』一の「（古書どもの事）また」に、「『続紀』（続日本紀）よりつぎつぎの史典も、今の本（江戸時代流布の版本）はいづれもよろしからず、文字の誤りことに多く、脱《お》ちたることなどもあり」という。
六 前項で、ヤマトを意味する「和」字の使用は天平勝宝四年十一月以後（天平宝字元年十一月以前）であると考証したことを指す。
七 宣長の『続紀歴朝詔詞解』一に、『続日本紀』和銅元年正月乙巳条の和銅改元を告げる宣命に注して、「『和銅』は『爾伎阿加賀禰《にきあかがね》』と訓《よ》むべし。伎《き》、清音なり。こは（これは）いはゆる熟銅（純度の高い銅）なるべし。『熟』の字も『にき』と訓めり」という。
八 巻五、八一〇番歌の目録に「和琴」、巻一六、三八一七番歌の目録に「和琴」の語が見える。
九 契沖が『萬葉代匠記』惣釈の「雑説」に、「目録は大きに誤れることありて、後人のしわざなれば、なき（目録のない形のテキスト）を以て正本とす」といっているのを受けていうのであろう。

〔四八〕「日本」という国号を用い始めた時期

問ひて云はく、「日本」といふ号《な》はいかが。

答へて云はく、わが御国《みくに》の本号は「大八洲《おほやしま》」なり。「日本《にっぽん》」[一〇]はも異国《ひとのくに》へ示さむために作られたる後の号《後世の》なり。このゆゑに詔命《みことのり》[一一]などにも、常には《普通の場合には》「大八洲天皇」と申し、異国へ示さるる時に「日本天皇」とは申すなり。『令《りやう》』[四一]にもこの趣《おもむ》き見えたり。さてこの号は何《いづ》れの御時に出で来たるぞといふに、さだかに記《しる》せることはなけれど、『日本紀』を考ふるに、まづ「皇極《くわうぎよく》天皇紀」[一二]までに「日本」とあるは、みな修撰《しうせん》の時に改めて書けるものにて、古《いにし》への号にはあらず《昔からの国号ではない》。以前は異国へ示すにも「倭」の字を用いられしなるべし。

さて孝徳《かうとく》天皇即位大化元年秋七月丁卯朔《ひのとうノついたち》[一三]、丙子《ひのえねのひ》[一四]、高麗《こま》・百済《くだら》・新羅《しらぎ》、並《ならビニ》遣《つかはシテ》レ使《つかひヲ》進《たてまつル》レ調《みつきヲ》云々。巨勢《こせノ》徳大臣詔《とこたノおみみことのりシテ》ニ於高麗ノ使ニ一曰《いハク》、明神《あらみかみト》御宇日本天皇詔《あめのしたしらすにつぽんてんわうおほみことらまと》旨《のたまふ》云々。又詔《またシテ》ニ於百済ノ使ニ一曰《ク》、明神《ト》御宇日本天皇詔旨云々。

一〇 底本に「ニッホン」と振り仮名がある。
一一 原注四一に示されているように、「公式令《くしきりやう》」（『養老令』のうち公式文書の書式について規定してある篇）に「明神御宇日本天皇詔旨」と「明神御宇大八洲天皇詔旨」の区別があり、『令義解《りやうのぎげ》』（『養老令』の官撰注釈書）にそれを解説して、前者は外国からの使者に対して用い、後者は国内向けに用いるという。
一二 すぐ次にいうように、宣長は、孝徳天皇即位の大化元年（六四五）に初めて「日本」という国号が建てられたと考えるので、『日本書紀』でその前代の「皇極紀」までの記載に見える「日本」という語は、『書紀』修撰（編纂）の時に、資料になった文献の文字を書き改めたものと論ずる。
一三 七月一日が丁卯に当り、その丙子（十日）、の意。
一四 訓は、底本の訓点を主とし、漏れたところを寛文九年版本で補い、校注者の私見を若干加えて定めた。「アラミカミトアメノシタシラスニッホン」は底本のまま。「天皇」は底本に音読を指示する連字符がある。後年の『国号考』のこのくだりの引用では、「明神《あきつみかみト》御《しろしめスに》ニ宇日本《ほむ》一天皇詔《すめらガおほみことらまとのりたまふ》旨」と読んでいる。なお寛文九年版本には「あらみかみとあめのしたしらすやまとのすめらみこと」とある。

これ始めて「日本」といふ号を建てて示されたる書きざまにて《日本という国号をたてて〔外国に〕お示しになった書例であって》、一以前と異なり。同二年、

二月《きさらぎノ》甲午《きのえうまノ》朔《ついたち》戊申《つちのえさるのひ》、天皇《すめらみこと》幸《いでまシテ》㆓宮《おほみやノ》東《ひむがしノ》門《かど》㆒、使《しメテ》㆓蘇《そ》我《がノ》右大臣《みぎノおほまちぎみヲ》詔《シテみことのりセ》㆒曰《いハク》、明神《ト》御宇日本《につぽん》倭根子《やまとねこ》天皇《すめらみこと》、詔《みことのりス》㆓於集《うご》侍《なはりはべル》卿等《まへつぎみたち》・臣《おみ》・連《むらじ》・国造《くにのみやつこ》・伴造《とものみやつこ》、及諸《およびもろもろノ》百姓《おほむたから》㆒云々。

これ異国《ひとのくに》へ示す詔《みことのり》ならざるに「日本」とあるは、新たにこの号《な》を始め給ふころなるゆゑなるべし《お始めになったころだからであろう》。また「倭」の字を重ねて書けるをもて、「日本《につぽん》」といふ号《な》の別に出で来たることを知るべし。かかれば《こうであるから》「日本」といふことは孝徳天皇の御時に始め給へる号《な》なり。すべてこの御世《みよ》には新たに定められたることども多く、三年号なども始まり《創始され》しかば《たので》、いよいよよしありて覚ゆるなり《関係があるように思われる》。

さてこれを唐《もろこし》の書と引き合せて験《こころ》むるに、四隋《ずい》の代《よ》までは「倭《わ》」とのみいひて、「日本」といふことは唐《たう》五にいたりて始めて見えたり。『唐書《たうじよ》』に云はく、

一 たとえば「舒明紀」四年（六三二）十月甲寅の条、唐の使者高表仁を難波に出迎えた大伴の連馬養《むらじうまかい》が天皇の詔勅を伝えるくだりに、「天子《もろこしのきみ》の所命《おほむことのたまへる》使《つかひ》、天皇《すめらみこと》の朝《みかど》に到れりと聞きて、迎へしむ」（寛文九年版本の訓による）とあって、「明神御宇日本天皇」といういい方をしていない、など。

二 訓の定め方は前頁注一四に同じ。「日本倭根子天皇」の「天皇」には、前頁の元年七月丙子条の詔勅の中の「天皇」に音読を指示する連字符があったのに対して、「すめらみこと」と振り仮名をつけてある。外国の使臣に対する詔勅においては音読、国内向けの詔勅においては訓読と、宣長は区別しているのである。「使㆓蘇我右大臣詔㆒曰」は、底本に「使《シテ》㆘蘇《ソ》我《ガノ》右大臣《ノ》㆒詔《ヲ》㆖曰《ク》」とあって、宣長がどう読んでいたのか、正確なところは知りがたい。『国号考』には、「使《しメタマハク》㆓蘇《そ》我《がノ》右大臣《ノおほおみニ》詔《おほみことのりヲ》曰㆒」とある。

三 孝徳天皇の即位とともに、日本最初の年号である「大化」が制定された。『日本書紀』によれば、その他、左右大臣の設置など、官制が整備された。

四 西暦五八一〜六一八年。

五 西暦六一八〜九〇七年。

六 『唐書』日本伝。訓は底本の訓点に従う。「更《ラ》㆓」とあるのは、次の『東国通鑑』の引用における底本の訓点のように「更《あらたメテ》」とあるべきであるが、『国号考』における部分の引用でも「更㆓」となっている。『本居宣長随筆』二の第一〇五項に『唐書』日本伝の全文

[六]日本《ハ》古《いにしへノ》倭奴《わぬ》也《ナリ》云々。咸亨《かんかう》元年、遣《つかはシテ》レ使《つかひヲ》賀《がス》レ平《たひらグルコトヲ》二高麗《こまヲ》一。後稍習《ややならヒ》二夏音《かおんヲ》一、悪《にくミテ》二倭名《わノなヲ》一更《さらニ》号《がうス》二日本《ト》一。使者自《みづかラ》言《いフ》、国近《シ》二日《ノ》所《ニ》一レ出《いヅル》、以為《テなス》レ名《なト》。

この時に始めて「日本」といふことを聞きたるか。「咸亨」は高宗《〔唐の〕高宗の》が年号《時の年号で》、その元年は[七]天智《てんぢ》天皇九年に当るなり。さればこの使者は「天智天皇紀」に、八年「[八]是《こ》歳《とし》遣《つかはシテ》二小錦中《せうきむちゆう》河内直《かふちノあたひ》鯨《くじら》等《らヲ》一使《つかひセシム》二於大唐《もろこしニ》一」とある、これなるべきか。しからば大化元年より[九]二十四年後なり。[一〇]その間《あひだ》にも往来ありしことは此《ここ》にも彼《かしこ》にも見えたれども、なほ彼《か》の国へは聞えざりし《〔日本という国号が〕》なるべし。またまさしく咸亨元年とも見えざる書きざまなれば、それよりすこし前にも聞きけむかし《聞いていたかも知れない》。いづれにまれ《いずれにせよ》、相違はなきなり。

また[一一]三韓《さんかん》にはやがて知るべきこととなるに《〔国号の変更は〕すぐに知るはずであるのに》、『[一二]東国通鑑《とうごくつがん》』に「倭国《わこく》、更《あらたメテ》号《がうス》二日本《ト》一。自《みづかラ》言《いフ》、近《シ》二日《ノ》所《ニ》一レ出《いヅル》。以為《テス》レ名《ト》」とあるも、新羅《しらぎ》の文武《ぶんぶ》王《わう》十年のところにて、唐《たう》の咸亨元年に当れり。されどこれは

が筆録されている。「夏音」は中国語の意。

七 西暦六七〇年。

八 訓の定め方は注二に同じ。「小錦中」は天智天皇三年二月丁亥に制定された冠位二十六階の第十一等。

九 正しくは二十五年後。

一〇『日本書紀』によれば、白雉《はくち》四年（六五三）五月、同五年二月、斉明天皇五年七月（六五九）、天智天皇四年（六六五）に、それぞれ遣唐使が派遣されている。『唐書』日本伝には、白雉年間と、天智即位の翌年、日本が来貢したとある。

一一 朝鮮半島にあった高句麗《こうくり》・百済《くだら》・新羅《しらぎ》の三国を指す。

一二 古代から高麗末期に至る朝鮮の歴史を記録した書。李朝の徐居正等撰。以下の引用文の訓は底本の訓点に従う。ただしここでは伊藤東涯《とうがい》の随筆『秉燭譚《へいしょくたん》』に次のように引用されているものの孫引き。「『東国通鑑』巻九、新羅文武王十年八月の下に云ふ、…（ここの引用文を掲げて）…この事は、唐にては高宗の咸亨元年、本朝にて天智天皇九年に当る。本朝にて知らざる事なれば従ひがたし。しかれども唐以上（以前）の書に『日本』と云ふこと見えざれば、この時分よりこの字を用いられしにや。考ふべし」。京都遊学中から明和二、三年ごろにかけて筆録された『本居宣長随筆』五の第四三二項に『秉燭譚』が抄録されており、右のくだりも含まれている。

『唐書《たうじよ》』によりて書けるものと見えたり。そのゆゑは年も文も同じければなり《〔唐書と〕同じだからである》。

問ひて云はく、「日本」と名づけられたるゆゑはいかに。

答へて云はく、万国[一]ことごとく光を仰《あふ》ぎて、めぐみあまねき《恩恵が広くゆきわたる》大御《おほみ》[二]神《かみ》の御国《みくに》なるゆゑに、「(四二)日《ひ》の本《もと》つ国《くに》」といふ意《こころ》なり。また西蕃諸国《にしのくにぐに》より見れば、(四三)日の出づる方《かた》にあるも、おのづからその意にかなへり《自然と 日の本つ国という意味にふさわしい》。さればむかし唐《もろこし》へ御使を遣《つか》はしし時に、「[三]日出処《ひいヅルところノ》天子《てんし》、致書《いたスしよヲ》日没処《ぼつスルところノ》天子」と書かれたるよし、『隋書《ずいしよ》』『[四]資治通鑑《しぢつがん》』などに載せたり(四四)。これ推古《すいこ》天皇の御世《みよ》のことなり。また右に引ける『唐書』の趣きも同じ意《こころ》なり。

これらのこと此方《ここ》[五]の史《ふみ》には見えず。[六]後の物に書けるは、みな彼を《中国の史書を》見て書ければ《見て書いたので》、引くべきにあらず《〔証拠として〕引くことはできない》。大方唐《もろこし》の書に此方《ここ》のことをいへるは、いづれも誤りのみ多くて、さらに《とても》証《しよう》に引くべくもあらね《引用することはできないの》

一 『国号考』では、「『日本』としもつけ給へる号《な》の意は、万《よろづ》の国を御照《みてら》しまします日の大御神の生《あ》れませる御国といふ意か、または西蕃諸国《にしのもろもろのみやつこぐに》より日の出づる方に当れる意か、この二つの中に、始めのはことに理《ことわ》りにかなへれども、そのかみのすべての趣きを思ふに、なほ後の意にてぞ名づけられたりけむ」と、後者の方を強調している。

〔四九〕
「日本」という国号の由来

二 日の神である天照大御神を指す。後年の古道論の著述『玉くしげ』に、「さて皇国《みくに》は格別の子細《しさい》ありと申すは、まづこの四海万国を照させ給ふ天照大御神の御出生ましまし御本国なるがゆゑに、万国の元本大宗《げんぽんたいそう》たる御国《みくに》にして、万《よろづ》の事、異国にすぐれてめでたき、…」という。

三 推古天皇十五年（六〇七）七月、聖徳太子の命によって隋に遣わされた小野妹子《おののいもこ》がたずさえた国書の一節。『隋書』東夷伝に見える。有名な話題で、『日本書紀通証』一の「国号」の項にもあげられている。

四 『紫文要領』一七九頁注六参照。当該の記事は「隋紀」五、大業四年条に見える。

五 日本側の史書。

六 後世の文献に、「日本」という国号の意味は日の出る国ということである、と書いてあるのは。『元々集』（三七一頁注七参照）一「本朝造化篇」に、『日本紀私記』の「日本国は大唐より東方万余里。日、東方に出で、扶桑《ふさう》に昇る。故に日本と云ふ」という文章を引く。『本居宣長随筆』一二の第一三二項の『元々集』の抄録の中に含まれている。

七 訓は底本の訓点に従う。「またいう、日本というのは小さな国で、倭国に占領された。それで倭国が日本という国号を奪ったのである」の意。

八 『元々集』一「本朝造化篇」に、「『和漢春秋』に曰はく、『括地志』に云ふ、和国は、武皇后改めて『日本』と曰ふ。国は百済の南の海際に在り。島に依つて居ると」と見える。『和漢春秋』は未詳。『括地志』は唐代の地理書。

九 則天武后。

一〇 中国においては、倭の国号が「日本」と改まったということはまだ確実な証拠はなかったのであるが。

一一 『続日本紀』大宝元年（七〇一）正月丁酉の条に、粟田の真人を遣唐使に任じたことが見える。

一二 日本の天皇から中国の皇帝に宛てた国書を指す。

ど（だが）、また事によるべきなり（それも事がらによりけりである）。これらのことはもと此方《ここ》よりいへることを、そのままに〔中国で〕書き伝へたるものにて、〔事実と〕違《たが》ふことなかるべし。それをかへりて（かえって）此方には伝へ失へるなり（わが国では伝承を失ったのである）。

さて右に引ける『唐書』の文の続きに、「或[七]《あるイハ》云《いハク》、日本《ハ》乃《すなはチ》小国《せうこく》、為ニ倭《わ》所《らル》レ并《あはセ》レ。故《ゆゑニ》冒《をかスト》ニ其《その》号《がうヲ》一」。これはあとかたもなきことなれば（根も葉もないことであるから）、此方《ここ》の人のいふべきにあらず（いうはずはない）。彼《か》の国にて推量《おしはかり》の説なるべし。また[八]ある説に「『日本』は唐《たう》[九]の武后が時に（武后の時代に）唐《もろこし》より（中国側から）つけたる号なり」といふも、ひがことなり（あやまりである）。これはかの咸亨《かんかう》元年のころはただ使者の語りしを聞けるばかりにて（聞くだけのことで）、[一〇]まだたしかなることはなかりしを、文武《もんむ》[一一]天皇の御世《みよ》に粟田《あはた》の真人《まひと》の渡りし時などにもや（唐に渡った時などにでもあろうか）、書翰[一二]などにも書かれてたしかに「日本」といふことを知りけむ。これ武后が時に当れば、かの国にてもそのころより日本といひ始めたれば、それを伝へ誤れるなるべし。

〔五〇〕「ひのもと」という語について

問ひて云はく、「ひのもと」といふは古語《ふること》か。

答へて云はく、前にいへるごとく、もとより《昔から》その意《こころ》はあるゆゑに、「日の本つ国」の義にて「日本《にほん》」[一]ともつけられたれども、「比能毛登《ひのもと》」といふ名はなかりしことなり。それは「日本」といふ文字につきて、後にいひ出でたることなり。このゆゑに古き物に《文献に》見えたることもなし。『萬葉』に所どころ「日本」と書けるを、しか訓じたるは《[二] ヒノモトと読んだのは》、後人のしわざにて、しひて五言に読まむとするゆゑの《〔その句を〕しいて五音に読もうとするゆえの》誤りなり。古歌には四言の句も多かることにて、みな「日本之《やまとの》」と読むべし。第一巻に山上《やまのうへ》の憶良《おくら》の臣《おむ》が唐《たう》に在《あ》りてよめる歌、「去来子等《いざこども》[三] 早日本辺《はやもやまとへ》」、また第十一巻の歌に、「日本之《やまとの》[四] 大伴乃《おほともの》 御津乃浜松《みつのはままつ》 待恋奴良武《まちこひぬらむ》」、「日本之《やまとの》 室原乃毛桃《むろふのけもも》 本繁《もとしげく》 言大王物乎《いひてしものを》 不成不止《ならずはやまじ》」、この外《ほか》もみなかくのごとく読むべし。

「比能毛登」と読むべき所は、第三巻不尽山《ふじのやま》[五]の長歌に、「日本之《ひのもとの》 山跡国乃《やまとのくにの》云々」、『続日本後紀《しょくにほんこうき》』第十九、興福寺《こうぶくじ》[六]の法師の長歌に、「日《ひの》

一 「にほん」の振り仮名は底本のまま。

二 注三・四の歌の他に、巻一三、三二九五番歌の「日本之黄楊の小櫛《つげのをぐし》を…」を、寛永二十年版本に「ひのもとの」と読む。『萬葉代匠記』に「『やまとの』とも読むべし」。

三 六三番歌。第二句、寛永版本に「はやひのもとへ」と読む。『代匠記』に「はやくやまとへ」と読む。

四 二八三四番歌。第一句、寛永版本に「ひのもとの」。『代匠記』に「やまとの」。

五 三一九番歌。

六 嘉祥二年（八四九）三月二十九日の条。宣長に『続日本後紀長歌訓点』という書があって、当該長歌の全文を掲げて読みをつける。成立時期未詳であるが、『石上私淑言』より後の著述であることは確かである。その書で、ここにあげられた二カ所の「日本乃」はいずれも「ひのもとの」と読まれている。

七 『萬葉代匠記』惣釈「枕詞」に、「日本之《ひのもとの》」があげられ、注五の三一九番歌が例に引かれている。宣長はこれに示唆《しさ》を得たのであろう。真淵の『冠辞考』には「ひのもとの」はあげられていない。

八 振り仮名「はるび」の濁点は底本のまま。真淵の『冠辞考』八に「はるびの」とあるのに従ったか。後年の『古事記伝』三八では、注九に見るように「はるひの」と清《す》んでいる。「継体紀」七年九月の歌謡に「播《は》屢《る》比《ひ》能《の》賀《か》須《す》我《が》能《の》倶《く》爾《に》爾《に》」とあるなど。

本乃《もとの》　野馬台能国遠《やまとのくにを》」、また「日本乃《ひのもとの》　倭之国波《やまとのくには》云々」、これらばかりなり。ただしこれらも国の名にいへるにはあらず。（〔ヒノモトを〕国号として用いたのではない）下の「やまと」がすなはち惣名《そうみやう》の「やまと」なれば、わづらはしく国名を重ねていふべきにあらず。これはただ「やまと」（〔その次に〕ヤマトというための）といはむとての枕詞《まくらことば》[七]なり。

枕詞とするにつきて二つの意《こころ》あり。一つには「夜麻登《やまと》」を常に「日本」と書くゆゑに、その文字の本訓をやがて上に置くこと、（本来の訓をそのまま）「春日《はるび》之《の》春日《かすが》」[八]「飛鳥《とぶとりの》之飛鳥《あすか》」[九]など続くる格なり。（などと続けるのと同じやり方である）二つには「日《ひ》の本《もと》つ国《くに》のやまと」といふ心に続くるなり。（〔説明的形容の〕気持で続けるのだ）それならば「日本《にっぽん》」[一〇]と名づけられたる意を取りて、名をば取らざるなり。ともかくまれ（とにもかくにも）枕言《まくらことば》にまがひはなきなり。（まぎれはないのである）〔ヒノモトを〕国号にいふはまた後《のち》のことなり。『日本紀』にも「日本」と書かれたる、みな「夜麻登《やまと》」と訓《よ》ませたり。

〔五一〕

「やまと」を「日本」と表記し始めた時期

問ひて云はく、「やまと」といふに「日本」を用ゆるは、いつの

九『萬葉集』一、七八番歌に「飛鳥《とぶとりの》明日香《あすか》能《の》里乎《さとを》」とあるなど。なお、ここの宣長の説明は、「かすが」を「春日」と表記し、「あすか」を「飛鳥」と表記する習慣がまずあって、しかるのち「春日」「飛鳥」の本来の読みである「はるひ」「とぶとり」を枕詞として上に冠したということであるが、『古事記伝』三八では、天武天皇の宮殿「飛鳥浄御原宮」の「飛鳥」は、朱鳥出現の祥瑞《しようずい》によって命名されたのだから「とぶとりの」と訓《よ》むべきであり、またその宮殿は「あすか」の地にあり、「大宮の号《な》を『飛鳥《とぶとりの》云々（浄御原宮《きよみはらのみや》）』と云ふから、その地の名にも冠《かうぶ》らせて、『飛鳥《とぶとり》のあすか』と云ひ、終《つひ》にその枕詞の字を即《やが》て地の名にも用いて書けるものにて、『かすが』を『春日』と書く例に同じ（古き歌に『春日《はるひ》のかすが』と云へる、そは『春日《はるひ》の霞む』と云ふ意の続けなるを、その枕詞の『春日』てふ字をやがて地の名に用いたるなり。『あすか』を『飛鳥』と書くも、この例なり）」と述べている。これは「春日《はるひ》のかすが」「飛鳥《とぶとり》のあすか」といういい方がまずあって、しかるのちに「かすが」「あすか」の表記に「春日」「飛鳥」の字を用いるようになったということで、考え方が逆転している。

一〇「ひのもと」は、あくまで「日」の「本」と分解される語源が意識されているのであって、「ひのもと」という一単語として存在するのではない、の意。底本の振り仮名、「ニツホン」。

ころよりぞ。

答へて云はく、「日本」といふ号《な》は孝徳《かうとく》[一]天皇の御時に始まりたるに、それより七十年後の和銅五年[二]に出で来たる『古事記』にいまだ《まだ見え》見えざるを《ていないことを》思へば、そのころもまだ「夜麻登《やまと》」といふに用ゆることはなかりしなり。この『記』は推古《すいこ》天皇までを記《しる》したるに、その御《み》世《よ》にはいまだこの号《な》なきゆゑに書かず。惣名[三]の「やまと」《わが国の国号としてのヤマトにも》にも、用いなれたるにまかせて「倭」の字をのみ書きて、一つも「日本」といふことは見えず。これ古語《ふること》をむね《第一のこととして》として文字にかかはらぬゆゑなり。

その後《のち》『日本紀』に始めて夜麻登を「日本」と書かれたり。この『紀』は文《ぶん》を飾り字を択《えら》びて書かれたるゆゑに、「やまと」の文字にもかの《例の》嘉号《よきな》を取りたるなり。「神代紀」に「日本[四]、此《これヲ》云《いフ》二耶麻騰《やまと》一、下皆効《しもみなならへ》レ此《これニ》」。世の人のいまだ知らぬことなるゆゑに《まだ知らないことであるゆえに》、この注はあるなり。

一 第四八項で、大化元年（六四五）と推定している。

二 西暦七一二年。

三 この書き方によると、『古事記』の中には日本を意味する「倭」字が存在するということになるが、この時の宣長がどの「倭」字がそれに該当すると考えていたのか不明である。『古事記』に用いられている「倭」字はほとんどが大和の国を意味する。日本を意味すると見れば見られるのは、天皇の称号などの中に用いられている「倭」字であるが、後年の『古事記伝』でも、これについての説明は明快でない。三七九頁注一三に引いたように、巻二一で、『古事記』に見える「倭根子」という称号を、孝徳朝以後の歴代の詔命に見える「倭根子天皇」（たとえば三八二頁四行目参照）と連続させており、三八二頁七～八行目の論旨と合わせれば、宣長は「倭根子」の「倭」は日本を意味すると考えているように見える。一方、巻二五では、「倭《やまと》者師《おゆし》木《き》登《と》美《み》豊朝倉《とよあさくら》」という人名について説明する中で、「大倭《やまと》は皇京《みやこ》の国の名にして、御代《みよ》御代の天皇の大御名《おほみな》にも、『神倭《かむやまと》云々』を御始めとして多く負《お》ひ給ひて、美称《よきな》なるゆゑに……」と述べてあって、ここでは、神武天皇の称号「神倭《かむやまと》伊《い》波《は》礼《れ》毘《び》古《こ》の天皇《すめらみこと》」を始めとして、天皇の称号中の「倭」は大和の国（皇京の国）を意味すると解しているらしくも思われる。

四 第四段、イザナギ・イザナミの国生みの条の、「大日本豊秋津洲」の「日本」に対する訓注。訓は底本の訓点に従う。

さて『紀』中のやう《様子を》を考ふるに、多く別名《べつみやう》[五]には「倭」を用い、惣《そう》名《みやう》には「日本」を用ゆ。また別名ながらも公《おほやけ》にかかる所《朝廷に関係する場合は》は「日本」と書けり。ことごとく然るにはあらねど《そうであるわけではないが》、大方《おほかた》この定《ぢやう》なり。されば人の名もこの心ばへ《趣旨》にて、天子のには「日本」と書き、他《ほか》のには「倭」と書けり。神日本磐余彦《かむやまといはれびこ》の天皇《すめらみこと》、倭姫《やまとひめ》[六]の命《みこと》などのたぐひ、なほ《さらに〔書紀を〕読んで納得すべきである》開き見てわきまふべし。日本武《やまとだけ》[七]の尊《みこと》は、天子[八]に準《じゆん》ずるゆゑに、「尊」[九]と書き、「崩」[一〇]と記せり。およそこれらのたぐひ《例は》、文字に心をつけて《配慮して》書かれたるところなり。

「やまと」を「日本」と書く理由　〔五二〕

問ひて云はく、わが御国《みくに》の号《な》は多くある中に、「やまと」《特にヤマトを》をしも「日本」と書くはいかが。

答へて云はく、「葦原《あしはら》[一一]の中《なか》つ国《くに》」は天上よりいへる名なり《空から見おろして呼んだ名前である》。「大八《おほや》洲国《しまぐに》」はひとりだちて海内をすぶる心にいふ号なり《天上の世界とは関係なくこの世界を統合する国という意味である》。「秋津島《あきづしま》[一二]」は「夜麻登《やまと》」につれて《引かれて》惣名にもなれるなり。されば、これらは「日本」

五　個別的な名称。大和の国を意味する「やまと」。

六　垂仁天皇の皇女。皇族の名に「倭」字が用いられているから、右にいう「公にかかる所」とは、単に皇族であるだけの者には該当しないと知られる。

七　景行天皇の皇子で、仲哀天皇の父であるが、皇位にはつかなかった。

八　宝暦十二年（一七六二）ごろ執筆の『本居宣長随筆』三の第一九一項に、「日本武の尊は仲哀帝の御父にて、もと皇太子にも立ち給ふべき人ゆゑに、『尊』と書き、『崩』と云ひ、『日本《やまと》』と書くなり」という。天皇に準ずるゆえに、天皇ではないのにその名の「やまと」の表記に「日本」の字が用いられた。

九　尊称の「みこと」の表記に、『日本書紀』では「尊」は神々と天皇、「命」はそれ以外の者と、二つの漢字が使い分けられている。

一〇　「崩」は、『日本書紀』では原則として神々と天皇の死をいう場合に用いられる字であるが、「景行紀」で日本武の尊の死をいうのにも用いられている。

一一　三五九頁注九参照。

一二　『国号考』に、「秋津島はもとこの孝安天皇の都の地名《ところのな》なり。…孝安天皇の百余年久しく敷坐《しきま》せりし京師《みやこ》の名なるから、『秋津島倭《あきづしまやまと》』と続けていひならひ、その『倭』に引かれてつひに天の下の大名《おほな》（日本全体の名称）にもなれることは師木島《しきしま》（第五五項〈三九三頁〉参照）ともはら同じ例なり」。

といふ号《な》を建てられたる心ばへ（趣旨）と異《こと》なり。「夜麻登《やまと》」はもと一州のことにて、余州に並びし名なれば（他の国々と同じ次元の名前であるから）、後に惣名《そうみやう》一になりてもおのづから（自然と）その心ばへにて（その趣旨で用いられ）、外国《とつくに》に対する時の号《な》なり。されば、かの仁徳《にんとく》二天皇の大御歌《おほみうた》もその心ばへあるなり。また「日本《にほん》」といふ号《な》も、『紀』にこそ何となく惣名に用いられたれ（これという根拠もなく総名に用いられているけれど）、もとは異国《ひとのくに》三へ示さん料に建てられて（外国へ示すためのものとして制定されて）、文字もその意《こころ》なれば、とりわきて四「夜麻登《やまと》」といふに用いらるること、よしあるなり（理屈に合ったことだ）（『紀』に何となく惣名に用ゆとは、題号五などのたぐひなり）。

〔五三〕
「大日本」「大和」の「大」の字について

問ひて云はく、「大日本」六「大和」など書く「大」の字は、唐《もろこし》にて当代の国号をうやまひて「大漢《だいかん》」「大唐《だいたう》」などいふにならへるか（などという風習の真似をしたのか）。

答へて云はく、あらず（そうではない）。懿徳《いとく》七天皇は大倭日子《おほやまとひこ》（四五）鉏友《すきとも》の命《みこと》、孝安《かうあん》天皇は大倭帯日子国押人《おほやまとたらしひこくにおしひと》の命、孝霊《かうれい》天皇は大倭根子日子賦斗邇《おほやまとねこひこふとに》の命、孝《かう》元《げん》天皇は大倭根子日子国玖琉《おほやまとねこひこくにくる》の命と申せり。また八意富夜麻登玖邇阿《おほやまとくにあ》

一 もともと日本国内の他の国々と並ぶ名称であったため、日本全体を意味するようになっても、「他に対する」という相対的な性格を残しており、の意。

二 三六〇頁注二参照。「（外国ではなく）この日本において雁が卵を生んだと…」という意味合に解して、このようにいう。

三 第四八項（三八一頁）参照。

四 「日本」という表記も、「やまと」という語もともに、他と並ぶ、他に対するという性格を有するから。

五 書名のこと。日本の朝廷が日本の歴史を編纂するのだから、たとえば『古事記』のように「古《いにし》への事をしるせる記《ふみ》」（『古事記伝』一「記題号《ふみのな》の事」）というたぐいの名称で十分なのであって、ことさら『日本紀』と、「日本」を標榜《ひょうぼう》する必要はない、ということ。この趣旨から宣長は、わが国のことを研究する学問は単に「学問」と称するべきで、「国学」「倭学」などと、外国のことを研究する学問と対等に並べる相対的な名称はよくないといっている（『玉勝間』一「がくもん」）。

六 荻生徂徠編の漢和辞典『訳《やく》文筌蹄《ぶんせんてい》』の「和」の項に、「『大和』と云ふは、『大宋』『大唐』の『大』のごとし。尊称なり」とあり、このくだりが『和歌の浦』四に抄録されている。宝暦十年（一七六〇）ごろ執筆の『本居宣長随筆』一一の第七二二項では、まだこの説を肯定していて、「古来『やまと』を『大和』と書くも、『大

礼《れ》比《ひ》売《め》の命と仮字《かな》[九]にてさへ書ける名もあれば、〔オホが〕古語なること明らけ《明らかで》し《ある》。この時に異国のやうをいかでか知らむ《こんな昔に外国の様子をどうしてわが国が知っていよう》。また「夜麻登《やまと》」のみならず、「意富《おほ》」[一〇]の言を冠《かうぶ》らせていふこと外《ほか》にもあまたあり。古書を見るべし。また「登与《とよ》」の言を冠らせたるも多し。国号は、「八洲《やしま》」「夜麻登」には「意富《おほ》」を冠らせて「大八洲《おほやしま》」「大夜麻登《おほやまと》」といひ、「葦原《あしはら》の中《なか》つ国《くに》」「秋津洲《あきづしま》」には「登与《とよ》」を冠らせて「豊葦原《とよあしはら》の中《なか》つ国《くに》」「豊秋津洲《とよあきづしま》」といふ。これ神代《かみよ》より定まれる古言《ふること》なり。「豊《とよ》」を冠らしむることは唐《もろこし》にはなきことなり。いづくよりならひけむ《どこから学んだのであろうか》、お《はっ》ぼつかなし《きりしない》。

また唐国《もろこし》にては当代の国母《みおや》[一一]を「大后《たいこう》」と称するを、此方《こ》にては当代の嫡后《むかひめ》を「大后《おほぎさき》」[一二]と申して、『古事記』にしか書けり《そのように書いてある》。これ「大《おほ》」の言の用いやう、彼にならはぬ証なり《中国に学んだのではない証拠である》。しかるを『日本紀』には古《ふる》語《こと》を廃《す》てて国母《みおや》を「皇大后《くわうたいごう》」[一三]と書かれたり。これぞ唐《もろこし》にならへるにてはありける。かく賢《さか》しだちて《賢こぶって》何ごとも唐のやうを《様子を》ならへることの

唐』『大明』の『大』の字の義なり。これに因《よ》りて近年の儒者、わが邦《くに》を『皇和』と云ふ事始まれり。はなはだ義理にかなへり」などといっている。

七 それぞれ第四・六・七・八代の天皇の日本風の称号。表記は『古事記』に従っている。

八 安寧天皇の曾孫で、孝霊天皇の妃。

九 「大倭」という漢字表記の例しかないとすれば、中国の影響を受けてこの表記がまず成立し、「おほやまと」はその訓として新たに作られた言葉である可能性もあるが、一字一音表記の「おほやまと」の例があるから、「やまと」に「おほ」を冠するのは、中国の「大漢」「大唐」などとは無関係の、日本固有の習慣と考えられる、の意。

一〇 地名・人名に「大《おお》」を冠した「大三輪《おおみわ》」「大久米」などの例は非常に多い。

一一 当代の皇帝の母。

一二 『古事記』に、神武天皇の皇后伊須気余理比売《いすけよりひめ》、垂仁天皇の皇后氷羽州比売《ひばすひめ》、仲哀《ちゅうあい》天皇の皇后息長帯比売《おきながたらしひめ》（神功皇后）、仁徳天皇の皇后石之日売《いわのひめ》について、「大后」と表記する（『鼇頭古事記』では「太后」の表記もある）。

一三 「綏靖紀《すいぜい》」元年正月己卯、天皇即位の条に、神武天皇の皇后媛蹈鞴《ひめたたら》五十《い》鈴媛《すずひめ》の命を「皇太后」と称したとあり、以後、歴代の天皇の即位の記事の中に、先帝の皇后に「皇太后」の尊称を与えたということを記すのが例となる。

〔五四〕 「やまとみこと歌」という語

み見なれたる後の心《後世の考え》から神代《かみよ》の古言《ふるごと》をさへ疑ふは、いとあぢきなき《非常になさけない》わざなり《行為である》。

[一]まことや《ほんとにまあ》、「夜麻登《やまと》」てふ《という》言《ことば》の意《こころ》をいひそめて《説明しはじめて》、とかく《あれこれ》問はるるままに《質問されるままに》、歌の道に用なき《無用の》事どもを長々しういひ続けたる、うるさく《面倒で》こちたしと聞かむ人もあ《仰々しいと思って聞く人もある》べ《ン》かめ《ン》れど《だろうが》、これはた《また》大方《おほかた》の事の意をわきまへ知らむ《色々な事がらの意味を理解しようとする場合の》道のたつきともなりぬべければ《手がかりにもなるであろうから》、すずろごといはむやうにもあらじをや《どうでもいいことをいう時のような態度はとるまいと思ったのだ》。

問ひて云はく、「やまとみこと歌」といふはいかなることぞ。

答へて云はく、古き物には《文献には》見えぬことなり。(四六)『千載集《せんざいしふ》』[二]序に、「や[三]まとみこと歌は」と書き始められたり。これは俊頼《としより》の朝臣《あそん》の『無名抄《むみやうせう》』[四]序に、「やまとみことの歌は」とあるなどや始めならん《あるのなどが始まりであろうか》。「和御言歌《やまとみことうた》」[五]の意《こころ》にて、ほめていふ詞《ことば》なり。

一 話題を改める時の言葉。『源氏物語』に散見するのを模倣したいい方。『紫文訳解』（『紫文要領』五〇頁頭注＊印参照）に、「末許止也《まことや》 俗に『まことに』と云ふ。また『ほんに』と云ふことなり。これは端《はし》を改むる詞《ことば》なり。外《ほか》の事どもを言ひて、さてまた先《さき》の事を立ち返り云ふとて、発語《はつご》にいふ詞なり。また云ふべき事を忘れて外《ほか》の事どもを云ふうちに、ふと思ひ出でて、その事をいはむとて発語にいふ詞なり。俗に『ほんに、かの何々は』と云ふやうの心なり」とある。

二 第七番目の勅撰和歌集。藤原俊成撰。文治三年（一一八七）奏覧。

三 「やまとみこと歌は、ちはやぶる神代より始まりて、ならの葉の名に負《お》ふ宮に（平城《へいぜい》天皇の御代に）広まれり」。北村季吟の『八代集抄』に、「『みことうた』とは、かしづきて（尊重して）いへる詞とぞ」という。

四 『俊頼髄脳《としよりずいのう》』のこと。源俊頼（平安末期の歌人）の著わした歌論書。さまざまの書名で伝えられ、『俊頼無名抄』ということもある。その序の冒頭に、「やまとみことの歌は、わが秋津洲の国のたはぶれ遊びなれば、神の代より始まりて」とある。

五 以下、「やまと」の表記を「大和」でなく「和」とする個所がある。「和歌」という語（表記）との関連を念頭に置いてのことである。

六 第四番目の勅撰和歌集。藤原通俊撰。応徳三年

（一〇八六）奏覧。その序に、「（白河天皇が）つひに御遊《おほんあそ》びのあまりに、しきしまのやまと歌集めさせ給ふことあり」とある。

〔五五〕「敷島のやまと歌」という語

七 以下、順に、三三二五四番歌、三三二四八番歌、三三二六番歌。

八 一七八七番歌に「磯城島能日本国《しきしまのやまとのくに》」。

九 『古今集』一四、六九七番「敷島のやまとにはあらぬ唐衣《からころも》ころも経《へ》ずして逢ふよしもがな」。

一〇 「坐《いまシテ》」は、底本「坐《テ》」。『鼇頭古事記』で、この個所には訓がないが、他の個所で「坐」を「います」と読むのによる。『古事記伝』では「坐《ましまシテ》」。他は底本の訓点に従う。

一一 訓の定め方は三八一頁注一四に同じ。

一二 神武天皇の白檮原《かしはら》の宮といえども、「大宮」とは呼ばれていない。『古事記伝』四四に、「これはことにめでたき御世《みよ》にて、この宮の号《な》は後の世まで大倭の大《おほ》号《な》（大和の国全体の称号）にさへなれるばかりなれば、ことに『大宮』とは標《あ》げたるにや」という。

一三 『日本書紀』によれば、欽明天皇の治世は三十二年。もっとも、大和に都した天皇のうちには、孝安天皇の治世百二年などの例があり、三十二年は長い方ではない。注一二所引の『古事記伝』四四で、「めでたき（立派に治まった）」ことだけをいうに留め、「御位年久しくたもたせ給へる」を省いたのは、この点を考え直したものか。

また問ひて云はく、「敷島《しきしま》のやまと歌」といふはいかなることぞ。

答へて云はく、これも古くは見えぬ名目《みやうもく》なり。『後拾遺集《ごしふゐしふ》』の序[六]に見えたり。それらや始めならん。「志紀志麻《しきしま》」は「和《やまと》」の枕詞《まくらことば》にて、『萬葉』第十三「人麻呂歌集」歌に「志貴《しき》[七]島 倭 国《しまのやまとのくに》」とよみ、同巻に「式島之山跡之土《しきしまのやまとのくに》」、また「磯城島之日本国《しきしまのやまとのくに》」、また第九巻[八]にもかくあり《このようにある》。貫之も「敷島のやまとにはあらぬ」[九]とよまれたり。

さてかく続くるゆゑは、『古事記』に「天国押波流岐広庭《あめくにおしはるきひろには》天皇《ノすめらみこと》、[一〇]坐《いまシテ》二師木島《しきしまノ》大宮《おほみやニ》一、治《をさめたまフ》二天下《あめノしたヲ》一也」、これ欽明《きんめい》天皇の御事《おんこと》なり。また「欽明天皇紀」に、元年「秋七月丙子朔己丑《ふづきノひのえねノついたちつちのとうしのひ》[一一]、遷《うつス》二都《みやこヲ》倭国《やまとノくにノ》磯城郡《しきノこほりノ》磯城島《しきしまニ》一。仍号《よりテなづケテ》為《ス》二磯城島金刺宮《しきしまノかなさしノみやト》一」とありて、もと《元来は》地名なり。『古事記』に、世々《よよ》の帝都《みやこ》の中に「大宮」[一二]とあるは《と称しているのは》この都のみなるも、ゆゑあることにや《理由のあることなのだろうか》。めでたき御世にて《立派に治まった》御位《みくらゐ》[一三]年久しくたもたせ給へる《お保ちになった》都の名なるゆゑに、おのづから大和の国の一名のやうにもなりていひならへるを《いいならわしたのを》、また枕詞ともなして《枕詞にも用いて》続けたるなり。その例は、「秋津島《あきづしま》」も大和の一名なるを「秋津島倭《やまと》の国」と続けていふがごとし。さて皇都《みやこ》の名《名前が》の一国の名にもなれることは、「夜麻《やま》登《と》」は一国の名なるが《名であるのが》天《あめ》の下《した》の惣名《そうみやう》ともなれると同じ心ばへなり。

さて「磯城島《しきしま》」をまさしく大和《やまと》のことにしていへる証は、『萬葉』十九巻、大伴《おほとも》の黒麻呂《くろまろ》の歌に、「立ちわかれ君がいまさば之奇島《しきしま》の人はわれじくいはひて待たむ」とよめる、これなり。またそれを《またそのやり方を》うちかへして《逆にして》、一国の名をとり分きて都のことにしてもいへり《いっている》。「仁徳《にんとく》天皇紀」、皇后の御歌《みうた》に、「阿袁邇余志《あをによし》　那良袁須疑《ならをすぎ》　袁陀弖《をだて》　夜麻《やま》　夜麻登袁須疑《やまとをすぎ》云々」」、これ世々《よよ》の都のわたりを《歴代の都のあたりを》指《さ》してことに《特に》「やまと」とよませ給へるなるべし。『萬葉』第一に「太上天皇《だいじやうてんわう》幸《いでまシシ》二于吉野宮《よしのノみやニ》一時、高市連《たけちノむらじ》黒人《くろひとノ》作《つくレル》歌《うた》　やまとには鳴きてか来《く》らむよぶこ鳥象《きさ》の中山《なかやま》よびぞ越ゆなる」とよめるは、同じ大和の国のうちにても、分きて《とりわけ》都の方《かた》を「やまと」といへり。

さて「磯城島《しきしま》」といふこと「和《やまと》」の枕詞《まくらことば》となれるうへは《なったからには》、別名《べつみやう》・

一　孝安天皇が都を置いた地。『古事記』に「葛城《かづらき》の室《むろ》の秋津島の宮」とあり、『国号考』に「大和の国 葛《かづらき》の上《かみ》の郡《こほり》（現奈良県御所市一帯）なり」と述べて、「さて孝安天皇の百余年《ももとせあまり》久しく（前頁注一三参照）敷《し》き坐《ま》せりし京師《みやこ》の名なるから、『秋津島倭《あきづしまやまと》』と続けていひならひ、その倭に引かれて、（秋津島が）つひに天の下の大名《おほな》（日本の総称）にもなれることは、師木島《しきしま》ともはら同じ例なり」という。

二　四二八〇番歌。

三　この歌謡は「仁徳紀」三十年九月乙丑条と『古事記』下の仁徳天皇条とに見えるが、ここの表記は『古事記』のものである。三六二頁注八参照。「仁徳紀」には、「阿烏珥予志《あをによし》　儺羅烏輸疑《ならをすぎ》…」とある。

四　契沖の『厚顔抄』に「仁徳紀」のこの歌謡の「やまと」に注して、「『大和』とは、およそかの国（大和の国）の中ほどを云ふべきか」と述べ、次に後出の『萬葉集』の七〇番歌を引いて、「これ、吉野も大和なるに、『やまとには鳴きてか行くらむ』とは、（ここでの『やまと』は、大和の国の中でも特に作者の）故郷を云へば、今も（この歌の場合も）準《なぞら》へて知るべし」という。宣長が次に七〇番歌を引いているということは、『厚顔抄』の説に示唆を得たことを物語る。

五　七〇番歌。「幸《いでまシシ》」の訓は、『国号考』に引用されたこの題詞に「幸《シシ》」とあるのによる。「象《きさ》」の濁点は底本のまま。

六　「やまと」が大和の国を指す場合にも、日本を指す場合にも、「しきしまの」に続ける、の意。
七 三九三頁注七〜九のうち、「やまと」が明白に大和の国を指すのは、三三二六番歌と一七八七番歌。明白に日本を指すのは、三二五四番歌と『古今集』の六九七番歌。三二四八番歌はどちらともとれる。『萬葉拾穂抄』では日本を指すとする。
八 真淵の『冠辞考』四「しきしまの」の項に、「崇神紀」の「遷二都於磯城《しき》一」と「欽明紀」の「磯城《しき》島金刺宮《しまノかなさしノみや》」とをあげて、「二代ながらことにあまた年おはしまして（欽明天皇の治世は三九三頁注一三で見たように三十二年、崇神天皇の治世は六十八年）、名高ければ、（『しきしま』は）さる頃よりおのづから大和の国のいま一つの名のごとくなりにけん。仍《よ》りて後に異所《ことどころ》の都となりても（都が磯城島からよそへ移っても）、なほ『やまと』といふには冠《かうむ》らせて詠めるならん」とある。宣長が「ある説に」と曖《あい》昧《まい》な書き方をしたのは、真淵に遠慮したからであろう。
九 「磯城島金刺宮」をいう。三九三頁一〇行目参照。
一〇 「しきしま」が大和の国の別称となったことについて、欽明天皇の都だけでなく、崇神天皇の都とも関係があるように説明してあるのは、どうですか、の意。
一一 「しきしま」を大和の国の別称に用いることは。
一二 欽明天皇（第二十九代）元年から崇神天皇（第十代）三年まで、『日本書紀』によれば六百三十四年さかのぼる。

物名ともに続くること、七右に引ける歌どものごとくなれば、「和歌《やまとうた》」といふ時も続けて、「磯城島之和歌《しきしまのやまとうた》」といふなり。

〔五六〕崇神紀の磯城《しき》と欽明紀の磯城島宮《しきしまのみや》

問ひて云はく、八ある説に、「崇神《すじん》天皇紀」に「三年秋九月、遷《うつスヲ》二都於磯城《しき》一、是《これヲ》謂《いフ》二瑞籬宮《みづがきノみやト》一」とあると《あるのと》、欽明天皇の「九磯城島宮《ノ》」と、一〇二代を兼ねていへるはいかが。

答へて云はく、然《しか》るべからず。大方《おほかた》古きことを考へ出でていふは学問沙汰《学問という方面のことである》のことなり。一一これは欽明天皇の御時より自然《じねん》にいひならはしたることと見ゆれば、一二古《いにしへ》へのことを思ひ合せていふべきにあらず《説明してはいけない》。ただ当時《〔欽明天皇〕》の磯城島の宮より出でたることなり。そのうへ崇神天皇の宮は「磯城《しき》」とこそあれ、「島《しま》」とはいはず。またもしその時よりすでにいふとならば、はるかに後《のち》の欽明天皇の宮のこと《欽明天皇の皇居のこと〔が史書に出現するの〕》を待ちて引くべきにあらず《を待って引用するのはおかしい》。とにもかくにも二代を兼ねてはいふべきにあらず。すべて何ごとにも、二つながら《両方ともに》得むとすれば一つをも得ぬこと多きものぞ。

また問ひて云はく、歌道を「敷島《しきしま》の道」[一]（四七）といふはいかに。

答へて云はく、これまた右の義より転じて、いよいよ後のことなり《さらに後世になってからのことだ》。「敷島」は「和歌《やまとうた》」[二]にも続けていひなれては、「歌」の枕詞《まくらことば》のやうにも聞ゆれば、やがて《そのまま》それをとりて「敷島の道」とはいふなるべし。くはしくいへば「磯城島之和歌之道《しきしまのやまとうたのみち》」といふ意《こころ》なり。たとへば「おしてる難波《なには》」[三]と常にいふゆゑに、難波の宮をやがて「おしてる宮」[四]とも家持《やかもち》はよまれ、「あをによし奈良」[五]と続くるより《続けることから》、「あをによし」をやがて奈良のことにもよみ、また「あしびきの嵐」[六]「あしびきの石根《いはね》」[七]などよめるも、「山の嵐」「山の石根」といふ意《こころ》なるを、その枕詞のみをいへるがごとし《いうようなものである》。

問ひて云はく、「おしてる宮」などのたぐひといはば、「敷島」も

一 『千載集』序に、「敷島の道もさかりに起りて、心の泉いにしへよりも深く、ことばの林むかしよりも繁し」と見え、『八代集抄』に注して、「これよりこの御代に歌道さかんに起りて、延喜・天暦（『古今集』『後撰集』の時代の年号）の昔にも恥ぢぬ歌出で来る心なるべし」という。

〔五七〕 **「敷島の道」という語**

二 三九八頁注二参照。

三 「おしてる（や）」は「難波」にかかる枕詞。「おしてる難波の碕《さき》の」（「仁徳紀」二十二年正月条の歌謡）など。

四 『萬葉集』二〇、四三六一番歌「桜花今盛りなり難波の海おしてる宮に聞こしめすなへ」。

五 『萬葉集』五、七九七番歌「くやしかもかく知らませばあをによし国内《くぬち》ことごと見せましものを」の「あをによし」について、今日では、「国内《くぬち》」にかかる枕詞と解するのが普通であるが、『代匠記』では、「『あをによし』は、『奈良』の枕詞を以て、（この場合は）奈良とす（奈良を意味する）。『あしびき』を山とするに同じ」と、「あをによし」がそのまま奈良の意であると解する。宣長はこれに従っているのであろう。

六 『萬葉集』一一、二六七九番歌。『代匠記』に、「『あしびきの山』といはずして、『嵐』と続けたるは、『あしびき』すなはち山の意なり」。

七 『萬葉集』三、四一四番歌。『冠辞考』一の「あしびきの」の項に、この歌を引いて、「こは（これは）

〔五八〕 **歌道を「敷島の道」という理由**

「和《やまと》」の枕詞なれば、「大和《やまと》の道」といふ意《こころ》なるべきを、「和歌《やまとうた》の道」といふ義とはいかが。

答へて云はく、神[八]道をこそは「大和の道」ともいふべけれ《ということもできようが》、歌道《歌道を》をしもしかいはむことは《特にそのようにいうのは》、すこしまひろげたる《誇張した》心地《ここち》して、いふべく《いってよいこ》も覚えず《とも思われない》。それも後《のち》[九]の世《よ》のことなれば、事の意に違《たが》ひてもいひつべけれど、すべて「和《やまと》の道」といふ言《ことば》は見えぬことなれば、いづくよりも転じ来るべき所なし。歌道を「和《やまと》の道」といふことあらば《といっている例があるなら》、さ《そう》もいふべし《もいえよう》。

さて右に引ける「おしてる宮」などいへるたぐひは、みな『萬葉集』に見えて、やや古き歌なるさへしか転じてよめり。まして「敷島の道」といふことはいよよ《さらに》後の名目《みやうもく》なれば、[一〇]ふたたびも転じていふべければ、なほ「和歌《やまとうた》の道」といふ意《こころ》と思はるるなり。桂《かつら》の里を、『古今集』の伊勢《いせ》の御《ご》の歌には「[一一]久かたの中なる里」とよめり。これも「久かた」は「天《あめ》」の枕詞《まくらことば》なるを、ひとたび転じて「月」と

奈良の朝となりて、いといひなれて、『あしびき』をやがて『山』のことにいひすゑて（意味を固定して）、『石《いは》』に続けたるなり」。

八『排芦小船』第四四項に、「問、和歌はわが邦《くに》の大道なりと云ふことといかが。答、非なり。…わが邦の大道と云ふ時は、自然の神道あり。これなり。…さて和歌は、鬱情を晴らし、思ひをのべ、四時《しいじ》の有様を形容するの大道と云ふ時はよし。わが国の大道とはいはれじ」という。

九 以下、七行目までは、歌道のことを「敷島の道」というい方をするのは、時代が下ってからのことなので、これは「敷島のやまとの道」がつづまったいい方なのだと、事の真相に反して説明してしまいそうなところであるが、そもそも「やまとの道」という言葉は存在しないので、「敷島の道」は「敷島のやまとの道」が転じた（つづまった）言葉であるといおうにも、根拠がないのである、の意。要するに宣長のいいたいのは、「やまとの道」という言葉が存在しないからには、「敷島の道」とは、「敷島のやまとの道」の意ではなく、「敷島のやまと歌の道」の意である、ということである。

一〇「敷島の道」という言葉が、仮に「やまとの道」という意味である段階があったとしても、それをもう一度転じて用いることもあるであろうから、の意。

一一 巻一八、九六八番歌「久かたの中におひたる里なれば光をのみぞ頼むべらなる」。

いふにも続くるを、また転じてすなはちそれを月にして《ヒサカタを月の意に用いて》、「[一]月の中《月の中》なる桂《にあるという桂》」の意にとりなせるを思ひ合すべし。「天《あめ》の中なる桂」といふことはなきものをや《ないものなのだ》。「敷島の歌《うた》」と続けたる例はなけれども、「[二]和歌《やまとうた》」といふには常に続くるゆゑに、「和歌」の枕詞《まくらことば》と聞きなして転じたるものなり。

〔五九〕「しきしま」の正字

問ひて云はく、「しきしま」の正字はいづれぞや。

答へて云はく、[三]先々《さきざき》もいへるごとく文字の沙汰は用なけれど《議論は無用のことであるが》、後世は何ごとももはら文字のことのやうになりて《もっぱら漢字の問題のようになって》、それによりて言《ことば》の義をも《意味をも》解《げ》するゆゑに、誤ることのみ多し。さればひとわたり《ひととおり》心得おきて、俗説に迷ふべからず。

大方《おほかた》地名は多くは借り字[四]にて、正字に書くは少なし。もと正字を書きしをも[五]改めて借り字に書くも多く、また正字のなきもあまた《たくさん》あるなり。「しきしま」ももと《本来は》いかなるゆゑの名ともさだかなること

一 地名の「桂」の意を寓する。月の世界には桂がはえているという伝承があった。

二 「しきしまのやまと歌」といういい方は勅撰集には一例もない。似たいい方として、『千載集』一八、一一五六番歌「しきしまや　やまとの歌の　伝はりを聞けばはるかに　久方の　天つ神代に　はじまりて…」という例がわずかに一つある。ここで宣長がいうような「常に続くる」という事実はないので、以上の宣長の論証はやや苦しい。

三 三二五頁一四行目以下・三六六頁一三行目以下・三七三頁一〇行目以下参照。

四 その地名の語源に即した漢字（次にいう「正字」）ではなく、地名の音だけを表わす漢字や、「やまと」に対する「大和」のようなまったくの宛字。たとえば宣長は『古事記伝』五において、肥《ひ》の国（肥前・肥後）の語源について、伝承をいくつかあげて「火《ひ》の国」であると考証している。この場合、「火」が正字で、「肥」が借り字である。

五 『古事記伝』七に、「そもそも国郡郷の名の字のこと、和銅六年の詔《みことのり》に、畿内七道、諸《もろもろ》の国郡郷の名、好字《よきもじ》を着《つ》けよ（三七六頁三行目参照）と見え、『出雲風土記』などに、神亀三年に郡郷の名の文字を多く改めしことと見え、…」といっている。

はなけれど、『日本紀』に「磯城島」と書かれたる字の意《こころ》なるべきにや。[六]そのゆゑは、「磯《し》」は「石《いし》」の「伊《い》」をはぶける語なり。これ[七]城《しろ》を「紀《き》」といふは古語《ふること》にて、「磯の城《いしき》」といふ意《こころ》に名づけたる地名と思はるればなり《思われるからである》。石もて《石を用いて》城を築《きづ》くなどは、近代のわざ《技術》とのみ思ふ人もあるべけれど、上古《じやうこ》にもありしことにて、[八]物に見えたり。されば《だから》これぞ正字なるべき。

今おしなべて《総じて》「敷島」とのみ書くは、もとより借り字なる中に、[九]かりそめ『萬葉』などにも見えず、後世に書き出だせることなり。にも「敷」の字に意《こころ》あること《意味があると》と思ふべからず。

〔六〇〕 磯城島の所在地

問ひて云はく、磯城島といふ所はいづくぞ。

答へて云はく、前に引けるごとく、「欽明《きんめい》天皇紀」に「[一〇]倭国磯城《やまとノくにしきノ》郡《こほり》」とあり。もと「神武《じんむ》天皇紀」に「[一一]倭国磯城邑《しきノむら》云々」、また「[一二]弟《おと》磯城《しき》、名黒速《はくろはやヲ》、為《ス》二磯城県主《しきノあがたぬしト》一」、「崇神《すじん》天皇紀」に「[一三]遷《うつス》二都於《ヲ》磯城《しきニ》一

六 宣長が他にどのような例を考えているのか、未詳。注八所引の『日本釈名』にも、「いし」が「し」と略された例が見える。

七 『古事記』中、神武天皇条の歌謡、「宇陀《うだ》の多加紀《たかき》に 鴫羂張《しぎわな》る…」の「多加紀」について、『古事記伝』一九で、「高城《たかき》」の字を宛てる契沖の『厚顔抄』の解釈に賛成した上で、「紀《き》(城)とは、必ずしも後の世の城《しろ》のごとくしたたかならねども、かりそめに垣ゆひ廻《めぐ》らし、構へたる処《ところ》などをもいふなり」という。

八 文献に見えている。『古事記』・六国史のたぐいなら、書名をあげるのが自然なので、ここは後世の書物であろう。貝原益軒の『日本釈名』中「地名」の「筑紫《つくし》」の項に、「いにしへ異国より賊兵の襲《つ》ひ来るを防がんとて、筑前の北海の浜に石垣を多く築かせらる。そのゆゑに『築《つ》く石《いし》』といへる意なるを、略して『つくし』と云ふなるべし」とあるのなどを見たか。

九 『日本書紀通証』二四で、欽明天皇の磯城島の金刺の宮に対する注に、祈年祭《きねんさい》の祝詞《のりと》の「皇神《すめらみかみ》の敷き坐《ま》せる島の八十《やそ》島」という一節を引いてあって、「敷」字の意味が語源に関係があると考えているらしく見えることを、念頭に置いている。

一〇 三九三頁九〜一〇行目参照。

一一 即位前紀戊午年九月の条。

一二 二年二月乙巳の条。

一三 三九五頁三〜四行目参照。

云々」とある、これみな同所《同一の場所》にて、郡《こほり》の名も邑《むら》の名より出でたるものなり。この郡、後《のち》に上下《かみしも》に分れて「磯城《しき》の上《かみ》」「磯城《しき》の下《しも》」といふ。「皇極天皇紀《くわうぎよく》」に[一]「志紀上郡《しきノかむノこほり》」見えたり。さて後に諸国郡郷の名、ことごとく[二]二字に定められしより、「磯《し》」の字を省《はぶ》きて「城上」「城下」とは書けども、それをもなほ昔のままに「之岐乃加美《しきのかみ》」「之岐乃之毛《しきのしも》」といふ。[三]『和名抄《わみやうせう》』に見えたり。今もしか呼ぶなり《そう呼んでいる》。このたぐひ、なほ多し。[四]「葛上《かづらきノかみ》」「葛下《かづらきノしも》」なども同じことなり。

さて[五]磯城島《しきしま》は、三輪《みわ》より泊瀬《はつせ》へゆく間に今もなほその名を残したる処《ところ》ありとぞ。これ《これが》、かの大宮の跡にや。尋《たづ》ぬべし《調べてみよう》。このわたり《あたり》、城上《しきのかむ》の郡《こほり》にはあるなり《であることは確かだ》。

〔六一〕「歌の道」という語

また問ひて云はく、「歌の道」とは上古よりいふことか。

[六]答へて云はく、まづ「美知《みち》」といふ言《ことば》の意《こころ》をわきまへおくべし。「美知」は「御路《みち》」にて、「知」《チというのが》といふが本語なり《本来の言葉である》。今も「山路《やまぢ》」「野《の》

一 三年六月乙巳の条。「かむ」の訓は底本のまま。寛文九年版本の訓を採用したもの。

二 三六九頁注一二参照。

三 三二〇頁注六参照。その巻五の「国郡部」に見える。

四 三九四頁注一参照。本来は「葛城上《かづらきノかみ》」「葛城下」であるが、『和名抄』で「城」字を省いて、ここに示されたような表記・読みをする。

五 現奈良県桜井市。

六 本項に述べることを、この時期の宣長は他に『本居宣長随筆』三の第一九七項、『古事記雑考』二の「道てふ物の論」などでも述べており、それらが整理され

路《ぢ》」「舟路《ふなぢ》」「通《かよ》ひ路《ぢ》」などは、「知《ち》」とのみいふをもて知るべし。それに「美《み》」をそへて「美知《みち》」とはいふなり。『古事記』に「味御《うましみ》路《ち》」[七]、『日本紀』に「可怜御路《うましみち》」[八]とある、これ神代《かみよ》の古言《ふること》なり。されば「知《ち》」といふも「美知《みち》」といふも同じことにて、ともに道路の意《こころ》のみにて、その外《ほか》の義《意味は》は上古はさらになかりしなり《まったくなかったのである》。

[九]しかるに外国《とつくに》より文字渡りては《漢字が渡来して以来》、「道《だう》」は道路の意のみならず、「道徳」「道義」「天道」「人道」「道心」「道理」など、その外もさまざまの意を兼ねたる文字なるを、此方《ここ》にて「美知《みち》」といふ言《ことば》に用ゆるによりて、この字をばいづれの意に書きたる処《ところ》をもみな《どの意味で書いた場合にも》「美知《みち》」と訓《よ》むゆゑに、後《のち》にはおのづから「美知」の言をも「道」の字の義《色々》どもにいづれにも用ゆる《な意味のうちのどれにでも用いる》ことにはなれるなり。すべての言にこのたぐひ多し。されば「道」の字にはさまざまの義を兼ねたれど、「美知」の言はもとは道路の外《ほか》の意なし。

しかるを後世の学者このわきまへなくして、「道徳」などの「道」

て後に古道論『直毘霊《なおびのみたま》』（『古事記伝』一）の一部となる。

七 上巻、海幸山幸の条。

八 「神代紀」第一〇段、一書第三。

九 注六で指摘した『本居宣長随筆』三の第一九七項をあげておく。「此方《ここ》の上代に、『道《みち》』と云ふ詞《ことば》はただ道路の意ばかりにして、儒道・仏道・道徳・道心などの『道』の心はなし。『神の道』『歌の道』など云ふは、文字来たりて後に、『道』の字につきて（『道』という漢字の意味をあてはめて）云ふことなり。さて『美知《みち》』は本語は『知《ち》』なるを、それに『美《み》』の字をつけてよぶなり。『古事記』などに『御路《みち》』と書けるを思ふべし」。

の字の義をもて「美知《みち》」の言《ことば》の義をいふは、大きに《大いに》牽強付会《けんきやうふくわい》のことにていはれなし《筋が通らない》。事の本末《もとする》をよくわきまへおくべきなり。神道[一]はわが御国《みくに》の大道《だいだう》なれども、それを[二]「道」と名づくることは上《かみ》つ代《よ》にはなかりしなり。文字渡りて、かの国の《中国の》「道」の字の用いやうを見ならひて後《のち》にこそは、天照大御神《あまてらすおほみかみ》より伝へましまして天日嗣《あまつひつぎ》[三]しらしめす天皇《すめらき》の高御座《たかみくら》[四]の御業《みわざ》をも「神道《かみのみち》」とは名づけられたりけれ。さて《そうして》後には、それに準《なずら》へて、かの国にて「道」といふことをば、此方《ここ》にても大小にかかはらず万《よろづ》の事業《ことわざ》を何の道《何の道》くれの道《かんの道》といひ、雑芸《ざふげい》のたぐひまでしかいふことに《そのようにいうことに》はなれるなり。

されば歌よむことをも「歌の道」といひ、後には音《こゑ》にて「歌道《かだう》」とも呼ぶなり。『続日本後紀《しよくにほんこうき》』巻十九に「斯道《コノミチ》」[五]と歌のことを指《さ》していへり。『古今集』真字序《まなじよ》[六]にも「斯道《コノミチ》」とも「吾道《ワガミチ》」ともあり。ただし仮字序《かなじよ》[七]にはしかいふべき所をも《そういうはずの個所をも》「道」とは書かれざるを思へば、そのころまでも、常にあまねく《一般的に》いふことにてはあらざりしと見

一 三九七頁注八参照。

二 四〇〇頁注六で指摘した「道てふ物の論」に、「『美知《みち》』は山路・野路などの『路《ち》』に『御《み》』てふ言をそへたる物にて、すべて物へ行く道途《みち》なり。この外《ほか》に（わが国に）古《いにし》へ道と云ふものなし。物のあるべき理《ことわ》り、また万《よろづ》のすべきわざ、教へ事などを、何の道・くれの道と云ふは、もと他国《あだしくに》の沙汰なり。…大御国は天照大御神の生《あ》れ坐《ま》せる大御国にして、…（代々の天皇が）天《あま》つ神の大御心を大御心として惟神《かんながら》（神そのもののようにして）天下を安けく平らけく治め給ひ撫《な》で給ふ。これ、道あるがゆゑに『道』なきなり（道が行われた平和な状態が至極当然のことであったので、ことさらそれを『道』という言葉でいい表わす必要もなかった）。…しかるにやや降りての御代に、他国より書《ふ》籍《み》てふ物わたりまうで来て、そを学び読むこと始まりて後、かの国の手振《てぶ》り（習慣）を此方《ここ》にもならひて、やや万の上に混《まじ》へ用いらるること始まりてぞ、大御国の古への大御手振《おほみてぶ》りをば取り分きて『神の道』とは名づけられたりける」という。

三 皇統。

四 天皇の玉座のことであるが、抽象化して「皇位」の意に用いる。『直毘霊』に、「天皇の御統《みついで》を『日嗣《ひつぎ》』と申すは、日の神（天照大御神）の御心を御心として、その御業《みしわざ》を嗣《つ》ぎ坐《ま》すがゆゑなり、またその御座《みくら》を『高御座』と申すは、ただに高き由《よし》のみにあらず、日の神の御座なるがゆゑなり」という。

えたり。

また問ひけらく《質問していうには》、詩《し》と于多《うた》とは心ばへ同じものにや《性質が同じものであろうか》。

答へて云はく、詩のことは知らねど、[八]古き書《ふみ》どもにいへるを片はし見れば《ほんの一部分を見ると》、その[九]もとの心ばへはもはら《もっぱら》于多《うた》と同じものと聞えたり。げに《本当に》「風雅《ふうが》」（『詩経《しきやう》』）三百篇の詩を見るに、詞《ことば》こそ唐《から》めきたれ《中国風であるが》、心ばへはわが御国《みくに》の歌といささかも変ることなし。人の心のゆくへは《人の心の動いてゆく方向は》いづこもいづこも同じことなるべければ、さもありぬべきことなりかし《そのようにもあるはずのことなのだ》。されど世の下《くだ》るにつけては《時代が下ってゆくにつれて》、人の心も国の風儀《ならはし》も、とりどりにうつりもて行くものにしあれば、後《のち》の世《よ》には此方《ここ》とかしこと《日本と中国とでは》何ごともこよなくなりて《非常に違ってきて》、詩と歌との趣《おもむ》きもはるかに異《こと》なるやうになむなれりける。

問ひて云はく、その趣きはるかに異なるけぢめはいかさまにか《異っているというその違いはどのようなものか》。

五 嘉祥二年三月二十九日の条に、三八六頁注六所見の長歌をかかげた後に、「季世陵遅《きせいりようち》にして（世が衰えて）、斯の道已《すで》に墜《お》ちたり」とある。

六 二五四頁注二参照。「斯の道を以て顕れず」、また「以て吾が道の再び昌《さかん》なることを楽しむ」とある。

〔六二〕 詩と歌は本来同じもの

七 仮名序と真名序は同じ趣旨のことを述べており、一々の記述もほぼ対応する。「しかいふべき所」とはその対応する個所である。後年の随筆『玉勝間』五の「歌の道　さくら」に、「敷島の道、また歌の道といふこと、後の世には常なれど、『古今集』の序（仮名序）を見るに…かく『歌の心』『歌のこと』などいひて、『道』とはいはず。真字序には『斯道』とも『吾道』ともあるを、仮名序にはすべて歌に『道』といへること見えず。大方これらにならへて、歌詠《よ》まむにも文書《ふみ》かむにも、古へと後の世とのけぢめ、また漢文《からぶみ》と御国文《みくにふみ》とのけぢめあること、また歌と詞《ことば》（文章）と変れることもあるなど、いささかのことにも心をとどめてわきまふべきわざぞ」という。

八 三二三頁・三四三頁に引用されている、『尚書』舜典、『礼記』楽記、『詩経』大序など、中国の古典で詩の起源や本質を論じているものを指す。

九 二五二頁注二所引の『独語』、三〇五頁注一所引の『不尽言』、『紫文要領』八四頁注一所引の『徂徠先生答問書』参照。

〔六三〕 詩と歌の違い

答へて云はく、まづ唐《もろこし》の詩も、かの『詩経《しきやう》』[一]のころのはなほ《何といっても》上つ代の素直《すなほ》なりし心ばへの残りて、あはれになつかしきふし多かる《点が多いのだが》を、[二]かしこの《あの国の》人心《ひとごころ》はすべて賢《さか》しげなる《賢こそうな》ことを尊《たふと》びて、いささかなるわざ《ちょっとしたことにつけて》にも《も》人の善悪《よしあし》をこちたく《うるさく》論《あげつ》らひ、何ごとも我賢《われがし》こにものいふ国のならはしなるが、[三]周《しう》の代《よ》の中ころより《以来は》こなたはいよいよ年月にそへて《年月のたつのに応じていっそう》、さのみなりもて来ぬれば《そのようにばかりなってきたので》、詩もその心より作り出づるほどに、人情のあはれなる筋《すぢ》は失《う》せて、いひといふこと《いうことはすべて》、ことごとしくしたたか《かたくるしい》なることのみなり。さればかの『詩経』の詩と後《のち》の世《よ》のとをくらべみるに、その心ばへさらに《まったく》同じものにはあらず。しかるを《それなのに》、詩の[四]古今のけぢめ《違い》は詞《ことば》のみこそあれ、意《こころ》は上《かみ》つ代《よ》も今もいささか《すこしも》変らずといふ人もあれど、心得ぬことなり《納得しがたいことである》。意も詞もみな変りにたり。

さて于多《うた》も世のうつるにしたがひて、上《あが》れる代《昔》のさまとはこよなく《非常に》変り来つれど、わが[五]御国《みくに》の人心は、人の国《外国》のやうに賢《さか》しだちたる《賢こぶった》ことなく、おほどかに《おっとりとして》やはらびたる《柔和な》風儀《ならはし》なれば、今の世まで、よみ

一　荻生徂徠の『弁道』第二二項の、『紫文要領』四六頁注二所引のくだりに続けて次のようにいう、「その（『詩経』の）辞は婉柔《あんじう》にして（ものやわらかで）情に近く（人情に密着しており）、諷詠（声を長く引いて歌うこと）は感ぜしめやすし。しかれどもその事（素材）はみな零砕猥雑《れいさいわいざつ》にして（庶民生活の反映としてこまごましており）、自然に矜持《きようぢ》の心を生ぜず（読む者に肩のこるような思いをさせない）」。また『紫文要領』一二六頁注一所引の『不尽言』参照。宣長の『詩経』観はこれら徂徠学系統の『詩経』論の影響のもとに形成されたものである。『排芦小船』第五二項には、「まづ三百篇（『詩経』）の風雅の詩は、人情をありのままにいひのべたるゆゑに、女童《をんなわらは》の言めきてみなはかなきものなり。これがまことの詩の本体なり」という。

二　中国の思想の特徴は狡智と偽善であるということ、第六六項（四〇八頁）に詳論される。

三　「周の代の中ころ」とあることについて、吉川幸次郎氏の「文弱の価値」（日本思想大系『本居宣長』解説）に、「徂徠が『先王の道』の喪失は、孟子にはじまるとするのを祖述するであろう」という。徂徠の孟子批判と宣長の中国思想批判は、論法がきわめて似通っている。すなわち徂徠の孟子批判は、たとえば『弁道』第一五項に、「子思（孔子の孫、孟子の師）・孟子以後の弊害は、説明のしかたが詳しくて聴く者が分りやすいようにとしている点にある。これは代言人の手口であり、自分の説を早く売りこもうとするもので

〔六四〕 詩と経学との違い

出づる歌もおのづからその心ばへにて、詩のやうに賢《さか》しだちたる筋《すぢ》はさらに《まったく》まじらず、ただ物はかなくあはれになつかしきことのみなるを、今めかしく《現代風に》珍らかに《目新しく》とりなしてよむとては、詞《ことば》のいひざまこそ古《いにし》へ今のに変りにたれ《昔・今というふうに変ってしまったが》、いふことの心ばへは神代《かみよ》も今もただ同じことぞかし。さればかの詩の変れるやうとは異《こと》なるにあらずや。

問ひて云はく、唐《もろこし》にても詩は[六]性情《せいじやう》を吟詠《ぎんえい》するものとて、[七]温柔敦厚《をんじうとんこう》をむねとすれば《第一のこととするので》、後《のち》の世《よ》とても、[八]経学《けいがく》などのやうにこちたく我賢《われがし》こにものいふ筋にはあらざるか。

答へて云はく、さることなり《そのとおりである》。いはゆる経学などはかの国にても《中国においても》ことに所《ところ》せく《窮屈でうるさい》こちたき教へにて、[九]いささかのみじろぎ《身動き》も易《やす》からず《容易ではない》。とにかくに《何につけても》人のよき悪《あ》しきことをさがなく《いじわるく》いひかかづらふをのみ《ごちゃごちゃいうことだけを》いみじきことにして《立派なことのように思って》、たをやぎたる《ものやわらかな》風雅の趣《おもむ》きはつゆ知らず。それにくらぶれば、詩人の心ばへは優《いう》にあはれなる方《かた》こよなし《格別すぐれている》。

あって、採否の権限は相手にあることになる。…孟子になると、相手がうるさくなるほど強引に弁じたてて、それで人を説き伏せようとした。そもそも言葉で人を説き伏せるのは、相手を心服させられない人間だ。教育とは、自分を信頼している人に対して施すものだからである」（日本の名著『荻生徂徠』の口語訳による）と述べるように、信頼を前提とせず、議論・論争を旨とする思想は、偏向を生む、とするものである。これに対して宣長の中国思想批判は、第六六項に詳論されるように、聖人というものが狡智をもって理屈をこね、議論を旨としたため、人情の真実が失われてしまったというもので、論法の相似は歴然としている。

四 太宰春台《だざいしゅんだい》の『独語』で、二五二頁注二所引の部分に和漢古今、人情は不変と述べ、次に「しかるに異国もわが国も、人の詞は時世につれて変るゆゑ、詩も歌も時世にしたがひ、風体《ふうてい》変るなり」というのを指すか。

五 以下の論、第六八項（四一三頁）参照。

六 『詩経』の大序に、「情性を吟詠して、以てその上を風す（上に立つ者に人情を悟らせる）」。

七 『礼記』経解篇に、「温柔敦厚（柔和で誠実なこと）は、『詩（詩経）』の教へなり」。

八 儒学をいう。

九 人の一挙手一投足について、煩瑣《はんさ》な礼儀作法を説くから。

〔六五〕 **詩は女々しい情を詠ずるのが本来**

されどまた〔中国の詩を〕此方《ここ》の歌に並ぶれば、[一]風雅なりと思へることも、おのづから国のならはしに引かれて、賢《さか》しげにことごとしうのみ聞えて、なほ《やはり》こなつかしからず。まれまれ《たまに》物のあはれなる筋《すぢ》をいひたるも、ことさらめきて《わざとらしく》ぞ見ゆめる《見えるようだ》。

問ひて云はく、[二]詩こそはむべむべしく《もっともらしく》あざやかに《印象が鮮明で》うるはしき《端正な》ものにて、男《をのこ》の必ずならひ学《まね》ぶべきものなれ《ものであるが》、歌はひたすらに物はかなく《頼りなく》あだあだしう《無内容に》聞えて、ただ女童《をんなわらは》べのもてあそびなどにこそしつべけれ《してしまうのが適当で》、まことしう《正統的で》いみじきものと《立派なものとは》見えぬにや《見えないのではないか》。

答へて云はく、実《まこと》にさることなり《そのとおりである》。さはあれど《そうではあるが》、[三]まことしくうるはしきことを尊《たふと》ぶとならば、かの経学などこそはさる筋なれ《その方面のものだが》、詩はもと《元来》さやうにはかばかしう《重大で》したたかなるべきものにはあらず《かたくるしくあるべきものではない》。かの『詩経《しきやう》』のやう《有様を》を見よ。ただ素直《すなほ》にはかなだちて《頼りなさそうな感じで》、後の世のやうに賢《さか》しげなる心は見えず。そこそは《それこそが》詩の本意《ほい》なるべきを、悪《あ》しう心得《間違って理解》

一 明《みん》の何仲黙《かちゆうもく》の言に、「性情の切なるものは夫婦の間（男女間、恋愛）にもっともはっきり現われる。それゆえ漢・魏《ぎ》の詩人は、必ず夫婦にたとえて詠んで心情を表現した。杜甫の詩は夫婦のことを詠んだものが少ないので、風情に欠ける」とある。『玉勝間』一〇「性情の切なること、夫婦の間にしくはなしといへる漢人の詞《ことば》」でこれについていう、「これまことにさることなり。しかれどもその恋の情を、ただ君臣朋友などの間の他事《ことごと》を風《さと》すにのみ託《よそ》へいひて、ただに（比喩ではなく直接に）みづから思ふ恋の詩の（中国に）なきは、いかにぞや。もし他事を風すにだに、よくその人を感ぜしむるばかり情《こころ》の深くかからむことならむには、みづからのその思ひを述べたる詩も必ず多くあるべきわざなるに、それなくては性情を述ぶるわざとはいひがたかるべし」。中国の詩は恋愛を詠じても、君臣朋友の情の深さをいう比喩として詠ずるだけで、恋愛の情そのものを詠ずるのではないことの指摘。

二 『徂徠先生答問書』の、『紫文要領』八四頁注一所引の部分のやや後に、「日本の学者には、詩・文章ことに肝要なることにてござ候。此の方の和歌なども（人情を詠ずる点で詩と）同趣に候へども、何となくただ（詠まれた）風俗の女らしく候は、聖人なき国ゆゑと存ぜられ候」とある。これを敷衍《ふえん》して設けた問い。

三 『紫文要領』八三頁や二四〇頁に説かれる、儒仏

て《して》、かの経学[四]の心ばへをもてとかくつきづきしう《もっともらしく》説《と》きなす人のみ多く、また此方《ここ》の人は[五]その詞《ことば》の唐《から》めきたるに惑《まど》ひて、みな道々しき《道徳に関係のある》ことぞとのみ《ことだとばかり》思ふ。これらはみな詩の義《本質》にも違《たが》ひ、孔子《こうし》[六]の心にもそむけり。

そのゆゑは、詩はもと人の性情を吟詠するわざなれば、ただ物は[七]かなく女童べ《女子供の》の言《こと》めきて《言葉みたいで》あるべきなり。『孔子《こうし》の家語《けご》』[八]に「詩之失《しつハ》(四八)愚《グナリ》」といへる言《ことば》にて、その心ばへ《本旨》をさとるべし。唐《もろこし》のやうに賢《さか》しら《賢こぶったことばかり》をのみ常にいひありく《常にいってまわる》国の人も、詩には偽《いつは》らぬ心のまことをいひ出づればこそ、いみじきもの《すぐれたものだということで》にして孔子も六経《りくけい》[九]の一つには備へ給へ《〔詩経を〕数えなさったのだ》れ。

しかるを後《のち》[一〇]の世《よ》の詩は、その本《もと》の意《こころ》をば忘れはてて、ただ万《よろづ》にかどかどしく《事に才気を表わし》賢《さか》こからんとのみするほどに《賢こそうに見せようとばかりするので》、飾るまじき性情をさへいたく《たいそう》つくろひ飾りて、むべむべしう《もっともらしく》見せたるものなれば、まことの人情の有様《ありさま》にはあらず、みな偽れるうはべ《表面だけの》の情《こころ》なれば、いかにめで《立派で》

は道徳を教えるものであり、物語は「物のあわれを知る」ことを教えるものであり、任務が本来異なっているのだから、儒仏に求めるべきことを物語にも求めるのは誤っている、という主張と同じ論理。堀景山の『不尽言』に朱子の道徳論的『詩経』解釈を批判して、「勧善懲悪といふは『春秋』（五経の一つ）の教へにてこそあれ、『詩』の教へにてはなきなり」。また『紫文要領』二四〇頁注二所引の『弁道』参照。

四 朱子学では『詩経』を勧善懲悪論に付会して、『詩経』中に多い恋愛の詩について、こういう淫らなことをしてはいけないという戒めの意図で孔子が採録したのであると説く。

五 『詩経』の言語が漢文であることに惑わされて、漢文なら固苦しいことをいっているに違いないと思って、『詩経』をそのように解釈してしまう、の意。

六 『詩経』の編者は孔子であることからいう。『詩経』を評価する宣長は、その編者の孔子についても人情を解する人物であると考えていた。『紫文要領』二三一頁二～五行目参照。

七 第六六・六七項（四〇八～一三頁）に詳論される。

八 孔子の言行などを記録した書。魏の王粛編。引用の句はその問玉篇に見えて、「『詩経』の欠点は、人を愚かしくすることである」の意。『本居宣長随筆』二の第一一七項に『孔子家語』を抄録する中にある。

九 『紫文要領』一三〇頁注五参照。

一〇 四二八頁注一参照。

たくうるはしとても（端正であろうとも）何にかはせむ（何になろう）。いと心づきなく（たいへん不愉快で）うるさきわざにこそあ《ン》めれ。

〔六六〕 **人情は本来女々しくはかないもの**

一 問ひて云はく、道々しくうるはしきは（もっともらしく端正であることは）みな偽《いつは》れるうはべの（表面だけの）ことにて、人のまことの情を吟詠《ぎんえい》したるは、必ず物はかなかるべきゆゑは（頼りなくあるはずだという理由は）いかに。

答へて云はく、大方人《おほかたひと》は、いかに（どんなに）賢《さか》しきも（賢こい人でも）、心の奥を尋《たづ》ぬれば、女童《をんなわらは》べなどにもことに（特別には）異《こと》ならず、すべて物はかなく女々《めめ》しきところ多きものにて、唐《もろこし》とても同じことなめるを（同様であろうのに）、二かの国は神の御国にあらぬけにや（せいであろうか）、いと上《かむ》つ代《よ》よりして、よからぬ人のみ多くて、あぢきなき（道にはずれた）ふるまひ絶《た》えず、ともすれば民をそこなひ（人民を傷つけ）国をみだりて（国を乱して）、世の中穏《おだ》しからぬ折がちなれば（平穏でない時が多かったので）、それをしづめ治めむとては、万《よろづ》に心をくだき、思ひをめぐらしつつ、とにかくによからんことをたどりもとむるほどに（探し求めているうちに）、おのづから賢《かし》こく智《さと》り深き人も出《い》で来《き》、さるから（そうだから）

一 本項と次項、人情の本質は女々しくはかないものであることを述べる。宣長の主張のうちもっとも特徴的なもので、『紫文要領』でも六七頁・二〇二頁などに述べられている。また『排芦小船』第三八項にも、「さて人情と云ふものは、はかなく児女子《じぢよし》のやうなるかたなるものなり。すべて正しく男らしくきつとしたることは、みな人情のうちにはなきものなり。正しくきつとしたることは、みな世間の風にならひ、あるいは書物に化せられ、人のつきあひ、世の交はりなどにつきて、おのづから出で来、または心を制してこしらへたるものなり」という。

二 以下に述べられる中国文化の偽善性と賢《さか》しらに対する批判は、この後さらにきびしくなり、『直毘霊《なおびのみたま》』『くず花』『玉くしげ』などに見られる「聖人」批判という特徴的な主張となる。『直毘霊』のその部分を要約する。中国ではもともと人の心が悪く、常に国が乱れていたので、狡智のある者が人心を収攬《しゅうらん》して天下を奪おうとして、また奪った天下を守ろうとして、種々深慮をめぐらした。それが儒教の聖人であり、考え出されたのが「道」である（宣長は桀《けつ》・紂《ちゅう》を追放した殷《いん》の湯王・周の武王や、武王を補佐した周公旦を念頭に置いている）。聖人たちは人々の心をとらえるため、心身を苦しめて善行を尽したので、いかにも人格者らしく見え、その道も立派に見える。しかし元来汚ない動機から出たものであり、道とは偽善的にうわべ

いとど（いよいよ）万《よろづ》のことに、さるまじきことにもいたく心を用いて（そうまでする必要のない事がらについても色々思慮をめぐらして）、目に見えぬ深き理《ことわ》りをもあながちに（道理をも強引に）考へ加へなどしつつ、いささかのわざにも善《よ》さ悪《あ》しさをわきまへ争ふをいみじきことにして（議論して弁別することを立派なことだとして）、おのづからさる（そのような）国の風儀《ならはし》（国がらに）になりぬれば、人ごとに（誰もが皆）己《おの》れ賢こからんとのみするゆゑに（自分は賢こくあろうとばかりするので）、かの実《まこと》の情《こころ》の物はかなく女々《めめ》しきをば恥ぢかくして言《こと》にもあらはさず、まして作り出づる書《ふみ》などは、うるはしく（端正で）道々《みちみち》しき（もっともらしい）ことをのみ書きすくめて（ことだけを硬直して書いて）、かりにもはかなだちたる心（頼りなさそうな気持は）は見えずなんある。げに（たしかに）国を治め人をみちびき教へなどするにはさもありぬべきことなれど、これ（これは）みなつくり飾れるうはべの情《こころ》にて、実《まこと》の心の有様《ありさま》にはあらざるなり。

『史記』といふ書《ふみ》に、

三 箕子《きし》朝《てうスルトテしうニ》レ周、過《すギ》二故殷虚《もとノいんノあとヲ》一、感《かんジ》三宮室《きゆうしつノ》毀壊《きくわいシテ》生《しやうジタルニ》二禾黍《くわしよ》一、箕子傷《いたムこれヲ》レ之。欲《ほつスレバ》レ哭《こくセント》則《すなはチ》不可《ふかナリ》。欲《ほつスレバ》レ泣《なカント》為《ためニ》三其近《そノちかキガ》二婦人《ふじんニ》一、乃《すなはチ》作《つくリ》二麦秀之詩《ばくしうノしヲ》一、以《もつテ》歌詠《かえいス》之。云々

を飾る教えに過ぎない。人々の心をとらえる別の手段として、聖人たちは万事の道理を把握しているかのように、道の教えの根拠として何につけてももっともらしい理屈を述べた。それゆえその議論は賢こげに見えるが、所詮は人間の小智による独断に過ぎない。しかるにこうした「道」が人の守るべき規範として権威を持つに至り、代々の儒者たちは些細《ささい》なことにもきびしく善悪を論じて、道はいよいよ道徳的に苛酷となり、人情の真実から遠ざかった。また物の道理を論ずる議論もいよいよ煩瑣《はんさ》となり、人々は賢《さか》しらになり、それにつれて人智を越えたこの世界の深い真実に対する謙虚さが失われていったと。なお、『紫文要領』六六頁注六・二〇五頁注七参照。宣長のいう女々しくはかない人情とは、感ずべきことに感じて物のあわれを知る柔らかな感受性のことであるが、それは、自然界の何げない営みにも驚きを感じる精神として、早くから神秘主義に傾く面があった。『古事記雑考』二「凡例」に次のようにいう、「春秋折々に移りゆく有様を始めとして、空行く月日のさまも、目に見えぬ風のしわざも、雲霧雨雪も、みなあやしく、また鳥の大空を翔《かけ》り、魚の水の底に遊ぶなど、人の物いひ歩《あり》くまで、すべて思ひもてゆけば、この天地の間に一つもあやしからぬ事はなきぞかし」。

三「宋微子世家《そうびしせいか》」の一節。箕子は殷王朝の一族。殷が周に滅ぼされた後、周王朝に伺候しようとして、殷の都の廃墟を通って悲しんだ。「禾黍」は稲ときび。

一 「女々し」が宣長においては「未練」と同義と理解されていたこと、『紫文要領』六七頁注八参照。

二 中国人が賢《さか》しらぶって人情の真実をつつみ隠すということは、『排芦小船』・『紫文要領』のほかにもさまざまな形で述べられている。『本居宣長随筆』一一の第七三〇項には、「唐土は古来人の口さがなき国なり。とかく人の行跡《かうせき》を褒貶《はうへん》して、いささかの事をも理屈を以て議論す。一体さやうの国風にて、口の悪きならひなるに、後世だんだんと理屈議論こまかになりて、宋人に至りては（宋代に成立した朱子学のことをいう）、一切の事みな理屈三昧《ざんまい》なり。聖人といへば妄《みだ》りに称誉し、さて聖人、或いは子思（孔子の孫、孟子の師）、孟子などを去《お》きて外《ほか》の人は、古来一人も宋儒の心にかなへる人はなきなり。…唐土は全体に人情のあはれと云ふことにうとくて、とかく善悪をきびしく判断して、諸事の議論厳密なり。わが邦《くに》は風儀やはらかにして、古来人情を育て、物のあはれを感ずること深くして、善悪をとかう（とやかく）論ずることなし」という。

三 宣長が、京都遊学以前、独学で古典を読んでいた時期に、『源氏物語』に関することを何くれとなく書きつけた『源氏物語覚書』に、「源語訳解」という章があって、『源氏』の用語を抄出して口語訳をほどこしている。その中で「人わろき」に「みれんな、人目わるい」という訳をつけている。

といへるを見よ《いっているのを見よ》。箕子ばかりの人だに《箕子ほど謹厳な人でさえ》物のあはれに堪《た》へぬ折はかかりける《堪えかねた時はこのようであったのに》を、「不可《ふか》なり。近婦人《をんなのやうなり》」と思ひ直せるはまことに賢こけれど、そはもてつけ用意したるうはべのことにて《それはとりつくろい心づかいをした表面だけのことで》、ただ物はかなく一女々《めめ》しう欲哭泣《なかむとせ》しぞまことの情《こころ》にはありける。さればこの心ばへをもて世の人のあるやう《ありさま》を思ひ悟るべし。

すべてむべむべしう《もっともらしく》うるはしき《端正な》ことは、みな《すべて》かの「不可なり。近《をん》婦《なのやうなり》人」といへる心にて、げにうち聞くには《本当にちょっと聞いたところでは》、誰も誰もさるべきこと《そうあるのが当然だと》いみじく《立派なことに》思へども、人情の真実《まこと》なる所にはあらず。二しかるを唐《から》人《びと》は、いふこと・なすわざ《すること》すべてそれをのみよきことにして、これは不可なり、それは近婦《をんなのやうなり》人とやうに《というふうにばかり》のみこちたく《うるさく》いひかかづらひ《ごちゃごちゃいって》て、物のあはれといふことは忘れはててかへりもみぬやうになれるから《かえりみもしないようになることによって》、物はかなく女々《めめ》しきことをば三人わろく《みっともなく》愚かには思ふぞかし。されどさいふ人も《そのようにいう人も》みな心の奥は同じはかなさにて、まぬかれがたき人情なれば、常にこそ《普段こそは》賢《さか》しげに《賢こそうに》物をいひ、賢《かし》こくうちふるまふめれ《賢明に振舞っているように見え》

ど《るが》、深く哀《かな》しきことに当りては、必ず女々《めめ》しく人わろき情《こころ》の出で来て、え思ひしづめず《冷静になることができず》、心まどひもしつべき折も《取り乱してしまいそうな折も》多かるものなり。

四これぞまことの人情なれば、もとより誰《たれ》も誰もさりぬべきことなるを《そうあって当然なことであるのに》、賢しらがる世の風儀《ならはし》に恥ぢては、人目をつつみ《人目をはばかって》つれなしづくりて《平然とした様子をして》、思ひいれぬさまに《気にもとめないふうに》もてなし《とりつくろい》、あるは《あるいは》天地《あめつち》の外《そと》までもくまなく《残らず》悟りきはめたる《理解しつくしたという》顔つきして、世にたかぶるよ《世間に向っていばるのだ》。見る人もまたそれをいみじきことに《立派なことと》思ふは、すべてわれも人も偽《いつは》れるうはべをのみ喜びて、実《まこと》の心を忘れたるにはあらずや。五悲しきことも悲しからず、憂きわざも憂からぬは《辛いはずのことも辛くないというのは》、岩木のたぐひにて、はかなき鳥虫《とりむし》にも劣れるわざなるを、いみじきことに思ひてうらやみ学《まね》ぶ人の心はいかにぞや《どういうものだろう》。

女々しい人情を詠ずるのが詩歌の役割

〔六七〕

問ひて云はく、世の中に《非常に》かなしき子を《いとしい子供に》さきだてて《先立たれて》、思ひ歎く親の有様《ありさま》を見るに、父はなほのどやかに《落ち着いて》思ひしづめて《気持を冷静にして》、さまよく見え《体裁よく見え》、

四 ここでいうのとは逆の、喜びや願望を素直に表わすかどうかという場合についても、宣長は賢《さか》しら・偽善を否定している。『玉勝間』三の「富貴をねがはざるをよき事にする論《あげつら》ひ」に、「世々の儒者、身の貧しく賤《いや》しきをうれへず、富み栄えを願はず、喜ばざるをよきことにすれども、そは（それは）人のまことの情《こころ》にあらず。多くは名をむさぼる（名声を得ようとする）例のいつはりなり。まれまれにさる心ならむ者ありとも、そは世のひが者（すね者）にこそあれ、何のよきことならん。理《ことわ》りならぬ振舞をして、（富貴を）あながちに（無理に）願はむこそは悪《あ》しからめ、ほどほどに勤むべきわざをいそしく（勤勉に）勤めて、なりのぼり（出世し）、富み栄えむこそ、父母にも先祖にも孝行ならめ。身衰へ家貧しからむは上なき不孝にこそありけれ。ただおのがいさぎよき名をむさぼるあまりにまことの孝を忘るるも、また唐人《もろこしびと》の常なりかし」という。

五 悲しかるべきことには悲しく思い、憂《う》かるべきことには憂く思うのが、物のあわれを知るということ。二九九頁九行目以下参照。

母はひたぶるに《ひたすら》ふししづみて《ふさぎこんで》涙にくれ惑《まど》ひ、かたくなしき《ぐちっぽい》ことどもをいひ続けて泣きさまよふ《泣いて悲しみに溺れるのを》を思へば、なほはかなく女々《めめ》しきは女童《女子供》べ《の》のしわざならずや。

答へて云はく、さること《そのとおりである》ぞかし。[一]父のさすがにさまよう《体裁よく》思ひしづめたるは、げに《本当に》雄々《をを》しくいみじきこと《立派なことではあろうが》にはあめれど、そは人目をつつみ《それは人目をはばかり》世に恥づるゆゑに、悲しき情《こころ》をおさへて、あながちに《無理に》もてつけつくろひたる《とりつくろった》うはべなり。また母の《母親が》人目も思はで《気にせず》ひたぶるに泣きこがるるさまは、まことに女々《めめ》しく人わろく《みっともなく》は見ゆれど、これぞ飾らぬ真《まこと》の情《こころ》にてはありける。

さればさまよく《体裁よく》堪《た》へ忍《しの》ぶと忍びあへぬとの《我慢することができないとの》、うはべのけぢめこそはあれ《違いはあっても》、心の奥は父も母も悲しみの深さ浅さの変るべうもあらねば《変るはずもないので》、まことにはいづれを《どちらを》賢《かし》こしとも愚《おろ》かなりとも定むべきことにあらぬ中にも、詩歌《しいか》といふ物は、思ひむすぼほれて心に余る筋を《気持がふさいで心の中に押えておけないことを》詠《なが》め出づるわざにて、かの箕子てふ人《箕子という人の》のやうに、悲しさを堪《た》へ忍《しの》びて、これ

一 ここで述べる愛児に先立たれた親の悲しみの表わし方の例話は、『排芦小船』第三八項で、『紫文要領』二〇四頁注一所引の例話の次に見えている。「たとへば、いとほしく愛し侍《はべ》る嬰児《みどりご》の死し侍らんに、親の心いかに悲しからん。その悲しみは父母変ることはあるまじきに、父はさもなき体《てい》なり。母は歎きに沈みて、涙にくれまどふ。これ、何ゆゑにかかるや。母は本情を制しあへず、ありのままに表はし侍るなり。父はさすがに人目をはばかり、未練にや人の思ふらんと、心を制し押へて、一滴の泪《なみだ》を落さず、胸にはあまる悲しさも面《おもて》に表はさずして、いさぎよく思ひあきらめたる体《てい》なり。これを見るに、母のありさまは、とり乱し、げにもしどけなく、あられぬさまなり。されどもこれが情のありのままなるところなり。父のさまはまことに男らしくきつとして、さすがとり乱さぬところはいみじけれど、本情にはあらざるなり。…されば人の情のありていは、すべてはかなくしどけなく、愚かなるものなりと知るべし。歌は情を述ぶるものなれば、また情に従うて、しどけなくつたなく、はかなかるべき理《ことわ》りなり」。

二 晴らすことができようか。「ぞは」は、『源氏物語』などに見られるいい方(『紫文要領』一〇〇頁一二行目参照)の模倣。「は」は詠嘆の終助詞。

三 詩歌には詩歌の役割があるという論理。四〇六頁注三参照。

四 「思ふ心のありのまま」を詠じたある歌をめぐる

宣長の論をあげておく。在原業平が死に臨んで詠んだ歌、「つひにゆく道とはかねて聞きしかどきのふ今日とは思はざりしを」（『古今集』一七と『伊勢物語』一二五段に見える）について、契沖の『勢語臆断』にいう、「死ぬること逃《のが》れぬ習ひとはかねて聞きおきたれど、きのふ今日ならんとは思はざりしをとは、誰々も時に当りて思ふべきことなり。これまことありて人の教へにもよき歌なり。後々の人、死なんとするに至りて、ことごとしき歌をよみ、或いは道を悟れるよしなどをよめる、まことしからずしていと憎し。ただなる時こそ（ふだんの時なら）狂言綺語《きやうげんきぎよ》（いつわり飾った言葉）もまじらめ、今は（最後だ）とあらん時だに、心のまことに帰れかし。業平は一生のまことこの歌にあらはれ、後の人は（辞世の歌などに）一生のいつはりをあらはすなり」。あたかも宣長の口吻《こうふん》を思わせ、このあたりで述べられている宣長の思想に示唆を与えたかと推測されるが、後年の『玉勝間』五の「業平の朝臣のいまはの言の葉」に『勢語臆断』のこの部分を引用して次のようにいう、「（死についての悟りを説くはずの）法師の言葉にも似ず、いといと尊し。やまとだましひ（日本固有の精神）なる人は、法師ながらかくこそありけれ。唐心《からごころ》なる神道者・歌学者、まさにかうはいはんや。契沖法師は世の人にまことを教へ、神道者・歌学者はいつはりをぞ教ふなる」。

は不可《あしし》、これは近婦《をんなのやうなり》人などやうに、心のうはべを用意するに《心の表面をとりつくろうのに》せかれて《押えられて》は、いよいよ悲しく胸にせまりて堪へがたければこそ、詩に詠《なが》め出でてその悲しさをば晴《は》るけやれるものなれば《晴らし散ずるのであるから》、その詩は必ず女々《めめ》しからではかなはぬことなり《めめしくなくてはいけないものなのだ》。もし雄々《をを》しくつくろひて《とりつくろって》いひ出でたらんには、何によりてかは欲泣《なかむとする》ばかりの悲しさは晴《は》るくべきぞは。[二] [三]されば詩歌は、異書《ことふみ》のやうにとあらんかくあらんと《ああろう こうあろうと》万《よろづ》につくろひかまへていふべきならず《いってよいものではない》、[四]ただよくも悪《あ》しくも思ふ心のありのままなるべきことなるを《ことであるのに》、今のやうに、これは不可《あしし》、それは近婦《をんなのやうなり》人といふ心ばへなる賢《かし》こき詩は、詩の本意《ほい》にはあらず。ただ物はかなく女々《めめ》しげなる此方《ここ》の歌ぞ《日本の歌こそ》、詩歌の本意なるとはいふなり《本当の趣旨であるというのである》。

〔六八〕 **和歌にのみ神代の素直さが保存されている**

問ひて云はく、唐《から》の詩は世のうつり変るにしたがひて、人の心とともに賢《さか》しくなりもてゆき、また此方《ここ》も万《よろづ》のことみな後の世になりては、賢しくのみなりぬるに、ただ歌のみはいかなれば《どういうわけで》今もなほ上《かみ》つ代《よ》に変らず、物はかなくて雄々《をを》しきことのまじらぬぞ。

答へて云はく、一わが御国《みくに》は天照大御神《あまてらすおほみかみ》の御国として、他国々《あだしくにぐに》にすぐれ、めでたく《立派で》妙《たへ》なる《美しい》御国なれば、人の心もなすわざ《することも》もいふ言《こと》の葉《は》も、ただ直く《素直で》雅《みやび》やかなるままにて、天《あめ》の下《した》は事なく穏《おだひ》に治まり来ぬれば、人の国《外国》のやうにこちたく《うるさく》むつかしげ《わずらわしい》なることは、つゆ《少しも》まじらずなむありける。しかるを二海西《にし》の国より書《ふみ》といふものわたりまうで《渡来してきて》来て、それを読みならひ学《まね》ぶこと始まりては、その中に人の国のやう《中国の様子を》を書けるを見るに、万《よろづ》のこと賢《さか》しく心深げに見ゆめるにめでて《感心して》、此方《ここ》の人もそれをいみじきことに《立派なことと》思ひそめては《思いはじめてからは》、いつとなくその心ばへをしたひならふやうにのみ《慕ってまねるようにばかり》なりもてゆくほどに、奈良の京のころほひになりては、つひに万《よろづ》のことみな唐国《からくに》のごとくになむなれりける。

されど歌のみぞ《歌だけが》そのころもなほ万のことに違《たが》ひて、意《こころ》も言《ことば》もわが御国のおのづからの《自然に生れてきた》神代《かみよ》の心ばへ《心の動き》のままにてはありける。そは《それは》いか

一　わが国が天照大御神の生れた国として、万国に優越するすぐれた国であるという主張は、『排芦小船』にはまだ見えておらず、本項や本書に先立って執筆された『本居宣長随筆』一一の第七二一・七二三項あたりから表われはじめるので、宝暦十一年（一七六一）ごろから宣長の心をとらえるようになったと推定される。後に徹底した形で『直毘霊』『くず花』『玉くしげ』などに述べられる。この主張の最大の根拠となるのは、『随筆』一一の第七二一項に「その異国にすぐれ、万国に見も聞きも及ばぬ霊妙奇異とは何を云ふぞとなれば、第一、天地開闢《かいびやく》来、天照大神、天下の主となりて、天上天下を統御し給ひしより、今に至り、万々代無窮に至るまで、一系の神胤を継いで他姓に移らず」とあるように、天照大御神以来、皇統が連綿として続いているという事実である。王朝の交替の激しかった中国と較べて、皇統の連続を根拠にわが国のすぐれていることを主張する論は、不十分な形ではあるが、近世中期の神道にすでに表われている。たとえば松岡雄淵の『神道学則日本《やまと》魂』（享保十八年刊）に、「（わが国は）宝器（三種の神器）一たび定まり、王子皇孫その位を革《あらた》めず。…かの堯舜の教へを設くるの国の、簒弑《さんし》（臣が君の位を奪うこと）を常となし、反覆して恥づるなく、…華を以て夷に変ぜられて（異民族に征服されて―満州族の建てた清朝を指す）已《や》む者と、啻《ただ》に霄壌《せうじやう》のみならず（天地の差がある）」などとある。宣長は、従来の神道家の説を、所詮は儒学思想

の影響を脱していないものとして厳しく排撃したが、それらから種々の示唆を得ていることは確実である。

二　中国から書物が渡来して以来、そこに盛られた偽善と賢《さか》しらの教えに影響されて、わが国の人々は神代の素直な精神を失ったという主張は、わが国の優越性の主張や中国思想批判（四〇八頁注二参照）と一体をなすもので、やはり『本居宣長随筆』一一の第七一七〜二一項あたりから表われ始める。これも宣長以前の神道に例がないわけではなく、たとえば増穂残口《ますほざんこう》の『神国増穂草』（宝暦七年刊）上に、「支那《から》の経書入り来たり、異国の通路自由より、彼の国人の中に智解《ちげ》ある者も多くわが国へ入り込み、…珍らしき事を人の好むは常なれば、（中国思想を）二人知り、三人知り、十人が百人、百人が千人に移りて、自然と知を揮《ふる》ひ、学に長ずる人を上に置きて敬ふ風俗になり、文盲を賤《いや》しむ段になること、みな国風の変なり。それより（本来）受け得たる質素を失ひ、知らぬ事も知りたる風俗にもてなす（とりつくろう）は、（わが神道の教えである）正直の頭《かうべ》を我《われ》と（自分で）滅するものぞ」とある。

三　大津の皇子は、わが国最初の漢詩集『懐風藻《かいふうそう》』第一の詩人。

四『排芦小船』第五九項に、「さて『萬葉』以後、嵯《さ》峨《が》天皇（平安初期の在位）のころより、漢文もつぱら行はれて、上下ともにこれを学び、詩文を心にかけて、朝廷を始めとして下々まで、その心に化して、歌よむことははなはだまれなりしと見えたり」とある。

なるゆゑぞと考ふるに、かの唐国のやうに賢《さか》しだちうるはしきこと《賢こぶった謹厳なことは》は、詩に作るが《漢詩に作る方が》似つかはしければ、人みなそれ《漢詩》にのみ心をよせて、歌をば棄《す》ててよまず。されば『古今集』の真字序《まなじょ》に、

自《より》三大津皇子之《おほつノみこノ》初《はじメテ》作《つくりシ》二詩賦《しふヲ》一、詞人才子《しじんさいし》、慕《したヒ》レ風《ふうヲ》継《つぎテ》レ塵《あとヲ》、移《うつシ》二彼《かノ》漢家之字《かんかノじヲ》一、化《くわス》二我日域之俗《わがにちいきノぞくヲ》一。民業《たみノげふ》一《ひとタビ》改《あらたマリテ》、和歌《わか》漸《やうやく》衰《おとろフ》。

といへる、この時のことなり。「和歌《わか》漸《やうやく》衰《おとろフ》」とは、すべて世の風《なら》儀《はし》の唐《から》めきたるゆゑに、歌よむ人は少なきをいふなり。

歌は神代《かみよ》よりおのづからの《自然のままの》意言《こころことば》のみにて、唐国《からくに》のやうを《中国の様子を》まじへぬゆゑに、唐《から》めき賢しだちたる《中国風で賢こぶった》ことを〔歌の中で〕いはむとすれば、きたなくなりて優《いう》ならねば、そのころの人の多く好ましうする《好みとする》〔賢こぶった〕筋にうとくて《方面とは関係がなく》、おのづから〔歌を〕よむ人まれにはなりけらし《なったのであろう》。かく歌の衰へたることは、深く歎《なげ》くべきことなり。されどまた今思へば深く喜ぶべきことにもありけり。そのゆゑは、そのころの人の好める筋にまかせて、〔詩だけでなく〕なほ《さらに》歌をもあまねく《みんなで》もてあそびたらましかば《愛好していたとしたら》、ようせずば《悪くすると》しひて《無理に》唐《から》めきた

る意詞《こころことば》にもぞよみなすらん《詠んでいたかも知れない》。さもあらましかば《そうなっていたとしたら》おのづからその体《さま》に《風》変りて《態になって》、歌さへも唐《から》やうに《中国風に》なりゆくこともありなましを《あったであろうに》、幸《よく》ぞさる人の好まざりけるゆゑに、歌は歌にて《歌のままで》衰へながらも神代の心ばへのままにては伝はれりける。

さて後の世にいたりては、いよいよ唐やうに何ごともなりはてぬれど、一なほ歌のみ今も神代のままに御国のおのづからの意詞《こころことば》にて、つゆばかりも《すこしも》異国《ひとのくに》のやうを《風態を》まじへぬは、いみじく《たいへん》めでたきわざならずや《すばらしいことではないか》。これ何《なに》ゆゑぞとなれば、歌には異国のこちたく《うるさく》むつかしげなる《ごたごたした》意詞《こころことば》をよみては似つかはしからず、いちじるく《非常に》耳にたちて《耳ざわりで》、あやしく《奇妙で》、まれまれに文字の音《こゑ》二ひとつもまじへてだに《さえ》、必ずきたなく聞ゆればぞかし。これはた《また》もとよりわが御国の心詞《こころことば》の直《なほ》く雅《みやび》やかに、すぐれて妙《たへ》なるしるしなり。これを思へば、三人ごとに《誰もが》唐《もろこし》を何ごとにも優《すぐ》れたりとのみ思ふは、なほ末の世の《後世の》思ひなし《考え方》なりけり。

されば四この道《(歌道)》をしもわが御国の大道《だいだう》といふことの聞ゆるも《説が世間にあるのも》さること《もっとも》

一 歌は、わが国固有の文学様式であること、起源が神代にあること、後代の作品でも古語を用いること、本項で次にいうように漢語をまじえないこと、などの点から、中世以来、神道と結びつく傾向があった。以下の宣長の論も、通行の神道を否定してはいるが、歌に神代の伝統が保存されていると説く点では、そうした習慣に根ざしている。なお四一八頁注一参照。

二 漢字音をいう。和歌には漢字音をまじえない、つまり漢語を用いずやまと言葉だけで詠《よ》むという約束があった。荷田在満《かだのありまろ》の『国歌八論』の「翫歌論《がんか》」に、「(わが国は)文字も西土(中国)の文字を用い、礼儀・法令・服章・器財等に至るまで、ことごとく異朝に本づかざるはなし。ただ歌のみ、わが国自然の音《おん》を用いて、いささかも漢語をまじへず」といっている。

三 江戸時代の知識人は中国文化崇拝の念を持つことが多かったが、特に享保以降、荻生徂徠の、経書解釈の前提として中国語に習熟しなければならないという主張が皮相に理解されて、徂徠学の末流の間に中国模倣・中国追随の風が流行した。宣長の念頭にはそのことがあったであろう。国学成立の要因の一つは、中国文化の強い影響に対する民族主義的な反撥である。

四 『紫文要領』三九頁注九にあげたように、堀景山の『不尽言』に「和歌は我が朝の大道なり」とある。景山創始の説ではなく、何かの歌論書からの引用であろうが、宣長には景山の説として意識されていたと思われる。ここでは、「現状においては」という条件付

となり（である）かし。五まことに大道といひつべき（いわねばならない）神道は、かへりて（かえって）世々の学者ども唐書《からぶみ》に迷ひて、ひがひがしく（片よっていて）よしもなき（根拠のない）理《ことわ》りをもてよこさま（理屈をもってまちがって）に強言《しひごと》しつつ（強弁して）、もはら（もっぱら）儒道に変らぬさまに説きなして、明らけき大《おほ》御神《みかみ》の光をけがし奉《たてまつ》るゆゑに、直く（正しくて）雅やかなる神の御国の心ばへは失《う》せはてにたり。歎《なげ》かはしきことにはあらずや。さるを（それなのに）この歌の(四九)道のみ神代《かみよ》の心を失はぬは、喜びてもなほ余りあることになん。

〔六九〕 **漢詩にも和歌と同趣のものはある**

問ひて云はく、歌にも人の国（外国の）の詩の心ばへをうつしてよむこと昔より多く、ことに六白居易《はくきよい》が詩などは常に取ることとなるを（採用することであるのに）、いかでか（どうして）人の国のやうをばつゆ（すこしも）ばかりもまじへぬとはいふぞ。

答へて云はく、さも（何とも）一偏《ひとやう》に心得られたるものかな（一面的に理解されたことよ）。人の国とて（外国だからといって）、物ごとに必ず異なるべきかは（すべてが必ずわが国と異っているはずがあろうか）。すべて大方《おほかた》の世のたたずまひは（大体の世界の様子は）、いづこもいづこも似通《にかよ》ひたるものにしあれば、もとより此方《ここ》もと（わが国と）とただ（全く）同じ事も多きぞかし。ことに歌と詩はもと同じ心ばへ（もともと同じ趣旨であるはずの）なるべきも

きでその説を承認しているが、三九七頁注八に示したように、『排芦小船』第四四項ではその説を明白に否定していて、これが宣長の本来の主張である。景山の名を出さないのは、師への遠慮であろう。

五 国学以前の神道には儒教の影響が強く、たとえば四一四頁注一にあげた『神道学則大和魂』は、わが国の皇統の連綿たる継続を讃えるについて、それを儒教の中庸の教えにかなうものというい方をする。宣長も賀茂真淵も神道のこうした傾向を、わが国固有の道の本質を見失うものとして批判した。宣長の批判は『玉くしげ』にまとまった形で述べられるが、早く『本居宣長随筆』一一の第七二〇項に、「五行を以て神代に配すること、大いに非なり。五行・十干・十二支、みな異国の名目なり。神代の古《いにし》へ、いかでさることのあらん。これみな後人の作為にして、神道を深微玄々《しんびげんげん》（奥深いさま）なることのやうにしなさむとして、かへりて我が国自然の神道をないがしろにするなり」などと述べている。

六 太宰春台《だざいしゆんだい》の『独語』に、「白楽天が詩は唐詩の極悪道なるを、『白氏文集』我が国に行はれ、菅丞相《かんしようじやう》（菅原道真）はなはだこれを好み給ひけるとかや。それより公家の人々、みな楽天が詩を面白きことに思ひ、その風を和歌に移されしほどに、その後の歌は三代集の体を失へり」とあり、『本居宣長随筆』五の抄録（二五二頁注二参照）中に含まれている。

のなれば、此方《ここ》とかしこと《日本と中国と》風儀《ならはし》こそは変りたれ《風習は変っているが》、多かる中には《沢山の中国の詩の中には》など《ど》てか《うして》は同じ心ばへなることもまじらざらん《まじっていないことがあろう》。されば後の世のも《後世の詩でも》おのづからその心ばへ《趣旨が》の歌に変らぬもあることなれば、そこを取り用ゐむは、ただ此方《ここ》の古き歌にならひてよむも同じことにこそはあ《ン》めれ。さりとて《だからといって》いささかも《すこしでも》此方《ここ》の心ばへに変りたる所をば、つゆばかりもまじへぬとはいふなり。同じき所と異《こと》なる所のあることをわきまへ《区別して考え》てよ《てほしい》。

〔七〇〕

歌の道は神代の心ばえのまま

問ひて云はく、ことさらに唐国《からくに》のやうをば学《まね》ばずとも、世のうつり変るにしたがひては自然《じねん》に歌のやうも変りもてゆくらんを《次第に変ってゆくであろうのに》、など《どうし》てか《て》一この道のみ神代《かみよ》の心ばへのままなるとはいふぞ。

答へて云はく、前に二もいへるやうに、歌とてもその体《さま》は世々《よよ》に変らぬにはあらねど、三そは《それは》ただ詞《ことば》のいひざまの変りぬるのみにて、いふことの心ばへは神代も今も同じことなり。これはた《また》変れる所と変

一 歌に神代の伝統が保存されているということは、宣長とは別個に賀茂真淵も考えていた。『歌意考』に、「（中国文化の影響で人の心は素直さを失ったが）ここに古《いにし》への歌こそ、千年《ちとせ》のさいつ人（古人）の詠めりける心言葉も、月日とともにまたく変らで、花紅葉なす昔今同じきものはあめれ。濃紫《こむらさき》（「藤」の枕詞）名高く聞えたる藤原・寧楽《なら》（藤原京・平城京）などの宮ぶりに心をやりて、山賤《やまがつ》の橡《つるばみ》（「あやし」の序詞）あやしの色（後代の賤しい歌風）を忘れつつ、年月に我も詠むほどこそあれ、おのづからわが心肝《こころぎも》に染《そ》み通りならさる時ぞ、古へ人の心直《なほ》く、詞雅《ことばみや》びやかに、いささかなるけがらはしき塵《ちり》もゐず、高くはた雄々しき心ならひも、思ひ取りぬべし（自分のものとすることができよう）。…天地《あめつち》にかなひてまつりごちませし、古への安国《やすくに》の、安らけき上《かみ》つ大道《おほみち》の、神の御代をも、知り明《あき》らめてむものは、古へ人の歌なるかも、おのが詠む歌なるかも」。

二 第六三項（四〇三頁）参照。

三 『排芦小船』第五二項に、「詩は時代にしたがひて、詞《ことば》も意《こころ》も変りゆくなり。…和歌も時代にしたがひてうつり変るとはいへども、右にいへる詩の変りゆくとは異なり。まづ歌の変りゆくは詞なり。『萬葉』の歌と中古以来の歌とを較べみよ。大きに異にして、さらさら同じものにあらず。されども情《こころ》は『萬葉』の歌も今の歌も変ることなし。今の歌とても、ただはかなく愚かに見えて、女童などの云ふべき

やうの情のみなり。これ詩との変りめなり。さてしからば今の歌も偽《いつは》りなく、まことの実情かといへば、中古以来の歌はまことの情にはあらず、みな偽りなり。されどもその偽りと云ふも、詩の偽りとは違《たが》ひて、歌の偽りは、昔の実情をならひ学びて詠むゆゑに、偽りながら人の情のまことなり。この処《ところ》をよくよく分別すべし」。右に今の歌は偽りであると述べることについては、第八六・八七項（四六三〜七頁）参照。

四　第八七項（四六四頁）参照。

五　わが国の国民性の特徴を、四〇八頁注二で見たような儒教の道徳的厳格主義や偽善性と対比する形で措《そ》定《てい》するのは、真淵も同様で、『国意考』にいう、「古《いにしへ》はただ詞《ことば》も少なく、事も少なし。事少なく、心直《なほ》き時は、むつかしき教へは用なきことなり。教へねども直ければ、事ゆく（事がすむ）なり。それが中に、人の心はさまざまなれば、わろきことあるを、わろきわざも直き心よりすれば隠れず（すぐ表面に出てしまう）。隠れねば大なることに至らず。ただその一日の乱れにてやむのみ。よりて、古へとてもよき人の教へなきにはあらねど、かろくすこし（ほんの少し）のことにて足りぬ。ただ唐国は心わろき国なれば、深く教へてしも、おもてはよき様にて、終《つひ》に大なるわろごととして世を乱せり。この国はもとより人の直き国にて、少しの教へをもよく守り侍るに、はた（神代以来の道を）天地《あめつち》のまにまに行ふことゆゑに、教へずして宜《よろ》しきなり」。

六　自分は賢くあろうと。

らぬ所のあることをわきまへ知るべきことなり。その変り来《こ》しやうは後《のち》四にくはしくいふべし。今その変らぬゆゑはいかにとならば《どうしてかというと》、先々《さきざき》もいへるごとく、わが五御国《みくに》はおほどか《おっとりして》にやはらびたる《柔和な》人心《ひとごころ》にしありければ、よみ出づる歌もただ古《いにしへ》の物はかなげなる《なんとなく頼りなさそうな》まことの心ばへのままにしたがひ来て、さらに《決して》我《われ》六賢《さか》こからんと賢《さか》しだつ《利口ぶる》ことなきゆゑに、今までもなほ神代《かみよ》の心ばへは失《うしな》はぬなり。

さるは奈良の京のころほひなどのやうに、ひたぶるに《むやみに》唐《もろこし》を慕《した》ひて、よろづに賢《さか》しがる世《賢こぶる時代も》もありしかど、さる人々は深くもてあそばず《〔和歌を〕深くは愛好せず》、またそのころとても歌よむ人の心は、なほなつかしうやはらかに《やはりやさしく柔和で》なむありければ、おのづから歌は歌の心ばへを失はで《失わないで》後の世にも伝はりしものなり。さてさるものに《そしてそういうものと》定まりては、唐《から》めいて詩作る人も《〔和歌を〕》よみけれど、歌は《〔漢詩とは〕》歌にて筋異《すぢこと》に分《わか》れ来ぬれば、詩に妨《さまた》げられて心ばへの変ることははた《また》なく、また世の風儀《ならはし》に引かれて変ることもなかりけり。

〔七一〕 **恋の歌の多い理由**

また問ひて云はく、恋の歌のよに《非常に》多きはいかに。

答へて云はく、まづ『古事記』『日本紀』に見えたるいと《非常な》上《かみ》つ代《よ》の《大昔の》歌どもを始めて、代々《よよ》の集どもにも《歴代の歌集にも》、恋の歌のみことに多かる中にも、『萬葉集』には「[一]相聞《さうもん》」とあるが恋にて《あるのが恋の歌で》、すべての歌を雑歌《ざふか》・相聞・挽歌《ばんか》と三つに分《わか》ち、八の巻・十の巻などには四季の雑歌・四季の相聞と分《わか》てり。かやうに他《ほか》をばすべて「雑《ざふ》」といへるにて、歌（五〇）は恋をむねとする《第一のものとする》ことを知るべし。そもいかなればかくあるぞといふに《そもそもどういうわけでこのようであるのかというと》、[二]恋は万《よろづ》のあはれに《情趣に》すぐれて《まさって》深く人の心にしみて、いみじく堪《た》へがたきわざ《事がら》なるゆゑなり。されば、すぐれてあはれなる筋《すぢ》は、常に恋の歌に多かることなり。

〔七二〕 **恋以外の欲求はなぜ歌に詠まれないのか**

問ひて云はく、大方《おほかた》世の人ごとに常に深く[三]願ひ忍ぶことは、色を《恋愛を》思ふよりも、身の栄《さか》えを願ひ財宝《たから》を求むる心などこそは、あながち《ひたすらで》

一 元来は漢語で、「相互に消息を尋ねる、安否を問う」の意であるが、『萬葉集』においては次に見えるように雑歌・挽歌と並ぶ部立《ぶだて》の一つで、「相手に親愛の情を述べる」の意である。その相手との間柄は、親子・兄弟・友人であることもあるが、ほとんどの場合は夫婦・恋人なので、『古今集』以下の歌集の「恋」の部にほぼ相当する。ここでことさらに『萬葉集』の「相聞」に言及するのは、師の堀景山の『不尽言』の一節が念頭にあったか。『紫文要領』一四〇頁注五参照。

二 『排芦小船』第三〇項に、「人間の思情のうち、色欲より切なるはなし。ゆゑに古来恋の歌もつとも多し。そのうち非道淫乱の歌もあるべし。これ歌の罪にあらず。作者の罪なり。歌はよむ人の情にしたがうて千変万化す。これ歌の徳の広大無辺なるところなり。さて人欲の切なるところゆゑに、恋の歌には別して名歌多し」とある。また『紫文要領』一四一頁以下に詳論される。

三 願う気持が、心の奥深くに根ざしていることを、「願ひ忍ぶ」といういい方で表わしている。

四 『不尽言』に四二四頁注三所引のくだりに続けて次のようにいう。「欲と云ふものはすな

はち人の情にて、人に様々の欲あれども、（色欲は）その内にてもつとも重く大いなれば、（『礼記』に）『大欲』とのたまへるなり。欲といへば悪しきことのやうにのみ心得るは大きなる違ひなり。欲はすなはち人情のことにて、これなければ人と云ふものではなきなり。欲は天性自然に具足したるものなれば、人と生れて欲のなきものは一人もなきなり。欲のなきは木石の類なり。（ところで人間は）その天性の自然の通りしては居ぬものにて、色々様々に己れが身勝手なことを思ひ、私の料見（勝手な考え）を出して造《つく》り拵《こしら》ゆるからして、理義をそむき、あらぬ（とんでもない）ことを欲し願ふゆゑに、『私欲』と名がつけば、悪しきものになりゆくなり。しかるゆゑに、この、人の欲と云ふものの上からしてこそ、心の善悪邪正は分るることなり」。景山は「欲」そのものを否定しているわけではないので、宣長のいう「欲」は、景山においては「私欲」にほぼ相当する。宣長のいう「欲」が情趣を解さないひたすらな欲望であるのに対して、景山は「理義をそむき、あらぬことを欲し願ふ」という反道徳性を「私欲」の性格としてあげているという相違はあるが、宣長が「情」と「欲」とを区別する論を立てたのは、「欲」と「私欲」とを区別する景山の右の論から示唆を得ていると思われる。次頁一行目に「色を思ふもとは欲より出づ」といっているのも、景山の論との近さを思わせる。

五　情から出てきたはずの思いが欲に変化すること。

にわりなく見ゆめるに《理性的でないように見えるのに》、などて《どうして》さるさまのことは《そういうようなことは》歌によまぬぞ。

答へて云はく、「情《じやう》」[四]と「欲《よく》」とのわきまへ《区別がある》あり。まづすべて人の心にさまざま思ふ思ひは、みな情《じやう》なり。その思ひの中にも、とあらまほし《こうありたい》、かくあらまほし《ああありたい》と求むる思ひは、欲といふものなり。さればこの二つは相離《あひはな》れぬものにて、なべては《概していえば》欲も情の中の一種《ひとくさ》なれども《一種なのだが》、またとり分きては《特に区別しては》、人をあはれと《いとしいと》思ひかなしと《かわいいと》思ひ、あるは《あるいは》憂しともつらしとも《う切ないとも》思ふやうのたぐひをなむ、情とはいひける。さるは《実際は》その情[五]より出でて欲にもわたり、また欲より出でて情にもわたりて、一偏《ひとやう》ならずとりどりなるが《いろいろであるが》、いかにもあれ《とにかく》歌は情《じやう》の方《かた》より出で来るものなり。これ情の方の思ひは物にも感じやすく、あはれなることこよなう《格別に》深きゆゑなり。欲《よく》の方《かた》の思ひは一筋《ひとすぢ》に願ひ求むる心のみにて、さのみ《それほど》身にしむばかりこまやかにはあらねばにや《ないからであろうか》、はかなき花鳥《はなとり》の色音《いろね》にも涙のこぼるるばかりは《こぼれるほどには》深からず。

かの財宝《たから》をむさぼるやうの思ひはこの欲といふものにて、物のあはれなる筋にはうときゆゑに《関係がないために》、歌は出で来ぬなるべし。色を思ふももとは《もともとは》欲より出づれども、ことに情《じやう》の方《かた》に深くかかる思ひにて、生きとし生ける物のまぬかれぬ《免れえない》ところなり。まして人は、すぐれて物のあはれを知るものにしあれば、ことに深く心に染《そ》みてあはれに堪《た》へぬは、この思ひなり。その外《ほか》もとにかくにつけて《あれにつけこれにつけ》物のあはれなることには歌は出で来るものと知るべし。

さはあれども《そうではあるけれど》、情《じやう》の方《かた》は、前[一]にいへるやうに心よわきを恥づる《いくじがないのを恥ずかしがる》後の世の《後世の》風儀《ならはし》に、つつみ《隠して》忍ぶこと《我慢することが》多きゆゑに、かへりて《かえって》欲より浅くも見ゆるなめり《見えるのであろう》。されどこの歌のみは上《かみ》つ代《よ》の心ばへを失《うしな》はず、人の心のまことのさまをありのままによみて、女々《めめ》しう心よわき方をもさらに《けっして》恥づることなければ、後の世にいたりて優《いう》になまめかしく《優雅で美しく》よ《「歌を」》まむとするには《詠もうとする時には》、いよいよ物のあはれなる方《かた》をのみむねとして《大切なものとして》、か[二]の欲の筋はひたすらにうとみはてて《きらってしまって》、よまむものとも思ひたらず《歌に詠むものとも思いはしない》。まれまれにも《たまにある欲を詠んだ歌でも》かの『萬葉集』の三の巻に「酒[三]を讃《ほ》めたる歌」のた

一 第六六・六七項（四〇八～一三頁）参照。

二 『排芦小船』第三〇項に、四二〇頁注二引用のくだりに続けて、「また利欲も人情の大なるものなれども、利を貪《むさぼ》るは大不風雅《たいぶふうが》の至りなれば、人これを恥ぢて、（歌に）詠み出づる者なし」という。

三 三三八～五〇番歌。大伴旅人の作。「験《しるし》なき物を思はずは一坏《ひとつき》の濁れる酒を飲むべくあらし」（三三八番）など、老荘思想にもとづいて飲酒の楽しみを詠じた十三首の連作。契沖の『萬葉代匠記』（初稿本）にこの連作を評していう、「唐《もろこし》には、豪邁不羈《がうまいふき》のともがら、ややもすればこの趣きを詩文にも作れり。本朝には、古くはこれらの歌、『懐風藻』に出でたる藤原麻呂朝臣の詩序などもそのたぐひならん。この集（『萬葉集』）にはなほ酒をよめる歌あり。『古今』より後の集には、酒宴のむしろにありてよめるよしの詞書などはあれど、酒などよめることまれなり。たいてい異国は飲食に耽りて、この国（日本）は色を好めり。『道に麹車《きくしや》（酒の麹《こうじ》を積んだ車）に逢ひて口涎《よだれ》を流す』といへるは、杜子美（杜甫）が詩（「飲中八仙歌」）なれど、いきたなく侍り。『高間の山の峰の白雲』（三一四頁一四行目参照）と（風情を）寄せたるは、いと風流なり。およそこの国には情《なさけ》と云ふことを尊《たふと》めり」。『本居宣長随筆』二の第一四六項に『代匠記』が抄録される中にこの文章が含まれているから、以下に宣長が「酒を讃《ほ》めたる歌」を情趣に欠けるとして否定するのは、契沖の所論から示唆を得たものである。

ぐひよ、詩には常のことにて、[四]かかるたぐひのみ多かれど、歌には
いと心づきなく《いとわしく》憎《にく》くさへ思はれて、さらになつかしからず《まったく心がひかれない》。何の見どころもなしかし《ないのである》。これ、欲はきたなき思ひにて、あはれならざるゆゑなり。しかるを[五]人の国には《外国では》、あはれなる情《じやう》をば恥ぢかくして、きたなき欲をしもいみじきものに《立派なもののように》いひあへるは、いかなることぞや。

〔七三〕欲から生れる歌もないではない

また人問ひけらく《質問していうには》、[六]上《かみ》つ代《よ》には飲食財宝をむさぼる心の歌もまれには見えたるに、欲よりは歌の出で来ぬといふはいかに。

答へて云はく、かの「[七]毛を吹きて疵《きず》を求む」てふ《という》世の[八]諺《たとひ》のやうに、人のいふことをあながちに《むやみに》もどかむとて《非難しようとして》、まれまれに《たまに》見えたることを固《かた》く執《とら》へて、なべて多かる《全体として》方《かた》をおしけたむとかまふるは《無視しようとたくらむのは》、[九]争《あらそ》ひといふものにて、わろ者の必ずあることなり《駄目なやつが必ずすることである》。火を寒しとも水をあつしとも、いへばいはるるものぞかし《いおうとすればいうことはできるものだ》。されど何ごともことごとく一《ひと》偏《やう》《一面的》にはあらぬものなれば、一つ二つの違《たが》ひは《相違はたまには》おのづからあれども、

四「酒を讃めたる歌」の、酒を飲む楽しみをひたすらうたうという趣旨を、本項で述べる「欲」の典型的な例と解釈してこのようにいう。ちなみに、賀茂真淵は『萬葉考』において、この連作は、儒教的賢《さか》しらを捨てて、酒に酔ったように無心になるのがよいという思想を比喩的に述べて、わが国固有の直《なお》き心を称揚したものであると、契沖や宣長と正反対に、これを肯定する解釈を展開している。

五 漢詩で、趣きの深い恋の情は包み隠してほとんど詠まない（四〇六頁注一参照）のに、酒を飲みたがるような卑《いや》しい飲食の欲を立派なことのように盛んに詠むのは、どうしたことか、の意。右に見える杜甫の「飲中八仙歌」（『唐詩選』二）や、陶淵明の数多い「飲酒」詩などを念頭に置いていよう。

六 記紀歌謡には、酒を飲む楽しみをうたったものが少なくない。

七 好んで人の欠点をあばき出す、の意。

八 ことわざ。「たとひ」は「たとえ」で、「物のたとえ」という語があるように、「ことわざ」の意となる。

九 四〇四頁注三で見たように、荻生徂徠は孟子以後の儒者が議論・論争を事とするようになったことをきびしく批判した。ここで宣長が「争ひ」を批判していることについて、吉川幸次郎氏の「文弱の価値」（日本思想大系『本居宣長』解説）に、徂徠の説にもとづくものと推測してある。

そはなだらかに見なして《そこは穏当な物の見方をして》、ただなべて《全体として》多かる方《かた》をもて、一いかにもいかにも物は定むることぞかし。されば黄牛《あめうし》もあれども、二牛は黒きものにいはぬかは《いわないであろうか》。

〔七四〕 不倫の恋が好んで詠まれる理由

問ひて云はく、恋は唐書《からぶみ》にも、『礼記《らいき》』には三「人の大欲《だいよく》」といひ、すべて夫婦《ふうふ》の情とて深きことにすめれど《切実なものとして扱うけれど》、それは己《おの》れ己れが妻を恋ひ夫を思ふことなれば、さもありぬべきことなり《そうあるのが当然のことだ》。しかるに歌の恋は定まりたる夫婦《いもせ》のなからひ《間がら》のみにはあらず、四あるは深き窓のうち《あるいは奥深い部屋で》にかしづきて《大事に育てて》親も許さぬ《〔近づくことを〕》女《むすめ》を懸想《けさう》じ《思いをかけ》、あるはしたしき《睦み合う》閨《ねや》の内に《寝室に》居《す》ゑ《おらせて人が契りをかわす》て人のかたらふ妻に心をかけなど、すべてみだりがはしくよからぬことのみなるに、それをしもいみじきことに《すばらしいことのように》いひ思ふはいかに。

答へて云はく、五前にもいへるやうに、この色に染む心は人ごとに《恋愛にひかれる心はすべての人が》まぬかれがたきものにて、この筋《すぢ》に乱れ乱れそめては《思い悩みはじめると》、賢《かし》こきも愚《おろ》かなるもおのづから道理《だうり》にそむけることも多くまじりて、つひには六《〔国主なら〕》

一「いかにもいかにも」は強調で、口語訳すると、「全体として多い点をもって、物事の傾向を定めるのが、まったくもって正しいやり方である」の傍点部に当る。

二「闇《くら》がりから牛」などという諺《ことわざ》があって、牛といえばまず黒い牛が思い浮べられた。

三『礼記』礼運篇《らいうん》に、「飲食男女は、人の大欲存す」とある。堀景山の『不尽言』の、四二一頁注四所引の部分にすぐ先行する部分にいう、「『礼記』に『飲食男女は、人の大欲存す』とある聖語のごとく、人情のもつとも重く大事なるものは男女の欲なり。しかるゆゑに、人の五倫の内にてよく吟味してみるに、夫婦の間ほど人の実情深切なるものはなきなり。大方《おほかた》の人が父母兄弟にもいはぬことを、夫婦の間にては言ひ明かすものなり。…されば清少納言が『枕草子』に『遠うて近きもの、男女の中』と書けるは、実によく人情に通達したることとなるべし」。

四 この例話は『不尽言』の一節を念頭に置いている。『紫文要領』八八頁注二参照。宣長は『不尽言』から多くの示唆を与えられたが、学統としては朱子学者である景山が、常識的道徳観に従って不倫の恋を歌に詠むことを否定した点については、師説に不賛成で、師の名前をあげることは遠慮したものの、ことさらに師説の中の例話をあげて問いを設け、反論を加えたのである。

五 第七一項（四二〇頁）参照。また同趣旨のことが『紫文要領』一四一頁以下に詳論されている。

六 白居易の『長恨歌《ちようごんか》』に詠まれた、唐の玄宗が楊貴妃への愛に溺れて政治が乱れたことを特に思い浮べている。『源氏物語』桐壺の巻の、帝が桐壺の更衣を寵《ちよう》愛《あい》するあまり、世の批判に耳を傾ける余裕もなくなる（『紫文要領』一四三頁九～一一行目参照）という設定は、『長恨歌』の影響を受けている。

七 『源氏物語』に登場する柏木の衛門の督のことを特に思い浮べている。『紫文要領』一五九頁一四行目以下参照。

八 このいい方は、荻生徂徠の『弁道』第九項の、「（時代が下ると）世は唐・虞《ぐ》（堯・舜の理想的治世の時代）にあらず、人は聖人にあらず、必ず悪多くして善少なければ、（朱子学の道徳的厳格主義に抑圧されて）殺気（厳粛な気配）天地に塞《ふさ》がる」という一節を学んだものと思われる。

九 源氏と藤壺との密通を特に思い浮べている。『紫文要領』一八四頁一行目以下参照。

国を失ひ〔国を滅ぼし〕身をいたづらになしなどして〔七（一般人なら）その身を破滅させなどして〕、後の名をさへ〔後世の評判をさえ〕朽《くた》しはつる〔傷つけてしまう〕ためし〔例は〕、昔も今も数知らず。さるは誰《たれ》も誰も悪《あ》しきこととはいとよくわきまへ知ることなれば、道ならぬ懸想〔道にはずれた恋〕などは、ことに心から深く戒《いまし》めつつしむべきことなれども〔注意し自重しなければならぬことなのだが〕、八人みな聖人ならねば、この思ひ〔（恋の思い）〕のみにもあらず、すべて常になすわざも思ふ心も、よきことばかりはありがたきものにて、とにかくに悪しきことのみ多かる中にも、恋といふものは、あながちに〔しいて〕深く思ひかへしても〔反省しても〕なほしづめがたく〔やはり冷静になりにくく〕、みづからの心にもしたがはぬわざ〔事がら〕にしあれば、よからぬこととは知りながらも、なほ忍びあへぬたぐひ世に多し〔どうしても我慢できないという例が世間に多い〕。

まして人知れぬ心の内には、誰かは思ひかけざらん〔誰が恋の思いにとらわれないであろうか〕。たとひ〔たとえ〕うはべは賢《さか》しらがりて〔賢こぶって〕人をさへ〔他人をまで〕いみじく〔きびしく〕禁《いさ》むるともがらも〔制止する連中も〕、心の底《そこ》をさぐりてみれば、この思ひはなきことかなはず〔なしでいることはできない〕。九ことに人の許さぬことを〔不義の恋を〕思ひかけたる折などよ、あるまじきことと〔あってはいけないことと〕みづからおさへ忍ぶるにつけては〔押えつけ我慢するにつけて〕、いよいよ心のうちはいぶせくむすぼほれて〔鬱々とふさいで晴れず〕、わりなか〔理性では処置〕

るべきわざなれば《しようのないことなので》、ことにあはれ深き歌もさる時にこそ《そういう時にこそ》は出《い》で来《く》べけれ。されば恋の歌には道ならぬみだりがはしきことの常に多かるぞ、もとよりさるべき《もともとそうあるはずの》理《ことわ》りなりける《理屈なのである》。

とまれかくまれ《とにもかくにも》歌[一]は物をあはれと思ふにしたがひて、よきことも悪《あ》しきことも、ただその心のままによみ出づるわざにて、これは道ならぬこと、それはあるまじきことと、心に《心中で》択《え》りととのふるは《選択し整理するのは》本意《ほい》にあらず《本来の趣旨でない》[二]。すべてよからぬことを禁《いさ》めとどむるは、国を治め人を教ふる道のつとめなれば、よこさまなる《道にはずれた》恋などはもとより深く戒《いまし》むべきことなり。さはあれども《そうではあるが》、歌はその教への方《かた》にはさらにあづから《まったく関与せず》ず、物のあはれをむねとして《第一として》、筋異《すぢこと》なる道なれば、いかにもあれそのことの《それがどのようなことであっても》よき悪しきを《道徳上の善悪を》ばうち棄《す》てて《無視して》、とかくいふべきにあらず《あれこれ論評すべきではない》[三]。さりとてその悪しきふるまひをよきこととてもてはやすにはあらず《とり立ててほめそやすのでもない》。ただそのよみ出づる歌のあはれなるをいみじきものにはする《すぐれたことだと考えるのである》なり。

すべて物語文《ものがたりぶみ》なども、みなこの心をもてよくよく味《あぢは》ひて、そのむ

一 歌は心に感ずるままを詠《よ》むものであって、道徳的善悪にはとらわれない、という考え方。『紫文要領』一二六頁注一参照。また『排芦小船』第一項に、「歌の本体、政治を助くるためにもあらず、身を修むるためにもあらず。ただ心に思ふことをいふより外なし。…世に賢人にて身を修め、善事をのみ心がけて、誠をのみ大事と思ふ人は少なきゆゑに、誠の歌少なし。悪をのみする者も多からねば、さやうの歌も少なし。ただ善悪教戒の事にかかはらず、一時の意（その時の思い）を述ぶる歌多きは、世人の情、楽しみをば願ひ、苦しみをばいとひ、面白きことは誰も面白く、悲しきことは誰も悲しきものなれば、ただその意にしたがうてよむが歌の道なり。姦邪の心にてよまば、姦邪の歌をよむべし。好色の心にてよまば、好色の歌をよむべし。仁義の心にてよまば、仁義の歌をよむべし。ただ歌は一偏に片よれるものにてはなきなり」という。

二 道徳と歌・物語とでは、役割が異なるという論。『紫文要領』八三頁・二四〇頁参照。

三 『紫文要領』八九頁七〜八行目参照。

四 注一・二・三にあげた『紫文要領』の個所など。

五 『紫文要領』二一三頁以下参照。

六 中国には、『玉台新詠《ぎょくだいしんえい》』のように恋の詩を多く収めた詩集もないではないが、概していえば和歌に較べて恋を詠ずる詩は少ない。また日本の平安時代の物語のような恋愛を描いた小説はきわめて少ない。

七 増穂残口《ますほざんこう》の『直路乃常世草《すぐじのとこよぐさ》』（享保二年刊）下に、

ねとする心ばへを知るべし。されば このことは、『源氏の物語』につきて、巻々《まきまき》の詞《ことば》を引き、譬《たとひ》をあげて《実例をあげて》、[四]別《べち》にくはしくいひおければ、合せ見て考《かむが》へてよ。[五]大方《おほかた》この歌の道の心ばへは、かの物語のうへにて知るべきことぞ。

［七五］わが国の古典に恋の話が多い理由

問ひて云はく、[六]唐国《からくに》のは、詩もさらぬ書《ふみ》も《詩もそれ以外の書も》、色好《いろこの》む筋《すぢ》をいへることはいとまれなるに《きわめて稀であるのに》、此間《ここ》《わが国の》の書どもには恋のことのみ多く見えて、上《かみ》も下《しも》もみだりがはしきことといと多かるに、それを悪しきことにもいはぬは、国の風俗《ならはし》のすきずきしく《色好みめいて》あだなる《浮気っぽい》ゆゑか。

答へて云はく、色好むことは、昔も今も此方《ここ》もかしこも《日本も中国も》ただ同じことといふ中に、歴代《よよ》の唐書《からぶみ》を見るに、[七]かの国はいますこしみだりがはしきことは多く見えたり。しかるを前に[八]もいへるごとく、かの国は万《よろづ》のことに人の善悪《よしあし》をのみこちたく《うるさく》いひ騒ぐ風俗《ならはし》にて、[九]色好めることなどをば、例の賢《さか》しらする学者が爪《つま》はじきをして《非難しては》[一〇]あばめつつ、

「（印度の淫乱の事例をあげ）また玄宗の、温泉に昼中《ひるなか》（楊貴妃と）裸形《らぎやう》の戯れ、一管の笛を二人して吹きし濃汁《したたる》さは、（愛欲に）とろけ溺《おぼ》るるといふものにして、（わが国の）つれなき有明《ありあけ》より暁ばかりと（歌に男女の情を託す風雅の）情《なさけ》に及ぶべきかは」とある。

八 第六六項（四〇八頁）参照。

九 四二四頁注四で見たように、宣長が師の堀景山の朱子学者としての側面に対しては批判的であったことにかかわっていえば、『不尽言』の中にも「色好めること」を「爪はじきをしてあばめ」る記述がある。『礼記』郊特牲篇の「男女、別あり（男女の間には礼儀があるべきだ）」という句を引いて、「男女の欲はまつたくこれ人情の起れる本原なるなり。しかるに男女の欲は人たるもの誰にてもこれには溺れ惑《まど》ひよきものにて、何ほどの高明なる人も、大英雄の士でも、必ずこれには惑ひ溺れて平生の心を失ふことなるゆゑ、人のもつとも第一にこれを大事とし慎しみ畏《おそ》るべきこと、…」などとある。

一〇 「あばめ」の濁点、底本のまま。『源氏物語』帚木《ははきぎ》の巻に見える語で、宣長が「あばむ」と濁って読んだのは、『湖月抄』師説の「『あばめ』とは、『拒《こばむ》』の字なり。諫《いさ》め憎むやうの心なり。ふせぐ心なり」という解釈に従ったのであろう。後年の『源氏物語玉の小櫛』六では、「うとみ憎むをいふ詞《ことば》なり」といい、「は」を濁るのは「ひがことなり」といっている。

いみじく憎《にく》くうとましげに書き記《しる》し、[一]また詩もおのづからさる国の風俗《ならはし》に引かれて、ただ大丈夫《ますらを》の雄々《をを》しき心ばへをのみ好みとのへて《美しく表現して》、恋する情《こころ》の女々《めめ》しく人わろき《みっともない》さまなどをば恥ぢていはず。これみなつくろひ飾れるうはべのことにて、人の心のまことにはあらざるを、後《のち》にそれを読む人は深くたどらで《究明せず》、かの詩文のやうを実《まこと》の情《さ》態《ま》と心得《こころえ》、かの国の人は色に迷ふふるまひ少なしと思ふは、愚かなり。

さてわが御国《みくに》は万《よろづ》おほどかにて《おっとりしていて》賢《さか》しだたぬゆゑに《賢こぶらないゆえに》、人の善悪《よしあし》をわづらはしくいひたつる《論評する》こともなく、ただありしままにいひ伝へ書き伝へたる中にも、[二]歌・物語などはことに物のあはれなる方《かた》をむねとせる《趣旨とする》ことなれば、色好《この》める人のさまざま《種々相や》心々を《色々な心持ちを》ありしままに《ありのままに》なだらかに《淡々と》書きのせたるものなり。また同じ此方《ここ》の書《ふみ》も、唐書《からぶみ》を学《まね》びて書ける世々《よよ》の国史などは、もはら《もっぱら》かの国のやう《様子と》と変るけぢめ《区別》も見えず。されば その書きざま作りやうによりて、いかにも《どのようにでも》いかにも見ゆる

一 素直であるべき詩が、中国思想全般の特徴に引かれて人情を偽るようになっていったということ、第六五項（四〇六頁）参照。また、『排芦小船』第五二項に、「まづ『三百篇』（『詩経』）の風雅の詩は、人情をありのままにいひ述べたるゆゑに、女童の言めきてはかなきものなり。これが誠の詩の本体なり。さて次第に世のうつり変るにつれて、後世の人は心賢《さか》しくなりゆけば、かの上代のはかなき詞《ことば》、つたなき意《こころ》を恥ぢて、わが実情をばいひ出でず、いかにも大丈夫の意を作り出だす。これ、上代も末代も人情に変ることなく、今とても人の実情をさぐりみれば、上代に変らず、はかなく愚かなるものなり。賢《さか》しく男らしきは実情にあらず。されば後世の詩はみな実《まこと》にあらず。作り飾れる情なり。しかるにその作り飾れる偽《いつは》りの情を見て、詩は正しく男らしきものなりとて悦《よろこ》ぶは何ごとぞや。これ詩の本意にそむけり。詩と云ふものは、愚かなる実情のありのままなる処《ところ》を作り出づるこそ本意なれ。…唐土《もろこし》の人はただ議論厳格なる事にのみ心のつながれてゐるゆゑに、詩もおのづからやはらぐるとはすれど、どこやらが理屈がましき処《ところ》ありて、上代の詩の本意にあらず。和歌の趣きを唐《から》の詩人に知らせたきものなり」という。

二 歌・物語は人情のまことを委曲《いきよく》に述べているということ、『紫文要領』一二九頁参照。

三 『魏志』東夷伝の一節。『本居宣長随筆』五の第四六項に全文が筆録されている。ただしこの筆録は明

わざなるをわきまへずして、この国《(日本)》はことに色《いろ》に迷ふ風俗《ならはし》ぞと思ふは、国史などをば見ず、わづかに歌・物語のたぐひをのみ見る人のひが心得なり《誤った理解である》。信ずべきことにはあらねど《〔中国側の記録だから〕》、『魏志《ぎし》』といふ唐書《からぶみ》には、此方《ここ》のことを[三]「其風俗不《そノふうぞくズ》レ淫《いんナラ》」とさへいへる《いっているではないか》をや。すべて恋のみにもあらず、万《よろづ》のことに唐《から》はよからぬ人ことに多し。[四]さばかり許しなく戒《いまし》めてだになほ然《しか》るは、もとより国のわろきゆゑなり。[五]わが御国は昔より人のふるまひをとかくほめそしることもせず《あれこれほめたりけなしたりすることもせず》、ただなだらかにおほどかなれども《ありのままに受けとめおうようであるけれど》、悪《あ》しき人のことに《とりわけ》多くも聞えぬは、神の御国のゆゑぞかし。

僧侶が恋の歌をよむのはなぜか 〔七六〕

問ひて云はく、法師の恋することはいとあるまじきわざなるを《けっしてあってはいけないことであるのに》、歌の道にはとがめずして、世々《よよ》の集《歌集にも》にもその歌ども多く見え、今もはばからで《遠慮しないで》よむは《詠むのは》いかに。

答へて云はく、淫欲《いんよく》は仏のいみじき《きびしい》戒《いまし》めなれば、法師の深くつつ

和年間、すなわち『石上私淑言』成立後になされたものと推定されている。

四 日本には存在しないような厳格な道徳であれほどきびしく抑制しても、それでもなお悪人が多いのは、の意。後年、名古屋の儒者市川匡麻呂《たずまろ》の批判に答えた古道論の著『くず花』下に、「漢国《もろこし》聖人のしわざは、君を弑《しい》しその国を奪へる大罪を覆《おほ》ひ隠して、世の人に信ぜられんために、己《おの》が身の行ひをいたく飾り作りたる強事《しひごと》にて（四〇八頁注二参照）、人のあるべき限りを過ぎたるしわざ（人間の実行可能な限度を越えた苛酷な道徳）なり。…まづ孔丘（孔子）が『春秋』にしるせるところ、わづかに二百四十余年なるに、その間に臣として君を弑せる者三十余人あり。子として父を弑せる者もまた多し。聖人（の時代）を去ることいまだいくばくもあらざりし世にすら、かくのごとくなれば、ましてその後々はいふに及ばず。かくても礼儀忠孝の教へを人々よく行ひたりといふべしや」。他に、厳格な道徳と人心の悪さとの対応関係は、道徳が厳格すぎるとかえって人心を悪くするという論として、『直毘霊《なおびのみたま》』や『玉くしげ』に述べられる。

五 『直毘霊』に、「皇国《すめらみくに》の古《いにし》へは、さる（儒教のような）言痛《こちた》き教へも何もなかりしかど、下が下まで乱るることなく、天の下は穏《おだひ》に治まりて、天津日嗣《あまつひつぎ》（皇統）いや遠長《とほなが》に伝はり来坐《きま》せり」という。

しむべきこととは、誰《たれ》も誰もいとよく知ることにて、今もなほ《やはり》この筋《すぢ》に迷ふをばよに《非常に》あさましきことになむすめる《するようだ》。しかはあれどさや一うのよき悪《あ》しきことの定めは、その道々二にてこそともかくも《あれこれと》いひあつかふべきことなれ《議論しなくてはいけないことであるが》、歌は筋異《こと》なることにて、必ず儒仏《じゅぶつ》の教へにそむかじとするわざにもあらねば、そのしわざのよき悪しきなどはと《あれ》かく《これ》いふべきにあらず。ただ物のあはれをむねとして《第一のこととして》、心に思ひ余《あま》ることはいかにもいかにも《どのようにでも》よみ出づる道なり。

法師は世をのがれて道に入りぬるうへは《仏道に入ったからには》、その教へを重く守《まぼ》りて、かりそめにも乱れたるふるまひはうちまずまじき三ことなれども、それはなほしひて《無理に》忍びつつしむ《我慢して自重する》うはべの身の行《おこな》ひこそさもあらめ《そうもあるだろうが》、法師ならんからに《法師であるからといって》、にはかに俗《ぞく》と人情の変るべきものにあらず。みな仏《ぶつ》菩薩《さつ》の変化《へんげ》四にもあるまじければ、いまだ悟《さと》りを得ざらんほどは、心の底までいさぎよく《清らかに》澄みはててむことはえしもあるまじく《けっしてないはずで》、なほこの世の濁《にご》りも残りぬべきわざなれば《残っていて当然のことであるから》、色《いろ》を思ふ心もなどかはなから《どうしてないことがあ》

一 四二六頁四行目以下の主張を、僧侶が恋の歌を詠ずるのがごく普通のことであったわが王朝和歌の習慣に即して詳論する。『排芦小船』第三三項は本項と同趣旨のことを述べていて、次のようにいう、「歌は、思ふことを程よくいひ出づるものなり。心に思ふことは、善悪にかかはらず、よみ出づるものなり。されば心に思ふ色欲をよみ出でたる、何のことかあらん。その歌よろしく出で来たらば、これまた何ぞ美《ほ》め賞せざらんや。すぐれたる歌ならば、僧俗（それを詠んだのが僧侶であろうと、俗人であろうと）、選ぶべきにあらず（区別してはいけない）。その行跡のよし悪《あ》し、心の邪正美醜は、（儒教仏教など）その道その道にて褒貶《ほうへん》議論すべきことなり。歌の道にてとかく論ずべきにあらず。この道にては、ただその歌の善悪をこそいふべきことなれ。僧なれば恋の歌よむまじき理《ことわ》りなど、何ぞよしなき議論をなすべき」。見るように、数年先行する『排芦小船』の方が宣長の客気を反映して語調が激しい。四三三頁注五参照。後年になると本項よりさらに語調がやわらかくなること、次頁注六参照。

二 善悪を論ずることを役割とする儒教や仏教などの道においてこそ。

三 まじえてはいけないのであるが。濁点は底本のまま。あるいは「うちすまじき」の誤記か。

四 神仏が仮に人間の姿となって現われたもの。

む《ろうか》。これ、もとよりさるべき《本来そうあって当然の》理《ことわ》りなれば《道理なのだから》、心に思はむことは恥づべきにもあらず、またとがむべきことにもあらず。またとりはづして《失敗しては》はあるまじき誤《あやま》ちをし出づるも《しでかすのも》、凡夫《ぼんぶ》なるほどは常のことにて《凡夫であるうちはよくあることで》せむかたなし《しかたがない》。されば仏の《〔恋に対する〕》戒《いまし》めの重きも、人ごとに《どの人においても》まぬかれがたく惑《まど》ひやすきゆゑぞかし。しかるを僧《ほふし》とだにいへば、心の底までみな仏《ほとけ》のごとくなるべきものと人も思ひ、みづからもさる《そんな》顔つきはすめれど、五そはなかなか罪重かるべきわざなり。

今その心ばへを設《まう》けていはば《たとえ話でいうと》、六よに尊《たふと》き聖《ひじり》のあらんに《高僧がいたとして》、いみじく盛《さか》りなる花紅葉《はなもみぢ》の本《もと》にはしばし《しばらく》立ちよりて、あなめでた《ああ　美しい》といひ思ひ、また道かひにて《すれ違いに》をかしき《美しい》女に行きあひては、目も見やらずして過ぎ行くめり。この二つを思ふに、花紅葉も同じこの世の色香《いろか》なれば、心とむべきにはあらねども《〔法師としては〕心を向けてはいけないのだが》、ことに執《しふ》のとまるばかりはあるまじければ《執着してしまうというほどのことはないであろうから》、法師もすこしはめでたらんも《心をひかれるのも》さのみとがあるまじく《それほど罪があるわけではなく》、女の色はことに人の心を迷はして、必ず後の世《来世の成仏の》の障《さは》りとなりぬべきものに《妨げとなるに違いないものであ》

五　それは、世間をも自分自身をも偽ることになるから、かえって罪が重いはずのことである。

六　この例話は、後年の『玉勝間』四「うはべをつくる世のならひ」でくり返されている。「うまき物食はまほしく、よき衣《きぬ》着まほしく、よき家に住ままほしく、宝得まほしく、人に尊《たふと》まれまほしく、命長からまほしくするは、みな人の真心なり。しかるにこれらを皆よからぬことにし、願はざるをいみじきことにして、すべてほしからず、願はぬ顔する者のよに多かるは、例のうるさき（いとわしい）偽《いつは》りなり。またよに先生など仰《あふ》がるる物知り人、あるは上人《しやうにん》など尊まるる法師など、月花を見ては、あはれと愛《め》づる顔すれども、よき女を見ては、目にもかからぬ顔して過るは、まことに然るにや。もし月花をあはれと見る情《こころ》しあらば、ましてよき女にはなどか目のうつらざらむ。月花はあはれなり、女の色は目にもとまらずといはんは、人とあらむものの心にあらず。いみじき偽りにこそありけれ。しかはあれども、よろづにうはべを作り飾るはなべての世のならひにしあれば、これらは、偽りとて、さしもとがむべきにはあらずなん」。最後の一句は、『石上私淑言』執筆の頃より宣長の人柄が丸くなってきていることを示すものであろう。

僧侶の方が俗人より恋の思いは深いはず

て《って》、世捨《よす》て人はさらに《けっして》目にも触《ふ》るまじきことにしあれば、この聖《ひじり》のふるまひはいと尊《たふと》し。されど心の底よりまことに《本当に》然りといはば《そうなのだというとすれば》、いみじき偽《いつは》りなるべし。そのゆゑは、花紅葉《はなもみぢ》の色香《いろか》はめでたきも《美しいが》[一]なほ限りありて、人の心に染むこと《人の心に訴える程度は》浅く、人の色は《容色は》底ひもなく限りもなきものにて、心に染《そ》むことこよなう《この上なく》深し。さるを《それなのに》限りある花紅葉をさへめづる心に、限りなき女の色をばいかでか《どうして》めでたしとは思はざるべき《美しいと思わないことがあろう》。こは《これは》たとへば百両の黄金《こがね》は得まほし、千両の金は得まほしからずといはむがごとくにて、さる《そんな》理《ことわ》りあるべくもなし《理屈はあるはずもない》。

よき女を見ていささかも心を動かさざらむは、まことの仏《ほとけ》なるべし。[二]さらずは《それでなければ》鳥虫にも劣りてむげに《まったく》情《こころ》なき岩木のたぐひと《岩や木同然だと》やいはまし《いおうか》。[三]人とある中にもことに法師は妻をも持たらず《持っておらず》、この欲を常につつしむ《押えつける》ものにて、いよいよ心には思ひのむすぼほるべき《鬱屈して晴れないはずであるから》ことなれば、俗よりも《俗人よりも》まさりて恋の歌は多くあはれに出《い》で来《く》べきことなり。[四]かの志賀寺《しがでら》の上人《しやうにん》の、何がしの御息所《みやすどころ》の御手《みて》を給はりて、玉帚《たまばはき》の歌をう

一 婦人の美しさにくらべれば、何といっても美しさに限界があって、の意。

二 四一一頁八～一一行目参照。

三 恋のかなわない立場に置かれた者ほど恋の思いは深く、あわれな歌も自然に詠まれるという論理。四二五頁一二行目以下参照。

四 『太平記』三七「志賀寺の上人の事」などに見える説話。齢《よわい》八十を越えた志賀寺の上人が偶然見かけた京極の御息所の容色に魂を奪われ、はるばる都の御息所の館まで訪ねていって庭前にたたずむ。それと知った御息所が憐れんで、手を握らせてやる。それによって上人の妄執《もうしゅう》は晴れたという。「玉帚の歌」は、その時上人の詠じた「初春の初子《はつね》の今日の玉箒手にとるからにゆらぐ玉の緒」という歌。これは『萬葉集』二〇、四四九三番の大伴家持の歌を借用したもので、「初子の日に賜わった玉箒《たまばはき》は、手に取るだけで、飾り玉を通した紐がゆれて、自分の心もときめく」の意。この説話においては、「玉箒」は御息所の手の比喩になっている。よく知られた説話で、『広益俗説弁』一五や増穂残口《ますほざんこう》の『艶道通鑑《えんどうつがん》』二にも収められている。ただし諸先行書においては、上人の妄執は御息所の手を握ったことによって晴れるのであるが、宣長は、「玉箒」の歌を詠じたことによって上人の妄執が晴れたと、この説話を自分の主張に引きつけてとらえ直している。

ち誦《ずん》じたりとかいふ古ことぞ《故事こそは》、法師の心ばへにかなひて《心の持ちようにふさわしくて》あはれなるわざなりける。五さやうに心のうちに深く積もれる妄念《まうねん》をも、この歌によみ出でていささかも《少しでも》思ひ晴《は》るかさむは、六発露《ほつろ》懺悔《さんげ》の心にもかなひぬべくや《合致するであろうか》。よしかなはずとも《たとえ合致しなくても》、七歌は歌なれば、その定め《［合致するかどうかの］》は用なきことになむ《論定は無用のことである》。

石上私淑言　巻二　終

五『排芦小船』第三三項では、同じく志賀寺の上人の故事をあげた次に、より激しい口調でいう、「今の世は、僧の恋歌よみなどすれば、人これを大いにさげしみ、いたづら坊主（淫乱坊主）よとてうとみ果て、また僧もおもて向きは随分潔白廉正に見せて、心にはあくまで色を好み、俗にもすぐれて（俗人よりもはるかに）淫乱好色なる、その偽《いつは》り、悪《にく》むにあまりあり」。

六 仏語。犯した罪を正直に告白し、悔いること。

七 上人が感きわまって歌をよんだ、そこに歌という営みの本質が現われているということだけで十分なのであって、仏道にかなっているかどうかなどということは、歌を論ずる上ではどうでもよいことなのだ、の意。

石上私淑言《いそのかみのささめごと》　巻三

舜庵　本居宣長撰

ある人難《なん》じて云はく、[一]歌は物のあはれをむねとして、儒仏《じゆぶつ》の教へにかかはらず、筋異《すぢこと》なる道なりといはるる、いと心得ぬことなり。

そのゆゑは、『古今《こきん》』の序に、

[二]今の世の中、色につき、人の心、花になりにけるより、あだなる歌、はかなき言《こと》のみ出《い》で来《く》れば、色好《ごの》みの家に埋《むも》れ木の人知れぬこととなりて、まめなる所には花ずすきほに出だすべきことにもあらずなりにたり。その始めを思へば、かかるべくなんあらぬ。

批判して／第一のこととして／おっしゃるのは　なんとも合点できません／恋愛に関心がむけられ／派手に／浮気っぽい／軽薄な／埋れて人の知らないものになってしまい／まじめな場所には／持ち出してはいけないものになってしまった／こんなふうであってよいはずはない

〔七七〕仮名序等の歌論は中国の詩論の模倣

一　四三〇頁二〜七行目参照。

二　北村季吟の『八代集抄』に注して、「世くだりて、人の心花になりゆくによりて、歌の道衰へつつ、好色のたよりとする（恋愛の仲介物とする）道とのみなりしとなり。…『埋れ木』は『人知れぬ』といはん枕詞なり。人知れぬ恋路のあだなる（浮気な）いたづら事のわざと、歌をするといふなり。『まめなる所』は、実法《じつぽふ》なる（謹厳な）所なり。『ほに出だす』の枕詞なり。『花すすき』は、『ほに出だす』とは、実法なる所に表はし出ださんこと、難《かた》き心なり。この次に、昔は歌道の王道のたすけなりしことをいはんとてなり」とある。また契沖の『古今余材抄』一には、「これは上のごとく歌は六義《りくぎ》（四七四頁注七参照）ありて、家を斉《ととの》へ、世を治むる用あるものなるに、世の末になりて益《やく》なきことと なれるを歎きていへり。『はかなきこと』は、『はかなき言《こと》』なり。『事』にはあらず。『埋れ木』は『人知れぬ』、『花すすき』は『ほに出だすべき』といはむ料《れう》（手段、序詞《じよことば》）なり。『埋れ木』は土に埋れていたづらに朽《く》つる木なれば、男女の中に忍びに（こっそりと）詠みかはす歌にたとふ。『まめなる所』とは、真実なる人の前なり。『すすき』は実《み》ならぬ物なるゆゑに、ここに取りよせたり」という。「はかなき言《こと》」の「言《こと》」の漢字表記と振り仮名、「花ずすき」の濁点、いずれも底本のまま。

といひ、

三 古《いにし》へは世々《よよ》のみかど《天皇》、折々《をりをり》ごとにさぶらふ人々を召して《お仕えしている人々をお呼びよせになって》、事につけつつ歌を奉《たてまつ》らしめ給ひて、その心々《こころごころ》を見給ひて、賢《さか》し《誰は賢こい》愚かなりと《誰は愚かだと》知ろしめしける《判別なさった》

よし見え、また真字序《まなじよ》には、上古《じやうこ》の歌は、

四 未《いまダ》《ズ》レ為《せ》二耳目《じもくノ》之翫《もてあそびト》一、徒《ただニ》為《ス》二教戒《けうかいノ》之端《はしト》一。

といひ、

五 賢愚《けんぐノ》之性《せい》、於《おイテここニ》レ是相分《あひわかル》。所《ゆゑんナリ》下以随《したがヒ》二民《たみノ》之欲《よくニ》一択《えらブ》中士《しノ》之才《さいヲ》上也。

といへり。また紀氏『新撰集《しんせんしふ》』六 の序にも、

厚《あつウシ》二人倫《じんりんヲ》一成《なシ》二孝敬《かうけいヲ》一、上《かみハ》以《もつテ》風《ふう》二化《くわシ》下《しもヲ》一、下《ハ》以《テ》諷《ふう》二刺《しス》上《ヲ》一、雖《いへどモ》三誠《まことニ》仮《かルト》二文《ぶんヲ》於綺靡《きびノ》之下《もとニ》一、然《しかレドモ》復《また》取《ル》二義《ヲ》於教戒《ノ》之中《ニ》一者《ものナリ》也。

とあるをや《あるのをどう考えればよいのか》。

答へて云《い》はく、わが御国《みくに》はもと文字といふものなかりしかば、文章を書き書籍《ふみ》を作ることはなかりき。さるを《ところが》この文字・書籍といふ

三 この引用は宣長が書き変えたもので、原文は「古への代々のみかど、春の花のあした、秋の月の夜ごとに、さぶらふ人々を召して、事につけつつ歌を奉らしめ給ふ。あるは花をそふとてたよりなき所に惑《まど》ひ、あるは月を思ふとてしるべなき闇にたどれる心々を見給ひ、賢し愚かなりと知ろしめしけん」とある。『余材抄』一に、「古《いにし》へは唐《もろこし》に採詩官ありて、国々の詩を取りて天子に奉りけるも、後に詩賦を試みて及第にあづかれるも、みなこの心なり」という。「古代中国に採詩官という役職があり、国々の民謡を採集して天子に献上し、天子がそれで民心を察したのも、後世に科挙《かきよ》(官吏登用試験)の際に詩を作らせて、それで賢愚を判定し、賢者を及第(合格)させたのも、仮名序のこのくだりでいっているのと同じことなのだ」の意。

四 歌を、耳や目を喜ばせるための遊戯の具とせず、教化の手段に用いた、の意。

五 仮名序の注三引用部分に対応するくだり。(天子が臣下に和歌を作らせ、それによって)賢愚の差がはっきり区別される、これは、天子が人民の願望を受け入れて、立派な人物を官吏として抜擢《ばつてき》するための手段なのだ、の意。

六 『新撰和歌』のこと。三五〇頁注二参照。引用文は、「(歌は)人間同士の秩序を行きわたらせ、孝・敬の徳を完成させ、治者には被治者を教えさとさせ、被治者には治者を諷刺させる。表現を美しくするが、目的は教戒にあるのだ」の意。

もの渡り《〔中国から〕》まうで来て後《のち》は、此方《こ こ》にもさることをならひ知りぬれ《日本でも文章を書くことを学び知ったけれど》ども、もとな《もともと》かりしことなれば、文《ふみ》書くには此方《ここ》の意詞《こころことば》を棄《す》てて、必ず唐《から》国《くに》の意言《こころことば》にならひてのみ書けるなり。後の世の仮字文《かなぶみ》こそは、意《こころ》も言《ことば》もはら《もっぱら》此方《ここ》のさまなれ《様子であるが》、奈良の京のころまでもまださるものは《そういうものは》始まらで《始まらないで》、ただ一言書くにもみな漢文なれば、その心ばへも《趣きも》かの国のやうをのみ《ありようばかりを》ぞ学《まね》びて書きける。これ常のことなりかし《普通のことだったのだ》。ことに歌[一]と詩とは、もとは同じ心ばへ《性質》なるものなるゆゑに、かの『古今』の真名序《まなじよ》・『新撰《しんせん》』の序文などは、またく《まったく》唐《から》の詩の心ばへを借りて書けるものにて、歌の論には当らぬこと多し。

ことにこれは勅撰《ちよくせん》[二]の序なり。すべて朝廷《おほやけ》に奉《たてまつ》るものは、世の中の政《まつりごと》に益《やく》あることを申すが《言上するのが》常の定まれることなれば、さいはひに《都合よく》唐《から》[三]にてかの詩の用《効用を》を論じおきたる心ばへ《趣旨》を借《か》りて、政のたすけとなる《〔和歌が〕政治の補助となる》よしをむねといひ《主として述べ》、またそのころ近き代には《そのころに近い時代には》[四]詩文をのみもてあそび《〔帝が〕愛好なさって》給ひて、朝廷《おほやけ》に歌のすたれたることを歎《なげ》きて、歌はさやうに下《しも》が下

一　第一七項（三二二頁）参照。
二　天皇の命令で編纂された歌集の序文。勅撰歌集は天皇に献上するために編纂されるものであるから、その序文は公的な性格を持つ。類似の文章である『古事記』の序文についての、『古事記伝』二の解説を引いておく。「さてこの序は本文とはいたく異《こと》にして、すべて漢籍《からぶみ》の趣きを以て、その文章をいみじく飾りて書けり。いかなれば然《しか》るぞいふに、すべて書を著《つく》りて上に献《たてまつ》る序は、しか（このように）文を飾り当代を賛称《ほめ》奉りなどする、漢《から》のおしなべての例なるに依《よ》れるなり。さてしか漢文を飾るに引かれては、その意旨《こころ》もおのづから漢《から》（中国風）にて、或《ある》は『混元《こんげん》既に凝《こ》る』（『古事記』序の冒頭の一句）…などいふたぐひの語多し。かくのごときことどもをいはでは、文章見立《みだ》て（見ばえ）なきがゆゑなり。そもそもこの序にかかる語どものあるを見て、ゆくりなく（うっかり）本文の旨《むね》をな誤りそ（本文の内容をまで中国風の理屈で解釈するような誤りをおかしてはいけない）。…（この序は）本文に似ず漢《から》めきたることはこよなけれど、そのかみ（往時）さばかり漢学《からぶみまなび》を盛りに好ませ給へりし世の事にしあれば、序の文は必ずかくさまに（このように）書きつべきわざなるをや」。
三　たとえば前頁に引かれた『新撰和歌』の序の一節は、『詩経』の大序に「先王これ（詩）を以て夫婦を経し、孝敬を成し、人倫を厚くし、教化を美にして、風俗を移す。…上は以て下を風化し、下は以て上を風

に埋《うづ》もれて、女童《をんなわらは》べの《女子供の》はかなきもてあそびにのみすべきものにはあらず、朝廷にも必ず採《と》り用《もち》いらるべきわざぞといふ心にて《意図で》、真字序《まなじよ》はさらにもいはず《いうまでもなく》、[五]仮字序《かなじよ》にまでさる《そんな》心ばへをば書かれたるなり。それをありのままに、歌はただ物のあはれをむねとして、思ふ心をいひのぶるものぞ、とやうにのみ《いうふうにだけ》いひては、ものはかなく《何となく浅はかに》聞えて、朝廷《おほやけ》の政《まつりごと》に用《よう》あるべくも《効用がありそうにも》思はれぬゆゑぞかし。

〔七八〕真名序等の歌論を信用してはいけない

問ひて云はく、真名序《まなじよ》の詞《ことば》・『新撰』序の詞などを、歌の論に当らずといふこと《いうのは》、いかが《どうであろうか》。[六]貫之《つらゆき》ぬし当らぬことをばいかでか書かる《どうしてお書きになろ》べき《うか》。

答へて云はく、まづ右の『新撰集』[七]の序の詞《ことば》は、またく《まったく》唐国《からくに》の『詩』序の語のままなり。『古今』[八]真字序《まなじよ》の詞も、かの国にて詩を論じたる心ばへ《趣旨》をのみむねとして《大事なものとして》、此方《ここ》の上《かみ》つ代《よ》の歌のやうをば《有様を》くはしくも考へずして書けるものなり。これは人みな歌と詩とただ同じ

刺し…」とある部分から言葉をそのまま借用したものである。

四 四一五頁注四参照。

五 仮名序に中国思想の影響があるということは賀茂真淵も述べている。四三四頁所引の「今の世の中…」のくだりについて、『古今和歌集打聴《うちぎき》』に次のようにいう、「『今の世の中』とは、今の京（平安京）となりて延喜の頃までを云ふ。且《か》つ歌は心のまことを云ふものにて、古《いにし》へはすなほにして正しかりしを、後々は色好みにつきてたはれくつがへる（ふざけたことをやり尽す）ことのみなれば、実《まめ》なる人の見ば、かかるべきものにあらずと、その色好める家に隠しおけると云ふなり。『埋れ木』『花すすき』、ともに冠辞なり。これは歌の徳をしひて飾れるものなり。古へ、『古事記』『日本紀』『萬葉集』等の歌は、恋の情《こころ》をよめるこそ多けれ。唐国《からくに》の人は心を隠して表《うはべ》をよくすなり。御国の古へ人は心にうらうへ（表裏）を置かず。仍《よ》りて心のまことのみを打ち出づれば、恋の歌多きなり。ここ（仮名序のこのくだり）も、唐人《からびと》の心もて書けり」。

六 「ぬし」は敬称。

七 注三参照。

八 『古今余材抄』一の真名序の注釈に、中国の詩論などの出典を詳細に指摘してある。

心ばへ《性質》なるものとのみ思へるゆゑなり。されど先々《さきざき》[一]もくはしくいへるやうに、その本《もと》こそは異《こと》なるべきものにあらねども《違っているはずのないものであったが》、後々《のちのち》になりてはいとこよなくなりにたり《たいへんにかけ離れてしまった》。これ、国の風俗《ならはし》の異なるゆゑぞかし。唐国《からくに》は万《よろづ》のことに賢《さか》しらがる《利口ぶる》癖《くせ》なれば、古《ふる》[二]き詩をもあながちに《強引に》教《けう》戒《かい》の方《かた》へのみ引きこみ、また新[三]たに作る人もそのならひ《慣習》をまぬかれず。わが御国《みくに》は大御神《おほみかみ》の御国にて万雅《よろづみやび》やかなる風俗《ならはし》なれば、歌など採《と》りあげて世をまつりごつ《統治する》道のたすけ《補助》とし、また上《かみ》を諷《ふう》[四]じ下《しも》を化《くわ》するなどやうなることごとしき《ぎょうぎょうしい》ことはなかりき。まれまれ[五]に物によそへて《ごくまれに「諷意を」何かの物に託して》人に示せるやうのことは見ゆめれど、そはいとなべてのことにはあらず《それはけっして一般的なことではない》。ただ己《おの》れ己れ《めいめい》が心に余る物のあはれを詠《なが》め出づる《詠み表わす》より外《ほか》は《以外のことは》をさをさ《決して》なかりしことなり。

されどすべ[六]てのことをかやうにこともなくいへば《こみいったことがないようにいうと》、浅はかなるやうにて物げなく聞え《大したことでもないように聞え》、またことごとしくやうありげに《いわくありげに》いひなせば、さもありぬべく《そのとおりなのだろうと》思ひて信ずるは、世の人心《ひとごころ》の常ぞかし。されどよく

一 第六三（四〇三頁）・六四項（四〇五頁）参照。

二 朱子の『詩集伝』が、『詩経』の詩をいちいち勧善懲悪に付会して解釈することを念頭に置いている。勧善主義に立つ朱子の『詩経』解釈をきびしく批判したのは荻生徂徠で、宣長の師の堀景山も宣長も徂徠の朱子批判から大きな影響を受けている。『紫文要領』八三頁注一〇・一六三頁注一〇参照。また堀景山の『不尽言』に、「聖人、人に人情の色々様々なるを知らさん為に、詩を集め、書として読ませらるるに付きて、『思ひ邪《よこしま》なし』（『紫文要領』一二六頁注一参照）の一言を借つて、元来の詩と云ふものの本義を解釈なされ、三百篇（『詩経』に収められた詩の概数）ある詩はただこの一言で以て、詩の義はこの内（『思ひ邪なし』の一句の中）に蔽《おほ》ひ籠《こも》るとのたまひしことなるべし。愚拙（自分）、経学は朱子（朱子学）を主とすることなれども、詩と云ふものの見やうは、朱子の注、その意を得ざることとなり。『思ひ邪なし』と云ふを、朱子は人の詩を学ぶ法をのたまへると見られたるゆゑに、『論語』のこの所の注に、勧善懲悪のこととせられたるなり。しかれども、勧善懲悪と云ふは、『春秋』の教へにてこそあれ、詩の教へにてはなきなり」。

三 日本で著わされた漢詩論ではあるが、江戸時代初期に広く行われた作詩入門書『詩林良材』の一節をあげる。「少陵（杜甫）を千載の詩聖とも詩史とも称せるは、仮初《かりそめ》に作るにも、風を傷《いた》み（風俗のあり方を心配し）、国を憂へ、時を感じ景に触れて忠誠の気激切《げきせつ》

よく事のやう《趣きを》を思ひめぐらし、古《いにし》へのありけむさま《物ごとのあった様子を》をくはしく考へてこそ、まことのことをば定むべきものなりけれ。『古事記』『日本紀』『萬葉集』を尋《たづ》ぬるに、歌をもて教戒《けうかい》にしたることさらに《けっして》見えず、上《あが》れる《古い》代《よ》《時代にも》にもただ恋の歌などのみ多し。されば、かの「[七]徒《ニ》為《ス》二教戒之《ノ》端《ト》一」といへる《いっているのは》、まづ当らぬことなり。古歌をよく見て知るべし。事の跡《あと》をば考へずして、かの序文にのみなづむべきにあらず《こだわってはいけない》。なほ《そのうえに》また空理《くうり》を説きて強言《しひごと》するは、ましていはれざることなりかし《筋の通らないことである》。

さて「[八]古《いにしへ》天子《てんし》毎《ごとニ》二良辰美景《りやうしんびけい》一、詔《みことのりシテ》下侍臣《じしんノ》預《あづかル》二宴莚《えんえんニ》一者《ものニ》上献《たてまつラシム》二和歌《わかヲ》一」とある、たまさかには《まれには》さることもありもやしけん《そんなこともあったかも知れないが》、常のことにはあらず。これも文章の続きざまを見るに、かの奈良のころより《奈良の都の時代から》して、かやうの折もただ文人を召《め》して唐詩《からうた》を奉らしめ給ひしことのみ常に[九]国史に見えて、歌を召したる《献上させた》ことはなきゆゑに、それを歎《なげ》きてかくはいひなせるものなるべし《このようにいいつくろったものに違いない》。「[一〇]賢愚之《ノ》性、於《イテ》レ是《ニ》相分《ヒル》」といひ、「所《ゆゑんナリ》三以択《ブ》二士之《ノ》才《ヲ》一也」といへる、これはまたく《全然》なきことなり。

し（激しくほとばしり）一飯《いつぱん》にも君を忘れぬゆゑぞ。無用の曠言虚辞《くわうげんきよじ》（むなしい言葉）は、篇を重ね堆《こやま》をなすとも、遂《つひ》に教化に関はるべからずと知るべし。これを詩を作る常の心持ちと云ふ」。

四 諷刺し、の意。「諷じ」の濁点、底本のまま。

五 『日本書紀』の「皇極紀」「斉明紀」「天智紀」に「童謡《わざうた》」「謡歌《わざうた》」と称される歌謡が数篇あって、何者かが時世を諷刺する意を比喩的にのべた歌と、伝統的に解釈されている。

六 以下の論、四〇八頁注一・四一七頁注五に見える、儒学ないし儒学の影響を受けた当時の神道の、もっともらしく賢《さか》しらな議論に対する批判と同じ論理。

七 四三五頁六行目参照。

わが国では歌を政治の具に用いたことはない

八 『古今集』真名序の、四三五頁六行目所引の部分にすぐ続く文章。この次に「君臣之《ノ》情、由《よりテ》レ斯《これニ》可《ク》レ見《みツ》」とあって、同頁八行目所引の部分に続く。仮名序の、同頁注三所引の部分に対応するくだり。「良辰」は、よい時節。「宴莚」は、宴席。

九 『続日本紀』神亀五年三月己亥条に、「天皇、鳥池塘に御して、五位已上を宴す。…また文人を召して曲水の詩を賦せしむ」、天平六年七月丙寅条に、「天皇、相撲の戯を観たまふ。この夕、南苑に徙御《しぎよ》し、文人に命じて七夕の詩を賦せしむ」などの例がある。

一〇 四三五頁注五参照。

唐国《からくに》にて唐《たう》[一]の代《よ》の定めに、詩を試みて士《し》を択《えら》びあげたる、これはそれに準《なずら》へて書けるものにて、実《まこと》には此方《ここ》《日本》には歌をもて人の賢《さか》し愚か《賢愚を》なるを分《わか》ち《判別し》、また人を択《えら》びとられたることとさらになければ《まったくないので》、当らぬことといふなり。詩の心ばへ《趣旨》を借りて書けるといふこと、これらにて知るべし。

みな国の政《まつりごと》の用をむねといひて《大事なこととして論じて》、朝廷《おほやけ》に歌を用いられんことを望むゆゑに、かく《このように》はいひなせるものにて、実はさにあらぬ《そうではない》証《しよう》をなほいはば、「[二]高《たかク》振《ふるヒテ》ニ神妙《しんめうノ》之思《おもひヲ》一、独《どく》歩《ほス》古《こ》今《こんノ》之間《かんニ》一」といへる人麻呂を始め、「[三]近《ちかキ》代《よニ》存《そんスル》ニ古《こ》風《ふうヲ》一人《ひと》」とてあげたる六人などの歌を見よ。教《けう》戒《かい》となるべきはさらになくして、ただ物のあはれなる筋《すぢ》をよみて、恋の歌などのみ多し。それが中にも[四]業平《なりひら》の朝臣《あそん》などはことにしわざ《行為》も歌も、いかでか《どうして》は世の教へにはなるべきぞ。「士の才を択ぶ所以《ところ》[五]」といふものの、この人などを古へのさまを失はぬ人とてあげたるにて《古代の趣きを保持する人物としてあげたということによって》[六]、その言の歌の論には当らぬことを知るべし。また、「[七]好色《かうしよくノ》之家《いへハ》、

一 唐代の制度で、官吏の候補者に詩を作らせて、その才能によって人材を登用したが、の意。真名序のこの部分に対応する仮名序の一節について、四三五頁注三に見るように、『余材抄』も科挙と同じことを述べたものと指摘している。しかし『余材抄』では、序の筆者が科挙の制度に示唆を得て、日本には現実に存在しなかった制度があたかも存在したかのように虚構した、というところまでは考えていない。

二 真名序の、柿本人麻呂を評した文章。「すばらしい詩想を立派に表現して、今も昔も並ぶ者がない」の意。

三 真名序の、六歌仙（平安初期の和歌の名人六人。在原業平、僧正遍昭、喜撰法師、大伴黒主、文屋康秀、小野小町）を列挙する直前の文章。

四 宣長が『伊勢物語』を業平の史実と見ていたか、虚構と見ていたか、何も書き残していないので判然としない。かりに深く感銘を受けた契沖の『勢語臆断《せいごおくだん》』の説に従っていたとすると、その書には「かやうの物語のたぐひは、もろこしにも虚実をまじへて書くよし、『五雑俎《ござつそ》』といふ物に書けり。しからざれば（作りごとをまじえないと）文勢（文章の人に訴える力）なきゆゑなるべし。この物語も実録ならぬ事多く見ゆるは、さるゆゑと見てあるべし」とある。もっとも実在の業平にしても、「放縦《はうしよう》にして拘はらず（奔放で、常軌にとらわれなかった）」と、『三代実録』元慶四年五月二十八日条の伝にある。

五 「ところ」の振り仮名は底本のまま。前出個所（四三五頁八行目・四三九頁一四行目）の「ゆゑん」は校注者のほどこした読み。

六 真名序の「士の才を択ぶ所以」（天子が立派な人物を官吏として抜擢《ばつてき》するための手段）という論が、歌には適用できないということを。

七 真名序の、和歌が軽薄に堕して正式な場に持ち出せなくなったと述べてあるくだりの一節。「花鳥の使」は、恋の仲だちの意。北村季吟『八代集抄』に、「唐の明皇（玄宗）、天宝の末に、使を遣《つか》はして民間の美女を採《と》りて、之を宮中に納《い》る。（その使者を）花鳥の使と号す」と注している。

八 「そこに述べられていることを」を補って解する。

九 とんでもない理屈を立てて、歌を立派なもののように無理にいうのは。

一〇 「こうとく」の振り仮名、底本のまま。ここでは有用性、効用の意。

一一 事物の本質と作用。二九六頁注二で見た連歌用語に由来する「体・用」とは異なり、「漢文にいはゆる」とあるように、朱子学でよく用いる概念。

以《もチテ》ㇾ此《これヲ》為《する》ニ花鳥《くわてう》ノ之使《つかひト》一」などを本意《ほい》ならぬことに《気にくわないことに》いひながら、その集《しふ》に恋の歌のことに《とりわけ》多きはいかにぞや。

されば序の詞《ことば》などをありのままに信じて、歌の本《もと》の有様《ありさま》[八]、道の本《歌道の》意ぞと一偏《ひとやう》に心得ては、〔事実に〕違《たが》ふこと多かるべし。よくよく思ひわきまふ《認識しなくては》べきことなり《いけないことだ》。しかるになほ《それでも》古人の言にかなへんとして《いったとおりにしようとして》、とかくにあらぬ理《ことわ》り[九]を設《まう》けてよきにいひなすは、みな強言《しひごと》なり。

歌の効用について 〔七九〕

問ひて云はく、しからば歌は己《おの》れ己れが《めいめいが》思ふことといひのぶるまでにて、さして世には益《やく》なきわざか。

答へて云はく、万《よろづ》のことに、その本《もと》のあるやう《本来の有様と》と、それを用ゆるうへの功徳《こうとく》[一〇]とのわきまへ《区別》あり。これ漢文《からぶみ》にいはゆる体《たい》・用《よう》[一一]なり。歌も本の体《たい》をいへば、ただ物のあはれなることをよみ出づるより外《ほか》なし。先々《さきざき》もくはしくいふがごとし。さてそれを用ゆるにつきて、われにも人にも益《やく》は多きなり。これ用《よう》といふものなり。

その用《よう》《効用》をいはば、まづ[一]思ふことをよみ出づれば、心に積《つも》りて堪《た》へがたきあはれもおのづから《自然と》慰《なぐさ》む、これ第一の用なり。

また『古今《こきん》』の序に、

[二]力をも入れずして天地《あめつち》を動かし、目に見えぬ鬼神《おにがみ》をもあはれと思はせ、男女《をとこをんな》の中をもやはらげ、たけき《勇猛な》もののふ《武士》の心をも慰むるは、歌なり。

とある、これまた大きなる功用《こうよう》なり。これを真字序《まなじよ》には、「動《カシ》ニ天地《ヲ》一、感《ゼシメ》ニ鬼神《ヲ》一、[三]化《くわシ》ニ人倫《じんりんヲ》一、和《やはらグル》ニ夫婦《ヲ》一、莫《なシ》レ宜《よろシキハ》ニ於和歌《ヨリ》一」とあり、ともにこれも唐国《からくに》の『[四]詩』序に、「動《カシ》ニ天地《ヲ》一、感《ゼシムルハ》ニ鬼神《ヲ》一、莫《シ》レ近《キハ》ニ於詩《ヨリ》一」といへるより出でたることながら、これは歌ももはら《まったく》同じことにて、物をあはれと思はすることは詩よりもなほ《いっそう》まさりて、まさしくその[五]ためし《実例》も古《いにし》へよりいと《大変》多かることなり。

かく《このように》神をも人をもあはれと思はするにつきて、その功徳《こうとく》いと広くさまざまなり。

一 第一三項（三〇四頁）参照。

二 二五三頁一～二行目引用部分にすぐ続く有名なくだり。「天地を動かし」は、天地を感動させること。「目に見えぬ鬼神をもあはれと思はせ」について、旧注や契沖の『古今余材抄』では、『伊勢物語』一一七段の、業平の歌に感動して住吉の神が姿を現わしたなどという歌徳説話《かとくせつわ》をいくつかあげる。『余材抄』で、このくだりについて、「以上は歌の徳用を挙げたり」と解説する。宣長がここで歌の功用（七行目。効用と同じ）を述べた文章としてこのくだりを引くのには、契沖の示唆があろう。

三 人々を教化し。

四 『詩経』大序。なお、四三五頁六行目からここまでの漢文の訓はすべて、底本の訓点を主として、わずかに校注者の私見を加えた。

五 『排芦小船』第九項に、優美な歌は鬼神をも感動させるということを論じて、小野小町と能因《のういん》法師とが雨乞いの歌を詠んで雨を降らせた話と、紀貫之の歌に感じて和泉《いずみ》の国の蟻通《ありどおし》の明神が死んだ馬を蘇生させたという話と、いずれも著名な歌徳説話をあげている。またたとえば二七二頁注六の猪名部《いなべ》の工《たくみ》の死を悲しむ歌は、『書紀』によれば、暴虐の雄略天皇を感動させ、処刑を中止させたので、これも歌が物をあわれと思わせた説話の例となる。

歌は神の御心を慰める

まづすべて[六]天地《あめつち》の間《あひだ》にあることは、よきも悪《あ》しきもみな神の御心《みこころ》より出づるものなるが、万《よろづ》のわざはひ《災い》起りて上《かみ》も下《しも》もやすからぬ時も、荒《荒々しい》ぶる神の御心を慰《なぐさ》め奉れば、おのづからそのわざはひはしづ《鎮静し》まり直り《もとにもどって》て穏《おだ》やかになるは、力をも入れずして神をあはれと思はする徳なり。人をだに《人間をさえ》もあはれと思はする歌なれば《歌であるから》、神の御心の慰むことはいふもさらなり《いうまでもない》。

歌によって治者は被治者の心情を知る

また人をあはれと思はする功徳をいはば、まづ[七]民《たみ》を治《をさ》めて国をまつりごつ《統治する》人は、なべての《多くの》世の人の情《こころ》のやうを《さまを》くはしく明《あき》らめ、物のあはれを知らで《知らなくてはいけないことなのに》はかなはぬことなるに、大方《おほかた》貴き人は賤《いや》しき下《しも》ざまの者の情《こころ》のやうをくはしくわきまへ知ることうとし。すべて《概して》とくいか《俊敏で権勢が》めしく《盛んで》勢ひある人は《栄えている人は》、何ごとも心に物のかなふゆゑに、身《その身に》に憂《う》きこ《辛いこ》とを知らね《とを経験しないので》ば、万《よろづ》思ひやり少なくして、賤しく貧しき者の常に思ひ《悲しみ》多き《が多い》ことをも、推量《おしはか》りてあはれと思ふ心のつかぬ《起きない》ものなり。

それもやまと・唐《もろこし》の文《ふみ》どもに書き記《しる》したるをも見、またおのづか

六　以下の論は、吉事も凶事もこの世のすべては神意に出るという思想が、宣長の著述に登場する最初のものである。続いて『古事記雑考』二「道てふ物の論」に、「すべて神は仏などとは異なるものにて、よきも悪しきもありて、そのしわざもその心にしたがふ。されば善人は吉《よ》かるべく、悪人は凶《あ》しかるべきものの、さはあらで、思ひの外に悪人も吉《よ》く、善人も凶《あ》しかることの多きも、みな神のしわざなれば、神はただ善《よ》き悪しき理のみを以て云ふべきものにあらず。ひたぶるにその怒りを怖《お》ぢて、和《なご》めまつるより外なし」などと述べられ、やがて『直毘霊《なおびのみたま》』『くず花』『玉くしげ』などに、この世のすべては天照大御神を始めとする神神の意志に支配されているのであり、特に凶事は禍津日神《まがつびのかみ》のもたらすところであると、整理された形で詳論される。

七　以下の論は荻生徂徠の『詩経』論の影響を受けている。徂徠の『弁道』第二二項に、「(『詩経』には人情の種々様々が委曲かつありのままに述べられているので) ここを以て君子(治者)は以て宵人《せうじん》(小人、被治者)を知るべく、丈夫(男)は以て婦人を知るべく、朝廷は以て民間を知るべく、盛世は以て衰俗を知るべき者は、ここにおいて在り」とある。また『紫文要領』八四頁注一・一六八頁注五参照。

ら聞き伝へても、大方《おほかた》は知らるることなれども、まさしく《実際に》己《おの》が身の上に思ひ知らぬことは《経験しないことは》、見ても聞きてもなほよそのことに《人ごとのように》思はれて、深く心にはしまぬものなるを《沁みないものなのだが》、[一]この歌といふものは、人の心に、己がさまざまうれしくも悲しくも深く思ふことを、ありのままに詠《なが》め出《い》でたるものにしあれば、それを見聞く時は、わが身の上につゆ知らぬことも、心にしみてはるかに推量《おしはか》られつつ、かやうの人のかかることに触《ふ》れては、かやうに思ふものぞ、かくすれば喜ぶものぞ、かくすれば恨《うら》むるものぞといふことの、いとこまやかにわきまへ知られて、天《あめ》の下《した》の人の情《こころ》は、ますみの鏡に《よく澄んだ鏡に》うつしたらんよりもくまなく《はっきりと》明らかに見ゆるゆゑに、おのづからあはれと思ひやらるる心の出《い》で来《き》て、世の人のために悪《あ》しかるわざはすまじきものに思ひならるる《してはいけないものと自然と思うようになる》、これ物のあはれを知らする功徳《こうとく》なり。

歌によって人は思いやりの心を持つ

またさやうに《そのように》世をまつりごつ《統治する》人のみにもあらず、ただ世の常の《世間ふつうの》交《まじ》らひに《人づきあい》つけても、[二]この物のあはれといふことを知らぬ人は、万《よろづ》に思

一『排芦小船』第四九項は本項の母胎《ぼたい》となった項であるが、次のように述べる。「政道の助けとするものにもあらぬ歌を、何とて取り用いて天下政道の助けとはするぞと云ふに、もと歌は、上下君臣万民まで、おのおのみなその思ふことをよみ出でたるものなれば、これを取り上げ見て、上たる人の、下民の情をよくよく明らめ知らんためなり」。この文章や前頁注七所引の徂徠の文章と、以下のくだりを読みくらべると、以下のくだりの方がはるかに行き届いた記述になっていて、治者が詩歌に表われた被治者の心情を読み取るということについて、詩歌に被治者の心情が盛りこまれているということよりも、読み取る治者の側に物のあわれを知る心があるかどうかということに宣長の関心が移っていることが知られる。すなわちここのくだりは、政治の基本に物のあわれを知る心があるべきことを説いた政治論となっているのであって、後に紀州侯徳川治貞に献上した宣長の生涯唯一の経世論『秘本玉くしげ』の執筆動機に通ずるものがある。

ひやりなくして、心こはごはしく《心がかたくなで》なさけなき《情愛がない》ことのみ多きものなり。すべて何ごともその事に触《ふ》れざれば、その事の心ばへ《趣き》は知られぬものにて、富《と》める人は貧《まづ》しき人の心を知らず、若き人は老いたる人の心を知らず、男は女の心を知らず、世の諺《たとひ》[三]にも「親の心子知らず」とも、また「子を持ちて親の恩《おん》は知る」ともいへるに《いうのであるが》、兼輔《かねすけ》の中納言の、

[四]人の親の心は闇《やみ》にあらねども
子を思ふ道にまどひぬるかな（五一）

といふ歌、俊成《しゆんぜい》の三位《さんみ》の病限《やまひ》りなりし時に《病気が臨終に迫った時に》、定家卿《ていかきやう》[五]、中将転任のこと《中将への昇進をお願いするといって》と申すとて、範光《のりみつ》の朝臣《あそん》のもとへおくられし、

[六]をざさはら風待つ露の消えやらで
この一《ひと》ふしを思ひおくかな

といふ歌などを聞けば、子持たらぬ人も《子供を持っていない人でも》おのづから親の心は思ひやられて、あはれなるぞかし。

二『紫文要領』一二〇頁五行目以下参照。

三 ことわざ。

四『大和物語』四五段。『後撰集』一五、一一〇三番歌。『大和物語』によると、藤原兼輔が娘を醍醐天皇の後宮に入れた当初、娘が天皇の寵愛《ちようあい》を得るかどうか非常に心配して、詠んで天皇に奉った歌。子を持つ親の心は、分別がないわけではありませんが、子のことを心配するあまり、闇夜の道に迷うような気持です、の意。

五 子の定家が昇進することを願って、父俊成が歌を詠《よ》んで範光に贈ったのである。

六『新古今集』一八、一八二二番歌。宣長の『新古今集』注釈書である『新古今集美濃《みの》の家づと』に、「めでたし。詞めでたし。二の句は、病《やまひ》限りなるままのたとへ。三の句は、この世に心の残りて、え死にやらぬ意。『この一ふし』は、この中将転任の一事をいひて、『子』を添へ（『この一ふし』の『こ』が『子』と懸詞《かけことば》となっていて）、『ふし』は『笹《ささ》』の縁の詞《ことば》なり。『風待つ露』といふは、風の早く吹けかしと待つ意にはあらず。露は風の吹けば消ゆるものなれば、風の吹くまでの（間しか存在しない）露といふ意なり」といっている。

この外《ほか》のこともみなこれと同じ心ばへ《趣き》にて、世の人の己《おの》《めいめい》がさまざまほどにつけつつ《身分や立場に応じて》身の上に思ふ心は、〔歌から〕みなよく汲みて知らるれば《汲みとって知り得るので》、みづからその事に触《ふ》れねども、その事の心ばへ《実態》を思ひ知るは、歌なり。[一]人の情《こころ》のやうを深く思ひ知る時は、おのづから世のため人のために悪《あ》しきわざはせぬものなり。これまた物のあはれを知らする功《こう》徳《とく》なり。かく人の心を汲《く》みてあはれと思ふにつきては、おのづから身の戒《いまし》めになることも多かるべし。まづ右の歌などを聞きて、親の子を思ふ情を推量《おしはか》りなば、その恩《おん》を知りて、おのづから不孝《ふけう》[二]のふるまひはすまじき《してはいけない》ものに思ひなりぬべし。その外もこれに準《なずら》へて思ふべし。この外なほ〔歌が人に〕物のあはれを知らするにつきて、その益《やく》多かるべきものぞ。

〔八〇〕 歌の本質と効用を区別しなければならない

問ひて云はく、しからば『古今』の序に、「[三]上古はただ教戒《けうかい》の端《はし》とのみせし《一端にだけ用いた》」といひ、「[四]もはら《もっぱら》朝廷《おほやけ》の政《まつりごと》に用いられし」とある、み

一 本項と同趣旨の論が後年の『源氏物語玉の小櫛』二にも見えていて、『紫文要領』一六八頁注五に引用しておいたが、以下のくだりは特によく似る。
二 「ふけう」の振り仮名、底本のまま。
三 真名序の、四三五頁六行目所引の部分を含む一節を書き変えたもの。原文を読み下して掲げると、「上古の歌を見るに、多く古質の（古風で質実な）語を存す。未だ耳目の翫《もてあそ》びとせず、ただに教戒の端とす」。
四 このとおりの文章が仮名序・真名序にあるのではなく、仮名序の四三五頁注三所引のくだりや、真名序の同頁六・八行目所引の部分などの趣旨を宣長の言葉で述べたもの。
五 第一二三(三〇四頁)・七六(四二九頁)・七八項(四三七頁) 参照。
六 本項では、『古今集』仮名序・真名序について、歌の本質（体）と効用（用）の区別をせず、歌の本質が政治的有用性にあるように論じていると批判しているが、本項の母胎となった『排芦小船』第四九項には、四四四頁注一所引のくだりのやや後に次のようにある。「ゆゑに『古今』の序に貫之のいはれしもこの心なり。『古今集』なども、天子の詔命によつて撰するものなれば、その国家の用となるところを第一に云ひ述べねばならぬゆゑに、『古《いにし》へは歌を以て政道のたすけとせしかども、今はただ好色・活計（歌を世わたりの手段と

なよく当れることとなるに、などてか《どうして》それを歌の論に当らぬことといひて、みだりに古人をもどけるぞ《非難するのか》。すべて先達《せんだち》のいひおかれしことは、よくも悪《あ》しくもそのままに信ずべきことなり。またさる古《いにし》への歌仙《かせん》とある人のいへることに《歌仙というほどの人のいったことに》、誤りはあるまじきことなるをや《〔まして〕あるはずのないことであるのに》。

答へて云はく、上《かみ》つ代《よ》に歌をもてもはら《もっぱら》政のたすけ《補助》にし給ひ、またなべて《一般には》身の戒《いまし》めにしたること、すべて見えず《全く〔文献に〕》。もとより《もちろん》さる事の用によむものにはあらず《そんな事に役立てようとして詠むものではない》。その本《もと》はただ物のあはれなる筋《すぢ》を詠《なが》め出づるより外《ほか》なきこと、[五]先々《さきざき》いふがごとし。さて次に《そうしてその次に》さまざまの功徳《こうとく》あるよしをいふは、それを用いたらむ時のことにて、体《たい》・用《よう》のわき《区別が》まへあるぞといへるは《あるといったのは》このことなり。

[六]しかるにかの序の趣《おもむ》きは、そのわきまへなくして、もとより歌はひたすらに人の教《をし》へにすべく、国の政に用ゆべき物《物として》によむもののやうにいひて、上《かみ》つ代《よ》はみなさのみありしやうにいひなせるが《そのようにばかりあったようにいいこしらえるのが》、当らぬとはいふなり。されどかれは[七]朝廷《おほやけ》に用いられむことをむねとせる《第一のこととし》

すること。真名序に見える語）のためにのみ用いる』と、その用いやうの悪しきことを歎きたり。…されば天下政道のたすけとなるは、和歌の用なり。また好色・活計のためになるも、和歌の用なり。その中にて、政道のたすけとなるは、大にして善なる用なり。好色のためにするは、小にして悪なる用なり。ただ善悪大小は、その用いやうによることにて、和歌の本体に善悪大小はなきなり。貫之のいはれしもこれなり。その頃、ただ好色など小にして悪なる用にのみ（和歌を）用ゆることにして、政道に用ゆることを知らぬを歎きしものなり。これを心得違《ちが》へて、和歌はただ政道のたすけとするものにして、好色などの用にするものにあらずと思ふは、はなはだせばし。ただただ用いやうによりて、大にも小にも、悪にも善にもなるなり。しかして和歌は器物などのやうに、その大小善悪の用のために作るものにはあらず。ただ用に立つは自然のことにて、その本体は、ただ思ふことをいひ述ぶるまでのことなり」。これはかなり貫之に好意的な論である。本項では、『古今集』の仮名序・真名序に中国詩論の影響が見られること、わが国の古代に歌を政治の具に用いた史実のないことを根拠に貫之を批判しているのであるから、次に述べる、先人の説だからといって安易に信用しないという態度が『排芦小船』の頃より明瞭に自覚されているのであろう。

七「かれ」は、『古今集』の仮名序・真名序を指す。四三六頁一三行目以下参照。

先達の説といへども誤りは正すべし

ゆゑに《たために》、もはら《もっぱら》唐歌《からうた》の心ばへを借りてしか書けるなれば《中国の詩の性質を借りてそのように書いたのであるから》、深く難《なん》ずべきにはあらねども《とがめるほどのことでもないが》、歌のやうを本末《もとすゑ》つまびらかに知らんとならば《本質・現象ともに詳しく知ろうとするなら》、なほくはしく考へ味《あぢは》ひて、みだりに信ずべきことにはた《また》あらず。

一 すべて先達《せんだち》のいひおかれたることとだに《とさえ》いへば、よきも悪《あ》しきもわきまへず《識別せず》みだりに信じ、すこしはいかにぞや《どうであろうかと》見ゆることをも、「なほあるやうあるべし《やはり何か根拠があるのだろう》。浮きたることはよもあらじ《根も葉もないということはよもやあるまい》」と思ひ、また心には誤りと見ながらも、先達をもどきては《非難しては》人の信ずまじきことをはばかりて《遠慮して》、かへりて《かえって》その誤りを飾り《とりつくろい》、あらぬ理りをつけて《とんでもない理屈をつけて》、なほ《さらに》よきにいひなしなどすること《ことに》、常のならひなれど、そは《それは》先達をのみ大事《だいじ》に思ひて、道をば《歌道を》何とも思はず、たとひ道の心《〔真実に〕》は違《たが》ひてあらぬ《誤った》ことになりゆきても、かへりみず《頓着せず》、ひたすら先達をよきものになしはてむとするものにて《立派なものにしてしまおうとするやり方で》、大きにいはれぬこと《たいへん筋の通らないことで》、道のためはさらにもいはず《いうまでもなく》、その先達のためにもなかなか《かえって》心うきわざなり《望ましくない行為である》。

よき人はみづからの名よりも道を大事に思《おぼ》すべければ、ひがこと《あやまり》

一 以下、学問には、古来の説や師の説の権威にとらわれず、自分で納得のゆくまで考える態度の必要なことを主張する。国学以前の古典学は中世以来の伝授の思想に拘束されており、伝統の説を忠実に継承することを旨として、自由に自分の解釈を立てることは許されなかった。それに対して契沖はほぼ独学で古典研究に従事したため、伝授や師説などに拘束されることが少なく、自由で独創的な学問を樹立することができた。伝授思想は真実を究明する精神を衰えさせたと信ずる宣長は、契沖がそれを打破したことを、『排芦小船』第六三項で、「ここに難波の契沖師は、はじめて一大明眼を開きて、この道の陰晦《いんかい》（歌道の真実が分らなくなっていること）を歎き、古書によつて近世の妄説を破り、はじめて本来の面目を見つけ得たり。おほよそ近来この人の出づるまでは、上下の人々みな酒に酔《ゑ》ひ、夢を見てゐるごとくにて、たわいなし。この人出でておどろかしたる（覚醒させた）ゆゑに、やうやう目をさましたる人々もあり」（以下『紫文要領』三六頁注九引用の部分がくる）と讃えている。一方、本書『石上私淑言』執筆の直後の頃に賀茂真淵に入門した宣長は、真淵が師説に盲従しないことを弟子に要求する精神の持主であることを知って深い感銘を受け、自由で主体的な思索が学問の進歩のためには不可欠であることをいよいよ確信するに至った。後年の『玉勝間』二「師の説になづまざる事」には次のよう

を見つけたらんには、はばからず改めただして、道の心ばへの違《たが》はぬやうにせむをこそ《するのをこそ》、先達も喜び給ふべけれ、世の歌人のやうに、道にそむくことをば思はで《気にしないで》、ただ先達に違はざらん《そむくまいとだけ思うのは》とのみするは、かへりてその先達の心にもかなはざる《合致しない》べきことぞかし。

また古《いにし》への歌仙に誤りはあらじといふも、大きに愚かなることぞ。人麻呂・貫之とても神仏《かみほとけ》にあらねば、ひがことなかるべきにあらず。このことはなほ後にくはしくいふべし。[二]

〔八一〕**詩は人の心を感動させない**

問ひて云はく、歌よりも詩は、こまやかに世の道理をいひ、事の《物事の》心を《本質を》のべたるものなれば、人をも神をも感ぜしむること深かるべきことなるに、物をあはれと思はすることは、詩よりも歌をまさると[三]先《さき》にいへるは、いかにぞや覚ゆ《どうだろうかと思われる》。

答へて云はく、そは《それは》詩歌の本《もと》の心ばへ《本来の趣旨》を深く悟《さと》らぬ人のいふことなり。まづ[四]唐国《からくに》にても、詩といふ物は、ここの歌ともはら《まったく》同じかる

にいう、「おのれ古典《いにしへぶみ》を解《と》くに師の説と違《たが》へること多く、師の説のわろきことあるをばわきまへいふことも多かるを、いとあるまじきことと思ふ人多か《ン》めれど、これすなはちわが師の心にて、常に教へられしは、後によき考への出で来たらんには、必ずしも師の説に違ふとて、なはばかりそ（遠慮してはいけない）となむ、教へられし。こはいと尊《たふと》き教へにて、わが師のよにすぐれ給へる一つなり。大方古《いにし》へを考《かむが》ふること、さらにひとり二人の力もてことごとく明らめ尽すべくもあらず。またよき人の説ならんからに、多くの中には誤りもなどかなからむ。必ずわろきこともまじらではえあらず。…あまたの手を経《ふ》るままに、先々の考への上をなほよく考へきはむるからに、次々にくはしくなりもてゆくわざなれば、師の説なりとて、必ずなづみ（とらわれて）守るべきにもあらず。よき悪《あ》しきをいはず、ひたぶるに古きを守るは、学問の道にはいふかひなきわざなり。…師の説なりとして、わろきを知りながらいはずつつみ隠して、よさまに（よいように）つくろひをらんは、ただ師をのみ尊みて、道をば思はざるなり」。

二　これに該当する記述はこの後にない。本書『石上私淑言』は未完の著述であって、このことを書く構想はあったのであろう。

三　第六三（四〇三頁）・六五項（四〇六頁）参照。

四　第六二項（四〇二頁）参照。

べきものにこそあれ、世の理《ことわ》《道理を》りをこまやかにいひのべ、一うちつけに《直接的に》事の心を説《と》き知らするものにはあらず。されど先々《さきざき》二もいへるやうに、かの国は人の心賢《さか》しだちて《賢こぶって》、こちたき《ことごとしい》ことを好《この》む風俗《ならはし》なるゆゑに、三詩もただその方《かた》にまつはれて、異書《ことふみ》《他の書物と同じように》も同じやうにことさらに道々し《理屈ばった》きことをいひ連《つら》ねて、人をさとし戒《いまし》め、あるは《あるいは》時の政《まつりごと》をそしりなど、すべてあやにくに《強引に》物の理《ことわ》りを立てむとかまへて《工夫して》作るゆゑに、うち聞くに賢《かし》こくはあ《ン》めれど、憎《にく》き方《かた》まじりて、なかなかに《かえって》人の心に深くは染《そ》まねば、まして鬼神《おにがみ》の感ぜんことはいとおぼつかなし。

譬《たとひ》《例をあげて》を引きてその心ばへをいはば、よに《まったく》罪なき人二人《ふたり》を捕へて殺さんとする者あらんに、かたはらよりそれを見ていとほしく思ひ、「さなせそ」《そんなことはするな》とてせちに《ひたすら》持《も》たる刀を奪《うば》はむとすれども、さらに《まったく》聞き入れねば、また一人《ひとり》が立ちよりて、すずろに《むやみに》人殺すはよに《非常に》悪《あ》しきことのよしをねんごろにさとしつつ、物によそへなどして《たとえなどして》事の心をいとのどやかに《おだやかに》説《と》き聞かするに、すこしはげに《なるほどと》と思へるけしき《様子》のあり

一　物事の意味を、比喩を用いたり、修辞を用いたりせず、直接に理論的に説明する、の意。

二　第六八項（四一三頁）参照。

三　詩もまったくそういう傾向にがんじがらめにされて、の意。第七五（四二七頁）・七八項（四三七頁）参照。

比喩による経書・詩・歌の違いの説明

四　以下に宣長が、詩は物の道理をことさらに説くために人を感動させることがなく、歌はありのままの心情を表わすために人を感動させると述べるのは、荻生徂徠の朱子学批判や詩論から示唆を得ている。徂徠は、先王の道（徂徠の考える真の道）は人を教えるのに議論をもってせず、具体的な物を媒介として、相手がおのずから納得するのを待つものであり、両者の間には信頼関係が前提とされているので、理詰めの説得

ながらも、思ひとどまるまではあらで《ゆかず》、なほ斬りてん《斬ってしまおうと》とするに、捕へられたる《捕えられた者が》が、一人《ひとり》はいさぎよく《覚悟をきめた》思ひとりたるけしき《様子で》にて、「何ごともみなさるべきにこそと思へば《そうなる因縁があるのだろうと思うと》、かくて《こうして》死なんも命はつゆ惜しからず。ただ横さまに《道にはずれて》人殺す人のゆくへ《行く末が》こそいとほしけれ《哀れだ》。まさに《「そんな人に」ほんとうに》よきことありなんや《幸福があるであろうか》」などやうにいふに、いよいよ腹立《はらだ》たしくなりて、つひにこの一人《ひとり》をば斬《き》り殺しぬ。さていま一人はこよなう《この上なく》悲しがりて、ひたぶるに《ひたすらに》泣き惑《まど》ひつつ、物も覚えず《前後不覚になって》ふし沈みて《涙にくれて》、額《ひたひ》に手を当てて、ただ「あが君《あなたさま》、命助け給へ、助け給へ」とのみ《とだけ》呼ばふにぞ《叫び続けるにつけて》、岩木ならぬ心はさすがにあはれと思ひなりて《思われてきて》、刀を棄《す》てて許しやりにける。

[四]これに準《なずら》へて詩と歌とのけぢめ《違いを》を思ひ分くべし《認識することができる》。かのかたはらなる人の、「さなせそ」とせちに《ひたすら》禁《いさ》めしは、もろもろの唐書《からぶみ》にうちつけに《直接的に》人の悪《あ》しきを戒《いまし》めたるがごとし。また一人《ひとり》が、殺すまじき理《ことわ》りを物によそへてのどやかにいひ知らせしは、詩のごとくなり。その

や強制ということがない、と考えた。徂徠が、孟子以後の儒学は議論によって人を説得しようとするので、主張が一方的で偏狭になりやすいと説いたことは、四〇四頁注三参照。また「藪震庵《やぶしんあん》に与ふ・七」(『徂徠集』二三)には、「およそ宋儒（朱子学者）の学問は、議論を主とする。議論を主とする者は、物の道理を究めることを大切に思う。物の道理を明らかにして、他人が自分のいうことを完全に理解できるようにしようと努める。それによって他人が説得され、自分のいうことに異議を唱えることがないように願う。これが宋儒の病根である」とある。さらに徂徠においては、議論による説得を旨とする孟子や朱子学と、相手のおのずからの納得を待つ先王の道との対比は、文学論の分野での、議論を主とする散文と、感情を表現する詩との対比とほぼ対応している。「崎陽の辺生に答ふ」(『徂徠集』二五)にいうところを要約すると、「散文は言語の論理に依拠し、詩は言語そのものの微妙なあやに依拠する。散文において論理をどんなに精密にしても、人の感情の複雑な変化を表現し尽すことはできない。言語の微妙なあやだけがそれを表現しうるのである。言語に対してその論理をだけ理解し、言語そのもののあやを理解できない者は、人の感情を知り尽すことはできないのである」とある。右のような、孟子・朱子学と先王の道との対比、散文と詩との対比を、宣長は詩と歌との対比に移したのである。

詩―理論による説得

歌—感動による説得

道理を聞きてかつがつ《どうにか》げにとは《なるほどとは》思ひながらも、なほよそのことなれば《［殺す者にとって殺されるのは］やはり人ごとだから》深く心にしまぬゆゑに、聞きいれてやむるまではえあらず《［殺すことを］やめるまでには至らなかった》。さてかの殺されんとする一人が物きよく《いさぎよく立派に》いへるもまた詩のごとし。おのれはつゆ《少しも》悲しからぬさまを見せ、ただ人殺す咎《とが》の恐ろしきことを思はせて、[一]難《なん》をのがれんと《逃れようと》はかれるところは《たくらんだ点は》賢《かし》こけれど、あはれなることなく《相手の気持に訴える点がなく》、なかなか《かえって》に憎《にく》く思はるる方《かた》あれば、いよいよ人の怒《いか》りを添《そ》ふるぞかし《増したのである》。大方唐人《おほかたからびと》のふるまひは、みなかうやう《こんなふうな》のたぐひなり。

さていま一人がひたぶるに悲しび惑《まど》ひて、ただ[二]たけき事とは「助け給へ、助け給へ」といへるは、歌のごとし。[三]まことに人わろく《みっともなく》女《め》々《め》しく、何の理りも聞えず《筋道も立っておらず》、いとかたくななる《たいへん愚かしい》わざ《行為》なれども、思ひがけずすずろに《いわれなく》殺されなんとする折の心のうち、まことは誰《たれ》もかかるべきわざにて《こうあるはずのことであって》、その悲しさをつつまず《隠さず》つくろはず《飾らず》、ありのままにふるまひたるゆゑに、その有様を目の前に見聞きては、[四]いかにたけ《荒々し》

一 この態度が単にいさぎよいだけでなく、狡智《こうち》を内にひそめていると説明するのは、四〇八頁注二に見るように、宣長が儒教の本質は偽善と狡智にあると考えていることによる。

二 猛烈に。激しく。『源氏物語』に見える慣用的表現。

三 第六六(四〇八頁)・六七項(四一一頁)参照。

四 『古今集』仮名序の、「たけきもののふの心をも慰むるは、歌なり」(四四二頁五〜六行目参照)を踏まえる。

五 四四五頁注四参照。

六 詩が物の道理をことさらに説くのに対して、歌は自然の情を表わすだけなので、かえって人を感動させるという主張は、宣長の古道論における儒教と神道との対比にそのまま対応している。『直毘霊《なおびのみたま》』『くず花』『玉くしげ』に説くところによれば、中国はもともと人の心の悪い国で、世が治まらなかったので、聖人がことさらに「道」という名目を立てて道理をうるさく説いたが、そのためにかえって教えが偽善的になり、強制的になり、人々は表面はそれに従うように見せて、内心では信じていなかった。わが国では神道を意味する「道」という言葉は本来存在しなかった。人々は素直で、天照大御神の御心のままに平和に暮し、おのずから道の行われた状態であったので、「道」という言葉をことさら必要とすることはなかったのであると。早く『古事記雑考』二「道てふ物の論」にも次のようにいっている。「(中国で) その聖人の道の制度のくはしくそなはれるは、めでたく貴《たつと》くは見ゆれども、もと己《おのれ》(聖人自身) もその道に背《そむ》きて人の国を奪へるものなれば (四〇八頁注二参照)、人もその教へに従はず。ゆゑに道は道と立てながら、従ひ用ゆる人なく、国のたすけとなることなければ、いたづらに代々の儒者の人をそしるさへづり草 (単なる議論の材料) となれり。…大御国は天照大御神の生《あ》れ坐《ま》せる大御国にして、…(代々の天皇が) 天つ神の大御心を大御心として、惟神《かんながら》(神そのものとして) 天下を安けく平らけく治め給ひ撫《な》で給ふ。これ、道あるがゆゑに道なきなり」。ここの本文で取り上げている「孝」について、数年後の宣長は『国歌八論斥非評《せきひひよう》』の「玩歌論《がんか》」のくだりで、たまたま次のように述べている。「父母によく事《つか》ふることを『孝』と名づけたるは、異国 (中国) の風俗悪《あ》しきゆゑなり。そのゆゑは、わが邦《くに》上代に『孝』といふ名目なし。ゆゑに『日本紀』などに正訓なくて、『おやにしたがふ』などと訓せり。『孝』と云ふことなきは、父母にはよく仕《つか》ふまつるべきものなり、大切にすべきものなりと云ふことは人ごとによく知りて、誰ありて父母を悪しくする者もなければ、格別に孝と云ひて教ふるには及ばざりしゆゑなり。唐国《からくに》は風俗悪しくて、ややもすれば父母を悪しくする者多きゆゑに、名目を立てて教へざれば父子の間乱れしゆゑに、かやうの名目どもは出で来しものなり」。

きもののふも（い武人でも）、その心を推量《おしはか》りておのづからあはれと思ふ心は出で来るなり。五かの兼輔卿《かねすけきやう》の歌などをここに引き合せて、万《よろづ》の事をも準《なずら》へ知るべし。

いはば詩は、ただ父母には孝《けう》を尽《つく》すべき理《ことわ》りを物にたとへなどして知らせたらんがごとし。聞く人げにさることとは（たしかにそのとおりだとは）思へども、あはれと思ふ方《かた》うすければ、なほ（やはり）心にはしむこと浅し（しみこむことが浅い）。すべて何ごともことさらにかまへ出でて（作為して）、事の道理をこちたく（ことごとしく）いひ知らせて人をさとさんと巧《たく》めることは、かへりて（かえって）げにと（なるほどと）思はぬこと多く、たとひ（たとえ）その折にはげにさもあることと深く思へるやうなるも、なほ（〔感動が〕）さめやすきものなり。(五二)

六しかるをこの歌は、かの「人の親の」とよめるやうに、親の恵《めぐ》みの深きよしをもいはず、孝を尽すべき理《ことわ》りをものべざれども、ただ子を思ふ心のゆくへを（行きつく先を）、物はかなくありのままに詠《なが》め出でたるにて、親の心のあはれに思ひやらるるゆゑに、誰《たれ》さとさねども（誰も教えないのだが）おのづからその恵みの深きことをも思ひ知り、孝《けう》を尽すべき理《ことわ》りをも悟るぞかし。これ[一]己《おの》が心から自然《じねん》に思ひとることゆゑに、心にしむこと浅からず。かくてぞ何ごとの道理をもよく明《あき》らめて、深く物の心は知ることなりける。されば歌《歌が》の人をも神をもあはれと思はすることの詩よりも深きことは、これらの心ばへ《趣き》をもて知るべし。

〔八二〕歌の実作の必要について

問ひて云はく、さらば世の人の心の趣《おもむ》きをわきまへ、事の心《本質を》を知るには、人のよめる《他人が詠んだ》古き歌どもをだに《さえ》もよく見ば《見るならば》、みづからはよま《詠まな》でもありぬべきことにや《くてもいいのであろうか》。

答へて云はく、昔は人の歌を聞きて、誰もみなよく意得《こころえ》[二]たれば、さもありつらめど《そうもあったであろうが》、近き世は《最近は》、〔人の歌を〕聞きてもみづからよまぬ人は、その心を得ぬこと多く、大方《おほかた》は《大体のところは誰もが理解できる歌でも》誰も心得られたる歌も、なほいささか《ちょっとした》の詞《ことば》の使ひざまなどに深きあはれのこもれるなどやうの、こまやかなることまではえしも聞き知らず《理解することができない》。ただ一文字《ひともじ》二文字[三]《一字二字の違いで》のけぢめにて、

一 荻生徂徠のいう「先王の道」が、四五〇頁注四で見たように、おのずから納得することを尊ぶのと同じ。

二 （歌の趣きを）理解したので。

三 四七二頁一一行目以下参照。

四 自分で歌を作ってみなければ、古人の歌を十分には理解できないという考え方は、荻生徂徠の影響によるものであろう。徂徠は、経書を正しく解釈するには古代中国語（古文辞）を完全に習得して、古代中国人の精神を追体験しなければならず、そのためには古文辞を用いた漢詩文を実作するのが最良の方法であると考えて、門人たちにも漢文の制作を奨励した。そういう面から徂徠学を古文辞学と称し、その門流を古文辞派と称する。古文辞派においては徂徠の指導によって

漢詩文の制作が流行し、江戸時代後期に漢詩文が隆盛となる契機を作った。『徂徠先生答問書』に、「ことに理屈より外《ほか》に君子の風儀・風俗といふもののあることは、これ（詩文）よりならでは会得《あとく》なりがたく候。……ことさらわが邦《くに》にて学問をいたし候へば、聖人と申し候も唐人、経書と申し候も唐人言葉にて候ゆゑ、文字（漢語）をよく会得つかまつらず候ては聖人の道は得がたく候。文字を会得つかまつり候ことは、古《いにし》への人の書を作り候時の心得になり申さず候へば済《す》み申さざる（完全にはできない）儀ゆゑ、詩文章を作り申さず候へば会得なりがたきこと多く御座候。経書ばかり学び候人はなかなか文字のこなれ（漢語の完全な理解）御座なく候ゆゑ、道理あらく、こはくるしく御座候（固苦しい）ことにて候。これによりて日本の学者には詩文章（の実作）ことに肝要なることにて御座候」と見え、また、「詩作（詩の実作）なされたきよし、よきお心付きと存じ候。上代の詩も後世の詩も同じことに候。詩作なされず候へば、『詩経』は済《す》み申さざる（完全には理解できない）ものに候」とある。宣長自身も生涯を通じて和歌の実作を怠らず、その作品は歌集『石上稿《いそのかみこう》』『鈴屋集《すずのやしゅう》』などに集成されている。なお、第八七項（四六四頁）参照。

こよなう《非常に》心ばへ《歌の趣きが》の変ることもあるものなれば、大方に見てはかひな《大ざっぱに歌を見たのでは無》きこと多し《駄であることが多い》。されば[四]みづからよみ《詠んで》験《こころ》みでは《経験せずには》、さやうのくはしきことは知りがたかるべし。

またおのれは《自分では》よまねど、才《ざえ》あり《学問があって》て古き書《ふみ》の心をさとし《理解し》、昔の歌の詞《ことば》をよくよく学び心得たる人はいかにといふに、それもさることに《たいしたことで》はあめれど《はあるが》、なほ昔の歌の意《こころ》を得ること浅し。みづからよむにつけてこそ、古き歌一つ見るにも心のつけやうこよなく深くて、真《まこと》の味《あぢは》ひのよく知らるるものなれ。すべて歌は人の心の底より出でたるものにて、ただ何となくはかなき《何ということのないちょっとした》一言にも、限りなきあはれのこもれることもあるわざなれば、ひとわたり聞き得たるばかりにては《通りいっぺんに理解しただけでは》うはべのことにて、なほ深き心は見えがたかるべきわざなるをや。

〔八三〕歌を詠むのは人として当然のわざ

問ひて云はく、今、世の中を見るに、歌よむ人にもなさけ知らぬ《情趣を解さない者が》が多く、よまでも心ばせよき《詠まなくても気立てのよい》人多かれば、必ずよみつべきものとし《詠まねばならないものとまでは》

も思はれず。大方《おほかた》ははかなきすさびごとにて《取るにたりない慰みごとで》、なほ物の用に立つばかりのわざにはあらぬか。

答へて云はく、[一]世下《くだ》りては《時代が下ってからは》、この道もただ琴笛《ことふえ》の遊び、はかなき《たわいのない》万《よろづ》のたはぶれごと《遊びごと》と同じ物のやうになり来《き》ぬる中にも、ことに今めかしからず《時代遅れで》、くすしき《奇妙な》わざとのみ、人ごとに《誰もが》思ひ棄《す》てて、必ずよまむものとも思へらねば《思っていないので》、日にそへて《日がたつにつれて》心を寄する人はいと《大変》少なくなんなりゆくめる。さるは《その実》万《よろづ》の遊びたはむれとひとしなみに定むべきわざ《同じようなものだと決めてよいもの》にはあらず《ではない》。

生きとし生ける物はみなあるべきわざなる中にも《[歌うということは] 皆あるはずのことである中にも》、人はことに心深きものにて、また常に[二]事わざしげき世の中なれば《物ごとの多い人間世界であるから》、事に触《ふ》れてあはれと思ふこと絶えずしあれば《とぎれることなくあるので》、見る物聞く物につけておのづから歌はよまるる理りにて《理屈であって》、上《あが》れる代《よ》は《遠い昔は》さらにもいはず《いうまでもなく》、[三]中《なか》ごろとなりても《平安時代以降になっても》、よき悪しき変りこそあれ《歌のよしあしの違いはあるが》、高きも下れるもその身のほどほどにつけて《[身分の] それぞれ身分や立場に応じて》、とあるごとには《何かあるごとに》誰《たれ》もみなよむことになんありける。そは《それは》

一 『排芦小船』第二二項は本項の母胎となった文章であるが、以下八行目までの記述に対応する部分を引用する。『排芦小船』の方が慨嘆の口調が激しい。「しかるに今の世はこの道（歌道）も技芸の一流のやうになりて、一向えよまぬも恥とも思はず、ただこの道学《まな》ばずと云ふにてすまし、何とも思はず。また、よむ者もただその同志の者とばかり互ひによみかはし、常の人のもとへはよみてやることもなし。歌好まぬ人のもとへ、事にふれて歌を贈りなどするは、かへりてをこがましき（愚かしい）こととせり。悲しいかな、悲しいかな。鳥虫に至るまで、折節《をりふし》につけてそれぞれに曲節ある音《ね》を出だし、己《おの》れ己れが歌謡をなすものを、人間として一向よむことあたはざるは、恥づべきのはなはだしきにあらずや。よまでも事たると思ふは、はなはだあぢきなし。また無益《むやく》のことなりとて、己れがよまざるさへあるに（自分がよまないだけでなく）、人のよむをさへ譏《そし》りにくむは、風雅を知らざる木石のたぐひ、人情にうときこと、いはむ方《かた》なし」。

二 『古今集』仮名序の、「世の中にある人、事わざしげきものなれば、心に思ふことを、見る物聞く物につけていひ出だせるなり」という一節を踏まえる。二八〇頁一二行目以下参照。

三 今と昔の「中ごろ」。宣長の用語としては「中古」「中昔《なかむかし》」と同じ意味と見てよい。『紫文要領』二二六頁注三参照。

四 『排芦小船』第三九項も本項の母胎となった文章

であるが、日本人にとっては漢詩を作るより和歌を作る方が自然であると述べたくだりがあって、それは本項では省かれている。その部分を引用する。「まづ詩は唐土の事なり。いかに（唐土の事情に）通達したればとて、人の国わが国、言語も通ぜぬことなるを、意を以てしひて通ずるなり。その通じやうも後世はだんだん巧者になりて、書物を取りあつかひ意を通ずること、昔とは大いにまさりて（中国との差が）近きやうなれども、されども本《もと》が根から違うたことゆゑ、わが国の事のやうにはゆかぬ道理なり。ことに詩は言語にあづかる事、彼の国にては、平仄《ひやうそく》四声《しせい》（漢字一字一字の発音やアクセント）明らかに、風調声音ことごとくよし悪しともに生れつきのわが物なり。それをこの方《はう》（日本）にてたとひいかほど奥旨《あうし》に通じても（理屈の上で完全に理解しても）、襪《したうづ》（靴下）をへだてて痒《かゆ》きをかくことをまぬかれず。たとひ彼の国へ行きて直《ぢき》に学んでからが、本《もと》から持ちて生れたる情を持ちて生れたる言語にて連《つら》ぬるとは大いに違ひあり。……されば同じ風雅に従事せんとならば、人の国のまはり遠き詩より、わが邦《くに》自然の和歌に心を用いんことこそ、あらまほしきことなり。これ愚按（自分の考え）の存ずる旨なり。されども人心はその面《おもて》のごとく人々異なれば、好む方《かた》に従ふべきなり」。本書『石上私淑言』では、漢詩の、儒教に引かれて道理を説くという歴史的性格を嫌う気持が強くなったので、右のようなことはわざわざ書くにも及ばないとされたのであろう。

四 ことさらにならひ学《まね》ばねども、神代《かみよ》よりおのづからさるべきことなれば、今の世に下《くだ》りても、ひたすら《まったく》物の心知らぬみどりごだに《赤ん坊でさえ》、声うち長めてつづしり《たどたどしく》歌ふわざはするぞかし。人のみにもあらず、心のある限りははかなき鳥虫にいたるまで、折ふしにつけて声をかしく《美しく》さへづりあひつつ、おのがじしの《めいめいの》詠《なが》めはなすものを《歌詠みはするものなのに》、人としてむげに《まったく》この道知らざらんは、いと恥づかしきわざにはあらずや。

しかるをよまでも事たりなんと《[歌を]詠まなくても差支えないと》思ふは、つゆ《少しも》物のあはれを知らぬ岩木《いはき》のたぐひとやいはまし《といおうか》。霞《かすみ》とともに春たちかへる朝《あした》より、雪のうちに年の暮れゆく夕《ゆふべ》まで、物ごとに何かはあはれならざらん《どんな物でもどうして情趣深くないことがあろうか》。あたら花鳥《はなとり》の色をも音《ね》をもいたづらに《むだに》見聞きすぐして《見すごし聞きすごして》、一言《ひとこと》の詠《なが》めもなく空《むな》しく明かし暮さんは、いみじういふかひなく口惜しき《残念な》ことなりかし。折ふしごとにあはれにもをかしくもうち覚えむことに触《ふ》れて、よくも悪《あ》しくも一言つづり出でて、思ふ心をのべたらんは《述べたならば》、うき世の思ひ出《い》で、何ごとかはこれにまさらん《これにまさることが何かあるだろうか》。

しかあるのみにあらず《そうであるだけでなく》、先々《さきざき》[一]もいへるやうに〔歌は〕さまざまの用《よう》《効用》あることにて、ことに人のならひ学ぶべきはこの道なり。まして国を知り《支配し》人をも治めん人は必ずよまでは《詠まなくては》かなふまじきわざなり。また外《ほか》の万《よろづ》の業《わざ》は、いかにめでたくし得たらんも《立派にやりとげられたとしても》、生《い》ける世の限り《生きている間だけのものであって》こそあらめ、よし《たとえ》名ばかりは空しく〔死後にまで〕とどまりても、〔その事は〕まことに後の世までは《実際には後世までは》残りがたし《残りにくい》。されば人の国にも《外国にも》文《ふみ》[二]の道をのみ万世《よろづよ》朽ちぬわざ《永久に朽ちることのない事業》にはすめるやうに《と考えるように》、久しき代々《よよ》をへだてても、語りつぎ書きも伝へて見る時は、間近くその折の有様を見聞くがごとく、その人にあふ心地《ここち》して、すずろに《ただもう》涙の落つるも、ただこの歌になんありける。さはあらずや《そうではないか》。

［八四］　歌には偽りが必要

問ひて云はく、歌は心に思ひ余ることをよみ出づることそ本意《ほい》ならめ、今の世のやうに、さらに《まったく》思ひもかけぬことを《思ってもいないことを》心も詞《ことば》もいたく《たいそう》飾りて艶《えん》によみなすは《わざと美しく詠むのは》、みな偽り《いつは》にて、いささかも実《まこと》なければ、さらに用なきことにはあらずや《まったく無用のことではないだろうか》。

一　第七九項（四四一頁）参照。

二　『文選《もんぜん》』五二に収める魏《ぎ》の文帝の「典論」に、「文章は経国《けいこく》の大業、不朽《ふきゅう》の盛事なり」とある。

三　三〇八頁注一参照。

四　『古今集』仮名序の四四二頁所引のくだりを踏まえる。

五　宣長によれば、実情を偽り飾らずありのままに表現するのが歌の本来の姿であるが、同時に宣長は、人の心の規範を、感ずべきあわれを感じとることのできた古人の心に求め、後代の人は心が賤しくなって感ずべきあわれを感じとることができなくなっていると規定するので、後代の人は心を偽って古人を模倣しなければいけないとも主張する。窮極的には、模倣を続けているうちに古人と同化し、古人と同じように

答へて云はく、本《もと》のやう《本来のあり方を》を尋ぬれば、ただ心にあはれと思ふことをいひのぶるが歌なれど、それもただの詞《ことば》のやうにみだりに《やたらに》いひ続くるものにはあらず、必ず[三]詞に文《あや》をなして、ほどよく詠《なが》め出づるを歌とはいふなり。そは《それは》わざと巧《たく》むとしもなけれど《というわけでもないのだが》、あはれと思ふことの深き時は、おのづから詠《なが》め出づる詞に文《あや》はあるものにて、その詞の文《あや》ありうるはしきによりて《端麗であることによって》、深き情《こころ》もあらはるるゆゑに、それを聞く[四]神も人もあはれとは思ふぞかし。さればあはれと聞かれむことを思へば《願えば》よき歌をよまむとするゆゑに、世の《時代が》下《くだ》るにしたがひて《さがるにつれて》いよいよ心をも詞をも飾るにつけては、おのづから[五]偽《いつは》りも多くなりて、つひには心に思はぬことをもよむことにはなれるぞかし。

そのゆゑは、昔今と世のうつり変るにつけては、人の情《こころ》も詞《ことば》もしわざもともに変りもてゆくこと多きを、歌はただ心に思ふ筋《すぢ》をいひのぶるものぞとて、今の人の心を今の詞もてありのままによみたらんは、今の世に賤《しづ》の女《め》・童《わらは》べの謡《うた》ふ小歌・はやり歌などいふものの

感ずべきあわれを感じとれるようになり、模倣は模倣でなくなるのであるが、その過程では歌の本来の姿と矛盾する偽りを余儀なくされる。それゆえ宣長はこの「偽り」ということにこだわって、『排芦小船』において執拗《しつよう》に説明をくり返している。その一例は『紫文要領』二二六頁注六所引の『排芦小船』第四二項。また『排芦小船』第二項にいう、「思ふ心をよみ表はすが(歌の)本然なり。その歌のよきやうにとするもまた、歌よむ人の実情なり。…よき歌をよまむと思ふ心より、詞《ことば》を選び意《こころ》を設けて飾るゆゑに、実《まこと》を失ふことあるなり。常の言語さへ思ふ通りをありのままにはいはぬものなり。いはんや歌は程よく拍子面白くよまむとするゆゑ、わが実《まこと》の心と違《たが》ふことはあるべきなり。その違ふところもすなはち実情なり。そのゆゑは、心には悪心あれども、善心の歌をよまむと思うて、よむ歌は偽りなれども、その善心をよまむと思ふ心に偽りはなきなり。すなはち実情なり。たとへば花を見て、さのみ面白からねど、歌のならひなれば随分面白く思ふやうによむ。面白しと云ふは偽りなれど、面白きやうによまむと思ふ心は実情なり。しかれば歌と云ふものは、みな実情より出づるなり。よく(上手に)よまむとするも実情なり。よくよまむと思へど、よくよめば実情を失ふとて、悪けれど(下手だけれど)ありのままによむ、これ、よくよまむと思ふ心に違うて、偽りなり。されども、(上手に詠んでは)実情を失ふゆゑにありのままによまむと思ふも、また実情なり」。

一 神道では、神は「まこと」を嘉納《かのう》するものとされた。菅原道真の詠と伝える道歌に、「心だにまことの道にかなひなば祈らずとても神や守らん」とある。

二 本項の「答へ」は「問ひ」に対して正面から答えていない。『排芦小船』第九項が、本項と同趣旨の問いに対して正面から答える問答になっているので、引用する。「問ひて曰はく、実《まこと》をおいて（さておいて）詞《ことば》をのみ飾りよまば、いかによき歌なりとも鬼神《おにがみ》を感ぜしむることはあるまじ。答へて曰はく、天地《あめつち》を動かし、鬼神を感ぜしむることとは、情《こころ》の深きと、歌のよきと（の両方）を以てなり。いかに情が深きとて、『悲しかりけり悲しかりけり』など（単純に）いひて、鬼神は感ずまじ。深切なる心情より出でて、その歌しかも美《よ》ければ、おのづから（鬼神の）感応もあるべし。また詞のみいかほど優美なりとも、情のなきも感応はあらじ。情意深く、歌ざまうるはしき時は、聞く人もおのづから感心し、天地をも動かし、鬼神も感応すべし」。

三 頭注でしばしば指摘してきたように、宣長は儒教の偽善と賢《さか》しらをきびしく批判したが、その批判の中に、物の道理は明らかにしうるものであるという前提に立って、何ごとをももっともらしい理屈で説明しようとする儒教の態度（つまり儒教的、特に朱子学的合理主義）は、人智を越えたこの世界の深遠な真実に対する謙虚さを欠くものであるという主張がある。この

さまにて、いと賤《いや》しくきたなき歌なるべし。さやうならんは《そのような歌は》たとひ《たとえ》実《まこと》の情《こころ》よりよみ出でたりとも、よも《よもや》神も人もあはれとは聞かじ。されば後の世の賤しき心詞《こころことば》にては、よき歌はよみ出でがたきゆゑに、古《いにしへ》への雅《みやび》やかなる心詞を学びならふによりて、今思ふと違ふことも《今思っていることと違うことも》多ければ、おのづから偽《いつは》りごとになりぬるやうなれど、もとより歌は詞《ことば》をほどよくととのふる道なれば、後の世には必ずかくなりゆく《このようになりゆく》べき《はずの》おのづからの理《ことわ》りなり。

〔八五〕

中国風の賢《さか》しらで神意を推測してはいけない

問ひて云はく、歌よみて神をも人をもあはれと思はすることは、さもあるべし《そのとおりだろう》。されど人こそは詞のよきをめでつべけれ《好むだろうけれど》、[一]神はただ深き実《まこと》の心をこそ受け給ふべきことなるに、詞のうるはしきをあはれと聞き給ふといふこと、いと心得ず《まったく納得がいかない》。

[二]答へて云はく、[三]大方《おほかた》目にも見えぬことを、これはかくあるべき《こうあるはずの》理《ことわ》り、それはさはあるまじき《そうはあるはずのない》理《ことわ》りなどと思ひいふは、もとみな唐文《からぶみ》の

主張は、儒教の賢しらな議論が物のあわれを知る心を抑圧することへの反撥と結びついており、したがって、儒教的合理主義批判と因になり果になり合う形で、物のあわれを知る心は神秘主義的傾向を帯びる(四〇八頁注二参照)。儒教批判と表裏の形で天照大御神信仰が深化する中で、この神秘主義的傾向は、この世界の万事は神意に支配されており、人智をもって解釈することは絶対に不可能であるという不可知論となった。その論は、儒者ないしその影響を受けた当時の神道家たちの、記紀の神話を合理的に解釈しようとしていろいろ理屈をつけたり、あるいは逆にお伽噺《とぎばなし》扱いしたりする態度に対する批判として、『くず花』と『玉くしげ』に整った形で見られるが、早く『本居宣長随筆』二の第七一九項にも次のようにいっている、「神の事をとかく理を付けて論ずるは大なる誤《ひがこと》なり。奇異の事あるを見て、今日凡夫の智恵を以てこれを臆量して、あるまじきことと思ふよりして、かれこれと今日の常理を以てこれを論じ、説を設けて義理を付くること、心得ぬ事どもなり。すべて神は神妙不測なるものなれば、奇異あることは固《もとよ》りその処《ところ》なり(当然だ)。凡夫の小き心よりして、すこし常理に異なる事あれば、疑ひを生じて信ぜず。今日眼前に見るところの理より外《ほか》に妙理あることを知らざる小量(小さな量見)の惑《まど》ひなり。…己れが凡夫の小量の知識を以ては、なかなか神の妙理は測りがたかるべし」。

心ばへ《考え方》なり。すべて唐国《からくに》の人は、何ごとも己《おの》が心もて、常に目に近く見聞くものにつきて万《よろづ》の道理《だうり》を考へもとめて、大方《おほかた》思ふに違はぬ《その道理に照らし》ことどもも多きを見ては《て予想通りの事どもも多いのを見ては》、天地《あめつち》の間《あひだ》にありとあることは《存在するすべてのことは》この理《ことわ》りに漏《も》るることなしと《はずれることはないと》思ひ定めて、万《よろづ》を見るゆゑに、いささかも《すこしでも》思ふに違《たが》へることに当りては、あやしみ疑ひて、あるまじきことと思ふなり。

さて此間《ここ》の人も《わが国の人も》、その国の書《ふみ》どもを見ならひて、それをいみじき《立派なことと》ことに思ひそめては《いったん思ってしまうと》、おのづからその心ばへ《考え方》にうつりつつ、後には物学《まな》ばぬ愚かなる人まで見ならひ聞きならひて、世はなべてその心《概してそういう考え》にのみなりて《方ばかりするようになって》、かの唐人《からびと》の推量《おしはか》り言《ごと》を天地の始めより動かぬおのづ《変ることのない自然》から《の》の理《ことわ》りと思ひしみたり《思いこんだのだ》。されば今、神は心の実《まこと》をこそ受け給ふべけれと思ふも、やがて《すなわち》この唐文《からぶみ》の心にて、ひとわたり《一応は》誰《たれ》もげに《もっとも》と思ふことなれど《だと思うことではあるが》、大きなるひがこと《あやまり》なり。

そのゆゑは、天地の間にあることの理《ことわ》りは、ただ人の《普通の人間の》浅き心にてことごとく考へ尽すべきにあらず。[一]いかに智《さと》り深く才賢《ざえかし》こきも、人の心は及ぶ限りのあるものなれば《考えの及ぶ限界のあるものであるから》、古《いにし》へのいと賢こき唐《から》の聖人《せいじん》の、心を尽して深く考へ定めていひおかれたることの、後の世までゆるぐまじく《動揺するはずがなく》、誰《たれ》も誰もさるべきことと《もっともなことと》深く信じたることも、はるかに違ひて《まったくはずれて》、思ひの外なる《予想外の》ことも多かるわざなるをや《事がらも多いということをどうしよう》。かの神代《かみよ》にありけん《あったであろう》さまざまの霊異《あやし》き事どもなどをも、この唐書《からぶみ》に迷ひはてたる後の世の人の心から、あるまじきことと疑ひつつ、己《おの》が推量《おしはかり》にさまざまの理《ことわ》りを付けて、つきづきしく《もっともらしく》説《と》きなすは、いとも恐《かし》こくおほけなきことにて《分をわきまえない》、神の道には大きにそむけることとなり。

[二]そもそも神は、人の国の《外国の》仏《ほとけ》・聖人《せいじん》などのたぐひにあらねば、世の常に思ふ道理をもてとかく思ひはかるべきにあらず《あれこれ臆測してよいものではない》。神の御心《みこころ》はよきも悪《あ》しきも人の心にてはうかがひがたきことにて、この天地《あめつち》の内のあらゆることは、みなその神の御心より出でて、神のしたまふことなれば、人の思ふとは違ひ《人間が思っているのとは違い》、かの唐書《からぶみ》の道理とははるかに異《こと》なる

一 儒教（朱子学）の理屈癖・議論癖に対する宣長の反撥が徂徠学から示唆を得ているのに対応して、宣長の不可知論もまた、徂徠学の不可知論から示唆を得ている。『徂徠先生答問書』上に次のような一節がある。「風雲雷雨に限らず、天地の妙用は、人智の及ばざるところに候。草木の花咲き実《みの》り、水の流れ山の峙《そばだ》ち候より、鳥の飛び獣の走り、人の立居《たちゐ》、物をいふまでも、いかなるからくりといふことを知らず候」。これを、四〇八頁注二所引の『古事記雑考』二「凡例」の一節と読み較べるならば、両者の類縁は明白である。徂徠は、この世界のすべてを理屈で解釈しようとする朱子学の合理主義が、人智を越えて複雑に分裂する人間生活や人間の内面に人智で考え出した偏狭な理（道理）を押しつけ、それらを理で拘束してしまうことをきびしく批判した。朱子学流の勧善懲悪論で歴史を割り切った朱子の史論『資治通鑑綱目《しじつがんこうもく》』について次のようにいう。「『通鑑綱目』を見候へば、（その厳格な道徳論のため）古今の間、気に入り候人、一人もこれなくなり申し候。…そのうへ『綱目』の議論は、印判にて押したるごとく、格定まり、道理一定して、押し方極まり申し候。天地も活物《くわつぶつ》（生き物）に候、人も活物に候を、縄などにて縛りからげたるごとく見候は、まことに無用の学問にて、ただ人の利口《りこう》（口の達者なこと）を長じ候までにて御座候…」（『答問書』上）。この批判は必然的に、人間のさまざまな事実は道理によって割り切ることはできないという不可知論を成立さ

ことも多きぞかし。さればわが御門《みかど》にはさらに《天皇はまったく》さやうの理《ことわ》りがましき心をまじへず、賢《さか》しだちたる《賢こぶった》教へを設《まう》けず、ただ何ごとも神の御《み》心《こころ》にうちまかせて、万《よろづ》をまつりごち給ひ《統治なさり》、また天《あめ》の下《した》の青人草《あをひとくさ》[三]もただその大御心《おほみこころ》を心として《天皇の心を自分の心として》、なびきしたがひまつる《なびき従い申し上げる》、これを神の道とはいふなり。されば歌の道もよしなき《くだらない》唐書の道理を捨てて、この心ばへをもて思ふべきことなり。

〔八六〕 **古えの情・詞を学ばねばならない**

問ひて云はく、今の世の情詞《こころことば》をもてよみたらんこそ《詠むのこそ》耳近《みみぢか》くて、なほ《まだしも》今の人はあはれと思ふべけれ《思うであろうが》、うるはしとても《端麗であるといっても》古《いにし》への情言葉《こころことば》は、もの遠《どほ》くて人の聞き知らぬこと多かるべきにや《多いのではないだろうか》。

答へて云はく、人をあはれと思はするはもはら《もっぱら》歌の本意《ほい》なり《本質だ》。されどまた耳近く心得やすきをもてしひて《理解しやすい心詞をもって無理に》あはれと思はせむとするは、道の心に《歌道の》違《たが》へり。そのゆゑは、心詞《こころことば》のうるはしく雅《みやび》やかなる《雅やかなのを愛して》にめでてあはれと思ふこそ歌の徳《とく》には《有意義な点なのであって》ありけれ、その詞のよき悪《あ》しきにか

せる。朱子学が合理主義の形をとる江戸時代中期の思想状況のもとでは、その道徳的厳格主義の抑圧から人間性を救済しようとすれば、不可知論を主張するほかなかったのである。宣長における天照大御神に当るものとして、徂徠は、人間を含めてこの世界をしかく不可思議なものであらしめている「天」を敬い、天の意図を汲み取って「道」を作った古代の「聖人」を崇拝する。すなわち徂徠学における聖人とは、人間の道徳的理想像ではなく、特殊な能力を持った、人間とは隔絶された歴史的存在（つまり先王）である。『弁道』第二一項に、「先王の道は、天を敬し、鬼神を敬するに本《もと》づかざる者なし。…後世の儒者は、知を尚《たつと》び、理を窮《きは》むるを務めて、先王・孔子の道壊《くつ》れぬ。理を窮むるの弊は、天と鬼神と、みな畏《おそ》るるに足らずとし、しかうして己《おの》れはすなはち傲然《がうぜん》として天地の間に独立するなり。これ後世の儒者の通病《つうへい》（共通の欠点）にして、あに天上天下唯我独尊ならずや。かつ茫茫《ばうばう》たる宇宙、果して何ぞ窮極せん。理はあに窮めてこれ（宇宙）を尽すべけんや。その（後世の儒者が）我ことごとくこれを知ると謂《い》ふ者も、また妄《まう》なるのみ」と論じている。

二 万事は神意に出る、つまり善だけでなく悪も神のもたらすところであるという考え方から、善のみをもたらす仏・聖人との違いをいう。四四三頁注六参照。

三 人民。記紀に見える語。

かはらず、ただ耳近《みみぢか》く人の意得《こころえ》やすかるべき方《かた》によみなしたらんは、たとひ《たとえ》人はあはれと思ふとも、一そは《それは》歌の徳《とく》にはあらず。ただの詞《ふつうの言葉で》もてくはしくいひ聞かせたらんも同じことなり。ここのけぢめ《区別》をよくよく思ひわきまふべし。

二さてうるはしく雅《みやび》やかなるさまによまんとするには、必ず古《いにし》への情言葉《こころことば》ならではかなひがたし《心と言葉でなくてはうまくいかない》。後の世の心詞《こころことば》は賤《いや》しくきたなきこと多ければなり。この二つを取り並べたらんには、いかに物の心《物事の趣きを》知らぬ三山賤《やまがつ》も、聞き知らぬながらなほ《やはり》雅やかなる方をばめでたし《美しい》とは聞くべし。ましていささか《すこしでも》も物のいふかひあらん人は《とりあげるに値するほどの人は》、いかでか《どうして》賤しき方をばよしとは思ふべきぞ。

〔八七〕 **古人の心を学ぶことの必要性**

問ひて云はく、さらば詞《ことば》は古《いにし》へを学《まな》びもせよ、情《こころ》さへ古へを学べといふこと心得ず《合点できない》。そのゆゑは、言葉は代々《よよ》に変りて、古へのは雅《みやび》やかに、今のは俗《いや》しければ、さもありぬべし《そうもあるだろうが》、情《こころ》は古へも今も変る

一 歌の徳（歌の人間にとって有意義である点）が、単に思いを晴らすというだけのことであるなら、心情・表現の雅俗はどうでもよいということになるが、実はそうではないのだという論。『排芦小船』第四一項に、「歌の徳」について次のようにいう、「古《いにし》へは詞《ことば》も意《こころ》も素直にやさしく、雅やかなり。後世にいたるほど、詞も情もきたなくなりもてゆくなり。されば和歌は、古への雅意雅言を失はず、後世までも上代に変らぬ面目なり。…常にこの道（歌の道）に心をゆだね、（歌を）もてあそびて、『伊勢』『源氏』『枕草子』『狭衣』なんど、その外《ほか》あはれなる文ども、常に読みなんどすれば、おのづから心も艶《えん》にやさしくなりゆきて、古人の心になりゆき、花鳥に心をとどめ、月雪に目を喜ばし、四季折々のうつり変る有様、その外うき世のうれしき悲しきにつけても、おのづから心とどまり、趣きもあるやうになりゆけば、よみ出づる歌も（古人の模倣を脱して）自然の情になりもてゆくなり。さればこの歌の徳、ただ性情をのべて思ひを晴らすのみならず、古昔の風雅に化して、古人の心になり、古人の詠吟をなすこと、何よりの勝事（すばらしいこと）ならずや」。

二 古えの心・詞はうるわしく雅やかであり、後世のそれは賤しくきたないという考えは、前近代の意識に一般的な尚古《しょうこ》主義を土台とするが、宣長の場合はその上に、『源氏物語』に対する絶対的

ことあるまじければ、今思ふ心をよまむも何ごとかあらん《何の不都合があるだろう》。古への情《こころ》とて別《こと》にあるべきかは《今と異なっているはずがあろうか》。

答へて云はく、四世の有様は、古《いにし》へも今も人の国も《外国も》わが国も、五貴《たか》きも下《くだ》れるも、いたく変るけぢめなく《非常に変っているというほどの差はなく》、大方のことは同じものなり。されどまた時代《ときよ》にしたがひ、国ところの《地方地方の》風俗《ならはし》により、またはその身のほどにつけて、人はおのづからなすわざもいふ言の葉も、変るところもあるものにて、古へと今とをくらべ見れば、何ごともこよなくなれる《格段に違っていることが》こと多し。

さて情《こころ》ばかりは変れることもなきやうなれど、それはた《それもまた》こまかにいへば人ごとに変りありて、親子はらから《兄弟》といへどもはら《まったく》同じ心なるもなきものにて、みなとりどりなり。そのごとく時世《ときよ》につけても、そこはかとなく《どこがそれということもなく》変り来ぬることもいと多し。今の人の思ふままなる心をよみ出でたる歌を、古《いにし》へのにくらべ見れば、たとしへなく《たとえようもなく》鄙《いや》しくきたなくて、さらに《まったく》同じものならぬを見ても、そのけぢめは知る《違いは知ることがで》

信頼が加わっている。『源氏物語』はそのすぐれた心・詞によって物のあわれの限りを描き尽しているので、これを学べば物のあわれを知る心を完全に体得することができ、したがってよい歌を詠むことができるという信頼感が、『源氏物語』の心・詞を、ひいては古えの心・詞一般を、規範の位置に押し上げている。『紫文要領』一三〇頁・一三五～八頁参照。

三 木こりや猟師など山中で生活するもの。身分がいやしく風情を解さないものの代表としていう。

四 以下の論、『紫文要領』一一〇頁注一参照。

五 身分の高貴な人も下賤な者も、の意。

べし《きる》。今と古《いにし》へとの人の心ばへを思ひわきまふることは《識別することは》、歌よむ人のむねとすべきわざなるを《第一としなければいけないことなのに》、古《いにし》への情《こころ》と別《こと》にあるべからずと《異なっているはずがないと》思ふはいみじき《非常な》ひが心得なり《あやまった認識である》。なほ《やはり》よき歌は、詞《ことば》のみならず心も必ず古《いにし》への雅《みやび》やかなるを学ばでは、出で来がたか《生れてきにくい》《ン》べいことなり《はずのことである》。

さてこの人情《ひとごころ》一の古《いにし》へと異《こと》なること多きも、時代《ときよ》の風俗《ならはし》に引かれて、いつとなくうつり変り来ぬるものなれば、今の人もまたこの道に《歌道に》入りて、明《あ》二け暮《く》れ古《ふる》き集《しふ》ども《歌集類》または物語文《ものがたりぶみ》などをもてあそびつつ《愛好しつつ》、その心ばへをよくよく味《あぢは》ひて、己《おの》れもそのさまによみならひ、ひたすら古《いにし》へに心を染《そ》めて、年月を重《かさ》ぬれば、目《ま》のあたり古《いにし》へ人《びと》を友としてまじらひむつぶも《交際し親しくするのと》同じことにて、おのづからその趣《おもむ》きにうつりつ《とりた》つまことの雅《みやび》やかなる心も出で来て、今むげに《まったく》雅《みやび》を知らぬ人はこと《次》に《てて》面白しとも見ぬ月雪にも心とまりて《興味が引かれて》、あはれと思はるるやうになりもてゆく《第になってゆく》こと多し。さてよみ出でん歌は《そうなってから詠み出す歌は》もはら《まったく》偽《いつは》りにしもあらず、まことの詠《なが》めなり《歌である》。

一「ひとごころ」の振り仮名、底本のまま。

二 昔の歌集や物語に心をひそめ、昔風に歌を詠みつつ、年月を重ねると、いつのまにか模倣を脱して古人と同化し、古人の心をもって歌が作れるようになるという論。『紫文要領』一二三頁六行目以下参照。この論は、荻生徂徠の古文辞学から示唆を得ている。四五四頁注四で見たように、徂徠は経書を正しく解釈する前提として、古代中国語に習熟すべきことを主張したが、習熟の極は古人と同化するに至ると説く。『学則』第二則に次のようにいう、「私は于鱗《うりん》氏（明の李《り》攀龍《はんりよう》。徂徠の古文辞学の先駆者）の教えを奉じて、古代を見つめつつ修辞を研究し、習熟に習熟をかさね、時間をかけるほどにそれと同化して、表現も精神もすべて似るようになった。表現も精神もすべて似てしまえば、目で見、口で言うことが、古代中国の人と何の違いもなくなる。こうなった後は、千年以前の人でも朝晩つきあうことができる。これを、わが身を孔子の時代におき、子游《しゆう》、子夏《しか》などの人々について親しく授業を受けるというのである。これを、古人と同じ仲間に入るというのである」（日本の名著『荻生徂徠』の口語訳による）。宣長の文章に「目のあたり古へ人を友としてまじらひむつぶ」とあるのは、徂徠が「千年以前の人でも朝晩つきあうことができる」（原文「千歳の人、旦莫《たんぼ》（暮）に之に遇《あ》ふ」）といったのをそのままとったものである。徂徠のこの考え方からは賀茂真淵も影響を受けていて、『萬葉考』巻頭の「萬葉集大考」にいう、「ここに古き世の歌ちふものこそ、古き代々の人の心詞《こころことば》なれ。この歌、『古事記』『日本紀』らに二百ばかり、『萬葉集』に四千余の数なむあるを、言は雅《みやび》にたる古言《ふること》、心は直き一つ心のみになんありける。かれ（ゆえに）まづこの万《よろづ》の言の葉にまじりて（『萬葉集』を愛読して）年月をわたり、おのがよみ出《づ》る言の葉も心も、かの中にもよろしきに似まくほりつつ（似せたいと願いつつ）、顕身《うつそみ》の（『世』の枕詞）世の暇《いとま》ある時はかつ見かつよみつつ（一方では『萬葉集』を読み、一方では実作し）この中に遊ばひをるほどに、古《いにし》への心詞の、おのづからわが心に染《そ》み、口にもいひならひぬめり。いでや千五百代《ちいほよ》にも変らぬ天地《あめつち》にはらまれ生《お》ふる人、古への事とても心詞の外やはある。しか古へをおのが心言《こころことば》にならはし得たらん時、身こそ後の代にあれ、心詞は上つ代に帰らざらめや（帰らぬということがあろうか）」。

三 四六四頁注一参照。

四 歌というものは本質的に表現の美を求めるものであるから（三〇八頁注一参照）、古人を模倣してよい歌を詠もうとすることは歌の本質にも合致している、の意。

五 古来歌道に設けられてきたさまざまの制禁（歌に詠んではいけない事がら、用いてはいけない言葉などについての規則）をいう。

これはた《また》[三]歌の徳《とく》によりて、今のきたなく賤《いや》しき情《こころ》の変りて、うる《端正で》はしく雅《みやび》かなる古《いにし》への情《こころ》に化《な》れるなれば、古《いにし》へのを学《まね》ぶは、始めは偽《いつは》りごとに似たれども、つひに《最後には》まことになりて、また[四]詞《ことば》を文《あや》なす《飾る歌の》道の心にもかなふなり《道の趣旨にも適合するのだ》。されば歌よまむ人は、とにもかくにも古《いにし》への雅やかなる心詞《こころことば》に情《こころ》を染めて、その趣《おもむ》きをならふべきことなりかし。しかるを、今思ふことをありのままによむをのみ実《まこと》の歌と思ふは、かへりて《かえって》道の心《歌道の本質》にかなはず。心詞《こころことば》俗《いや》しくきたなきは、神も人もあはれと思はねば、いたづらごと《無用のこと》となりと知るべし。

〔八八〕
歌の制禁について

問ひて云はく、歌は思ひをのぶる《表現する》道なれば、世の中にありとあり《たくさんあって》て、目にも耳にも触《ふ》るる限りは《限りの物事は》、心にまかせて広く何ごとをもよまむこそ本意《ほい》ならめ、ひとへに古《いにし》への歌にのみかかづらひて《とらわれて》、古くよ《むかし詠ま》まぬことは《なかったことは》今もよむまじき《詠んではいけない》もののやうになれるうへに、なほいと所《窮》せき《屈な》[五]掟《おきて》ありて《制約があって》、さまざまにいふはいかにぞや《どういうものだろう》。広き道をことさらに狭《せば》くなすにはあらずや。

答へて云はく、ひとわたり《一応》誰《たれ》もさ思ふ《そう思う》ことなり。されど先々《さきざき》もくりかへしいへるごとく、もとより歌は詞《ことば》をほどよくととのへ文《あや》なして《飾って》、聞く人をあはれと思はする道なれば、いと上《かみ》つ代《よ》[一]といへどもなほ《やはり》巧《たくみ》はありて《技巧はこらして》、ただの詞とは異なり。まいて世《ましてて時代が》下《くだ》りて《さがって》、ひたすらよき歌よまむとするにつけては、必ず心をも詞をもいたく択《えら》びととのふることは、さるべき《当然そうなるはずの》おのづからの理《ことわ》り《道理である》なり。さて心も詞もよきを択ぶとなれば、よむべきこと少なくて狭《せば》くなるも、また必ずさるべき理《ことわ》りぞかし。

大方天地《おほかたあめつち》の間《あひだ》にありとあること、みなよみつべけれど《詠もうと思えば詠めるのではあるが》、その中にはよみてわろきことが《詠んでは不都合なことが》多きゆゑに、択《え》り棄《す》つるなり。こは《これは》歌のみにもあらず、万《よろづ》のことにわたりて、よきは少なきものなれば、多かる中にはわろきがまじるわざにて、それを棄つれば必ず〔残るものは〕少なくなることなり。されば よき歌をよみ出でむと思ふ人は、今の[二]所せき《窮屈な》掟《おきて》を守《まぼ》

一 『排芦小船』第四八項には、「実情に文《あや》をなしていふが歌なり。しかる時はまつたく巧みなきにはあらず。上古なほ然り。いはんや『萬葉』の頃の歌は、なほなほ巧みはあるなり」という。また『紫文要領』二二二頁注三参照。

二 宣長は数々伝えられてきた歌の制禁を無批判に墨《ぼく》守《しゅ》しなければならないと思っているのではない。うるわしく雅やかな歌を詠む上で有益な制禁を肯定しているのであって、伝授がらみの無意味な制禁には反対した。たとえば歌を「つつ」「かな」の語で結ぶことは初心者にはむつかしいということで、堂上歌学では「てには伝授（助詞の使い方についての伝授）」が済まない間はこれを禁止した。これに対して『排芦小船』第一二項にいう、「『かな』どめ・『つつ』どめのこと、堂上にて『てには伝授』すまざる先には許されずと云へり。地下《ぢげ》にてもはばかることとなり。按ずるに、これ聞えぬ（理屈に合わない）ことなり。いづれの時、誰云ひ出でたることにや。『かな』どめとて格別にむつかしきことは、かつてなきことなり。初心の歌にも『かな』にてよくとまる歌多し。…もし『かな』ととめて、とまらぬ歌（『かな』のすわりが悪い歌）と見たらば、その歌につきて添削せんに何事かあらん（何か不都合があろうか）。一概に禁ずるは心得ぬことなり」。なお、後年の著書『玉あられ』の「歌の部」は、

歌の用語について心得ておくべきことを記してあって、宣長自身が設けた歌の制禁ともいいうる。例をいくつかあげると、「やすめ詞《ことば》（調子をととのえるために添える言葉）の『し』文字、置きざま悪しきはいと聞き苦しきものなり。近き世の歌に、『道しある世』など多くよむ。これら、『道しあれば』といふ時は『し』文字優《いう》なるを、下を『ある』と（連体形に）いふところに置きては、こちなく（無風流に）聞ゆるなり。余（その他）もこれになずらへてわきまふべし。すべてかやうのこと、古への歌をよく考へて使ふべきなり」。「近き世、いまだしき（未熟な）人の歌に、『落葉して』とよむことあり。ひがことなり。『もみぢして』とはいへど、落葉に『して』といへる例なし」。

三『玉あられ』の「歌の部」に、「同じき雅言《みやびごと》の中にも、文章に用いて歌にはよむまじきも多し。たとへば『ふみをやる』などといふことは、雅言ながらも歌にはよまぬ詞なり。すべて『ふみ』のことをば、古へのよき歌どもには『水茎《みづぐき》』『玉章《たまづさ》』『跡《あと》』などのみよみて、『ふみ』といふことは、あるいは『まだふみも見ず天の橋立』などやうに、『橋を踏みゆく』ことなどによせて（懸詞《かけことば》にして）こそよみたれ、ただに『ふみ』とは、をさをさ（決して）よまざりき。また答へすることを『いらへ』といふは、文章には常のことなれども、古へのよき歌にはをさをさ見えず」とある。

〔八九〕心・詞ともに俗を避けなければいけない

るがうへにも、なほ《さらに》わろきをはぶき棄てて、よきが中にもよきを求め、うるはしく雅《みやび》やかなる心詞《こころことば》を択りととのふべきことにこそあれ《選んで美しく表現しなければならないのだ》。「よむべきこと少なし。この道狭《せば》し《窮屈だ》」などいふは、この心ばへを深く思はぬなり。悪しきをいはずは《悪いことを気にしなくていいのなら》、何ごとかはよむべからざらん《どんなことでも詠めないことはない》。

問ひて云はく、意《こころ》も言《ことば》もともに古《いにし》へのを学《まね》びて、いづ方も《どちらも》雅やかならんことを求むる中にも、まづ意《こころ》をむねとすべきか《第一とすべきか》、また詞《ことば》を先《さき》とせむか。

答へて云はく、意も詞もともに雅やかにととのへて、ひたすら俗《いや》しきをば択《え》り棄つべきことなり。その中に詞の俗しきは知りやすく、意の俗しきは分《わか》れがたきもの《認識しにくいもので》にて、近き世の歌にはそれが多く見ゆるなり。さるは《それは》むげに《むやみに》俗しきことをよむにもあらざれど、ただの言[三]にいひては艶なることの《美しいことで》、歌によみてわろきがあるなり《歌に詠むとよろしくないことがあるのである》。

その大むねをいはば《大体のところをいうと》、まづ人のしわざ《行為》などをあまりくはしくこまやかによみとらんと《詠みあらわそうと》すれば、必ずくだくだしく俗《いや》しきことのあるなり。なほその外《ほか》も古《いにし》への歌どもをよく見て味《あぢは》ひ知るべし。さるを《それなのに》そのわきまへなくて、ひたぶるに《ひたすら》珍らかなるさまをよみ出でむとするゆゑに、ともすればかの俗しき意《こころ》のまじるぞかし。いかに珍らかなりとも、意の俗しからんはいとわろき歌なり。されば後《のち》の世《よ》のむげに《まったく》俗しきことはさるものにて《問題外として》、古《いにし》への雅事《みやびごと》の中にも、歌には《歌としては》俗しく聞ゆることのあるを、よくわきまへ知りて択《え》り棄《す》つべし。大方《おほかた》意を雅やかによまむとするには、このけぢめを知るをむねとすべし《違いを知ることを肝要な点としなければならない》。

しかるに中ごろ《平安時代以来》よりこなた、[一]先達《せんだち》の意詞《こころことば》の中に意をむねとするにつきて教へらるるやうは《お教えになるには》、[二]ただ詞をのみ艶《えん》に飾りてよむほどに、意のさだかならず《はっきりせず》おぼつかなく《不確かで》、あるは《あるいは》[三]詞のほどよりは意のさしも《それほど》深からぬなどをぞ戒《いまし》められたる、これもまたさることなり《もっともなことだ》。いかに雅やかなればとても、何ごととも心得がたからんは《何を詠んだのか理解できないというのは》いと無徳なるべし《まったく意味がないであろう》。されどそは大方の人のうへのことなり《それは普通の人の場合である》。[四]中ごろなどの《平安時代以降の》すぐれてめ《立派》

一　四七二頁注一参照。
二　室町時代の歌論書『竹園抄』に、「乱思病とは、歌の心聞えず（はっきりせず）、理のなきなり。歌といふは、道理を宗《むね》として、その上に詞を厳《かざ》るべし。しかるに理の聞えざらむは、歌にあるべからず。よくよく嫌ふべきことなり」と見える。『宝暦二年以後購求謄写書籍』によると、宣長は宝暦四年（一七五四）五月、『竹園抄』を書写している。
三　『俊頼髄脳』（三九二頁注四参照）に、「おほかた歌のよしといふは、心をさきとして、珍しき節《ふし》を求め、詞を飾りよむべきなり。心あれど、詞飾らねば、歌面《うたおもて》（歌のうわべ）めでたしとも聞えず。詞飾りたれど、させる節なければ、よしとも聞えず」と見える。
四　以下に、歌は深い情趣が表現されていることが第一であって、歌意が明白であるかどうかということは本質的な問題ではない、と述べるのは、次に心より詞が重要であると述べることと並んで、宣長の歌論の特徴的な主張である。宣長が「さて『新古今』はこの道（歌道）の至極せるところにて、この上なし」（『排芦小船』第五九項）と、『新古今集』を讃美するのも、この主張にもとづくものであろう。『新古今集』には表現の美を旨として歌意が必ずしも明瞭でない歌が多い。宣長の『新古今集』注釈書である『新古今集美濃の家づと』には、「詞めでたし」という評語が頻出して、歌意とは切り離して表現だけを称賛する。たとえば「高瀬さす六田《むつだ》の淀の柳原緑も深く霞む春かな」

（巻二、七二番歌）について、「詞めでたし。淀の水の深きに迎へて（応じて）、緑も深く霞むとなり。下の句、詞はめでたけれど、心（意味）まぎらはしく聞ゆ。そのゆゑは、深く霞みて、柳の緑の色を隔つる意なるべきなるに、『緑も深く』といへるは、霞むゆゑに緑の深きと云ふやうに聞ゆればなり」とある。

五　はっきりとはしていないのも、沢山あるようだ。

六　文章語と歌語の違いを知れということ。四六九頁注三の『玉あられ』の引用は、「文の詞を歌によむ事」と題する項からのもので、続けていう、「文章にてはめでたき詞も、歌によみては賤しきがあるぞかし。また同じ言も、文と歌にていひざま、続けざまの変るべきも多し。しかるを近き世の人はすべてこれらのわきまへなく、歌にはよむまじき詞を好みよみて、それをかへりて珍しくをかしきことに思ふめり」。

七　『愚問賢註』（三一二頁注三）に、「歌は心を先とすべきか、詞を先とすべきか、古来先達さまざまに申して侍るめり。『八雲御抄《やくもみしよう》』（順徳院著の歌論書）、『歌をよむに思ふべきこと六あり』とて、『一、心を先とすべきこと』と侍るは、詞は後かとおぼゆるほどに、『一、詞を先とすべきこと』と侍るは、また心は次かとおぼゆ。所詮前後あるべからざることなり。…心に風情を得ることも難《かた》く、風情を得て詞をなすことも難きなり。所詮人のいまだよまざる風情を、やすらかに艶なる詞にて続くべきなり。しかあれば心詞ともに得がたし」。

で《な》たき歌には、意《こころ》のいたく確かに[五]あらはにはあらぬもあまたあ《ン》めり。歌は底ひもなく深き心のあはれさを、ただ一言二言にも詠《なが》め出づるわざにて、ほのかなる所にいひしらぬ味《あぢは》ひはこもるべきことなれば、すぐれたらん《すぐれてさえいるならば》うへはもとより《当然》さりぬべきこと《そうあってもよいのである》なり。されば隠れたる《〔表現の中に〕隠れた》くまなく《部分がなく》、理《ことわ》りあらはに聞ゆるをのみ《意味がはっきりとわかる歌をだけ》いみじきことにすめるは《立派だとするのは》、なほ二《に》の町《まち》のことなりかし《二流の考え方である》。

また詞《ことば》はわきまへやすきゆゑに《区別しやすいために》、むげに《むやみに》俗《いや》しき《〔言葉は〕》は使はぬことにて、昔も今も雅言《みやびごと》のみなれど、これはた《また》その中にも[六]ただの語《ことば》と歌語《うたことば》の変《違》り《い》あるを、近き世にはそのけぢめ《区別》を知らで《知らずに》よめるも多し。よく心を《注意し》つ《て》けて、よきがうへにもよき詞《ことば》を択《えら》ぶべきことなり。いささか《すこしでも》もきたなき詞《ことば》のまじりつれば、一首のさまこよなう《この上なく》劣るわざなり。

意より詞の方が重要

さてこの[七]意《こころ》と詞《ことば》とは、昔よりとりどりに定めて《いろいろに論定して》、いづれを先ともいひがたきことなるが、まづ意《こころ》をむねとせよといはんは《いうのは》げに《なるほどと》と聞えて、誰《たれ》もひとわたり《一応は》さもありぬべきことと《そうあるのが当然のことと》思ふべけれど、いまひとたび思ふに、一なほ歌は詞《ことば》を先《さき》とすべきわざになんありける。そのゆゑは、俗《いや》しき意《こころ》を雅《みやび》やかなる詞にはよみがたきものなれば《詠みにくいものなので》、詞をだにも雅やかにととのふれば、おのづから俗しき意はまじらず。また意はさしも《それほど》深からねど、二詞のめでたき《美しさ》に引かれては、あはれにすぐれたる歌常《つね》に多かれど、詞わろくてよきはなきものなり《言葉がよくなくて秀れた歌というのはないものだ》。さればい《だからどちら》づれとなき中に、しひて《が大事ということもないのだが》いはばなほ詞をぞむねとはすべかりける《第一のものとしなければならない》。

〔九〇〕**古い心詞を珍しく詠みなす**

問ひて云はく、昔より数知らずよみおきつる代々《よよ》の歌に、心も詞もよきことはみな尽きたるべきを《みな詠み尽されているであろうに》、なほさのみ古へにのみかかづらひて《そのように昔の歌にばかりこだわって》よまむには、いひといはんことみな《いうことはすべて》早く《すでに》古《ふ》りぬることにて《古びてしまっていることで》、今は何の珍しげもなからん《ないと思うが》はいかに《どんなものか》。

答へて云はく、さにあらず《そうではない》。三幾《いく》たびよみ古しつる心詞《こころことば》も、ただ一《ひと》文字《もじ》二《ふた》文字をあらぬさまに《違ったふうに》もとりなし《変えて》、いささかの《ちょっとした》けぢめにも《違いにでも》こよ《この上》なう《なく》珍らかに聞えて、目さむる《新鮮な》心地《ここち》するは、歌なり。さるを何のふ《それなのに何も目立》

一　詞を先とするということは、宣長の歌論の重要な主張の一つである。古来の歌論は、心・詞ともに重要であるが、どちらかを選ぶとすれば心を先とする、と論ずるのが優勢のようである。藤原公任《きんとう》の『新撰髄脳《しんせんずいのう》』に、「心・姿、相具することかたくば、まづ心を取るべし」、藤原定家の『毎月抄《まいげつしょう》』に、「所詮心と詞とを兼ねたらむをよき歌と申すべし。心詞の二つは鳥の左右のつばさのごとくなるべきにこそとぞ思う給へ侍りける。ただし、心詞の二つをともに兼ねたらむはいふに及ばず、心の欠けたらむよりは、詞のつたなきにこそ侍らめ」とある。この時期の宣長が『新撰髄脳』や『毎月抄』を見ていたかどうか明らかでないが、『新撰髄脳』の右のくだりは『悦目抄《えつもくしょう》』に引用されており、細川幽斎の談話を門人が聞書きした『細川玄旨《げんし》聞書《ききがき》全集』（延宝六年刊）の巻二「心詞なにをさきとすべきやの事」に、『毎月抄』の右のくだりが引用されている。『宝暦二年以後購求謄写書籍』によれば、宣長は宝暦三年（一七五三）に『悦目抄』を銀八分で、同十二年に『聞書全集』を銀三匁五分で購入している。ところで宣長が詞を先とするという歌論を抱懐したのは、荻生徂徠の古文辞学が、四六六頁注二に見たように、古語に習熟すれば古人と同化すると説いて、古語をきわめて重視したことに示唆を得たものである。

二　四七〇頁注四で見た宣長の『新古今集』評価参

しなしとて《った点がないといって》いひくたすは《けなすのは》、むげに歌見知らぬ者のことなり《まったく歌を味わうことのできない者のすることだ》。さる人はよき悪《あ》しきをもえ見分《区別》《わ》かぬものなれば《できないものであるから》、よき歌を聞かせたらんも何のかひなし。諺《ことわざ》に「猫《ねこ》に金《こがね》見する」とかやいふらん《いうような》心ばへなり《趣きである》。

四近き代にはそのたぐひのみ多くて、すこし人にも知らるるほどにもなりぬれば、人と同じさまならんを見だてなく《見ばえがしないと》思ひて、せめて《無理やり》今めかしう《現代風で》目驚くふし《奇抜な点を》をよみ出でむとのみするほどに、聞きもならはぬ《聞きなれない》あやしき《奇妙な》すがた《歌風や》詞を《用語を》好みて、いみじきことに思へる《すばらしいことと思っているのは》、いとあぢきなきわざなり《ひどくくだらないことだ》。

五ただ幾《いく》たびも古き心詞《こころことば》をやがて《そのまま》珍しくよみなすこそ、上手《じやうず》にはありけれ。幾万代《いくよろづよ》を経《ふ》とも、六心の種《たね》し絶えざらば《こそ尽きないならば》この言の葉は尽《つき》すまじきわざなれば、よくよまむ人は今も行末《ゆくすゑ》も、古《いにし》への心詞ながら《心と言葉のままで》なほ今めかしく珍らかなる歌は出で来つべきものをや《出てきそうなものであるのに》。さればよきことは早く《もはや》尽きたらんと思ふは、なほ己《おの》が堪へざるなり《自分ができないのだ》。すべて世に《概して世間並み》抜け出でぬる人は《から抜け出したすぐれた人は》、何わざにも己《おの》が思ひ得たることをば、この《これ》外《ほか》あ《以》

照。

三『八雲御抄』六に、「させることなき（どうということのない）ことをよくいひ続け、珍しからぬことをも新しく云ひなすべきなり。昔よりよみきたりたる詞、いづれかはいはば（どれをとったからといって）珍しかるべき。ただいひなしがら（表現のしかた）によりて、珍しきなり」（流布本による）。『宝暦二年以後購求謄写書籍』によれば、宣長は宝暦二年以前に『八雲御抄』を銀五匁で購入している。

四『排芦小船』第五九項で、近世（室町時代を指していっている）になって、「飛びたる（とっぴな）」歌風が出現したと述べる。『紫文要領』二二八頁注二参照。

五『紫文要領』二三二頁一行目以下参照。

六『古今集』仮名序の「やまと歌は人の心を種として、万《よろづ》の言の葉とぞなれりける」という一節を踏まえる。二八〇頁一〇行目以下参照。

らじと思ふものなれど《外のことはあるまいと思うものだが》、なほ限り《〔人の智恵は〕》あれば、世は広《ひろ》きものにて思ひのほかにすぐれたるもまた多く出でまうで来るわざなれば、この道も末《すゑ》の代《よ》とてみづから《自分から》思ひ棄つべきにあらず《あきらめてはいけない》。心を入れて深く学ばば、古《いにし》へのめでたき《すぐれた》歌にまされるもなどかはたえて出で来ざらん《どうして絶対生れてこないと言《こ》いうことがあろう》。

「花」と「実」〔九一〕

問ひて云はく、歌に「花《くわ》」「実《じつ》」といふことのあめる《あるが》を、そのけぢめ《区別》はいかに心得、またいづれを先《さき》とすべきにか。

答へて云はく、これもと《これは元は》唐書《からぶみ》より出でたることにて、歌には『古今』の真字序《まなじよ》に、一「其《そノ》実《み》皆《みな》落《おチテ》、其《ノ》花《はな》孤《ひとり》栄《さかユ》」とあるより、常に人のいふことなれど、何の用なきことなり《まるで無用のことである》。されどその心ばへ《趣旨》をいかにといはば、二『左伝《さでん》』てふ文《ふみ》に「華《くわニシテ》而不レ実《じつナラ》」とあるを、三「言《ことはノ》過《すギタルナリ》二其《そノ》行《おこなひヨリ》一」となん杜預《どよ》は注したりける。この道に《歌道で》いふもその心にて《意味で》、四「花」とはただ詞《ことば》をのみ華やかに飾るをいひ、「実」とは心のまこと《誠実である》しき方《かた》をいふめり。

一 歌における心の誠がなくなってしまい、表現の華やかさだけが流行する、の意。四三四頁所引の仮名序の一節に対応するくだり。

二 『左伝』は『春秋左氏伝』。『春秋』の注釈書。引用文は文公五年の条に見える。

三 いうことが実際の行動より誇大である、の意。晋の杜預《どよ》の『春秋左氏経伝集解《けいでんしつかい》』の、上のくだりに対する注。宣長は宝暦二～四年、堀景山の塾で行われた『左伝』の会読に出席している。

四 藤原定家の『毎月抄』に、「いはゆる『実』と申すは心、『花』と申すは詞なり」とあり、『細川玄旨聞書全集』二の「心詞なにをさきとすべきやの事」に引用されている。

五 平安末・鎌倉初期の歌人。

六 後鳥羽院の命で建仁元年（一二〇一）から同二年にかけて行われた歌合。ここにあげる顕昭の判詞は巻一八の一三〇四番についてのもの。宣長は宝暦十二年にこの書を銀十五匁五分で購入してはいるが、早く『排芦小船』第九項にもこの判詞を引いているので、恐らくは何かの歌論書からの孫引きであろう。なお底本、「千五番」。意によって改める。

七 本文にいうとおり、もとは『詩経』の大序に「詩に六義あり」としてあげられている詩の六つの分類、風・賦・比・興・雅・頌のことであるが、『古今集』真名序に「和歌に六義あり」と述べて、この六つの用語をそのまま借用してある。仮名序では「そもそも歌のさま、六つなり。漢詩《からのうた》にもかくぞあるべき」といい、右の六つに対応させて「そへ歌・かぞへ歌・なずらへ歌・たとへ歌・ただごと歌・いはひ歌」をあげ、かつそれぞれに例歌を添えている。仮名序では「そへ歌」以下の六つの名目に定義をほどこしておらず、詩の六義の定義を、そえ歌＝風、かぞえ歌＝賦というようにそのままあてはめたにしても、例歌が必ずしも適切とはいえないので、六つの名目の定義、それと例歌との関係をめぐって、やかましい論議が起った。

八「六義」をめぐる論議を無用のことと断じた先行歌論は未詳。『古今集』仮名序の古注（二五六頁注一参照）に、六義それぞれの例歌が不適切であると述べてきて、締めくくりに「おほよそ（和歌が）六種《むくさ》に分れむことは、えあるまじきことになむ」とある。後年の『玉勝間』一二の「歌に六義といふ事」に、この文章を引いて、「この一言にて六義の論は尽きたるべし」とあるから、古注に示唆を得た宣長の創見《そうけん》か。賀茂真淵の『古今和歌集打聴』もこの古注に触れて、「『萬葉集』・この集（『古今集』）を委《くは》しく見るに、六種十種などには限るまじく、風体もさまざま異なるが見ゆ」といっている。

九「例の」は『源氏物語』などに見えるいい方で、「例のように」の意。真名序が中国詩論の用語を借用するとの指摘については、第七八項（四三七頁）参照。

さればいづかたも《どちらの面も》欠けては悪《あ》しかりぬべきことなる中に《悪いはずのことである中で》、なほいづれを先とすべきぞといふに、「実」のなくて「花」のみならんは《花だけであるのは》、よにわろきことなれば《非常によくないことであるから》、「実」をむねとせよ《第一とせよ》といはむは、人ごとに《誰もみな》げにと《もっともだと》思ふべけれど、なほ歌は「花」をなん先とすべきわざなりける。大方《おほかた》上にいへる心と詞《ことば》との心ばへ《趣旨》に同じかるべし。これを木草《きくさ》のうへにたとへていはば、まづ花咲かで《先に花が咲かずに》実《み》のなることはなきものなれば、実を要する《求める》につきても、まづ花をこそ咲かすべきものなりけれ。[五]顕昭法橋《けんぜうほつけう》が[六]『千五百番の歌合《うたあはせ》』の判《はん》の詞《ことば》に、「花実をたくらぶるに《比較すると》、歌は尤《もと》も《当然》花を先とすべきにこそ」といへる、さることぞかし《もっともなことである》。

〔九二〕「六義」の論は無用のこと

問ひて云はく、「[七]六義《りくぎ》」はいかに。

答へて云はく、[八]これをこの道の大事と心得るは、ひがこと《あやまり》なり。さらに《まったく》用なきことと知るべし。これももと唐国《からくに》にて詩のさまを分《わか》てることにて、『詩』序に見えたり。さるを『古今』真字序《まなじょ》に[九]例の取り用いてその名をあげたるを、仮名序にも取りて、その六種に分ち（六種類に分けて）当てて歌をさへ（当てはめて例歌までを）なん出だされたりける。されど「六義《りくぎ》」のことは、[一]唐国《からくに》にてだに（中国でさえ）代々《よよ》の博士《はかせ》どものとりどりにいひて（学者たちがいろいろに説を立てて）、そのさま確かに定めがたきことなれば、まして歌にうつして（応用して）とかく定めんことは（あれこれ論定するのは）、えあるまじきわざになん（不可能なことなのである）。されば[二]本文と注とに出だせる歌を並べて見るにも、いたく（非常に）違へることのみなり（〔趣きが〕違っていることばかりだ）。ましてその後《のち》の人々のとりどりに定めたることども、いづれ（どの説が）よしとも聞えず。中に一つ二つは心ばへの（趣旨が）通《かよ》へる（共通する）こともありもすらめど、[三]まさしく（きちんと）六種《むくさ》にはいかでか（どうして）は分つべき（分けられよう）。もとより（もちろん）歌にはさることさらに（そんなことはまったく）なければ、いかに深く考ふとも、まことに当れる（正しい）説はよに（非常に）出で来がたかるべし。説の出で来たりとても何にかはせむ（それが何になろう）。ただ知らでをありなん（ただ何も知らないでいるのがよい）。

〔九三〕 **古来の説であっても誤りは正す**

問ひて云はく、[四]前にもここにも、『古今』序に見えたることどもを信《う》けぬさまにいはるるはいかに。古《いにしへ》[五]朝廷《おほやけ》の詔《みことのり》をうけて、[六]歌仙

一 詩の六義についての、中国における歴代の論議に宣長が通じていたわけではなく、契沖が『古今余材抄』で『詩経正義』その他を引用して詳細に論じているのを読んでの言。しかしここで直接に宣長の念頭にあったのは、中国の学者ではなく、伊藤仁斎《じんさい》と荻生徂徠の説の違いであろう。仁斎の「詩説」（『古学先生文集』）に六義についての説があり、徂徠の『蘐園《けんえん》随筆』四にその説が紹介され、同じ徂徠の「宇士茹《うしじよ》の問ひに答ふ」（『徂徠集』）に、「詩の六義、仁斎先生これを得たりとなす（理解しているようだ）。ただその説なほいまだ安からざる（穏当でない）者あり」といって、自身の説を述べてある。『本居宣長随筆』二の第一四二項に『蘐園随筆』のその個所が、第一四〇項に「宇士茹の問ひに答ふ」が抄録されている。

二 仮名序の古注で、「そへ歌」「かぞへ歌」以外の四つについて、本文であげられている例歌が適切でないとして、新たに例歌をあげてある。

三 『玉勝間』一二の「歌に六義といふ事」に、「そは（それは）かの唐《もろこし》の詩にならひて六種《むくさ》には分けたれども、さらにかなはぬ（筋の通らない）事どもにて、『そへ歌』といひ、『なずらへ歌』といひ、『たとへ歌』といへるなど、この三つはみな同じことなるを、かの詩の六義の名どもに当てむとて、しひて分けたるものなり。また『いはひ歌』をこのうちに入れたるも当らず。もし『いはひ歌』を入れれば、

とある貫之《つらゆき》などのいひおかれしに、さしも浮きたることは《そんなに根拠のないことは》あるまじければ、なほ深きゆゑ《いわれ》あるべきを、末《すゑ》の代《よ》の人としてたやすく《安易に》もど《非難し》きいはむは《ていうのは》、いと《非常に》畏《かしこ》くおほけなきわざなるべし《畏れ多く身の程をわきまえないことであろう》。すべて先達《せんだち》の言はただそのままに守りてありぬべきものをや《いなければならないものであるのに》。

答へて云はく、このことは前[七]にもいへるぞかし。まづ歌仙の説な《説であ》らんからに《るからといって》、よにひがことは《けっして誤りは》あらじと《あるまいと》かたく《頑なに》思ふこと、いと《たいへん》愚かなり。貫之とてひがことなかるべきにあらず。[八]されば人の国には《外国では》、古《いにしへ》への人のいへることも、誤りあればはばかることなく《遠慮することなく》幾《いく》たびもさらに考へて、後の世によき説の出で来ること多し。人賢《かし》こくて学問をよくするゆゑなり。

わが御国《みくに》は[九]さこそいへ上つ代のおほどかなりし《おっとりとしていた》人心《ひとごころ》の名残《なご》りにて、なほもの学ぶにくはしからず、かやうの心ばへなどをとかく定め《こんな六義などということの趣旨などをあれこれ論定》おきたるも《しておいたのも》、今見ればいと浅々しく《浅薄で》はかなき《取るにたりない》ことのみ多かンめり。さて後《のち》にそのよき悪《あ》しきをわきまへて、立ちかへり《くりかえし》深く考へ直さんとす

『恋歌』『悲しびの歌』などをも入れずはあるべからず」という。

四 第七八（四三七頁）・八〇項（四四六頁）参照。

五 『古今集』撰進の勅命。

六 歌仙といわれるほどの。

七 四四八頁四行目以下参照。

八 これまでたびたび否定してきた中国人の賢《さか》しらな議論癖について、ここでは、それは誤った旧説を打破するという肯定的側面もあると、評価している。おっとりして素直なわが国民性の、誤った旧説までも素直に受け入れてしまってきびしく正そうとしないという、否定的側面に苛立ってのことであろう。後年の『玉勝間』一四の「宋の代、明の代」にも相似た論があって、いう、「唐《もろこし》の国、宋の代に至りては、万《よろづ》の事理屈三昧《ざんまい》にして、国政につきても何につけても、無用の空論のみなり。明の代の人はまた見識ひらけて、宋の理屈のわろきことを知り、また古へより世々の物知り人の説の、誤り、心もつかざりしことなどをも見つけたる人多きは、珍しきことなり」。ただしこの文章は、「されどつひにまことの道をば知る人なくして、その代（明朝を指す）終りぬるは、神の御国にあらざるがゆゑなり」と結ばれている。

九 そうはいうものの。四一九頁三行目以下参照。

る人もなく、ただ古き[一]説《さだめ》をのみひたみちに《ひたすらに》信じて、わろきことをもなほあるやうあるべしと思ひ《やはりそのようにいういわれがあるのだろうと思い》、またはそれを飾りつくろひてしひてよきにとりなし《無理によいことのようにとりつくろい》、あるは心得ぬことのうちまじりたるなどをば《あるいは理解できないことがまじったりしているのなどを》、なかなかに《かえって》[二]秘事《ひじ》などとてえもいはぬことに《極めて素晴らしいことのように》いひなしなどする、いとあさましきわざなり《あきれたことである》。さればひとたびあらぬさまに《とんでもなく》誤《あやま》りぬることは、正《ただ》しき方《かた》に立ちかへるべきよしなければ《契機がないので》、道は年月《としつき》にそへて《年月がたつにつれ》ただ暗くのみなりもてゆく。いと悲しきわざにはあらずや。

しかるに今[三]四方《よも》の海波しづかに、吹く風の騒ぎなき御世《みよ》にて、下《しも》が下までさはる方なく《何ものにも妨げられず》心のどかに何わざもならひ学びつつ、古《いにしへ》にもまさりて万《よろづ》の道の栄《さか》ゆく折からなれば、[四]古き書《ふみ》をよく見てその心ばへを深く考ふれば、古へ人《びと》のいひおきしことのよき悪しきも《正しいか間違っているかも》、いとよく分《わか》るることなるを《区別がつくことなのに》、なほ一偏《ひとやう》に先達《せんだち》の言《ことば》をのみ信じて、まことのさまをば深く尋《たづ》ねん《究明しようとも》ものとも思ひたらぬは《思っていないのは》、いと口惜しく《残念で》いふかひなく《話にもならず》、道のためもいと心憂きわざになむ《心配なことである》。

一 「さだめ」の振り仮名、底本のまま。
二 秘説。伝授。『紫文要領』三八頁四行目以下参照。
三 「四海波静かに、吹く風枝を鳴らさぬ御代なれや」と謡曲『高砂』にあって、天下太平をいう時の決り文句。
四 『玉勝間』二「師の説になづまざる事」に、四四八頁注一引用部分に続けていう、「宣長は、道を尊《たふと》み古《いにしへ》へを思ひて、ひたぶるに道の明らかならんことを思ひ、古への意の明らかならんことを主《むね》と思ふがゆゑに、（師説を批判して）私《わたくし》に（個人的に）師を尊む理《ことわ》りの欠けむことをばえしもかへりみざることあるを、なほわろしとそしらむ人はそしりてよ。そはせん方《かた》なし。われは人にそしられじ、よき人にならむとて、道をまげ、古への意をまげて、さてある（そのままにしておく）わざはえせずなん。これすなはちわが師の心なれば、かへりては師を尊むにもあるべくや。そはいかにもあれ」。この項に続けて、「わがをしへ子にいましめおくやう」の項があって、いう、「われにしたがひて物学ばむともがらも、わが後《のち》にまたよき考《かむが》への出で来たらむには、必ずわが説になづみそ（とらわれてはいけない）。わが悪しきゆゑをいひて、よき考へを広めよ。すべておのが人を教ふるは道を明らかにせむとなれば、かにもかくにも道を明らかにせむぞ、われを用ゆるにはありける。道を思はで、いたづらにわれを尊まんは、わが心にあらざるぞかし」。

〔九四〕　後代の歌も心は古代の歌に同じ

問ひて云はく、前《まへ》に[五]「歌は詞《ことば》のいひざまこそ世々《よよ》に変り来ぬれども、いふことの心ばへは、神代《かみよ》も今も同じことにて、この道のみ今もなほ神の御国《みくに》の心ばへを失《うしな》はぬ」といへること、いと心得ず。古《いにし》への歌はまことにおほどかに、直く雅《みやび》やかにてあはれなるを、中《なか》ごろよりこなたのは、詞《ことば》も心もいたく巧《たく》みにて、こちたく賢《さか》しだちて、くらべみるにさらに同じからぬにや。

答へて云はく、[六]それは変りたる所をのみいひて、変らぬ所を知らぬなり。大方《おほかた》世のうつりゆくにしたがひて、歌[七]のさまも一様《ひとやう》ならぬは、おのづからさるべき理りにて、いたく変り来つるなり。されどそは早くいひ古しつることを、[八]新しくとりなさむとするままに、同じ心ばへもいひざまによりてすこしづつ変りゆき、またいたく巧[九]みに心深くなりつつ、その中には体《さま》のよき悪《あ》しきなどもまじりもすめれど、それもただ同じことを珍らかにいひなせるばかりのけぢめこ

おっとりしていて　真直で　平安時代からこちらの歌は　非常に　技巧的で　ごてごてと　賢ぶって　まったく似ていないのではないか　そうあるはずの道理であって　それはすでにいい古したことを　新しいもののように作り上げようとするにつけて　気持も複雑に　目新しくいいこしらえたという程度の違いはあるだろうが

五　第七〇項（四一八頁）参照。

六　『排芦小船』第四六項では、「時世の人情につれて、和歌も変化すると云ふこと、聞えざる（理屈に合わない）ことなり。そのゆゑは、人情と云ふものは、全体古《いにしへ》へも今も、唐《から》も天竺《てんぢく》（印度）もこの国も、変ることなし。みなみな富貴を願ひ、貧賤をいとひ、美色を悦び、美味をむさぼり、安佚《あんいつ》を願ひ、楽を好み、苦をいとひ、福を願ひ、禍をにくむ。これらのこと一つとして、昔も今もすこしも変ることなし。しかるに人情の変化すると云ふはいかが」という問いに対して、「これ、その変らぬ所を云ひて、変る所を云はざるなり」と答えていて（以下、『紫文要領』二一〇頁注二所引のくだりがくる）、問いと答えの内容が本項とちょうど逆になっている。要するに宣長は、人情も歌も、ある面から見れば時代につれて変化し、ある面から見れば変化しないといいたいのであって、第八七項（四六四頁）や『紫文要領』二二〇頁では人情の変化する面が強調されている。

七　『排芦小船』第五九項は「歴代変化」という見出しがつけられていて、上代から江戸初期までの歌風の変遷を論じてある。

八　第九〇項（四七二頁）参照。

九　第八四項（四五八頁）参照。

そあれ、いふことの心は、みな古《いにし》へも同じことぞかし。

盛りに咲ける峰の桜を見わたしては、たなびく雲かと疑ひ、くま《明るい》なき秋の月に[一]ながめては、すずろに《むやみに》涙のこぼるるなどを始めとして、妻恋ふ思ひの忍びがたきさまざま《おさえきれない種々相》、[二]身を歎く心のとりどりなるたぐひにいたるまで、いひといふことみな《どんなことでもいうことはみな》、物はかなくあはれになつかしき《心ひかれる》筋《すぢ》のみにて、[三]人の国《外国の》の詩などのやうに、ことごとしきことはつゆ《少しも》まじらず。『萬葉集』の歌も今のも、大方《おほかた》の心ばへはさらに《まったく》変ることなし。

されば[四]この道のみぞ今もなほ神の御国《みくに》の心ばへ《精神》を失《うしな》はぬ、とはいふなり。まれにいささかも《少しでも》賢《さか》しだち道々しき《もっともらしい》筋などをよめる歌は、きたなく心づきなく見ゆめり《いとわしく見えるようだ》。これはた《また》おのづから御国の手《て》ぶり《風習》の、外国《とつくに》にすぐれたるしるしになんありける。

〔九五〕

歌に上下のけじめはない

[五]問ひて云はく、歌は心に思ふ筋《すぢ》をいひのぶる道なれば、常に目に

一 物思いにふけっては。

二 わが身の不幸を嘆く心持ちがいろいろであるなどのたぐい。

三 第六三（四〇三頁）・六五（四〇六頁）・八一項（四四九頁）参照。

四 第六八（四一三頁）・七〇項（四一八頁）参照。

も耳にも心にも触《ふ》れて、己《おの》が身のうへにあづかりたらん限りをこそ《関係している範囲内のことをこそ》、ほどほどに《身分・立場に》したがひて《応じて》はよみつべきわざなるを《詠むはずのことであるのに》、今は下《しも》が下として、及びなき上《かみ》ざまの人のうへなどをも心得顔に《分ったような顔で》よみ《詠み》、あるはよしもなき《あるいは縁もゆかりもない》遠き国の海山《うみやま》を、目の前に見るごとよみなしなどすめるは《見るように描き出して詠みなどするのは》、よに《まった》あるまじきことならずや《くけしからんことではないだろうか》。

答へて云はく、そのほどほどにしたがひて、今[六]も己《おの》が身に負《お》ひて、心に思はむことをのみよみ出でんは、げに《なるほど》まことの歌[七]の本《もと》の意《こころ》なるべけれども、前[八]にもくりかへしいへるごとく、歌は詞《ことば》を文《あや》《飾る》なす道にてあれば、ただありに《何の趣向もなく平板に》今の心を今の詞もてよまむには、いときたなく見所《みどころ》なかるべし。されば詞も心も雅《みやび》やかにととのへてよまむとするには、必ず古《いにし》へのよき歌を学《まな》びならふことなり。しかるに古へむげに《きわめて》下《しも》ざまの者の《身分の低い者の》よめる歌は、をさをさ《めったに》伝はりたるも見えず、大方《おほかた》古き歌はみな中[九]の品《しな》よりして上《かみ》つ方の人のよみたるのみなるに、今下ざまの者のそれを学びならひてよまむには、必ず己が身に負《お》はぬ《ふさわ》

五 本項については、『紫文要領』二二四頁一二行目〜二二九頁一行目の三組の問答、ならびに二三六頁頭注＊印参照。

六 現代でも、自分の身分にふさわしくて、本当に心に思っていることだけを歌に詠むのは、の意。「今も」と特にいうのは、上古の歌は確かに、自分の身分にふさわしくて、本当に心に思っていることだけを詠んだ（『排芦小船』第四二項。『紫文要領』二二六頁注六に引く）が、「今も」それと同じように、という意味合からである。

七 「歌の本」といういい方が、『紫文要領』二二七頁二行目に見えている。

八 第一四（三〇六頁）・八四（四五八頁）・八八（四六七頁）・八九項（四六九頁）参照。

九 身分が中くらいの人からそれより上の人、の意。古歌が中以上の身分の人々の作品ばかりであることは、『紫文要領』二一九頁九行目にもいう。

一 公卿《くぎよう》の異称。大臣・大中納言・参議、および三位以上の人。
二 「皇子たち・上達部」を指す。
三 天皇の御歌にも、賤山賤（「山賤《やまがつ》」に同じ。四六五頁注三参照）のような賤しい者の身の上をまでお詠みになった例が多いので。天智天皇の「秋の田のかりほの庵《いほ》の苫《とま》を荒みわが衣手《ころもで》は露にぬれつつ」（『後撰集』六、三〇二）、光孝天皇の「君がため春の野に出でて若菜つむわが衣手に雪は降りつつ」（『古今集』一、二一）などは、自分を農夫の立場に置いて詠んだ歌。
四 四六六頁注二参照。
五 四四三頁七行目以下参照。
六 上の句と下の句。
七 契沖『古今余材抄』一の仮名序の注に、「八雲の神詠」（二六六頁注一参照）について次のようにいう、「そもそもこの御歌、五七五七七、みな陽の数（陰陽五行説で奇数を陽、偶数を陰とする）なるを、三句を上（の句）とす。三も陽数なり。十七字もまた陽数なり。これを天にかたどる。二句を下（の句）とす。二は陰数なり。十四字もまた陰数なり。これを地にかたどる。陰数なくして陰数あり。五句に合せ、三十一字に合すれば、また陽数となる。天は尊《たふと》く地は賤しければ、上は長く、下は短し。（五句を）五行五常等の配当、尽る期あるべからず（意味は無限に深い）。神慮より出でたることなれば、造作なくして自然に甚深の理趣侍るべし」。契沖はきわめて実証的な学風を有す

ことのみ《しくないことばかり》多かりぬべきわざなり。

すでに今の《現代の》ことをばさしおきて《あとまわしにして》古へを学《まね》ぶうへは《学ぶ以上は》、賤しき人《身分の低い者が》の上《かみ》ざまの人のうへを《身の上を》学《まね》びよまむも、なでふことかはあらん《どうして悪いことがあろう》。古へと今とは世の有様も人の手ぶり《風習》もいたく変り来ぬれば、たとひ皇子《みこ》たち・[一]上達部《かんだちめ》とても、今の御身のうへをのみよみ給ひなば《歌にお詠みになったなら》、古へのさまにかなひがたきこと《一致しにくいことが》多かりぬべければ、[二]それも今のうへをばさし《二の次にして》おきて古《いにし》へをのみ学び給ふことにしあれば、今の歌に上下《かみしも》のけぢめはさらに《まったく》なきことなり。また古へもかけまくは畏《かしこ》き[三]天子《すべらぎ》の大御歌《おほみうた》にも賤山賤《しづやまがつ》のうへをさへよませ給へるためし多かれば、今もまた下《しも》なる人の上《かみ》ざまのことを《高貴の人のことを》よまむも、さらに咎《とが》あるまじきことなり《罪はないはずのことなのである》。

これはた《また》、[四]下《くだ》れる代《よ》に生れながらいと上《かみ》つ代《よ》の人心《ひとごころ》をも推量《おしはか》り、[五]上なる人は下が下の有様までくはしく思ほしやり《思いやり》、下なる者も上ざまのやうを《様子を》つまびらかに《くわしく》うかがひ知りて、かたみに《たがいに》その身のうへにあづかり知らぬことも推量《おしはか》られ思ひ知らるる、歌の徳にはあらずや。

またはるかに遠き浦山《うらやま》をも目の前に見たらんやうによみなすも、同じ心ばへにて、これもただ古へにならふものなれば、知れる所も知らぬ所も、何のさはりかはあるべき。（〔歌に詠むのに〕何のさしつかえがあろう）

〔九六〕 五句三十一字の道理を論ずるのは無用のこと

問ひて云はく、歌の[六]本末《もとすゑ》、五句三十一字《みそぢひともじ》に定まれることは、深き理《ことわ》りあるにや。

答へて云はく、「[七]上《かみ》の句は天《てん》にかたどり、十七字にて陽《やう》の数、下《しも》の句は地《ち》にかたどり、十四字にて陰《いん》の数なり。五句なる（五句であるのは）は五行《ごぎやう》・五《ご》常《じやう》・五倫《ごりん》に当り、[八]三十一字は『世』の字をならひて、終ればまた始まりて窮《きは》まりなき理り（果てがないという道理）」などといふたぐひ、いと多し。なほなほしき人（凡庸な人は）はかやうの故《ゆゑ》ありげなる（いわくありげな）ことを喜ぶものなれども、すべてかやうの説はみなひがこと（あやまり）なり。

まづ[九]陰陽五行《いんやうごぎやう》などいふこと、古《いにし》へにさらに（まったく）なきことなり。これらはみな人の国にて（外国で）賢《さか》しら人（こざかしい人が）のいひ始めたることなり。すべて唐国《からくに》の

る反面、こうした観念的な論を述べるところがあり、契沖を尊敬する宣長もこの面は批判した。もっとも、こうした論は契沖が創始したわけではなく、中世以来の『古今集』の旧注の中で形成された俗説で、江戸時代前期の通俗歌論書『和歌八重垣』にも、「五句の事」の項に「およそ歌を五句に分つことは、木火土金水の五行に配して、人の五体にかたどれり」などとある。

八 「世」という字を分解すると「卅（三十）」と「一」になることをいう。「三十一」が無限の循環を象徴する数であるというのも当時の俗説で、『日本書紀通証』五の、「八雲の神詠」の注に、神道家正通（姓未詳）の説が引かれていて、いう、「（八雲の神詠の）字妙は、三十一字を謂《い》ふ。天道、三十日を一月となす。一を余して以て次の（月の）朔《さく》（ついたち）に象《かた》どる。循環して窮《きは》まりなき数なり」。

九 儒教、あるいはその影響を受けた当時の神道の、賢しらな理論に対する批判。四一七頁注五参照。また後年の『玉勝間』一の「漢意《からごころ》」の項に、「太極・無極（二つとも朱子学でいう万物の根源）・陰陽・乾坤《けんこん》・八《はっ》卦《け》・五行など、ことごとしくこちたくいふなることども、ただ漢国人《からくにびと》の私《わたくし》の（勝手な）造説《つくりごと》にて、まことにはその理《ことわ》りとてはあることなし。しかるに神の御典《みふみ》を説くともがら、もはらこれらの理りをもて説くなるはいかなる痴《し》れわざぞや」という。

人は何ごとにも[一]道理をこちたくせめて《ぎょうぎょうしく追求して》考ふる癖にて、かやうに二つ相対《あひむか》ひたる物には、必ず陰陽《いんやう》といふことの理《ことわ》りを説《と》くめれど、その本《もと》をさぐれば、実《まこと》にはみな造《つく》りごとなり。[二]わが御国《みくに》はただ直《なほ》く雅《みやび》かなる道のみありて、さやうに目にも見えず耳にも聞えぬ隠れたる理《ことわ》りを尋ね設けて《追求し設定して》、とかく《あれこれ》いへることさらになければ、火はただ火なり、水はただ水なり、天はただ天、地はただ地、日月はただ日月なりと見る外《ほか》なし。まさに《どうして》陰陽《いんやう》といふ物ありなんや《あることがあろう》。しかるを人ごと《誰もみな》に、天地《あめつち》の間にあらゆるものは、おのづからこの陰陽の理《ことわ》りはそなへたるやうに思ふは、みな唐文《からぶみ》に染《そ》みたる心の惑《まど》ひにて、実《まこと》にはさるもの《そんなものは》あることなし。されば[三]此方《ここ》の言にうつしては《日本語に翻訳するとなると》、「女男《めを》」または「火水《ひみづ》」などより外《ほか》にいふべき詞《ことば》なし。また五行《ごぎやう》といふことは、いよいよ造りごとなり《「陰陽より」さらに根拠のないことである》。これも唐人《からびと》の癖として、この五つを万《よろづ》の物に配《くば》り当てて、その理《ことわ》りをこちたくいふめれど《ことごとしくいうようだが》、みな強言《しひごと》ぞかし。唐文《からぶみ》にはよしいひもしてん《たとえいってあるとしても》、[四]わが御国《みくに》の人の、神代《かみよ》のことにもこ

一 第六三（四〇三頁）・八五項（四六〇頁）参照。

二『本居宣長随筆』三の第一九〇項には、「此方《ここ》（わが国）の上代、異国の書の渡りこぬ以前は、すべて天地の間のこと、何も何もただざらりと見え聞えたるままにて、幽微《ゆうび》にむつかしき理と云ふことはかつてなきことなり。まづ陰陽と云ふものは、天地万物の上にことごとくそなはりたる理にして、陰陽の理を離れたるものは一つもなきなり。しかるに此方には、その陰陽といふことさへなし。そのゆゑは、陰陽と云ふものは、天地万物の上にことごとくその理（天地・日月・男女などの具体的存在から抽象された、観念としての陰陽）はあれども、また陰陽と指して云ふべき物（具体的存在としての陰陽）は見えぬなり。みなその理を以て云ふのみなり。ゆゑに此方に陰陽なし。ただ天地は天地、日月は日月、男女は男女にてこと足れり。その理屈をかれこれ云ふは、異国のことなり。此方にはかくのごとく物ごとにそなはりて明らめやすき（認識しやすい）陰陽（という観念）さへなし。ましてそれより外《ほか》のこむつかしき理屈の隠れたることはかつてなきなり」と記している。右で宣長は、存在物を二つで一組として「陰陽」という観念でとらえる考え方は認めているが、それはこの段階の宣長が中国風の思弁を幾分かは受け入れていたためで、本項ではそういう考え方自体を否定している。

三「陰陽」という漢語を訓読するとすれば、日本語にはそれに当る概念がないから、「めを」「ひみづ」な

とごとくこの陰陽五行を引き出でて、つきづきしく《もっともらしく》説《と》きなすは、いみじきひがことにて《あやまり》、道の《神道の》意《こころ》にそむけり。そのゆゑは、[五]日《ひ》の神《かみ》は姫《ひめ》神《がみ》、月《つき》の神《かみ》は彦神《ひこがみ》《男神》にてましますを思へば、すべて陰陽の理《ことわ》りてふも《というも》のは《のは》、なきことなりけり《根も葉もないことである》。五行はいふもさらなり《いうまでもない》。神の道を尊《たふと》び仰《あふ》がむ人は、かりそめにもかうやう《こんなふうな》のけがらはしきことはいふまじきわざなりかし。

されば今三十一言《みそぢひとこと》の歌につきて、その理りをいはむ《いうのは》、はた《また》いよいよ強言《しひごと》なり。かかることを牽《ひ》き当てて《あてはめて》物の理りをいはむには、心に《思いの》まかせて《ままに》いかさまにも《どのようにでも》いひなさるるものなり《いいこしらえることができるものだ》。また物の数に当ることをいはば《ある物事がある数に該当するということをいうならば》、一つより十までいくつあらんも《［その物事が］一から十までいくつあるにもせよ》、何ぞの数にははづれぬことなるを《どれかの数には必ず該当するものであるのに》、[六]たまたま当りたるに引き合せて、「陰陽天地ぞ、[七]三《さん》才《さい》ぞ、[八]四時《しいじ》四象《ししやう》ぞ、五行五常《ごぎやうごじやう》ぞ」など、ことごとしく説《と》きなす、いとうるさくあぢきなきわざなり《くだらないことである》。まして[九]歌はもと三十一言にのみ定まりたるものにもあらず、上《かみ》つ代《よ》には思ふ心のまにまにいくらも連《つら》

ど
と、具体的存在の名称を宛てるほかない、の意。「神代紀」第一段冒頭の「陰陽」を、寛文九年版本で「めを」と訓ずる。

四 神道の流派により陰陽五行説はさまざまな当てはめ方をされる。たとえば垂加神道《すいかしんとう》を開いた山崎闇斎《あんさい》の『垂加社語』は、「天神一代は天地一気の神、二代より六代に至りてこれ水火木金土の神、第七代は則ち陰陽の神なり」とある。これは「神代紀」の天神七代のうち、第一代の国の常立《とこたち》の尊《みこと》を天地一気の神とし、第二代の国の狭槌《さつち》の尊から第六代の面足《おもだる》の尊・惶根《かしこね》の尊までを水火木金土、すなわち五行に配当し、第七代のイザナギ・イザナミを陰陽に配当するものである。

五 記紀神話で日の神（天照大御神）は女神、月の神（月読《つくよみ》の命《みこと》）は男神であるが、陰陽説では、日は陽で男、月は陰で女に当るので、わが国の神話に照らせば陰陽説は根拠のないものである、の意。

六 偶然該当した数に何かいわれがあるようにこじつけて。

七 天・地・人の三つをいう。ここは、和歌の三十一字を天地人に結びつける説があったということではなく、陰陽天地（二）・三・四・五と、どんな数字にも意味を持たせようと思えばできるのだというつもりで、順番にあげただけのもの。

八 「四時」は春夏秋冬、「四象」は易の用語であるが、意味は、日月星辰や水火土石を指すなど諸説ある。

九 第八項（二七一頁）参照。

ねたることにて、句の数も定まらざりしを、ひたぶるに《〔付会の説は〕ひたすら》三十一言《みそぢひとこと》にのみつきてとかくいふにて、その強言《しひごと》なること《強弁であることは明らかである》はさとりつべし。もし上《かみ》つ代《よ》の三十一言ならぬ歌は、物の理《ことわ》りにもかなはずといはむか。

〔九七〕**五句三十一字の道理は不明**

問ひて云はく、上つ代には、長くも短くも心にまかせてさまざまによめるが中に、中ごろよりしては《平安時代以後は》、とりわき《特に》三十一言にのみもはら《もっぱら》よむことになれるは、ことに深き理《ことわ》りのあるゆゑならんか。

答へて云はく、[一]五句三十一字《みそぢひともじ》の歌は、長からず短かからず、ほどよくととのひて、あるが中にも《〔いろいろ〕ある中でも》調《しら》べすぐれてあ《ン》なればぞ《あるからこそ》、もはらこの体《ふり》《歌体》のみにはなれりけむ《なったのであろう》。そは《それは》おのづからいと深き理《ことわ》りはあることなるべし。されど[二]物の理りといふものは、すべて底ひもなく《奥底も知れず》あやしき《不思議な》ものにて《ものであって》、さらに《けっして》人の心もてうかがひはかるべき《せんさくし推量できるものではないから》ものにはあらねば、しひて明《あき》らめ知らんともせず、[三]万《よろづ》のことはただ神の御はからひ

一 『古今集』の旧注の一つで、近世前期に行われた『古今栄雅抄』に、「八雲の御歌よりぞ、五七五七七の句はととのほりたり。かくのごとく五句をととのへられける根源、はかりがたし。句のやすやすと詠じやすきは、天然のことなり」と見える。

二 四六〇頁注三・四六二頁注一参照。宣長の古道論としてもっともまとまっている『直毘霊《なおびのみたま》』から引けば、「そもそも天地《あめつち》の理《ことわ》りはしも、すべて神の御所為《みしわざ》にして、いともいとも妙《たへ》に奇《くす》しく、霊《あや》しきものにしあれば、さらに人の限りある智《さと》りもては、測《はか》りがたきわざなるを、いかでかよくきはめ尽して知ることのあらむ」という。

三 四六二頁一〇行目以下参照。注二と同様に『直毘霊』から引けば、「古への大御代《おほみよ》には、下《しも》が下まで、ただ天皇《すめらぎ》の大御心を心として、ひたぶるに大命《おほみこと》をかしこみ敬《ゐや》びまつらひて、大御愛《おほみうつく》しみの御蔭《みかげ》に隠《かく》らひて、おのもおのも祖神《おやがみ》を斎《いつ》き祭りつつ、ほどほどにあるべき限りのわざをして、穏《おだひ》しく楽《たぬ》しく世をわたらふほかなかりしかば、今はたその道といひて（神道と特に名づけて）別《こと》に教へを受けて行ふべきわざはありなむや」。

にうちまかせて、己《おの》が賢《さか》しらをつゆ《少しも》まじへぬぞ、神の御国《みくに》の心ばへにはありける。さるを《それなのに》しひて知り窮《きは》めむとするは、唐国《からくに》のことにて《やり方で》、かの陰陽五行《いんやうごぎやう》などいふことの筋《すぢ》もてことごとく明らめ知るべしと思へるは、いともおほけなく《身のほど知らずで》、かへりて《かえって》愚かなるわざなり。

〔九八〕五言七言について

問ひて云はく、一句の五言《いつこと》と七言《ななこと》とにととのふことは《そろっているのは》いかに。

答へて云はく、いと上《かみ》つ代《よ》の歌どもを見れば、五言七言のみならず、三言四言六言八言の句もあまた《たくさん》見えたれば、もとは定まれることはなかりつらん《なかったのであろう》。されど八言[四]は言《ことば》余り、三言四言は足らねば、余れるは縮《ちぢ》め、足らぬは延《の》べてぞうたひけむ《延ばして歌ったのであろう》。そは《それは》今の世にあやしき《身分の低い》賤《しづ》の女《め》《田舎女》・童べなどのうたふ歌を聞きて推量《おしはか》るべし。

その中に言を延べて《延ばして》長くうたふは調《しら》べよきゆゑに、四言なるは常に多く、三言なるさへあまたあり。また短く縮めてうたふは調べよからぬものなれば、八言の句は少なし。まれにあるも、句のなかば

＊賀茂真淵の場合は、宣長のように不可知論の形を取ってはいないが、わが国固有の精神を淳朴《じゆんぼく》と規定し、それに対して、儒教ないしその影響を受けた当時の神道を賢《さか》しらと批判するのは、宣長と同様である。『国意考』にいう、「神世の巻（『日本書紀』の「神代紀」）のことを言ふ人多きが、そを聞けば、万《よろづ》にかまへて（万事につけてもっともらしく立論し）、心深く（高遠な理論をもって）、かつ神代のことを目の前に見るがごとくいひて、かつばらに（くわしく）人の心の掟《おきて》なるさまにとりなせり。…こはかの唐国の文どもすこし見て、それが下れる世に宋てふ代《よ》ありて、いとどせばき儒の道をまたまた狭く理《ことわ》りもていひつのれる（朱子学を指す）をうらやみて、（その理論を）ひそかにここの神代のことに移したるものなりけり。…かしこ（中国）もただ古《いにし》へは直《なほ》かりけり（人心が素直であった）。ここもただ直かることは、右にいふ歌の心のごとし。古へはただ詞《ことば》も少なく、事も少なし。事少なく、心直き時は、むつかしき教へは用なきことなり。…この国はもとより人の直き国にて、すこしの教へをもよく守り侍るに、はた天地《あめつち》のまにまに行なふことゆゑに、教へずしてよろしきなり」。

四 このあたりの論は、第二項（二五五頁）で述べたことの再論。

に「あ」[一]「い」「う」「お」などの音《こゑ》のまじれるが八言にはなるなり。[二]これらの音なくて八言の句はいと（きわめて）まれなり。さて六言は延べて七言のごとくうたへると（歌った場合と）、縮めて五言のごとくうたへるとがあるべき中に、三・四言の多きに準《なずら》へて思へば（準じて推測すると）、これも延べて七言のやうにうたへるぞ多かるべき。

さてかく延べても縮めても、うたふにこそ調べはかなふべけれ（〔声に出して〕歌うからこそ口調はうまくゆくのであるが）、ただよみに（普通の読み方で）誦《よ》む時には、足らぬも余れるも聞きよからず（聞きぐるしい）。されど上《かみ》つ代《よ》にはなべて（総じて）うたひしことなれば、さもありけむ（そうしていたのだろう）。しかるに五言と七言は、延べず縮めずして、うたふに調《しら》べよきのみならず、ただよみに誦《よ》むにも長からず短かからずしてほどよくととのへば、今の京となりては（都が平安京に移ってからは）、大方《おほかた》この五七にのみ定まりて、三言四言の句は絶《た》えて聞えず。まれまれ五言を六言に、七言を八言によめるは（詠んだ例は）あれども、みななかばに「あ」「い」「う」「お」の音《こゑ》のまじれる時なり。これらの音なくて八言六言によめること、さらになし（まったくない）。しかるを後《のち》の世《よ》

一　宣長の発見した歌の字余りの法則。五言句であるべきところが六言に、七言句であるべきところが八言になっている場合、その字余り句には「あ」「い」「う」「お」の四つの母音のどれかが句中に（句頭ではいけない）含まれている、という法則である。後年の漢字音研究書『字音仮字用格』（安永五年刊）では考察がさらに精密になって、この法則は『古今集』から『詞花集』の頃までの歌では完全に守られていること、上代の歌でも大体守られていること、『千載集』『新古今集』の頃から乱れ始めること、が指摘されている。「歌に、五文字・七文字の句を、一文字余して六文字・八文字によむことある、これ必ず（句の）中《なから》に右の『あ』『い』『う』『お』の音のある句に限れることとなり。『古今集』より『金葉』『詞花集』などまでは、この格（法則）にはづれたる歌は見えず。（特にそうしようと意識するまでもない）自然のことなるゆゑなり（『萬葉』以往の歌も、よく見ればこの格なり。『千載』『新古今』の頃よりして、この格の乱れたる歌折々見ゆ。西行など殊にこれを犯せる歌多し）。その例を一、二いはば、源信明朝臣、『ほのぼのと有明の月の月影に紅葉吹おろす山おろしの風』。これは三十四文字あれども聞きにくからぬは、余れる文字みな右の格なればなり（第二・四・五の字余り句に『あ』『お』『お』の母音が含まれている）。また後の歌ながら二条院の讃岐、『ありそ海の浪間《なみま》かき分けてかづく海人《あま》の息もつぎあへず物をこそ思へ』。これは句ごとに余りて三十六文

になりてはこの調べを知らずして、ただ字余《もじ》りとて六言にも八言にもよむことあれども、[三]必ず聞きよからぬ《聞きぐるしい》ものなり。これみな自然《おのづから》のことなり。

かかれば《こうであるから》とにもかくにも五言と七言とにととのふことは、おのづからいといと深き理《ことわ》りあることなるべし。

〔九九〕**句の続き方について**

問ひて云はく、句の続きは、長歌も短歌も、五七五七と続きて、七七と閉《と》ぢむる《しめくくる》ことは、昔より同じことか。

答へて云はく、上《かみ》つ代《よ》の歌は句の続きざま定まれることなく、また始めも《始めも》果ても《終りも》ただ寄り来たるままなり《句が集まってくるにまかせて規則はない》。その中《うち》に[四]始めに七言の句を置けるはいといと稀《まれ》なり。みな三・四・五言なり、また閉ぢめ《しめくくり》は七言が多し。

〔一〇〇〕**長歌について**

問ひて云はく、長歌・短歌・[五]混本《こんぽん》・旋頭《せんどう》などさまざまの体《ふり》《歌体》どもの

字あり。その中に第二句の『わ』は、喉音《こうおん》（母音というのに近い概念。ア行・ヤ行・ワ行の三行をいう）ながらア行の格にあらざるゆゑに、この句はすこし聞きにくし。その他の四文字はみな右の格なり。ゆゑに多く余りたれども耳にたたざる（耳ざわりでない）は、自然の妙なり」。佐竹昭広氏の「玉勝間覚書」（日本思想大系『本居宣長』解説）によれば、宣長自身の歌も、安永二年（一七七三）以後はこの法則を完全に守っている。

二 『古事記』下、履中天皇の条の歌謡「丹比野《たぢひぬ》に寝むと知りせば防壁《たつごも》も持ちて来《こ》ましもの寝むと知りせば」の第四句「持ちて来ましもの」が、四つの母音のどれをも含まずに八言である。『古事記伝』三八に、「この句八言なるは、いといとめづらし（『萬葉』にも、いとまれまれにはあるなり）」という。

三 『新古今集美濃の家づと』で、右の字余りの法則に違犯した歌七首を「聞き苦し」と評している。

四 『古事記』中、崇神天皇の条に、「御真木入日子《みまきいりひこ》はや」という句を第一句とする歌謡があって、九言句であり、「はや」は囃《はや》し言葉なので切り離すと七言句である。ただし『古事記伝』ではこの句の前に「古波夜《こはや》」の三字が挿入されているテキストを採用して、「こはや」を歌謡の第一句と見なしている。

五 以下二つについては、二七一頁注一〇参照。

こと、つぎつぎにうけたまはらん《おうかがいしよう》。まづ長歌はいかに。

答へて云はく、いと[一]上《かみ》つ代《よ》には、句の数につきておのおの《それぞれ》の名を設《まう》けて、長歌とも短歌とも分《わ》けてよぶことは、なかりつらん《なかったであろう》。ただ心の向《むか》ふにまかせつつ、[二]三句より始めて、四句にも五句にも、六句七句にも、八句九句十句にも、その上いくらにも《それ以上何句にでも》よみたること、『古事記』『日本紀《にほんぎ》』に載《の》せたるを見て知るべし。さればいづれを長歌、いづれを短歌といふべきさかひ《分れ目》はなかりしなり。

『萬葉集』にいたりても、確かに[三]「長歌」といへることは見えねど、十三の巻に「雑歌《ざふか》」と題したる下《しも》に、「[四]是中《このうち》長歌十六首」といふ小注あり。この注は後《のち》の人の加へつらんかの疑ひなきにしもあらねど《加えたものであろうかという疑いがないでもないが》、短きを《短い歌を》[五]「短歌」といへることの所どころに見えたれば、長きを「長歌」といふこともすでにありけんこと《あったであろうことが》と知られたり。この外《ほか》も注には[六]「短」とも「長」ともいへること多し。まさしく長歌といへることは、[七]『続日本後紀《しよくにほんこうき》』の嘉祥《かしやう》二年の処《ところ》に見えたり。世に[八]浜成《はまなり》・喜撰《きせん》・孫《ひこ》

一　第八項（二七一頁）参照。

二　第四項（二五九頁）で扱ったイザナギ・イザナミの唱和を歌謡と見なさなければ、上代の歌謡に三句より短いものはない。

三　巻一三、三三四四番の長歌と三三四五番の反歌の左注に、「右二首、但《ただ》し或るひとの云はく、この短歌は防人《さきもり》が妻の作れる所なりと。然れば則ち知るべし、長歌もまた同じく作れり」（訓は『古今余材抄』一〇の引用にほどこされた訓点に従う）とある。これを『萬葉集』における「長歌」という語の確かな用例と見なさないのは、次の例と同様に後人の書き加えと疑ったものか。あるいは『古今余材抄』一〇における引用では、実は「長歌」が「長」となっているので、そのように思いこんで、みずから『萬葉集』を検することを怠ったものか。

四　巻一三冒頭の「雑歌」という標題の下にこのようにある。

五　巻一、四五番の長歌の反歌四首（四六〜九番歌）に「短歌」と標題するなど、例は多い。ここの論法は、四九三頁注六引用の『古今余材抄』一〇の論法を取り入れたもの。

六　巻五、八九七番の長歌と反歌六首（八九八〜九〇三番歌）の標題に「老身の重病、年を経て辛苦し、及び子等《こら》を思ふ歌、七首」（訓は注三と同じ）とある下に、「長一首、短六首」と注する。

七　三八六頁注六の長歌の前に、「長歌に副《そ》へて奉献

姫《ひめ》などの式《しき》といふものあり。それらにも長歌といふことあれど、この式といふもの、後の人のつくれる《偽作した》書《ふみ》どもにて、取るにたらぬことのみなり。

さてかの『萬葉』に「長歌十六首」[九]とある中に、八句の歌も二首あれば、すべて八句より《八句以上を》長歌とはいふべきか。その歌は、

[一〇]みもろは　人のもる山　本辺《もとべ》は　馬酔木花さき　末《すゑ》べは
　つばき花咲く　うらぐはし山ぞ　なく子もる山

[一一]ぬな川の　底なる玉　もとめて　得まし玉かも　ひろひて
　得まし玉かも　あたらしき君が　老ゆらく惜しも

これらなり。また十六の巻に七句の歌有り。

[一二]飯《いひ》はめど　うまくもあらず　ありけども　やすくもあらず
　あかねさす　君が情《こころ》し　忘れかねつも

これも長歌といはむか。

また『六帖《ろくでふ》』[一三]に、『萬葉』の中の十一句あるを載《の》せて、「小長歌《こながうた》」

す。その長歌の詞に曰はく」とある。

八『浜成式』(『歌経標式』)『喜撰式』『孫姫式』。これに『石見女式《いわみのじょしき》』を加えて、和歌四式という。いずれも平安前期成立の歌論書。宣長が「後の人のつくれる書ども」といった根拠は未詳。ここにあげられた三式および『古今集』真名序に、「長歌」という名称が見える。『宝暦二年以後購求謄写書籍』によれば、宣長は宝暦十一年(一七六一)、『四式』を銀二十匁で購入している。

九 注四参照。

一〇 三二二二番歌。訓は底本のまま。寛永二十年版本・『萬葉代匠記』と若干異なる。「馬酔木」は今日では「あしび」と読むが、寛永版本で「つつじ」と読み、『萬葉代匠記』でも異を唱えていない。宣長が漢字表記のままにして振り仮名をほどこさないのは、読みを保留したものか。

一一 三二四七番歌。訓については注一〇と同じ。

一二 三八五七番歌。訓は底本のまま。寛永版本・『代匠記』と異なる点はない。

一三『古今和歌六帖』。平安中期成立の類題和歌集(歌題別に歌を分類した歌集)。その第四帖に、『萬葉集』一三、三二四八番歌を「小長歌」と題して収める。
「しき島の　やまとの国に　人は多く　満ちてあれども　藤波の　思ひまつはれ　若草の　思ひなれにし君が目を　恋ひや明かさむ　この長き夜を」。

と題したり。外《ほか》に見えぬことなり。これは、そのころは長歌といへばいと長きをのみよみあへるに目なれて《おたがいに詠んでいたのを見なれて》、こ《これは》は短きゆゑにしかいへるなるべし《そのようにいったのであろう》。

また『古今集』の長歌の標題に「短歌」[一]とあるは、いみじき《たいへんな》誤りなり。(五三)このこと古《いにし》へよりとりどりに論《さだ》めて、故あることの《いわれのあることの》やうにもいひなせども、しひて助けたる《無理に元の誤りをかばった》説どもにて、みなひがこと《間違い》となり。清《きよ》輔《すけ》の朝臣《あそん》『奥義抄《あうぎせう》』[二]・俊成《しゅんぜい》の三位《さんみ》『千載集《せんざいしふ》』[三]などにも、かれにより《古今集によって》て長歌を「短歌」と載《の》せられたるも、ひが心得なり《誤った認識である》。長きを短歌といふべきものかは《いってよいものだろうか》。『古今集』にも「短歌」[四]と出だしながら、その歌ごとの題には「なにの長歌《ながうた》」とのみあれば、もとは「長歌」とありしを後《のち》に「短歌」とは写し誤りけんこと、疑ひなし。このこと委《くは》しく契沖《けいちう》[五]『余材抄《よざいせう》』にわきまへおきしを見よ《説明してあるのを見よ》。

短歌について　〔一〇一〕

問ひて云はく、短歌はいかに。

一『古今集』一九の「雑体」の部の、一〇〇一〜六番の五首は長歌であるが（一〇〇四番歌は一〇〇三番歌の反歌）、その標題に「短歌」とある。このことをめぐって平安末期からいろいろな議論が行われた。

二 平安末期成立の歌論書。その巻八（慶安五年版本）に、「問ひて云はく、三十一字の歌を長歌と名づけ、五七の歌（今日いう長歌）を短歌と名づくる。如何《いかが》。答へて云はく、歌は本体は韻字《ゐんじ》を用ゆべきなり。三十一字歌は、第三句の終字を初韻となし、第五句の終字を終韻となす。韻を取ること（間隔が）長きゆゑ、これを長歌と名づく。五七歌は、第二句の終字を一韻となし、第四句の終字を二韻となす。かくのごとく転々（一句おきに韻を踏んで）韻を取ること短きゆゑ、これを短歌と名づく」という説がある。『宝暦二年以後購求謄写書籍』によれば、宣長は宝暦三年に銀七匁で『奥義抄』を購入している。

三 三九二頁注二参照。巻一八の「雑体」の部で、長歌の前の標題を『古今集』にならって「短歌」としてある。俊成はその歌論書『古来風体抄』において、長歌を短歌と呼ぶ理由を、「詠ずるに、長くは詠ぜられず、短くいひ切りいひ切り詠ずるなり」と述べている。

四 標題には「短歌」とあるが、注五に見るように、五首のうち三首まで、題詞に「長歌《ながうた》」とある。

五 契沖が『余材抄』に、の意。『古今余材抄』一〇に、「今（標題に）『短歌』といふは長歌なり。ここに『短歌』と標すといへ

答へて云はく、常の三十一言《みそぢひとこと》の歌なり。それを「短歌」といふことは、『萬葉』に所どころ見えたり。[六]もと長歌に対《むか》ふ時のことなり。されどそのころは長き歌をも常にあまた《たくさん》よめるゆゑに、[七]必ずしもそれに対ふとなけれど、ただにも「短歌」といへること多し。今の京《都が平安京》となりては《になってからは》長歌はいと稀《まれ》なれば、とり分きて「短歌」といふことも常には聞えず。ただ長歌と並ぶ時の目《な》なり。

〔一〇二〕 **反歌について**

問ひて云はく、反歌《はんか》はいかに。

答へて云はく、[八]

ども、下に『古歌奉りし時の目録のその長歌』（一〇〇二番歌）・『古歌に加へて奉れる長歌』（一〇〇三番歌）・『冬の長歌』（一〇〇五番歌）といへり。このこと難義なるによりて、古来の先達、異義まちまちなり。（貫之の誤記であろうとする藤原定家の説をあげて）今、事書《ことがき》（題詞）ごとに『長歌《ながうた》』とのみいへるに付きて案ずるに、もとは『長歌』と標しけむを、後の人の『短歌』とは改めけるにや。（私がこの『余材抄』で）前後にいへるごとく、この集（『古今集』）に後の人の書き改めたらんとおぼしきこと多かれば、これをも疑ふなり」という。

六　元来は長歌に対して区別する場合にいうことである、の意。『余材抄』一〇で、注五引用のくだりに続けて、「所詮『萬葉』に付きて『長』『短』を一決すべし。『萬葉』に長歌を端作《はしづく》り（題詞）に『長歌幾首』と書けることはなけれど、『歌一首、幷《なら》びに短歌』、或いは『反歌幾首』と書ける『短歌』『反歌』は、三十一字の歌なれば、『短歌』に対して『長歌』といふこと知られたり。（以下、四九〇頁注三・六の例を指摘する）」とある。

七　必ずしも長歌に対していうというのではないが、ただそれだけでも「短歌」といっている例は多い、の意。巻一七、三九七六～七番歌の題詞に「短歌」とあり、巻二〇、四四七一番歌の題詞に「…忽ち感憐《かんれん》を懐《おも》ひて聊《いささ》か作れる短歌一首」とある。

八　本書は未完の著述。二五四頁頭注＊印参照。

原　注

（一）

『萬葉』第三、赤人、富士の長歌に、「天地之分時従《あめつちのわかれしときゆ》」といひ、また第二、人麻呂長歌に、「天地之《あめつちの》初　時之《はじめのときし》云々天照《あまてらす》　日女命《ひるめのみこと》　天乎《あめを》波《ば》　所知食登《しらしめすと》」といひ、第十に、「乾坤之《あめつちの》　初《はじめのときゆ》時従　天漢《あまのかは》　射向居而《いむかひをりて》」。

◇原注一は本書二五九頁一一行目付近に該当する底本の頭部余白に施されている。

（二）

『続草庵集』に、「聞きわたる天の浮橋《うきはし》遠けれど今も神代の道ぞ残れる」。

◇原注二は二六〇頁四行目付近の頭部余白に施されている。

（三）

『伊勢物語』に云はく、「鬼はや一口《ひとくち》に食ひてげり。あなやといひけれど、神鳴る騒ぎにえ聞かざりけり云々」。

◇原注三は二六〇頁一一行目付近の頭部余白に施されている。

（四）

『萬葉』第八長歌に、「桜花能《さくらのはなの》　丹《に》穂《ほ》日《ひ》波《は》母《も》　安奈何《あなに》」。これを「安奈何《いかに》」と訓じたれども、いかが。「あなに」と読むべし。「何」は「荷」なり。また一本に「爾」に作れり。巻七（二十八丁）[一]にも「何」の字を「に」と読めることあり。

◇原注四は二六〇頁一四行目付近の頭部余白に施されている。

一『萬葉集』寛永二十年版本の丁数。

◇原注五は二六一頁四行目付近の頭部余白に施されている。（五）

◇原注六は二六一頁九行目付近の頭部余白に施されている。（六）

◇原注七は二六八頁四行目付近の頭部余白に施されている。（七）

◇原注八は二六八頁五行目付近の頭部余白に施されている。（八）

◇原注九は二七四頁一四行目付近に、付箋を貼って施されている。（九）

＝「こ」、底本は「ご」。意によって改める。

◇原注一〇は二七七頁三行目付近の頭部余白に施されている。（一〇）

「武烈《ぶれつ》紀」「継体《けいたい》紀」の歌には、「誰人《たれひと》」と云ふことを、「陀黎耶始比登《たれやしひと》」とあり。

『萬葉』第四に、「吾者《あれは》左夫思恵《さぶしゑ》」。

『前漢書』「天文志」に云はく、「陣雲如《シ》二立垣《ノ》一」。

『続日本後紀』第十九、興福寺法師の長歌に、「歌語爾《うたことに》詠反志天《ながめかへして》」とある、「反《かへす》」と云ふも、うたふものは本《もと》へ反して再びうたふこと多きゆゑの詞なり。

「こと〳〵」の「〳〵」は「〴〵」にや。

『古事記』下、清寧《せいねい》天皇の段に云はく、「志毘臣《しびノおむ》歌曰《テ》、オホミヤノ　ヲトツハタデ　スミカタブケリ。如《ク》レ此《ノ》歌而《ヒテ》、乞《フ》二其《ノ》歌末《ノヲ》一之時、袁祁《をけノ》命歌曰、オホタクミ　ヲヂナミコソ　スミカタブケレ」。「乞《フ》二歌末《ノヲ》一」とある、「続」と云ふに似たり。

（一一）

◇原注一一は二七九頁一行目付近の頭部余白に施されている。

（一二）

◇原注一二は二八〇頁四行目付近の頭部余白に施されている。

（一三）

◇原注一三は二八二頁九行目付近の頭部余白に施されている。

（一四）

『後撰集』第六、「秋のころほひ、ある所に女どものあまた簾《す》の内《うち》に侍りけるに、男の歌の本《もと》をいひ入れて侍りければ、末《すゑ》は内より。よみ人知らず、白露の奥にあまたの声すれば　花のいろいろありと知らなむ」。これは時代知れず。

連歌すると云ふこと、『詞花集』巻九の詞書《ことばがき》に見ゆ。

『拾玉集』、「憂きも憂しつらきもつらしとにかくに心ある身に何うまれけん」。

『白氏文集』巻十五、「劉家墻ノ上花還タ発。李十門前草又春。処々傷レ心心始悟。多キハレ情不レ及ニ少レ情人ニ」。

『源重之集』、「あはれをば知らじと思へど虫の音《ね》に心弱くもなりぬべきかな」。

『六帖』、「心なき草木なれどもあはれとぞ物思ふ時の目には見えける」。

『古今』序に「鬼神《おにがみ》をもあはれと思はせ」と云へるを、真名序には「感ニ鬼神《ヲ》」と云へり。これ、感ずるはすなはちあはれと思ふことなり。

◇原注一四は二八三頁一二行目付近の頭部余白に施されている。

（一五）『新古今』恋五、清原深養父《ふかやぶ》、「うれしくば忘るることもありなましつらきぞ長きかたみなりける」。これ、うれしきは情の浅きゆゑなり。

◇原注一五は二九八頁六行目付近の頭部余白に施されている。

（一六）『源氏』松風の巻に云はく、「昔の人もあはれといひける浦の朝霧へだたりゆくままに云々」。これ人丸の「ほのぼのと」の歌のことなり。この歌に「あはれ」と云ふ詞はなけれども、この浦の朝霧のけしきに感じてこの歌をよめることを指して、すなはち「あはれといひける」とは書けるなり。歌よむは、「あはれ」といふと同じ意なるゆゑなり。

◇原注一六は三〇一頁一二行目付近の頭部余白に施されている。

（一七）『山家集』、恋の歌の中に、西行、「かき乱る心やすめのことぐさはあはれあはれと歎くばかりぞ」。

◇原注一七は三〇二頁一一行目付近の頭部余白に施されている。

（一八）「神代紀」に、天照大神、天の磐戸を鎖《さ》してこもり給へる時に、天児屋の命、広厚《ふと》称辞《のりとごと》して祈《の》み啓《まう》し給へる時に、「日神聞レ之曰《ク》、頃者《このごろ》人雖ニ多請《フト》一、未レ有ニ若《ク》レ此《ノ》言之麗美者《ウルハシキハ》一也。乃細《メニ》ニ開《テ》磐戸《ヲ》一而窺レ之云々」。これを以て、神

◇原注一八は三〇七頁一一行目付近の頭部余白に施されている。

の言《ことば》の麗美《うるはしき》に感《め》で給ふことを知るべし。『源氏』、若菜の下に、明石の入道の願文《ぐわんもん》のことを云はく、「ただ走り書きたる趣きの、才々《ざえざえ》しくはかばかしく、仏神も聞きいれ給ふべき言の葉明らかなり云々」。これも言葉にめで給ふよしなり。

『慈鎮大僧正集』、「うれし悲しわが思ふことを誰にいひてさはさかとだに人に知られむ」。

「礼」。「ゐや」は体なり。『日本紀』に「ゐやぶ」と訓ず。これ用なり。

『続日本紀』第三十、歌垣《うたがき》のことをいへる処《ところ》に、歌二首を載せて、その次に云はく、「其ノ余ノ四首ハ、並ニ是レ古詩ナリ 云々」。この「詩」の字は「謌」の字の写し誤りか。

『詩』小雅に云はく、「作レ歌」。

『後拾遺』巻二十、俳諧歌に、「橘季通、みちの国に下りて、武隈の松を歌

（一九）
◇原注一九は三一三頁一二行目付近の頭部余白に施されている。

（二〇）
◇原注二〇は三一八頁二行目付近の頭部余白に施されている。

（二一）
◇原注二一は三二二頁一二行目付近の頭部余白に施されている。

（二二）
◇原注二二は三二三頁一〇行目付近の頭部余白に施されている。

（二三）

◇原注二三は三一九頁一〇行目付近の頭部余白に施されている。

◇原注二四は三三一頁一三行目付近の頭部余白に施されている。

◇原注二五は三三三頁三行目付近の頭部余白に施されている。

◇原注二六は三三四頁三行目付近の頭部余白に施されている。

一　『宇津保物語』延宝五年版本の丁数。

◇原注二七は三三七頁八行目付近の頭部余白に施されている。

◇原注二八は三三九頁九行目付近の頭部余白に施されている。

によみ侍りけるに、『二木《ふたき》の松を人問はば見きと答へむ』などよみて侍りけるをつてに聞きて、よみ侍りける、僧正深覚、武隈の松は二木を見きといふはよくよめるにはあらぬなるべし」。この下の句、「歌をよむ」と「数をよむ」とを兼ねたるを、興にしたるなり。

（二四）『萬葉』第十七に、「靡《ナシ》レ堪《フルコト》レ賦《スルニ》レ歌《ヲ》」。また第二十に、「賦二和歌《ヲ》一」。

（二五）『日本後紀』第八にも、「作《ル》二和歌《ヲ》一」と云ふことあり。

（二六）『宇津保物語』、藤原の君の巻に、歌一首よむと云ふことを、「ひとつ作りて」とあり。四十一丁

（二七）「為二詠歌一」と云ふこと、『古事記』中巻に見ゆ。これも「うたよみする」と読むべきなり。

（二八）『建長八年百首歌合』に、信実朝臣、「月の夜の声も細めに窓あけて心をやれる歌ながめかな」。『夫木』十三

（二九）◇原注二九は三四一頁三行目付近の頭部余白に施されている。

（三〇）◇原注三〇は三四四頁四行目付近の頭部余白に施されている。

（三一）◇原注三一は三四五頁九行目付近の頭部余白に施されている。

（三二）◇原注三二は三五〇頁三行目付近の頭部余白に施されている。

（三三）◇原注三三は三五一頁一一行目付近の頭部余白に施されている。

『萬葉』巻二に、「夜者裳《よるはも》　気衝明之《いきづきあかし》　嘆友《なげけども》云々」。また第十三、「吾嗟《わがなげく》　八《や》尺之《さかの》嗟《なげき》」。

『古事記』、景行天皇の段に、「長眼《ながめ》」と云ふことあり。宜レ考。

『六帖』、「目をさめて隙《ひま》より月をながむれば面影にのみ君は見えつる」。

『新勅撰集』恋五、道信朝臣、「物思ふに月見ることはたえねどもながめてのみもあかしつるかな」。これ、「見る」と「ながむる」と確かに分《わか》れたり。

『拾遺集』第五に、「康保《かうほう》三年、内裏《だいり》にて子《ね》の日せさせ給ひけるに、殿上のをのこども和歌つかうまつりけるに」。

総角《あげまき》の巻に云はく、「作りける文《ふみ》どもの面白き所々うち誦《ず》し、やまと歌も事につけて多かれど云々」。椎本《しひがもと》の巻に云はく、「唐《から》のもやまとのも、歌ども多かれど云々」。

（三四）

◇原注三四は三五二頁一二行目付近の頭部余白に施されている。

一『宇津保物語』延宝五年版本の丁数。

（三五）

◇原注三五は三五八頁三行目付近の頭部余白に施されている。

（三六）

◇原注三六は三六〇頁四行目付近の頭部余白に施されている。

（三七）

◇原注三七は三六九頁一二行目付近の頭部余白に施されている。

（三八）

◇原注三八は三七一頁三行目付近の頭部余白に施されている。

（三九）

◇原注三九は三七一頁一四行目付近の頭部余白に施されている。

（四〇）

『宇津保物語』、藤原の君の巻に云はく、「よばひ文《ぶみ》のやまと歌なきは、人あなづらしむるものなり云々」。四十一丁

「神代紀」上に、三韓を指《さ》しても「韓郷之《からくにの》島《しま》」ともいへり。

「崇神紀」、御歌に、「やまとなす大物主《おほものぬし》の云々」。この「やまと」も惣名か。

「民部式」に云はく、「凡諸国部内郡里等ノ名、並ニ用二二字ヲ一、必取レ嘉名ヲ一」。

『釈日本紀』に曰はく、「師説ニ、此国ノ之人、昔到二彼国一ニ、唐人問云、汝国ノ之名称スル二如何一、自指二東方ヲ一、答云、和加国耶《わがくにや》云々、和奴猶ハ言二我国ト一、自レ其後、謂二之ヲ和奴国ト一」。

『魏志』に「耶馬台」と云ひ、『隋書』・『北史』などに「邪摩堆」と云へるは、すなはち「夜麻登《やまと》」と云ふ名を聞きて書けるものなり。

『拾芥抄』中末の巻に云はく、「天平勝宝年月日、改為二大和国一」。『神代巻

口訣』に云はく、「天平勝宝、改為二大和一」。

◇原注四〇は三七七頁二行目付近の頭部余白に施されている。

一「訣」、底本は「決」。意によって改める。

(四一)

「公式令」詔書式に云はく、「明神御宇日本天皇詔旨」、『義解』に云はく、「謂、以二大事一宣スルノ二於蕃国使ノ一之辞也」。「明神御宇大八洲天皇詔旨」、『義解』に云はく、「謂、用ルノ二於朝廷ノ大事一之辞云々」。

◇原注四一は三八一頁五行目付近の頭部余白に施されている。

(四二)

『月清集』、「わが国は天照神《あまてるかみ》の末なれば日の本としもいふにぞありける」。

『玉葉』神祇部に入る。

◇原注四二は三八四頁五行目付近の頭部余白に施されている。

(四三)

『文選』、楊子雲「長楊賦」に云はく、「西厭二月䏈ヲ一。東震ス二日域ヲ一」。

◇原注四三は三八四頁六行目付近の頭部余白に施されている。

(四四)

『北史』、与二『隋書』一同。

◇原注四四は三八四頁九行目付近の頭部余白に施されている。

(四五)

まさしく和州をさして「大倭《おほやまとの》国」と云へることは、『古事記』景行天皇の段、熊曾建《くまそたける》が詞にいへり。

◇原注四五は三九〇頁一一行目付近の頭部余白に施されている。

(四六)

俊成卿の長歌に、「やまとみことの言の葉を云々」。

◇原注四六は三九二頁九行目付近の頭部余白に施されている。

（四七）『玉葉集』雑五、「伊勢大輔、しきしまの道もたえぬべきことなどいひつかはして侍りければ、赤染衛門、八重葎《やへむぐら》たえぬる道と見えしかど忘れぬ人はなほたづねけり」。

◇原注四七は三九六頁二行目付近の頭部余白に施されている。

（四八）『礼記』経解、「孔子語曰、詩之失愚」。

◇原注四八は四〇七頁六行目付近の頭部余白に施されている。

（四九）『玉葉集』雑五、前参議為相、「これのみぞ人の国より伝はらで神代をうけししき島の道」。

◇原注四九は四一七頁五行目付近の頭部余白に施されている。

（五〇）『拾玉集』第七、恋、「恋といふ心の人になかりせばあるかひもあらじ秋の夕暮」。

『壬二集』上、忍ぶ恋、「身の憂さを忍びなれたる心さへ恋には色に出でぬべきかな」。

◇原注五〇は四二〇頁六行目付近の頭部余白に施されている。

（五一）『続古今』雑下、前大納言基良、「たらちねの心の闇を知るものは子を思ふ時の涙なりけり」。

◇原注五一は四四五頁八行目付近の頭部余白に施されている。

白居易曰、「夫レ感不レ甚則悔イ不レ熟セ。感不レ至則悟リ不レ深」(『文集』第十四)。

真名序に云はく、「長歌短歌云々」。もし長きを「短歌」といはば、ここに「長歌」とあるをばいかなる歌とせん。

(五二)
◇原注五二は四五三頁一〇行目付近の頭部余白に施されている。

(五三)
◇原注五三は四九二頁五行目付近の頭部余白に施されている。

解説

「物のあわれを知る」の説の来歴

日野龍夫

一

本居宣長（一七三〇〜八〇一）の業績は、古典注釈・国語研究を中心に多岐にわたっているが、そのうち文学論の分野で唱えられた「物のあわれを知る」の説はきわめて有名なもので、これを宣長の代表的な業績に数え上げることは誰しも異存のないところであろう。

もっとも「文学論の分野」という限定にはやや問題がある。やがて述べるが、宣長の説く「物のあわれを知る」心は、後には適用範囲を広げて、人間の生き方全体を覆う規範にまで膨張した。したがってそれは文学の創作・鑑賞に際して発揮されるべきであるだけでなく、人間生活のあらゆる場面において発揮されるべきものとなる。『源氏物語玉の小櫛』二には、

> 物の哀れを知るといふことをおし広めなば、身を修め、家をも国をも治むべき道にもわたりぬべきなり。人の親の子を思ふ心しわざを哀れと思ひ知らば、不孝の子は世にあるまじく、民のいたつき（労苦）・奴《やつこ》（下僕）のつとめを哀れと思ひ知らむには、世に不仁《ふじん》の君はあるまじきを、不仁なる君・不孝なる子も世にあるは、いひもてゆけば、物の哀れを知らねばぞかし。（本書『紫文要領』一六八頁注五参照）

とあって、「物のあわれを知る」ことは、人と人とが平和で幸福な関係を作り上げ、ひいて社会全体

が平和で幸福になるために有効な精神——つまり政治の規範——でもあることが主張されているのである。しかし「物のあわれを知る」ことが、何よりも先に文学の創作・鑑賞の際に要求される精神として説明されていることは確かであるし、宣長自身、「風流の物の哀れ」・「物語の本意とする物の哀れ」と、その他の物のあわれとの間に優劣の差をつけてもいる（『紫文要領』一〇六頁一三行目以下・一二八頁七行目以下参照）。問題になる点の検討は後まわしにして、とりあえずは「物のあわれを知る」の説をもっぱら文学にかかわる理論といっておこう。

その「物のあわれを知る」の説は、日本思想史上のもっとも重要な遺産の一つと称するに足りる独創的内容をそなえているのであるが、宣長の説のどこが独創的なのかをはっきりさせるためには、宣長は決して無から有を作り出したのではないということを心得ておかねばならない。つまり「物のあわれを知る」という言葉は、江戸時代人の言語生活の中でごくありふれた言葉であったし、したがってその言葉によって表わされる思想も、宣長におけるほど煮つめられたものであったかどうかということを抜きにすれば、江戸時代人の生活意識の中でごくありふれた思想だったのである。それは宣長が発明したものでも何でもない。

そのことについて考える前に、宣長の「物のあわれを知る」の説をひとわたり見ておこう。「物のあわれを知る」ということを、宣長はまず、

世の中にありとしある事のさまざまを、目に見るにつけ耳に聞くにつけ、身に触《ふ》るるにつけて、その万《よろづ》の事を心に味《あぢは》へて、その万の事の心をわが心にわきまへ知る、これ、事の心を知るなり、物の心を知るなり、物の哀れを知るなり。（『紫文要領』一二五頁）

すべて世の中にありとある事にふれて、その趣き・心ばへをわきまへ知りて、うれしかるべきこ

とはうれしく、をかしかるべきことはをかしく、悲しかるべきことは悲しく、恋しかるべきことは恋しく、それぞれに情《こころ》の感《うご》くが、物のあはれを知るなり。（『石上私淑言』一九九頁）

と、「事の心をわきまへ知る（物ごとの本質を認識する）」ことであると原理的に説明する。しかし「事の心」が「うれし」「をかし」「悲し」「恋し」という感情面の形容詞のみによって例示され、認識者の心に「情」という漢字を宛《あ》ててあることから知られるように、その認識はもっぱら感受性によってなされるものである。

したがって「物のあわれを知る」精神がもっともよく発揮される場を具体的に求めると、それは感情が痛切に動く場面、代表的には恋であり（『紫文要領』一四一頁・『石上私淑言』第七四項〈四二四頁〉）、また武士が戦場で死ぬ間際であり（『紫文要領』二〇三頁）、親が愛児に先立たれた場合である（『石上私淑言』第六七項〈四一一頁〉）。「物のあわれを知る」人間なら、こうした場面において、悲しいはずの事に対しては素直に悲しがり、恋しいはずの事に対しては素直に恋しがる。それが人間の真実のあり方である。悲しがり恋しがる振舞いは、傍人の目には必ずや愚かしく女々《めめ》しく映るであろう。しかしそれが人間の真実なのだから、愚かしく女々しいのは仕方のないことである。それを、道徳に拘束されたり、人目を恥じたりして、自分の真実の心を偽り、悲しいはずのことも悲しくなく、恋しいはずのことも恋しくないかのように、賢こく立派そうに見せかける人が多いのは、外国思想、なかんずく儒教の偽善的な教えの影響を受けているからである。以上の趣旨のことを、宣長は『紫文要領』『石上私淑言』の両書においてくり返しくり返し説く。そして、歌・物語のほとんど独占的なテーマである恋にかかわって説くことがやはり量的にもっとも多く、筆致《ひっち》にも熱がこもっている。特に宣長が力説するのは、『源氏物語』において、源氏の正室の女三《おんなさん》の宮《みや》と密通し、そのことを源氏に知られ、懊悩《おうのう》の末に病死した柏木《かしわぎ》の衛門《えもん》の督《かみ》の恋の哀切さである。柏木は「物のあわれを知る」人、感ずべき事に対しては素直に感じ、自分の真実の心を偽ることのできない人であったために、女三の宮に対する恋を、それが不義であることを知りつつも押えることができず、ついには身を滅ぼすに至った。

されば物の哀れを知ること、恋より深きはなし。柏木の巻に、衛門の督、女三《きんなさん》の宮《みや》の御事によりて病《やまひ》づき、つひにはかなくなりなんとするころの歌に…（柏木と女三の宮の贈答歌をあげて）…この物語の中あまたの恋の中にも、ことに哀れ深し。衛門の督今は（臨終）の書きざま哀れ深きが中にも、この贈答はことに哀れ深く見ゆ。…読む者すずろに涙落ちぬべく覚ゆるなり。（『紫文要領』一四七〜八頁）

また柏木の衛門の督の好色によりて空《むな》しくなれるも、そのしわざを賞するにはあらず。身をいたづらになすほどの物思ひの深き心のほどをあはれぶなり。（同一五九〜六〇頁）

ところで、ここまでくればはっきりするが、重要なのは、柏木が「物のあわれを知る」人であるということよりも、柏木がそういう人であることを宣長が理解しているということである。宣長にそれが可能だったのは、宣長自身が「物のあわれを知る」人であり、「事の心」――この場合は柏木の恋の哀切さ――を「わきまへ知」り、素直に感動したからであった。『源氏物語』の読者として、もし宣長が柏木の恋の哀切さに感動せず、不義を犯した柏木は許しがたいなどと考えたとしたら、『源氏物語』を読んだ意味がない。つまり「物のあわれを知る」精神が人間に要求されるのは、行為者の「物のあわれを知る」振舞いに対して、批評者が「物のあわれを知る」人になるという形においてである場合が多い。平たくいえば、「物のあわれを知る」ということは、他人の切実な感情――多くの場合は恋――に共鳴するということとほとんど同義語である。物語の作中人物と読者との間では、行為者と批評者という関係は固定しているが、恋愛において、行為者の切実な恋の対象が批評者であったら、「物のあわれを知る」批評者は必然的に行為者に変身して、相手の切実な恋をかなえてやることになる。『源氏物語』における源氏と藤壺《ふじつぼ》の密通を、宣長はそのように説明している（『紫文要領』一八四頁七行目以下参照）。

宣長の「物のあわれを知る」の説を一応右のように理解したところで、江戸時代人の生活の中でごくありふれたものであった「物のあわれを知る」という言葉、その言葉によって表わされる思想を見てみよう。通俗文学の中でももっとも通俗的な、古《いにし》えの雅《みやび》やかなるものを志向した宣長のおよそ対極にあるといってよい為永春水《ためながしゅんすい》の人情本に、「物のあわれを知る」ないし「あわれを知る」という言葉がしばしば出てくるということは、この際、他のあらゆる用例にまさって興味深い。『春色梅児誉《しゅんしょくうめごよ》美《み》』初編巻一で、主人公の色男丹次郎《たんじろう》と愛人の芸者米八《よねはち》とのいちゃつきを描いて、

嗟《ああ》、愚痴《ぐち》なるに似たれども、またその人の身にとりては、他《よそ》に知られぬ恋の道。（人それぞれ）この趣きには変るとも、実《まこと》は同じ男女の情。色は思案の外とはいへど、物の哀れをこれよりぞ、知らば邪見《じゃけん》の匹夫《ひっぷ》をして、心をやはらぐ一助とならんか。

また『春告鳥《はるつげどり》』二編巻五で、遊び人友吉《ともきち》と芸者仲次《なかじ》との痴話《ちわ》喧嘩《げんか》を描いて、

それ人情を察すること、いといと難《かた》き所為《わざ》なれども、右にしるすごとき愚痴なることをも、その身になりてはさぞあらんと、よくよく察して哀れを知り、他人《ひと》のことにてもよそよそしく聞き捨てず、情《なさけ》をかけるを、人情の趣きを知る人といふべし。されど恋路《こひぢ》をせぬ人の心にこれを読む時は、何でこのくらゐなことが面白いか、悲しくもなければ哀れでもなしといふべし。

などという。これらの文章は、表現にすこし手を加えれば、『紫文要領』の二〇二頁あたり、『石上私

淑言』の四二四頁あたりにそのまま紛れこませることができないであろうか。これらの文章において為永春水は、恋愛の当事者たちが存分に発揮する「愚痴なる」さま、つまりは愚かしく女々しいさまの中にあわれを感じとってやるべきこと、愚かしさと女々しさを決して馬鹿にせず、それはむしろ当人たちの切実な思いの表われであると理解してやるべきことを説いている。この限りにおいて、「物のあわれを知る」という言葉によって表わされる思想は、宣長と春水の間で何の差異もない。

　宣長の「物のあわれを知る」の説が述べられているところの、『源氏物語玉の小櫛』は寛政十一年（一七九九）に、『石上私淑言』は文化十三年（一八一六）に、それぞれ刊行されている（『紫文要領』五六頁頭注＊印・『石上私淑言』二五七頁頭注＊印参照）。為永春水が人情本作者として活動したのはそれに後《おく》れる天保《てんぽう》年間のことであるから、右のような両者の類似は、春水が宣長の著述に接してその影響を受けたからではないかと疑う向きがあるかも知れない。しかしその可能性はないといってよい。通俗文学の作者の中でも無教養・不見識の部類に属する春水が宣長の著述を読むなどということは、まずありえない。書物を通さないまでも、宣長の「物のあわれを知る」の説が世間で評判になっており、春水はそれを小耳にはさんで、要領よく自分の作中に借用した、ということさえも考えにくい。宣長の「物のあわれを知る」の説は、『石上私淑言』の第七四項（四二四頁）を見れば知られるように、一見すると不義密通の肯定と受け取られかねないような徹底した論理において述べられているため、宣長の没後に、穏健で常識的な方向へ修正をはかる動きが後輩の国学者にあったほどで、そのままの形で江戸時代の人々に支持されるようなものではなかったからである。第一、何も宣長に教えてもらわなくとも、江戸時代人のごく普通の生活意識として保持されてきた、他人の立場を思いやり、「物のあわれを知る」ことを重視する思想の伝統が、春水の前にはあった。

校注者はかつて「宣長以前の物のあはれ」という論文を草して（『国語国文』昭和五十七年八月号）、「物のあわれを知る」という言葉が時代物の浄瑠璃《じょうるり》に頻出《ひんしゅつ》することを指摘したことがある。そこであげたいくつかの例のうちの一つだけを引いてみる。元文《げんぶん》四年（一七三九）大阪竹本座で初演された『ひらかな盛衰記』の三段目で、朝敵の汚名《おめい》を着て敗死した木曾義仲の御台山吹御前《みだいやまぶきごぜん》は、一子駒若《こまわか》とひそんでいるところを、木曾の残党を探索している番場《ばんば》の忠太に発見され、朝敵の遺児ということで駒若を殺そうとする忠太に向って、どうぞ駒若だけは見逃してやってほしいと、次のように懇願する。

生きとし生ける物ごとに、物の哀れは知るものぞ。とりわけ武士は情《なさけ》を知る。みづからはともかくも、この子が命を助けたい。慈悲《じひ》ぢや功徳《くどく》ぢや後生《ごしやう》ぢやと、涙とともに詫《わ》び給ふ。

駒若は朝敵の血を引く男子であるから、これを殺すことは公的秩序を維持する上での〝善〟であり、公人としての番場の忠太は善を実現しなければならない。山吹御前はそのことをよく認識しているからこそ、忠太の「物のあわれを知る」心に訴えた。ここでの「物のあわれを知る」ということは、たとえ公人としての立場にそむこうとも、私人としての感情の発動を抑制《よくせい》しないということである。もしも忠太が「物のあわれを知る」人であるならば、感ずべきところに素直に感じ、いたいけな子供の首をはねることをあわれと思い、母親の必死の懇願に胸を打たれるはずであると、山吹御前は期待する。一方、宣長は、「物のあわれを知る」ということは、公的秩序の維持にかかわる儒教・仏教などとは別個の価値基準に支配される営みであることを、力説する。歌には、不倫《ふりん》の恋が憚《はばか》ることなく詠《よ》まれることが多いが、

すべてよからぬことを禁《いさ》めとどむるは、国を治め人を教ふる道のつとめなれば、よこさまなる恋などはもとより深く戒《いまし》むべきことなり。さはあれども、歌はその教への方《かた》にはさらにあづからず、

物のあはれをむねとして、筋異《すぢこと》なる道なれば、いかにもあれそのことの（道徳上の）よき悪しきをばうち棄《す》てて、とかくいふべきにあらず。……ただそのよみ出づる歌のあはれなるをいみじきものにはするなり。（『石上私淑言』四二六頁。他に『紫文要領』八九頁をも参照されたい）

ここでもまた、「物のあわれを知る」という言葉によって表わされる思想は、『ひらかな盛衰記』と宣長の間で何の差異もない。

通俗的な文学作品や演劇の中に「物のあわれを知る」ことを重視する思想が見出されるということは、江戸時代の人々が、現実の生活の中で、人と人との関係を幸福なものに築き上げるための心づかいとして、「物のあわれを知る」ことを重視していたということである。三田《みた》村鳶魚《むらえんぎょ》が「女の世の中」という論文（『三田村鳶魚全集』第十一巻）で、次のような話を紹介している。享保《きょうほう》の末のころ、ある旗本の娘が中村菊太郎という歌舞伎役者に深く恋慕《れんぼ》して、思いつめた末に病気になってしまった。両親が娘の命には替えられないということで、娘の思いをかなえてくれるよう、家臣を通じてひそかに菊太郎に頼んだところ、江島生島《えじまいくしま》の事件以来、役者たちは武家とかかわりを持つことをひどく恐れていたので、菊太郎は、御婦人方のお相手は一切お断りしておりますといって拒否した。娘は落胆はなはだしく、三日ほどして死んでしまった。この噂《うわさ》が江戸中に伝わって、菊太郎は誰いうとなく「情知《なさけ》らずの菊太郎」と非難された、――。この話の場合、江戸時代の通常の道徳からすれば、武家の娘が役者に恋慕するなどということはあるまじきふしだらであるし、ましてや両親が娘かわいさのあまり、役者との不義を黙認しようとしたのは、許すべからざる破廉恥《はれんち》である。菊太郎が、動機は何であれ娘の思いをかなえてやることを拒否したのは、まったく正当なことであって、とがめられるいわれはどこにもない。しかるに世間は菊太郎を「情知らず」といって非難した。ここでは「物のあわれを知る」という言葉は用いられていないが、他人の切実な恋に共鳴しようとしない「情知らず」とは、「物のあわれ知らず」ということにほかならない。宣長は、源氏の切実な恋に共鳴し、不義と知りつつその恋をかなえてやった藤壺を「物のあわれを知る」人と讃えているし（『紫文要領』一八四頁）、多くの求婚者の恋を黙殺した『宇津保《うつほ》物語』の藤原の君に対する紫の上の批判に、賛意を表している（同九五頁）。

長々と以上のように述べてきたのは、宣長の「物のあわれを知る」の説の独創性をすこし割引こうと考えたからでは決してない。「物のあわれを知る」の説が、宣長の思想として有名になり過ぎたあまり、宣長をつつんでいた江戸時代の普通の生活意識から切り離されてしまって、何か特別な思想のように扱われてきた傾向がないでもないことを反省したいのである。宣長の「物のあわれを知る」の説の源泉は、明らかに江戸時代のごく普通の生活意識の中にある。宣長がある時あることを思いついた。最初は意識の中を漠然《ばくぜん》と浮遊しているいくつかの断片的なアイディア群を、ある核のまわりにたぐりよせ、それらを相互に結びつけ、次第に体系づけてゆくという過程を経て、一つの思想は形成されるが、宣長はその核として、自分の周囲にごく何でもない言葉としてあった「物のあわれを知る」という言葉を、したがってその言葉によっていい表わされる、決して体系づけられてはいないが、自分の期待にこたえてくれそうな物の考え方を、採用した。

右に関連して、「物のあわれを知る」という言葉自体は、宣長にとって決して大切なものではなかったらしいことも、宣長が何でもない言葉を何気《なにげ》なく自分の周囲から拾ったということを裏付けていないであろうか。やや誇張していえば、宣長は満七十一年の生涯のうち、宝暦十三年（一七六三）一年間だけしか「物のあわれを知る」という言葉を口にしなかった。宝暦十三年とは、『紫文要領』が書かれた年であり、『石上私淑言』が書かれたであろうと推定されている年である（『石上私淑言』二五四頁頭注＊印参照）。この両書には、これまでの引用が示すように「物のあわれを知る」の説が詳細に解説されている。これ以前には、『紫文要領』五〇頁頭注＊印で述べたように『排芦小船《あしわけおぶね》』『阿波礼弁《あわれべん》』に「物のあわれ（を知る）」という言葉が、右の両書ほどの綿密な思索の裏付けなしに、いわば言葉だけの形で見えている。次に寛政十一年（一七九九）刊の『源氏物語玉の小櫛』の巻一・二に、「物のあわれを知る」という言葉が頻出する。しかしこれは『紫文要領』を改稿したもので、両者は本来同一の書物なのであるから（同六四頁頭注＊印参照）、頻出するのは当然である。そして右以外の宣長の著述には、「物のあわれを知る」という言葉はほとんど見当らないのである。校注者が気づいたのは、最晩年、門人たちを対象に学問の入門書として著わした『宇比山踏《ういやまぶみ》』に、

すべて人は、雅《みや》びの趣きを知らではあるべからず。これを知らざるは、物のあはれを知らず、心なき人なり。

と見える一例だけである。厖大《ぼうだい》な量の著述のことであるから、探せばまだ見つかる可能性はあるが、しかし見つかったとしても、それは、右の『宇比山踏』の例を含めて、例外的な使用であると断言できる。

何となれば、『紫文要領』『石上私淑言』における、「物のあわれを知る」という言葉をめぐるあの熱っぽい口吻《こうふん》からすれば、当然その言葉が用いられてしかるべきところに、宝暦十四年（＝明和元年）以後の宣長はまったくその言葉を用いていないからである。たとえば、『新古今集美濃《みの》の家づと』は、宣長の愛した『新古今和歌集』の注釈書であり、歌風からしても、もしその言葉が宣長の内部に定着しているのなら、いたるところで自然に湧《わ》き上ってきそうなものなのに、まったく現われない。また

たとえば、『古事記伝』一七で、出雲建《いずもたける》を征伐してもどってきた倭建《やまとたける》の命《みこと》が、疲れをいやす間もなく東国への出征《しゅっせい》を父の景行《けいこう》天皇から命ぜられ、「父上は私なんか死んでしまえとお考えなんだ」といって泣き悲しむくだりに、注していう、

さばかり武《たけ》勇く坐《ま》す皇子《みこ》の、此《か》く申し給へる御心のほどを思ひ度《はか》り奉るに、いといと悲哀《かな》しとも悲哀しき御語《みこと》にざりける。…勇《たけ》き正しき御心ながらも、此《か》く恨み奉るべき事をば恨み、悲しむべき事をば悲しみ泣き賜《たま》ふ。これぞ人の真心《まごころ》にはありける。これもし漢人《からびと》ならば、かばかりの人は、心の裏《うち》には甚《いた》く恨み悲しみながらも、そはつつみ隠してその色を見せず、かかる時もただ例の言痛《こちた》き（ぎょうぎょうしい）こと、武《たけ》勇きことをのみ云ひてぞあらまし。これを以《も》て戎人《からびと》のうはべを飾り偽ると、皇国《みくに》の古《いにし》へ人の真心なるとを、万《よろづ》の事にも思ひわたして悟るべし。

この文章がそのまま宣長における「物のあわれを知る」ということの説明に適用しうるものであることは、『紫文要領』一〇三頁五行目以下や『石上私淑言』第六六・六七項（四〇八〜一三頁）と読みくらべればたやすく知られる。なかんずく、

恨み奉るべき事をば恨み、悲しむべき事をば悲しみ泣き賜ふ。

といういい方は、自分自身がかつて書いた文章、すでに引用した『石上私淑言』二九九頁の、「うれしかるべきことはうれしく、をかしかるべきことはをかしく、悲しかるべきことは悲しく、恋しかるべきことは恋しく、それぞれに情《こころ》の感《うご》くが、物のあはれを知るなり」というくだりや、『紫文要領』一二六頁の、

…その悲しかるべき事の心を知りて、さこそ悲しからむとわが心にも推量《おしはか》りて感ずるが、物の哀れなり。

などという文章を想起しつつ書いたものであることは間違いない。『古事記伝』二七を脱稿したのは寛政二年（一七九〇）であるが、文筆を業とする者が、若い時に力をこめて書いた書物の、その中でも印象的な記述を、たとえ間に二十七年をへだてていようとも、忘れているということはあり得ない。まして宣長は、いちいち例示はしないが、自分が一度書いた文章をよく覚えていて、後の著述の中に再度使用する癖《くせ》のある人である。それなのに、「物のあわれを知る」という言葉は捨てられている。「物のあわれを知る」という言葉が宣長にとって大切な言葉であったとすれば、これらはかなり奇妙な事態といわねばならない。結局、その言葉自体は宣長にとって重要なものではなかったと考えざるを得ない。重要なものではなかったということは、宣長がその言葉を日常の言語生活の中から何気なく採用したということであろう。何気なく採用したのであるから、言葉自体は、忘れるという意識もなく使用しなくなってしまった。

二

見てきたように、「物のあわれを知る」ことを重視するという物の考え方自体は、宣長の創始したものではなく、江戸時代の人々の生活意識の中に普通に存在したものである。しかし宣長は、考えをまとめるための手がかりはそこから得たにしても、綿密かつ徹底的な思索によって自分の説を練り上げて、独創的と称するに足りる理論を樹立した。生活意識のレベルで行われていた「物のあわれを知る」という考え方と比較することによって、宣長のものになりきった「物のあわれを知る」の説の特徴を浮彫《うきぼ》りにすることができるが、それは次の二点に絞られるといってよい。

一 「物のあわれを知る」心はわが国固有の精神であったが、儒教・仏教が渡来して、自分の心を偽ってうわべを飾る教えが普及して以来、それは次第に失われていったとして、儒教・仏教、ことに儒教をきびしく批判したこと。それに対応して、わが国固有の精神の集約としての神道《しんとう》への傾斜を見せていること。

二 文学の原理は「物のあわれを知る」心であると説いて、文学が道徳とは別個の価値基準を有する自立した営みであることを明確にし、文学作品、特に『源氏物語』をそれまでの勧善懲悪《かんぜんちょうあく》論的批評から解放したこと。

右の第一点は主として『石上私淑言』において、第二点は主として『紫文要領』において、展開される。それぞれの論を、やや詳しく見てみよう。

まず第一点について。「物のあわれを知る」素直でやさしい心はわが国固有の精神であって、和歌の伝統の中に特によく保存されているということ、儒教を代表とする中国文明はそれと正反対に、賢《さか》しらな分別によってうわべを立派そうに見せかけようとする性格を持っており、和歌にもっとも近い漢詩でさえも、人間の真実の心を表わしていないということは、『石上私淑言』の第六一～七六項（四〇三～一二三頁）あたりを中心に述べられている。このように「物のあわれを知る」心を、中国文明と比較した際のわが国の文明の特徴というところまで理念化するなどということは、生活意識のレベルでの「物のあわれを知る」心を重視する思想の中にはもちろん見られないところで、物ごとを窮極《きゅうきょく》まで考え詰めなければ気のすまない宣長という人物の性格をよく示している。

一体、「物のあわれを知る」ということは、他人の切実な気持に共鳴し、同情するということであるから、法律・道徳などの公的規範と矛盾する場合が多い。人が現実に生活してゆく上では、この矛盾をあまりはっきりと露呈させず、「物のあわれを知る」心と公的規範とのほどほどの調和ないし妥協をはかろうとするのが、健全かつ賢明な生活意識であろう。たとえば前掲の「情知《なさけ》らずの菊太郎」の話において、武家の娘の切実な恋を受け入れず、娘をこがれ死にさせた菊太郎を、世間は「情知らず」といって非難した。しかしもし菊太郎が娘の恋を受け入れて、そのために娘が命を取りとめていたとしたら、今度は世間は、娘を武家の誇りを忘れて役者にうつつを抜かしたふしだら女といい、両親を娘のふしだらを黙認した恥知らずといい、菊太郎を素人娘に手を出した色事師といって非難したであろうことは、まず確実である。世間の噂とはなべてそうしたものであり、この無責任な評価の逆転の裏には、民衆のおのずからなる平衡《へいこう》感覚が働いている。法律や道徳が厳格に守られ、「物のあわれを知る」心がまったく作用しない冷たい社会には、人間は住むことができない。しかしまた「物のあわれを知る」心が野放しになっては、社会秩序が混乱してしまう。江戸時代の人々にとって、役者にこがれ死にした武家娘はあわれであるが、かといって、武家娘の役者への恋が公然と許されるような道義の乱れはやはり困るのである。モラルと人間の切ない願いとが矛盾する限り、いつの時代でもそうである。為永春水は、高邁《こうまい》な見識は持っていなかったが、この辺の呼吸は十分に心得た通俗作家だったので、その作中、「物のあわれを知る」べきことを読者に向って説教する反面で、自分の描き出す恋愛が貞操節義の道徳と両立するものであることをしばしば弁明し、道徳への積極的な迎合《げいごう》を示している。

元来予《もとよりわ》が著《あら》はす草紙、大略《おほかた》婦人の看官《けんぶつ》をたよりとして綴《つづ》れば、その拙俚《せつり》なるはいふに足らず。されど淫行《いんかう》の女子に似て貞操節義の深情のみ。一婦にして数夫《すふ》に交はり、いやしくも金のために欲《よく》

情《しん》を発《おこ》し、横道《よこみち》の振舞ひをなし、婦道に欠けたるものを記さず。(『春色梅児誉美』三編巻七)

(自分の作品を旅日記にたとえて)果てしもあらぬ恋の路《みち》を、余《あま》さずもらさず書き留《と》めんと、勧善懲悪の本意《やどり》を出でしより、(読者に対する)意見になるべき名所をさぐり、細《こま》かに人情のおもむく道をたづぬれども、さらに不実の横道を記さず。(『春告鳥』五編序)

かくして生活意識のレベルで保持される「物のあわれを知る」心は、現実の諸条件とからみ合っているため、人間関係を円滑に保つための心づかいの域にいつまでたってもとどまっていて、理念にまで昇華することがないのである。

宣長はそこを突き抜けて、「物のあわれを知る」心を、既成の公的規範とはまったく別個の価値基準を有し、それとは決して両立しえない、独自の規範として理念化することができた。そして、既成の公的規範がもっぱら儒教・仏教によって権威づけられていた江戸時代においてその主張をなした者の運命的必然として、「物のあわれを知る」心を、儒教・仏教の権威に対抗すべく神道によって権威づけるに至った。

宣長が「物のあわれを知る」の説の形成に向って出発した時、『源氏物語』『古今集』『新古今集』などの古典文学に描かれた恋への感動と、従来のたてまえ的な勧善懲悪の文学論に対する不満とが、最初にあった。宣長の動機は多分、自分の感動は正当で、従来の文学論はどこか間違っているという直感を、自分で納得のゆくように論理化してみようということであったであろう。宣長はとりあえず「物のあわれを知る」——他人の切実な感情に共鳴する——ことを大切にするという、ごくありふれた物の考え方を手がかりにした。その理論は、「物のあわれを知る」とは、悲しいはずの事に対しては悲しがり、おかしいはずの事に対してはおかしがる、素直な心の動き方のことであるという、平凡とも見える規定から始まる。しかし一段一段論証が重なってゆくうちに、いつの間にか、「物のあわれを知る」心は愚かしく女々しいものであらざるをえないこと、人間のそうした真情を偽り飾らずありのままに表現するのが文学の任務であって、文学は道徳上の善悪には関知しないこと、日本の文学伝統が文学の任務を見事に体現しているのに対し、中国の文学は道徳に支配されていること、両者の差異の背景には、万事を神のはからいとして受け入れるわが国の素直な民族性と、万事を理屈で考えようとする中国の賢《さか》しらな民族性との差異があること等々、まことにもって平凡ならざる、重大な認識が提示されている。その過程での個々の論点は、本文の頭注に示し、また後にも述べるように、概して当時の神道書や荻生徂徠《おぎゅうそらい》・堀景山《けいざん》・契沖《けいちゅう》などの著述に見えていて、宣長の独創と呼べるほどのものは実はあまり多くない。しかし驚嘆すべき旺盛な勉学欲によって読破した万巻の書（付録の「宣長の読書生活」を参照されたい）から、自己の思索にすこしでも示唆を与えてくれる議論は一つ残らずすくい上げ、論理の展開に応じてそれらを有効適切に援用し、強靭《きょうじん》な思考力によって、結果としては独創的な理論を樹立したのである。

宣長に右のような理論構築を可能にさせた条件を考えてみると、「物のあわれを知る」の説が当初（「当初」といった意味は後述〈五三四頁〉する）文学論に限定されて展開されたということを、やはりまず第一にあげなければならない。「物のあわれを知る」心は公的規範と矛盾する場合が多いから、現実生活の中では常にほどほどであることが望ましい。つまり生活意識のレベルでの「物のあわれを知る」心は、理想ではあるが、それは完全に実現されては困る理想なのである。こういう条件のもとでは、「物のあわれを知る」心が価値として自立するということは起りえず、したがってその本質について真剣な究明がなされるということもない。しかし文学という虚構の世界の内部でなら、「物のあわれを知る」心が大いに発揮されて誰と誰が密通しようとも、現実の誰にも迷惑がかからない。実際には、『源氏物語』論としての「物のあわれを知る」の説の解説のところで述べるように（五四九〜五〇頁）、江戸時代の人々の意識の水準からすれば、たとえ虚構の内部においてであれ、「物のあわれを知る」心を価値として自立させるのは、宣長にして初めて果しえた勇気のいる事業だったのであるが、宣長といえども、文学の内部の出来事であると思えばこそ、あれだけ大胆なことがいえた。『石上私淑言』第七四項を、前に引用した部分（五一三頁）に前後をつけ加えてもう一度引いてみよう。

ことに人の許さぬこと（不義の恋）を思ひかけたる折などよ、あるまじきこととみづからおさへ忍ぶにつけては、いよいよ心のうちはいぶせくむすぼほれて、わりなかるべきわざなれば、ことにあはれ深き歌もさる時にこそは出《い》で来《く》べけれ。…すべてよからぬことを禁《いさ》めとどむるは、国を治め人を教ふる道のつとめなれば、よこさまなる恋などはもとより深く戒むべきことなり。さはあれども、歌はその教への方《かた》にはさらにあづからず、物のあはれをむねとして、筋異《すぢこと》なる道なれば、いかにもあれそのことの（道徳上の）よき悪しきをばうち棄てて、とかくいふべきにあらず。さりとてその悪しきふるまひをよきこととてもてはやすにはあらず。ただそのよみ出づる歌のあはれなるをいみじきものにはするなり。

この論法がはっきり示すように、宣長は文学の内部と外部とを区別して、自分の立場を文学の内部にのみかかわるものと限定し、文学の外部を公的規範が支配するのは当然のことと認めている。その上で、文学の内部においては「物のあわれを知る」ことが最優先するのであって、道徳上の善悪は文学の問題にはならないと主張して、文学的価値と道徳的価値の分離という、日本の文学論史上画期的な認識を切り拓いた。

ところで、この論法は宣長の文学論に、ある限界をもたらしもした。確かに宣長は、それまでの勧善懲悪の文学論のように、『源氏物語』の密通者たちを道徳的に批判するようなことはせず、不義の恋にも哀切な情趣のあることを発見した。しかし宣長の理論は、封建道徳という特定の道徳を批判して人間性を優先させるという性格のものではなくて、道徳そのものに関知しないという立場を取ることによって、作中人物を道徳的評価から解放するものである。もしも『源氏物語』に道徳と欲望との狭間《はざま》で苦悩する人間が描かれているとすれば、道徳に関知しない理論が、作品の本質をどこまでとらえることができるだろうかという問題がここに発生するのであるが、それについては後述する（五五〇頁）。

宣長の理論構築を可能にした次の条件として、江戸時代中期、享保ごろから顕著になってきたわが国の古代への関心の高まりと、同じ時期における荻生徂徠の儒学説の流行とをあげなければならない。

わが国の古代への関心の高まりは、壺井義知・多田南嶺など故実家《こじつか》と呼ばれる人々の有職《ゆうそく》故実に関する著述などとして現われ、国学の裾野を形成するわけであるが、神道の興隆もその重要な一環としてあった。この風潮を象徴する例を一つあげると、西鶴の町人物の浮世草子には、元禄ごろの町人生活の種々相が描かれているが、神道や有職故実に関心を持つ人物や神官が登場する話はない。それから五、六十年後《おく》れる宣長の青年時代の浮世草子にはその種の人物が時折登場して、彼らが浮世草子の素材としての市民権を獲得したことを示している。たとえば、明和五年（一七六八）刊の『世間学者気質《かたぎ》』の巻五の一「中臣《なかとみ》の祓《はらひ》より廻《まは》りの早い千《ち》早振《はやぶ》る神道の中酌《なかくみ》」には、「生得《しやうとく》正直一偏《いつぺん》なる心より和学を好みて、大和歌《やまとうた》の道もわきまへ、神道の奥儀《あうぎ》も伝へて、とかく人間は神道でなければゆかぬ」と考える伊勢の国の正直屋和歌右衛門という造り酒屋が登場する。この和歌右衛門の奉ずる神道とは、とかく神道ほど面白い物はない。世界中の事がみな和訓でさばけるとはようしたものぢやと、何でも和訓でやつてゐらるるを聞けば、まづ「東《ひがし》」は「日頭《ひがしら》」といふ事ぢや、「春《はる》」は物の「張《は》る」といふ訓、「秋《あき》」は「飽《あ》きたり」ぢや、「車《くるま》」はくるくるまはるによつて「くるま」ぢやといへば、そんなら「くるくる」とは何の事でござるぞと問へば、はてこつちの方へ「来る」と言ふことぢやと大声になるので、……

などとあって、もっぱらあやしげな語源説のことであるが、語源への関心もわが国の古代への関心の一端ではあり、伊勢の神道家谷川士清《ことすが》の『日本書紀通証』（宝暦十二年刊）にも本質的には右と大差ない語源説がたくさん見えていて（『石上私淑言』二六七頁注五・三四一頁注四参照）、当時の神道には確かにそういう面があったのである。

　神道はいうまでもなくわが国固有の宗教であって、儒教・仏教と対立する。宣長は、宣長以前の神道はすべて儒仏から理論を借用した不純なものであると批判しており、その批判は当っているのであるが（『石上私淑言』四一七頁注五参照）、それは程度問題であって、宣長自身の神道説もまた徂徠学という儒学説から多大の影響を受けていることは、今日の思想史の常識である。理論的には儒仏からの借り物だらけで、内容的には古代史や語源への関心など雑多な要素を含みつつ、江戸時代の中期に神道が興隆して、とにもかくにも儒仏の権威を相対化したということは、儒仏の渡来以来千数百年を経てようやく、日本固有の文化を見直そうとする民族的な自覚が生れたということである。宣長が、「物のあわれを知る」心を、人間の真情と規定するだけではあき足りず、感ずべき事に感ずる素直なその心のあり方こそ、万事を神のはからいとして素直に受け入れるわが国固有の精神なのであるというところまで遡源《そげん》させて、神道と結びつけ、儒教を神のはからいに対する謙虚さを失った賢《さか》しらで不《ふ》遜《そん》な教えとしてきびしく否定したのも、こうした時代の風潮の外にあるものではない。右に「あき足りず」と書いたが、この表現は恐らく不正確で、それが人間の真情であるというだけでは「物のあわれを知る」心は価値として自立することが不可能だったのであろう。それは神道と結びつくことによって初めて、儒仏の権威を背景にした道徳と拮抗《きっこう》する価値でありえたのである。後でもう一度触れるが、儒仏に負けないだけの価値を「物のあわれを知る」心に賦与《ふよ》しようとする宣長が神道にたどりつくのは、必然のなり行きであった。

当時の神道に対する宣長の批判は、『石上私淑言』では第六八・九六項（四一三頁・四八三頁）に、それより早いものとしては、宝暦十一、二年（一七六一、二）ごろの執筆と推定される『本居宣長随筆』巻十一の第七一七〜二一項あたりに見えて（『石上私淑言』四一七頁注五参照）、宣長の神道への関心がそのころから顕著になったことを示している。批判するからには神道書をたくさん読んでいるはずで、とすれば、宣長の学問の態度からして、批判は批判として、自分にとって有益な議論は積極的に採り入れていることが考えられる。しかし宣長は、右にあげた批判の記述の中に自分の読んだ神道書の書名を一切書き残していないので、この議論はこの神道書に示唆《しさ》を得たものというように特定することはむつかしく、『石上私淑言』四一四頁注一に松岡雄淵の『神道学則日本魂《やまと》』（享保十八年刊）を、四一五頁注二に増穂残口《ますほざんこう》（一六五五〜七四二年）の『神国増穂草』（宝暦七年刊）を、四二六頁注七に同じく残口の『直路乃常世草《すぐじのとこよぐさ》』（享保二年刊）をあげて一端を示したように、当時の神道書に似た議論があるといういい方にとどめておくのが、現在の研究段階では無難である。これまでの宣長研究においては、宣長の既成神道批判を真に受けて、宣長と先行の神道との結びつきという問題にほとんど目が向けられてこなかったが、校注者の予想では、宣長は自分の批判する不純な神道からかなり多くのものを受け入れていると思われる。

そう予想する根拠として、増穂残口と宣長との類似に触れてみたい。増穂残口は京都の朝日神明宮の宮司で、非公開の伝授の形式で門人に教えを伝えるのが普通であった当時の神道界にあって、神道による民衆教化につとめた異色の神道家である。神道の啓蒙書の旺盛な述作や京阪の諸所における街頭での神道講釈を通じて、知名度のきわめて高い人物であった。宣長が神道への傾斜を見せはじめる宝暦十一、二年ごろといえば、残口が没して二十年を経ているが、残口の著述はそのころでもなお人気が衰えず、版を重ねていた。神道に深く求めるところのあった宣長が、これほど有名な神道家の著述に関心をそそられなかったということは、考えられないことである。そう思って残口の著述をひもといてみると、宣長との議論の類似の多さに一驚させられる。

残口の神道説は、印度には仏教がふさわしく、中国には儒教がふさわしいように、日本には神道がふさわしいとするもので、かつ日本においても仏教・儒教が神道の補助という限界内で行われるのはむしろ有益であるとも説いて、神道が絶対的にすぐれているとする宣長とは根本のところで喰い違う。また陰陽五行説《いんようごぎょうせつ》などの中国の思想を堂々と持ちこんでいる点はまぎれもなく不純な神道である。しかし印度・中国・日本三国の民族性を比較すると、日本のそれは正直・淳朴《じゅんぼく》であり、対して中国・印度のそれは邪悪・奸佞《かんねい》であること、儒仏渡来以前のわが国は掟《おきて》や刑罰がほとんどないまま平穏に治まっていたこと、中国から書物が渡来して以来、狡智《こうち》が発達して古来の淳朴さが失われたことなどを説く点は、宣長の神道説と同一である。『神国増穂草』上の一節を引いてみる。

君（天皇）も神孫、民も神種にて、神国の印《しるし》（神国である証拠に）、人作《にんさく》の法（人為的な法律）を用いず、ただ天命を崇《あが》むるゆゑに、天上より降臨の神を帝《みかど》と立て、下民、私《わたくし》の情を恣《ほしいまま》にせざる国風なるがゆゑに（平穏に治まったのであって）、惣じて法度《はつと》の条目と云ふことも、下民に邪智の勝《すぐ》れ、邪義を義とする悪巧《わるだくみ》の族《やから》あるゆゑに、止《や》むことなく立つる法なり。しかれば人皇三十代まで法度の条々なくて一千六百歳治まりしわが国は、真《まこと》に神の国の印なり。国風の漸《やうや》く変ぜしは、聖后（神功皇后）の三韓退治より、……

右にすぐ続いて『石上私淑言』四一五頁注二に引用のくだりがくる。これに対して『石上私淑言』第八五項の次の一節をあげてみよう。

されば わが御門《みかど》（天皇）にはさらにさやうの（中国風の）理《ことわ》りがましき心をまじへず、賢《さか》しだちたる教へを設《まう》けず、ただ何ごとも神の御心《みこころ》にうちまかせて、万《よろづ》をまつりごち給ひ（統治なさり）、また天《あめ》の下《した》の青人草《あをひとくさ》（人民）もただその（天皇の）大御心を（自分の）心として、なびきしたがひまつる、これを神の道とはいふなり。（四六三頁）

他に四〇八頁八行目～四〇九頁一〇行目・四一四頁二～一二行目・四五二頁注六をも参照されたい。

宣長によれば、わが国の古代においては、天皇も人民も「物のあわれを知る」素直な心のままに、天皇は万事を神のはからいにまかせ、人民は万事を天皇のはからいにまかせ、特別な教えや掟《おきて》を必要としないまま世の中は平穏に治まっていた。中国に仁義道徳のぎょうぎょうしい教えが発達したのは、それを必要とするほど人心が奸悪であったからである――。

右に関連して、残口は中国文明がわが国に及ぼした悪影響は、うわべを飾る偽善と賢《さか》しらであるということをくり返しくり返し指摘する。『直路乃常世草』中に、

和朝（日本）は神のまにまにと立てて、人は欺《あざむ》くべし、神は誣《し》ふべからず。これすなはち正直をもととする国風は、上辺《うはべ》のつくろひものにあらず。外国《とつくに》にすぐれたる事の第一なり。

『神国加魔祓《しんこくかまばらい》』（享保三年刊）天に、

日本の筋目《すぢめ》（神をうやまうということ）の外《ほか》に、上辺《うはべ》を飾りて名を呼ばれ（名を讃えられ）、徳を求むる（ことさらに徳を養う）は、神のきらはせ給ふつくろひ物（うわべのとりつくろい）なり。から全盛・から僭上《せんしやう》（みせかけの贅沢）・から栄耀《ええう》なんどの「から」の字も、「むなしく」といふ「虚《きよ》」の意にて、内に実なく外《そと》ばかりきつと礼を立つると見せかけ、名利《みやうり》にふける支那《から》根性なり。支那の者の上辺《うはべ》こしらへをあざけりて、日本の国語に「支那《しな》」を「から」といふなるべし（「唐《から》」に「虚《から》」をこじつけた冗談）。様《ためし》みるに、無智文盲なる田舎の山家《やまが》者《もの》には、正直実心なる日本魂《やまとだましひ》の者多く、今時《いまどき》の都辺《みやこへん》の学者・智者・利根《りこん》（利口者）・博識なる輩《ともがら》の、直《すぐ》なるは希《まれ》なり。

そして宣長がもっとも力をこめて排斥《はいせき》したのも、うわべをつくろい飾って「物のあわれを知る」心を圧殺してしまう儒教の賢しらな教えであったことは、『石上私淑言』第六五・六六項（四〇六～一一頁）によって知られる。

宣長との類似という点で残口の神道説のうちもっとも興味深いのは、男女の愛情は神慮にかなう正当な営みであって、道徳によってこれを抑圧《よくあつ》するのは誤りであるという主張である。『神国加魔祓』天に、

夫婦のなさけも、よそ目よりは（他人が見たら）甘汁《したたる》きほどに思ふが、真《まこと》の夫婦なり。遠慮をなすと人目をつつむ（人目をはばかる）は、つくろひ物なり。

などとあるが、この主張に関しては、『艶道通鑑《えんどうつがん》』（正徳五年序刊）という残口の著述のうちもっとも知られた恋愛肯定論の専著がある。

以上見てきたように、増穂残口の神道説には宣長の神道説ときわめて似る点がある。これほど似て

いるのに、『雑録一』という特殊なケース（付録「宣長の読書生活」五六二頁下段一三行目参照）を除いて、宣長の著述に残口の名が一度として現われないのは、不純な神道から影響を受けたことを隠したかったのではないかという疑いが頭をかすめる。校注者は宣長の当時の神道に不案内なので、残口の神道説が独自のものなのか、他にも同じようなことを説いた神道家がいるのか、知らない。したがって宣長が特に残口の影響を受けているかどうかという問題については慎重でありたいが、宣長が一方では批判しつつも当時の神道から多くの示唆を得ていることはまず動かないと考える。

　前にも触れたが、宣長という人は決して独創性においてすぐれた人ではない。宣長の理論を個々の論点に解体すると、ほとんどすべてについて典拠を指摘することができる。その反面、論理的思考力においては卓抜な能力の持主で、典拠に内包されている論理的可能性を追求して、新たな認識が開けると、記憶の中にプールされている万巻の書から新たな典拠を考えの手がかりとして持ち出す、という作業を無限にくり返す。論理の導くところなら、どんな非常識なことでも恐れず考えてしまうとでも形容すべき趣きがある。それゆえに結果としては独創的である。神道説においても、たとえ当時の神道から大きな影響を受けていたとしても、宣長には他の神道家がおよそ考えもしなかった独自の主張がある。それは、この世のことは善事も悪事もすべて神のはからいであり、神意をあれこれ忖度《そんたく》せず、あらゆることを素直に受け入れるのがわが国固有の精神である、という主張である。神意にしたがわねばならないということは、すべての神道説がいう。しかしその場合、通常の神道説においては、神は善事をなし、人に善を勧めるものであるという常識的な前提が置かれている。増穂残口を例にとってみれば、『異理和理《いりわり》合鏡《あわせかがみ》』（享保元年刊）地に、

　扶桑《ふさう》（日本）六十余州は神に始まり、神徳にて治まる国なれば、…国の和を尊み、敷津《しきつ》島根《しまね》（日

本の国土）の久しからんを楽しみ、正直にして誠を立て、温順仁和の神璽《しんじ》をいただき、六親《りくしん》常にむつまじく、義を見て勇むの宝剣を仰いで、士農工商職分をはげみ、是非邪正の神鏡《みかがみ》に対して、私欲曲知の曇《くもり》なからん事を思はば、神は敬ふによりて御威光益々耀《かがや》き、人は神の徳によりて高運弥々《いよいよ》増加せむ。

などとある。つまり通常の神道説における神は道徳を行う神であって、儒教における聖人、仏教における仏と本質を等しくする。

しかし宣長によれば、神は善事を行うはずであるという前提は、人間の賢《さか》しらな理屈を神に押しつける不遜を犯していることになる。善人必ずしも栄えず、悪人必ずしも滅びないというこの世の万事が神のはからいであってみれば、人間の小さな知恵で神意をはかることなど不可能なのである。『石上私淑言』第八五項にいう、

そもそも神は、人の国の仏《ほとけ》・聖人《せいじん》などのたぐひにあらねば、世の常に思ふ道理をもてとかく思ひはかるべきにあらず。神の御心はよきも悪《あ》しきも人の心にてはうかがひがたきことにて、この天《あめ》地《つち》の内のあらゆることは、みなその神の御心より出でて、神のしたまふことなれば、人の思ふとは違《たが》ひ、かの唐書《からぶみ》の道理とははるかに異《こと》なることも多きぞかし。（四六二〜三頁）

他に四四三頁注六・四六〇頁注三を参照されたい。道徳などという人間の論理を超越しているからこそ、神は神なのである。

『源氏物語』などを読んだ感動から出発した「物のあわれを知る」の説が、いつの間にかこのような極端な神道説に変貌していて、ふと気がつけば唖然《あぜん》とせざるを得ないが、『石上私淑言』に即《つ》けば、ここに至る過程は宣長としてまことに無理のない論理を踏んでいる。「物のあわれを知る」心、悲し

いはずの事には悲しがり、おかしいはずの事にはおかしがり、感ずべき事に感ずる素直な心の最大の敵対者は、小ざかしげに物事の道理を説く儒教である。儒教の道理とは、倫理であり物理であるが、倫理においては人間の真情を抑圧し、物理においては人間から素直な感受性を奪う。ひとたび小ざかしい道理を捨て去れば、目に映るものすべて、新鮮な驚きの対象でないものがあろうか。四〇八頁注二にも引いたが、『石上私淑言』より二、三年後の執筆と推定される『古事記雑考』の巻二「凡例」にいう、

春秋折々に移りゆく有様を始めとして、空行《かけ》く月日のさまも、目に見えぬ風のしわざも、雲霧雨雪も、みなあやしく、また鳥の大空を翔り、魚の水の底に遊ぶなど、人の物いひ歩《あり》くまで、すべて思ひもてゆけば、この天地《あめつち》の間に一つもあやしからぬ事はなきぞかし。

この感受性はすなわち、密通者たちの切ない恋に涙をそそぐことのできる感受性でもある。このあたりまでは、「物のあわれを知る」の説のおのずからなる展開として理解することができる。しかし、四六二頁注一に示したように、論理がこの段階に来た時には実は徂徠学の不可知論が援用されているのであって、右の文章は、詩人的感受性の表白であると同時に、人智の有限性という哲学的認識の表明にすでになっている。「物のあわれを知る」心は、儒教の権威に対抗しうる権威になるために神道との結びつきを求めていたのであるから、万事の背後に神秘を見る感受性は、そのまま、万事の背後に神意を見る神道説へと移行していったのである。

しかし、それにしても何か奇妙である。「物のあわれを知る」の説が神道説にまでなっていってしまうことは、本当に必然のことだったのだろうか、宣長はどこかで何かを間違ったのではないだろうかと、最初から考え直してみる必要がやはりあるであろう。

三

宣長が、「物のあわれを知る」心は人間の真情であると主張するにとどまらず、その心は「直《なほ》く雅《みやび》やかなる神の御国《みくに》の心ばへ」（『石上私淑言』四一七頁）であるというところまで遡源《そげん》させたのは、前述のように、その心に道徳などの公的規範に対抗しうる価値を賦与《ふよ》するためであった。人間の価値が確立されていない前近代の社会においては、「人間の真情」がそれ自体で価値と認められるということは、その場その場の一瞬の事実としてあるだけで、理念としてはありえない。したがって「物のあわれを知る」心の価値づけを求める宣長が、公的規範の当時最大の根拠である儒教に心強くも対立してくれる神道に傾斜していったのは、確かに運命的必然であったと、一応はいいうる。

しかし元来宣長は、文学の内部にのみかかわるという立場をとっていたはずではなかったのか。前掲（五二三頁）の『石上私淑言』第七四項では、公的規範が「国を治め人を教ふる道」として文学の外部を支配することを正当と認め、文学の内部にかかわる者としての自分はそのことに関知しないというい方をしていた。これは、公的規範と文学とでは管轄範囲が異なるという論であって、両者が排斥《はいせき》し合うという論ではないであろう。『紫文要領』では、より明瞭にいう。

それぞれの立つるところの本意《ほい》、用いどころの変れることをわきまへずして、何の道もかの道もひとつに混じて心得るは、いと暗きことなり。儒は儒の立つる（標榜《ひょうぼう》する）ところの本意《ほい》あり。仏《ぶつ》は仏の立つるところの本意あり。物語は物語の立つるところの本意あり。それをかれとこれとをしひて引き合せてとかくいふは、付会の説といふものなり。歌・物語は歌・物語の立つるところの本意をもていふが正説《しやうせつ》といふものなり。（二三九〜四〇頁）

儒仏の教えも、用いられるべき場面で用いられる限りは、正当な規範である。用いられるべきでない場面で用いられる、つまりそれを文学の規範として持ち出すのが間違いなのであると。宣長がこのように両者は管轄範囲が異なると考える立場に徹していたならば、「物のあわれを知る」心に、儒教に対抗し、儒教を凌駕《りようが》する価値を賦与する必要はなかった。宣長には文学の規範がありさえすれば十分なのであって、文学の規範は文学の内部をだけ支配するものであるから、文学の外部をだけ支配する儒教と優劣を競うことはないのである。

当初の宣長はこの立場を守っていた。神道説が『紫文要領』にはまだ見えず、それに後《おく》れる『石上私淑言』から現われるということは、『源氏物語』という具体的な作品に即した『紫文要領』は議論の抽象度が低いということとか、『石上私淑言』は歌論で、歌の歴史がイザナギ・イザナミの唱和や八雲《やくも》の神詠《しんえい》に始まることから、歌論は伝統的に神道と結びつきやすいということなどの事情もあるが、根本的には、『紫文要領』における宣長が、当初の立場を守っていたということである。

歌・物語は、儒仏の道のやうに、惑《まど》ひを離れて悟りに入る道にもあらず、身を修《をさ》め、家を斉《ととの》へ、国を治むる道にもあらねど、おのづからその中につきてもまた一様《ひとやう》のよし悪しあるなり。（八三頁）

「一様のよし悪し」とは、歌・物語独自の価値基準ということであるが、それは「おのづからある」ものである。この段階の宣長にはそれで十分だったのであって、「神の御国の心ばへとしてある」というところまで遡源させようとは思っていなかった。

『石上私淑言』における宣長が、「物のあわれを知る」心に儒仏に対抗する価値づけを求め、それを神道に結びつけたということは、文学の内部にあって儒仏の侵入を防ぐという、当初の、いわば防衛的な立場から、文学の外へ出て儒仏を批判するという攻撃的な立場に転じたということである。〝道〟であるからには普遍的であらねばならず、管轄範囲が文学の内部に限定されるような規範は道と称するに足りない。ここに「物のあわれを知る」心は儒仏と同等の人間の生き方の規範に昇格して、儒仏と優劣を競うことになった。前述のように第七四項では、「国を治め人を教ふる道」としての儒仏が文学の外部を支配するのは正当なことと認められている。これは『紫文要領』と同じ論理であるが、実は『石上私淑言』においてはもはやこれは宣長の本意ではなかった。第六六項では、儒書の道徳論が人間の真情を抑圧することを、

　げに国を治め人をみちびき教へなどするにはさもありぬべきことなれど、これみなつくり飾れるうはべの情《こころ》にて、実《まこと》の心の有様《ありさま》にはあらざるなり。(四〇九頁)

といっている。「さもありぬべきこと」ではあるが、「実の心の有様」ではない、というのは、「正当であるかのようであるが、しかし誤っている」といっているのに等しい。

『紫文要領』の八三頁に、

　まづ儒仏は人を教へみちびく道なれば、人情に違《たが》ひてきびしく戒《いまし》むることもまじりて、人の情《こころ》のままに行《おこ》なふことをば悪とし、情《こころ》をおさへてつとむることを善とすること多し。

とあり、二〇二頁に、

　大方《おほかた》人の実《まこと》の情《こころ》といふものは、女童《をんなわらは》のごとく未練に愚かなるものなり。男らしくきつとして賢きは、実《まこと》の情《こころ》にはあらず。それはうはべをつくろひ飾りたるものなり。

とある。この二つの文章に示された認識を結びつけると、右の『石上私淑言』第六六項（四〇八頁）の認識になる。しかし重要なことは、『紫文要領』では二つの認識が結びついていないということである。すれすれのところまでいっていることは、六七頁一〜八行目を参照されたい。しかしまた二〇四頁一〇〜三行目のように、儒仏の教えの、その管轄範囲における正当性を積極的に認める記述もある。結局、『紫文要領』においては、儒仏の教えは人間の真情を抑圧する誤った教えであるという認識は一切示されていないのである。『石上私淑言』に先行する歌論の『排芦小船』においてもそれは同様である（三〇〇頁頭注＊印参照）。宣長は「物のあわれを知る」心の管轄範囲を守る一方、儒仏が儒仏の管轄範囲を守ることを尊重していた。

これに反して『石上私淑言』においては、儒仏（特に儒教）が明白に批判攻撃の対象にされている。第六二項（四〇三頁）から巻二の終りまでの議論は、漢詩より和歌の方がすぐれた文学であるという文学論の体裁をとりつつ、実際は、漢詩の背後にあるところの、人間の真情を偽り飾る儒教の賢《さか》しらな教えより、和歌の背後にあるところの、人間の真情を偽り飾らない「物のあわれを知る」心の方が、人間の心のあり方として正しいという、道徳論であるところに宣長の意図がある。そして正しいことの証明として、

> わが御国《みくに》は天照大御神《あまてらすおほみかみ》の御国として、他国々《あだしくにぐに》にすぐれ、めでたく妙《たへ》なる御国なれば、人の心もなすわざもいふ言《こと》の葉《は》も、ただ直く雅《みやび》やかなるままにて、天《あめ》の下《した》は事なく穏《おだひ》に治まり来ぬれば、人の国のやうにこちたくむつかしげなることは、つゆまじらずなむありける。（四一四頁）

という歴史的事実が持ち出される。かくして「物のあわれを知る」心は、文学を越えて、人間の生き方全般にわたる規範にまで膨張したのである。

第七九項に見える、「物のあわれを知る」心は政治の上にも生かしうるという主張も、右の議論の延長線上にある。そこでは、為政者に「物のあわれを知る」心があれば、人民の歌を読んで、人民の願望をわが身のこととして知ることができる、ということが述べられる。

（歌を通して）天《あめ》の下《した》の人の情《こころ》は、ますみの鏡にうつしたらんよりもくまなく明らかに見ゆるゆゑに、おのづからあはれと思ひやらるる心の出《い》で来《き》て、世の人のために悪《あ》しかるわざはすまじきものに思ひならるる、これ（歌が）物のあはれを知らする功徳《こうとく》なり。（四四四頁）

四四四頁注一に示したように、『排芦小船』第四九項にこの主張の母胎《ぼたい》となった次のような議論がある。

政道の助けとするものにもあらぬ歌を、何とて取り用いて天下政道の助けとはするぞと云ふに、もと歌は、上下君臣万民まで、おのおのみなその思ふことをよみ出でたるものなれば、これを取り上げ見て、上たる人の、下民の情をよくよく明《あき》らめ知らんためなり。

母胎とはいっても、この議論と『石上私淑言』の議論との間には大きな論点の違いが実はある。『排芦小船』の論は、歌には人々の思うことが詠《よ》まれている、だから為政者は歌によって下民の情を察することができる、というものである。ここで関心が向けられているのは、歌に下民の情が表われているということだけであって、為政者の側のそれを読み取る能力という問題は考えられていない。『石上私淑言』の論は、右の引用のもうすこし前の部分から読めば知られるように、関心はもっぱら為政者のその能力、すなわち「物のあわれを知る」心に向けられている。この論点の移動は、「物のあわれを知る」心が政治の分野にまで規範として臨《のぞ》んだことから生じたものである。文学の内部にとどまる『紫文要領』には、「物のあわれを知る」心を文学の外部にまで及ぼすこの種の議論はありえないが、『紫文要領』を後年改稿した『源氏物語玉の小櫛』には、この解説の冒頭に引いたように、『石上私淑言』とほぼ同じ主張が見えていて、宣長が文学の外部へ出たことを明瞭に示している。

いったい宣長はなぜ当初の文学の内部にのみかかわる立場にとどまらず、儒仏批判にまで踏みこみ、「物のあわれを知る」心を人間の生き方の規範にまで高めたのであろうか。前にも述べたが、宣長の出発点は多分、『源氏物語』などの古典文学に描かれた恋に感動し、従来の儒仏を背景にした勧善懲悪の文学論に不満を抱くということにあった。宣長は、文学と道徳とは管轄範囲が異なるという理論を樹立することによって、文学の評価に勧善懲悪論が侵入することを防止し、自分の感動を正当化することができた。これは儒仏の道徳それ自体の当否は問わないという論法である。文学と道徳とは管轄範囲が異なるという主張はそれとして正しい、というよりも、むしろ画期的な認識であった。しかし宣長自身としては、これは不本意な、儒仏との対決の回避という思いの残る論法であったと見るべきである。宣長の真にやりたかったのは、儒仏の道徳に関知しないことによって文学を儒仏の抑圧から救出することではなくて、儒仏の道徳に正面から関知し、それを批判することによって、文学をその抑圧から救出することであった。

『紫文要領』までの段階の宣長には、文学は所詮女子供のもてあそび物という観念がつきまとっていたため、真にやりたいこと、文学を根拠にして儒仏を批判するという大胆な論を立てる踏んぎりがどうしてもつかなかった。『源氏物語』の螢《ほたる》の巻に、源氏が玉鬘《たまかずら》を相手に物語論を展開するくだりがある。宣長はこの物語論には作者紫式部自身の物語論が託されているという独自の着想を示して、『紫文要領』において螢の巻の物語論に詳細な解釈を加えている。その中で、紫式部の「卑下《ひげ》の心」ということを二カ所にわたって指摘している（五四頁一〇～四行目・七四頁三～七五頁二行目）。これはいずれ

も深読みと称してよいものである。特に後者は、物語論が、

（源氏は）物語をいとわざとのことにのたまひなしつ。

と締《し》めくくられている、その「わざとのこと」という一句にこだわって、

「わざとのこと」とは、「ゆゑあり心あること（深い道理があり意義のあること）」なり。まづは物語といふものは、普通にていへば女童《をんなわらは》の玩《もてあそ》び物にて、はかなく作りたるものなり。それを今《いま》源氏の君は、ゆゑありげに心ある物のやうにいひなし給ふ、となり。この一節、下心は、式部が卑下の詞《ことば》なり。右のごとく、この『源氏の物語』を心ありげには申せども、所詮《しょせん》ははかなきあだごと（無駄ごと）なりと、卑下して筆をとどめたり。

と論ずるもので、これはまさに宣長自身の「卑下の心」の読みこみであろう。宣長の処女作と称してよい『排芦小船』は、

歌の本体、政治をたすくるためにもあらず、身ををさむるためにもあらず、ただ心に思ふ事をいふより外なし。その内に政《まつりごと》のたすけとなる歌もあるべし。身の戒《いまし》めとなる歌もあるべし。また国家の害ともなるべし。身のわざはひともなるべし。みなその人の心により出で来る歌によるべし。

という一文から始まって、文学が純粋に私的な営みであることを、青年の客気《かっき》にまかせてむしろ誇らかに宣言する趣きがある。しかしこういう意識は、私的な営みが価値として認められていない前近代においては、道徳と正面から対峙《たいじ》した場合にはやはり「卑下の心」に萎縮せざるを得ないのである。したがって文学を勧善懲悪論から守ろうとすれば、道徳と文学とでは管轄範囲が異なるという論理しかない。宣長にとっては、それはいわば儒仏の道徳に遠慮した立論であった。

しかし宣長は、儒仏の道徳をどうしても批判したかった。宣長は、文学への親近を通じて、儒仏の道徳が人間の真情を抑圧する誤った教えであることを直感している。その直感を何とか論理化したい。そのためには、文学を「女童の玩び物」の地位から引き上げて、道徳と対等の人間の営みとして位置づけなければならない、と宣長は気づいた。そしてそれを実現するための当時唯一の手段は、文学を神道と結びつけ、「神意にかなう営み」ととらえることであった。宣長の運命的必然の背景には、丁寧にたどれば以上のような過程があったのである。しかし宣長が防衛の立場から攻撃の立場に踏み出した時、宣長の理論は大きな混乱をかかえこむことになってしまった。それは、道徳に関知しないという枠内でなされた「物のあわれを知る」心についての規定が、規範、すなわち道徳になった新しい「物のあわれを知る」心へそのまま持ちこまれたということである。

『紫文要領』までの宣長によれば、文学は「物のあわれを知る」心を規範とする営みであって、道徳規範には関知しない。作品の中に不義の恋が描かれていたら、その不義を道徳的に批判するのではなく、その恋の切なさに共鳴するのが文学を鑑賞する者の正しい態度である。また人妻に恋慕したら、その心を無理に押えることなく、ありのまま歌に詠ずるがよい。感ずべきことに際会した場合、道徳や人目をはばかって自分の真情を偽り飾ることなく、素直に感ずるのが、「物のあわれを知る」ということなのだから。文学の規範としての「物のあわれを知る」心についてのこうした規定は、「物のあわれを知る」心が人間の生き方の規範となった『石上私淑言』にそのまま持ちこまれている。前掲(五一三頁)の第七四項の一節をもう一度読み返されたい。

しかし、不義の恋の善悪は道徳が判断してくれるから、自分は判断を停止するということの考え方が、現実の行為の選択に際して指針となりうるであろうか。不義の恋を歌に詠んでもよいということは分った。それでは、人は不義の恋を実践してもよいのか、よくないのか。『石上私淑言』における宣長は、『紫文要領』までと異なって、不義の恋を禁止する道徳の背後にある儒仏、とりわけ儒教を、人間の真情を偽り飾る教えとして明白に批判している。

（儒教を奉ずる中国の人間は）賢《さか》しらがる世の風儀《ならはし》に恥ぢては、人目をつつみつれなしづくりて（平然とした様子をして）、（女々しく真情を吐露《とろ》すべき事がらに対して）思ひいれぬさま（気にもとめないさま）にもてなし、あるは天地《あめつち》の外《そと》までもくまなく悟りきはめたる顔つきして、世にたかぶるよ。見る人もまたそれをいみじきことに思ふは、すべてわれも人も偽《いつは》れるうはべをのみ喜びて、実《まこと》の心を忘れたるにはあらずや。（四一一頁）

右のうち「天地の外までもくまなく悟りきはめたる顔つき」とは、万事を道理で割り切ろうとする儒教の考え方を指すが、これは、道理で割り切れない人間の真情を抑圧し、ひいて道理を越えたこの世界の深い真実を見失う不遜な態度であるとして、特にきびしく批判される。

天地《あめつち》の間《あひだ》にあることの理《ことわ》りは、ただ人の浅き心にてことごとく考へ尽すべきにあらず。いかに智《さと》り深く才賢《ざえかし》こきも、人の心は及ぶ限りのあるものなれば、古《いにし》へのいと賢こき唐《から》の聖人《せいじん》の、心を尽して深く考へ定めていひおかれたることの、後の世までゆるぐまじく、誰《たれ》も誰もさるべきことと深く信じたることも、はるかに違《たが》ひて（まったくはずれて）、思ひの外《ほか》なることも多かるわざなるをや。かの神代《かみよ》にありけん（記紀に伝えられた）さまざまの霊異《あやし》き事どもなどをも、この唐書《からぶみ》に迷ひはてたる後の世の人の心から、あるまじきことと疑ひつつ、己《おの》が推量《おしはかり》にさまざまの理《ことわ》りを付けて、つきづきしく（もっともらしく）説《と》きなすは、いとも恐《かし》こくおほけなきことにて、神の道には大きにそむけることなり。（四六一～二頁）

儒教は「偽れるうはべをのみ喜び」、ついには「神の道には大きにそむ」くに至る教えである。それならば、そういう教えを根拠にする道徳は無効であり、従わなくてもよいのかというと、宣長はそうはいわない。右の第七四項に「よこさまなる恋などはもとより深く戒むべきことなり」とあり、「その悪しきふるまひをよきこととてもてはやすにはあらず」とあって、不義の恋はやはり悪事なのである。宣長といえども、恋におぼれて「国を失ひ身をいたづらになしなどして、後の名（後世の評判）をさへ朽《くた》しはつる」（四二五頁）ことが、人間のあるべき姿、神意にかなった行為であるとは思わない。しかしこれは矛盾ではあるまいか。「物のあわれを知る」心を持った人は、いったい現実にどう振舞えばよいというのか。第七四項には次のような一節もある。

（恋というものは）みづからの心にもしたがはぬわざにしあれば、よからぬこととは知りながらも、なほ忍びあへぬたぐひ世に多し。（四二五頁）

まことにいい得て妙で、「物のあわれを知る」心が人間の生き方の規範であるということの実際は、結局、右のようなことに尽きる。「よからぬこととは知りながらも、なほ忍びあへぬ」、その心を大切にせよというのである。これは、具体的にどうせよということを指示することのできない、はなはだ不完全な規範ではないだろうか。儒仏に基づく規範を追放してこの規範を行えば、本当に人間はより幸福になれるのであろうか。

　宣長の理論の中には、この疑問に対する解答が実はきちんと用意されている。それは、日本人は神の御国の人間として本来素直で雅やかな心の持主ばかりであるから、儒仏が渡来して悪影響を及ぼす以前は、この不完全な規範で世の中は十分平和に治まっていたという、かの歴史的事実である（五三六頁参照）。儒教が完全周到な道徳を説くのは、それを必要とするほど中国の人心が奸悪狡智《かんあくこうち》であったということにほかならず、日本に渡来した儒教はむしろ奸悪狡智を発達させる役割を果したのである（四〇八頁注二・四一五頁注二・四二九頁四～九行目参照）。『古事記雑考』二「道てふ物の論」にもいう、

異国の道は、こちたくさまざまの名（仁・義などの徳目）を設け、賢く人を教へたてて、治まりがたき国を治むる道なり。大御国はことさらに治むるわざをせざれども、おのづからに天の下は治まりて、天地《あめつち》の寄り合ひの極《きは》み（天地の果てまで）動かず変らぬ御国なれば、しひて人を教へ導くわざも何かはせん。教へ導くことなければ、名を設くることもなし。これ人の国の道といたく異なるよしなり。

宣長のこの理論（というより、もはや信仰）を右にこだわってきた不義の恋の問題に適用すると、大よそ次のように解決されることになろう。まず日本人は素直で、中国人のように好色でないから（第七五項〈四二七頁〉参照）、いたずらな淫乱の気持で人妻に恋慕するというような事態はそもそも発生しない。あるとすれば、「物のあわれを知る」人なら共鳴せざるを得ないような、よくよくの場合である。その場合でも、日本人は雅やかで、「情」と「欲」の区別を知っているから（第七二項〈四二〇頁〉参照）、その思いを情緒のない即物的な形で遂げようとは欲しない。たとえば志賀寺《しがでら》の上人のように（四三二頁注四参照）、歌を詠じただけでその思いが晴れるということもあろう。罪が犯されてしまったら、当事者たちは素直に恐れつつしみ、周囲の人々は、源氏と朧月夜《おぼろづくよ》の密通を知った朱雀院《すざくいん》のように、柏木と女三の宮の密通を知った源氏のように（『紫文要領』一五八頁七～一〇行目参照）寛容に扱い、事は穏やかに処理される。

かくして、いうところの歴史的事実の内部では、「物のあわれを知る」心は決して不完全ではなく、十分に人間の生き方の規範でありえている。したがってそういう古代を復活させ、人々が「物のあわ

れを知る」心を大切にすれば、儒仏の抑圧的な道徳から解放された、穏やかで平和な社会を作り出すことができる……。前に「混乱」と書いたが、宣長の理論に混乱はないかに見える。

しかし宣長の理論に混乱がないのは、それが一種の同義反復であるからに過ぎない。宣長のいっていることは、要するに、「物のあわれを知る」人々によって構成されている社会では、人々が「物のあわれを知る」ことによって社会は穏やかに平和に治まる、ということなのである。つまり「物のあわれを知る」心は儒仏の教えに代《かわ》るべき人間の生き方の規範であるという宣長の理論が有効であるためには、社会の成員のすべてが「物のあわれを知る」人であるような社会がその前に出来上っていなければいけない、ということになる。そこで問題が二つ発生する。一つは、そういう社会が本当に存在しうるのだろうかということであり、もう一つは、そういう社会をよい社会と本当にいえるのだろうかということである。

第一の問題は、宣長の論法に即していい直せば、いうところの歴史的事実は本当に事実なのか、そういう古代を復活させることはできるのかという問題である。これの答えは簡単で、古代の日本人が素朴であったこと、中国文明の影響で狡智が発達したことは、ある意味ではそのとおりであるにしても、宣長のいうような、「わが御国《みくに》は天照大御神の御国として、他国々《あだしくにぐに》にすぐれ、めでたく妙《たへ》なる御国なれば」という条件をそこに加えれば、これは神道や国学の中ではぐくまれたまったくの虚偽に過ぎない。したがってそういう古代を復活させることは不可能である。

第二の問題も、答えは「否」である。この問題に関連して、『石上私淑言』第九三項に実に興味深い議論が展開されている。歌道において、荒唐無稽《こうとうむけい》な説が秘伝などとして無批判に墨守《ぼくしゅ》されてきたことをめぐって、ここでの宣長は、これまできびしく批判してきた、何事にも道理を追求する中国人の賢《さか》しらな議論癖をむしろ称揚《しょうよう》し、いうところのわが国の素直で穏やかな民族性が、物事を論理的に吟味する知性を欠くこと、また与えられたものをそのまま受け入れてしまって、伝来の説の誤りを正そうとする主体性を欠くことに、明らかに苛立《いらだ》っている。

> 人の国（外国＝中国）には、古への人のいへることとも、誤りあればはばかることなく幾たびもさらに考へて、後の世によき説の出で来ること多し。人賢《かし》こくて学問をよくするゆゑなり。わが御国はさこそいへ上つ代のおほどかなりし（おっとりとしていた）人心《ひとごころ》の名残《なご》りにて、なほもの学ぶにくはしからず、かやうの心ばへ（歌の六義《りくぎ》の意味）などをとかく定めおきたるも、今見ればいと浅々しくはかなき（とるにたりない）ことのみ多か《ン》めり。さて後《のち》にそのよき悪《あ》しきをわきまへて、立ちかへり深く考へ直さんとする人もなく、ただ古き説《さだめ》をのみひたみちに信じて、わろきことをもなほあるやうあるべし（いわれがあるのだろう）と思ひ、……（四七七～八頁）

「物のあわれを知る」心の否定的側面が、ここで、はしなくも宣長自身によって暴露されている。「物のあわれを知る」心とは、悲しいはずの事に対しては悲しがり、うれしいはずの事に対してはうれしがり、感ずべき事に対して素直に感ずる心であった。物事をありのままに受け取らず、批判的に吟味する儒教的思考法は、この心ともっとも縁遠いものである。不義の恋を見聞したら、事の善悪の判断を停止して、ただその恋の哀切さに涙するのがよい。日月の運行を始めとする大自然の営みに触れたら、そこから物理を抽象しようなどと意欲せず、ただその神秘に感動するのがよい。このような形で要約してみれば、「物のあわれを知る」心が、知性を欠き、批判精神を欠き、主体性を欠いた精神であること、人間の価値を十分には発揮していない精神であることは明瞭である。「物のあわれを知る」心の持主ばかりで構成される社会は、よい社会とは決していえないのである。

しかし宣長自身による「物のあわれを知る」心の否定的側面の暴露は、まさにはしなくもなされたに過ぎない。人間の真情を抑圧する儒仏の規範にとって代り、人間に幸福をもたらす規範として、宣長はやはり「物のあわれを知る」心以外のものを考えることはできない。構成員全員が「物のあわれを知る」人であるような社会の現出を、宣長は心から念じないではいられなかった。そしてそのような社会の実現は、右に見たように不可能なのである。宣長の認識に即していえば、江戸時代人の生活意識の隅々にまで浸透している儒仏の影響を払拭《ふっしょく》し、純粋な「物のあわれを知る」心を復活することは、無限に困難なのである。無限に困難であるだけに、「物のあわれを知る」心の正当性を保証する神道への帰依《きえ》も無限に深化する。『石上私淑言』においてはまだそれほど顕著ではないが、やがて宣長は、『直毘霊《なおびのみたま》』『くず花』『秘本玉くしげ』などの古道論の著述において、『古事記』の伝承の無条件信仰、皇祖神絶対崇拝、皇国中心主義などの、今日からすればもはや一顧の価値もない、この上なく無意味な神道説を説くに至るのである。

宣長の動機には深く共鳴できるだけに、この過誤を悲劇的と形容したい感想を校注者は持つが、過誤はやはり過誤である。宣長はどこかで何かを間違った。それは、儒教的知性・儒教的批判精神・儒教的主体性を否定すればよいところを、知性そのもの・批判精神そのもの・主体性そのものを否定してしまったということである。しかし、人間の価値が確立していない前近代にあっては、知性そのもの・批判精神そのもの・主体性そのものはどこにも存在しない。それは、儒教的知性・儒教的批判精神・儒教的主体性などと、背後に何かの権威を背負った形でしか現象しない。その儒教的知性・儒教的批判精神・儒教的主体性から、知性そのもの・批判精神そのもの・主体性そのものを分離抽出するということは、誰にもできないことであった。宣長にそれを要求するのは、ないものねだりである。

したがって宣長の過誤は、過誤の形をとらざるを得なかった正論であるとも見うる。

話を分りやすくすると、文学に描かれた不義の恋に対しては、その事の善悪には関知せず、ただその恋の哀切さに共鳴すべきである、といった時、宣長が真に欲していたのは、不義の恋を不義というだけで罰するようなことのない、人間的な道徳であった。しかし前近代にあってそのような道徳を構想することは不可能であったから、宣長は善悪の判断を停止するという非主体的な考え方をとらざるを得なかったのである。

神代の伝えはそのまま信じなければならない、といった時、宣長が真に欲していたのは、神話の論理に即して神話の意味を探る学問であった。しかし宣長の当時、神話の解釈といえば、三種の神器は智仁勇の三徳を象徴するといった式の、儒教的論理による神話の合理化以外のものは存在しなかったから、宣長は神話を解釈してはいけないという非知性的な考え方をとらざるを得なかったのである。

宣長の過誤はすべて、宣長が時代の水準をはるかに越えたものを求めたことに起因するのであるから、過誤の中に宣長の真に欲していたものを探るのが、宣長の著述を読む者の務めである。そもそも宣長以外の誰が、古典文学に描かれた恋に対する自分の感動と、従来のたてまえ的な勧善懲悪の文学論への不満とを、論理化しようと考えたであろうか。その感動とその不満とを抱いた人間はたくさんいたに違いない。しかし宣長以外の人はすべて、あいまいに従来の文学論と妥協してしまった。かりに論理化しようとした人間が他にいたとして、宣長以外の誰が、神道に結びつけてまで恋に感動する心を儒仏の権威に対抗させたであろうか。かりにそこまで考えた人間が他にいたとして、宣長以外の誰が、恋に感動する心は儒仏の教えに代るべき人間の生き方の規範であると主張するまで、人間の真情を大切にしたであろうか。まことに、宣長の過誤は、宣長の思想家としての真摯《しんし》さの証明である。

宣長の理論構築を可能にした条件として、最後に荻生徂徠の儒学説——徂徠学——との関係の検討が残ったが、この問題は最近の宣長研究のうちもっとも関心が持たれているもので、本文の頭注の随所にかなり詳細に説明しておいた。すべてそれに譲って、ここではくり返さない。（特に『紫文要領』八三頁注一〇・八四頁注一、『石上私淑言』三一五頁注七・四〇四頁注三・四五〇頁注四・四五四頁注四・四六二頁注一・四六六頁注二を参照されたい）

四

宣長の「物のあわれを知る」の説の特徴を、第二章の冒頭（五一九頁）で二点に概括した。その第二点は、文学論、特に『源氏物語』論としてのそれであるが、以上の記述の中でも必要に応じて触れたことであるし、これについては簡単にすませたい。『源氏物語』論としての「物のあわれを知る」の説がいかに画期的な理論であるかということは、それまでの勧善懲悪論的『源氏物語』論と対比することによって明白に知られる。宣長以前の代表的な『源氏物語』注釈である北村季吟《きぎん》の『湖月抄』と、そこに集成されている旧注とは、宣長自身が『紫文要領』一六九頁一二行目〜一七四頁一一行目に批判的に紹介しているので、参照されたい。追加すると、宇治十帖のヒロイン浮舟《うきふね》、薫《かおる》大将の愛人でありながら、匂《におう》の宮《みや》の求愛に負けて契《ちぎ》りをかわしてしまったこの婦人（一六〇頁注三参照）について、『湖月抄』は次のような批判を加えている。

浮舟は、(薫のことを) 心ざし深しとはかかるをやいふやらんと (愛情が深いとはこの人のことをいうのだろうかと) 思ひ入れ給へるからに (夢中におなりになったのに)、(匂の宮の) かたち (容姿) をもこよなしと思へり。されども手習《てならひ》の巻にて、宮 (匂の宮) に思ひ入れしを後悔の心ある事を書けり。世の女のあだなる (浮気な) 心にて、一旦《いったん》の (男のその場限りの) 心詞《こころことば》に愛《め》でて、わが夫を忘れて不義をなす者、なべてかくのごとしと知らせて、戒めとするなるべし。

薫という定まった男がありながら匂の宮とも契るという浮舟の行為は、江戸時代の道徳観からいえば死罪に該当する有夫《ゆうふ》姦《かん》である。『湖月抄』の批判はその道徳観をそのまま『源氏物語』の解釈に持ちこんだものにほかならない。これに対して宣長は、浮舟の密通は、浮舟が相手の切実な求愛を無視することのできない、「物のあわれを知る」心の持主であったことを示す、という論を展開している(一六〇頁九行目〜一六一頁五行目参照)。対比すれば、『源氏物語』は宣長によって初めて勧善懲悪論から解放され、〝文学〟としての取扱いを受けたということができる。

念のためにいえば、浮舟の密通の中に哀切さを感じとることのできる人が、宣長以前には一人もいなかったというわけでは決してない。人妻の密通や深窓の娘の親の許さぬ恋を描いた浮世草子や人形浄瑠璃は別に珍しいものではなく、それらの作品においては、不義への道徳的批判はそれとして、不義ゆえ一層切なさのまさる恋には十分の共鳴が寄せられている。江戸時代人の生活意識の中には「物のあわれを知る」ことを大切にする物の考え方があったのであるから、宣長以前から、浮舟の密通は哀切なものとして読まれていた。つまり『湖月抄』の説はあくまでたてまえなのである。しかし生活意識の中の「物のあわれを知る」心は、たてまえと対立する理念にまで高められることは決してない。それは常にほどほどのあり方でたてまえとの妥協をはかる。宣長は、「不義の恋を不義というだけで排斥せず、その恋の哀切さに共鳴するのが、文学を読む者のとるべき態度である」という考え方をたてまえの地位に引き上げ、文学を公的規範の支配から解放しようとした。これは宣長以外の誰ひとりとしておよそ思いもつかない、勇気のいる事業であった。

宣長の『源氏物語』理解に問題がないわけではない。たとえば不義の子の薫を抱いた源氏の、因果の理法をわが身の上に悟ったおののきは、人間の営みの背後に広がる暗黒の世界を暗示していて、この作品の実に重たいテーマであるはずであるが、宣長はこのことに何の関心も向けていない。宣長が関心を向けているのは、作品の中に数多く描かれた恋の、それぞれに哀切な情趣ばかりであって、人間の深遠な苦悩ではない。宣長の『源氏物語』理解はかなり平板なものであったと評せざるを得ない。この平板さは、宣長における「物のあわれを知る」心の性格に起因するであろう。その心は、知的でなく、批判的でなく、主体的でなかった。そのような心は、情趣を深く認識する反面、深い次元からの人間存在の認識は困難なのである。

しかしそういう欠陥をはらみながらも、勧善懲悪論を完全に無視し、「物のあわれを知る」心だけを基準にした宣長の『源氏物語』論は、奔放自在で、新しい発見に満ちており、まことに魅力的である。圧巻というべきは、「物のまぎれ」――源氏と藤壺との密通による冷泉院の出生――についての解釈であろう。一七九頁以下に詳論されるが、安藤為章《ためあきら》が皇統の純血性にかかわる重大事としてぎょうぎょうしく取り上げたこの設定を、物語を展開する上での単なる一趣向に過ぎないといい放つあたりは、道徳論から解放された目で見れば、かくも自由に物が見えてくるものかと、胸のすくような爽快感を覚えるのである。

最後に、宣長の歌論の特徴的な主張、「歌は、実情を偽り飾って雅やかに詠まねばならない」という主張に触れておきたい。宣長はこの論を実に執拗《しつよう》に、何度も何度もくり返して述べる（『紫文要領』二二〇頁注二・二二六頁注六、『石上私淑言』四五八頁注五などを参照されたい）。歌はありのままの気持をありのままに詠ずればよいという、それなりにもっともな意見に宣長は反対するのであって、単なるありのままではなく、表現の美をも求めなければいけないというその主張もまたそれなりにもっともであるが、ことさらに「実情を偽らねばならない」といういい方をする点が特異である。

前に「江戸時代人の生活意識の隅々にまで浸透している儒仏の影響を払拭し、純粋な『物のあわれを知る』心を復活することは、無限に困難なのである」と書いた（五四六頁）。右の歌論は、この認識に対応するものである。つまり、真に「物のあわれを知る」ということは、素直にありのままにしていれば達成できるような甘いものではない、と宣長はいいたかった。意識下にまで儒仏の影響が浸透している当代人にとって、「物のあわれを知る」ということは、「物のあわれを知る」心を自分の心の中に虚構するということと、ほとんど同じなのである。それが「実情を偽る」ということであった。

付録

宣長の読書生活

一、付録「宣長の読書生活」は、宣長の少年時代から、本書に収録した『紫文要領』『石上私淑言』成立の宝暦十三年（一七六三、宣長三十四歳）までにわたって、宣長がいつどのような書物を読んだかを調べ、年譜として配列したものである。

右のほかに、履歴上の重要事項をも併せてあげてある。

一、本年譜のような試みが可能であるほど、宣長は書物をよく読み、また自己の読書の記録をさまざまな形で克明に書き残した。筑摩書房版『本居宣長全集』（以下「全集」と略称）には、それらの記録が網羅的に収録されている。本年譜の記述はもっぱらそれらの記録に負うものである。全集から蒙った学恩に深甚な謝意を表する。

一、本年譜が主として依拠した資料は次のものである。《 》内の太字は本年譜における呼称を示す。

1 日記（《**日記**》） 全集第十六巻に収録。宣長の生涯を覆っているが、本年譜では、そのうち『日記（宝暦二年迄之記）』『日記（今井田日記）』『在京日記』『日録』『日記（壱）』を参照した。

2 京都遊学以前の写物・覚書（《**遊学以前**》） 全集別巻二に収録。少年期・青年期の宣長が、書物・地図などを書写したものが一括されている。

3 都考抜書（《**都考**》） 全集別巻一に収録。宣長が十七歳の七月から二十二歳の冬ごろまでにわたって、古今の諸書から京都に関するあらゆる事項を抄録した書。全六冊の大部な稿本である。

4　和歌の浦（《**和歌**》）　全集第十四巻に収録。宣長が十八歳の十一月から、京都遊学中の二十五歳のころまでにわたって、和歌に関する事がらを何くれとなく書きつけた雑記帳。稿本四冊。記述のほとんどは諸書の抄録である。

5　事彙覚書（《**事彙**》）　全集別巻一に収録。宣長が十七、八歳のころ、和漢古今の諸書からさまざまな事項を採集し、乾坤・地理・時節・官職・氏姓等の二十二部門に分類した書。

6　宝暦二年以後購求謄写書籍（《**書籍**》）　全集第二十巻に収録。宣長が二十三歳の宝暦二年（一七五二）前後から安永二年（一七七三）に至るまでの間に、購入し、あるいは書写した書物を列記した目録。書物ごとに、購入・書写の別のほか、入手の月日と、購入した書物の場合には価格を記しているが、本年譜では月日・価格は省略した。

7　本居宣長随筆（《**随筆**》）　全集第十三巻に収録。宣長が京都遊学中から寛政五年（一七九三）ごろに至るまで、約四十年間にわたって書き継いだ、全十四巻十三冊の大部な稿本である。内容は、諸書を抄録した巻々と、自分の考えや見聞を記した巻々とに大別される。うち第二巻と、第五巻の巻頭から第四四一項までとは、京都遊学中に読んだ書物の抄録である。

8　雑抄（《**雑抄**》）　全集第十八巻に収録。宣長には同じ題名の稿本が幾つかあるが、これは、『荘子摘腴　列子抜萃　荀子摘萃　老子　雑抄』と表題する稿本の、最後の「雑抄」の部分である。内容は、京都遊学中になされた諸書の抄録である。

9　漫識（《**漫識**》）　全集第十八巻に収録。前半と後半に二分され、前半は、漢籍と荻生徂徠一門の詩文集とから漢語を抄出し、所どころに和訳をほどこす。この部分は京都遊学中の筆録と推定される。

一、右の資料によって宣長の読んだ書物を認定しようとする場合、宣長のあげている書名が、実際の典拠なのか、他書からの孫引きなのか、判然としないことがある。全集の解題や宣長自身が明示した引用書目、同時期の他の資料などを考え合せて、適宜判断したが、若干の不安は残る。

一、書名をあげる場合、原則として当該資料における宣長の表記に従ったが、明白な誤りは正すなど、適宜改めた場合もある。

享保十五年（一七三〇）　庚戌　一歳

五月七日、伊勢の国松阪の木綿商の二男に生れる。父は小津定利、母は、かつ。

元文二年（一七三七）　丁巳　八歳

八月、手習を始める。《**日記**》に、十二歳ごろまでの手本として次の書名をあげる。

いろは　仮名文
教訓之書　商売往来
状　千字文
今川　国名
人名　手習　訓《キャウクンノ》　書状（振り仮名ママ）
江戸往来　小学
大学　中庸
論語　孟子

元文五年（一七四〇）　庚申　十一歳

閏七月二十三日、父没す。享年四十六。

寛保元年（一七四一）　辛酉　十二歳

七月、謡曲を習い始める。《**日記**》に、十五歳ごろまでに習った曲として、『猩猩』『三輪』『楊貴妃』以下、五十一番をあげる。

寛保三年（一七四三）　癸亥　十四歳

九月、『新板 天気見集』を書写する（《**遊学以前**》）。

十月、『我朝念仏弘通元祖円光東漸大師伝』を書写する（《**遊学以前**》）。

延享元年（一七四四）　甲子　十五歳

八月、『宗族図』を書写する（《**遊学以前**》）。

九月、『神器伝授図』『中華歴代帝王国統相承之図』『職原抄支流』を書写する（《**遊学以前**》）。

延享二年（一七四五）　乙丑　十六歳

二月、『経籍』（全集第二十巻所収）を書き始める。書名を知り得た和漢のあらゆる書物を網羅的に列記し、書名の下に「神・儒・仏・雑・歌・詩・和・漢」などの分類を記入した書籍目録で、二十一歳まで書き継がれた。あげられた書名は約四千点にのぼる。若年にしてこのような書物を編んだことは、宣長の書物に対する強い執着を物語る。
　三月、『伊勢州飯高郡松坂勝覧』（全集第二十巻所収）を著わす。出生・居住の地である松阪の地誌。小冊ながら、現存する宣長の最初の著述である。
　三月、『本朝帝王御尊系并将軍家御系』『雲上明鑑（元禄十二年）』を書写する。『道中記』の書写もこのころのこと（《遊学以前》）。

延享三年（一七四六）　**丙寅**　**十七歳**

　七月、《**都考**》第一冊起筆（九月ごろ脱稿）。第二冊は九月に起筆、脱稿は翌年にかかる可能性があるが、便宜、第一・二冊に抄出されている書物をここに掲げる。

和漢名数	山城名勝誌
下学集	内裏雛
京羽二重	大和廻
神道名目類聚抄	山城四季物語
京町鑑	京都めぐり

（以上、全集解題による）

　十月、『洛外指図』を書写する（《**遊学以前**》）。

延享四年（一七四七）　**丁卯**　**十八歳**

　十一月、《**都考**》第三冊脱稿。抄出されている書物を掲げる。

遠遊紀行	東海紀行
続徒然草	鎌倉九代記
徒然草	平家物語
大和本草	青葉笛の物語

（以上、表紙裏の宣長自身の書込み）

旧事記	禁秘抄
庭訓往来	長明無名抄
大和物語	袖中抄
古今集	朗詠集
宇治拾遺物語	伊勢物語
自遺往来	徒然草参考
元亨釈書	浄土源流章
拾芥抄	神社啓蒙
名所方角抄	観音霊験記
誹諧新式	倭謌名所
悔草	

（以上、校注者の推定による）

　十一月、《**和歌**》第一冊起筆。脱稿は翌年十月であるが、便宜、抄出されている書物をここに掲げる。

徒然草	書名未詳和歌秘伝書
大和本草	

《**事彙**》は延享三、四年ごろの成稿と推定されるので、便宜、抄出されている書物をここに掲げる。

徒然草野槌	徒然草参考
拾芥抄	日本釈名
一切経音義	群書拾唾
事類全書	悔草

三蔵法数　禁秘抄
翻訳名義集　書言故事
源平盛衰記　徒然草
事物異名集　遺教経節要
四書図解　花厳演義鈔
沙彌律儀要略　神社啓蒙
大和本草　西域記
下学集　梵網経発隠
文選　孝衡
教乗法数　観経
浄慈要語　選択集
法花経　三宝感応録
職源抄　述異記
芸園雌黄　公事根源
袖中抄　仏祖統紀
大日経　十六観経
即身成仏義　三身寿量無辺経
延喜式　二十二社次第
神社便覧　待扣集
当麻曼陀羅白記

（以上、全集解題による）

寛延元年（一七四八）　**戊辰**　**十九歳**

正月、歌を作り始める。《**日記**》明年の項に「去年より和歌に志す」とあり、『石上稿』（全集第十五巻。『紫文要領』二一八頁頭注＊印参照）は本年正月の詠から始まる。

《**都考**》第四冊は、第三冊脱稿に引続き、前年末か本年初頭に起筆されたと推定される。末尾（宝暦元年九月起筆）を除き、ほぼ本年全部をかけて執筆された。抄出されている書物を以下に掲げる。

撰集抄　萬葉集
萬葉拾穂抄　皇字沙汰文
神名秘書　神宮雑例集
中臣祓　御鎮座伝記
神境紀談　小朝熊社神鏡沙汰文
雑々拾遺　元亨釈書
大学朱註　山谷詩集
錦繡段

（以上、表紙裏の宣長自身の書込み）

伊勢物語闕疑抄　倭姫命世記
和語燈録　須磨記
伊勢物語　湖月抄

（以上、校注者の推定による）

三〜七月、『未詳地図』『歌道名目』『制の詞』『朝鮮王使来朝』『歌のぬき書』を書写する《**遊学以前**》。

十月、『覚』（全集第二十巻）起筆。通俗医書の抄出を含む。『万覚』（全集第二十巻）もこのころの執筆と推定される。重宝記類の抄出を含む。

十月、《**和歌**》第二冊起筆。脱稿は翌年か。便宜、抄出されている書物をここに掲げる。
　萬葉集　　　萬葉拾穂抄
　さる人の給へりしかなつかひの指要
十一月、伊勢の国山田の紙商、今井田家へ養子にゆく。

寛延二年（一七四九）　**己巳　二十歳**

三月、山田の宗安寺の住持、法幢和尚に入門して和歌を学び始める。
十月、正住院（山田の寺院か）の住持について漢籍の素読を習い始める。《**日記**》には次の書物をあげる。
　易経　詩経　書経　礼記
十二月、『古今集異本校合』を書写する（《**遊学以前**》）。

寛延三年（一七五〇）　**庚午　二十一歳**

五月、《**都考**》第五冊起筆。脱稿は十月。本冊はすべて『日本後紀』からの抄出。
前年九月以降、本年にかけて、『源氏物語覚書』（『紫文要領』五〇頁頭注＊印参照）を著わす。
十二月、今井田家を離縁になり、松阪の実家へもどる。

宝暦元年（一七五一）　**辛未　二十二歳**

二月、『狭衣考物』を書写する（《**遊学以前**》）。
二月二十八日、江戸の出店にあった兄の定治が四十歳で病死。宣長は家財整理のため三月に江戸に下る。七月に松阪にもどって家督を相続する。
九月、『系図伝』を書写する（《**遊学以前**》）。
九月、《**都考**》第四冊の末尾を起筆。翌月脱稿。内容は『円光大師行状翼賛』巻一〜十五の抄出。
十月、《**都考**》第六冊起筆。脱稿年月は不明であるが、翌年三月の出京以前であろう。内容は、『円光大師行状翼賛』巻十六〜六十の抄出がほとんどで、他に『融通念仏縁起』と『現証往生伝』の抄出をわずかに含む。
十一月、『かなづかひ』（全集第五巻）を著わす。内容のほとんどは、仮名づかいに関する書名未詳の先行書の抄出と推定される。
十二月、『年代記』を書写する（《**遊学以前**》）。
《**書籍**》によれば、この年までに左の書物を所有している。
　二十一代集　　八雲御抄
　大和物語　　狭衣
　春曙抄　　題林愚抄
　和歌八重垣　　和歌手習
　歌枕秋禰覚　　和漢朗詠集
　伊勢物語　　古今集
　徒然草参考

宝暦二年（一七五二）　**壬申　二十三歳**

二月、『洛陽之図』を書写する（《**遊学以前**》）。
三月五日、医学修業のため京都に上り、同十六日、まず堀景山に入門して漢学を学ぶ。この時から小津姓を廃し、本姓の「本居」を称する。

三月二十一日、『易経』の素読を始める。四月二日に終る。

四月二日、『詩経』の素読を始める。同二十八日に終る。

五月一日、『書経』の素読を始める。同九日、上巻を読み終る。

同日、景山指導の『史記』の会読始まる。毎月二・七の日を式日とする。四年十二月八日まで続く。

五月九日、景山指導の『晋書』の会読始まる。毎月四・九の日を式日とする。三年二月二十九日まで続く。

五月十一日、『礼記』の素読を始める。十月二十五日に終る。

五月二十五日、景山の息蘭沢の『左伝』講釈始まる。毎月五・十の日を会日としたようであるが、《日記》には六月二十日を最後に記事が見えなくなる。

六月三十日、高台寺前大坂屋亭で行われた詩会に出席する。宣長が漢詩を詠じた記録の最初のもので、この時詠じた「烏夜啼」（七言古詩）・「山居」（五言絶句）は、『詩文稿』（全集第十八巻）に見えている。以後、詩を作った旨の記事が《日記》に散見する。

九月二十二日、新玉津島神社の神官、森川章尹に入門して、和歌を学び始める。以後、月次歌会（毎月十三日）に出席する。

十月二十六日、『書経』下巻の素読を始める。

十一月二十六日、『左伝』の素読を始める。《日記》に、「これより先、『書経』読み畢《をは》る。今春より今月に至り、乃ち五経の素読既に終る」とある。


（以上、《日記》による）

《書籍》によれば、本年、左の書物を購入、ないし書写した。

深秘抄（購入）　古今栄雅抄（同）
顕注密勘（購入）　僻案抄（同）
六家集（同）　愚問賢註（同）
竹取物語（同）　題林抄（同）
職人尽歌合（同）　曾禰好忠集（同）
住吉物語（同）　うつほ物語（同）
帚木抄（書写）　枕詞抄（同）

『雑録一』（全集別巻二）は、「近代先哲著述目録」と題し、宣長が知り得た先人百八十一人の著書を、著者別に列記した目録で、延享二年（一七四五）二月の項にあげた『経籍』と性格が似る。全集解題に、「本書は、まず宝暦二年の京都遊学の頃から、明和三、四年頃までの十数年の間に成ったものと見てよいものと考えられる」という。既成の書籍目録の類を右から左へ転写しただけの部分もあろうが、契沖のように、当時においては世間的にほとんど無名の人物の著述が二十一点もあげられている例があり、また書籍目録類の転写とすれば、とうていありえないような誤りがきわめて多く、宣長自身の調査見聞による部分も少なくないと判断される。京都遊学時代の宣長が関心を抱いていた先人・書物をうかがう資料となるので、便宜、著者名を、原本の表記のままここに掲げる。数字は宣長があげている著書の点数である。

後成恩寺兼良公　五〇　藤原清輔朝臣　一〇
北畠准后親房　八　二条良基公　一三
烏丸光広公　八　清原宣賢　五
播州惺窩藤先生　五　林梅洞先生　三
林読耕先生　二　水府（水戸家）　二二

大坂橘守国　九　　江戸菊岡沾涼　一四
備前熊沢了介　一一　　山本静観房　八
江州明霞先生　七　　頓阿法師　四
鴨長明　九　　慈遍僧都　三
虎関禅師　一四　　無住和尚　四
一休和尚　七　　紀州常福寺恵空法師　二〇
多田兵部（多田南嶺）一〇　　長崎玄光和尚　一一
聞証和尚　二三　　黒瀧潮音師　七
河内覚彦比丘浄厳　一九　　大坂華厳寺鳳潭和尚　四〇
霊空和尚　四三　　志賀義瑞和尚　七
河州通玄和尚　一二　　越後興隆禅寺　八一
江戸安養寺性均和尚　一七　　佐野盛典師　一一
神田玄仙　八　　加《（ママ）》茂真淵　九
建涼岱　二八　　大典禅師　三
吉益周介　九　　維舟　一〇
貞室　一〇　　西武　八
令徳　四　　梅盛　一二
一雪　九　　安静　二
不角　五　　一晶　五
桃青　五　　蝶々子　五
其角　一五　　潭北　六
堤亭　一　　桃翁（始メ杜格ト云）　四
立志（心保）　三　　徳元　一
未得　一　　調和　一
未琢　一　　春清　三
不卜　一　　一貞　一
玄札　一　　加友　一
立志（高井松楽軒）一　　立志（同和階堂）二
子英　一　　浮生　三
貞佐　四　　一漁　一
嵐雪　三　　その女　一
桃翁（天野太白堂）二　　穀我　一
東潮　二　　今更　一
吏登　二　　風虎公　四
露沾公　二　　沾徳　三
宗因　八　　西鶴　五
松意　一　　貞山　二
素外　一〇

宝暦三年（一七五三）　癸酉　二十四歳

五月六日、《日記》に「世説新語会」が初出する。前年五月九日以来の「晋書会」が、二月二十九日を最後に見えなくなるので、『晋書』の会読が終って、『世説新語』の会読が始まったのであろう。毎月一・六の日が会日であったようで、八月六日まで続く。

七月二十二日、堀元厚に入門して、『霊枢』『局方発揮』『素問』『運気論』『泝洄集』などの医書の講説を聞く。

八月、『おもひぐさ』（全集第十八巻）を著わす。喫煙の楽しみを述べた随筆で、一種の戯文である。

十一月二日、景山指導の『左伝』の会読始まる。毎月二・七の日を会日とする。《日記》によれば、少なくとも六年一月十五日までは続いている。

十一月五日、『蒙求』の会読始まる。この後は毎月一・六の日を会日とし、四年閏二月二十六日に終る。

（以上、八月の項を除き、《日記》による）

《書籍》によれば、本年、左の書物を購入、ないし書写した。

土佐日記抄（購入）　奥義抄（同）
古来風体抄（同）　悦目抄（同）
堀河院百首（同）　同次郎百首（同）
源氏論議（書写）　紫家七論（同）
古今序六義考（同）　新宮撰歌合（購入）
石清水若宮歌合（同）　十題歌合（同）
右大臣家歌合（同）　新名所歌合（同）
讃岐内侍日記（書写）　関東詠進詩歌（同）
古今伝授次第（同）　和泉式部物語（同）

宝暦四年（一七五四）　**甲戌　二十五歳**

一月二十四日、医学の師、堀元厚没す。

閏二月四日、袁了凡『歴史綱鑑』の会読始まる。毎月四・九の日の夕を会日とする。

三月六日、『揚子法言』の会読始まる。毎月一・六の日を会日とする。

五月一日、武川幸順に入門して、医術を修業する。

五月十九日、景山の『易学啓蒙』の講釈始まる。毎月二・七・四・九の日を式日とする。のち五・十の日に改まる。

十一月四日、友人二名と『本草綱目』の会読を始める。毎月二・七・四・九の夜を会日とする。

十一月六日、友人数名と『歴史綱鑑』の会読を始める。閏二月四日開始の会との関係は明らかでない。

（以上、《日記》による）

《書籍》によれば、本年、左の書物を購入、ないし書写した。

にはのをしへ（購入）　都のつと（同）
享保十一年御歌（同）　余材抄序文（書写）
竹園抄（同）　梁塵愚案抄（購入）
日本紀（同）　蜻蛉日記（同）
藤経衡集（同）　為家後撰集（同）
馬内侍集（同）

《和歌》第三冊はほぼ宝暦四年中の執筆と推定されるので、抄出されている書物をここに掲げる。

好忠集　住吉物語（四年二月十八日）
悦目抄（四年三月二十八日）詩経朱註
礼記

《和歌》第四冊は、寛延元年（一七四八）の項の《都考》第四冊にすでに見える『撰集抄』『神名秘書』『神境紀談』の抄出を含むので、起筆は京都遊学以前であろうが、始めから三分の一ほどの所に録される「伊勢物語契沖師説」は、堀景山が架蔵の『伊勢物語』に書き入れていたのを、宝暦二年五月十二日、景山に入門して約二カ月後の宣長が写し取ったものであり、末尾近くには宝暦四年の冷泉家の歌合の詠が録されているので、少なくとも「伊勢物語契沖師説」から後は、宝暦二年から本年にかけて執筆されたと推定される。便宜、抄出されている書物をここに掲げる。

奥義抄　古今集真名序
豊臣太閤秀吉公吉野花見の時の和歌その他
撰集抄　徒然草文段抄
伊勢物語拾穂抄　神名秘書
神境紀談　元長神祇百首註
韻鏡袖中秘伝鈔　日本後紀
百人一首　諸礼筆記（林立斎）
晋書列伝　唐高僧伝
古今集仮名序　東儀季行歌
伊勢物語契沖師説　可成談
中庸　萬葉集
書経　礼記
釈名　説文
詩経集註　字彙
小補韻会　林道春撰紀貫之伝
円機活法　荻生氏訳文筌蹄
源氏若菜　世説新語
史記李斯伝　ぬさの錦
都のつと　庭のをしへ
宝暦三年九月十三日詩歌当座御会
宝暦四年戌四月十日冷泉家ニ而当座歌合
政談　惺窩先生和歌集
井口兼山の書る物

宝暦五年（一七五五）　**乙亥　二十六歳**

一月二十一日、景山指導の『漢書』の会読始まる。毎月五・十の日を会日とする。十一月二十五日に終る。『班史摘腴』（全集第十八巻）はこの会読のノートと推定される。

三月三日、名を、それまでの「栄貞《ながさだ》」から「宣長」に改め、「春庵」（時に「舜庵」「蕣庵」とも）と号する。

九月十三日、幸順指導の『本草綱目』の会読始まる。毎月三の日の夜を会日とする。

九月十五日、友人数名と『荘子』の会読を始める。毎月五・十の日を会日とする。翌年二月二十一日に終る。『荘子摘腴』（全集第十八巻）はこの時のノートである。

（以上、《**日記**》による）

冬、太宰春台の『紫芝園稿』から「紀平敦盛事」を抄出する（『詩文稿』）。

宝暦六年（一七五六）　**丙子　二十七歳**

一月十二日、幸順指導の『嬰童百問』『千金方』の会読始まる。

二月十五日、有賀長川の月次歌会に初めて出席する。以後、例となる。

二月二十五日、景山指導の『南史』の会読始まる。毎月五・十の日を会日とする。

三月二十二日、友人数名と『荀子』の会読を始める。毎月二・七の日を会日とする。二月二十一日に『荘子』の会読が終ったのを継ぐものか。『荀子摘萃』（全集第十八巻）はこの時のノートで、末尾に七年五月十四日に終了した旨、記してある。

七月、契沖の『厚顔抄』の説の書き入れられた、景山所蔵の『日本書紀』を伝写される（全集第六巻解題）。

十一月十二日、『列子』の会読終る。いつ始まったものなのか未詳。『列子抜萃』（全集第十八巻）はこの時のノートである。

十一月十七日、『武経七書』の会読始まる。宝暦七年（一七五七）の項の《随筆》第五巻冒頭の『武経七書』は、この会読の際に抄出されたものであろう。

（以上、七月の項を除き、《日記》による）

《書籍》によれば、本年、左の書物を購入した。

源氏装束抄　詠歌大概
旧事記　古事記
萬葉集　改観抄

宝暦七年（一七五七）　丁丑　二十八歳

四月十一日、友人二名と『文選』の会読を始める。毎月一・六の日を会日とする。

五月九日、景山所蔵本『萬葉集』の、『代匠記』の説を主とした書入れを、手沢本『萬葉集』に写し終える（全集第六巻解題）。

九月十九日、景山が没する。享年七十。

十月、郷里の松阪へもどり、小児科医を開業する。

（以上、五月九日の項を除き、《日記》による）

《書籍》によれば、本年、京都居住中に左の書物を購入、ないし書写した。最後の『藻塩草』は、師景山の形見分けである。

余材抄（書写）　伊勢物語拾穂抄（購入）
百人一首拾穂抄（同）　会式（書写）
玉祐伝（同）　古今伝授（同）
湖月抄（購入）　藻塩草

《随筆》第二巻は、宝暦二〜七年の京都遊学中に読んだ諸書の抄録なので、便宜、抄出されている書物をここに掲げる。括弧内は全集第十三巻における項目番号である。

王維詩集〔九七〕　林道春阿倍仲麻呂伝〔九八〕
小補韻会〔九九〕　宋史日本伝〔一〇〇〕
景山先生不尽言〔一〇一〕　説郛〔一〇二〕
兼明書〔一〇三〕　希通録〔一〇四〕
唐書東夷伝・西域伝〔一〇五〕
漢書〔一〇六・一二六・一二八・一六四〕
荘子〔一〇七〕　老子〔一〇八〕
淮南子〔一〇九〕　答問書 荻生茂卿〔一一〇〕
晋書〔一一一・一四九〕　明霞遺稿〔一一二〕
揚子法言〔一一三〕　後漢書〔一一六・一五〇・一六五〕
孔子家語〔一一七〕　円機活法〔一一八・一五七〕
遊仙窟〔一一九〕　和字大観抄〔一二〇〕
朝鮮太平記〔一二一〕　帝城景物略〔一二二〕

日本書紀通証〔一一三・一四三・一四五・一五九〕
本草綱目〔一二四・一三〇〕
論語徴〔一二五・一二九〕 左伝〔一二七〕
林義卿詩則〔一三一〕 元々集〔一三二〕
李太白絶句〔一三三〕 徂徠集〔一三四・一四〇〕
弇州四部稿文選〔一三五〕 蘐園談余〔一三六・一四一〕
松下見林翁へ返簡〔一三七〕
蘐園随筆〔一四二〕 大外記康富記〔一四四〕
代匠記（初稿本）〔一四六〕 続歌林良材集〔一四六〕
呂東莱左伝博議〔一四七〕 北史〔一四八・一六二・一六三〕
荻生氏弁道〔一五三〕 語孟字義〔一五四〕
荻生氏弁名〔一五五〕 桂氏南嶺子〔一五六〕
南史〔一五七〕 史記〔一六〇〕
魏書〔一六一〕

《**随筆**》第五巻のうち、巻頭から第四四一項までは、宝暦六年冬から本年十月の帰郷までの間に筆録されたものと推定されるので（全集解題）、便宜、抄出されている書物をここに掲げる。括弧内は全集第十三巻における項目番号である。

武経七書〔四二五〜三一〕 秉燭談〔四三二〕
徂徠集〔四三三〕 太宰徳夫独語〔四三四〕
明李夢陽詩〔四三五〕 維摩詰所説経〔四三六〕
文公家礼〔四三七〕 康熙字典〔四三八〕
皇明英烈伝〔四三九〕 南嶺遺稿〔四四〇〕
蟠龍子井沢長秀俗説弁〔四四一〕

《**雑抄**》は、宝暦五年九月十五日・六年三月二十二日・十一月十二日の項にあげた『荘子摘腴』『荀子摘萃』『列子抜萃』の次に記されているので、本年五月十四日に『荀子』の会読が終って以後、十月の帰郷までの間に筆録されたものと知られる。抄出されている書物を以下に掲げる。

淮南子 史記
揚子法言 孔子家語
崔鴻前秦録 賈山至言
内伝 高僧伝
遊仙窟 本草綱目
王安石字説・蘇子瞻嘲之
紫芝園稿 一本堂薬選
左伝 唐詩選
輟耕録 漢書元后伝
秉燭談 南嶺子
弇州文選 子華子
磨光韻鏡 滄溟文選
仲景傷寒論 独断
資治通鑑 閲甫纂言方考
明李夢陽詩

《**漫識**》は、前半の漢文の部分は京都遊学中の筆録と推定されるので（全集解題）、便宜、抄出されている書物をここに掲げる。

王弇州文 物徂徠文
李滄溟文 徂徠尺牘

太宰純尺牘　　南郭文
水滸伝俗語　　紫栢全集

宝暦八年（一七五八）　戊寅　二十九歳

一月、嶺松院の月次歌会（『紫文要領』二一八頁頭注＊印参照）に初めて出席する。以後、例となる。《日記》には記されていないが、『石上稿』の「宝暦八年戊寅詠和歌」の初めの部分に「嶺松院月次兼題」の詠があり、「風光日新」の題から正月と判明する。日は、《日記》の他の年の例からすると、十二日であろう。

一月二十日、『古今選』（全集第十四巻）起筆。脱稿は三月二十二日。『萬葉集』および二十一代集から宣長の意にかなった歌一七九一首を選び出し、部類した歌集。のち、宣長没後の文化五年（一八〇八）に刊行された（全集解題による）。

五月三日、『安波礼弁　紫文訳解』（全集第四巻。『紫文要領』五〇頁頭注＊印参照）起筆。脱稿は、この月中であろう。『安波礼弁』に、『旧事紀』『古語拾遺』『古事記』『日本紀』『長秋詠藻』が引用されている。

四月二十八日、『摘腴』（全集第十八巻）起筆。脱稿は翌月中か。内容は、『論語』『中庸』『孟子』の抄出で、すでに日本古典の研究者として立つ決意を固めていたと思われる宣長が、儒書の抄出を熱心に行なっている点が注目される。

夏、門人を対象に『源氏物語』の講釈を始める。生涯に四度取り組む『源氏』全巻講釈の最初で、八年後の明和三年（一七六六）六月に終了した。《日記》に徴すると、会日は原則として毎月二・六・九の日、一ヵ月九回であったと推定される。

《書籍》によれば、本年、左の書物を購入した。

古今六帖　新葉集
新古今集　挙白集

宝暦九年（一七五九）　己卯　三十歳

一月一日、《日記》に、「今日は例にまかせて、文よみはじめに古今集よみぬ」とある。この事は初見であるが、これ以後の年の元日の記述からすると、いつの頃からか、元日に読書初めとして『古今集』の序を読む例になっていたようである。

三月四日、『伊勢物語』の講釈を始める。毎月四の日を会日とする。本年十二月十二日に終了した。（《日記》）

《書籍》によれば、本年、左の書物を購入、ないし書写した。

新撰三百六十首（購入）　真名伊勢物語（同）
俊成卿九十賀記（書写）　菅家萬葉集（購入）
伊勢物語（書写）　紫式部日記（購入）
和字正濫鈔（同）　明月記抜書（同）
狭衣下紐付（同）　栄花物語（同）
勢語臆断（書写）

宝暦十年（一七六〇）　庚辰　三十一歳

五月十四日、『土佐日記』の講釈を終了する。開始したのはいつのことか、《日記》に記されていないが、前年十二月に終った『伊勢物語』講釈に引き続いたものか。

五月二十六日、『枕草子』の講釈を始める。毎月四の日を会日とする。

九月十四日、村田氏みかを娶る。

十月九日、『百人一首改観抄』の講釈を始める。有力な門人である小津正啓が江戸へ下ることになったので、その留守中は『源氏物語』と『枕草子』を休講にして、代りに始めたもの。毎月四・九の日を会日とする。十二月十二日に終了した。

十二月十八日、みかを離縁する。

（以上、《**日記**》による）

《**書籍**》によれば、本年、左の書物を購入した。ただし『百人一首玄旨抄』『藤川五百首抄』『十六夜日記』の三点は、購入・書写の別の記入がない。

袋草紙　新明題
百人一首玄旨抄　藤川五百首抄
草庵集　続草庵集
玄々集　類字名所和歌集
和歌組題集　長明無名抄
藤川百首抄　枕草子装束抄
十六夜日記

宝暦十一年（一七六一）　辛巳　三十二歳

三月、『阿毎菟知弁《あめつちべん》』（全集第十四巻）を著わす。「天地」の古訓を考証したごく短い文章で、漢文で書かれている。古語では、アメに対してはクニというのが例であるとして、「天地」はアメクニと訓ずべきであると論ずる。その結論自体は、二年後の『石上私淑言』にみずから「天地《あめつち》」と振り仮名をほどこした例が散見して、否定されているが、文中、「予嘗つて謂ふ、人皆、和訓の文字に害あることを知つて、未だ漢字の古語に害あることを知らず」と述べて、『石上私淑言』三一六頁注一所引の『排芦小船』第二四項の一節とまったく同じ認識を示している。

五月二十四日、『萬葉集』の講釈を始める。毎月四の日を会日とする。『枕草子』の講釈を中途で廃してこれに代えたもので、右の『阿毎菟知弁』執筆や、この頃書かれた《**随筆**》第十一巻の第七一七～二三項に見える神道説（『石上私淑言』四一四頁注一・四一五頁注二参照）と合わせて、宣長の関心が平安時代から古代へ遡源しつつあったことを示すものであろう。十二年後の安永二年（一七七三）十二月十四日に至って、全二十巻の講釈を終了した。（《**日記**》）

《**書籍**》によれば、本年、左の書物を購入した。

新撰六帖　四式
六百番歌合　枕詞燭明抄
自賛歌註　兼好家集

宝暦十二年（一七六二）　壬午　三十三歳

一月十七日、草深氏たみを娶る。（《**日記**》）

《**書籍**》によれば、本年、左の書物を購入した。

冠辞考　歌仙家集
堀川院艶書合　袖中抄
能因歌枕　千五百番歌合

愚問賢註六窓抄　玄旨聞書
堀川百首肝要抄　一字御抄
歌林良材

宝暦十三年（一七六三）　**癸未　三十四歳**

二月三日、長男春庭《はるにわ》出生。

五月二十五日、上方旅行の途次、松阪に立ち寄った賀茂真淵を旅宿に尋ね、対面する。

六月七日、『紫文要領』脱稿。同じころ、『源氏物語年紀考』（全集第四巻。『紫文要領』三三頁注五参照）脱稿。

十二月二十八日、真淵から入門許可の通知が来て、正式に門人となる。
『手枕』（全集別巻一。『紫文要領』五〇頁頭注＊印参照）を、本年の成立とする説がある（全集解題参照）。

《**書籍**》によれば、本年、左の書物を購入、ないし書写した。ただし『順徳院御百首』は購入・書写の別の記入がない。

井蛙抄（購入）　七部抄（同）
新題林集（同）　耳底記（同）
難題百首（同）　黄葉集（同）
宮川歌合（同）　みもすそ川歌合（同）
夫木鈔（同）　順徳院御百首
時代不同歌合（書写）　長明道之記（購入）
頼政家集（同）　常徳院義尚集（同）

新潮日本古典集成〈新装版〉
本《もと》居《おり》宣《のり》長《なが》集《しゅう》

平成三十年九月三十日 発行

校注者 日《ひ》野《の》龍《たつ》夫《お》
発行者 佐藤隆信
発行所 株式会社 新潮社
〒一六二-八七一一 東京都新宿区矢来町七一
電話 〇三-三二六六-五四一一（編集部）
〇三-三二六六-五一一一（読者係）
http://www.shinchosha.co.jp
印刷所 大日本印刷株式会社
製本所 加藤製本株式会社
装画 佐多芳郎／装幀 新潮社装幀室
組版 株式会社DNPメディア・アート

ISBN978-4-10-620878-2 C0310

源氏物語（全八巻）　石田穣二・清水好子 校注

一巻・桐壺〜末摘花　二巻・紅葉賀〜明石　三巻・澪標〜玉鬘　四巻・初音〜藤裏葉　五巻・若菜 上〜鈴虫　六巻・夕霧〜椎本　七巻・総角〜東屋　八巻・浮舟〜夢浮橋

萬葉集（全五巻）　青木・井手・伊藤・清水・橋本 校注

名歌の神髄を平明に解き明す。一巻・巻第一〜巻第四　二巻・巻第五〜巻第九　三巻・巻第十〜巻第十二　四巻・巻第十三〜巻第十六　五巻・巻第十七〜巻第二十

古事記　西宮一民 校注

千二百年前の上代人が、ここにいる。神々の哄笑は天にとどろき、ひとの息吹は狭霧となって野に立つ……。宣長以来の力作といわれる「八百万の神たちの系譜」を併録。

伊勢物語　渡辺実 校注

引きさかれた恋の絶唱、流浪の空の望郷の思い――奔放な愛に生きた在原業平をめぐる珠玉の歌物語。磨きぬかれた表現に託された「みやび」の美意識を読み解く注釈。

枕草子（上・下）　萩谷朴 校注

華やかに見えて暗澹を極めた王朝時代に、毅然と生きた清少納言の随筆。機智が機智を生み、連想が連想を呼ぶ、自由奔放な語り口が、今、生々しく甦る！

竹取物語　野口元大 校注

親から子に、祖母から孫にと語り継がれてきたかぐや姫の物語。不思議なこの伝奇的世界は、美しく楽しいロマンとして、人々を捉えて放さない心のふるさとです。

世阿弥芸術論集

田中 裕 校注

初心忘るべからず――至上の芸への厳しい道程を説き、美の窮極に迫る世阿弥。奥深い人生の知恵を秘めた「風姿花伝」「至花道」「花鏡」「九位」「申楽談儀」を収録。

無名草子

桑原博史 校注

『源氏物語』ほか、様々の物語や、小野小町・和泉式部などを論評しつつ、女の生き方を探る。批評文学の萌芽として特筆される、女流歌人による中世初期の異色評論。

徒然草

木藤才蔵 校注

あらゆる価値観が崩れ去った時、批評家兼好の眼が躍る――人間の営為を、ある時は辛辣に、ある時はユーモラスに描きつつ、人生の意味を鋭く問う随筆文学の傑作。

方丈記 発心集

三木紀人 校注

痛切な生の軌跡、深遠な現世の思想――中世を代表する名文『方丈記』に、世捨て人の列伝『発心集』を併せ、鴨長明の魂の叫びを響かせる魅力の一巻。

太平記（全五巻）

山下宏明 校注

北条高時に対する後醍醐天皇の挙兵から足利政権確立まで、その五十年にわたる激動の時代と勇猛果敢に生きた人間を、壮大なスケールで描く軍記物語。

今昔物語集 本朝世俗部（全四巻）

阪倉篤義 本田義憲 川端善明 校注

爛熟の公家文化の陰に、新興のつわものたちの息吹き。平安から中世へ、時代のはざまを生きる都鄙・聖俗の人間像を彫りあげた、わが国最大の説話集の核心。

古今和歌集 奥村恆哉 校注

いまもし、恋の真只中にいるなら、「恋歌」を、愛する人に死なれたあとなら、「哀傷」を読んでほしい。華やかに読みつがれた古今集は、むしろ、慰めの歌集だと思う。

平家物語（全三巻） 水原 一 校注

祇園精舎の鐘のこゑ……生命を賭ける男たちの戦い、運命に浮き沈む女人たち、人の世の栄枯盛衰を語り伝える源平争覇の一部始終。八坂系百二十句本全三巻。

梁塵秘抄 榎 克朗 校注

遊びをせんとや生まれけん、戯れせんとや生まれけん……源平の争乱に明け暮れた平安後期の民衆の息吹きが聞こえてくる流行歌謡集。編者後白河院の「口伝」も収録。

芭蕉文集 富山 奏 校注

松尾芭蕉が描いた、ひたぶるな、凜冽な生の軌跡。全紀行文をはじめ、日記、書簡などを年代順に配列し、精緻明快な注釈を付して、孤絶の大詩人の肉声を聞く！

連歌集 島津忠夫 校注

心と心が通い合う愉しさ……五七五と七七の句による連鎖発展の妙を詳細な注釈が解明する。漂泊の詩人宗祇を中心とした「水無瀬三吟」「湯山三吟」など十巻を収録。

山家集 後藤重郎 校注

月と花を友としてひとり山河をさすらう人生詩人、西行――深い内省にささえられたその歌は祈りにも似た魂の表白。千五百首に平明な訳注を付した待望の書。

雨月物語 癇癖談　浅野三平 校注帝の亡霊、愛欲の蛇……四次元小説の先駆『雨月物語』。当るをさいわい世相人情に癇癪をたたきつけた風俗時評『癇癖談』は初の詳細注釈。孤高の人上田秋成の二大傑作！

好色一代男　松田 修 校注七歳、恋に目覚めた世之介は、六十歳にしてなお見果てぬ夢を追いつつ、女護ケ島へ船出する。愛欲一筋に生きて悔いなき一代記。めくるめく五十四編の万華鏡！

浮世床四十八癖　本田康雄 校注九尺二間の裏長屋、壁をへだてた隣の話もつつ抜けの江戸下町の世態風俗。太平楽で、ちょっぴりペーソスただようその暮しを活写した、式亭三馬の滑稽本。

謡曲集（全三冊）　伊藤正義 校注謡曲は、能楽堂での陶酔に留まらず、自ら読んで謡う文学。あでやかな言葉の錦を頭注で味わい、舞台の動きを傍注で追う立体的に楽しむ謡いの本。

誹風柳多留　宮田正信 校注柳の枝に江戸の風、誹風狂句の校注は、酸いも甘いもかみわけた碩学ならではの斬新無類・機智縦横。全句に句移りを実証してみせた読書界学界への衝撃。

古今著聞集（上・下）　西尾光一・小林保治 校注貴族や武家、庶民の諸相を神祇・管絃・好色等に分類し、典雅な文章の中に人間のなまの姿を写して、人生の見事な鳥瞰図をなした鎌倉説話集。七二六話。

新潮日本古典集成